पाश्चात्य राजनैतिक चिन्तन

खण्ड 2

(बेन्थम से आज तक)

डॉ० उर्मिला शर्मा
डॉ० एस० के० शर्मा

ATLANTIC
PUBLISHERS & DISTRIBUTORS (P) LTD

प्रकाशक :
एटलांटिक पब्लिशर्स एण्ड डिस्ट्रीब्यूटर्स (प्रा.) लि.
7/22, अन्सारी रोड, दरियागंज, नई दिल्ली-110002
दूरभाष : +91-11-40775252, 23273880, 23275880, 23280451
फैक्स : +91-11-23285873
ई-मेल : orders@atlanticbooks.com
वेबसाइट : www.atlanticbooks.com

शाखा कार्यालय :
5, नालाथम्बी स्ट्रीट, वालाजाह रोड,
चेन्नई-600002
दूरभाष : +91-44-64611085, 32413319
ई-मेल : chennai@atlanticbooks.com

मुद्रक : चमन इन्टरप्राइसेज, 1603, पटौदी हाऊस, दरियागंज, नई दिल्ली-110002

PASHCHATYA RAJNAITIK CHINTAN (*in Hindi*)
By Dr. Urmila Sharma and Dr. S.K. Sharma

भूमिका

प्लेटो से आज तक पाश्चात्य दार्शनिक विचारकों ने इस प्रश्न पर विचार किया है कि समाज और व्यक्ति का सामंजस्य कैसे रहे और व्यक्ति किन परिस्थितियों में अपना स्वतन्त्र विकास कर सकता है। राज्य की उत्पत्ति इसी उद्देश्य को पूरा करने के लिये मानी जाती है भले ही कुछ विचारक इस बात को भूलकर राज्य को सर्वाधिकारी मानने लगे। समस्त राजनैतिक चिन्तन इस बात पर आधारित करके विकसित किया गया है कि मानव प्रकृति क्या है। एक ओर कुछ विचारक मनुष्य को स्वार्थी तो दूसरी ओर कुछ विचारक मनुष्य को स्वभाव से ही भला और सामाजिक मानकर चले। यह एक मनोवैज्ञानिक प्रश्न था किन्तु मनोवैज्ञानिक विचारक कहलाने वाले राजनैतिक विचारक भी एकांगी सिद्धान्तों को लेकर चले।

स्थूल रूप से जिस विचारधारा ने किसी भी ज्ञान के इतिहास में स्थान पाया है वह किसी न किसी सत्य पर आधारित रही है, परन्तु फिर उसके समर्थक विचारकों ने बहुधा अंश को पूर्ण समझने की भूल की है जिससे अधिकतर विचारधारायें एकांगी बन गई हैं। इस प्रकार उपयोगितावादी, आदर्शवादी, भाववादी, समाजवादी, समष्टिवादी, व्यक्तिवादी, व्यवहारवादी अराजकतावादी, बहुलवादी, फात्सीवादी तथा नात्सीवादी, पाश्चात्य राजनैतिक चिन्तन के इतिहास में सभी सम्प्रदाय मूल रूप से किसी न किसी सत्य पर आधारित थे। भारी आलोचना के शिकार फात्सीवाद के मूल में भी राष्ट्रवाद का सत्य था। श्री अरविन्द ने कहा है कि जर्मनी ने जो कुछ किया वह प्रत्येक राष्ट्र को करना है। जर्मनी की सबसे बड़ी भूल राष्ट्रवाद को दूसरों के विरुद्ध इस्तेमाल करना था। उसका आत्मगत राष्ट्रवाद उसका मूल सत्य था। इसी प्रकार उपयोगितावाद विचार के जीवन में उपयोग, आदर्शवाद स्वयं विचार के सत्य, भाववादी विज्ञान का महत्व; समाजवादी समाज के, व्यक्तिवादी व्यक्ति के और समष्टिवादी समष्टि के महत्व पर आधारित रहे हैं। अराजकतावादियों ने राज्य में जो दोष बतलाये उनसे कौन इन्कार कर सकता है, किन्तु इसके लिये राज्य को ही समाप्त कर देने का आग्रह उतना ही एकांगी है जितना कि फात्सीवादियों और नाजीवादियों का राज्य को सर्वाधिकार देना। आज के युग में बहुलवाद के सत्य से कौन इन्कार कर सकता है? भाववाद, मनोविज्ञानवाद और व्यवहारवाद राजशास्त्र को आधुनिक विज्ञान की देन हैं।

पाश्चात्य राजनैतिक चिन्तन के इतिहास में प्लेटो के बाद कार्ल मार्क्स का सबसे अधिक प्रभाव पड़ा। परन्तु कट्टर मार्क्सवादियों में भी लेनिन, स्टालिन, माओत्से तुंग सभी ने कुछ न कुछ नवीन व्याख्यायें उपस्थित की। कल्पनावादी समाजवाद, विकासवादी समाजवाद, संशोधनवाद, सुधारवाद, फेबियनवाद, समष्टिवाद, श्रमिक संधवाद, श्रेणी समाजवाद,

अराजकतावाद और बहुलवाद सभी का लक्ष्य एक ऐसी समाज रचना की खोज करना था जिसमें पिछड़े वर्गों और आम आदमी को अपने पूर्ण विकास का अवसर मिले।

अस्तु, राजनैतिक चिन्तन के इतिहास में किसी भी वाद अथवा विचारक की आलोचना उसका परित्याग, खंडन अथवा अवहेलना नहीं हैं। पाश्चात्य चिन्तन के इतिहास में किसी भी विचारक के योगदान से इन्कार नहीं किया जा सकता। प्लेटो और अरस्तु से लेकर बेन्थम, मिल, कान्ट, हेगेल, ग्रीन, ब्रैडले, बोज़ांके, काम्टे, हरबर्ट स्पेन्सर और हक्सले से लेकर कार्ल मार्क्स, बर्ट्रैण्ड रसल, जी० डी० एच० कोल तथा हेरोल्ड जे० लास्की तक किसी में प्रसिद्ध राजनैतिक विचारक का चिन्तन के इतिहास में महत्वपूर्ण योगदान है। अस्तु, राजनैतिक चिन्तन के विद्यार्थी को सभी के विचारों का स्वयं को उनकी स्थिति में रखकर अध्ययन करना चाहिये। तभी वह उनके विचारों के पीछे मूल सत्य को समझ सकेगा। अध्ययन के क्षेत्र में आस्था पहले और तर्क बाद में आता है। किसी भी विचारक के विचारों को पूरी गंभीरता, पूर्ण आस्था से समझने के बाद ही उसकी आलोचना की जानी चाहिये।

प्रस्तुत पुस्तक भारतीय विश्वविद्यालयों में एम० ए० (राजशास्त्र) में राजनैतिक चिन्तन प्रश्नपत्र के पाठ्यक्रमानुसार लिखी गई है। पुस्तक की विषय सामग्री प्रामाणिक एवं मूल ग्रन्थों से एकत्रित की गई है। सब कहीं हिन्दी अनुवाद के साथ मूल कथन अंग्रेजी में भी दिये गए हैं जिससे प्रामाणिकता बनी रहे। विषय के विवेचन में सब कहीं सर्वांग दृष्टिकोण अपनाया गया है जिसमें विकास के सभी पक्षों पर ध्यान देकर उसे एक पूर्ण के रूप में देखने का प्रयास किया जाता है। प्रत्येक अध्याय के अन्त में विश्वविद्यालयों की परीक्षाओं में पूछे गए प्रश्न परीक्षा के लिये अभ्यास हेतु दिये गए हैं। विवेचन की भाषा सब कहीं यथासंभव सरल रखी गई है। इस प्रकार लेखकों ने इस पुस्तक को एक आदर्श पाठ्यपुस्तक के रूप में उपस्थित करने का प्रयास किया है।

पाठकों से सुझाव मिलने पर उन्हें पुस्तक के आगामी संस्करणों में शामिल कर लिया जायेगा। अस्तु, अपने सुझाव अवश्य लिखें।

डॉ० उर्मिला शर्मा
डॉ० एस० के० शर्मा

विषय सूची

1

19वीं शताब्दी में राजनैतिक विचार
(Political Ideas in 19th Century)

फ्रांस की राज्यक्रान्ति

फ्रांस की महान् क्रांति **'स्वतंत्रता, समानता तथा भ्रातृत्व'** का निनाद करती हुई आई। ये क्रांतिकारी घोष शब्द यूरोप में एक छोर से दूसरे छोर तक गूँज उठे। इन्होंने जन साधारण को अपने वैध शासकों और आगे चल कर नेपोलियन के निरंकुश शासन का भी सामना करने के लिये उद्वेलित किया। क्रांतिकारियों की उग्रता देख कर इंग्लैण्ड में बर्क और अमेरिका में हेमिल्टन तथा मेडीसन सरीखे नम्रवादियों में क्रांति के विरुद्ध एक रूढ़िवादी प्रतिक्रिया का जन्म हुआ। बर्क के विरुद्ध टॉमस पेन ने लोकप्रिय संप्रभुता का जोरदार समर्थन पेश किया। फ्रांसीसी क्रांति तथा लोकतंत्र के सिद्धान्त के लाभों के मध्य एक लम्बा विवाद उठ खड़ा हुआ जिसमें अटलाँटिक महासागर के दोनों ओर के देशों के विचारकों ने भाग लिया। क्राँति के परिणाम केवल फ्रांस तक ही सीमित नहीं रहे; उन्हें सम्पूर्ण यूरोप तथा उत्तरी अमेरिका में अनुभव किया गया। उनका 19वीं शताब्दी के राजनीतिक विचारों तथा घटनाओं पर गहरा प्रभाव पड़ा। नेपोलियन बोनापार्ट ने फ्रांस में लोकतन्त्र को कुचल दिया और यूरोप के एक बड़े भाग को अपने निरंकुश शासन में जकड़ लिया। जिन प्रदेशों को उसने जीता उनमें देश भक्ति तथा राष्ट्रीय भावना की धारा उमड़ी जिसके फलस्वरूप वह गत कुछ शताब्दियों से पनप रहा राष्ट्रवाद 19वीं शताब्दी में मानव मस्तिष्क को उद्वेलित करने वाला एक प्रधान तत्व बन गया। इङ्गलैंड, जर्मनी तथा आस्ट्रिया-हंगरी की संधि और वाटर लू के युद्ध के बाद यूरोप में संविधान निर्माण का कार्य एक इतने बड़े पैमाने पर हुआ जो मानव जाति के इतिहास में अभूतपूर्व था।

औद्योगिक क्रांति

यूरोप में औद्योगिक क्रांति 18वीं शताब्दी में आरम्भ हुई किन्तु उसके प्रभाव 19वीं शताब्दी में जाकर प्रगट हुए। इससे उत्पन्न होने वाली यान्त्रिक क्रांति ने जीवन की भौतिक स्थितियों में ऐसा आमूल चूल परिवर्तन किया जैसा कि मानव इतिहास में उससे पूर्व कभी नहीं हुआ था। इन दो पीढ़ियों में ही उस विचार और व्यवहार की काया पलट हो गयी; जो मानव

जाति ने दो हजार वर्षों से भी अधिक समय से अपना रखा था और उसके सामने वे समस्त परिवर्तन 19वीं तथा बीसवीं शताब्दी के राजनीतिक विचारों को भली प्रकार समझने के लिये औद्योगिक क्रांति के फलस्वरूप हुए परिवर्तन को समझना आवश्यक है।

औद्योगिक क्रांति का सूत्रपात 18वीं शताब्दी के उत्तरार्द्ध में हुआ जबकि भाप से चलने वाले इंजिन का आविष्कार हुआ और मशीनों को चलाने के लिये उसका प्रयोग किया जाने लगा। 19वीं शताब्दी में लगातार बहुत से विलक्षण आविष्कारों के फलस्वरूप औद्योगिक क्रान्ति ने एक महाकाय रूप धारण कर लिया। जिसके परिणामस्वरूप शिल्पा तथा कृषि प्रधान अर्थ व्यवस्था अस्त-व्यस्त हो गई, और उसके स्थान पर यांत्रिक उत्पादन पद्धति तथा एक नवीन सभ्यता का जन्म हुआ जो कि नगरों में केन्द्रित थी। सम्पत्ति ने नवीन रूप धारण किये और एक नवीन मध्य वर्ग का जन्म हुआ जिसे अपनी शक्ति का आभास था और जिसे वह राजनीतिक उद्देश्यों के लिये प्रयोग करना चाहता था। स्वयं यन्त्र-कला का फल औद्योगिक क्रांति ने यन्त्र-कला के अद्‌भुत विकास के लिये मार्ग प्रशस्त कर दिया। इसी से वर्तमान युग को यन्त्र-कलात्मक युग कहा जाता है। वायुयान, वायरलेस, टेलीविजन, परमाणु तथा उद्‌जन बम, ये सभी कुछ उस यन्त्र-कला के असीम विकास की देन हैं जो कि वर्तमान शताब्दी में हुआ है।

औद्योगिक क्रांति के परिणामस्वरूप जन-संख्या में भारी वृद्धि हुई और बहुत बड़ी संख्या में मनुष्य ग्रामों को छोड़ कर नगरों की ओर जाने लगे सन् 1800 ई० में यूरोप की जन संख्या 187, 693, 000 थी, 1900 ई० में वह 600, 57, 000 हो गई। उतने ही समय में अमेरिका की जन-संख्या 6, 000, 000 से बढ़कर 76, 938, 000 हो गई। इससे भी महत्वपूर्ण बात नगरों की जन-संख्या में वृद्धि थी। उपरोक्त काल में नगर निवासियों का अनुपात इङ्गलैंड में 30 प्रतिशत से बढ़कर 70 प्रतिशत और अमेरिका में 4 प्रतिशत से बढ़कर 40 प्रतिशत हो गया। नगरों की जन-संख्या में इस भारी वृद्धि से आर्थिक तथा समाजिक क्षेत्रों में नवीन समस्याओं का जन्म हुआ। स्वास्थ्य, शिक्षा तथा पारिवारिक जीवन की नवीन समस्यायें उत्पन्न हुई। नगरीय जीवन की सुविधाओं तथा आर्थिक उन्नति के अवसरों से आकृष्ट हो कर बहुत से युवक तथा युवतियाँ ग्राम छोड़ कर नगर में आ बसे। यातायात तथा आवागमन के साधनों में सुधार हो जाने से ग्राम से नगर की ओर होने वाले जन संक्रमण को बहुत सरल बना दिया। बड़े-बड़े नगरों में जनंसख्या के इस केन्द्रीयकरण से लोगों के विचार तथा जीवन की प्रवृत्तियों में एक भारी परिवर्तन आ गया। असंख्य नर-नारियों का प्राचीन जन-रीतियों तथा जन-रूढ़ियों पर से विश्वास उठ गया।

यूरोपीय प्रभुत्व का प्रसार

औद्योगिक प्रगति तथा यन्त्र-कला की कुशलता के कारण यूरोप ने एशिया तथा अफ्रीका के देशों को पराभूत कर दिया। 19वीं शताब्दी में यूरोप का भारी प्रसार हुआ और यूरोप के द्वारा अन्य देशों का शोषण चरम सीमा पर जा पहुँचा। इङ्गलैंड ने भारत पर कब्जा जमा लिया और बर्मा तथा मलाया को हड़प लिया। उसका प्रभाव पूर्व में चीन तक और पश्चिम में ईरान पहुँच गया। इसी प्रकार अफ्रीका, इङ्गलैंड, फ्रांस, बेल्जियम तथा जर्मनी द्वारा आपस में बांट

लिया गया। साम्राज्यवादी इस दौड़ में इटली भी शामिल हो गया। इस प्रकार 19वीं शताब्दी साम्राज्यवादी प्रसार की शताब्दी थी। इसमें कई साम्राज्य उठे जिनमें सबसे बड़ा ब्रिटिश साम्राज्य था। ग्रेट ब्रिटेन विश्व का प्रमुख औद्योगिक देश बन गया। साम्राज्यवाद के उत्थान का राष्ट्रवाद की भावना के उत्थान से घनिष्ठ सम्बन्ध था जिसका उल्लेख हम पहिले ही कर चुके हैं। उन्नीसवीं तथा वर्तमान शताब्दियों की दो महान् शक्तियाँ, अर्थात् आर्थिक राष्ट्रवाद तथा साम्राज्यवाद औद्योगिक क्रांति की सृष्टि थीं। अपने भारी औद्योगिक विस्तार तथा यन्त्र-कला के कौशल के बल पर अमेरिका तथा ग्रेट ब्रिटेन संसार के अन्य सभी देशों से बहुत आगे निकल गये और बीसवीं शताब्दी की विश्व की महान्तम शक्ति बन गये इस दौड़ में रूस भी उसका घनिष्ठ प्रतिद्वन्द्वी था।

वर्ग संघर्ष का उदय

औद्योगिक क्रांति द्वारा उद्योग धन्धों के यन्त्रीकरण के उद्योग के क्षेत्र में मालिक तथा मजदूर के बीच के पुराने सम्बन्ध एक दम बदल गये तथा जिसने एक नवीन सर्वहारा वर्ग (Proletariat) को जन्म दिया। 19वीं शताब्दी के पूर्वार्द्ध में सरकारों ने 18वीं शताब्दी के यद् भाव्यम् (Laissez faire) के सिद्धान्त को अपनाये रक्खा और आर्थिक क्षेत्र में 'स्वच्छन्द प्रतिस्पर्धा' के सिद्धान्त को बढ़ावा दिया। इसके फलस्वरूप पूँजीपति मालिकों ने मजदूरों का निर्दयतापूर्वक तथा अमानवीय शोषण आरम्भ किया। शोषित मजदूर वर्ग के संकटों को देख कर कुछ भावुक तथा विशाल हृदय विचारकों ने उस प्रणाली के विरुद्ध आवाज उठाई और उसमें बहुत से सुधारों की प्रस्तावना की। इस प्रकार कल्पनावादी (Utopian) समाजवाद का जन्म हुआ। फिर आये कार्ल मार्क्स जिसने समाजवादी विचार को वैज्ञानिक आधार पर रखा।

मार्क्सवादी समाजवाद

19वीं शताब्दी के उत्तरार्द्ध तथा बीसवीं शताब्दी के पूर्वार्द्ध के राजनीतिक विचार की एक मुख्य विशेषता सामाजिक पुनर्निर्माण के समाजवादी तथा साम्यवादी सिद्धान्तों का व्यापक प्रचार है। मार्क्स की शिक्षाओं से प्रभावित होकर मजदूर वर्ग में राजनीतिक चेतना आई और वह संगठित हो गया। यातायात तथा संदेशवाहन के साधनों के अविरल प्रसारण से राष्ट्रीय बाजार, विश्व बाजार बन गए तथा राष्ट्रीय अर्थव्यवस्थाओं ने विश्व अर्थव्यवस्था का रूप ले लिया इससे मजदूरों को विश्व व्यापक आधार पर संगठित होने की सामर्थ्य मिली। विश्व-साम्यवाद की सम्भावना से भयभीत हो कर आण्ग्ल-अमेरिकी गुट साम्यवाद के बढ़ते हुए प्रवाह को रोकने के लिये नाना प्रकार के साधनों का प्रयोग करने लगा। इसके परिणामस्वरूप संसार आज दो विरोधी गुटों में विभक्त हो गया और तृतीय विश्व युद्ध के बादल मंडराने लगे। 19वीं शताब्दी के राजनीतिक विचारों में सबसे अधिक विध्वंसकारी मार्क्सवादी समाजवाद औद्योगिक क्रांति का प्रत्यक्ष परिणाम है।

विचारों में क्रांतिकारी परिवर्तन

19वीं शताब्दी में आर्थिक क्षेत्र में ही अद्भुत क्रान्ति के साथ-साथ बौद्धिक जगत में भी भारी क्रान्ति उत्पन्न हुई। सन् 1859 ई० में डार्विन के जगत् विख्यात ग्रंथ 'Origin of Species' के प्रकाशन ने भारी हलचल उत्पन्न कर दी। अब लोगों ने विकास की भाषा में

सोचना आरम्भ कर दिया। विकास के सिद्धान्त को एक ऐसी कुंजी समझा गया जिससे ज्ञान के गुप्त खजाने के कपाट खोले जा सकते थे। जीवशास्त्र, ज्योतिषशास्त्र, भू-गर्भ शास्त्र, समाज रचना शास्त्र, मनोविज्ञान शास्त्र तथा आचार शास्त्र सभी पर इसका प्रभाव पड़ा। धर्म तथा मानवीय सम्बन्धों के विषय में मनुष्य की परम्परागत धारणायें जिन सरल मान्यताओं पर आधारित थीं उनकी सत्यता में सन्देह होने लगा और उनका परीक्षण किया जाने लगा। वैज्ञानिक ज्ञान की प्रगति से मानव की धार्मिक आस्था का आधार हिल गया। शिक्षा के प्रसार से सर्व साधारण के मन पर से परम्परा तथा धर्म का अधिकार समाप्त हो गया।

राजनीतिक विचारों में प्रगति

फ्राँसीसी क्रान्ति, औद्योगिक क्रान्ति तथा यन्त्र कला की प्रगति से आये परिवर्तन 19वीं शताब्दी के राजनैतिक विचारों में पूर्ण रूप में प्रकट हुए। 16वीं शताब्दी से 18वी शताब्दी तक के मानवचिंतन पर राज्य के संविदा सिद्धान्त तथा दैवी जन्म सिद्धान्त छाये रहे। मध्य काल में मानव बुद्धि विश्व-व्यापक समाज की अवधारणा पर विचरण करती रही। परन्तु 19वीं शताब्दी में किसी एक ही विचार का प्राधान्य नहीं रहा। राजनैतिक विचार बहुत से असम्बद्ध विचारों के जमघट बन गये। एक ओर उपयोगितावादी सिद्धान्त का प्रतिपादन हुआ जो कि समाज को व्यक्ति के सुख रूपी साध्य का एक साधन मात्र समझता है दूसरी आदर्शवादियों के विचार का केन्द्र बिन्दु सामाजिक सम्पूर्ण है जिसके साथ वे व्यक्ति का सामंजस्य करना चाहते हैं। अन्य विचारकों ने राज्य तथा उसकी समस्याओं का अध्ययन करने के लिये जीव-शास्त्रीय दृष्टिकोण को अपनाया है, दूसरी ओर कतिपय दार्शनिक मनोवैज्ञानिक दृष्टिकोण को अधिक उपयुक्त समझते हैं। मेन (Maine) तथा सेविग्नी (Savigny) सरीखें विचारकों की अध्ययन पद्धति ऐतिहासिक थी। उस शताब्दी के उत्तरार्द्ध में कार्ल मार्क्स तथा एंगेल्स के सिद्धान्तों का राजनीतिक विकल्पों पर भारी प्रभाव पड़ा। पूँजीवाद, स्वतन्त्र व्यापार तथा प्रतिस्पर्धा और यद्भाव्यम नीति के सिद्धान्तों पर मार्क्स तथा एंगेल्स ने कड़ा प्रहार किया। उनसे प्रेरणा प्राप्त करने वाले विचारकों ने सामाजिक पुनर्रचना के विभिन्न सिद्धान्तों का प्रतिपादन किया। इस प्रकार 19वीं शताब्दी के राजनीतिक विचारों में भारी विविधता दिखाई देती हैं यद्यपि इस युग में लोकतन्त्र तथा निरंकुशवाद की परस्पर विरोधी विचारधाराओं पर तीव्र वाद-विवाद हुआ; किन्तु विचार की प्रवृत्ति लोकतन्त्र की ओर ही अधिक दिखाई पड़ी। 20वीं शताब्दी में साम्यवाद तथा फात्सीवाद ने लोकतन्त्र के सामने संकट उत्पन्न कर दिया। राज्य की संप्रभुता के परम्परागत सिद्धान्त पर राजनैतिक बहुलवाद (Pluralism) ने आक्रमण किया जिसके फलस्वरूप विधि के स्वरूप तथा उसके राज्य के साथ सम्बन्ध के विषय में नवीन सिद्धान्तों का प्रादुर्भाव हुआ। 19वीं तथा बीसवीं शताब्दी से पहले किसी भी एक शताब्दी में राजनीतिक विचारों में इतनी विविधता नहीं रही।

19वीं शताब्दी के राजनीतिक विचारों का विकास अधिकतर ऐसे व्यक्तियों के द्वारा हुआ जिनका क्रिया क्षेत्र पुस्तकालयों तथा अध्ययन मण्डलों तक ही सीमित रहा और राज्य के व्यावहारिक विषयों से जिनका कोई विशेष सम्बन्ध नहीं रहा। उनके विचार की भावना बौद्धिक थी। उस पर व्यावहारिक बातों और राजनीतिज्ञों का कोई विशेष प्रभाव नहीं पड़ा। जब पाश्चात्य राजनैतिक विचारधाराओं के सतत् प्रवाह का मध्य युग चर्च एवं राज्य की प्रतिद्वन्द्विता से

निकलकर राष्ट्रीयता की ओर बढ़ने लगा तब अनेक नवीन राजनैतिक विचारधाराओं ने जन्म लिया, जिससे राजनैतिक चिन्तन में मध्यकाल का अन्त हुआ और आधुनिक युग का आरम्भ हुआ। नव आधुनिक युग में नव जागरण एवं अनेक क्रान्तियों के कारण विभिन्न पाश्चात्य देशों में अनेक नवीन राजनैतिक विचारधाराओं का जन्म हुआ जिनमें अनेक विद्वानों ने प्रवर्तन, परिवर्द्धन एवं संशोधन आदि प्रस्तुत किये जिनका राजनैतिक विचारों की दृष्टि से बड़ा महत्व है।

आधुनिक नवीन राजनैतिक विचारधाराओं के उदय के कारण (Causes of Rise of Modern New Political Ideologies)

(1) राष्ट्रीयता का उदय (Rise of Nationalism)– राजनैतिक विचारों की दृष्टि से मध्यकाल की समाप्ति 16वीं शताब्दी में ही हो गई थी। प्रांतीय सामन्तवाद समाप्त हो रहा था तथा राष्ट्रीय राज्यों की स्थापना होने लगी थी। बोदाँ तथा हॉब्स के सम्प्रभुता के सिद्धान्त से राष्ट्रीय राज्यों की उत्पत्ति को बल मिला। इन्होंने राज्य की निरंकुश प्रभुसत्ता का समर्थन किया। आगे चलकर जब प्रभुसत्ता की निरंकुशता पर प्रश्न चिन्ह लगने लगा तब रूसो (Rousseau) ने सामान्य संकल्प (General Will) के सिद्धान्त का प्रतिपादन किया तथा प्रभुसत्ता को जन-आधार प्रदान करने का प्रयत्न किया। इस प्रकार राजाओं के नेतृत्व में तथा जन-प्रभुता के आधार पर स्वतन्त्र राष्ट्रीय राज्यों का विचार प्रबल होने लगा। 16वीं से 19वीं शताब्दी तक इस राष्ट्रीयता के विचार ने अनेक नवीन राजनैतिक विचारधाराओं को जन्म दिया।

(2) फ्रांस की राज्यक्रान्ति का प्रभाव (Impact of French Revolution)– नवीन आधुनिक राजनैतिक विचारधाराओं के जन्म में फ्रांस की राज्य-क्रान्ति ने महत्वपूर्ण ढंग से योगदान दिया। फ्रांस की राज्य-क्रान्ति से पूर्व फ्रांस में हुई बौद्धिक क्रान्ति ने यूरोपीय पाश्चात्य राजनैतिक विचारों में युगान्तरकारी आयाम प्रस्तुत किये। मौन्टेस्क्यू (Montesquie), वाल्टेयर (Voltaire), तथा रूसो (Rousseau) आदि इस बौद्धिक क्रान्ति के अग्रदूत थे, जिन्होनें शक्ति पृथक्करण, प्रभुसत्ता, सामान्य संकल्प सामाजिक संविदा (Social Contract) जैसे प्रभावशाली राजनीतिक विचारों का प्रर्वतन किया। फ्रांसीसी क्रान्ति के प्रसिद्ध नारे 'स्वतन्त्रता,' समानता तथा भ्रातृव्य (Liberty, Equality and Fraternity) का प्रवर्तन करने वाला महान दार्शनिक रूसों था। फ्रांस की राज्य-क्रान्ति के उपरान्त नेपोलियन बोनापार्ट की निरंकुशता द्वारा अनेक यूरोपीय राज्यों के गठन, पुनर्गठन, संघ निर्माण आदि ने क्रान्ति के विचारों का प्रचार किया तथा राष्ट्रीयता की भावना को यूरोप तथा उससे बाहर के महाद्वीपों में फैलाया।

कुछ विचारकों ने क्रान्ति के विरोध में भी विचारों का प्रतिपादन किया जिनमें एडमण्ड बर्क तथा डेविड ह्यूम प्रमुख थे। इससें राजतन्त्र व प्रजातन्त्र के विचारों में व्यापक संघर्ष हुआ।

(3) अमरीकी स्वतन्त्रता संग्राम (American War of Independence)– फ्रांस की राज्य क्रान्ति का अमेरिका पर भी व्यापक प्रभाव पड़ा। वहाँ भी महान् साम्राज्यवादी देश इंगलैण्ड की प्रभुता को उखाड़ फेंका गया और प्रजातन्त्रीय शासन की स्थापना की गई। यहां लोकतन्त्र के साथ संविधानवाद का भी व्यापक प्रचार हुआ। दास-प्रथा की समाप्ति ने पाश्चात्य राजनैतिक विचारधारा में नये आयाम प्रस्तुत किये।

(4) **ब्रिटेन की औद्योगिक क्रान्ति** (Industrial Revolution of Britain)– ब्रिटेन में हुई औद्योगिक क्रान्ति ने आधुनिक राजनीति व राजनैतिक विचारधारा को सर्वाधिक प्रभावित किया। यद्यपि यह एक आर्थिक क्रान्ति थी, किन्तु इसका प्रभाव राजनैतिक जगत् पर भी हुआ। अधिकांश राजनैतिक विचारधारायें इसी के कारण उत्पन्न हुई; जैसे-लोकतन्त्र, श्रम संघवाद, समाजवाद, साम्यवाद, उपनिवेशवाद, पूँजीवाद आदि। इसी औद्योगिक क्रान्ति के कारण अनेक आर्थिक, साभाजिक, राजनैतिक विचारों का विकास हुआ।

(5) **बौद्धिक क्रान्ति** (Intellectual Revolution)– इस काल में आर्थिक, सामाजिक तथा राजनैतिक क्षेत्रों के साथ-साथ बौद्धिक क्षेत्र में भी क्रान्ति सी आ गई थी। प्राय: सभी देशों में अनेक विद्वानों ने राष्ट्रीय रचनाओं एवं विविध प्रकार के साहित्य का सृजन किया। प्रैस के आविष्कार के कारण समाचार-पत्रों, साहित्यिक रचनाओं तथा अनेक प्रकार के साहित्य का व्यापक प्रसार और प्रचार हुआ, जिससे राजनैतिक विचारों के प्रचार-प्रसार के साथ-साथ अनेक वादों का भी जन्म हुआ।

(6) **'साम्राज्यवादी भावना'** (Imperial Spirit)– औद्योगिक क्रान्ति के कारण बड़े पैमाने पर उद्योगों की स्थापना हुई जिसके कारण तैयार माल के लिये मण्डियों की खोज तथा कच्चे माल की प्राप्ति हेतु, संसार के विभिन्न भागों में उपनिवेशों की स्थापना हुई। इससे विशाल साम्राज्यों की स्थापना का एक युग आरम्भ हुआ, जहाँ साम्राज्यवाद, स्वतन्त्रता आन्दोलन, संविधानवाद, लोकतन्त्र जैसी आधुनिक राजनैतिक विचारधाराओं का उदय हुआ।

(7) **समाज बनाम मनोविज्ञान** (Society Versus Psychology)– आधुनिक युग में समाज तथा उसकी समस्याओं के निदान के लिये मनोवैज्ञानिक विधियों का प्रचलन होने से अनेक नवीन विचारधाराओं का सूत्रपात हुआ। इस सम्बन्ध में समाजशास्त्रियों का तथा मनोवैज्ञानिकों का सहयोग भी निरन्तर बढ़ता चला गया।

इस प्रकार मध्यकाल की सामन्तवादी व्यवस्था एवं चर्च राज्य के संघर्ष की समाप्ति के साथ उपरोक्त कारणों से अनेक नवीन राजनैतिक विचारधाराओं का जन्म हुआ तथा एक नए युग का श्रीगणेश हुआ।

आधुनिक राजनैतिक विचारधाराओं की विशेषताएं
(Characteristics of Modern Political Thought)

(1) **अनेक प्रकार की विचारधाराओं का समन्वय** (Synthesis of Different Types of Thoughts)– नव (आधुनिक) युग की राजनैतिक विचारधाराओं की एक प्रमुख विशेषता यह है कि इस युग में किसी भी क्षेत्र में एक ही प्रकार की विचारधारा का प्रवाह नहीं हुआ बल्कि अनेक पृथक-पृथक विचारों, धारणाओं, तथा मान्यताओं के आधार पर पृथक-पृथक राजनैतिक दर्शनों का व्यापक प्रसार-प्रचार हुआ। इस युग में राज्य तथा समाज के सम्बन्ध में अनेक अवधारणाओं का उदय और विकास हुआ–जैसे समाजवाद, साम्यवाद, अराजकतावाद, व्यक्तिवाद, एवं व्यवहारवाद आदि। ये समस्त अवधारणायें एक दूसरे से भिन्न हैं।

(2) राज्य सावयवी रूप (Organic Form of State)– यद्यपि राज्य की व्याख्या एक जीवित प्राणी के रूप में करना प्राचीन युग में यूनान में शुरू हो चुका था, किन्तु इस सिद्धान्त का विकास, आधुनिक युग में, हरबर्ट स्पेन्सर ने किया। इस सिद्धान्त के अनुसार राज्य एक सावयव है। जिस प्रकार विभिन्न अवयवों से मिलकर शरीर बनता है, उसी प्रकार विभिन्न व्यक्तियों से मिलकर राज्य की रचना हुई है। जैसे शरीर से हटकर अंग बेकार हो जाते हैं, उसी प्रकार राज्य से अलग होकर व्यक्ति भी बेकार हो जाते हैं। जिस प्रकार शरीर के विभिन्न अवयव शरीर को जीवन प्रदान करते हैं, उसी प्रकार व्यक्ति भी राज्य को जीवन एवं शक्ति प्रदान करते हैं। यदि श्रमिक राज्य के तत्व हैं तो राज्य रूपी शरीर की मांसपेशियों का कार्य थोक-फुटकर विक्रेता, महाजन, रेल व जहाजरानी आदि करते हैं। समस्त व्यावसायिक जन और इन्जीनियर, वकील, डाक्टर, शासक व पादरी आदि राज्य रूपी शरीर के मस्तिष्क तथा नाड़ी संस्थान आदि के रूप में कार्य करते हैं। इस प्रकार इस आधुनिक युग के आरम्भ में ही राज्य की सावयवी व्याख्या की गई।

(3) सुखवाद का सिद्धान्त (Theory of Hedonism)–बेन्थम द्वारा प्रतिपादित इस सिद्धान्त के अनुसार राज्य का यह प्रमुख कर्त्तव्य है कि वह अधिकतम व्यक्तियों का अधिकतम सुख (Greatest pleasure of greatest number) प्रदान करे। राज्य अधिकांश जनता का हित सम्पादन करने के लिये आपेक्षित है तथा तभी तक वह जनोपयोगी हैं।

(4) यथार्थवादी विचारधारा (Realistic Theory)–इस युग में सभी प्रकार के 'कल्पनावाद' (Utopianism) का समय बीत चुका था। आधुनिक युग मे 'यथार्थता' पर विचार किया गया तथा प्रत्येक प्रकार के क्षेत्र, विचार, सिद्धान्त, योजना आदि के व्यावहारिक पक्ष पर बल दिया जाने लगा। स्वप्नलोकी विचार तिरोहित हो गये तथा यथार्थ जगत् की वास्तविकताओं को मान्यता दी जाने लगी।

(5) विकासवादी सिद्धान्त (Theory of Evolution)–आधुनिक युग के आरम्भ में ही वैचारिक जगत् में वैज्ञानिकवाद की प्रवृत्ति व्यक्त की जाने लगी। इसे दार्शनिक जगत् में दो रूपों में व्यक्त किया गया–एक विकासवादी विचारधारा तथा दूसरी मनोवैज्ञानिक विचारधारा के रूप में। पहली विचारधारा की अभिव्यक्ति हरबर्ट स्पेन्सर ने की तथा दूसरी के व्याख्याता ग्राहम बालेस, बेजहॉट आदि थे। विकासवादी सिद्धान्त के अनुसार राजनीति का अध्ययन वैज्ञानिक विधि से प्रस्तुत किया गया तथा राजनीतिक समस्याओं का समाधान मनोवैज्ञानिक विधियों से ढूँढा गया। राजनैतिक क्षेत्र में वैज्ञानिक प्रवृत्ति इस युग की एक महान विशेषता है। राज्य, समाज व व्यक्ति में प्रत्येक प्रकार से एक निश्चित विकास प्रक्रिया की विद्यमानता व्यक्त की गई।

(6) ऐतिहासिक पद्धति की मान्यता (Recognition to Historical Method)– वैज्ञानिक प्रवृत्ति वाले इस युग में ऐतिहासिक पद्धति को प्रतिष्ठित किया गया। प्राचीन दार्शनिक अरस्तु से प्रेरणा प्राप्तं करके मांटेस्क्यू तथा बर्क आदि ने इस पद्धति को युग-सार्थक बताकर इसका प्रतिपादन किया।

(7) साम्यवादी विचारधारा (Communistic Ideology)– आधुनिक युग में साम्यवादी विचारधारा को राजनैतिक चिन्तन में विशेष स्थान दिया गया। इस प्रकार की विचारधारा की

विशेषता मार्किसस्ट विचारकों द्वारा व्यक्त इस सिद्धान्त में है कि एक ऐसे समाज की स्थापना की जाये, जिसमें वर्ग-भेद समाप्त हो जाये तथा राज्य की आवश्यकता न रहे। ऐसे समाज में प्रत्येक व्यक्ति अपनी योग्यताओं एवं क्षमताओं के अनुरूप कार्य करेगा तथा उतना ही पारिश्रमिक प्राप्त करेगा। कार्ल मार्क्स ने शोषित दलित तथा अभिशप्त जनता को संगठित कर क्रान्ति द्वारा सर्वहारा समाज की स्थापना के लिये प्रेरणा दी।

(8) **लोकतन्त्री सिद्धान्तों का युग** (Age of Democratic Principles)—इस व्यवस्था के प्रणेता अब्राहम लिंकन थे। उनके अनुसार 'राज्य प्रजा का है, प्रजा के लिये है तथा प्रजा द्वारा निर्मित है।' आधुनिक युग में लोकतन्त्रीय विचारों को सर्वाधिक मान्यता प्रदान की गई। समस्त संसार में निरंकुश तथा स्वेच्छाचारी राज्यों को समाप्त कर लोकतन्त्रीय व्यवस्था को प्रतिष्ठापित करने पर बल दिया गया।

(9) **लोक प्रभुसत्ता का युग** (Age of Popular Sovereignty)—इस युग में जॉन ऑस्टिन ने प्रभुसत्ता के सिद्धान्त की व्याख्या की तथा बताया कि प्रत्येक राज्य में एक व्यक्ति अथवा संस्था में एक सम्प्रभुता का निवास होना अनिवार्य है। आगे चल कर आज के युग के राज्यों के लिये लोक प्रभुसत्ता को ही उपयुक्त समझा जाने लगा।

(10) **राष्ट्रवाद तथा अन्तर्राष्ट्रवाद** (Nationalism and Internationalism)—आधुनिक युग में राष्ट्रीयता एवं अन्तर्राष्ट्रीयता की भावना का अत्यधिक प्रसार हुआ। राष्ट्रीय राज्यों की स्थापना की गई तथा अन्तर्राष्ट्रीय शांति तथा सहयोग को विशेष महत्व दिया गया।

प्राचीन अथवा मध्यकाल की भाँति इस आधुनिक युग में कोई एक विशिष्ट राजनैतिक विचारधारा समस्त युग का प्रतिनिधित्व नहीं करती। इस युग में अनेकानेक राजनैतिक विचारधाराओं का प्रवर्तन, परिवर्द्धन, संशोधन एवं सृजन हुआ। राजनैतिक विचारधाराओं की विविधता ही इस युग की प्रमुख अभिव्यक्ति है। इन विचारधाराओं में पारस्परिक कोई भी सामंजस्य अथवा साम्यता नहीं है। इस युग में एक दूसरे से विपरीत अनेक प्रकार की राजनैतिक विचारधाराओं का प्रतिपादन हुआ।

प्रमुख राजनैतिक विचारधारायें और उनकी विशेषतायें
(Chief Political Thought and their Characteristics)

(1) **उपयोगितावाद** (Utilitarianism)—उपयोगितावादी राजदर्शन के जनक जेरेमी बेन्थम (Jeremy Bentham) थे। उन्होंने सुखवाद (Hedonism) का प्रतिपादन कर उपयोगितावाद को राजनैतिक क्षेत्र में प्रतिष्ठित किया। बेन्थम के अनुसार, मनुष्य के समस्त कार्य सुख-दुख पर आधारित हैं। मनुष्य वही कार्य करता है जिसके करने में उसे सुख मिलता है अर्थात् वह उसके लिये उपयोगी है मनुष्य उस कार्य को नहीं करता, जिसके करने में उसे दुख या क्लेश होता है। यही सुख (उपयोगिता) समस्त उचित-अनुचित, न्याय-अन्याय, धर्म-अधर्म, पाप-पुण्य, भलाई-बुराई की कसौटी है।

अपने पूर्ववर्ती विचारक फ्रांसिस (Francis) और हचिन्सन (Hutchinson) के विचारों की व्याख्या करते हुये पीस्टले (Pristley) एक सूत्र का निर्माण किया था "अधिकतम लोगों

का अधिकतम हित'' (The Greatest good of the Greatest number) इसी सूत्र से प्रेरणा पाकर बेन्थम ने अपने सुखवादी सिद्धान्त की व्याख्या की और कहा कि ''समाज-राज्य के परिप्रेक्ष्य में वही उचित है, जो सुखदायक (उपयोगी) है, तथा अधिकतम लोगों के लिये अधिकतम सुख प्रदान करता है।'' उपयोगितावादी विचारधारा को जे॰ एस॰ मिल (J. S. Mill) ने और भी अधिक व्यावहारिक रूप में प्रस्तुत किया। इसके अनुसार व्यक्ति, समाज व राज्य के अस्तित्व एवं कार्यों के मूल में उपयोगिता ही प्रेरणा स्रोत, लक्ष्य तथा कसौटी है।

(2) **व्यक्तिवाद** (Individualism)– व्यक्तिवादी विचारधारा व्यक्ति और राज्य के सम्बन्धों को लेकर उत्पन्न विवाद को हल करने के लिये प्रचलित हुई। इसने व्यक्ति को राज्य से अधिक महत्व दिया तथा नागरिक की वैयक्तिक स्वतन्त्रताओं पर सर्वोपरि जोर दिया।

इस राजदर्शन के अनुसार राज्य को व्यक्ति की स्वतन्त्रताओं में हस्तक्षेप नहीं करना चाहिये ताकि व्यक्ति अपना पूर्ण एवं सर्वांगीण विकास कर सकें। जनहित सम्पादन को ही राज्य को अपने कार्यों का उद्देश्य बनाना चाहिये तथा अपनी समस्त नीतियों में नागरिक की व्यक्तिगत स्वतन्त्रता को मान्यता देकर उसके विकास के अवसरों तथा साधनों को जुटाना चाहियें।

इस विचारधारा का अनुगमन करते हुये कहा गया कि राज्य को ''यदभाव्यम नीति'' (Laissez Faire) का पालन करना चाहिये और मनुष्यों को अपना सामाजिक, आर्थिक तथा राजनैतिक आदि सभी प्रकार का विकास करने के लिये ''स्वतन्त्र छोड़ दो'' की नीति का पालन करना चाहिये। इंगलैण्ड में 19वीं शताब्दी के मध्य में इस नीति का विशेष प्रचलन था, जिसे एक आन्दोलन की संज्ञा दी जाये तो अधिक उपयुक्त होगा।

(3) **समाजवाद** (Socialism)– 19वीं शताब्दी में हुई औद्योगिक क्रान्ति के फलस्वरूप हुई प्रगति ने समाजवादी राजनैतिक विचारधारा को जन्म दिया। इसके जन्म के लिये पृष्ठभूमि फ्रांसीसी राज्य-क्रान्ति ने तैयार की थी। सामाजवादी विचारधारा आधुनिक युग में सर्वाधिक चर्चित एवं जीवन्त राजनैतिक विचारधारा है।

औद्योगिक क्रान्ति के परिणामस्वरूप बड़े पैमाने के उद्योगों ने जन्म लिया, जिससे श्रमिक तथा पूँजीपतियों के बीच खाई बढ़ गई और नित नवीन समस्यायें उत्पन्न होने लगीं और मजदूरों का शोषण बढ़ता गया। समाज में श्रमिकों के कल्याण के लिये आन्दोलन और संघर्ष होने लगे। इंग्लैण्ड में ओनिज्म (Onism) उत्पन्न हुआ तथा सेण्ट साइमन (St. Simon) तथा क्रोटियार (Kotiyar) ने समाजवादी भावना को प्रोत्साहित किया। श्रमिक इससे सन्तुष्ट न हुए। लुई ब्लॉक ने उत्पादन के साधनों के राष्ट्रीयकरण की माँग की। सन् 1948 ई॰ में मार्क्स तथा इन्गेल्स ने मजदूरों को संगठित करके समाजवादी आन्दोलन को तेज किया तथा वर्गविहीन समाज की स्थापना के लिये संघर्ष किया।

19वीं शताब्दी में समाजवादी भावना का बहुत अधिक विस्तार हुआ। समाजवाद को अनेक रूपों में व्यक्त किया जाने लगा। मार्क्स के समाजवाद को वैज्ञानिक समाजवाद कहा गया। अन्य समाजवादी विचारों में गिल्ड समाजवाद, सिण्डीकलिज्म, प्रजातान्त्रिक समाजवाद आदि उल्लेखनीय हैं।

ये समाजवादी विचारधारायें व्यक्तिवाद का विरोध करती हैं तथा समाज के कल्याण को व्यक्ति के कल्याण से ऊपर रखना चाहती हैं। इनके अनुसार समाज साध्य है तथा व्यक्ति साधन है।

(4) आदर्शवाद (Idealism)– राजनैतिक विचारधाराओं में आदर्शवादी दर्शन अत्यन्त प्राचीन हैं। वह राज्य को एक आदर्श संस्था मानता है तथा उसके नागरिकों को कर्त्तव्यपरायण बनकर आदर्श नागरिक बनने की प्रेरणा देता है। आदर्श संस्था के रूप में वह राज्य द्वारा जनता के कल्याणार्थ काम करने की भी प्रेरणा देता है। आधुनिक युग में आदर्शवाद की विचारधारा सर्वप्रथम जर्मनी में उत्पन्न हुई। इसके बाद यह आदर्शवाद इंगलैंड में पहुंचा। जर्मन विचारक आदर्शवाद की भौतिक विचारधारा का विरोध करते थे। उनका विचार था कि ये समस्त संस्थायें मानव निर्मित नहीं हैं।

जर्मन आदर्शवाद नैतिकता पर आधारित था। रूसो ने भी नैतिक आधार पर भौतिकवाद का विरोध किया। रूसो के नैतिकवाद को ही जर्मन आदर्शवाद की आधारशिला कहा जाता है, जिस पर हेगेल व ग्रीन ने 'सामान्य संकल्प' (General will) के सिद्धान्त की स्थापना की थी। आदर्शवाद के प्रसिद्ध दार्शनिक हेगेल तथा थामस ग्रीन थे। ग्रीन के आदर्शवाद को नवीन व्यक्तिवाद तथा नवीन आदर्शवाद दोनों का संगम कहा गया है। एफ॰ एम ब्रैडर्ले ने दर्शन में आदर्शवाद की व्याख्या की। बोज़ांके ने उग्र आदर्शवादी विचारों का प्रतिपादन किया।

(5) विकासवाद (Evolutionism)–आधुनिक युग की इस प्रमुख विचारधारा के अन्तर्गत दो विचार उत्पन्न हुये–एक, विकासवादी तथा दूसरे, मनोवैज्ञानिक। पहले के प्रवर्तक स्पेन्सर थे। दूसरे के समर्थक बेजहॉट, ग्राहम तालेस तथा मैक्डूगल आदि थे। पहली विचारधारा राजनीति के अध्ययन के लिये अपनायी गई। दूसरी अर्थात् मनोवैज्ञानिक विचारधारा का प्रयोग राजनैतिक समस्याओं के निदान करने के लिये किया गया।

(6) बहुलवाद (Pluralism)– 20वीं शताब्दी की विकसित विचारधाराओं में बहुलवाद की भी गणना की जाती है। इस विचारधारा के जन्म और प्रचार में ब्रिटिश वामपन्थी लेखकों ने महत्वपूर्ण भूमिका निभाई। यह दर्शन अद्वैतवाद के विरोध में उत्पन्न हुआ है। इसने आदर्शवाद का भी विरोध किया। इसके अनुसार व्यक्ति, उसकी स्वतन्त्रता एवं उसकी संस्थायें ही सर्वमान्य उच्च स्थान रखती हैं।

बहुलवाद राज्य का विरोध न करके प्रभुसत्ता का विरोध करता है। वह प्रभुसत्ता का विभाजन चाहता है। वह इस विचार का पक्षपाती है कि प्रभुसत्ता का विभाजन राज्य तथा अन्य मानवीय संस्थाओं में कर दिया जाये। इसके प्रबल समर्थक लास्की (Laski), बार्कर (Barker) और लिंडसे (Lindsey) आदि हैं, जो राज्य की सर्वोच्च सत्ता के प्रबल विरोधी हैं। राज्य तथा अन्य मानवीय संस्थाओं में संघर्ष की स्थिति में इन्होंने राज्य को सर्वोपरि न मानकर उसे ऐसे कार्य करने को कहा है कि जिससे नागरिक स्वयं राज्य के समुचित विकास के लिये राज्य को स्थिर रखें। प्रभुसत्ता मात्र राज्य के हाथों में न होंने देकर उसका विभाजन होना चाहिये।

(7) सर्वाधिकारवाद (Totalitarianism)– बीसवीं शताब्दी के आरम्भ में सन् 1917 में रूस में बोल्शेविक क्रान्ति हुई, जिसके परिणामस्वरूप सर्वाधिकारवादी दर्शन का आरम्भ हुआ। इस विचारधारा के अनुसार, अधिनायकवाद का प्रचलन हुआ। राज्य को सम्पूर्ण शक्ति का केन्द्र मान ये सम्प्रभुता को एक दल या व्यक्ति को सौंप देने का समर्थन किया करते हैं। इसका प्रभाव कई देशों में हुआ। रूस में बोल्शेविक, इटली में फासिस्ट, जर्मनी में नाजीवादियों ने इस विचारधारा का समर्थन किया और अपने देशों में इसका भरसक प्रचार किया। चीन आदि साम्यवादी देशों ने भी रूस का अनुकरण करके इस विचारधारा का समर्थन किया। बीसवीं शताब्दी में अधिनायकवादी विचारधारा का अत्यधिक प्रसार हुआ तथा लोकतन्त्रीय विचारधारा से इसका संघर्ष चलता रहा।

(8) लोकतन्त्रीय विचारधारा (Democratic Ideology)–यह आधुनिक युग की सर्वाधिक प्रसिद्ध विचारधारा है जिसने विश्व राजनीति को प्रभावित किया है। जब आधुनिक युग में मध्यकाल की विशेषता, राजाओं की निरंकुशता समाप्त होने लगी, तब लोकप्रिय प्रभुसत्ता के विचार ने लोकतन्त्रीय विचारधारा पर विशेष बल दिया। जनता के विकास-क्रम अथवा जन-शोषण तथा जन-जागरण आदि से, जनता ने प्रभुसत्ता पर अधिकार कर लिया तथा अपने-अपने देशों में लोकतन्त्रों की स्थापना कर ली।

अमरीका के अब्राहम लिंकन (Lincoln) इस सुप्रसिद्ध विचारधारा के जन्मदाता थे, जिन्होंने राज्य के विषय में लिखा था कि "जनतंत्र जनता की जनता के लिये तथा जनता द्वारा निर्मित सरकार है" (Democracy is the Govt. of the People, for the People and by the People)। यद्यपि आधुनिक युग में नवीन प्रकार का निरंकुशवाद भी पनप रहा है, किन्तु आज भी विश्व के अधिकांश देशों में लोकतन्त्रीय विचारों को ही मान्यता प्राप्त है।

उपरोक्त विवरण से स्पष्ट है आधुनिक युग में प्राचीन व मध्य युगीन राजनैतिक विचारों से सर्वथा भिन्न राजनैतिक विचारधाराओं एवं राजदर्शनों का उदय हुआ।

अभ्यास के लिए प्रश्न

1. आधुनिक काल की राजनैतिक विचारधाराओं के उदय के कारणों का संक्षेप में उल्लेख कीजिये।
2. नव (आधुनिक) युग की राजनैतिक विचारधाराओं की मुख्य विशेषतायें क्या हैं? संक्षेप में वर्णन कीजिये।
3. आधुनिक राजनैतिक विचारधाराओं तथा उनकी प्रमुख विशेषताओं का वर्णन कीजिये।
4. आधुनिक युग की प्रमुख राजनीतिक विचारधाराओं का वर्णन कीजिये तथा उनका परस्पर प्रतिक्रियात्मक प्रभाव भी दिखाइये।

2

उपयोगितावाद
(Utilitarianism)

यद्यपि आधुनिक युग में उपयोगितावाद के प्रमुख प्रवर्तक दार्शनिक जेरेमी बेन्थम, जॉन ऑस्टिन तथा जे० एस० मिल आदि माने जाते हैं, किन्तु उपयोगितावाद के जन्म और विकास की कहानी इन विद्वानों के आगमन से बहुत पहले ही आरम्भ हो चुकी थी। फिर भी, उपयोगितावाद को चरम सीमा पर पहुंचाने वाले दार्शनिक बेन्थम और जे० एस० मिल ही थे।

उपयोगितावाद का प्रारम्भिक विकास
(Early Development of Utilitarianism)

प्रारंभिक व्याख्याता– उपयोगितावादी विचारधारा का प्रतिपादन करने वाले एडमंड बर्क (Edmund Burke) के समकालीन विद्वान डेविड ह्यूम (David Hume) थे, जिन्होंने सबसे पहले 'तर्कवाद' और 'विवेकवाद' की कटु आलोचना करके अनुभव के आधार पर प्रत्येक वस्तु के अस्तित्व का समर्थन किया। उनके ही समकालीन अन्य विचारकों जैसे प्रीस्टले (Priestley), फ्रांसिस हचिन्सन (Francis Hutchinson) तथा पैली (Palley) आदि ने भी राजनैतिक संस्थाओं की उपयोगिता सम्बन्धी आधार को मान्यता प्रदान की। उपरोक्त विद्वान उपयोगितावाद के प्रारम्भिक व्याख्याता थे।

आधुनिक उपयोगितावाद– 'आधुनिक उपयोगितावाद' के जन्मदाता जेरेमी बेन्थम थे, जिन्होंने सर्वप्रथम 'आधुनिक उपयोगितावाद' की स्पष्ट व्याख्या प्रस्तुत की। बेन्थम के पश्चात जेम्स मिल (James Mill), जॉन ऑस्टिन (John Austin), जार्ज ग्रेट (George Great), एलेक्जैण्डर बेन (A. Ben) तथा जॉन स्टुअर्ट मिल (John Stuart Mill) आदि ने उपयोगितावादी विचारधारा को क्रमशः विकसित करके चरम शिखर तक पहुंचाया। मिल ने उपयोगितावाद की स्पष्ट व्याख्या की तथा उसे सभी प्रकार से संशोधित एवं परिवर्धित करके एक सर्वाधिक महत्वपूर्ण राजनीतिक विचारधारा के रूप में प्रस्तुत किया गया।

उपयोगितावाद का अर्थ
(Meaning of Utilitarianism)

उपयोगितावादी दर्शन एक राजनीतिक सिद्धान्त के रूप में कम तथा एक नैतिक सिद्धान्त के रूप में अधिक प्रसारित हुआ। उसकी नींव 'सुखवाद' (Hedonism) नामक आनन्दवादी मनोवैज्ञानिक सिद्धान्त पर रखी गई। 'सुखवाद' के अनुसार "जीवन का परम उद्देश्य अधिक से अधिक सुख की प्राप्ति करना है।" इस सिद्धान्त के अनुसार प्रत्येक कार्य का मापदण्ड सुख और दुख है और जिस कार्य से व्यक्ति को सुख पहुंचता है, वह उपयोगी है तथा जिससे दुख पहुंचता है, वह अनुपयोगी है तथा त्याज्य है।

सर्वप्रथम फ्रांसिस हचिन्सन (Francis Hutchinson) ने "अधिकतम व्यक्तियों के अधिक-अधिक सुख" नामक प्रसिद्ध सिद्धान्त का प्रतिपादन किया। आधुनिक उपयोगितावाद के प्रवर्तक बेन्थम ने हचिन्सन के इस कथन से प्रभावित होकर उपयोगितावादी दर्शन की व्याख्या की। बेन्थम के अनुसार प्रकृति ने मानव जाति को दो सर्वोच्च स्वामियों—सुख और दुख-की अधीनता में रख छोड़ा है। यह बताना कि हमें क्या करना चाहिए और यह निश्चित करना कि हम क्या करेंगे उन्हीं का काम है। एक तरफ ठीक और गलत कार्य का स्तर दूसरी तरफ कारणों व परिणामों की माला उनके सिंहासन से बन्धी हुई है। वे हमारे उन सब कार्यों को शासित करते हैं, जो हम कहते हैं अथवा करते हैं। प्रत्येक प्रयत्न जो हम उनकी अधीनता को फेंकने का करते हैं, उससे हमारी अधीनता का उनके सामने अधिक प्रदर्शन होता है और वह अधिक पक्की होती हैं।" इस प्रकार बेन्थम ने प्रत्येक वस्तु से प्राप्त सुख (उपयोगिता) को ही उसका आधार माना। उसकी कट्टर 'सुखवादी' विचारधारा पर कटाक्ष करते हुये उसे 'शूकरवाद' (Pig Theory) कहा जाने लगा। अतः जॉन स्टुअर्ट मिल ने इस सिद्धान्त को संशोधित एवं परिवर्द्धित करके 'उपयोगितावाद' को और अधिक व्यापक और उपयोगी बनाया।

उपयोगितावाद का मूल आधार
(Essential Base of Utilitarianism)

उपयोगितावाद का मूल-आधार, सुखवाद (Hedonism) नामक मनोवैज्ञानिक सिद्धान्त के रूप में प्रचारित किया गया। सर्वप्रथम बेन्थम ने ही इस 'सुखवाद' को उपयोगितावाद का मूल आधार माना। बेन्थम ने सुखवाद के सिद्धान्त का प्रतिपादन करके सुख प्रदान करने वाली प्रत्येक वस्तु एवं कार्य को उपयोगी माना और उपयोगिता के सिद्धान्त का प्रतिपादन किया।

हेलेवी (Halevy) के अनुसार "बेन्थम का प्रमुख विचार यह है कि उसने उपयोगिता के सिद्धान्तों में एक व्यावहारिक ईश्वरीय आदेश तथा वैज्ञानिक कानून की खोज कर ली। उसने यह सिद्धान्त खोज निकाला कि क्या है और क्या करना चाहिए।" इस प्रकार बेन्थम के अनुसार "उपयोगितावाद का सिद्धान्त सुख-दुख का सीधा फल है।" बेन्थम ने उपयोगितावाद की परिभाषा देते हुए लिखा है कि "उपयोगिता के सिद्धान्त का अर्थ वह सिद्धान्त है, जो प्रत्येक कार्य का समर्थन या विरोध उस कार्य की इस प्रवृति के साथ करे कि

वह कार्य सुख को बढ़ाने वाला है या घटाने वाला है। यह सिद्धान्त न केवल व्यक्ति के कार्यों के ही सम्बन्ध में, अपितु सरकार के कार्य के सम्बन्ध में भी सत्य होता है।''

उपयोगितावादी विचारधारा के प्रमुख आधारभूत सिद्धान्त
(Basic Principles of Utilitarianism)

उपयोगितावादी विचारधारा के प्रमुख आधारभूत सिद्धान्त निम्नलिखित हैं—

(1) यथार्थवादी दर्शन (Realistic Theory)— उपयोगितावाद का उदय 'यथार्थवादी' सिद्धान्त के रूप में हुआ था। 19वीं शताब्दी का यह आन्दोलन सुधारवादी आन्दोलन था, जो जीवन की वास्तविकता अर्थात् यथार्थता पर आधारित था। उपयोगितावादी विचारक कल्पनातीत विश्व में आस्था नहीं रखते थे। उनके अनुसार काल्पनिक विचारधारा व्यावहारिक जीवन की समस्याओं को हल नहीं कर सकती। अत: व्यावहारिक जीवन की समस्याओं को हल करने के लिए ही उपयोगितावादियों ने सुधारात्मक दृष्टिकोण अपनाया। 'रूडॉल्फ मेज' (Rudolf Metz) को उद्धत करते हुए प्रो॰ डब्ल्यू॰ एल॰ डेविडसन ने लिखा है कि ''इसकी उत्पत्ति विद्यार्थियों के अध्ययनागारों तथा व्याख्यान कक्षों में इतनी नहीं हुई जितनी कि जीवन की आवश्यकताओं तथा जीवन के लिये होने वाले प्रतिदिन के उतार-चढ़ाव में।''

(2) राज्य तथा समाज—दो पृथक संस्थायें (State and Society-- two separate Institutions)—उपयोगितावादियों का विचार है कि राज्य और समाज दो पृथक् अस्तित्व वाली संस्थायें हैं। उपयोगितावादी विचारक आदर्शवादियों की भाँति 'राज्य' और 'समाज' को समानार्थी शब्दों में प्रयोग नहीं करते। उनके अनुसार, राज्य और समाज का क्षेत्र अलग-अलग है। समाज का क्षेत्र राज्य के क्षेत्र की अपेक्षा अधिक व्यापक है। इसलिये वह समाज को 'प्रधान' एवं राज्य को 'गौण' मानते हैं। सामाजिक व्यवस्था को बनाये रखने के लिये राज्य आवश्यक है, परन्तु उसे चाहिये कि वह व्यक्ति के कार्य-क्षेत्र में बहुत ही कम हस्तक्षेप करे अन्यथा अपने अधिकारों की रक्षा हेतु व्यक्ति राज्य का विरोध करने लगेगा और समाज अव्यवस्था का केन्द्र बन जायेगा।

(3) राज्य साध्य नहीं, साधन (State not End but Means)—आदर्शवादी विचारकों के समान उपयोगितावादी विचारक राज्य को साध्य नहीं, साधन मानते हैं। उनके अनुसार साध्य तो ''व्यक्ति का कल्याण'' है। उनके विचार में राज्य आवश्यक तो है परन्तु वह दैवी व्यक्तित्व'' से युक्त नहीं है। दूसरी ओर आदर्शवादी राज्य को एक पृथक् व्यक्तित्व प्रदान करते हैं तथा उसको साध्य मानते हैं। उपयोगितावादी विचारकों का मत है कि राज्य व्यक्ति के व्यक्तित्व के विकास में सहायक तो हो सकता है, परन्तु वह साध्य नहीं है।

(4) राज्य के सिद्धान्त की अपेक्षा शासन का सिद्धान्त (Ruling Theory not Theory of State)— उपयोगितावादी विचारक उपयोगितावाद को राज्य की अपेक्षा शासन का सिद्धान्त अधिक मानते हैं, क्योंकि यह उन आधारभूत सिद्धान्तों पर विचार नहीं करता, जो राज्य के स्वरूप तथा उनके विकास से सम्बन्ध रखते हैं। यह शासन के कार्यों को ही महत्व प्रदान करता है।

(5) **प्रयोगात्मकता को महत्व** (Importance to Practicability)—उपयोगितावादी विचारकों ने अपने सिद्धान्त का प्रमुख आधार प्रयोगात्मकता अर्थात् व्यावहारिकता को बनाया, कल्पना को नहीं। सुख की भावना पर आधारित होने के कारण यह सिद्धान्त अन्य सिद्धान्तों की श्रेणी में भी गिना जा सकता है। यह सिद्धान्त अपनी व्यावहारिकता के कारण बहुत प्रसिद्ध हुआ। उसी का वर्णन करते हुये कहा गया है कि "उपयोगितावाद की विधि अनुमानिक रीति नहीं है। इसका आधार प्रयोगात्मक और इसका उद्देश्य व्यावहारिक हैं।"

(6) **मानवता की महत्ता** (Importance of Humanity) उपयोगितावादी सिद्धान्त के अनुसार राज्य को केवल वही कार्य करने चाहियें, जिनसे जनता के दुखों का निवारण हो और सुखों की अधिक से अधिक वृद्धि की जाये। बेंथम (Bentham) के अनुसार, "उपयोगितावादी सिद्धान्त का आधार एक नैतिक आधार है, जो मानव मात्र के अधिकतम सुख की कल्पना करता है।" अत: उपयोगितावादी सिद्धान्त मानव मात्र के कल्याण की ओर संकेत करता है।

(7) **मौलिक अधिकारों का महत्व** (Importance of Huma Rights)—उपयोगितावादी विचारकों के अनुसार "प्रत्येक समाज, राष्ट्र अथवा राज्य उसी समय उन्नति कर सकता है, जबकि प्रत्येक व्यक्ति को उसके विकास का पूर्ण अवसर प्रदान किया जाये और इस प्रकार के विकास का अवसर, व्यक्ति को उसके मौलिक अधिकारों की व्यवस्था करके ही प्रदान किया जाता है। इनमें व्यक्तिगत स्वतन्त्रता तथा निजी उद्योगों को विकसित करने की स्वतन्त्रता का प्रमुख स्थान है।"

उपयोगितावादी सिद्धान्त के अनुसार व्यक्ति समाज का एक अभिन्न अंग है। इसलिये व्यक्ति को उसके विकास के पूर्ण अवसर प्रदान करने चाहिये। उदाहरण के लिये राज्य को उद्योग-धन्धों पर नियन्त्रण नहीं करना चाहिए, वरन् व्यक्ति को स्वतन्त्र छोड़ देना चाहिये। इस प्रकार उपयोगितावादी सिद्धान्त के विचारक व्यक्तिगत स्वतन्त्रता के पोषक हैं।

(8) **मनोवैज्ञानिक सिद्धान्त** (Psychological Theory)— उपयोगितावाद मनोवैज्ञानिकता पर आधारित हैं। समाज में निवास करने वाला प्रत्येक व्यक्ति दूसरे व्यक्ति को प्रभावित करता है। ये पारस्परिक हितों को महत्व देते हैं। पारस्परिक सद्भावना के विकास में सहयोग, परोपकार, आत्मज्ञान, त्याग आदि मनोवैज्ञानिक धारणाओं का विशेष योगदान एवं महत्व है। इसी कारण राजनैतिक विचारक उपयोगितावाद को मनोवैज्ञानिकता पर आधारित मानते हैं।

(9) **सुधारात्मक सिद्धान्त** (Reformatory Theory)— उपयोगितावादी सिद्धान्त व्यावहारिकता का समर्थक एवं कल्पनावाद का विरोधी है। वह राज्य को ऐसे कार्य करने की प्रेरणा देता है, जिनसे राज्य 'अधिकतम व्यक्तियों का अधिकतम हित' कर सके। यह सिद्धान्त समाज को उन्नति की ओर ले जाने वाला है। इसका परम उद्देश्य उन साधनों की खोज करना है, जिनसे समाज को दूषित करने वाली कुरीतियों का अन्त किया जा सके, इस सम्बन्ध में डेविडसन (Davidson) ने लिखा है कि "उपयोगितावादी विचारकों का मूल मन्त्र अधिकाधिक उन्नति था। जनसाधारण की भलाई एवं उनके स्वतन्त्रता के अनुकरण ने ही उनको नेतृत्व की शक्ति प्रदान की थी।"

(10) **विस्तृत सिद्धान्त** (Detailed Theory)—सुखवाद पर आधारित होने के कारण यह सिद्धान्त 'अधिकतम व्यक्तियों के सुख' की कामना करता है। इसलिये उपयोगितावाद शीघ्र

ही जनप्रिय सिद्धान्त बन गया। इस सिद्धान्त के शीघ्र विकसित होने एवं सर्वप्रिय होने में एक महत्वपूर्ण कारण यह भी रहा है कि यह सिद्धान्त अधिकतम व्यक्तियों के अधिकतम सुख' की विवेचना करता है। 'सुखवाद' पर आधारित होने के कारण भी यह सिद्धान्त अधिक व्यापक स्तर पर पहुंच गया था।

(11) व्यक्तिवाद का समर्थन (Support to Individualism)– उपयोगितावाद व्यक्तिवाद का समर्थन करता है। उपयोगितावादियों ने व्यक्ति की स्वतन्त्रता का समर्थन करके उसे व्यापक बनाने का प्रयास किया है। उनके अनुसार, "सामाजिक कल्याण" व्यक्तियों के सुख का संग्रह मात्र है। इससे स्पष्ट होता है कि 'सामाजिक सुख का मापदण्ड व्यक्तिगत सुख है और उनके समस्त कार्यों का मापदण्ड व्यक्ति ही है।

व्यक्तिवादियों के समान उपयोगितावादी विचारक 'व्यक्तिगत उद्योगों' के समर्थक थे। उनका मत था कि, "राज्य को व्यक्ति के जीवन में कम से कम हस्तक्षेप करना चाहिये। राज्य को अपने अस्तित्व को बनाये रखने के लिये व्यक्ति की स्वतन्त्रता का अधिक से अधिक विकास करना चाहिए।" परन्तु उपयोगितावादी विचारक व्यक्ति को पूर्ण रूप से स्वतन्त्र करने के पक्ष में नहीं हैं।

उपयोगितावाद की आलोचना
(Criticism of Utilitarianism)

उपयोगितावादी विचारधारा 'राजनीतिक विचारधारा' के रूप में नहीं अपितु केवल 'व्यावहारिक सिद्धान्त' के रूप में लोकप्रिय हुई थी। इसलिये उपयोगितावादी विचारधारा की राजनीतिक आलोचकों ने कड़ी आलोचना की है, जिसका वर्णन निम्नलिखित है–

(1) एक अपूर्ण 'सुखवादी' दृष्टिकोण (Incomplete Hedonistic Theory)– उपयोगितावादियों द्वारा प्रयुक्त शब्द 'सामान्य प्रसन्नता' एवं 'सामान्य सुख' बिल्कुल निरर्थक हैं, क्योंकि सुख व्यक्तिगत अनुभव पर आधारित एक आत्म-मूलक वस्तु है। इसको केवल व्यक्ति ही स्वयं अनुभव कर सकता है। व्यक्तिगत सुख विश्वव्यापी कभी नहीं हो सकता। अत: उपयोगितावादी विचारधारा सैद्धान्तिक दृष्टि से अपूर्ण है। 'सुखवाद' को सार्वदेशिक मानने में उपयोगितावादी विचारक 'व्यक्तिगत उपयोगिता' के सिद्धान्त को 'सामाजिक उपयोगिता' का सिद्धान्त समझ बैठते हैं।

उपयोगितावादियों ने सुख की भावना की प्रकृति को इतना अधिक भौतिक बना दिया है कि वे उसके अन्य पक्षों की तरफ ध्यान ही नहीं दे पाये हैं। मनुष्य केवल भौतिक सुखों के लिये ही जिन्दा नहीं रहता। कहीं-कहीं तो उपयोगितावादियों ने भौतिकवादी सुखों का इतना अधिक समर्थन किया है कि वे 'शूकर' तथा मनुष्य की 'तुष्ट' प्रवृत्ति को एक समान ही मानने लगे हैं। प्रो॰ सेबाइन (G.H. Sabine) ने इस सम्बन्ध में लिखा है कि "अधिकतम संख्या तथा अधिकतम प्रसन्नता में कोई तर्कपूर्ण सम्बन्ध नहीं है।"[1]

1. "There is no logical connection between the greatest number and the greatest happiness." --G.H. Sabine

(2) नैतिक व मनोवैज्ञानिक आधार की आलोचना (Criticism of Ethical and Psychological Basis)– सुखवाद की भावना को अपनाकर उपयोगितावादी विचारकों ने उपयोगितावादी विचारधारा को मनौवैज्ञानिक दृष्टि से अत्यधिक संकीर्ण बना दिया है। सुखवादी भावना व्यक्ति को स्वार्थी बनाती है। उसे मानव स्वभाव का एकमात्र तत्व नहीं माना जा सकता। मानव असंख्य जटिल भावनाओं व प्रवृत्तियों से बना है और उसमें दया, क्षमा आदि मनोभावों का भी समावेश होता है। वास्तविक मनुष्य बेन्थम के 'मनुष्य' से अधिक भावुक और बहुत कम विवेकशील है। बेन्थम के इस सिद्धान्त के कारण ही कार्लायल (Carlyle) ने इसे 'शूकर सिद्धान्त' (Pig Theory) कहा था। राबर्ट एल॰ मूर के अनुसार "यदि हम अन्तरात्मा को तिलांजलि दे दें, जैसा कि बेन्थम ने किया है तो फिर नैतिक अथवा अनैतिक कार्य नाम की कोई चीज बची नहीं रहती। जब हम वैयक्तिक अन्तःकरण को स्वीकार नहीं करते तो फिर सामूहिक अन्तःकरण भी नहीं हो सकता, फिर अपराधी की भर्त्सना का कोई प्रभाव नहीं पड़ेगा।"

(3) भौतिकवादी दृष्टिकोण की आलोचना (Criticism of Materialistic Point of View)– उपयोगितावाद का भौतिकवादी दृष्टिकोण कटु आलोचना का विषय रहा है। आलोचक उपयोगितावादियों की इस व्याख्या से सन्तुष्ट नहीं है कि अधिकतम सुख संचित करने के उपरान्त ही मनुष्य जीवन की तुष्टि होती है अथवा मानव जीवन का विकास होता है क्योंकि वास्तविकता बिल्कुल इसके विपरीत है। आदर्शों के अभाव में मनुष्य जीवन के विकास की कल्पना नहीं की जा सकती और न मनुष्य के जीवन अथवा कार्यों की श्रेष्ठता दर्शायी जा सकती है। स्वार्थों को छोड़कर त्याग की भावना से भरा आदर्श नागरिक सब कहीं प्रशंसा का पात्र रहा है। उपयोगितावादी जीवन के इस आदर्श पक्ष का उल्लेख तक नहीं करते हैं।

(4) 'अधिकतम व्यक्तियों का अधिकतम सुख'(Greatest Pleasure of Greatest Number) **भ्रमपूर्ण कसौटी**– उपयोगितावादियों का मूलमन्त्र 'अधिकतम व्यक्तियों का अधिकतम सुख' आलोचकों की दृष्टि में भ्रमपूर्ण है। यह राज्य के कार्यों की कोई तर्कपूर्ण कसौटी नहीं है, क्योंकि 'हित' या 'प्रसन्नता' ऐसी भावनायें हैं, जिनका कोई मापन नहीं हो सकता और न ही अधिकतम व्यक्तियों के लिये अधिकतम सुख की कल्पना ही की जा सकती है। समाज में जितने भी व्यक्ति रहते हैं उनकी प्रवृत्ति प्रकृति-भावनाओं, रुचियों आदि में बहुत अन्तर होता है। अतः एक ही चीज अधिकतम व्यक्तियों को अधिकतम सुख कैसे प्रदान कर सकती है। इस सिद्धान्त की तर्कहीनता प्रकट करते हुये प्रो॰ सेबाइन (Prof. Sabine) ने लिखा है कि 'अधिकतम संख्या तथा अधिकतम प्रसन्नता में कोई तर्कपूर्ण सम्बन्ध नहीं है।'

'सुख' अथवा 'प्रसन्नता' अथवा 'अधिकतम व्यक्तियों के अधिकतम हित' का किसी प्रकार भी मापन नहीं हो सकता। विभिन्न सुखों के वर्णन में बेन्थम केवल 'मात्रात्मक' भेद ही कर पाया है 'गुणात्मक' नहीं। वास्तव में उपयोगितावाद के इस सुखवादी आधार की कोई उचित अभिव्यक्ति नहीं है। उपयोगितावाद की यह मौलिक सूक्ति ही त्रुटिपूर्ण है। जेम्स सेथ (James Seth) ने लिखा है, "उपयोगितावाद अपनी सरलता तथा स्पष्टता को गम्भीरता तथा दृष्टिकोण की व्यापकता की कीमत पर, खरीदता है।"

(5) समाज का एकीकृत रूप प्रस्तुत न करना (Non Presentation of Integrated Society)– आलोचकों की दृष्टि में उपयोगितावादी सिद्धान्त में सबसे बड़ी त्रुटि यह है कि वह समाज को एक 'ढीली व्यवस्था' के रूप में व्यक्त करता है।, एकीकृत रूप में नहीं। उपयोगितावाद समाज को 'निरुद्देश्य व्यक्तियों की भीड़' मात्र समझकर समाज और व्यक्ति के सम्बन्धों में एकरूपता अथवा सामंजस्य का वर्णन नहीं करता।

उपयोगितावाद न तो आदर्शवादियों की तरह समाज को एक जैविक इकाई (Organic Unit) के रूप में ही समझता है और न उसके एकीकृत सावयवी रूप को प्रस्तुत करता है। इसका परिणाम यह होता है कि उपयोगितावाद की दृष्टि से समाज असम्बन्धित तथा असंगठित रूप में ही व्यक्त होता है। उपयोगितावाद के इस दोष पर टिप्पणी करते हुये मैक्सी (Maxey) ने लिखा है कि "बेन्थम वैयक्तिक और सामाजिक उपयोगिता के बीच की खाई को पार करने में असमर्थ रहा है।"[2]

(6) 'राज्य' और 'सरकार' में भेद न करना (No Distinction between State and Government)– उपयोगितावाद राज्य और सरकार में भेद न करने की भूल करता है। यद्यपि सरकार राज्य का महत्वपूर्ण तथा अनिवार्य अंग है, किन्तु फिर भी इन दोनों को एक दूसरे का पर्याय समझकर उपयोगितावाद ने निश्चय ही भूल की है। यही कारण है कि कुछ आलोचकों ने उपयोगितावाद को 'राज्य का दर्शन' न कहकर 'सरकार के व्यावहारिक कार्यों का दर्शन' ही कहकर पुकारा है।

(7) अल्पसंख्यकों के हितों को स्थान नहीं (No place for the Interests of Minorities)–उपयोगितावाद में अल्पसंख्यकों के हितों को स्थान न देकर बहुसंख्यक वर्ग के हितों को ही महत्व दिया गया है। बेन्थम का कथन 'अधिकतम व्यक्तियों का अधिकतम हित' इसका प्रतीक है। बहुसंख्यक अपने हितों की पूर्ति के लिये अल्पसंख्यक वर्ग के लोगों पर अत्याचार करते हैं, उनके हितों की पूर्ति में बाधा डालते हैं। इस प्रकार उपयोगितावादी विचारधारा में अल्पसंख्यक वर्ग बहुसंख्यकों के प्रभाव में दबा रहता है। इस सम्बन्ध में हैलोवेल (Hallow-well) ने लिखा है "उपयोगितावादी व्यवस्था में अल्पसंख्या के पास बहुसंख्या के अन्याय तथा अत्याचार से छुटकारा पाने का कोई मार्ग नहीं है। यह बहुमत के अत्याचार को प्रोत्साहित करने वाला तथा स्थायी बनाने वाला है।"[3]

(8) स्वतन्त्रता व समानता को कोई स्थान नहीं (No Importance to Liberty and Equality)–उपयोगितावादी विचारकों ने स्वतन्त्रता तथा समानता के स्थान पर सुरक्षा को अत्यधिक महत्व दिया है। उन्होंने स्वतन्त्रता व समानता को सुरक्षा के अधीन कर दिया है। बेन्थम के द्वारा फ्रेंच क्रान्ति से पूर्व के राजा सम्राट फ्रांसिस और रूस की रानी 'कैथेराइन' की प्रशंसा जिन शब्दों में की गयी, उससे स्पष्ट होता है कि उनकी स्वतन्त्रता व समानता सम्बन्धी धारणा अच्छी नहीं थी। समानता के बारे में तो उन्होंने यहाँ तक कहा है कि 'समानता' की

---

2. "Nor was Bentham able to cross the chasm between individual and social utility."
--Maxey

3. Hallowell, "*Main Currents in Modern Political Thought.*" p. 217..

स्थापना हिंसा से ही हो सकती है और उसे हिंसा से ही समाज में बनाये रखा जा सकता है। आधुनिक युग में यह धारणा कदापि मान्य नहीं हो सकती।

राजनैतिक चिन्तन को देन
(Contribution to Political Thought)

राजनैतिक चिन्तन को उपयोगितावाद की देन बहुत महत्वपूर्ण है। इसमें उपयोगितावादी विचारकों का योगदान भी सराहनीय है। डेविडसन ने इस विषय में लिखा है कि, ''19वीं सदी के अधिकांश भाग में उनके विचारों की प्रधानता रही और उसका फल यह हुआ कि मनोवैज्ञानिक अनुसंधान तथा नैतिक तर्क-वितर्क में लोगों की दिलचस्पी बढ़ी और व्यावहारिक राजनीति में सामाजिक सुधार तथा मंगलकारी कानूनों का निर्माण इतने बड़े पैमाने पर हुआ जितना कि पहले कभी सोचा भी नहीं गया था।'' राजनैतिक चिन्तन को उपयोगितावादी विचारधारा की महत्वपूर्ण देन निम्नलिखित है–

(1) **राजनैतिक क्षेत्र में सर्वोत्कृष्ट** (The Best in Political Field)– राजनैतिक क्षेत्र में उपयोगितावाद एक सर्वोत्कृष्ट विचारधारा है। उपयोगितावाद के विचारकों का राजनीतिक क्षेत्र में उपयोगितावादी सिद्धान्त को अपनाना सर्वथा उचित है। ब्रिटन (Briton) ने लिखा है ''उपयोगितावाद ने वर्तमान संस्थाओं की प्रगति मापने के लिए एक अच्छा यन्त्र प्रदान किया है।''[4] मैक्सी (Maxey) ने लिखा है ''उपयोगितावाद की बेन्थम द्वारा प्रतिपादित सुख-दुख की कसौटी को अस्वीकार करने वाले तथा उसका उपहास करने वाले व्यक्ति भी उसके इस सिद्धान्त की उपेक्षा नहीं कर सकते थे कि सरकार और इसके अधिकार का औचित्य केवल इसी बात से निश्चित होता है कि वह प्रजा को कितना प्रत्यक्ष और स्पष्ट सुख पहुंचा रही है और उसकी कितनी सेवा कर रही है।''

(2) **व्यावहारिकता का उपयुक्त आधार** (Proper Base of Practicability)– राजनीतिक चिन्तन में उपयोगितावाद व्यावहारिक सिद्धान्त के रूप में प्राप्त हुआ था। उपयोगिता के आधार पर किसी भी विधेयक को अच्छा या बुरा कह सकते हैं। उपयोगिता के आधार पर ही राजनीतिक व सामाजिक सुधारों की सफलता निर्भर करती है। उपयोगितावाद ने व्यावहारिकता को महत्व दिया है जो किसी भी वस्तु की सदैव उचित कसौटी हो सकती है।

(3) **वैज्ञानिक पद्धति को महत्व** (Importance to Scientific Method)– उपयोगितावाद में विचारकों ने विभिन्न राजनीतिक, सामाजिक तथा आर्थिक समस्याओं को सुलझाने के लिये वैज्ञानिक पद्धति को महत्व दिया। यह उपयोगितावाद की एक महत्वपूर्ण देन है।

(4) **व्यक्तिगत स्वतन्त्रता को महत्व** (Importance to Individual Freedom)– व्यक्तिगत स्वतन्त्रता को महत्व देना भी उपयोगितावाद की एक महत्वपूर्ण देन है। उपयोगितावादी विचारधारा के जन्म के पूर्व व्यक्ति को उसके व्यक्तित्व का विकास करने की स्वतन्त्रता नहीं

---

4. ''It provided a measuring rod of existing institutions.''
--Briton

थी। उपयोगितावाद के द्वारा व्यक्ति की व्यक्तिगत स्वतन्त्रता तब तक दी गयी, जब तक कि वह किसी के अधिकार को नुकसान नहीं पहुंचाता। अन्य शब्दों में, "सामान्य हित का चिन्तन करते हुये अपने हितों की पूर्ति करने में प्रत्येक व्यक्ति को स्वतन्त्रता प्रदान करना", उपयोगितावाद की महत्वपूर्ण देन है।

(5) समाज कल्याण एक प्रमुख लक्ष्य (Social Welfare as an Important Aim)– सामाजिक कल्याण को प्रमुख लक्ष्य मानने के कारण भी उपयोगितावाद एक महत्वपूर्ण विचारधारा मानी गई है। इस सम्बन्ध में ग्रीन (Green) जैसे आदर्शवादी ने भी कहा था कि "उपयोगितावादियों के सुखवादी मनोविज्ञान से चाहे कितनी ही त्रुटियाँ क्यों न पैदा हों, किन्तु राजनीतिक तथा सामाजिक सुधारों के लिये इतनी अधिक सत्य तथा इतनी शीघ्रता से प्रयोग में लाई जाने वाली और कोई विचारधारा नही हो सकती थी।"

(6) प्रगतिशीलता एक अनुपम देन (Progress as an Important Contribution)– प्रगतिशीलता भी राजनीतिशास्त्र को उपयोगितावाद की एक देन है। उपयोगितावादी विचारकों ने राजनीतिशास्त्र में कुछ ऐसे सिद्धान्तों का प्रतिपादन किया था, जिन्होंने राजनीतिक विचारों को नया मोड़ दिया और प्रगतिशील बनाया। आज भी उनके द्वारा प्रतिपादित सिद्धान्तों से राजनीतिक तथा समाजिक सुधार हो रहें हैं। प्रत्येक उपयोगितावादी विचारक ने स्थायी तथा मूल्यवान विचार प्रदान किये जिनके कारण प्रत्येक वस्तु उपयोगी होने की कसौटी पर कसी जाने लगी।

(7) मानवतावादी दृष्टिकोण (Humanistic Attitude)– उपयोगितावादी विचारधारा की एक प्रमुख देन मानवतावादी दृष्टिकोण है। इसी कारण राजाओं की अथवा प्रभुसत्ता की निरंकुशता का अन्त हुआ तथा दु:खी एवं दरिद्रों के प्रति सहानुभूति प्रकट की गयी, लोक कल्याण को महत्व प्रदान किया गया तथा इस बात पर बल दिया गया कि मानव प्रकृति के आधार पर राज्य को वे ही कार्य करने चाहियें, जो लोक-कल्याण में बाधा न डाले।

(8) यथार्थवाद (Realism)– उपयोगितावाद एक ऐसी विचारधारा है, जो यथार्थवाद पर आधारित है। इस विचारधारा के अनुसार प्रसन्नता या दुख दो ऐसी प्रमुख वस्तुयें हैं, जिन पर समस्त सामाजिक व्यवस्था आधारित है। इस विचारधारा ने मानवता को बहुत लाभान्वित किया है। इसने राजनैतिक विचारों को कल्पना से निकालकर व्यावहारिकता प्रदान की है तथा उपयोगिता को अपने विचारों की कसौटी बनाया है।

अभ्यास के लिए प्रश्न

1. "उपयोगितावाद नैतिक और राजनीतिक सिद्धान्तों को एक विशद् वैज्ञानिक प्रयोगवाद पर आधारित करने का सफल प्रयास है।" व्याख्या कीजिये।
2. "उपयोगितावाद मुख्यत: एक नैतिक सिद्धान्त है, जो सुखवाद नामक मनोवैज्ञानिक सिद्धान्त पर आधारित है।" व्याख्या कीजिये।
3. उपयोगितावादी विचारधारा की आलोचना व देन प्रस्तुत कीजिये।

3

जेरेमी बेन्थम

(Jeremy Bentham--1748-1832)

15 फरवरी, सन् 1748 ई० को लन्दन में उपयोगितावाद के संस्थापक जेरेमी बेन्थम प्रतिष्ठित वकीलों के खानदान में पैदा हुये। उनके पिता और पितामह अच्छे कानूनदाँ थे। उन्हें सम्पन्न परिवार में शारीरिक, बौद्धिक विकास की पूरी सुविधा मिली। उन्होंने उच्च शिक्षा प्राप्त करने के बाद कानून का विशेष अध्ययन किया। उनके पिता की यह आकांक्षा थी कि उनका पुत्र जेरेमी बेन्थम न्याय विभाग का सर्वोच्च पदाधिकारी, लार्ड चांसलर, बने। बेन्थम मेधावी, परिश्रमी, उदार तथा जनवादी थे। आक्सफोर्ड में शिक्षा प्राप्त कर ''लिंकन्स इन'' (Lincoln's Inn) से उन्होंने बैरिस्टरी पास की। उच्च परिक्षाओं में अपूर्व सफलता मिली लेकिन उन्होंने नौकरी करना स्वीकार न किया। वे अपने युग के बौद्धिक आश्चर्य एक प्रकाण्ड विद्वान थे। उन्होंने प्रारम्भ में वकालत का पेशा किया क्योंकि वह खानदानी पेशा था लेकिन कुछ समय बाद उसे छोड़ दिया। उन्होंने यह देखा कि मुकदमों, अदालतों और कानूनों में असंख्य त्रुटियाँ हैं। जिनके रहते न्याय-व्यवस्था निरर्थक सी है। उन्हें पूरा विश्वास हो गया कि उनके जमाने के अंग्रेजी कानून रहस्य, फरेब, औपचारिकता के बोझ मात्र थे और देश के लिये उपयोगी बिलकुल न थे।[1] उन्होंने इन कानूनों में संशोधन और परिवर्तन कराने का निश्चय किया। उन्होंने विधियों के सुधार का महत्वपूर्ण आन्दोलन चलाया और उन्हें सफलता मिली। उन्हें समाज कल्याण (Social Welfare) की समस्याओं में बड़ी अभिरुचि थी। उन्होंने अपने विचारों को नियमित रूप से लेखबद्ध किया। यह कहा जाता है कि वे प्रतिदिन कुछ न कुछ लिखने का नियम वर्षों से करते रहे। उनके विचार-ग्रन्थ 11 भागों (volumes) में प्रकाशित हुये। यूरोप का भ्रमण करने पर बेन्थम को फ्रांस के उपयोगितावादियों से बड़ी सहायता मिली। उनके अनुसार उन्होंने अपने विचारों में स्पष्टीकरण तथा परिवर्धन किया। ह्विग दल के नेता लार्ड शेलबर्न उनके ग्रंथों से बहुत प्रभावित थे और उन्हें राजनीति में आगे

---

1. '' In spite of Blackstone's eulogies of the British constitution and British Laws, Bentham was convinced that the English laws were a mess of obscurities, fictions and formalities, unsuited to England of his day.''

Bhandari D.R. *History of European Political Philosophy*, p. 333.

लाने का प्रयत्न करते रहे। शेलबर्न के परिचय से उन्हें पिट, रोमिली, केमडन, डयूमांट आदि राजनीतिज्ञों के सम्पर्क में आने का अवसर मिला। उनके विचारों का प्रभाव दूर-दूर देशों तक फैला। इंङ्गलैण्ड, फ्रान्स, अमेरिका, भारत, मेक्सिको, चिली आदि देशों के लिए उन्होंने विधिसंहिता (legal code) बनाने या संकलित करने का प्रयत्न किया। वे जातीय, वर्गीय विभेदों में विश्वास नहीं करते थे और सार्वभौम तथा सर्वजनोपयोगी नियमों में विश्वास रखते थे, इसलिए उन्हें विदेशों के लिये कानून बनाने में कठिनाई नहीं हुई। भारतीय जागृति के अग्रचेता राजा राममोहन राय से भी उनका पत्र-व्यवहार था। लार्ड विलियम बेन्टिक ने बेन्थम से प्रेरणा ग्रहण करके ही भारत में सामाजिक सुधारों का सूत्रपात किया था। उच्चकोटि के सुधारक होने के साथ-साथ वे सहृदयता, भावप्रवीणता, सूक्ष्म अन्तर्दृष्टि, विशाल दृष्टिकोण आदि के कारण लोकप्रिय थे और उनके विचारों का सम्मान होता था। प्रत्येक क्षेत्र से उन्हें समर्थन तथा सहयोग मिला क्योंकि ऐसे सुधारक की समाज को अत्यधिक आवश्कता थी। 84 वर्ष के दीर्घकालीन जीवन में बेन्थम ने उपयोगितावाद के साथ-साथ उदार सुधारवाद की नींव दृढ़ की। उनमें मौलिकता या क्रान्तिकारी दृष्टिकोण का अभाव भले रहा हो लेकिन उनकी सदाशयता तथा सद्भावना पर शक नहीं किया जा सकता। 6 जून, 1832 ई० में बेन्थम की मृत्यु हुई।

बेन्थम ने सबसे पहले सामयिक पत्र-पत्रिकाओं यथा लन्दन रिव्यू, वेस्ट मिंस्टर रिव्यू आदि में निबन्ध लिखे जिससे उनका अभ्यास बढ़ा और उन्हें प्रसिद्धि मिली।1776 ई० से 1824 ई० तक उनकी सभी महत्वपूर्ण रचनाएँ प्रकाशित हुई। 1776 ई० में सबसे पहले उन्होंने शासन सम्बन्धी विचारों पर ग्रन्थ (Fragments on Government) लिखा। यह ग्रंथ ब्लेकस्टोन की आलोचना में लिखा गया और इसमें वकालत पेशे की भी आलोचना की गई। दूसरा ग्रन्थ (Introduction to the Principles of Morals and Legislation) 1789 ई० में न्याय और व्यवस्था के सिद्धान्तों को प्रस्तावना के रूप में लिखा गया जिसमें उन्होंने अपने दार्शनिक तथा मनोवैज्ञानिक आधार स्पष्ट किये हैं और उपयोगिता की परिभाषा दी है। दंड व्यवस्था में सुधार करने तथा कानूनों का रूप कल्याणकारी बनाने के लिये उन्होंने अपने सिद्धांत कई ग्रन्थों में लिखे हैं। इनमें से "दंड तथा पुरस्कार सिद्धान्त" (Theory of Punishment and Rewards), दीवानी और दंड सम्बन्धी कानूनों पर व्याख्यान (Discourse on Civil and Penal Legislation), विधिसंहिता तथा जन-शिक्षा पर निबन्ध (Papers on codification and Public Instruction) आदि उल्लेखनीय हैं। 1827 से 1832 तक उन्होंने विभिन्न कानूनी तथा संवैधानिक पुस्तकें (Constitutional Codes) लिखीं। सूदखोरी के सम्बन्ध में भी उनका एक ग्रन्थ है। (A Defence of usury) और सामाजिक बुराइयों के लिये 'गलतियों का ग्रन्थ' (Book of fallacies) भी प्रसिद्ध है। उनके ग्रन्थों का भारी प्रचार हुआ, विभिन्न भाषाओं में अनुवाद हुआ तथा बहुत सी प्रकाशनीय सामग्री उसकी मृत्यु के बाद प्राप्त हुई। लिखित साहित्य के रूप में बेन्थम का अनुदाय प्रचुर तथा समृद्ध है। लिखने में उन्होंने व्याप्तिमूलक तथा अनुभूतिपरक पद्धति का अवलम्बन किया और समस्याओं का व्यावहारिक हल ढूँढ़ने में तत्परता बताई। प्रारम्भ में बेन्थम का प्रभाव बहुत कम था क्योंकि ब्रिटिश मस्तिष्क नवीनतावादी नहीं है और उग्रता-विरोधी है। लेकिन धीरे-धीरे उनका प्रभाव बढ़ने लगा और यहाँ तक बढ़ा कि रिकार्डो, मिल, आस्टिन, जार्ज ग्रोट आदि उसे अपना गुरु मानने लगे।

समकालीन युग

बेन्थम का युग औद्योगिक क्रान्ति का परिवर्तनशील युग था। औद्योगिक क्रान्ति ने यांत्रिक कुशलता, उतपादन-वृद्धि, जीवनोन्नति, नये व्यवसाय, बड़े पैमाने के औद्योगीकरण आदि का प्रारम्भ किया किन्तु दूसरी ओर उसके गंभीर परिणाम गृहोद्योग का विनाश, बेकारी, मजदूरों और बेजमीन खेतिहरों की संख्या-वृद्धि, शोषण-उत्पीड़न-अत्याचार, आदि के रूप में हुए। चिमनियों से लगातार धुआँ फेंकनेवाली फेक्टरियाँ उत्पादन बढ़ाने में लगी रहतीं और उधर हड्डियों का ढाँचा लिए कमजोर श्रमिक अपने जीवन की आहुति देते, चिमनी में बच्चे ऊपर चढ़ते-चढ़ते गिर पड़ते और फैक्टरियों के मालिकों, लोहे के पुरजों को अपना लहू भेंट करते। मजबूत, विशालकाय कारखानों के पास ही मजदूरों की गन्दी, तंग, अन्धेरी झोपड़ियाँ थीं जिनसे बदबू, बीमारी, लाचारी की लपटें निकलती। एक ओर तिजोरियों में धन भर कर सोने की सांकल लगानेवाले व्यवसायी कुबेरपति थे तो दूसरी ओर अधनंगे, सूखे, भूखे, घिनौने मजदूरों की टोली थी। औद्योगिक क्रान्ति इस विषमता का विष सब जगह फैला रही थी। उसी समय फ्रांस की राज्यक्रान्ति ने स्वतन्त्रता, समानता, भ्रातृत्व का नारा (Shibboleths) उठाया। अमेरिका की क्रान्ति ने वैधानिक परिवर्तनों का दरवाजा खोल दिया। प्रजातंत्र की दुहाई दी जाने लगी और अतिशय व्यक्तिवाद की जगह उदारता और मानवता की चर्चा होने लगी। हर क्षेत्र में कमी थी, त्रुटि थी, हर जगह सुधार की जरूरत थी।

बेन्थम ने इस युग के अभाव की पूर्ति की। सुधार लाने के पहले उन्होंने उन सिद्धान्तों को ढूँढ़ा जिनके बल पर तत्कालीन समाज, संवास, संस्कृति तथा संस्था की आलोचना या परीक्षा की जा सकती थी। उन्होंने उपयोगिता की कसौटी रखी और ऐसे मूल्य या मापदण्ड (Standards or norms) भी स्थिर किये जो सच्ची परख दे सकते थे और समाज सुधार तथा कल्याण का मार्ग प्रशस्त कर सकते थे। An Introduction to the Principles of Morals and Legislation नामक ग्रंथ में बेन्थम ने यह घोषित किया कि प्रकृति ने मनुष्य को सुख और दुख इन दो संप्रभुओं के आधीन रख छोड़ा है। ये दोनों ही हमारे कर्तव्य, अकर्तव्य का निर्धारण करने की क्षमता रखते हैं। हमें क्या करना चाहिये और हम क्या करते हैं इस मनोवैज्ञानिक सत्य के बल पर बेन्थम ने अपने युग की समस्या का विश्लेषण किया और उसे सुधारा। जीवन का सार सुख-प्राप्ति और दुःख-निवारण है, इसका प्रयोग बेन्थम ने व्यक्ति ही नहीं राज्य के लिये भी किया। उन्होंने राज्य के रचनात्मक और निषेधात्मक रूपों तथा कार्यों का स्पष्टीकरण किया। इन्होंने ऐतिहासिक प्रणाली या विश्लेषण की कभी चिन्ता नहीं की। नया समाज उनके अनुसार अतीत के खण्डहर नहीं बल्कि वर्तमान परिश्रम की नींव पर खड़ा होगा।

यद्यपि बेन्थम को इंगलैण्ड के उन्नीसवीं शताब्दी के सबसे बलवान् आन्दोलन उपयोगितावाद का नेता माना जाता है लेकिन बेन्थम के विचारों के अध्ययन से यह बात बिलकुल साफ हो जाती है कि बेन्थम का लक्ष्य कोई नयी राजनीतिक विचारधारा देने का न था। वह तो केवल सुधार—हर क्षेत्र में सुधार—चाहते थे। सुधारों के लिए ही उन्होंने एक सामान्य सिद्धान्त का अन्वेषण किया था जिसके आधार पर तत्कालीन आर्थिक, सामाजिक, राजनीतिक और सांविधानिक संवासों और संस्थाओं की परीक्षा की जा सके। बेन्थम के दर्शन की कुंजी हमें

उनके इन वाक्यों में मिल जाती है, "प्रकृति ने सारी मानव जाति को सुख और दुख इन दो संप्रभु स्वामियों के अधीन रख छोड़ा है। यह कार्य इन्हीं दोनों शक्तियों का है कि वे बतलाएँ कि हमें क्या करना चाहिए और क्या नहीं।"[3] बेन्थम ने बतलाया कि इन्हीं दोनों बातों से हमारे जीवन के सारे कार्य संचालित होते हैं। सुख और दुख को मानव-मनोविज्ञान के दो अविवादास्पद तथ्य मान लेने के बाद बेन्थम ने उपयोगिता के सिद्धान्त का निरूपण किया।

उपयोगिता का सिद्धान्त
(Theory of Utility)

जीवन का लक्ष्य : सुख

बेन्थम के ही शब्दों में "उपयोगिता के सिद्धान्त से हमारा आशय उस सिद्धान्त से है जिससे संबंधित व्यक्ति की प्रसन्नता में वृद्धि या ह्रास होता है और जिसके आधार पर वह प्रत्येक कार्य को या तो उचित ठहराता है या अनुचित; या दूसरे शब्दों में जिससे सुख मिलता है या सुख नष्ट होता है। मैं यह बात हर कार्य के लिए कहता हूँ; और इसीलिए मेरी यह बात किसी एक व्यक्ति पर नहीं बल्कि हर सरकारी कार्य के संबंध में भी लागू होती है?"[4] बेन्थम का कहना था कि जीवन के लक्ष्य के संबंध में कोई भी अनुमान लगाना मूर्खता है; विशेषकर उस समय जब कि हमारे प्रतिदिन के प्रत्येक कार्य में वही लक्ष्य प्रतिबिम्बित होता है। यह लक्ष्य है सुख की प्राप्ति। हम सब आनन्द और सुख (Pleasure) ही तो चाहते हैं। इसी के अनुसार हमारे वहीं कार्य अच्छे समझे जाते हैं जिनमें हमें सुख मिलता है। अत:, हमारे सारे कार्यों की एकमात्र कसौटी उनकी उपयोगिता (Utility) है। यह ऐसी कसौटी है जिसके संबंध में किसी को कोई मतभेद नहीं हो सकता और न कोई इस पर किसी तरह का विवाद ही कर सकता है। बेन्थम का कहना है कि किसी वस्तु या कार्य की उपयोगिता ही उसके अच्छे या बुरे होने का फैसला करती है। अपने आप में न कार्य कोई अच्छा है और न बुरा। यदि किसी कार्य के करने से लाभ होता है, अर्थात् सुख मिलता है तो वह अच्छा है और यदि दुख मिलता है तो बुरा। सब कुछ परिणाम पर निर्भर करता है। मानव-स्वभाव के संबंध में बेन्थम ने कहा कि वह हमेशा ऐसे कार्य करने को प्रेरित होता है जिनसे सुख मिले और उन कार्यों से बचने की कोशिश करता है जिनसे दुख पाने की संभावना हो। यही उपयोगिता का व्यवहारिक सिद्धान्त है।

---

3. "Nature has placed mankind under the governance of two sovereign masters, pain and pleasure. It is for them alone to point out what we ought to do, and as well as to determine what we shall do".

--J. Bentham *Principles of Moral and Legislation* p. 1.

4. "By the principle of utility is meant that Principle which approves or disapproves of every action whatsoever according to the tendency it appears to have to augment or diminish the happiness of the party whose interest is in question: or what is the same thing in other words to promote or to oppose that happiness. I say of every action whatsoever, and therefore not only of every action of a private individual, but of every measure of government". *Ibid*, p. 2.

सुख दुख के स्त्रोत—बेन्थम ने बतलाया कि सुख या दुख के कौन-कौन से स्रोत हैं। इन स्रोतों की संख्या पाँच हैं—(1) भौतिक या प्राकृतिक, (2) राजनीतिक, (3) नैतिक, (4) लौकिक और (5) धार्मिक।

(1) भौतिक (Physical)—जब हमें कोई दुख या सुख प्रकृति के कारण मिलता है तो वह प्राकृतिक स्रोत से मिला दुख या सुख कहलायेगा। उदाहरण के लिए वर्षा के अभाव में खेती सूख जाय तो हमारे भूखों मरने का कारण प्राकृतिक हुआ और यदि समय पर पानी बरस जाय तो सुख मिलने का कारण भी प्राकृतिक माना जायगा।

(2) राजनैतिक (Political)—यदि किसी का कर्जा अदा न करने के कारण राज्याधिकारी हमारा घरबार नीलाम करा देते हैं और हमें दर-दर की ठोकरें खाने को विवश होना पड़ता है तो हमारे दुख का कारण राजनीतिक माना जायगा क्योंकि हमें मिलने वाली तकलीफ प्रत्यक्षतः समाज की सहमति से निर्मित शासन के एक प्रतिनिधि की दी हुई है।

(3) नैतिक (Moral)—जब किसी कार्य के करने से हमें मन ही मन पश्चात्ताप होता है तो वह नैतिक कष्ट है।

(4) लौकिक (Temporal)—इसी तरह जब समाज हमें किसी कार्य के लिए दण्डित करता है तो हमारे दुख का कारण लौकिक होता है।

(5) धार्मिक (Religious)—धार्मिक विश्वासों के कारण भी हमें सुख या दुख मिल सकता है।

बेन्थम ने दुख या सुख के प्रकार नहीं बतलाए हैं। कोई ऐसा भी सुख या दुख होता है जो एक सुख या दुख से ऊँचा या नीचा हो। बेन्थम केवल यही कहते हैं कि सुख या दुख मात्रा की दृष्टि से कम या ज्यादा हो सकता है लेकिन गुणात्मक दृष्टि से उनमें कोई अन्तर नहीं होता। बेन्थम की दृष्टि से काव्य के आनन्द और कबड्डी खेलने के आन्नद में कोई अन्तर नहीं हैं।

सुख की गणना (Pleasure Calculaions)

बेन्थम का कहना है कि सुख या दुख की मात्रा निम्नलिखित सात कारणों से कम या ज्यादा हो सकती है : (1) तीव्रता, (2) समय की लम्बाई, (3) निश्चितता, (4) निकटता या समीपता, (5) उर्वरता, (6) शुद्धता और (7) विस्तृतता। बेन्थम का कहना था कि उक्त कारणों के आधार पर ही हम सारी बातों को तौलते हैं। यही सातों कारण हमारे धार्मिक, राजनीतिक, नैतिक, आचारिक और न्यायिक विश्वासों के मापदण्ड हैं। बेन्थम ने ऐसी बहुत-सी तालिकाएँ बनाई जिनसे उक्त कारणों के आधार पर कार्यों और वस्तुओं की उपयोगिता निर्धारित की गयी। बेन्थम ने यह भी बतलाया कि सुख या दुख दो प्रकार के होते है; एक तो सामान्य या सरल और दूसरे जटिल। सरल अथवा सामान्य प्रकार के चौदह सुख होते हैं, वे ये हैं : (1) इन्द्रिय सुख, (2) धन और सम्पत्ति सुख, (3) निपुणता का सुख, (4) मित्रता या सद्भावना का सुख, (5) यश का सुख, (6) शक्ति या सत्ता का सुख, (7) धार्मिक सुख, (8) दया का सुख, (9) निर्दयता का सुख, (10) स्मृति सुख, (11) कल्पना का सुख, (12) आशा का सुख, (13) सम्पर्क या मिलन का सुख और (14) सहायता अथवा भारगुक्ति का सुख। सरल और सामान्य प्रकार के बारह प्रकार के दुख ये हैं : (1) दरिद्रता,

(2) भावना, (3) परेशानी या हिचकिचाहट, (4) शत्रुता, (5) अपयश, (6) धार्मिकता, (7) दया, (8) निर्दयता या दुर्भावना, (9) स्मृति, (10) कल्पना, (11) आशा और (12) सम्पर्क। बेन्थम का कहना था कि गणना करके (हिडानिस्टिक केलकुलस द्वारा) यह बतलाया जा सकता है कि सुख या दुख की मात्रा कितनी है। इसी आधार पर किसी भी वस्तु या कार्य की उपयोगिता निर्धारित की जा सकती है।

उपयोगिता सिद्धांत की आलोचना
(Criticism of Principle of Utility)

बेन्थम के उपयोगिता के सिद्धान्त की बड़ी कठोर आलोचना हुई है। नैतिकतावादियों तथा कल्पनावादी विचारकों ने उपयोगिता के सिद्धान्त को नितान्त भौतिकवादी बतलाया है। उन्होंने कहा है कि यह मनुष्य को नीचे ले जानेवाला सिद्धान्त है। यदि मनुष्य के सारे कार्यों का आधार उपयोगिता के सिद्धान्त को ही मान लिया जाये तो ऐसा लगता है कि बेन्थम समस्त मनुष्यों को सुअरों की भाँति ही समझते थे।

(1) **शूकर सिद्धान्त**—आर॰ एच॰ मरे ने लिखा है कि "यदि हम बेन्थम की तरह व्यक्ति से उसकी आत्मा को छीन लेते हैं तो नैतिकता या अनैतिकतापूर्ण कार्य जैसी कोई वस्तु नहीं रह जाती हालाँकि ऐसे कार्य बच जाते हैं जो सर्वसाधारण के लिए लाभदायी हों या न हों। चूँकि व्यक्ति की आत्मा नहीं रह जाती इसलिये समाज की आत्मा भी नहीं रह जाती। अपराधी के निषेधों को अनुभव ही नहीं करता।"[5] मरे का आशय यह है कि यदि हम बेन्थम का उपयोगिता का सिद्धान्त स्वीकार कर लेते हैं तो व्यक्ति और समाज दोनों को अपनी अपनी आत्मा का परित्याग कर देने के लिए विवश कर देते हैं।

आलोचकों का यह भी कहना है कि यदि सभी मानवीय कार्य व्यापारों का उद्देश्य सुख लाभ करना है और दुखों से बचना है; जैसा कि बेन्थम का मत है, तो फिर मनुष्य के लिए जीवन का सिवा इसके अन्य कोई उद्देश्य रह ही नहीं जाता—कि वह सदैव अपने इंद्रिय सुखों की प्राप्ति के लिए ही सचेष्ट रहे क्योंकि सुखों में कोई गुणात्मक (qualitative) भेद तो बेन्थम द्वारा माना ही नहीं गया है। मात्रात्मक सुख या दुख भी इस बात पर निर्भर करता है कि गणित क्या कहती है। इस प्रकार बेन्थम के सिद्धान्त में समाजसेवा, देशभक्ति, राष्ट्रप्रेम, आदि जैसी भावनाओं और महत्वाकांक्षाओं के लिऐ कोई स्थान नहीं है क्योंकि इन सब में आत्मोत्सर्ग और आत्मत्याग तथा बलिदान करना पड़ता है। टॉमस कार्लाइल ने बेन्थम के दर्शन को "सुअरों का दर्शन" कहा है। बेन्थमवादियों ने इसका उत्तर दिया कि जो सैनिक अपने शरीर का अपने देश और राष्ट्र के लिए बलिदान करता है—उसे भी एक प्रकार का सुख मिलता है—भले ही वह हमारे दैनिक सुखों से भिन्न हो। ऐसे बलिदानी राष्ट्रप्रेमी सैनिक या क्रान्तिकारी इस सन्तोष की भावना से मरते हैं कि उनके जीवन के बलिदान से आगे

5. "If we take away conscience, as Bentham does", (then, only then) "there is no such thing as a moral or an immoral action, though there may remain acts that are generally useful on the reverse. As there is no individual conscience, so there is no collective conscience. The culprit does not feel the censure of the community."

-- R.H. Murray, *The History of Political Science*, p. 314.

आनेवाली पीढ़ियों को सुख मिलेगा। इस प्रकार की संतोष-भावना का होना क्या कोई कम सुख है? अतः बेन्थम के आलोचकों की टिप्पणियाँ कहीं-कहीं अत्यधिक एकांगी हो गयी हैं।

(2) सुख दुख की दोषपूर्ण कसौटी—बेन्थम की उपयोगिता के सिद्धान्त की आलोचना इस आधार पर भी की जाती है कि हर कार्य या वस्तु का औचित्य दुख और सुख के जरिए ही सिद्ध नहीं किया जा सकता। बेन्थम का कहना है कि विधायिका शक्ति के प्रत्येक सदस्य को ऐसी विधियाँ (कानून) बनानी चाहिएँ जो अधिक से अधिक व्यक्तियों के लिए अधिक से अधिक उपयोगी हो। परन्तु यह कैसे जाना जा सकता है एक विधि दूसरी विधि से अधिक उपयोगी होगी। इसका उत्तर बेन्थम ने अपनी पुस्तक 'प्रिंसिपिल्स ऑफ मॉरल्स एण्ड लेजिस्लेशन' में बहुत सी तालिकाएँ बनाकर दिया है। बेन्थम का कहना है कि इन तालिकाओं से विभिन्न कार्यों की और वस्तुओं की उपयोगिता जानी जा सकती है। बेन्थम का यह दावा विवादास्पद है कि उन तालिकाओं से समस्त कार्यों और वस्तुओं की उपयोगिता जानी जा सकती है। दूसरी ओर यह दावा मान लेने पर भी समस्या सुलझती नहीं है। यह बात इस उदाहरण से स्पष्ट हो जायेगी। मान लीजिए कि 'क' नाम का एक ऐसा विधेयक है, जिसे कानून बना देने पर पचीस आदमियों को दस इकाई सुख प्रति व्यक्ति के हिसाब में मिलता है। इस प्रकार कुल सुख की मात्रा ढाई सौ इकाईयों की हुई। अब एक दूसरा विधेयक है; जिसका नाम 'ख' है। इसको विधि बना देने से तीस व्यक्तियों को पाँच इकाई सुख प्रति व्यक्ति के हिसाब से मिलता है। इस प्रकार मिलने वाले कुल सुख की मात्रा डेढ़ सौ इकाइयाँ हुई। अब विधियों को बनाने वाला क्या करे; वह अधिक व्यक्तियों का ध्यान रखता हुआ 'ख' विधेयक को विधि बना दे या सुख अधिक मात्रा को ध्यान में रखकर 'क' विधेयक को विधि बनायें। इस प्रकार हम देखते हैं कि राजनीति में अंकगणित का प्रयोग करना कैसी गड़बड़ी पैदा कर देता है। इस संबंध में जे॰ मेकन ने कहा है, कि अंकगणित राजनीति में उतनी ही अनुपयोगी है जितनी राजनीति अंकगणित में।

(3) पूँजीपतियों को लाभ—बेन्थम के उपयोगिता के सिद्धान्त से सबसे अधिक लाभ पूँजीपतियों के एक छोटे से वर्ग को हुआ। बहुसंख्यावाले गरीबों और मजदूरों के वर्ग की दशा में न तो कोई उल्लेखनीय सुधार ही हुआ और न उन लोगों को कोई राहत ही मिली। सुख की मात्रा को अधिकाधिक बढ़ाने की चिन्ता में पूँजीपतियों ने बेन्थम के सिद्धान्तों की आड़ में अपने मुनाफे की रकमों को अधिक से अधिक बढ़ाया। राज्य की ओर से जब-जब मजदूरों की दशा सुधारने के लिए ब्रिटिश संसद में विधेयक उपस्थित किये गये इन्हीं सिद्धान्तों के आधार पर बेन्थमवादियों और पूँजीपतियों ने उनका विरोध किया।

मनोविज्ञान और आचारशास्त्र
(Psychology and Ethics)

बेन्थम ने मनोविज्ञान और आचारशास्त्र की व्याख्या उपयोगिता के सिद्धान्त के आधार पर की है। बेन्थम ने बतलाया कि मनुष्य की आचारिकता सुखों की प्राप्ति के नियम द्वारा ही नियंत्रित होती है। इस नियम को सिद्ध करने के लिए उसे कोई भी प्रमाण देने की आवश्यकता

नहीं है। यदि कुछ लोगों को इस नियम के विरुद्ध आचरण करते देखा जाता है तो वे अपवाद हैं और उनकी मनोदशा भ्रष्ट हो चुकी है। सामान्य और साधारण कोटि का व्यक्ति सदैव उक्त नियम के अनुसार ही आचरण करेगा। बेन्थम ने सम्पूर्ण मनोविज्ञान पर प्रकाश नहीं डाला। यह कार्य बेन्थम के मित्र जेम्स मिल को करना पड़ा।

बेन्थम ने मनोविज्ञान की सहायता से व्यक्ति की मनोभावनाओं की गहराई में प्रवेश करने का प्रयत्न नहीं किया। बेन्थम ने व्यक्ति और समाज की सुखानुभूति की भावनाओं को भी समन्वित करने का प्रयत्न नहीं किया। बेन्थम का मनोविज्ञान निर्बल और अपर्याप्त था।

राज्य की अवधारणा
(Concept of State)

(1) राज्य की आवश्यकता (Necessity of State)—राज्य के सम्बन्ध में बेन्थम का विचार है कि "मनुष्य की भौतिक आवश्यकताओं की पूर्ति के लिये राज्य परमावश्यक है।" उनके अनुसार मनुष्य की इच्छाओं और उसके अन्तिम आनन्द का राज्य के क्रिया-कलापों से घनिष्ठ सम्बन्ध है। अतः मनुष्य तथा समाज के परमानन्द की प्राप्ति के लिये राज्य की विशेष आवश्यकता है और राज्य का वास्तविक उद्देश्य 'अधिकतम व्यक्तियों का अधिकतम सुख' है।

(2) राज्य की परिभाषा—राज्य की परिभाषा करते हुये बेन्थम ने लिखा है कि "जब संस्था में कुछ व्यक्ति, जिन्हें हम प्रजाजन कह सकते हैं स्वभावतः किसी जाने हुये तथा निश्चित प्रकार के व्यक्ति अथवा व्यक्ति समूह (जिन्हें हम शासक अथवा शासक वर्ग कह सकते हैं) के आदेशों का पालन करते हैं, तो हम उन सबकों (प्रजा तथा शासक) सामूहिक रूप से 'राजनीतिक समाज' की संज्ञा दे सकते हैं।"

(3) राज्य की प्रकृति (Nature of State)—उपयोगितावादियों की राज्य की प्रकृति सम्बन्धी धारणा को अपने शब्दों में व्यक्त करते हुये प्रो॰ वैपर (Prof. Wayper) ने कहा है कि "राज्य व्यक्तियों की धरोहर है। राज्य का निर्माण व्यक्ति से पहले नहीं हुआ है। राज्य व्यक्तियों को अधिकतम सुख के लिये कार्य करने के लिये पुरस्कृत कर सकता है अथवा दण्डित भी कर सकता है।" अतः व्यक्ति राज्य से पहले है। अतएव व्यक्ति राज्य से अधिक महत्वपूर्ण है।

(4) राज्य के प्रति निष्ठा (Loyalty to State)—'उपयोगितवादी विचार' को बेन्थम ने 'राज्य के प्रति निष्ठा' व्यक्त करते हुये भी उपयोगी बताया है। बेन्थम के अनुसार व्यक्ति राज्य के कानूनों का पालन इसलिये नहीं करता है कि राज्य को कानून बनाने का अधिकार उसके पूर्वजों ने राज्य के साथ समझौता करके प्रदान किया था। बेन्थम ने स्पष्ट किया कि व्यक्ति राज्य के कानूनों का पालन इसलिये करता है कि राज्य के कानूनों का पालन करना स्वय उसके लिये उपयोगी है। राज्य के कानूनों का पालन न करने में व्यक्ति अपनी स्वतन्त्रता में बाधा तथा अपने विकास के लिये हानिकारक समझता है। व्यक्तियों के हित के लिये उपयोगी होने पर राज्य कानून बनाता है और कानूनों को अपने हितों के लिये उपयोगी समझकर व्यक्ति भी उनका पालन करता है।

(5) राज्य के उद्देश्य (Aims of the State)—राज्य का प्रमुख उद्देश्य मनुष्य के प्राकृतिक अधिकारों को नष्ट होने से बचाना है। मानव अधिकारों की घोषणा करते हुये फ्रांस की क्रान्ति के समय कहा गया था कि लोगों के जीवन, सम्पत्ति तथा स्वतन्त्रता की रक्षा करना और अत्याचारों का विरोध करना प्रत्येक राज्य का कर्त्तव्य है। ये अधिकार मनुष्य को प्रकृति द्वारा मिले हुये हैं। राज्य के इन उद्देश्यों को बेन्थम ने अस्वीकार कर दिया और स्वतन्त्रता की अपेक्षा मनुष्यों की जीविका, प्रचुरता, समानता आदि पर बल देकर व्यक्ति का जीवन सुखमय बनाने को राज्य का प्रमुख कर्त्तव्य बताया। उसके अपने ही शब्दों में "दण्ड तथा पुरस्कार द्वारा समाज के सुख की वृद्धि करना ही सरकार का प्रमुख उद्देश्य है।"[6]

(6) राज्य के कार्य (Functions of the State)—बेन्थम का कहना था राज्य व्यक्ति के कार्यों में जहाँ तक हो, हस्तक्षेप न करे। उसने स्वयं एक स्थान पर कहा है कि 'हर कानून बुराई है' क्योंकि हर कानून से स्वतन्त्रता का अतिक्रमण होता है। इसलिये सरकार को दो बुराइयों में से किसी एक को चुनना होगा। इस प्रकार का चुनाव करते समय कानून बनाने वाले को अपने को दो चीजों के सम्बन्ध में सन्तुष्ट कर लेना चाहिये। प्रथम, वे चीजें जिन्हें वह रोकना चाहता है, हर हालत में बुरी हैं। दूसरे, ये बुराईयाँ उन बुराइयों से बड़ी हैं, जिन्हें वह इनके दूर करने के लिये प्रयोग में लाना चाहता है।"

इस प्रकार बेन्थम के अनुसार राज्य को व्यक्ति के विकास के मार्ग में हस्तक्षेप नहीं करना चाहिये। उसके अनुसार, "राज्य केवल एक ऐसी संस्था है जो 'अधिकतम व्यक्तियों का अधिकतम हित' कर सकती है।" राज्य को चाहिये कि वह उन सभी कार्यों का विरोध करे जो व्यक्ति को दुख पहुंचाते हों। अतः सुख व दुख की परख राज्य के कार्य का आधार होना चाहिये।

बेन्थम राज्य के द्वारा निर्मित कानून के पालन पर भी जोर देता था। उसके अनुसार राज्य का कोई भी कार्य गलत नहीं हो सकता। राज्य के कार्यों को गलत बताना सर्वथा अनुचित है।

समाज की अवधारणा
(Concept of Society)

बेन्थम ने समाज के विकास तथा राजनीतिक संगठन पर अपने विचार व्यक्त किये हैं। वे अनुबन्धवाद या सामाजिक समझौते (Social Contract) के विरोधी हैं क्योंकि उनके अनुसार राजनीतिक समाज, राज्य, अधिकार, कर्तव्य आदि सब समझौते या सहमति से नहीं उत्पन्न हुए। इनके उत्पन्न होने, चलने और सफल होने में वर्तमान रुचि तथा उपयोगिता (present interest and utility) की भावना प्रबल रही है। व्यक्ति और समाज का पारस्परिक सम्बन्ध होने से व्यक्ति की उपयोगिता समाज में जाकर समुदाय की उपयोगिता हो जाती है। समुदाय (Community) का कोई स्वतन्त्र अस्तित्व नहीं है क्योंकि वह सदस्यों

---

6. "The business of government is to promote the happiness of the society by punishing and rewarding."
--Bentham

का संघमात्र है। समुदाय के पास झूठा या प्रवंचक शरीर (fictitious body) है क्योंकि सदस्यों के हित के सिवाय उसका कोई अन्य हित नहीं है। इस उपयोगिता को बेन्थम ने 'अधिकतम व्यक्तियों का अधिकतम सुख' कहा है जो आर्थिक, राजनीतिक सामाजिक क्षेत्रों में लागू किया जा सकता है। समाज के सामने प्रत्येक व्यक्ति एक है, एक से अधिक नहीं। इसी आधार पर वह न्याय, शासन, सुधार का हकदार है। समाजिक उपयोगिता के विचार से ही राज्य का जन्म हुआ है। मानव जाति को उसकी अनिवार्य आवश्यकता है, सुख-संवर्धन इसके द्वारा ही संभव है । राज्य स्वत: अपने लिये नहीं बल्कि समाज-कल्याण के लिये उत्पन्न हुआ है। मनुष्य राज्य तथा राज्य की आज्ञा इसलिये शिरोधार्य करता है कि उसकी सुख-प्राप्ति का मार्ग निष्कंटक हो। अत: वह विधियों का पालन करता है। इस प्रकार वह आज्ञा पालन की आदत (habit of obedience) पैदा कर लेता है। जिस समूह में इस प्रकार की आदत या आदतें बनती जाती हैं वह राजनीतिक समाज कहलाने लगता है। यह आदत उपयोगिता से उत्पन्न होती है, यह अस्तित्व के लिये अनिवार्य है। यह आदत ही समाज और राज्य का आधार है। मनुष्य की बुद्धि में यह बात रह-रहकर उठती हैं कि आज्ञापालन की आदत डाल लेने से अशांति या उपद्रव की आशंका कम हो जाती है और यदि यह आदत न हो तो हमेशा डर बना रहता है।[7] बेन्थम ने सावयव सिद्धान्त का समर्थन नहीं किया किन्तु इतना अवश्य कहा कि राज्य का कार्य विभिन्न अङ्गों को पुष्ट करना है, व्यक्तियों की आवश्यकता की पूर्ति करना है जिससे सब को सुख मिले। इसके लिये राज्य लाभदायी सार्वजनिक कानून बनाता है।

शासन सम्बन्धी विचार
(Idea about Government)

बेन्थम ने शासन के सम्बन्ध में तत्कालीन व्यवस्था तथा संविधान के आधार पर अपने मत निश्चित किये। बेन्थम से पहले कतिपय विधिशास्त्रियों (Jurists) ने, जिनमें ब्लेकस्टोन प्रमुख था, यह घोषित किया था कि ब्रिटिश शासन सर्वगुणसम्पन्न तथा दोषमुक्त है। वास्तविकता इससे भिन्न थी क्योंकि शासन की त्रुटियों का पक्ष भी प्रबल था। बेन्थम ने उनकी ओर सरकार और जनता का ध्यान आकर्षित किया। इस युग में राजनीतिक चेतना का विकास अधिकाधिक हो रहा था। वैज्ञानिक उपकरणों तथा शीघ्र यातायात के साधनों ने विचार-प्रचार तथा जनसम्पर्क की सुविधाएँ दी थीं। विचारधारा के क्षेत्र में नई-नई शक्तियाँ आ रही थीं। मौलिक रूप से व्यक्तिवादी होते हुए भी बेन्थम सामाजिक सङ्गठित चेतना के विकास के पक्षपाती थे और यह चाहते थे कि पूरे समाज का सामान्य स्तर ऊपर उठे। इसीलिये उन्होंने एकतंत्र या आभिजात्यतंत्र का समर्थन नहीं किया। उनकी आस्था गणतन्त्रात्मक शासन में थी। अपने युग के ब्रिटिश संविधान की आलोचना करते हुए बेन्थम ने उसे धनिक वर्गों से प्रभावित राजतन्त्र (aristocracy ridden monarchy) कहा। वे ऐसे राजतंत्र के विरुद्ध थे। राजनीतिक दृष्टि से वे जनतंत्रवादी थे। यद्यपि जनतंत्र का पूर्ण विकास उस समय नहीं हुआ

---

7. "Men obey the laws of the state because they know that the probable mischiefs of obedience are less than the probable mischiefs of disobedience." --Bentham

और उनका जनतंत्र धनिक बनने की अकांक्षा का जनतन्त्र (Aristocratic democracy) था। उपयोगिता के सिद्धान्त के साथ जब अधिकतम लोगों के अधिकतम सुख की स्थापना अभीष्ट है तब राजतंत्र और कुलीनतंत्र बाधक हैं। इस सिद्धान्त के साथ जनतंत्र और लोकसत्ता का ही सामञ्जस्य बैठता हैं। राजतन्त्र में राजा अपने स्वार्थ-साधन के लिये या अपनी महत्वाकांक्षा के नाम पर सब कुछ करता है, कुलीनतंत्र में स्थिर स्वार्थों तथा संकुचित वर्गों का ही लाभ होता है। व्यापक लाभ तो जनतंत्र में ही सम्भव है।

शासन में सुधार लाने के लिये बेन्थम ने वयस्क मताधिकार (audit franchise or universal manhood suffrage) गुप्त मतदान, प्रत्यक्ष निर्वाचन, संसद के वार्षिक अधिवेशन, उचित प्रतिनिधित्व, प्रजातांत्रिक प्रणाली आदि का प्रयोग आवश्यक बताया। इन सुधारों की माँग जनता में उठ रही थी। इंग्लैण्ड में संगठित रूप से इनके लिये प्रयत्न करने वाली संस्थाएँ थी। बेन्थम ने इनका औचित्य सिद्ध करते हुए शासन को धीरे-धीरे प्रजातांत्रिक मार्ग पर बढ़ने की सलाह दी। वे संसद् के दो सदनों की प्रणाली को अनावश्यक तथा खर्चीली मानते थे और इसलिये उच्च सदन (House of Lords) का विरोध करते थे। प्रजातंत्र में शासक और शासित के सामान्य हित होते हैं। गणतांत्रिक सरकार अधिक कुशलता, सुरक्षा, मितव्ययिता के साथ काम करते हुए जनता का वर्चस्व बनाये रखती है। बेन्थम के समय में राज्य के कल्याणकारी रूप (welfare state) की कल्पना नहीं की गई थी। उनके चिन्तन का मूलाधार समष्टिगत नहीं, व्यक्तिगत था। शासन का प्राथमिक कार्य शांति, सुरक्षा, या व्यवस्था बनाये रखना था। यह कार्य पुलिस राज्य के कार्य की ही तरह था। व्यापार, उद्योग, कृषि आदि में बेन्थम शासकीय हस्तक्षेप के विरुद्ध थे। उन्होंने मुक्त व्यापार तथा अहस्तक्षेप (laissez faire) की नीति प्रोत्साहित की। उनके समय में वाणिज्य-व्यापार आदि के क्षेत्रों में निजी साहस (private or individual enterprise) का अधिक महत्व था और सार्वजनिक क्षेत्र (public sector) की कल्पना तक नहीं की गई थी। व्यक्तिवादी दृष्टिकोण के कारण ही वे सूदखोरी या महाजनी (usury) जैसी घातक प्रथा को भी न्यायसंगत बताते हैं और राज्य से इस सम्बन्ध में अहस्तक्षेप की आशा रखते हैं। वे आर्थिक क्षेत्र में मुक्त प्रतिद्वन्द्विता के समर्थक थे। जिसके परिणामस्वरूप पूँजीवाद, उपनिवेशवाद, साम्राज्यवाद आदि की आर्थिक धारणाएँ मजबूत होती थीं। उन्होंने उपनिवेशवाद का विरोध किया और यह कहा कि उपनिवेशों को स्वतंत्र कर देना चाहिये लेकिन उन्होंने सुनिश्चित आर्थिक आधार पर आन्तरिक नीति चलाने को स्पष्ट रूप से सामने नहीं रखा। राज्य द्वारा अहस्तक्षेप का मतलब यह नहीं कि राज्य निष्क्रिय, अकर्मण्य या निरर्थक है। अहस्तक्षेप से उनका अभिप्राय जगह-जगह टाँग अड़ाने की नीति (meddlesomeness) का परित्याग था। यदि राज्य हर बात में रोड़े अटकाने का काम करने लगे तो उसके सारे लक्ष्य भ्रष्ट हो जायेंगे और सारी व्यवस्था अस्त-व्यस्त हो जायेगी। हस्तक्षेप अथवा अहस्तक्षेप केवल उपयोगिता के आधार पर ही प्रयुक्त होते हैं। जहाँ हस्तक्षेप की आवश्यकता हो वहाँ अहस्तक्षेप की बात करना कायरता ही नहीं अनैतिकता भी है। श्रमिकों, निर्धनों अपाहिजों आदि की रक्षा के लिये राज्य को हस्तक्षेप करना ही चाहिये। बेन्थम निर्धनों को निःशुल्क शिक्षा देने तथा आर्थिक सहायता देने का समर्थन करते थे। उन्होंने स्वास्थ्य, बीमा, बचत, निर्धनों का सुधार आदि विषयों में राज्य के रचनात्मक पक्ष का उल्लेख

किया था। इस प्रकार अहस्तक्षेप तटस्थता का दृष्टिकोण था जिससे व्यक्तिगत क्षेत्र को उत्साह तथा उपक्रम मिलता रहे। दूसरी ओर राज्य का हस्तक्षेप व्यक्तिगत स्वतन्त्रता की प्राप्ति या रक्षा करने के लिये स्तुत्य है। अतः राज्य का हस्तक्षेप का प्रयोग बड़ी सावधानी और सतर्कता के साथ करना चाहिये। इस तरह का राज्य और शासन व्यक्तिवादी तथा उपयोगितावादी है।

सम्प्रभुता का सिद्धान्त
(Theory of Sovereignty)

संप्रभुता के सम्बन्ध में बेन्थम ने अद्वितीय, अप्रतिद्वन्द्वी, अदभुत, सर्वोच्च सत्ता का उल्लेख नहीं किया क्योंकि उनका राज्य की अनन्त शक्ति या उच्चतम सत्ता में विश्वास नहीं था। राज्य की शक्ति क्षमतायुक्त अवश्य है और वह अपने आदेशों के द्वारा जिन विधियों का निर्माण करती है उनका महत्व बहुत अधिक है। विधेयक की इस क्षमता को ही संप्रभुता कहते हैं, परन्तु यह भी उपयोगिता की कसौटी पर कसी जाती है। इस तरह की संप्रभुता अनिश्चित तथा सीमित है। लोकमत तथा जनतन्त्र संप्रभुता की मर्यादा हैं। यदि विशाल जनमत किसी विधि का विरोध करता है तो संप्रभु का यह कर्तव्य है कि उसे कानून का रूप न दे। प्राकृतिक अधिकारों और कानूनों या ऐसे निश्चित कानूनों में बेन्थम को सार नहीं दिखलाई देता जो व्यक्ति को समझौते आदि से प्राप्त हों। प्रकृति स्वतः अमूर्त और अव्यक्त है और प्राकृतिक कानून एक विरोधाभास हैं। कानून तो केवल ईश्वरीय या मानवीय हो सकते हैं। मनुष्य को कोई प्राकृतिक अधिकार नहीं है जिसके भंङ्ग होने पर दंड न मिले। व्यक्ति के अधिकारों को निश्चित तथा साकार करने वाली शक्ति ही संप्रभुता है। अपने आदेशों या कानूनों द्वारा ही संप्रभुता अधिकारों का अनुमोदन या संरक्षण करती है। इसलिये राज्य की संप्रभु शक्ति को व्यक्ति के अधिकार मानने के लिये विवश नहीं किया जा सकता। संप्रभु के विरुद्ध व्यक्ति को अधिकार नहीं है। नागरिकों को कर्तव्य पर प्रेरित करना संप्रभु का कार्य है। इसमें अप्रिय प्रसङ्ग आने पर भी यह कार्य करना ही पड़ता है।

आलोचना—बेन्थम के इस विवेचन से यह ध्वनि निकलती है कि व्यक्ति राज्य के सामने कुछ नहीं हैं, उसे प्रतिरोध का अधिकार नहीं है, उसे केवल अन्ध-बधिर-दीन की तरह राज्य की आज्ञा माननी चाहिये। यह निष्कर्ष पूर्णतः भ्रान्त था संदेहजनक है। बेन्थम व्यक्ति से उसी हद तक आज्ञा-पालन और कानून के प्रति आदर का भाव चाहता है जहाँ तक उसे लाभ हो और उपयोगिता की पूर्ति हो। यदि कानूनों की उपयोगिता नष्ट हो जावे, उनसे हानि होने लगे तो ऐसी स्थिति में प्रतिरोध करना ही होगा। यह प्रतिरोध सामान्य से लेकर क्रान्ति तक का रूप ग्रहण कर सकता है पर प्रत्येक क्षेत्र में उपयोगिता का दृष्टिकोण रहना अनिवार्य है। कानूनों का पालन करना नागरिक का वैधानिक कर्तव्य है परन्तु वहीं तक जिससे उसे प्रतिरोध करने की अपेक्षा आज्ञापालन में अधिक लाभ होता रहे। बेन्थम यह भी स्वीकार करते हैं कि राज्य से बड़ी भीतर या बाहर कोई दूसरी शक्ति नहीं है जो राज्य को ही किसी अधिकार के मानने, न मानने के लिये बाध्य कर सके। इस तरह बेन्थम संप्रभु को असीमित अधिकार (unlimited powers) देते है। उनके अनुसार "संप्रभु के अधिकार, भले ही अनन्त न हों, पर अनिश्चित होने ही चाहिये बशर्ते कि स्पष्ट परम्परागत तरीकों से

उसे सीमित न किया गया हो।" इस परिभाषा में संप्रभु के असीमित तथा अनिश्चित अधिकारों का व्यापक चित्र खींचा गया है और साथ ही परम्परागत तरीकों की भी रक्षा की गई है। यदि संप्रभु पर प्रतिबन्ध हो सकता है तो वह जनवादी हितों पर आधारित सामूहिक प्रतिरोध की संभावना है जिसे वह स्वयं समझ सकता है।

कानून की अवधारणा
(Concept of Law)

कानून की प्रकृति–संप्रभु की इच्छा विधियों के रूप में प्रकट होती है और इसलिये उसकी मान्यता है। संप्रभु के निश्चित आदेशों का पालन करना प्रत्येक नागरिक का कर्तव्य है। इस आज्ञा के पालन में ही उसका और सब का कल्याण निहित है। विधियों की उपयोगिता स्वयंसिद्ध है इसलिए उनका पालन होना चाहिए।

कानून के प्रकार–प्राकृतिक विधियों को अस्वीकृत करते हुए बेन्थम ने दो ही विधियाँ मानी हैं–एक तो दैवी और दूसरी मानवी, दैवी विधियाँ या तो रहस्यमय हैं या ज्ञानातीत हैं और उनका स्वरूप भी निश्चित नहीं है राज्य के लिये इसलिये मनुष्यकृत विधियों का निश्चित रूप आवश्यक है। संप्रभु का प्रधान कार्य विधेयन या विधि निर्माण है। बेन्थम ने विधि की हाब्स की परिभाषा से मिलती-जुलती परिभाषा की है, "विधि संप्रभु की इच्छा का आदेशों की तरह अभिव्यक्तीकरण है जिससे राजनीतिक समाज के सदस्य उसका स्वाभाविक पालन करते है।"[8]

कानून के लक्ष्य– विधियाँ, कानून के लक्ष्य चार प्रकार के उद्देश्यों की पूर्ति करती हैं–सुरक्षा (Security), वस्तुता (Substance), आधिक्य या समृद्धि (abundance) और समानता (equality)। विधियों की उपयोगिता जाँचने के लिये यह देखना आवश्यक है कि उनसे नागरिक को यथेष्ट सुरक्षा मिलती हैं या नहीं? जीवन की आवश्यक वस्तुएँ मिलती हैं या नहीं? यदि मिलती है तो कम या अधिक मात्रा में? नागरिकों में पारस्परिक समानता का भाव उत्पन्न होता है या नहीं? यदि उपयुर्क्त परीक्षण में विधियाँ सफल हैं तो स्थायित्व और सर्वमान्यता के कारण वे व्यक्ति और समाज के सुख में परिवृद्धि करेंगी। विधियों का प्रचार व्यापक रूप से होना चाहिये और हर सम्भव प्रयत्न से उनके सभी पक्ष जनता को समझा दिये जावें ताकि कानून की अनभिज्ञता का प्रश्न न उठे। सर्व साधारण द्वारा पालित होने पर विधियों में स्थायित्व तथा प्रभाव आता है और अधिकतम व्यक्तियों के अधिकतम सुख का लक्ष्य पूरा होता है। विधियों की मान्यता के साथ बेन्थम स्वतन्त्रता और क्षमता का भी भक्त है। उन्होंने विधियों का वर्गीकरण चार भागों में किया–अन्तर्राष्ट्रीय, संवैधानिक, नागरिक या शासकीय, दण्डसंहिता सम्बन्धी विधियाँ। उन्होंने राजनीति और न्याय शास्त्र का स्पष्टीकरण भी किया। आगे चलकर जान आस्टिन (1790-1859 ई०) 'The province of jurisprudence defined' नामक ग्रन्थ में विधि और न्याय की पूरी समस्या का सफलतापूर्वक हल किया।

---

8. "Law is the expression of the sovereign will, in the form of a command, of a political society which gets the natural obedience of its members." --Bentham

विधियों में सुधार का आन्दोलन बेन्थम ने बड़ी तेजी से चलाया क्योंकि उनके समय के कानून जटिल, पेचीदे और दुरूह थे। उन्होंने सबसे पहले उपयोगी कानूनों के संहिताकरण (Codification) पर जोर दिया जिससे क्रमबद्ध कानून सरल, सुबोध भाषा में जनता के सामने आ सकें। उन्होंने सस्ते सस्करणों द्वारा उनके प्रचार की बात भी कही।

अच्छे कानून के लक्षण

बेन्थम के अनुसार अच्छे कानून के 6 लक्षण होते हैं।

(1) कानून जनता की आशा-आकांक्षा या विवेक बुद्धि के विपरीत नहीं होना चाहिये। ऐसे कानूनों के प्रचलन से समाजिक संतुलन बिगड़ता है और विद्रोह की मानसिक पृष्ठ-भूमि तैयार होती है।

(2) कानूनों का ज्ञान जनता को होना चाहिये। इसके लिये प्रचार, उपक्रम, जनमत-निर्माण आदि का आश्रय लेना चाहिये। पूरी जानकारी होने से कानून का भय जाता रहता है।

(3) कानूनों में विरोधाभास न हो और उपयोगिता का लक्ष्य धूमिल न होने पाये।

(4) कानूनों को सरल, स्पष्ट, सुबोध भाषा या भाषाओं में बनाना चाहिये जिससे जटिलता या कुटिलता न उत्पन्न हो।

(5) विधियाँ व्यावहारिक हों क्योंकि अव्यवहार्य कानूनों का तिरस्कार होने लगता है।

(6) कानूनों का पालन पूर्णरीति से होना चाहिये और कानून भंग के लिये पूरी दण्ड-व्यवस्था भी रहनी चाहिये।

कानून का महत्व—कानून तोड़ कर बच जाना समाज में अराजकता का प्रथम चरण है। बेन्थम ने फौजदारी कानूनों की कटु आलोचना की क्योंकि उसमें मानवता की उपेक्षा थी, क्रूरता तथा पाशविकता का प्रयोग था और अधिक परिणाम में दण्ड देने की व्यवस्था थी। बेन्थम के अनुसार फौजदारी कानूनों के निर्माण में मनुष्य तथा परिस्थिति का ध्यान रखना चाहिये और अपराध से अधिक दंड-विधान नहीं होना चाहिये। कानूनों के द्वारा व्यक्ति को कार्यों की ओर प्रेरित किया जाता है। इससे कानूनों के पीछे बल, सुदृढ़ता, प्रभाव (Effectivity) स्वीकृति (Sanctions) तथा दण्ड का भय रहता है जिसके कारण मनुष्य अपने कार्यों में गलतियाँ नहीं करता।

कानून की स्वीकृतियाँ—बेन्थम ने दण्ड, भय तथा कार्य के पीछे स्वीकृति के चार प्रकार प्राकृतिक, राजनीतिक, नैतिक और धार्मिक बताये हैं। इनमें राजनीतिक दण्ड भय सबसे अधिक शक्तिशाली और आतंकजनक हैं।

अधिकार की अवधारणा
(Concept of Right)

अधिकार की व्याख्या—अधिकारों की व्याख्या करते हुए बेन्थम ने कहा कि वे मनुष्य के सुखमय जीवन के नियम-उपनियम हैं जिन्हें राज्य के कानूनों के द्वारा मान्यता दे दी गई है। बेन्थम कानून-समस्त अधिकारों के अस्तित्व की ही चर्चा करते हैं। व्यक्ति के

प्राकृतिक अधिकार के सिद्धान्त को वे व्यर्थ की बकवास (Simple nonsense or meaningless) कहते हैं और इस तरह अनुबन्धवादियों का प्रत्यक्ष खंडन करते हैं। प्राकृतिक अधिकार की तरह प्राकृतिक विधि की कल्पना भी निरर्थक है। अधिकार कभी प्राकृतिक नहीं होते बल्कि विधि-सम्मत होने से उत्पन्न होते हैं और उपयोगिता के बल पर जीवित रहते हैं।

अधिकार की कसौटी—बेन्थम ने प्राकृतिक अधिकार के स्थान पर उपयोगिता को प्रतिष्ठित किया। अधिकारों का निश्चय सामाजिक पृष्ठभूमि में आवश्यकताओं और परिस्थितियों के बल पर होता है। अधिकारों के साथ ही कर्तव्यों का उल्लेख भी आवश्यक है क्योंकि दोनों अन्योन्याश्रित हैं। अधिकार और कर्तव्य की अधिक व्यवस्थित विवेचना ग्रीन तथा अन्य आदर्शवादियों ने की है।

अधिकारों के प्रकार—बेन्थम ने दो तरह के अधिकार माने हैं; एक तो वैधानिक और दूसरे नैतिक। वैधानिक अधिकारों से बाह्य आचरण के क्षेत्र में स्वतन्त्रतापूर्वक कार्य किया जाता है। नैतिक अधिकार आन्तरिक आचरण का विषय है। इन अधिकारों के साथ कर्तव्यों का भी समावेश है क्योंकि कर्तव्यों के अभाव में अधिकार निर्जीव रहेंगे। बेन्थम के पहिले टामपेन और गाडविन आदि दार्शनिकों ने अधिकारों का प्रश्न उठाया और मनुष्य के प्राकृतिक अधिकार तथा प्राकृतिक विधि का अनुशीलन किया। उनके विचारों में दार्शनिकता के साथ तर्क-युग (Age of reason) की छाप थी। बेन्थम ने उनकी ओर ध्यान नहीं दिया और उनके सिद्धान्तों को दूर ही रखा। उनके अनुसार सच्चे अधिकार वही हैं जिन्हें कानून का संरक्षण मिल चुका है। अधिकारों की रक्षा और समाज का कल्याण व्यवस्थापक (legislator) के कुशल हाथों में सौंप दिया गया है। बेन्थम के अनुसार यह व्यवस्थापक ही विवेक और विधि के हाथों से आनन्दवाद का वस्त्र तैयार कर सकता है।[9] बेन्थम अधिकारों के साथ जागृति (enlightenment) की भावना के प्रशंसक थें। उनका विश्वास था कि व्यक्तिगत स्वार्थों और अधिकारों के बीच स्वाभाविक सामञ्जस्य (natural harmony) ढूँढा जा सकता था।

दंड का सिद्धान्त
(Theory of Punishment)

दंड व्यवस्था एक ओर तो कानूनों की रक्षा करती हैं और दूसरी ओर उनका पालन सम्भव बनाती है। अपराधी व्यक्ति किसी न किसी रूप में कानून की मार्यादा का उल्लंघन करता है। ऐसा करके वह संप्रभु की इच्छा के विपरीत जाता है या उसे चेतावनी (Challenge) देता है। यदि संप्रभु मौन है या सत्ता अकर्मण्य है तो अपराध भीषणतम रूप धारण करके सारी व्यवस्था चौपट कर देगें। व्यक्ति की सुख-प्राप्ति की साधना स्वप्न बन जायेगी और मानवता धूल में मिल जायेगी। दण्ड विधान की सफलता इस बात में है कि उससे समाज कल्याण का लक्ष्य पूरा होता हो। दंड देकर समाज कल्याण करना यह बात निषेधात्मक

9. "Bentham says, the legislator can rear the fabric of felicity by the hands of reason and of law." --G.H. Sabine *Op. cit.* p. 652.

(negative) मालूम होती है लेकिन वास्तव में यह विधायक कार्यक्रम है। बेन्थम ने दंड सम्बन्धी दो सिद्धान्त स्थिर किये। पहला यह कि अपराध की मात्रा के अनुसार दंड मिले अर्थात् ऐसा न हो कि सुई की चोरी के लिये प्राणदंड और जीव हत्या के लिये अदालत उठने तक की सजा दी जावे। अपराध और दंड में अनुपात और औचित्य का विचार अवश्य रखना चाहिए। दूसरा यह कि दंड देने का अभिप्राय व्यक्ति का सुधार और समाज पर अच्छा प्रभाव लाना है। दण्ड के पीछे भय की भावना तो रहती ही है लेकिन वह भय इस रूप में हो कि व्यक्ति स्वाभाविक रीति से उचित कार्य करने की आदत डाले और दण्ड का प्रश्न ही न उठे।

जेल सम्बन्धी सुधार—इंगलैण्ड में समकालीन दण्ड-व्यवस्था अमानुषिक थी। दण्ड-शास्त्र (penology) में यह एक युग ऐसा था जब दाँत के बदले दाँत तोड़ना और आँख के बदले आँख निकालना (tooth for tooth and eye for an eye) सामान्य प्रतिशोध का सिद्धान्त था। इंगलैण्ड में भी दंड सम्बन्धी कानून बड़े भयावह थे। बेन्थम ने उनमें शीघ्र सुधार का आन्दोलन किया और उसमें पर्याप्त सफलता पाई। कुछ ही महीनों में इंगलैण्ड में जाली सिक्के (Counterfeit coins) तथा करेन्सी नोट बनाने के अपराध में एक सौ से अधिक व्यक्तियों को मृत्युदंड दिया जा चुका था। जेलों की हालत बदतर थी और वे साक्षात् नरक के द्वार थे। उनमें सुधार का आन्दोलन शुरू हो चुका था। बेन्थम के अनुसार जेल पश्चाताप तथा सुधार के आवास होने चाहिये जहाँ से अपराधी दस नम्बरी या दागी (Confirmed hardened criminal) अपराधी होकर नहीं बल्कि जीवन में नये सिरे से ईमानदारी के साथ चलने की प्रतिज्ञा लेकर बाहर आये। बेन्थम ने आदर्श जेल का एक मानचित्र बनाया जिसमें उन्होंने पेनअपिट्कन (Panopticon) नामक आदर्श इमारत की कल्पना की। यह इमारत चक्राकर थी। इसके बीच में रहकर जेल का गवर्नर अपने शीशे के कमरे से चारों ओर कैदियों की बैरकों का निरीक्षण करता था। कैदियों की दिनचर्या सुधारने के साथ-साथ गवर्नर उचित उपचार, आवश्यकता पूर्ति आदि की व्यवस्था भी करता था। इस प्रयोग के लिये बेन्थम स्वतः जेल का गवर्नर बनना चाहते थे। किन्तु उनकी अभिलाषा पूरी न हुई। उनका दृढ विश्वास था कि शिक्षा, संयम, नियन्त्रण आदि से बड़े से बड़े अपराधी सुधारे जा सकते हैं। अपराधियों को उद्योग, कला-कौशल, हस्तोद्योग, शिल्प आदि सिखाना चाहिये जिससे वे जीवनोपयोगी व्यवसाय प्राप्त कर सकें। अवकाश के समय उन्हें धार्मिक, नैतिक शिक्षा दी जानी चाहिये। उचित व्यवस्था से समाज में अशान्ति और उपद्रव निरन्तर कम होते जाते हैं और लोग सुख-सुविधा का अनुभव करते हैं।

दण्ड की कसौटी—दण्ड देते समय सभी बातों पर अच्छी तरह विचार करना चाहिये। अपराध की मात्रा, परिस्थितियाँ, उद्देश्य (motive or intention), हानि अवस्था आदि का ध्यान रखते हुए दंडविधान करने से उचित अनुपात और संतुलन कायम रहता है। बेन्थम ने उपयोगिता के आधार पर ही अपराध तथा दण्ड का निर्णय किया। दण्ड स्वयं एक अप्रिय वस्तु है, बुराई है, पीड़ा जनक है, उसे उसी समय देना चाहिए जब अत्यन्त आवश्यक हो, जब उससे अधिक बुराई दूर होती हो। दण्ड चेतावनी स्वरूप हो, निष्पक्ष, प्रकट तथा सब के बीच हो। क्षमा करने से अपराध को प्रोत्साहन मिलता है। बेन्थम ने अपनी तालिकाओं में दण्ड के नियम, लक्षण आदि भी बताये। वे आचारशास्त्र और मनोविज्ञान का अध्ययन करके ही दण्ड व्यवस्था निर्धारित करने के पक्ष में थे।

न्याय सुधार

बेन्थम अपने युग के महान् सुधारक थे। उसके सुधारवादी विचारों में उदारता, उपयोगिता, मानवता, बुद्धि-विवेक और व्यावहारिकता थी। उन्होंने विभिन्न क्षे्त्रो में सुधार की योजनायें प्रस्तुत की जिनका स्थायी प्रभाव पड़ा। बेन्थम ने ठोस योजनायें लाई और काम किया। उनके प्रमुख सुधारों का क्षेत्र कानून, न्यायप्रणाली, दण्डव्यवस्था (जेल, सजा आदि) आर्थिक, राजनीतिक, शिक्षा सम्बन्धी आदि थे। उनकी कानून तथा दण्ड सुधार योजनाओं का सर्वत्र स्वागत किया गया और इन्हें स्वीकृत भी किया गया। उनके जमाने में वकीलों का पेशा निकृष्ट कोटि का था और न्याय बहुत मँहगा, दीर्घकालीन, अनुपातहीन , जटिल था। न्याय क्रय-विक्रय की वस्तु हो गई थी और पक्षपात तथा भ्रष्टाचार का बोलबाला था। न्यायालयों के स्वरूप, संगठन, अधिकार क्षेत्र आदि अस्पष्ट तथा अनिश्चित थे। महीनों या बरसों इस बात का ही निर्णय नहीं होता था कि मुकदमा कहां, किस अदालत में चले? वादी-प्रतिवादी के बीच आसानी से कोई निर्णय नहीं हो पाता था। न्यायधीश के पास पहुँचने के पहले ही वकीलों और दलालों द्वारा मामले उलझाये-सुलझाये जाते थे। बेन्थम वकील और मजिस्ट्रेट के सम्मिलित षड्यन्त्र को एक लाभप्रद कम्पनी कहते थे। जिसमें अपने स्वार्थ के लिए जनता का गला घोंटा जाता था और न्याय की हत्या की जाती थी। इस युग में अदालतें थीं, मजिस्ट्रेट थे, वकील थे, अफसर थे, परन्तु न्याय नहीं था। बेन्थम ने इसका विरोध किया, अदालतों की रूपरेखा स्पष्ट की और न्याय को सस्ता, शीघ्र, सरल बनाने के लिये सुझाव दिये। उन्होंने ही सर्वप्रथम निष्पक्ष पंचों द्वारा फैसले (jury system) का विधान किया जिसका आज भी महत्वपूर्ण मुकदमों में प्रयोग होता है। आर्थिक सुधारों में बेन्थम अपने समय की आर्थिक विचारधारा का समावेश करना चाहते थे। आर्थिक क्षेत्रों में एडमस्मिथ तथा अन्य प्रख्यात अर्थशास्त्रियों के अनुयायी थे और अर्थ व्यवस्था को राष्ट्र के सामान्य हित में उपयोगी तथा लाभप्रद बनाना चाहते थें। इस सम्बन्ध में वे मुक्त व्यापार, कृषि-वाणिज्य को प्रोत्साहन, निजी उद्योगों की वृद्धि, टैक्सों में कमी, अहस्तक्षेप की नीति, श्रमिकों को सरंक्षण, फैक्टरियों में सुधार आदि के समर्थक थे। राजनैतिक दृष्टि से वे जनतंत्रवादी थे और कानूनों की मान्यता चाहते थे। उन्होंने राज्य के विरुद्ध व्यक्ति के अधिकार स्वीकृत नहीं किये परन्तु इतना अवश्य कहा कि यदि किसी बड़ी बुराई या अन्याय को दूर करने के लिये प्रतिरोध करना पड़े तो वह न्याययुक्त है। उन्होंने संप्रभुता को सैद्धान्तिक रूप में सर्वोच्च तथा असीमित माना परन्तु व्यावहारिक रूप में उसे निर्दिष्ट, सीमित तथा उपयोगिता प्रतिबन्धित माना।

शिक्षा सम्बन्धी विचार
(Ideas about Education)

उनकी शिक्षा-सुधार योजना में कोई मौलिकता न थी क्योंकि वह यूनानी शिक्षा व्यवस्था के अधिक निकट था। उन्होंने निर्धनों या निम्नश्रेणी के व्यक्तियों के बालकों के लिये और मध्यमवर्गीय-उच्चवर्गीय बालकों के लिऐ अलग-अलग शिक्षा प्रणाली बनाई। उनका कहना था कि निर्धनों या अनाथों को अच्छी आदतें सिखानी चाहिए जिससे उनका स्वभाव-सुधार हो। चरित्र निर्माण की ओर अधिक ध्यान देना चाहिये। उनके सामने कला-कौशल, व्यवसाय,

शिल्प तथा जीविका उपार्जन करने के उपाय भी रखने चाहिए। उनके लिए व्यावसायिक विकास (Vocational development) ही प्रमुख है, आवश्यकता पड़ने पर ही बौद्धिक विकास पर जोर देना चाहिए। उच्च तथा मध्यम वर्ग के लिये बौद्धिक विकास ही सब कुछ है क्योंकि वे समाज की उच्चतम अनुभूतियों के प्रतीक हैं। उनके लिये धार्मिक, नैतिक या औद्योगिक शिक्षा आवश्यक नहीं है। भाषाओं के ज्ञान के साथ, समाजविज्ञान, विज्ञान आदि का समावेश होना चाहिये। विषयों का चयन सावधानी से करना चाहिये और उन्हें बुद्धि, अवस्था आदि का ध्यान रखकर पढ़ाना चाहिये। सरल विषयों को पहले पढ़ाना चाहिये और कठिन विषयों को बाद में लेना चाहिये। उनकी प्रणाली में उच्च कक्षा के योग्यता प्राप्त विद्यार्थी नीचे की कुछ कक्षाओं को पढ़ाते थें। मॉनीटर (Monitor) एक तरह से पूरी क्लास का नायक भी होता है और उपशिक्षक के रूप में उसकी स्थिति है। बेन्थम के जनशिक्षा (Mass education) पर भी बल दिया। उनके समय में शिक्षा के सम्बन्ध में लोगों की विपरीत धारणाएँ थीं और उसका प्रचार भी बहुत कम था। शिक्षा राज्य के कर्तव्यों में से न होकर धार्मिक संस्थाओं या उदार धनिकों का काम माना जाता था। सबसे पहले बेन्थम ने ही शिक्षा को सर्वसाधारण के लिये उपयोगी घोषित करते हुए उसे राज्य का प्राथमिक कर्तव्य निर्धारित किया। शिक्षा के लिये राज्य से न केवल आर्थिक सहायता ही मिलनी चाहिये बल्कि हर सम्भव प्रयत्न से जनता को शिक्षित बनाना राज्य का काम है। शिक्षा से ही सुखानुभूति में सहायता मिलती है और व्यक्ति-समाज-राज्य की पारस्परिक स्थिति, जीवन के उद्देश्य आदि समझ में आते हैं। भारत में लार्ड मेकाले के युग में शिक्षा सम्बन्धी जितने सुधार हुए उनमें बेन्थम के सुझावों को अमली रूप दिया गया। बौद्धिक शिक्षा के साथ बेन्थम ने उसे विविधरूपीय बनाने में भी सहयोग दिया। बेन्थम के विचारों के प्रभाव से उनके समय में और बाद में भी सुधार विधेयकों (Reform bills) की धूम मच गई। स्थानीय प्रशासन (Local administration), निर्धनों के लिये कानून (Poor laws), सार्वजनिक स्वास्थ्य के कानून, सेह्विंग बैंक या अन्य सुधारों में बेन्थम के विचार मान लिये गये। अन्य स्थानों में भी सुधारों की जो लहर उठी उसके मूल में बेन्थम के सामयिक, उपयोगी विचारों की प्रेरणा थी। उन्नीसवीं सदी के लगभग प्रत्येक सुधार-कार्य में बेन्थम की छाप पड़ी हुई है।

व्यक्तिवाद
(Individualism)

बेन्थम के उपयोगितावादी विचारों में व्यक्तिवाद की स्पष्ट छाप है। वे व्यक्ति की स्वतन्त्रता को संसार का श्रेष्ठतम उपहार मानते थे। व्यक्तिवादियों के लिये राज्य एक अनिवार्य बुराई है क्योंकि राज्य के रहते स्वतन्त्रता पर किसी न किसी मात्रा में नियंत्रण रखना ही पड़ता है भले ही यह नियंत्रण उदात्त आत्म-स्वार्थ (enlightend self-interest) के लिये क्यों न हो? इसका मतलब यह है कि राज्य को कभी-कभी अप्रिय कर्तव्य का भी पालन करना पड़ता है और व्यक्ति का सुधार करना पड़ता है। व्यक्ति को स्वतन्त्रता, समानता का जन्म-सिद्ध अधिकार है परन्तु प्रत्येक अधिकार कर्तव्य के माध्यम से व्यक्त होता है और कानूनों द्वारा संरक्षित रहता है। यदि राज्य स्वतन्त्रता का नियंत्रण करता है तो बहुत कम करता है और

वह भी इसलिये कि नियंत्रित स्वतंत्रता, अनियंत्रित स्वतंत्रता से अधिक लाभप्रद या श्रेयस्कर है। इस प्रकार यदि राज्य कोई बुराई भी है तो वह अल्प-मात्रा में है (lesser evil) तथा दूसरी बड़ी बुराइयों के निवारणार्थ है। विधियों के द्वारा नियंत्रण करने में राज्य को न्यूनतम विधेयन करना चाहिये क्योंकि बहुत अधिक कानून बनाना प्रत्यक्ष तथा सतत हस्तक्षेप है। राज्य में नागरिक स्वतंत्रता तथा व्यक्ति-स्वातन्त्रय की रक्षा तभी सम्भव है जब कानून का शिकंजा कमजोर रहे। यदि कानून बिलकुल न हों तो अराजकता होगी, अव्यवस्था फैलेगी और सभ्य जीवन असम्भ्व हो जायेगा। बेन्थम ने विधियों या राज्य-नियमों की तुलना औषधि से की है। मनुष्य के लिये आदर्श स्थिति आरोग्य की है किन्तु कभी-कभी आरोग्य लाभ के लिये औषधियों का प्रयोग करना पड़ता है क्योंकि जाने-अन-जाने कुछ विकार शरीर में आ ही जाते हैं। इन विकारों को यदि समय पर न रोका गया तो उसके भयानक परिणाम हो सकते हैं जैसे किसी छोटे घाव या चोट की उपेक्षा की जाये तो कभी-कभी वह सड़कर नासूर भी बन सकता है और सारे शरीर में विष फैल सकता है जिससे प्राणान्त हो जाता है। परन्तु औषधि कम-से-कम लेनी पड़े तो अच्छा है। अधिक औषधि-प्रयोग स्वास्थ्य का लक्षण नहीं है। इसीलिये विधियों की न्यूनता तथा अल्प मात्रा समाज के स्वस्थ विकास के लिये सहायक है। विधि निर्माण में संलग्न राज्य का यह भी दायित्व है कि व्यक्ति की अधिकतम स्वतन्त्रता का अपहरण न हो। विधि बनाते समय विधि का लक्ष्य उन बुराइयों या दुर्व्यवस्था को रोकना होना चाहिये जिसे सारा समाज बुरा कहता है। हत्या, डकैती, मारपीट, चोरी आदि सभी ही जघन्य, असामाजिक बुराइयाँ हैं। सूदखोरी, जुआ खेलना शराब पीना आदि व्यक्तिगत कमजोरियाँ हैं और इनके लिये कानून बनाने की आवश्यकता नहीं है। विधि बनने के बाद उल्लंघन करने वाले को दण्ड देना आवश्यक है परन्तु दण्ड देते समय इस बात का ध्यान रखना चाहिये कि अपराध करने और दण्ड देने में अधिक नुकसान किस स्थिति में है। बेन्थम कहते कि जेल भेजना तभी आवश्यक है जब अपराध गुरुतर हो और बिना जेल भेजे सुधार सम्भव न हो। अपराधी व्यक्ति को जेल भेजना राज्य का अप्रिय कर्तव्य है। अधिक व्यक्ति यदि जेल भेजे जावें तो इसका अर्थ यह है कि राज्य व्यक्ति की स्वतंत्रता बचाने के मूल कर्तव्य में असफल रहा है। बेन्थम ने स्वतन्त्रता की परिभाषा व्यक्तिवादियों की तरह ही की। उनके अनुसार स्वतंत्रता निषेधात्मक है, प्रतिबन्धों का अभाव है। इसका स्वाभाविक निष्कर्ष पुलिस राज्य हैं जिसमें बहुमत अथवा प्रजा के हितचिन्तन का प्रश्न ही नहीं उठता। बाहरी आक्रमण से बचाव और आन्तरिक शान्ति का पालन ही एकमात्र उद्देश्य रखने से राज्य में तटस्थ आचरण की वृत्ति आ जाती है। अहस्तक्षेप अथवा 'जो होना है होगा' इस तरह का उपेक्षापूर्ण भाव इसका प्रत्यक्ष तथा घातक परिणाम है। इस प्रकार की व्यक्तिवादिता ही इंग्लैण्ड में औद्योगिक क्रान्ति के बाद आन्तरिक विषमता, दरिद्रता तथा संकटपूर्ण स्थिति का मुख्य कारण थी। उपयोगितावादियों ने परिस्थिति देख कर यदा-कदा हस्तक्षेप का सुझाव दिया। बेन्थम ने प्राकृतिक तथा बहुमूल्य उपयोगिता की रक्षा के लिये राज्य का कार्य सीमित-संकुचित कर दिया। व्यक्तिवाद की अधिक संगत व्याख्या जान स्टुअर्ट मिल ने की और उसे उपयोगितावाद से संयुक्त कर दिया।

बेन्थम के उपयोगितावाद की आलोचना
(Criticism of Bentham's Utilitarianism)

बेन्थम के उपयोगितावाद की आलोचना निम्न प्रकार से की गई है—

(1) भौतिकवाद पर आधारित (Based on Materialism)—बेन्थम का राज दर्शन आध्यात्मिकता पर आधारित न होकर भौतिकवाद पर आधारित था। प्रो॰ मरे (Prof. Murray) के शब्दों में—"यदि हम व्यक्ति की चेतना को उससे अलग कर दें जैसा कि बेन्थम करता है, तो नैतिक अथवा अनैतिक कार्यों जैसी कोई चीज नहीं रह जायेगी, यद्यपि लाभदायक अथवा हानिकारक कार्य अवश्य रहेंगे। जिस प्रकार कोई व्यक्तिगत चेतना नहीं होती, उसी प्रकार सामूहिक चेतना भी नहीं होती, अपराधी को समाज की निन्दा का भय नहीं रहता।"

(2) नैतिकवाद की उपेक्षा (Neglecting Ethicism)—भौतिकवाद को महत्व देने में बेन्थम ने नैतिकता को पूर्णतया भुला दिया, जबकि वास्तव में मानव कल्याण का प्रमुख आधार ही नैतिकता है। कभी-कभी मनुष्य को नैतिकता के लिए भौतिक सुखों को त्यागना पड़ता है। इसी विषय में मरे ने लिखा है कि "यदि हम अन्तरात्मा को तिलांजलि दे दें जैसा कि बेन्थम ने किया है तो फिर नैतिक अथवा अनैतिक कार्य नाम की कोई चीज बची ही नहीं रहती है, यद्यपि ऐसे काम हो सकते हैं जो सामान्यत: लाभदायक अथवा हानिकारक हैं। जब हम वैयक्तिक अन्त:करण को स्वीकार नहीं करते तो फिर सामूहिक अन्त:करण भी नहीं हो सकता। फिर अपराधी पर समाज की भर्त्सना (झाड़) का कोई प्रभाव नहीं पड़ेगा।"

(3) व्यक्ति-समाज के हितों में सामंजस्य नहीं (No Adjustment between Individual and Society)—इस सम्बन्ध में मैक्सी (Maxey) का अनुमान है कि "वह वैयक्तिक और सामाजिक उपयोगिता के बीच की खाई को पार करने में असमर्थ रहा।"[10] बेन्थम का विचार था कि व्यक्ति और समाज के हितों के मध्य कोई संघर्ष सम्भव नहीं है। व्यक्ति केवल अपने सुख की चिन्ता करता रहेगा। आलोचकों का कहना है कि यदि व्यक्ति अपने सुख में और राज्य अपने ही सुख में लगे रहेंगे तो समाज-कल्याण का क्या होगा? इसीलिये वेपर (Wayper) ने कहा है कि "आनन्दप्रिय व्यक्ति का चित्रण करते समय उसने जीवन, समाज और इतिहास इन तीनों की उपेक्षा की है।"[11]

(4) आनन्द के मापन की जटिलता (Difficult Measurement of Happiness)—आनन्द के मापने की जो विधि बेन्थम ने निर्धारित की है वह पूर्णतया अव्यावहारिक एवं जटिल है, क्योंकि सुख-दु:ख के मापने का कोई भी वैज्ञानिक मापन यन्त्र नहीं हो सकता। मानव स्वभाव एक-दूसरे से भिन्न होता है। प्रत्येक व्यक्ति की प्रकृति समान नहीं होती। अत: यह मापदण्ड सर्वव्यापी नहीं हो सकता।

---

10. "Nor was Bentham able to cross the chasm between individual and social utility."
--Chaster,. C. Maxey

11. "Besides, in his portrayal of the hedonistic individual Bentham seems to have left out of the picture in his study of the individual ,he has left life, society and history."
--C.L. Wayper

(5) सुख और दुःख के अपूर्ण सिद्धान्त (Incomplete Theory of Pleasure and Pain)—डा० वेपर ने लिखा है कि "बेन्थम एक महान् दार्शनिक नहीं था। यद्यपि यह आश्चर्य है कि दार्शनिकों के इतिहास में उसका महत्वपूर्ण स्थान हैं। ऐसा प्रतीत होता है कि वह अपने सिद्धान्तों को समूचा निगल तो गया किन्तु वह उन्हें पचा नहीं पाया। उसने लॉक और ह्यूम से अपना 'ज्ञान का सिद्धान्त' लिया, 'सुख व दुःख का सिद्धान्त' हेलविटियस से तथा उपयोगिता का विचार अन्य दर्जनों व्यक्तियों से लिया। मौलिकता के अभाव और अपने विचारों की कट्टरता के कारण वह अपने सिद्धान्तों के प्रतिपादन में उतना ही भ्रमपूर्ण था जितना कि वह सन्तुष्ट था।"

(6) न्याय की अस्पष्ट कल्पना (Vague Views on Justice)—बेन्थम के न्याय सिद्धान्त की कल्पना की मिस्टर हेलोवेल (Hallowel) ने इस आधार पर आलोचना की है कि, "न्याय की स्पष्ट धारणा के बिना अन्यायपूर्ण कार्यों को पहचानने की कोई कसौटी नहीं हो सकती, कोई ऐसा तरीका नहीं हो सकता, जिससे बहुसंख्यकों के सुख के मुकाबले में अल्पसंख्यकों के अधिकारों का समर्थन किया जा सके।"

(7) अल्पसंख्यकों की उपेक्षा (Neglect of Minorities)—बेन्थम ने अपने दर्शन में अल्पसंख्यकों को कोई विशेष स्थान प्रदान नहीं किया है। यद्यपि उसने सभी व्यक्तियों के हित की बात कही है, फिर भी इसका उसके दर्शन से कोई समाधान नहीं होता। उसके दर्शन में अल्पसंख्यकों के हितों की बलि अधिकतम व्यक्तियों के अधिकतम सुख के नाम पर दी जाती है।

(8) भावनाओं की उपेक्षा (Neglect of Feelings)—बेन्थम ने अपने दर्शन में व्यक्तियों की भावनाओं की पूर्ण उपेक्षा की है। यह सत्य है कि हमारे समस्त कार्यों का संचालन बुद्धि द्वारा किया जाता है और वही हमारा मार्ग दर्शन करती है, परन्तु मनुष्य कभी-कभी उत्साह और जोश में आकर भी बहुत से कार्य करता है। अतः बेन्थम ने उत्साह तथा जोश जैसी भावनाओं को तनिक भी महत्व प्रदान नहीं किया है।

अभ्यास के लिये प्रश्न

1. बेन्थम के राजनैतिक विचारों का संक्षेप में विवेचन कीजिये।
2. बेन्थम के राजनीतिक दर्शन की विवेचना कीजिये।
3. "बेन्थम—सरकार के सिद्धाँत के अतिरिक्त बेन्थम ने सब कुछ प्राप्त कर लिया था।" इस कथन की विवेचना कीजिये।
4. "राज्य का ऐसा संगठन है जो अधिकतम व्यक्तियों का अधिकतम हित करता है।" (बेन्थम) व्याख्या करो।
5. बेन्थम के उपयोगितावाद का आलोचनात्मक परीक्षण कीजिये।
6. बेन्थम के राजनैतिक दर्शन की आलोचना व मूल्यांकन प्रस्तुत कीजिये।
7. "यदि बेन्थम की विचारधारा से उसके रूक्षता-सिद्धान्त निकाल दिये जायें तो वह मानवता की एक उज्ज्वल परिचारिका सिद्ध होती है।" (आइवर ब्राउन)। इस कथन की विवेचना कीजिये।

4

जेम्स मिल तथा जॉन ऑस्टिन
(James Mill--1773-1836 and John Austin--1790-1859)

जेम्स मिल
(James Mill--1773-1836)

जेम्स मिल का जन्म 6 अप्रैल सन् 1773 को स्कॉटलैण्ड के एक गाँव में हुआ था। उसका पिता मोची था और माँ एक किसान की पुत्री थी। उसके पिता ने अपने जूते बनाने के काम से ही बड़ा धन कमा लिया था। जिससे वह अपने पुत्र को उच्चतम शिक्षा दिलाने में सफल हुआ। अपने गाँव और पास के कस्बे में माध्यमिक वर्गों तक की शिक्षा पा लेने के बाद जेम्स को सन् 1790 में एडिनबरा विश्वविद्यालय में पढ़ने के लिये भेजा गया। एडिनबरा विश्वविद्यालय से एम॰ ए॰ कर लेने के बाद जेम्स ने पादरी का पद सँभाला। चर्च की सेवा करते हुए भी उसने अध्ययन की आदत नहीं छोड़ी और इतिहास, राजनीति तथा दर्शन का गहन अध्ययन किया। जेम्स का स्वभाव बड़ा रूखा था। वह अपनी बातें इस तरह से कहता था जैसे वही बात ठीक तथा विरोधी मत बिलकुल गलत हो। उसकी विद्वत्ता से सभी प्रभावित थे। सर जॉन स्टुअर्ट भी इस तरुण पादरी के प्रति आकर्षित हो गये और उन्होंनें जेम्स को अपनी एकलौती पुत्री का अध्यापक नियुक्त कर दिया। सर स्टुअर्ट को जेम्स की शिक्षण-पद्धति बहुत पसन्द आयी और जब वे सन् 1802 में ब्रिटिश संसद के सदस्य की हैसियत से लन्दन गये तो जेम्स को भी साथ लेते गये। सन् 1805 में हैरियट बरो नाम की युवती से जेम्स का विवाह हो गया। लन्दन में जेम्स का परिचय बेन्थम से हुआ। यहीं रहकर वह अन्य उपयोगितावादी विद्वानों के सम्पर्क में आया और स्वयं भी उक्त विचारधारा का अनुयायी बन गया। सन् 1818 में उसकी पुस्तकें 'भारत का इतिहास' प्रकाशित हुई। उसकी यह पुस्तक इतनी प्रसिद्ध हुई कि उसी वर्ष इण्डिया ऑफिस में उसे जगह मिल गयी। 23 जून सन् 1836 को जेम्स मिल की लन्दन में मृत्यु हुई।

सन् 1804 में इंगलैण्ड के अनाज कर के संबंध में जेम्स की सबसे पहली पुस्तक 'कॉर्न ट्रेड' (Corn Trade) के नाम से प्रकाशित हुई थी। इस पुस्तक ने सारे इंगलैण्ड का ध्यान अपनी ओर आकृष्ट किया। इसके बाद सन् 1818 में उसकी लिखी पुस्तक 'हिस्ट्री ऑफ इण्डिया' (History of India) प्रकाशित हुई। सन् 1829 और 1835 में उसकी दो पुस्तकें निकलीं पहली 'एन एनॉलिसिस ऑफ द फिनामिना ऑफ ह्यूमन माइण्ड (An Analysis of the Phenomena of the Human Mind) और दूसरी थी 'फ्रेगमेण्ट्स ऑन मेकिनटोश' (Fragments on Mackintosh)। इनके अलावा जेम्स ने शासन, अन्तर्राष्ट्रीय विधि, शिक्षा आदि विषयों पर भी बहुत से निबंध और लेख लिखे। उसके ये लेख बहुधा 'लन्दन रिव्यू', आदि 'मिनिस्टर रिव्यू' आदि पत्रों में निकला करते थे। जेम्स मिल ने अपने मित्र बेन्थम की ही व्याप्ति और अनुभूतिमूलक अध्ययन-पद्धति का अनुगमन किया।

साहचर्यवादी मनोविज्ञान
(Associationist Psychology)

बेन्थम का उपयोगितावाद मनोविज्ञान के क्षेत्र में शिथिल पड़ जाता था। जेम्स मिल ने इस ओर विशेष रूप से ध्यान दिया और उपयोगिता-वादी विचारधारा की दृष्टि से मानव-मस्तिष्क के तत्वों का विश्लेषण किया। मिल का मनोविज्ञान साहचर्यवादी मनोविज्ञान (Associationist Psychology) कहलाता है। मिल के मनोविज्ञान विचार उसकी पुस्तक 'एनॉलिसिस ऑफ द फिनॉमिना ऑफ ह्यूमन माइण्ड' में मिलते हैं। मिल पर बेन्थम का बड़ा प्रभाव पड़ा था। वह यह मानता था कि कार्यों की नैतिकता और अनैतिकता उनकी उपयोगिता पर निर्भर करती है।

शासन और राज्य
(Government and State)

जेम्स मिल ने मानव-स्वभाव का विश्लेषण करने के बाद शासन और राज्य के संबन्ध में अपने विचार स्थिर किये थे। मिल का विश्लेषण बेन्थम के इस सिद्धान्त पर आधारित है कि मनुष्य सुख चाहता है और दुख से बचने की कोशिश करता है। कभी-कभी मनुष्य अपने आपकों दुख से बचाने के लिये और स्वयं को सुख पाने के लिये ऐसे कार्य भी कर बैठता है, या कम से कम करने की क्षमता रखता है जिससे उसे तो सुख मिल जाये किन्तु दूसरों को दुख मिलने लगे या उनके सुखों का हनन हो जाय। मनुष्य के स्वभाव की यह वृत्ति राज्य की उत्पत्ति और शासन (सरकार) की स्थापना को आवश्यक बना देती है। शासन के द्वारा राज्य व्यक्तियों की स्वतंत्रता को इस प्रकार नियंत्रित करता है कि मनुष्य अपना व्यक्तिगत विकास तथा निजी उन्नति करने के लिए तो स्वतंत्र रहे परन्तु उसकी स्वतंत्रता अन्य लोगों की स्वतंत्रता में बाधक न बनने पाये। राज्य और शासन की उपयोगितात्मक उत्पत्ति मान लेने के बाद मिल ने बतलाया कि चूँकि राज्य मनुष्य की स्वतंत्रता को नियंत्रित करता है, इसलिये वह बुरा है; परन्तु चूँकि उसके बिना काम भी नहीं चल सकता; अतः वह आवश्यक भी है। इसलिये, राज्य और उसका शासन मानव-जाति के लिये ऐसी अनिवार्य बुराई है जिसे सहन करना ही होगा। मिल ने राजतंत्र, अभिजात्यतंत्र, विशुद्ध प्रजातंत्र और मिश्रित शासनतंत्र पर विचार किया और बतलाया कि इनमें से एक भी शासनतंत्र ऐसा नहीं है जिसे 'उत्तम' की संज्ञा दी जा सके।

मिल का कहना है कि प्रतिनिधि शासन-तंत्र (Representative Government) ही एकमात्र ऐसी दोषहीन व्यवस्था है जिससे समाज की सारी आवश्यकताओं की पूर्ति हो जाती है। विधायिका शक्ति जनता के प्रतिनिधियों के हाथ में रहनी चाहिए। जो राज्य की विधायिका शक्ति (Legislative power) का दुरुपयोग न करें। विधानमण्डल का कार्यकाल सीमित होना चाहिए और हर बार विधानमण्डल का कार्यकाल समाप्त होने पर नये निर्वाचन होने चाहिए। मताधिकार के विषय में मिल ने कहा कि जिन व्यक्तियों को अपने जीवनयापन के लिये दूसरों पर आश्रित रहना पड़ता हो या जिन व्यक्तियों के हित दूसरे व्यक्तियों से संबद्ध हों उनको विधानमण्डल के सदस्यों के निर्वाचन में मतदान का अधिकार नहीं मिलना चाहिए। मिल के विचारों में यही एक ऐसा अंश है जिस पर उसके विरोधियों को बड़ी आपत्ति है। यदि मिल की उक्त बात मान ली जाती है तो वयस्क औरतों से मतदान का अधिकार छिन जाता है और बहुत से पुरुष भी चुनावों में भाग लेने से वंचित कर दिये जाते हैं। अत: सार्वभौमिक वयस्क मताधिकार के हिमायती तथा महिला मताधिकार की माँग करनेवाले व्यक्ति मिल की उक्त बात कभी नहीं मान सकते। मिल का कहना था कि मजदूरों और महिलाओं को मताधिकार से वंचित कर दिया जाये और धनिक तथा मध्यवर्ग के लोगों को ही मताधिकार दिया जाये। चूँकि धनिकों की संख्या कम है; इसलिये वास्तविक सत्ता मध्यवर्ग के हाथों में रहेगी और यही अपेक्षित भी है। यहाँ पर मिल यह भूल गया कि मध्यवर्ग सदैव ढुलमुल रहता है और उसके मतों को धनिक वर्ग बड़ी आसानी से अपने दबाव के द्वारा पक्ष में कर सकता है। इसके विपरीत धनिक वर्ग यदि चाहें तो भी मजदूरों को उनकी बहुसंख्या और सुधारवादी कट्टरता के कारण न तो प्रभावित कर सकता है और न खरीद सकता है। मिल की महिलाओं को मताधिकार न देने की नीति अन्यायपूर्ण थी। स्वयं मिल के पुत्र ने भी यह कहा कि स्त्रियों को मतदान का अधिकार मिलना चाहिए। शासन-व्यवस्था के सुधारों के संबंध में मिल ने उक्त दृष्टिकोण से ही आन्दोलन किया सन् 1832 का सुधार विधेयक (Reform Bill) बेन्थम और मिल के ही संयुक्त आन्दोलन का परिणाम था।

शिक्षा संबंधी सिद्धान्त
(Theory of Education)

मिल के शिक्षा संबंधी सिद्धान्त की जानकारी 'एनसाइक्लोपीडिया ब्रिटानिका' के पाँचवें संस्करण में इस विषय में प्रकाशित लेख से मिलती है। मिल के शिक्षा विषयक मत का मूल आधार उसका यह विश्वास है कि सभी व्यक्ति समान होते हैं और यदि उनको अपने व्यक्तित्व के विकास का पूरा अवसर दिया जाय तथा उनके शिक्षण की उपयुक्त व्यवस्था की जाय तो कोई कारण नहीं कि उनका पूर्ण विकास न हो सके। मिल का यह मत हेलवेशियस तथा हॉलबेक आदि विद्वानों से प्रभावित था।

जेम्स मिल ने अपने शिक्षा संबंधी निबंध में यह प्रश्न उठाया है कि आखिर शिक्षा का उद्देश्य क्या है शिक्षा प्राप्त करने की इच्छा से जो भी व्यक्ति पढ़ता-लिखता है, जेम्स के मतानुसार उसका पहला उद्देश्य तो यह होता है कि वह स्वयं सुख प्राप्त करे और उसका दूसरा उद्देश्य यह होता है कि वह अपने अर्जित ज्ञान को दूसरे लोगों में बाँटकर उन्हे प्रसन्न करे। इस प्रकार शिक्षा संबंधी मिल का यह दृष्टिकोण उपयोगितावादी था।

एक पादरी के पद पर रहने के बाद भी जेम्स मिल का यह दृढ़ मत था कि सामान्य शिक्षणसंस्थाओं में बच्चों को धार्मिक पुस्तकें नहीं पढ़ायी जानी चाहिएँ। मिल ने सुझाव दिया था कि इंगलैण्ड के स्कूलों के पाठ्क्रम में से बाइबिल की शिक्षा को हटा देना चाहिए। शिक्षा के संबंध में मिल का यह मत अत्याधुनिक था और इसमें संदेह नहीं कि शिक्षा के लौकिकीकरण (Secularization) की ओर यह बड़ा महत्वपूर्ण कदम था।

शिक्षा के परिणामों पर जेम्स मिल का अगाध विश्वास था। जेम्स मिल के पुत्र जॉन स्टुअर्ट मिल ने अपने पिता के शिक्षा संबंधी मतों का उल्लेख करते हुए अपनी ''आत्मकथा'' में लिखा है, ''मेरे पिता को मनुष्यजाति के मस्तिष्क पर विवेक शक्ति के प्रभाव पर इतना विश्वास था कि उनका कहना था कि यदि समस्त मनुष्यों को पढ़ा दिया जाय और उन्हें भाषणों तथा पुस्तकों द्वारा हर प्रकार के मत सुनने और पढ़ने को मिलें तो शायद ही कोई ऐसी चीज हो जो हो न सके।''[1]

मिल का कहना था कि हम मनुष्य की बुद्धि को जितना ही उर्वर बनयेंगे, जितना ही उसके सामने भिन्न-भिन्न रूपों में ज्ञान रखेंगे उतना ही उसकी बौद्धिक प्रतिभा का विकास होगा। जिस प्रकार खेत को जितना ही अधिक जोता जाता है उतना ही वह उर्वर होता जाता है, उसी प्रकार तरह-तरह के विचारों से मानव-मस्तिष्क को जितना ही पूरित किया जायेगा उतनी ही उसकी बौद्धिक-प्रतिभा उर्वर होगी। परन्तु जेम्स मिल अपने बच्चों को तथा विद्यार्थियों को ज्ञान के संकीर्ण क्षेत्र से बाहर निकालकर उसके विस्तृत क्षेत्र में लाना चाहता था। बाइबिल को पाठ्यक्रम से निकाल देने के सुझाव का भी यही कारण था। उसका कहना था कि व्यापक शिक्षा व्यक्ति के पाशविक विचारों और भावनाओं का उन्मूलन कर देती है और उनका स्थान न्याय और दया की भावनाओं तथा विचारों को दे देती है। जो शिक्षा यह कर देती है वही सर्वश्रेष्ठ है, क्योंकि न्याय और दया के विचारों से केवल शिक्षित व्यक्ति को ही नहीं बल्कि उस व्यक्ति के सम्पर्क में आने वाले प्रत्येक व्यक्ति को बड़ा आनन्द मिलता है। मिल का यह भी कहना था कि विद्यार्थी में मानवतावादी भावनाओं को उत्पन्न करने का एक बड़ा अच्छा साधन अन्तर्राष्ट्रीय विधि की शिक्षा देना है। अत: इसकी शिक्षा भी दी जानी चाहिए। मिल के शिक्षा संबंधी विचार आधुनिक युग का रचनात्मक अनुदाय हैं।

मिल के विचारों का प्रभाव समकालीन सभी वर्ग के विचारकों पर पड़ा। जॉन स्टुअर्ट मिल तो निश्चित रूप से अपने पिता के विचारों से बहुत अधिक प्रभावित हुआ।

जॉन ऑस्टिन
(John Austin, 1790-1859)

जॉन ऑस्टिन उपयोगितावादी न्यायशास्त्री था। बेन्थम ने उपयोगिता का सिद्धान्त दिया

---

1. ''So complete was my father's reliance on the influence of reason over the minds of mankind, whenever it is allowed to reach them, that he felt as all would be gained if the whole population were taught to read, if all sorts of opinions were allowed to be addressed to them by word and in writing...''

--John Stuart Mill, *Autobiography*, p. 106.

मिल ने उपयोगितावाद के मनोवैज्ञानिक पक्ष को दृढ़ बनाया और जॉन ऑस्टिन ने उपयोगितावाद के पक्ष को विधि के क्षेत्र में सबल आधार देने की चेष्टा की। ऑस्टिन ने विधि का दर्शन (Philosophy of Law) भी उपस्थित किया।

जॉन ऑस्टिन का जन्म सन् 1790 में हुआ था। प्रारंभिक शिक्षा के बाद कुछ और आगे बढ़ने पर ऑस्टिन की पढ़ाई छूट गयी और उसने सत्रह वर्ष की अल्पायु में सेना में नाम लिखा लिया। सेना में उसने लेफ्टीनेण्ट के पद पर लगभग पाँच वर्ष तक काम किया। इसके बाद फौज की नौकरी से उसका जी ऊब गया और उसने वह काम छोड़ दिया। बैरिस्टरी पास करने के लिये ऑस्टिन ने कानून का अध्ययन किया। सन् 1818 में उसने बैरिस्टरी पास करके वकालत शुरू की। परन्तु वह वकालत में सफल न हो सका। चालीस वर्ष की अवस्था के बाद मृत्यु तक उसकी कुल आय पन्द्रह सौ रुपये से अधिक नहीं हुई। उसका सारा व्यय-भार उसकी अमीर पत्नी और वकालत करनेवाले छोटे भाई ने सँभाला। वकालत में असफल होने के बाद ऑस्टिन का परिचय बेन्थम से हुआ। बेन्थम ने उसे सन् 1826 में लन्दन विश्वविद्यालय में अध्यापक का पद दिला दिया परन्तु कुछ ही वर्षों में उसकी कक्षा के विद्यार्थियों की संख्या घटते-घटते पाँच रह गयी। वह न्यायशास्त्र का अध्ययन करने जर्मनी भी गया परन्तु वह जर्मनी के कल्पनावादी विचारकों से प्रभावित नहीं हुआ। वह दो शाही कमीशनों का सदस्य रहा। सन् 1859 में उसकी मृत्यु हो गयी।

जॉन ऑस्टिन की तीन पुस्तकें प्रकाशित हुईं। सन् 1932 में उसकी पहली पुस्तक 'दि प्राविंस ऑफ ज्यूरिसप्रूडेंस डटरमिन्ड' (The Province of Jurisprudence Determined) प्रकाशित हुई। यह उसके तत्संबंधी व्याख्यानों का संग्रह थी। इसके बाद सन् 1859 में उसकी दूसरी पुस्तक 'ए प्ली फॉर कान्स्टीट्यूशन' (A Plea for Constitution) छपी । इसी वर्ष उसकी मृत्यु हो गयी। ऑटिन की मूत्यु के 4 वर्ष बाद उसकी तीसरी पुस्तक 'ऑन दि स्टडी ऑफ ज्यूरिसप्रूडेन्स' (On the Study of Jurisprudence) प्रकाश में आयी। अपने समय में ऑस्टिन लोकप्रिय न हो सका क्योंकि एक तो उसका विषय ही बड़ा शुष्क था जिसमें सामान्यतया लोगों की रुचि होना कठिन है; दूसरे ऑस्टिन की शैली भी बड़ी नीरस थी। जब उसकी सबसे पहली पुस्तक छपी तो एक लॉर्ड ने उसे पढ़ने के बाद कहा कि ऐसी नीरस अन्य कोई पुस्तक अपने जीवन में नहीं पढ़ी है। ऑस्टिन की लेखनशैली अत्यन्त औपचारिक और तर्कप्रधान है। अन्य उपयोगितावादी विचारकों की भाँति व्याप्तिमूलक (Inductive) पद्धति का प्रयोग न करके निगमनात्मक पद्धति (deductive) का प्रयोग करता है। वह पारिभाषिक शब्दों का बहुत प्रयोग करता है और साथ ही परिभाषाएँ भी खूब देता है। हॉब्स और बोदाँ के अलावा ऑस्टिन रूसो तथा बेन्थम से भी प्रभावित हुआ था। उस पर एक जर्मन न्यायशास्त्री गुस्टाव वॉन् ह्यूगो ने भी प्रभाव डाला था।

राज्य और शासन
(The State and the Government)

ऑस्टिन के समय तक ऐतिहासिक परिस्थितियाँ ऐसी नहीं रही थीं जिनमें राज्य और शासन की उत्पत्ति के विवादों पर कोई ध्यान देता। स्वयं बेन्थम ने यह विचार करने से इनकार कर दिया था कि राज्य और शासन की उत्पत्ति अनुबंधात्मक है या नहीं। उसने कहा था कि

राज्य का अस्तित्व उपयोगितात्मक है। ऑस्टिन ने भी अपने गुरु द्वारा प्रदर्शित मार्ग का अवलम्बन किया। उसने कहा कि राज्य की उत्पत्ति अनुबंध द्वारा नहीं हुई है। राज्य का जन्म जनमत की सहमति पर निर्भर नहीं करता। ऑस्टिन ने यह भी कहा कि राज्य और शासन दोनों आज जिस रूप में देखते हैं वे सदैव से ही वैसे नहीं रहे हैं। जीवधारी की भाँति उनका क्रमशः विकास हुआ है। यह राज्य और शासन की उत्पत्ति का सावयवी सिद्धान्त है। इस प्रकार ऑस्टिन के मत में राज्य की उत्पत्ति के उपयोगितावादी और सावयवी सिद्धान्तों का मिश्रण मिलता है। ऑस्टिन ने यह भी बतलाया कि सभ्य समाज में शासन द्वारा दी गयी आज्ञाओं का इसलिये पालन नहीं किया जाता क्योंकि वह समाज अपनी किसी औपचारिक सहमति (अनुबंध) से इसके लिये बाध्य है बल्कि इसलिये कि राज्य की आज्ञाओं का पालन करने की उनकी आदत ही पड़ गयी है। ऐसे समाज में रहनेवाले व्यक्ति यह अनुभव करते हैं कि राज्य की आज्ञा का पालन करने से उन्हें लाभ होगा। परन्तु पिछड़ी जातियों में राज्य की आज्ञाओं का पालन रीति-रिवाज और परम्पाराओं के कारण होता है।

राज्य के साथ ही शासन का भी क्रमिक विकास होता है। ज्यों-ज्यों समाज में मानव-सभ्यता का विकास होता जाता है त्यों-त्यों शासन (सरकार) की उपयोगिता लोगों की समझ में आती जाती है और अराजकता की स्थिति में रहने के बजाय लोग यह पसन्द करते हैं कि वे किसी शासन के आज्ञानुवर्ती होकर रहें।[2]

संप्रभुता
(Sovereignty)

आधुनिक राजदर्शन के आरंभिक चरणों में हॉब्स, बोदाँ और रूसों ने संप्रभुता के सिद्धान्तों को स्थिर करने का प्रयत्न किया था। हॉब्स और बोदाँ दोनों ने संप्रभुता की स्थिति राजा या राजसत्ता में बतलायी थी जबकि रूसो ने इसे सामान्य संकल्प (General Will) में बतलाया था। इन तीनों में से कोई भी संप्रभुता को विशुद्ध न्यायशास्त्र की दृष्टि से नहीं देख पाया था। यह काम ऑस्टिन ने किया। उसने संप्रभुता के सिद्धान्त को ऐतिहासिक और आचरिक पृष्ठभूमि से अलग कर दिया और निश्चित विधियों के विज्ञान का निर्माण किया।[3]

राज्य की विशेषतायें

संप्रभुता की परिभाषा राजदर्शन को न्यायशास्त्री ऑस्टिन की सबसे बड़ी देन है। ऑस्टिन ने राज्य की विशेषताएँ बतलाये हुए इस परिभाषा को आरंभ किया ।

1. राज्य की सबसे पहली विशेषता यह है उसमें रहनेवाले समाज के सदस्य

---

2. "Governments do not come into existence full formed and mature but have to grow and grow through the perception of utility of political Government, or the preference of the bulk of the community of any government to anarchy."
--W. L. Davidson, *The Utilitarians*, p, 166.

3. "He separated the theory of sovereignty from its ethical and historical background and by a process of abstraction built the science of positive law."
-- R.G. Gettell, *History of Political Thought*, p. 348.

अराजकता के बजाय किसी भी प्रकार की सरकार को पसन्द करते हैं और आदतन उसकी आज्ञाओं का पालन करते हैं।

2. संप्रभु और राज्य, ये दोनों अविभाज्य हैं। इन दोनों को अलग नहीं किया जा सकता। संप्रभुता राज्य का अनिवार्य लक्षण है।

3. संप्रभुता की शक्ति न तो राजा में रहती है और न सारी जनता में। वह कुछ ऐसे निश्चित व्यक्तियों के समूह में होती है जो वस्तुत: राज्य की सर्वोच्च शासन सत्ता के स्वामी होते हैं।

4. राज्य की उस शक्ति पर किसी का कोई वैधानिक नियंत्रण नहीं होता।

संप्रभुता की परिभाषा—राज्य की विशेषताओं का विश्लेषण करने के बाद ऑस्टिन ने संप्रभुता की निम्नलिखित परिभाषा की। उसने कहा, ''यदि किसी ऐसे निश्चित व्यक्ति श्रेष्ठ की, जो अन्य किसी अपने ही समान व्यक्ति श्रेष्ठ की आज्ञा का पालन स्वभावत: न करते हो, किसी समाज विशेष का अधिकांश भाग स्वभावत: आज्ञापालन करता है तो वह निश्चित व्यक्तिश्रेष्ठ उस समाज का संप्रभु है और वह समाज उस व्यक्तिश्रेष्ठ सहित राजनीतिक और स्वतंत्र समाज है।''[4]

संप्रभुता की विशेषतायें

1. उपरोक्त परिभाषा में सबसे पहली बात यह दिखाई पड़ती है कि संप्रभु कोई निश्चित व्यक्ति होना चाहिए। संप्रभुता की स्थिति किसी ऐसे व्यक्ति में नहीं हो सकती जो काल्पनिक हो, जिसका अपना कोई अस्तित्व नहीं हो। सामान्य इच्छा जैसी कल्पना की किसी वस्तु में संप्रभुता निवास नहीं कर सकती।

2. ऑस्टिन किसी ऐसे 'व्यक्तिश्रेष्ठ' को मान्यता नहीं देता जो मानवेतर अथवा अलौकिक हो वह 'व्यक्तिश्रेष्ठ' कोई मनुष्य होना चाहिए। किसी देवता या ईश्वर में किसी राज्य की संप्रभुता का निवास होना असंभव है।

3. एक राज्य का संप्रभु व्यक्तिश्रेष्ठ अपने ही समान किसी अन्यसंप्रभु की आज्ञा का स्वभावत: पालन न करता हो।

4. वह संप्रभु ऐसा होना चाहिए कि जिस समाज में वह श्रेष्ठ माना जाता हो उस समाज के अधिकांश लोग उसकी आज्ञाओं का स्वाभाविक रूप से पालन करें।

5. अपने समाज में उस व्यक्ति की श्रेष्ठता निर्विवाद होनी चाहिए। इस विशेषता की ओर संकेत करने का ऑस्टिन का अभिप्राय यह है कि शासक और शासित दोनों के बीच अन्तर है।

---

4. ''If a determinate human superior, not in the habit of as given to a like superior, receives habitual obedience from the bulk of a given society, that determinate is superior sovereign in that society and that society including the superior is a society political and independent.''

-- J. Austin, *Jurisprudence* Vol, I. p. 226.

6. ऐसे संप्रभु के अस्तित्व के लिये यह आवश्यक है कि भूमि की दृष्टि से संबंधित राज्य पर्याप्त विस्तृत होना चाहिए।

संप्रभुता के सिद्धान्त

1. ऑस्टिन का पहला सिद्धान्त यह है कि संप्रभुता राज्य का अनिवार्य लक्षण है। इस सिद्धान्त का आधार ऑस्टिन ने यह बतलाया है कि यदि किसी समाज में उक्त सर्वोच्च शक्ति नहीं रहती तो उसके अभाव में वह समाज अव्यवस्थित हो जायेगा और उसमें गड़बड़ी फैल जायेगी।

2. संप्रभु व्यक्तिश्रेष्ठ ही किसी राजनीतिक समाज की समस्त वैधानिकता का स्रोत होता है। उस पर किसी भी विधि का कोई भी बंधन लागू नहीं हो सकता। यद्यपि ऑस्टिन ने वैधानिक दृष्टि से संप्रभु को पूर्ण मुक्त और स्वच्छन्द मान लिया है फिर भी इसका यह अर्थ नहीं है कि राज्य के संप्रभु व्यक्ति पर कोई प्रतिबंध ही नहीं होते। ऑस्टिन ने अपने संप्रभु को नैतिक और व्यावहारिक मर्यादाओं द्वारा सीमित बतलाया है।

3. ऑस्टिन की संप्रभुता का तीसरा आधार संप्रभुता की अविभाज्यता का सिद्धान्त है। अविभाज्यता के सिद्धान्त की व्याख्या करते हुए ऑस्टिन ने ब्लैकस्टोन के इस मत की आलोचना की है कि कार्यपालिका और विधानमण्डल एक दूसरे का नियंत्रण और सन्तुलन कर सकते हैं।

4. ऑस्टिन संप्रभु को समस्त विधियों का विधाता मानता है। वह कहता है कि समस्त विधियाँ केवल संप्रभु की इच्छा का ही प्रतिनिधित्व करती हैं।

ऑस्टिन के संप्रभुता सिद्धान्त की आलोचना

1. सर हेनरी मेन जैसे न्यायशास्त्रियों ने ऑस्टिन की संप्रभुता की परिभाषा की बड़ी तीव्र आलोचना की है। सर हेनरी मेन ने ऑस्टिन के पहले आधारभूत सिद्धान्त को अपनी समालोचना का निशाना बनाया है कि संप्रभुता राज्य का अनिवार्य लक्षण है और राज्य तथा संप्रभुता को विलग नहीं किया जा सकता। सर हेनरी मेन का कहना है कि इतिहास में और संसार में ऐसे समाज मिलते हैं जिनमें किसी भी संप्रभु को खोजना कठिन है फिर भी वे समाज सुव्यवस्थित ढंग से जीवन-निर्वाह करते हैं और राजनीतिक समाज अर्थात् राज्य भी माने जाते हैं। इन समाजों या राज्यों में हम वैसी कोई गड़बड़ी नहीं देखते जैसी कि ऑस्टिन के मतानुसार होनी चाहिए। समाजों का ऐतिहासिक अध्ययन करने से पता चलता है कि ऐसे बहुत से मत-मतान्तर, भावनाएँ, विश्वास, अंधविश्वास और मान्यताएँ हैं जिनको बिना किसी संप्रभु की स्वीकृति के ही कानून जैसी शक्ति प्राप्त हो गयी है। उनको ऑस्टिन के किसी संप्रभु ने औपचारिक रूप से विधि के रूप में मान्यता देने की कोई घोषणा नहीं की है। स्वयं संप्रभु को ही उन सामाजिक शक्तियों द्वारा निर्देशित दिशा की ओर आगे बढ़ना पड़ा है।

2. ऑस्टिन द्वारा की गयी संप्रभुता की अविभाज्यता की व्याख्या के कुछ अंशों को ए० आर० लॉर्ड० ने मिथ्या बतलाया है। लॉर्ड का कहना है कि ऐसी बहुत-सी दिशाएँ हैं, जिनमें सर्वोच्च शक्ति की खोज की जा सकती है। कोई भी यह नहीं कह सकता कि यदि किसी विशेष समाज में संप्रभुता की खोज की जाय तो अन्य समाजों की भाँति वह उसमें भी

ठीक उसी व्यक्ति या वर्ग में मिल जायेगी जिसमें किसी अन्य समाज में मिली थी। साथ ही कोई यह भी नहीं कह सकता कि शासन की सत्ता को प्रभावयुक्त बनाये रखने के लिये उसका विभाजन किसी भी अवस्था में होना ही नहीं चाहिए।

3. जी० एच० सेवाइन का कहना है कि ऑस्टिन ने संप्रभुता के सिद्धान्त को अत्याधिक महत्व दिया है। वह सिद्धान्त तो बेन्थम के अदालती और संसदीय सुधार आन्दोलन के लिए तैयार किया गया था। ऑस्टिन ने संप्रभुता संबंधी मत बेन्थम के सुधार आन्दोलनों की पुष्टि के लिए ही स्थिर किया था। ऑस्टिन का शासन को एक निश्चित व्यक्तिश्रेष्ठ तक सीमित कर देना और उसके प्रति समाज के अधिकांश लोगों को स्वभावत: आज्ञापालन करने का भाव रखने का विचार बहुत ही अपर्याप्त था।

4. इस प्रकार ऑस्टिन ने न्यायशास्त्र की दृष्टि से संप्रभुता की परिभाषा करते हुए राजनीतिक तथ्यों को ध्यान में नहीं रखा। सर हेनरी मेन के इस कथन में पर्याप्त बल है कि हर राज्य में संप्रभुता के निवास के लिए एक निश्चित व्यक्तिश्रेष्ठ आवश्यक नहीं है। ऑस्टिन की कल्पना के संप्रभु को अमेरिका जैसे किसी संधराज्य में खोजना बड़ा कठिन है क्योंकि वहाँ न तो सम्पूर्ण शक्ति राष्ट्रपति के हाथ में रहती है, न विधानमण्डल के और न सर्वोच्च न्यायालय के। संप्रभु शक्ति तीनों में विभक्त रहती हैं। इस प्रकार ऑस्टिन की अविभाज्यता वाली बात भी ढेर हो जाती है।

ऑस्टिन के सिद्धान्त का महत्व

1. उपरोक्त प्रतिकूल टिप्पणियों का अर्थ यह नहीं है कि ऑस्टिन की संप्रभुता की परिभाषा निरर्थक और सर्वथा प्रयोजनहीन है। न्यायशास्त्र की दृष्टि से संप्रभुता की प्रकृति की जितनी अच्छी व्याख्या ऑस्टिन ने की, वैसी अन्य किसी ने कभी नहीं की। ऑस्टिन ने बताया कि कानून की दृष्टि से संप्रभु सर्वशक्तिमान् है, चाहे वह अपने अधिकारों का केवल न्यायोचित प्रयोग ही करता है।

2. ऑस्टिन के संप्रभुता संबंधी मत से यह बात स्पष्ट हो जाती है कि राज्य की एकता उसका आवश्यक एवं अनिवार्य तत्व है। यहाँ हमें ऑस्टिन के संप्रभुता के सिद्धान्त और जर्मन आदर्शवादियों के सिद्धान्तों को परस्पर मिला देने का प्रयत्न नही करना चाहिए। काण्ट और हीगल जैसे कल्पनावादी विचारकों ने राज्य की संप्रभुता को नैतिक बंधनों से भी मुक्त कर दिया था जबकि ऑस्टिन ने ऐसा नहीं किया।

कानून की अवधारणा
(Concept of Law)

ऑस्टिन ने निश्चित कानून (Proper Laws) के विज्ञान का निर्माण किया। इससे कानून के क्षेत्र में ऑस्टिन के अनुदाय को भली भाँति समझा जा सकता है। बेन्थम की ही भाँति ऑस्टिन इस बात में विश्वास नहीं करता कि प्राकृतिक कानून जैसे भी कोई कानून होते हैं। प्राकृतिक कानून को ऑस्टिन ने निरर्थक बतलाया है। उसने उन्हें तीन भागों में विभक्त किया है :

(1) **निश्चित कानून**—निश्चित कानून को—(i) दैवी, (ii) राजकीय तथा (iii) संवासादि कानून में बाँटा गया है।

(2) **अनिश्चित कानून**—अनिश्चित कानून में अन्तर्राष्ट्रीय कानून तथा परम्पराओं तथा सामाजिक रीति-रिवाजों आदि को रखा है।

(3) **प्रतीकात्मक कानून**— राजनीतिशास्त्र, अर्थशास्त्र, विज्ञान आदि के नियमों को प्रतीकात्मक कानून माना गया है।

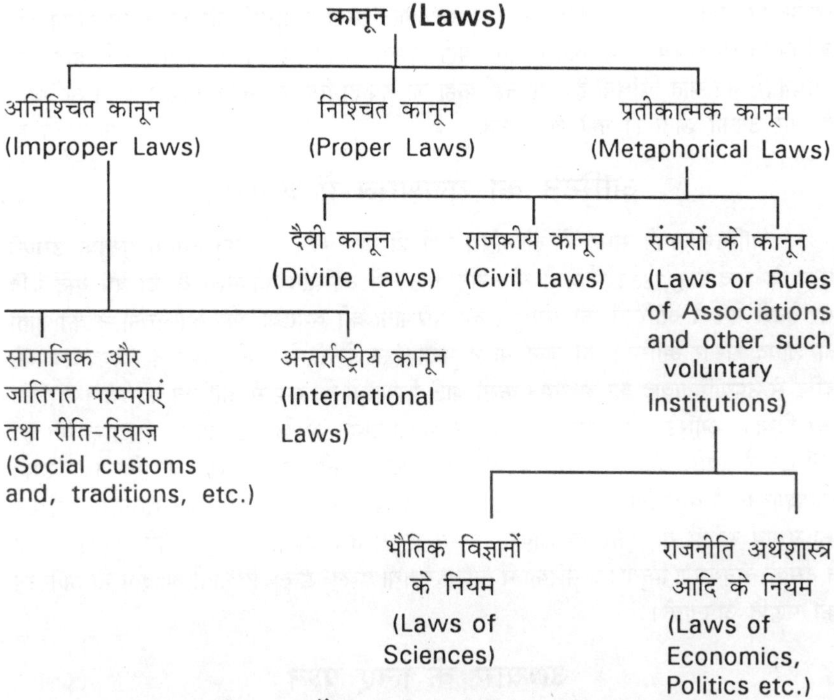

चार्ट 4.1 ऑस्टिन के अनुसार कानून के प्रकार

न्यायशास्त्र—ऑस्टिन ने न्यायशास्त्र (Jurisprudence) को केवल राजकीय कानून (Civil and Governmental Laws) तक सीमित रखा है। न्यायशास्त्र का संबंध केवल राज्य द्वारा बनायी विधियों से ही है। कानूनों को बनाने का एकमात्र अधिकार संप्रभु को ही है। राजकीय कानून संप्रभु की इच्छा को प्रकट करती हैं और वे प्रजा को एक निश्चित प्रकार का आचरण करने की आज्ञा देती हैं। यदि कोई उन निश्चित आज्ञाओं का पालन नहीं करता या उनके विरुद्ध आचरण करता है तो वह संप्रभु के कोप को निमंत्रित करता है जिसका अर्थ दण्ड होता है। अन्य कानून को ऑस्टिन न्यायशास्त्र के क्षेत्र से बाहर समझता है। अन्तर्राष्ट्रीय कानूनों को भी वह इसलिए निश्चित विधि नहीं मानता कि उसको लागू कराने के लिए कोई संप्रभुता-सम्पन्न शक्ति नहीं है। यही बात सामाजिक रीतिरिवाजों और परम्पराओं के संबंध में भी लागू होती है।

व्यक्ति-स्वातंत्रय और अधिकार (Individual Freedom and Rights) ऑस्टिन व्यक्ति के प्राकृतिक अधिकारों जैसी किसी वस्तु का अस्तित्व नहीं मानता। उसका कहना है कि व्यक्ति की स्वतंत्रता उतनी ही है जितनी संप्रभु शासक द्वारा उसे मिलती हैं। संप्रभु चाहे तो नागरिकों की व्यक्तिगत स्वतंत्रता का क्षेत्र व्यापक और चाहे तो सीमित कर सकता है। ऑस्टिन को व्यक्ति स्वातंत्रय संबंधी आन्दोलन से कोई सहानुभूति नहीं थी। वह इस प्रकार के सुधारों का विरोधी था। उसका कहना था कि राज्य का नियंत्रण भी उतना जरूरी है जितनी व्यक्तिगत स्वतंत्रता। उसने सन् 1859 में होने वाले संसदीय सुधारों का भी विरोध किया था। अधिकारों के संबंध में भी ऑस्टिन का यही कहना था कि वे उपयोगिता पर निर्भर करते हैं। अधिकारों का स्रोत विधियाँ है। यह नहीं कहा जा सकता कि व्यक्ति के कुछ शाश्वत अधिकार हैं और उनको छीना ही नही जा सकता।

ऑस्टिन का राजशास्त्र में योगदान

ऑस्टिन अपने समय में लोकप्रिय नहीं हो पाया था। उसकी अंतिम पुस्तक उसकी मृत्यु के बाद सन् 1863 में छपी थी। सन् 1859 में ऑस्टिन की मृत्यु के दो वर्ष बाद यदि सर हेनरी मेन ने ऑस्टिन की संप्रभुता की परिभाषा की व्याख्या और आलोचना न की होती तो शायद संसार ऑस्टिन को जान भी न पाता। सर हेनरी मेन की टीका ने न्यायशास्त्र की दृष्टि से उपयोगितावाद का अध्ययन करने वाले विचारक के रूप में ऑस्टिन का स्थान सुरक्षित कर दिया। ऑस्टिन के योगदान में सबसे पहला स्थान उसके संप्रभुता के सिद्धान्त का है। ऑस्टिन ने विधि और न्यायशास्त्र को आचारशास्त्र की उलझनों से मुक्त किया। उसने न्यायशास्त्र को कुछ निश्चित परिभाषाएँ और प्राविधिक शब्द दिये हैं। अपने समय में ऑस्टिन का प्रभाव स्वल्प था, फिर भी डायसी, जेम्स ब्राइस तथा टी० ई० हॉलैण्ड जैसे न्यायशास्त्रियों ने उसका अनुकरण किया। अमेरिका में कौंलहन तथा डब्लू० डब्लू० विलोबी आदि ने भी ऑस्टिन की पद्धति अपनायी।

अभ्यास के लिए प्रश्न

1. जेम्स मिल के राज्य तथा सरकार सम्बन्धी विचारों की विवेचना कीजिये।
2. ऑस्टिन के सम्प्रभुता सिद्धान्त का वर्णन और विवेचन कीजिये।

5

जॉन स्टुअर्ट मिल

(John Stuart Mill--1806-1873)

परिचय, प्रभाव, पद्धति

जॉन स्टुअर्ट मिल का पिता जेम्स मिल (1773-1836 ई०) अपने युग का सुप्रसिद्ध बेन्थमवादी विचारक था जिसने उपयोगितावाद का समर्थन करते हुए सुधारकों का साथ दिया। जेम्स मिल भारत में व्यापार करने वाली ईस्ट इंडिया कम्पनी के एक महत्वपूर्ण पद पर काम करता था। जेम्स मिल ने यह निश्चय किया था कि अपने पुत्र को ऐसी विशिष्ट शिक्षा देगें जिसमें वह उपयोगितावाद के प्रचारक बने। जॉन स्टुअर्ट मिल का जन्म 20 मई 1806 ई० को हुआ। वह जेम्स मिल का प्रथम पुत्र था। इस बालक के लिये पूर्व-प्राथमिक शिक्षण की व्यवस्था 3 वर्ष की आयु से ही की गई। घर पर ही उसके पिता ने नियमित शिक्षण का कार्य प्रारम्भ किया। पाँच वर्षों के इस शिक्षण में उसे ग्रीक, अंग्रेजी, गणित आदि की शिक्षा दी गई। फिर उसे लेटिन तथा अन्य साहित्य पढ़ाया गया। प्रारम्भ से ही वह कुशाग्र बुद्धि तथा मेधावी था। आठ वर्ष की आयु में ही उसने प्लेटो के ग्रन्थ पढ़ डाले। आगे चलकर उसने अपने पिता द्वारा निर्धारित पाठ्यक्रम के अनुसार तर्कशास्त्र, आचारशास्त्र, मनोविज्ञान, राजनीति, अर्थशास्त्र आदि सामाजिक विषयों का अध्ययन किया। पिता तथा शिक्षक के नाते जेम्स का अनुशासन और नियंत्रण सतर्कतापूर्ण था। किशोरावस्था में स्टुअर्ट को सर सेमुएल बेन्थम के साथ फ्रांस भेज दिया गया जहाँ उसे पर्याप्त अवकाश रहा और स्वतन्त्रता मिली।, उसने साथ ही भौतिकशास्त्र, जीवशास्त्र, वनस्पतिशास्त्र आदि का वैज्ञानिक अध्ययन किया। वहाँ से लौटकर सुप्रसिद्ध विधिशास्त्री जान आस्टिन ने उसे रोमन ला तथा अन्य कानूनों की शिक्षा दी। इसके बाद उसे विभिन्न सभा-सोसाइटी में अपना परिचय बढ़ाने तथा प्रभाव जमाने के लिये भेजा गया। वहीं उसने भाषण देने और वक्ता बनने का अभ्यास किया। छोटी उम्र में इतनी अच्छी तथा व्यवस्थित शिक्षा पाकर मिल अपने पिता के सहायक के रूप में 'इंडिया आफिस' में एक पद पर नियुक्त हो गये। इस नौकरी में रहते हुए उसने अपनी साहित्यिक गति-विधि बनाये रखी और विभिन्न पत्र-पत्रिकाओं में लेख भेजता रहा। उसके लेख दिलचस्प होते थे। उसके विचारों का अच्छा प्रभाव पड़ा। इंडिया आफिस में उसका काम राजकीय पत्र व्यवहार करना था। उसकी लेखनी अद्वितीय थी, उसकी प्रारूप बनाने की योग्यता अद्भुत

थी। सन् 1856 में उसने कम्पनी की ओर से पार्लियामेण्ट को एक आवेदन-पत्र बनाकर भेजा जिसका प्रारूप ऐतिहासिक महत्व रखता है। कृत्रिमता से बोझिल उसके शिक्षण में, शारीरिक विकास की ओर कम ध्यान दिया गया था। अत: 1826 में काफी रुग्ण हो गया। बीमारी की हालत में उसे सुप्रसिद्ध स्वच्छन्दतावादी कवि वर्डस्वर्थ और कालरिज की रचनाओं से प्रेम हो गया। सन् 1830 ई० में उसका परिचय श्रीमती टेलर नामक उच्चवर्गीय महिला से हुआ जिसने उसके जीवन में महत्वपूर्ण परिवर्तन किये। श्रीमती टेलर धनाढ्य, संभ्रांत परिवार की महिला थीं। वह अपनी सहृदयता, बौद्धिक प्रतिभा, तीक्ष्ण बुद्धि, गुणग्राहकता आदि के लिये प्रसिद्ध थीं। उसके गुणों का मिल पर इतना गहरा प्रभाव पड़ा कि अपने परिवार तथा मित्रों के द्वारा विरोध होने पर भी उसने 1851 ई० में उस महिला से विवाह कर लिया। इस महिला के कारण ही मिल के विचारों में मानवतावाद का विनम्र प्रभाव पड़ा। दुर्भाग्य से श्रीमती टेलर की मृत्यु विवाह के 7 वर्ष बाद ही सन् 1858 ई० में हो गई। मिल ने अपनी सुप्रसिद्ध पुस्तक 'लिबर्टी' अपनी पत्नी के नाम समर्पित की थी। 1865 से 1868 ई० तक वह पार्लियामेण्ट का सदस्य रहा उसके वक्तव्य वहाँ बड़े ही महत्वपूर्ण रहे। शासकीय और विरोधी दलों में उसका बराबर सम्मान था। पार्लियामेण्ट में रहकर उसने आयरलैण्ड के भूमि सुधार, मजदूरों के हित तथा स्त्री मताधिकार के लिये बराबर आन्दोलन किया। उसके विचारों और कार्यों को प्रगतिशील या क्रान्तिकारी उदारवाद भी कह सकते हैं। फ्रांस के एविगनन नामक नगर में जहाँ उसकी पत्नी की मृत्यु हुई थी, मिल ने अपनी पत्नी की कब्र के पास ही एक छोटे मकान में जीवन के अन्तिम दिन बिताये। 8 मई 1873 ई० को एविगनन में ही उसकी मृत्यु हो गई।

मिल की रचनायें

मिल ने अपने जीवन में कई महत्वपूर्ण विचारोत्तेजक निबन्ध, समस्यामूलक सैद्धान्तिक ग्रन्थ, व्यक्तिगत संस्मरण आदि लिखे। उसके महत्वपूर्ण ग्रन्थ दो ही माने जाते हैं, एक तो "स्वतन्त्रता पर" (On liberty) जो सन् 1859 ई० में पांच वर्षों के अथक परिश्रम के बाद लिखा गया, और दूसरा प्रतिनिधिमूलक शासन पर विचार (Considerations on Representative Govt.) जो 1860 ई० में प्रकाशित हुआ। उसने 1848 ई० में राजनीतिक अर्थशास्त्र के सिद्धान्त (Principles of Political Economy) के नाम से प्रामाणिक पाठयग्रन्थ का प्रणयन किया। उसकी अर्थशास्त्रीय धारणाओं का प्रभाव फेबियन विचारकों पर पड़ा। 1838-40 ई० में 'लन्दन एन्ड वेस्टमिन्स्टर रिव्यू' में उसके दो मौलिक निबन्ध बेन्थम तथा कालरिज पर हुये जो बौद्धिक उत्तेजना तथा न्यायप्रियता के लिये प्रसिद्ध थे। 1843 ई० में उसने तर्क शास्त्र की प्रणाली (The System of logic) पर अपने विचार लिखे। यहाँ उसको 'उपयोगितावादी तर्कशास्त्र' का निर्माता भी कहते हैं। उसने आर्थिक क्षेत्र के विवादास्पद प्रश्नों की छान-बीन की। 1863 ई० में उसने अपने विचार उपयोगितावाद पर प्रबन्ध (Treatise on utilitarianism) के नाम से प्रकाशित हुए। कुछ उसने हेमिल्टन के दार्शनिक विचारों की आलोचना की। 1869 ई० में उसकी पुस्तक "महिलाओं का दासत्व" (Subjection of Women) निकली जो उसकी विचारधारा का सर्वाधिक महत्वपूर्ण प्रचार ग्रंथ है। मृत्यु के बाद मिल के अनेक महत्वपूर्ण पत्र (Letters), आत्मकथा (Auto--biography) तथा तीन धार्मिक निबन्ध (Three Essays on Religion) प्रकाशित हुए।

मिल पर प्रभाव

मिल पर प्रारम्भ से ही अपने विद्वान् पिता जेम्स मिल और उनके मित्र जेरेमी बेन्थम का स्थायी प्रभाव पड़ा। उसे उपयोगितावाद की विचारधारा पैतृक विरासत के रूप में मिली। उसकी शिक्षा प्रणाली आकर्षक, व्यवस्थित तथा उच्चस्तरीय थी। उचित शिक्षा-दीक्षा, संरक्षण-संवर्धन ने उसके व्यक्तित्व को अच्छी तरह निखार दिया। उस पर सुप्रसिद्ध विधिशास्त्री जान आस्टिन का राजनीतिक क्षेत्र में तथा अर्थशास्त्रियों में एडमस्मिथ, रिकार्डो, मालथस, एडम फार्गूसन आदि की 'आर्थिक उदारतावाद' (Economic Liberalism) की व्यापक विचारधारा का प्रभाव था। उसकी पत्नी श्रीमती टेलर ने उसे मानवतावाद (Humanism) की ओर मोड़ा। ऑगस्ट काम्टे ने उसकी चिन्तनधारा को विशेष रूप से प्रभावित किया। वह सेन्ट साइमन के काल्पनिक समाजवादी विचारों से भी परिचित था। इन बहुमुखी प्रभावों के बावजूद मिल की मौलिकता छिपी नहीं है। उसका दृष्टिकोण समन्वयात्मक था साथ ही वह नवीनता का भी प्रेमी था। समाजविज्ञान की नई अध्ययन पद्धति उसका सबसे महत्वपूर्ण योगदान हैं।

अध्ययन पद्धति
(Method of Study)

सामाजिक प्रगति का चिन्तन करने के लिये टरगाट (Turgot) तथा कान्डोरसेट (Condorcet) के विचारों से प्रेरणा लेकर ऑगस्ट काम्टे ने समाजशास्त्रीय व्याख्या (Sociological interpretation) की स्थापना की। मिल ने इसे स्वीकार किया। इस तरह मिल पर कालरिज की काव्यधारा और काट की समाजधारा का प्रभाव पड़ा। मिल ने अपनी आत्मकथा में इसका विवेचन किया है। ''मानव मस्तिष्क सम्भावित प्रगति की निश्चित दिशा में चलता है जिसमें कुछ बातें आगे-पीछे आती रहती हैं। सरकार या सुधारक इस गति या नियम में अनिश्चित या अमर्यादित सीमा तक नहीं कुछ हद तक ही परिवर्तन कर सकते हैं, राजनीतिक संस्थान और उनकी समस्यायें निरपेक्ष न होकर सापेक्ष हैं अलग-अलग अवस्था में मनुष्य की प्रगति की अलग-अलग संस्थाएँ होंगी और होनी चाहिये। शासन सदैव समाज की सर्वोच्च शक्ति में रहता है। वह सर्वोच्च शक्ति कौन सी है या होगी यह संस्थाओं पर आश्रित नहीं है बल्कि संस्थाएँ ही उस पर आश्रित हैं। किसी भी सामान्य या राजनीतिक दर्शन के सिद्धान्त में मानव प्रगति की पूर्व कल्पना अनिवार्य है और यही बात इतिहास पर भी लागू है। परन्तु यह भी सत्य है कि मानव प्रगति की नि:शर्त स्वीकृति का नियम तार्किक दोष का प्रतीक है। मिल ने इस समस्या पर गम्भीरता से विचार किया। उसने काम्टे की ऐतिहासिक साधारणीकरण (historical generalisation) की धारणा का विवेकपूर्वक अनुशीलन किया। काम्टे के नियम के अनुसार ज्ञान की 3 स्थितियाँ निरूपित की गई हैं, धर्ममूलक (theological), तत्वमूलक (metaphysical) और वैज्ञानिक (Scientific)। इनके साथ सैनिक, वैधानिक, औद्योगिक व्यवस्था का गहरा सम्बन्ध है। इस नियम में धीरे-धीरे अनुभव के आधार पर ज्ञान परिपक्व होता है। मिल ने विशुद्ध अनुभूति-मूलक पद्धति का परित्याग करके आगमन और निगमन का समन्वय किया। मिल में अशावादिता तो अवश्य थी परन्तु वह पूर्णत्ववादी नहीं था।

मिल ने अध्ययन-पद्धति के चार प्रकार बतलाये—रासायनिक पद्धति, रेखागणित की पद्धति, भौतिक पद्धति और ऐतिहासिक पद्धति। पहली दो पद्धतियों का प्रयोग सामाजिक विज्ञान के लिए लाभदायक नहीं हैं। भौतिक और ऐतिहासिक पद्धति से राजशास्त्र, अर्थशास्त्र आदि विषयों का उत्तम अध्ययन हो सकता है। इन दोनों के समन्वय को समाजशास्त्रीय पद्धति भी कह सकते हैं जिसमें आगमनात्मक और निगमनात्मक पद्धतियों का सम्मिश्रण है और मनोविज्ञान का प्रयोग है। आग्रह या कट्टरता के बिना भी मिल युक्तिपूर्वक अपने विचारों की अकाट्य प्रामाणिकता सिद्ध करता है।

उपयोगितावाद
(Utilitarianism)

जॉन स्टुअर्ट मिल ने एक ओर अपने पिता जेम्स मिल और उसके मित्र बेंथम के उपयोगितावाद का प्रचार किया और दूसरी ओर वह सत्य की ओर जागरूक रहा। उपयोगितावाद की परिभाषा करते हुए उसने लिखा, "वह मत जो कि उपयोगिता अथवा अधिकतम आनन्द के सिद्धान्तों को नैतिकता का आधार मानता है तथा यह मानता है कि कर्म उसी अनुपात में उचित हैं जिसमें वे आनन्द उत्पन्न करते हैं और उसी अनुपात में अनुचित है जिसमें कि वे आनन्द का उल्टा उत्पन्न करने की ओर प्रवृत्त होते हैं। अभाव और आनन्द का तात्पर्य दु:ख का अभाव और सुख है तथा आनन्द-हीनता का अर्थ सुख का अभाव और दु:ख है।"

बेंथम और मिल
(Bentham and Mill)

उपयोगितावाद की व्याख्या को बेंथम के सिद्धान्तों पर आधारित करने पर भी मिल का सिद्धान्त निम्नलिखित तत्वों में बेंथम के सिद्धान्त से भिन्न है :

(1) **प्रवृत्तियों में गुणात्मक भेद**—जबकि बेंथम ने प्रवृत्तियों में कोई भेद नहीं माना है, मिल ने उनका वर्गीकरण किया और कुछ को निम्न और कुछ को उच्च बतलाया। मिल के अनुसार बौद्धिक प्रवृत्तियाँ शारीरिक प्रवृत्तियों से अधिक श्रेष्ठ होती हैं।

(2) **सुखों में गुणात्मक भेद**—इसी प्रकार मिल ने विभिन्न सुखों में गुणात्मक भेद किया। जबकि बेंथम के अनुसार सभी सुख एक ही प्रकार के हैं मिल बौद्धिक अथवा मानसिक सुख को शारीरिक सुख से अधिक श्रेष्ठ समझता है। उसने लिखा है, "एक संतुष्ट सुअर की अपेक्षा एक असंतुष्ट मनुष्य होना अधिक अच्छा है और यदि मूर्ख अथवा सुअर, भिन्न मत रखता है, तो वह इसलिए क्योंकि वे प्रश्न का अपना पहलू ही जानते हैं। तुलनात्मक दृष्टि से अन्य पक्ष दोनों पहलुओं को जानता है।"[1]

(3) **मानव प्रकृति की धारणा में अन्तर**—वास्तव में बेंथम और मिल ने मानव प्रकृति की भिन्न-भिन्न धारणायें उपस्थित की हैं। बेंथम मनुष्य को पशु से अधिक कुछ नहीं

1. " It is better to be a human being dissatisfied than a pig satisfied and if the fool, or the pig, is of a different opinion, it is because they only know their own side of the question. The other party to the comparison knows both side."
--J. S. Mill.

समझता था। उसका कहना था कि मनुष्य सदैव सुख खोजता है और इन सुखों में कोई गुणात्मक अन्तर नहीं है। मिल के अनुसार मनुष्य पशु से श्रेष्ठ है क्योंकि उसमें बुद्धि है। बौद्धिक सुख शारीरिक सुख से श्रेष्ठ है। मनुष्य सुखों में गुणात्मक भेद करता है।

(4) नैतिक सिद्धान्तों में अन्तर—अस्तु, मिल ने बेंथम से भिन्न नैतिक सिद्धांत का प्रतिपादन किया। उसने सुखों में गुणात्मक अन्तर किया। मनुष्य को स्वार्थ से परार्थ पर लाने के लिये उसने नैतिक अंकुश की धारणा प्रस्तुत की। जबकि बेंथम नैतिक अंकुशों को बाहरी मानता है, मिल ने आन्तरिक अंकुश का भी उल्लेख किया। उनका कहना था कि मनुष्य में स्वभावतया सजातीयता की भावना पायी जाती है। जबकि स्वार्थी व्यक्ति इस भावना की आवाज को दबा देता है, निस्वार्थ व्यक्ति में यह भावना तीव्र रहती है। यह सामाजिक तत्व ही अन्तर्बोध है। मिल के शब्दों में, ''आन्तरिक अंकुश, मानव जाति के सुख की अनुभूति, दूसरों के कष्टों और भावनाओं के सम्मान की अनुभूति, मानव जाति की सामाजिक अनुभूतियाँ हमारे साथी प्राणियों से एक होने की इच्छा है जो कि अन्तरंग होने पर भी स्वाभाविक है।'' मिल इसको कर्त्तव्य का उल्लंघन करने पर उससे लगी हुई कष्ट की अनुभूति भी कहता है। यह अन्तरात्मा की ग्लानि है। मानव जाति की संवेदनशील भावना ही उपयोगिता का आधार है। मनुष्य आत्मग्लानि और पश्चाताप से बचने के लिए ही शुभ कर्म करता है। मिल ने उपयोगितावाद के विरुद्ध युक्तियों को निराकरण करके अधिकतम संख्या का अधिकतम सुख के आदर्श की स्थापना की।

(5) गुणों के मापदण्ड सम्बन्धी अन्तर—जबकि बेंथम ने गुणों को मापने के लिए केवल परिभाषा का ही पैमाना बनाया, मिल ने भिन्न मापदण्ड उपस्थित किया। उसके अनुसार, ''दो सुखों में यदि कोई ऐसा सुख है जिसको कि जिन्होंने उन दोनों का अनुभव किया है वे बिना किसी नैतिक बाध्यता के निश्चित रूप से महत्व देते हैं तो वह वांछनीय सुख है।.....यह एक निर्विवाद सत्य है कि वे जो कि दोनों से समान रूप से परिचित हैं और दोनों की प्रशंसा करने और उपभोग करने में समान रूप से समर्थ हैं, ऐसे ही रहन-सहन को स्पष्ट रूप से अधिक महत्व देते हैं जिसमें उनकी उच्चतर शक्तियों का उपयोग हो। बहुत ही कम मानव प्राणी पशुओं के सुखों को भोग करने के लिए निम्न पशुओं में परिवर्तित किए जाने को सहमत होंगे।'' योग्य न्यायाधीश शारीरिक और इन्द्रिय जन्य सुखों की अपेक्षा सदा ही बौद्धिक सुख को अधिक महत्व देते हैं। उनके निर्णय का मापदण्ड मानव गौरव का बोध है। यह बोध स्वाभाविक है। इसी के कारण मनुष्य सुखोपभोग करने के लिऐ भी पशु होना स्वीकार नहीं करता। यही मनुष्यता का चिन्ह है, यही आत्मा की पुकार है। इसके अनुरूप कर्म वाँछनीय हैं और इसके प्रतिकूल कर्म अवांछनीय हैं। इस प्रकार सुख सुख के लिए न होकर गौरव के लिए हो जाता है।

(6) उपयोगितावाद की अपेक्षा व्यक्तिवाद—बेंथम की तुलना में मिल के सिद्धान्त में उपयोगितावाद की तुलना में व्यक्तिवाद अधिक पाया जाता है। इस अन्तर के कारण दोनों के राजदर्शन में भारी अन्तर हो गया था।

(7) आत्महित और सामान्यहित का समन्वय—बेंथम के सिद्धान्त में आत्महित और सामान्य हित के मध्य का व्यवधान बराबर बना रहता है। मिल ने आन्तरिक अंकुश तथा योग्य न्यायाधीशों का मापदण्ड लाकर आत्महित और सामान्यहित के व्यवधान को कम किया। उसने इस सम्बन्ध में ईसा के उपदेशों की ओर संकेत किया।

(8) मतदान सम्बन्धी अन्तर—जबकि बेंथम गुप्त मतदान का समर्थन करता है मिल ने खुले मतदान को बेहतर माना है।

(9) स्त्रियों के अधिकार सम्बन्धी अन्तर—बेंथम के दर्शन में स्त्रियों के अधिकारों की ओर कोई ध्यान नहीं दिया गया है। मिल के राजदर्शन में स्त्रियों को पुरुषों के समान अधिकार दिलाने की ओर ध्यान दिया गया है।

(10) जनतंत्र की शर्तों का अन्तर—बेंथम सब कहीं जनतंत्रीय प्रणाली को उचित मानता है जबकि मिल का कहना है कि यह प्रणाली केवल उसी समाज में चल सकती है जहाँ नागरिकों का चरित्र ऊँचा हो। अस्तु, मिल के अनुसार भिन्न-भिन्न समाजों में भिन्न-भिन्न शासन प्रणालियाँ चलनी चाहियें।

(11) रूचि सम्बन्धी अन्तर—जबकि बेंथम वैधानिक बुराइयों का सुधार करना चाहता था, मिल ने सामाजिक और आर्थिक समस्याओं में विशेष रूचि ली।

(12) रूढ़ियों के प्रति दृष्टिकोण में अन्तर—बेंथम सब प्रकार की रूढ़ियों का खण्डन करता था। इसके विपरीत मिल ने प्राचीन संस्थाओं और उनके अनुकूल रूढ़ियों को बनाये रखने का समर्थन किया है। उसका कहना है कि जनता को ऐसा कोई कार्य नहीं करना चाहिये जिससे शासन के उद्देश्यों की पूर्ति में बाधा पड़े। उसे शासन के कार्य में पूर्ण सहयोग देना चाहये और शासक की बात को सहर्ष स्वीकार करना चाहिये।

(13) राज्य के कार्यक्षेत्र सम्बन्धी अन्तर—राज्य के कार्यक्षेत्र के सम्बन्ध में बेन्थम व मिल दोनों के विचारों में काफी अन्तर था। बेन्थम के अनुसार, ''राज्य को व्यक्ति के स्वतन्त्र व्यापार पर नियन्त्रण नहीं करना चाहिये। राज्य का कार्य केवल कानूनी समस्याओं का हल करना है।''[2] जबकि मिल का विचार था कि ''श्रमिकों के व्यक्तिगत हितों की रक्षा तभी हो सकती है जब व्यक्तिगत व्यापार पर राज्य का नियन्त्रण हो और सामाजिक व आर्थिक समस्याओं का हल भी करें।''

(14) मताधिकार सम्बन्धी अन्तर—बेंथम सभी मनुष्यों को एक समान दृष्टि से देखता था और सभी को समान रूप से मताधिकार प्रदान करने का समर्थक था। परन्तु मिल इसका विरोधी था। इस सर्वव्यापी मताधिकार की बुराइयों को दूर करने के लिये मिल का यह सुझाव था कि अज्ञानी, अशिक्षित और मूर्ख व्यक्तियों की तुलना में ज्ञानी, शिक्षित और बुद्धिमान व्यक्तियों को ही अधिक मत देने का अधिकार होना चाहिये।

---

2. ''The state as a whole is not almighty for it is limited externally by the right of other and internally by its own nature and by the right of its individual members.''

-- Bluntschli

(15) **स्वतन्त्रता सम्बन्धी धारणा में अन्तर**—जे० एस० मिल तथा बेंथम की स्वतन्त्रता सम्बन्धी धारणा में भी पर्याप्त अन्तर था। बेंथम ने स्वतन्त्रता को विशेष महत्व नहीं दिया और उसे मात्र साधन के रूप में ही व्यक्त किया, किन्तु जे० एम० मिल ने स्वतन्त्रता को व्यक्ति के विकास के लिये महत्वपूर्ण माना और साध्य के रूप में प्रस्तुत किया। मिल के विचार में व्यक्ति को अपने विकास के लिये सबसे पहले स्वतन्त्रता की आवश्यकता है।

(16) **इतिहास व परम्परा को विशेष महत्व**—बेन्थम ने अपनी राज्य सम्बन्धी धारणाओं में इतिहास व परम्पराओं को विशेष महत्व नहीं दिया जिसका परिणाम यह हुआ कि उसके अनुसार सभी देशों में एक ही शासन प्रणाली की भी स्थापना की जा सकती थी, किन्तु मिल बेन्थम के इस विचार से सहमत नहीं था। मिल के विचार में प्रत्येक देश का अपना स्वयं का एक इतिहास तथा कुछ विशिष्ट परम्परायें होती हैं तथा उन्हीं के अनुरूप उस देश में शासन व्यवस्था की स्थापना भी सफल होती है। उदाहरणस्वरूप-मिल के विचार में भारत जैसे पिछड़े देश के लिये प्रजातान्त्रिक शासन प्रणाली का कोई विशेष महत्व नहीं है और न ही प्रजातान्त्रिक शासन प्रणाली पिछड़े अशिक्षित देशों में सफल हो सकती है। इस प्रकार इतिहास और परम्पराओं के प्रति मिल को बहुत अधिक मोह था।

(17) **मुक्त व्यापार सम्बन्धी धारणा में अन्तर**—बेन्थम व्यक्तिवाद के बहुत समीप था। इसलिये उसने सदैव मुक्त व्यापार की नीति का अनुमोदन किया था। प्रारम्भ में मिल ने भी इसी नीति को समर्थन दिया था किन्तु व्यापारियों के स्वार्थों के शिकार श्रमिकों की दुर्दशा देखकर मिल को अपने विचार परिवर्तित करने पर विवश होना पड़ा, जिसका परिणाम यह हुआ कि अपने जीवन के उत्तरार्द्ध में मिल ने मुक्त व्यापार नीति के विपरीत समाजवादी विचारों का समर्थन किया था।

बेन्थम ने मिल के विचारों की आलोचना करते हुए लिखा है कि "मिल कार्यों को स्वसम्बन्धी तथा पर सम्बन्धी दो भागों में विभाजित करता है। इस प्रकार का विभाजन सम्भव नहीं। मिल कम बुद्धि वाले व्यक्तियों को मताधिकार प्रदान न करके तथा गुप्त मतदान प्रणाली का विरोध करके लोकतन्त्र की भावना को ठेस पहुँचाता है इसलिए कहा गया है कि मिल व्यक्तिवाद का समर्थक था और वह लोकतन्त्रात्मक विचारों का विरोधी था।" इसी सम्बन्ध में ऑस्टिन (Austin) ने लिखा है कि यद्यपि मिल ने बेन्थम के विचारों में अनेकों परिवर्तन किए हैं किन्तु फिर भी मिल के आलोचकों ने कहा है कि मिल का उपयोगितावाद कानून को स्वतन्त्रता का बाधक मानता है। अत: मिल ने बेन्थम के उपयोगितावाद को अपने विचारों से परिष्कृत करके नया स्वरूप प्रदान किया था। इसलिये उसे 'व्यक्तिवाद का अग्रदूत' एवं 'आधुनिक युग का निर्माता' कहा जाता है।

व्यक्तिवाद
(Individualism)

जॉन स्टुअर्ट मिल को व्यक्तिवाद का अग्रदूत माना जाता है। उनका व्यक्तिवाद उनके अग्रलिखित विचारों से स्पष्ट होता है :

1. अभिव्यक्ति की स्वतन्त्रता (Liberty of Expression)–'स्वतंत्रता' पर लिखे इंग्लैंड के विचारकों में मिल का सर्वोच्च स्थान है। मिल 'विचार-स्वातन्त्रय' का कट्टर समर्थक था। इस सम्बन्ध में उसका मूलभूत विचार यह था कि हम सत्य को केवल तर्क-वितर्क द्वारा ही जान सकते हैं और विचारों के संघर्ष में सदैव सत्य की ही विजय होती है। अत: प्रत्येक व्यक्ति को विचार और अभिव्यक्ति की पूरी-पूरी स्वतन्त्रता प्राप्त होनी चाहिये। मिल के अनुसार "अपने स्वयं के ऊपर अपने मस्तिष्क तथा अपने शरीर के ऊपर व्यक्ति को सार्वभौम अधिकार प्राप्त है।"[3]

विचार अभिव्यक्ति की स्वतन्त्रता मिल सामान्य व्यक्तियों को ही नहीं, वरन् 'सनकी' व्यक्तियों को भी देना चाहता था क्योंकि उसके विचार में 'जिन्हें एक जमाने में सनकी समझा गया था, वे आज महान् व्यक्ति समझे जाते है। सुकरात और 'ईसामसीह' अपने जमाने के सनकी ही तो समझे जाते थे, लेकिन आज ये हमारी दृष्टि में पूज्य हैं। मिल के अनुसार "दस सनकी व्यक्तियों में से नौ निरर्थक बुद्धू हो सकते हैं, किन्तु दसवाँ व्यक्ति मानव जाति के लिये इतना लाभदायक हो सकता है कि जितने अनेक साधारण व्यक्ति मिलकर भी नहीं हो सकते।"[4] व्यक्ति-स्वातन्त्रय की रक्षा न केवल मिल राज्य के हस्तक्षेप, वरन् असहिष्णु समाज, बहुमत और परम्पराओं के दबाव से भी करना चाहता था। सेबाइन (Sabine) के अनुसार, "मिल को डर था कि स्वतन्त्रता के लिये सबसे बड़ा खतरा सरकार की ओर से नहीं आता, वरन् ऐसे बहुमत की ओर से आता है, जो नवीन विचारों के प्रति असहिष्णु होता है, जो विरोधी अल्पसंख्यकों को संदेह की दृष्टि से देखता है और जो अपनी संख्या के जोर से उन्हें दबा देना चाहता है।"[5]

सरकार के अधिकारों के सम्बन्ध में मिल ने कहा है कि प्रशासन को किसी प्रकार के विचार के दमन का अधिकार प्राप्त नहीं हो सकता चाहे उसे इसमें जनता का ही समर्थन क्यों न प्राप्त हो। इस सम्बन्ध में सर्वश्रेष्ठ सरकार को भी सबसे बुरी सरकार से अधिक अधिकार प्राप्त नहीं हो सकता। मिल के अनुसार "यह हानिकारक है, जबकि शासन इसका प्रयोग जनमत के विरुद्ध करता है और उस समय इससे भी अधिक हानिकारक है, जबकि इसका प्रयोग जनमत के अनुकूल किया जाता है। यदि एक व्यक्ति को छोड़कर सम्पूर्ण मानवता एक ही विचार की हो, तो भी मानवता को इस एक व्यक्ति को मौन रखने का इससे अधिक अधिकार नहीं हो सकता, जितना कि उस एक व्यक्ति को, यदि उसके पास शक्ति हो तो सम्पूर्ण मानवता को मौन रखने का अधिकार हो सकता है।"

2. कार्य की स्वतन्त्रता (Liberty of Action)–विचार अभिव्यक्ति के साथ-साथ व्यक्ति को कार्य की स्वतन्त्रता भी प्राप्त होनी चाहिये। मिल के अनुसार कार्य-स्वतन्त्रता में

---

3. "Over himself, his body and mind, individual is sovereign." --J. S. Mill.
4. "Nine out of ten cracks my be harmless idiots but the tenth man may be useful to mankind than most of normal men put together." --J. S. Mill.
5. Sabine, *History of Political Science*, p. 666

व्यक्ति का व्यक्तित्व प्रकट होता है और यह उसकी आत्मोन्नति का मार्ग है। उसके अनुसार कार्य की स्वतन्त्रता "मानव जीवन के सुख का एक मुख्य तत्व है और वही वैयक्तिक एवं सामाजिक प्रगति का भी आवश्यक तत्व है।"

मिल ने मानवीय कार्यों को दो भागों में विभाजित किया है।

(i) **स्वविषयक कार्य** –स्वविषयक कार्यों का सम्बन्ध व्यक्तिगत जीवन से होता है जैसे–खाना, पहनना, सोना व अचार-विचार आदि। मिल इन कार्यों में व्यक्ति को पूर्ण स्वतन्त्रता देना चाहता है। यदि कोई व्यक्ति अपने निजी तरीके से रहता है तो उसके रहन-सहन में राज्य या समाज के अन्य व्यक्तियों द्वारा कोई हस्तक्षेप नहीं किया जाना चाहिये।

(ii) **परविषयक कार्य**–परविषयक क्षेत्र में वे कार्य आते हैं, जिनका प्रभाव समाज पर भी पड़ता है। परविषयक कार्यों में व्यक्ति की स्वतन्त्रता असीमित न होकर सीमित होती है विशेषतया उस समय जबकि उसके कार्यों में अन्य व्यक्तियों की स्वतन्त्रता का हनन हो। इस विषय में मिल का विचार है कि "वह एक मात्र उद्देश्य जिसके लिये व्यक्तिगत या सामूहिक रूप से मानव जाति को अधिकार प्राप्त है कि वह अपने किसी सदस्य की स्वतन्त्रता में हस्तक्षेप कर सके, आत्म रक्षा ही है। वह प्रयोजन, जिसके लिये सभ्य समाज के किसी सदस्य के विरुद्ध न्याय रूप से उसकी इच्छा के विरुद्ध शक्ति का प्रयोग किया जा सकता है, यही है कि वह औरों को हानि न पहुँचा सके। उसके ही 'भौतिक' या 'नैतिक' हित के नाम पर उसकी स्वतन्त्रता में हस्तक्षेप नहीं किया जा सकता....अपने ऊपर, अपने शरीर और मस्तिष्क पर व्यक्ति सम्प्रभु है।"

मिल व्यक्ति की स्वतन्त्रता को सामाजिक रीति-रिवाजों से भी मुक्त करना चाहता है। फिर भी मिल ने लिखा है कि निम्नलिखित अवस्थाओं में राज्य व्यक्ति की स्वतन्त्रता में हस्तक्षेप कर सकता है–

(i) जब व्यक्ति स्वतन्त्रता के अनुचित प्रयोग द्वारा अपने कर्त्तव्यपालन को भूलकर अधिकारों का दुरुपयोग करने लगे।

(ii) व्यक्तिगत स्वतन्त्रता को संकट काल में कम करने के लिये व्यक्ति को बाध्य किया जा सकता है।

(iii) यदि वह दूसरों की स्वतन्त्रता में बाधा पहुँचाये।

3. 'सामान्य संकल्प' तथा 'राज्य के व्यक्तित्व' में संघर्ष (Conflict between General Will & Identity of State)–आदर्शवादियों के 'सामान्य संकल्प' तथा 'राज्य के व्यक्तित्व' आदि विचारों का खण्डन करते हुये मिल ने कहा है कि "राजनीतिक प्रश्नों पर विचार मनुष्य के सुख अथवा दुख को ध्यान में रखकर किया जाना चाहिये।" इस उद्देश्य की प्राप्ति के लिये उपाय बताते हुये जॉन स्टुअर्ट मिल ने कहा है कि "राज्य को व्यक्तियों के व्यक्तिगत मामलों में कम से कम हस्तक्षेप करना चाहिये तथा उन्हें अधिक से अधिक स्वतन्त्रता प्रदान करनी चाहिये।"

4. राज्य द्वारा व्यक्तिगत सुख जुटाना (To Arrange Individual Pleasure by State)—मिल के अनुसार राज्य का महत्वपूर्ण कार्य व्यक्तिगत सुख जुटाना है। उसका कहना था कि, "सामाजिक व्यवस्था व्यक्ति के हितों को सिद्ध करने के लिये की जाती है और व्यक्ति ही समस्त सामाजिक एवं राजनीतिक व्यवस्था का केन्द्र बिन्दु है और समस्त राजनीतिक समस्याओं का समाधान व्यक्तिगत मतों के आधार पर ही किया जाता है। इसलिये राज्य एक ऐसी संस्था है जो व्यक्ति के सुख के लिये साधनों की खोज करती है।"

5. स्वार्थी प्रवृत्ति (Selfish Nature)—मनुष्य की यह एक स्वार्थी प्रवृत्ति है कि वह सुख की ओर झुकता है। सामाजिक प्राणी होते हुये भी वह स्वेच्छापूर्वक समाज के हित के लिये अपना सहयोग नहीं देता। इसलिये समाज अथवा राज्य को व्यक्ति के सुखों पर कोई प्रतिबन्ध नहीं लगाना चाहिये, क्योंकि ऐसा करने से व्यक्ति सामाजिक सुखों से वंचित रह जायेगा।

6. सुख के सिद्धान्त का महत्व (Importance of Theory of Pleasure)-जॉन स्टुअर्ट मिल के शब्दों में 'व्यक्ति के लिये सार्वजनिक सुख अथवा अधिकतम व्यक्तियों के लिये अधिकतम सुख' की व्यवस्था करने वाली सरकार ही सर्वोत्तम सरकार होती है।

7. राज्य सामान्य अनुमति पर आधारित (State--Based on General Consent)—स्टुअर्ट मिल ने कहा था कि, "व्यक्ति एक दूसरे के साथ मिलकर रहते हैं और अपनी सहमति से ही समाज की स्थापना करते हैं।" इसी आधार पर मिल ने कहा था कि "समाज समझौते पर आधारित नहीं, परन्तु अनुमति पर आधारित है और समाज का निर्माण व्यक्ति के हित के लिये ही हुआ है।" मिल के अनुसार शासन का उदय भी व्यक्तियों की अनुमति पर आधारित होकर हुआ है।

व्यक्तिवादी विचारों की आलोचना

आलोचकों ने मिल के व्यक्तिवादी विचारों की निम्न प्रकार से आलोचना की है—

1. मिल के अनुसार "पूर्ण स्वतन्त्रता सनकियों को भी दी जा सकती है" के विरोध में सर लेस्ली स्टीफेन (Sir Leslie Stephen) ने लिखा है कि "सनकी व्यक्ति उस प्रकार बेडौल कटे हुये शहतीर के समान हैं, जिसका राज्य में कोई उपयोग नहीं हो सकता।" प्रो॰ मैक्कन ने लिखा है कि "सनकीपन व्यक्तिवाद का मजाक है।" 'सनकियो' व 'झक्कियों' की तुलना सुकरात व ईसा से करना महान् पुरुषों के प्रति अन्याय है।

2. मिल का इससे दुराग्रहपूर्ण विचार और क्या होगा कि मिल सनकियों को तो स्वतन्त्रता देने का पक्षधर है, लेकिन पिछड़े हुये वर्गों और जातियों के व्यक्तियों को स्वतन्त्रता से वंचित रखना चाहता है। ऐसी स्थिति में मिल के स्वतन्त्रता सम्बन्धी विचार को 'उच्च वर्गों का विशेषाधिकार' कहा जाये तो अतिशयोक्ति न होगी।

3. 'अपने ऊपर, अपने शरीर और मस्तिष्क पर व्यक्ति सम्प्रभु है' मिल का यह विचार इस आधार पर आधारित है कि व्यक्ति अपने हित का सर्वोत्तम निर्णायक होता है, परन्तु व्यवहार

में इसे स्वीकार नहीं किया जा सकता। वर्तमान समाज का संगठन इतना अधिक जटिल है कि व्यक्ति की बौद्धिक, नैतिक एवं भौतिक आवश्यकताओं का स्वयं उसकी अपेक्षा समाज ही अधिक अच्छा निर्णायक हो सकता है। व्यक्ति का अपने जीवन पर सम्प्रभुता का विचार सामाजिक जीवन के तथ्यों से मेल नहीं खाता है। मिल का कहना था कि प्रतिबन्ध, प्रतिबन्ध के रूप में ही एक बुराई है, परन्तु उपयोगिता के आधार पर इसे बुराई नहीं कहा जा सकता।

4. मिल के द्वारा कार्यों को 'आत्म सम्बन्धी' तथा 'पर सम्बन्धी' वर्गों में विभाजित करना दोषयुक्त है। प्रत्येक कार्य 'पर सम्बन्धी' हो सकता है जैसे—शराब पीना आत्मसम्बन्धी है, परन्तु व्यक्ति के शराब पीने से अन्ततः उसके परिवार के सदस्य प्रभावित होते हैं, तब यह कार्य 'आत्म-सम्बन्धी' से 'पर सम्बन्धी' हो सकता है।

5. मिल के अनुसार प्रतिबन्धहीन स्थिति ही स्वतन्त्रता है, परन्तु यदि हम स्वतन्त्रता को वास्तविकता प्रदान करना चाहें तो हमें इस सम्बन्ध में सकारात्मक दृष्टि से विचार करना होगा जैसा कि आगे चलकर ग्रीन के द्वारा किया गया है। मिल की स्वतन्त्रता की धारणा के सम्बन्ध में अर्नेस्ट बार्कर (E. Barker) ने लिखा है कि—''मिल, उसकी बचत के लिये काफी गुँजायश छोड़ देने पर भी, हमें 'खोखली स्वतन्त्रता' और 'काल्पनिक व्यक्तित्व' का ही पैगम्बर लगता है। व्यक्ति के अधिकरों के सम्बन्ध में उसके पास कोई दर्शन नहीं था, जिसके आधार पर स्वतन्त्रता की धारणा को कोई यर्थाथ रूप प्राप्त होता। वह समाज की कोई ऐसी पूर्ण कल्पना नहीं कर पाया, जिसमें राज्य और व्यक्ति का मिथ्या अन्तर अपने आप में लुप्त हो जाता।''

6. मिल तर्कों को अधिक महत्व देता है। इसलिये आलोचकों ने कहा है कि मिल की यह बात ठीक है, परन्तु यदि समाज का हर मनुष्य प्रत्येक बात पर तर्क करने लग जाये और बिना बहस के उन्हें मानने से इन्कार कर दे, तो इसके परिणाम निश्चित रूप से भयंकर होंगे।

7. मिल का यह विचार आज के युग की मान्यताओं से मेल नहीं खाता कि 'राज्य एक आवश्यक बुराई है' आज के इस वर्तमान युग में राज्य मानवीय व्यक्तित्व के विकास में सहायक और एक जनकल्याणकारी संस्था है।

जॉन स्टुअर्ट मिल स्वतन्त्रता के विचार के अनन्त उपासक थे। इसी आधार पर डेविडसन (Davidson) मिल को 'व्यक्तिवाद का प्रमुख समर्थक' कहता है। मैकडोनोल्ड मिल को 'उदारवाद का प्रवक्ता' मानता है। जॉन बाउल (John Bowl) स्टुअर्ट मिल को 'उच्च स्तर का तर्कशास्त्री, अर्थशास्त्री तथा दार्शनिक मानते हुये उसको युग पुरुष' कहता है। उसके राजनैतिक विचारों को महत्व देते हुए सुप्रसिद्ध विद्वान मैक्सी (Maxey) ने कहा है कि ''विचार और अभिव्यक्ति की स्वतन्त्रता के सम्बन्ध में मिल का लेख इस विषय पर सम्पूर्ण राजनीतिक साहित्य में प्राप्त सर्वश्रेष्ठ लेखो में से एक है, जिसने वही उत्कृष्टता प्राप्त की है, जो मिल्टन, स्पिनोजा, वाल्टेयर, रूसो, बेन, जैफरसन तथा विचार और अभिव्यक्ति की स्वतन्त्रता के अन्य प्रबल समर्थकों ने प्राप्त की हुई है।''

स्वतन्त्रता की अवधारणा
(Concept of Freedom)

स्वतन्त्रता की परिभाषा—बेंथम के शिष्य मिल का पुत्र जॉन स्टुअर्ट मिल उपयोगितावाद का जबरदस्त समर्थक था किन्तु उसने उसे अधिक मानवीय बनाने का प्रयास किया। राजशास्त्र के इतिहास में मिल का सबसे बड़ा योगदान उसके स्वतंत्रता सम्बन्धी विचार है। उसने लिखा है "यदि सम्पूर्ण मानव जाति का एक मत है और केवल एक व्यक्ति उसके विरुद्ध है तो मानवजाति के लिये उसे रोकना न्यायसंगत नहीं होगा, यदि उस व्यक्ति में शक्ति होती तो वह समस्त मानव जाति को चुप करने में इससे अधिक न्यायोचित नहीं होता।"[6] मिल के अनुसार प्रत्येक व्यक्ति को अपनी उन्नति करने के लिये पूर्णतया स्वतंत्र होना चाहिये। व्यक्ति ही समाज को मूल्यवान विचार देते हैं। व्यक्तियों की स्वतंत्रता से ही सबको सुख प्राप्त हो सकता है किन्तु यह स्वतंत्रता अनियंत्रण नहीं है। यह उसी व्यक्ति को दी जा सकती है जो कि इसका सदुपयोग समझता हो। ऐसा व्यक्ति सुशिक्षित व्यक्ति होता है।

स्वतन्त्रता के प्रकार—मिल ने स्वतंत्रता के विभिन्न प्रकारों का निम्नलिखित स्पष्टीकरण किया—

(1) विचारों की स्वतंत्रता—मिल के अनुसार सम्पूर्ण समाज को भी किसी एक अकेले व्यक्ति को उसके विचारों की अभिव्यक्ति से रोकना उचित नहीं है जिस तरह से किसी भी अकेले व्यक्ति के लिये यह उचित नहीं है कि वह बाकी समाज का मुंह बन्द करे। मनुष्य के विकास के लिये उसे विचारों की स्वतंत्रता का अधिकार मिलना चाहिये। विचारों की स्वतंत्रता के 3 आधार हैं। व्यक्ति के विचारों को प्रकट होने से रोकने से सत्य पर प्रतिबन्ध लगता है। कभी कभी सुकरात जैसे व्यक्ति के विचार सारे समाज के विरुद्ध भी सही हो सकते हैं। ऐसे ही महापुरुषों के विचारों से समाज में क्रांतिकारी परिवर्तन होते हैं। अस्तु, विचारों की स्वतंत्रता देना आवश्यक है। दूसरे, विचारों की स्वतंत्रता से व्यक्तियों के विचारों में स्पष्टता आती है। तीसरे, सत्य के अनेक रूप होने के कारण भी विचारों की स्वतंत्रता आवश्यक है। यदि किसी समाज में व्यक्तियों को विचारों की स्वतंत्रता नहीं दी जाती तो वे सत्य के उन पहलुओं को जानने से वंचित रह जाते हैं जो केवल उन्हें ही अनुभव हुये हैं। इस प्रकार मिल व्यक्ति और समाज के कल्याण के लिये विचारों की स्वतंत्रता आवश्यक मानता है।

(2) कार्य की स्वतंत्रता—विचारों की स्वतंत्रता के साथ उन्हें कार्य रूप में परिणित करने की भी स्वतंत्रता होनी चाहिये। व्यक्ति के कार्य दो प्रकार के होते हैं—स्वयं सम्बन्धी और पर सम्बन्धी। पहले प्रकार के कार्यों पर राज्य को कोई नियंत्रण नहीं करना चाहिये। दूसरे प्रकार के कार्यों में पूर्ण स्वतंत्रता देना उचित नहीं है। मनुष्य के परसम्बन्धी कार्यों में

---

6. " If all mankind minus one were of one opinion and only one person were of contrary opinion, the mankind would no more be justified in silencing that person than he, if he had the power, would be justified in silencing the mankind." -- J. S. Mill

समाज को हस्तक्षेप करने का अधिकार है जिससे कोई भी व्यक्ति दूसरों को हानि न पहुँचा सके। जब कि प्रत्येक व्यक्ति को स्वयं अपने ऊपर, अपने शरीर और मस्तिष्क पर पूर्ण अधिकार है, वह यह अधिकार दूसरों पर नहीं जता सकता।

स्वतंत्रता सिद्धांत के लक्षण

(1) व्यक्तिगत इच्छाओं और भावनाओं को पूर्ण मान्यता दी जानी चाहिये। मिल के शब्दों में, "समाज के किसी भी सदस्य की कार्य की स्वतंत्रता में हस्तक्षेप करने का व्यक्तिगत अथवा सामूहिक रूप से एक मात्र लक्ष्य आत्मरक्षा ही हो सकता है। किसी सभ्य समुदाय के सदस्य पर उसकी इच्छा के विरुद्ध शक्ति के प्रयोग करने का एक मात्र प्रयोजन उसे दूसरों को हानि पहुँचाने से रोकना है। उसका अपना शारीरिक अथवा नैतिक शुभ पर्याप्त कारण नहीं है। उसके आचार का वह भाव जिस पर समाज के हस्तक्षेप का अधिकार है वह है जो कि दूसरों से सम्बन्ध रखता है। उसके स्वयं से सम्बन्ध रखने वाले भाग में उसकी स्वतंत्रता निरपेक्ष है। स्वयं अपने ऊपर, अपने शरीर और मस्तिष्क पर व्यक्ति सर्वाधिकारी है।"[7]

(2) समाज से उन बन्धनों और परम्पराओं को दूर किया जाना चाहिये जो व्यक्तियों के विकास में बाधक हों।

(3) समाज की तुलना में व्यक्ति अधिक महत्वपूर्ण समझा जाना चाहिये। इस सम्बन्ध में हमें सुकरात का उदाहरण याद रखना चाहिये।

(4) मिल ने स्वतंत्रता की आध्यात्मिक व्याख्या प्रस्तुत की।

(5) विचारों और कार्य की स्वतंत्रता के अतिरिक्त मिल व्यक्तियों के लिये समुदाय बनाने की, धार्मिक कर्त्तव्यों के ज्ञान तथा व्यवसाय की स्वतंत्रता का समर्थन करता है।

स्वतंत्रता सिद्धांत की आलोचना

(1) नकारात्मक व्याख्या—मिल की स्वतंत्रता की व्याख्या नकारात्मक है। उसके अनुसार कानून का अभाव ही स्वतंत्रता है।

(2) व्यक्तिवाद—मिल व्यक्तिवादी है। उसका कहना है कि व्यक्ति समाज से अलग रहकर भी स्वतंत्रता का उपभोग कर सकता है। इस प्रकार वह व्यक्ति को समाज से अलग करके देखता है जो कि उचित नहीं है।

---

7. "The sole end for which mankind are warranted individually or collectively in interfering with the liberty of action of any of their member is self-protection. The only purpose for which power can be rightfully exercised over any member of a civilized community against his will, is to prevent harm to others. His own good, either physical or moral, is not a sufficient warrant. The only part of the conduct of any one for which he is amenable to society, is that which concerns others. In the part which merely concerns himself, his indendepence is absolute. Over himself, over his own body and mind the individual is sovereign."
--J.S. Mill

(3) उपयोगितावाद के विरुद्ध—मिल उपयोगितावादी था किन्तु मनुष्य की स्वतंत्रता के सम्बन्ध में उसके अनेक विचार उपयोगितावाद के विरुद्ध हैं। उपयोगितावाद का आदर्श अधिकतम संख्या का अधिकतम सुख है जब कि मिल ने सम्पूर्ण समाज के विरुद्ध भी एक व्यक्ति की स्वतंत्रता का समर्थन किया।

(4) केवल वयस्कों की स्वतन्त्रता—मिल के सिद्धान्त में बालकों की स्वतंत्रता के लिये कुछ नहीं कहा गया है। इस प्रकार उसने केवल वयस्क व्यक्तियों की स्वतन्त्रता की ही बात की है।

(5) स्वयं सम्बन्धी और परसम्बन्धी अनुचित अन्तर—मिल ने व्यक्तियों के कार्यों को स्वयं सम्बन्धी और परसम्बन्धी वर्गों में बांटा है। यह वर्गीकरण वैज्ञानिक नहीं है, क्योंकि न तो कोई कार्य पूरी तरह से कर्त्ता से ही सम्बन्धित होता है और न कोई कार्य पूर्णतया दूसरों के प्रति ही किया जाता है।

(6) निरंकुश स्वतंत्रता—मिल ने विचारों और उनकी अभिव्यक्ति की निरंकुश स्वतंत्रता का समर्थन किया है। यह अनुचित और अव्यवहारिक है।

(7) पिछड़े देशों के नागरिकों की स्वतंत्रता का निषेध—मिल के अनुसार पिछड़े देशों के व्यक्तियों को स्वतंत्रता का अधिकार नहीं होता। उसका यह कथन अनुचित, अवैज्ञानिक और जनतंत्र के विरुद्ध है। स्वतंत्रता का अधिकार विकास के लिये होता है और इसलिये वह पिछड़े देशों में भी दिया जाना चाहिये।

(8) परस्पर विरोधी बातें—स्वतंत्रता की व्याख्या करने में मिल ने परस्पर विरोधी बातें कही हैं। एक ओर वह कहता है कि व्यक्ति को चाहे जो कुछ करने की स्वतंत्रता दी जानी चाहिये। दूसरी ओर वह व्यक्ति पर समाज के नियन्त्रण का समर्थन करता है। उदाहरण के लिये उसने कहा है कि यदि एक व्यक्ति पुल पार कर रहा है जो कि उसके लिये सुरक्षित नहीं है तो राज्य को यह अधिकार है कि वह उसे पुल पार करने से रोके। राज्य को यह अधिकार व्यक्ति के लाभ के लिये ही दिया जाने पर भी वह व्यक्तियों के लाभ का बहाना लेकर मनमानी कर सकता है जिससे व्यक्तियों की स्वतंत्रता में बाधा पड़ती है।

सरकार की अवधारणा
(Concept of Government)

इंगलैंड की पार्लियामेंट का सदस्य होने के कारण मिल राज्य में कानून की महत्ता स्थापित करना चाहता था। उसके अनुसार सर्वोत्तम शासन प्रणाली वह है जिसमें नागरिकों को अधिकतम राजनैतिक शिक्षा मिलती हो। इससे जनता में बुद्धि और गुणों का विकास होता है। किसी भी सरकार का मूल्यांकन उसके कार्यों से किया जाना चाहिए। इन कार्यों में सबसे बड़ी बात नागरिकों के मानसिक और नैतिक गुणों का विकास है। जिस मात्रा में यह अधिक होगा उसी मात्रा में शासन भी श्रेष्ठ होगा। शासन की सफलता शासकों के गुणों पर निर्भर है। अस्तु, किसी भी शासन प्रणाली को सभी परिस्थितियों में श्रेष्ठ कहना

उचित नहीं है। उसने प्रतिनिधि शासन का समर्थन किया। उसके अपने शब्दों में, "क्योंकि प्रत्येक व्यक्ति प्रत्यक्ष रूप से और व्यक्तिगत रूप में सार्वजनिक कार्यों मे भाग नहीं ले सकता इसलिये यह निष्कर्ष निकलता है कि प्रतिनिधि सरकार ही सर्वोत्तम सरकार होनी चाहिये।"[8] मिल ने जनतंत्र की आलोचना की। यह उसमें अनेक सुधार करना चाहता था। उसने सच्चे और झूठे प्रजातंत्र में अन्तर करने पर जोर दिया। संख्या पर आधारित प्रजातंत्र झूठा प्रजातंत्र है क्योंकि उसमें अल्पसंख्यकों के हितों को दबाकर बहुसंख्यक लोग मनमानी करते हैं जिससे अन्याय बढ़ता है। जनतंत्र में वर्गगत हितों को प्रोत्साहन दिया जाता है। मिल के अनुसार एक व्यक्ति को एक और किसी को एक से ज्यादा नहीं गिनना झूठे प्रजातंत्र का आधार है क्योंकि सब व्यक्ति समान नहीं हैं। अन्त में सच्चा जनतंत्र वही है जिसमें नागरिक सुशिक्षित हों। अशिक्षित लोगों का जनतंत्र झूठा जनतंत्र है।

मतदान का अधिकार

मिल के अनुसार मत देने का अधिकार उन्हीं व्यक्तियों को दिया जाना चाहिये जिनमें मत देने की योग्यता हो। मिल के शब्दों में, "मैं इस बात को स्वीकार नहीं कर सकता कि किसी ऐसे व्यक्ति को मत देने का अधिकार प्राप्त होना चाहिये जो पढ़ना लिखना तथा साधारण हिसाब न जानता हो।"[9] न्याय की मांग है कि यदि मताधिकार इन योग्यताओं पर आधारित न भी हो तो भी इन प्रारम्भिक योग्यताओं को प्राप्त करने का प्रत्येक व्यक्ति को अधिकार होना चाहिये। यह शिक्षा या तो निशुल्क दी जानी चाहिये या इतनी कम खर्चीली होनी चाहिये कि उसको प्राप्त करने में दरिद्र व्यक्ति को भी कोई कठिनाई न हो। यदि वास्तव में ऐसा हो जाये तो मनुष्य किसी अशिक्षित व्यक्ति को उस प्रकार से मताधिकार नहीं देंगे जिस प्रकार कोई भी एक ऐसे बालक को मताधिकार देने के विषय में नहीं सोचता जो बोल नहीं सकता। एक अशिक्षित व्यक्ति को मताधिकार प्रदान न करके समाज उसे अपने में से नहीं निकालता बल्कि स्वयं अपने आलस्य को निकालता है। यदि समाज ने ऐसी व्यवस्था नहीं की है कि प्रत्येक व्यक्ति आसानी से प्रारम्भिक शिक्षा प्राप्त कर सके तो पहले समाज को ऐसी व्यवस्था करनी चाहिये और प्रत्येक व्यक्ति को साधारण शिक्षा प्रदान करने के पश्चात् भी वयस्क मताधिकार होना चाहिये। इस प्रकार मिल मतदान के अधिकार के लिये लिखने पढ़ने और साधारण हिसाब की शैक्षिक योग्यता आवश्यक मानता है।

शैक्षिक योग्यता के अतिरिक्त मतदाताओं में सम्पत्ति सम्बन्धी योग्यता भी होनी चाहिये। मिल के अनुसार सम्पत्तिशाली व्यक्ति सम्पत्तिहीन व्यक्तियों की तुलना में अपने मताधिकार को अधिक बुद्धिमानी से प्रयोग करते हैं। उसके अपने शब्दों में, "यह आवश्यक है कि कर स्वीकार करने वाली सामान्य अथवा स्थानीय सभा उन व्यक्तियों द्वारा निर्वाचित होनी

---

8. "Since everybody cannot directly and personally participate in pubic affairs, it follows that the best government must be representative government." --Green

9. "I regard it as wholly inadmissible that any person should participate in the sufferage without being able to read and write and I will add, perform the common operation of Arithmetic." --Mill

चाहिये जो उन करों का कोई भाग राज्य को देते हों। जो व्यक्ति कोई कर नहीं देते हैं वे दूसरों के धन को व्यर्थ करेंगे तथा ऐसे व्यक्तियों में बचत के साथ देखभाल कर खर्च करने की मनोवृत्ति नहीं होगी। अतः सम्पत्तिहीन व्यक्तियों को धन खर्च करने का अधिकार देना मौलिक सिद्धान्तों के विरुद्ध है।''

मिल ने स्त्रियों को भी मत देने का अधिकार देने का समर्थन किया क्योंकि लिंग के अन्तर से किसी को अयोग्य नहीं माना जा सकता। उसने स्त्रियों को उच्च पदों पर नियुक्त किये जाने का समर्थन किया। उसका कहना था कि जब तक उन्हें अपनी योग्यतायें दिखाने का अवसर नहीं दिया जायेगा तब तक उनकी योग्यतायें कैसे पता चलेंगी। उसके अनुसार समाज में स्त्री पुरुष दोनों को उन्नति करने के लिए समान अवसर दिये जाने चाहिये। इससे सार्वजनिक सेवाओं का स्तर ऊंचा उठेगा और समाज में मानवता का प्रचार होगा। इससे समाज का बौद्धिक स्तर ऊंचा उठेगा और उपयोगी व्यक्तियों की संख्या दूनी हो जायेगी। स्त्रियां दुर्बल होने के कारण कानून और समाज पर और भी अधिक निर्भर होती है। अतः उन्हें मताधिकार अवश्य दिया जाना चाहिये।[10]

मिल मनुष्यों को समान नहीं मानता था। उसका कहना था कि समाज में कुछ व्यक्ति मूर्ख और अज्ञानी और अन्य बुद्धिमान और ज्ञानी होते हैं। तब फिर दोनों को एक सा मताधिकार कैसे दिया जा सकता है? शिक्षित व्यक्ति को एक से अधिक मत देने का अधिकार दिया जाना चाहिये। इससे राज्य की कम शिक्षित व्यक्तियों से रक्षा होगी और वयस्क मताधिकार की त्रुटियों को दूर किया जा सकेगा।

मिल ने गुप्त मतदान के विरुद्ध सार्वजनिक मतदान का समर्थन किया। उसके अनुसार मतदान सार्वजनिक कर्तव्य है और इसलिये वह सार्वजनिक रूप से किया जाना चाहिये। गुप्त मतदान स्वार्थ को प्रोत्साहित करता है। सार्वजनिक मतदान में प्रत्येक व्यक्ति आगे आकर अपने विचार प्रकट करेगा।

संसद में प्रतिनिधियों की स्थिति

बर्क के समान मिल ने संसद में प्रतिनिधियों की स्थिति का विश्लेषण किया। उसके अनुसार संसद के सदस्य को स्वयं को केवल जनता का प्रतिनिधि मात्र नहीं समझना चाहिये बल्कि विचारों और कार्य की स्वतंत्रता से कार्य करना चाहिये। यदि किसी विषय पर उसे अपना मत परिवर्तित भी करना पड़े तो उसे खुलेआम ऐसा करना चाहिये। संसद के सदस्यों को वेतन नहीं दिया जाना चाहिये क्योंकि इससे वह वेतनभोगी सदस्यों की संस्था बन जाती है। संसद का कार्य शासन करना नहीं बल्कि प्रशासन की आलोचना, निरीक्षण और निर्देश हैं। संसद के कानून बनाने के कार्य में विधान आयुक्त से सहायता मिल सकती है जिसके सदस्य कानून के ज्ञाता हैं। मिल के अनुसार लार्ड सभा का महत्व कामन सभा से किसी भी प्रकार से कम नहीं है।

---

10. ''If there be any difference, women require it more than men, since, being physically weaker, they are dependent on law and society for protection.''

--J. S. Mill

व्यक्तिवाद और समाजवाद

मिल एक ओर व्यक्तिवादी और दूसरी और समाजवादी था। उसका कहना था कि राज्य को व्यक्ति की बाधाओं को दूर करना चाहिये, औद्योगिक नियम बनाने चाहियें और आर्थिक क्षेत्र में भी हस्तक्षेप करना चाहिये। उसने सम्पत्ति के अधिकार का समर्थन किया और उसके उत्तराधिकार को भी उचित माना। इस प्रकार वह साम्यवाद के विरुद्ध था। किन्तु वह भूमि स्वामित्व के अधिकार को पवित्र नहीं मानता क्योंकि उस पर सारे समाज का अधिकार है। अतः भूमि पर कर लगाया जा सकता है। बाद के लेखों में मिल के व्यक्तिगत सम्पत्ति सम्बन्धी विचारों में परिवर्तन दिखलायी पड़ता है। अब उसके विचार समाजवाद के पक्ष में मालूम पड़ते हैं। मार्क्स के समान उसने सामाजिक परिस्थितियों को सम्पत्ति के मूल्य में वृद्धि का कारण बतलाया और यह कहा कि इस अतिरिक्त मूल्य का स्वामी सम्पत्तिशाली नहीं बल्कि सामान्य समाज है।

व्यक्तिवादी होते हुये भी मिल ने राज्य के कर्त्तव्यो का विस्तार किया और समाजवादी आदर्श की स्थापना की। उसने राजनैतिक उदारवाद का आर्थिक समाजवाद से समन्वय किया। उसके अनुसार व्यक्ति और राज्य दोनों की कसौटी सामान्य सुख की वृद्धि का सिद्धान्त है।

मिल के राजनैतिक चिन्तन की आलोचना
(Criticism of Mill's Political Thought)

मिल के राजनैतिक चिन्तन के विपक्ष में दी गयी आलोचनाओं में मुख्य निम्नलिखित हैं-

(1) **अस्पष्टता**—मिल के विचार स्पष्ट नहीं हो सके हैं। आलोचकों का कहना है कि उसका समस्त दर्शन यदि और परन्तु के मध्य चलता है।

(2) **बहुल मतदान के दोष**—अनेक आलोचकों ने मिल के बहुल मतदान के सिद्धान्त में अनेक दोष दिखलाये हैं। आधुनिक जनतंत्र में यह सिद्धान्त मान्य नहीं है।

(3) **सार्वजनिक मतदान के दोष**—अनेक विचारकों ने मिल के सार्वजनिक मतदान के विचार की आलोचना की है। खुले मतदान में अपने विचारों के अनुसार मतदान कठिन है क्योंकि व्यक्ति पर इस सम्बन्ध में दबाव पड़ सकता है। मिल की गुप्त मतदान की आलोचना व्यावहारिक नहीं है।

(4) **उपयोगितावाद के दोष**—दार्शनिकों ने मिल के उपयोगितावाद में अनेक दोष बतलाये हैं। वह आनन्द और सुख में अन्तर नहीं करता। उसके उपयोगितावाद में मनौवैज्ञानिक सुखवाद के दोष मिलते हैं। उपयोगितावाद सुखवाद के विरुद्ध है। गुणात्मक भेद सुखवाद के विरुद्ध है। योग्य न्यायाधीशों का निर्णय बुद्धि का निर्णय है। मिल के नैतिक सुखवाद के पक्ष में दिये हुये तर्को में अनेक दोष पाये जाते हैं। उसका यह कहना रचनात्मक हेत्वाभास (Fallacy of Construction) से पूर्ण है कि प्रत्येक व्यक्ति का सुख उसके लिये शुभ है, इसलिये सबका शुभ सबके लिये शुभ है। मिल के उपयोगितावाद में परार्थवाद को सुखवाद पर आधारित किया गया है जो कि सम्भव नहीं है। उसने जो मानव के गौरवबोध को कसौटी

माना है वह सुखवाद के विरुद्ध है। मिल ने सहानुभूति और भ्रातृत्व की भ्रामक व्याख्या प्रस्तुत की है। व्यक्ति को स्वार्थ से परार्थ पर लाने के लिये उसने जो आंतरिक आदेश का सहारा लिया है वह सुखवाद के विरुद्ध सिद्धान्त है। मिल का सुख के गुणों की गणना का प्रयास उचित नहीं है, क्योंकि सुखों की गणना नहीं की जा सकती। संक्षेप में, मिल के सिद्धान्त में सुखवाद और बुद्धिवाद, व्यक्तिवाद और समाजवाद असमन्वित रहते हैं।

(5) अधिकारों की व्याख्या का अभाव—राजनैतिक अधिकार स्वतंत्रता का आधार है किन्तु मिल ने अधिकारों के सम्बन्ध में कुछ नहीं कहा है। इसकी आलोचना करते हुये बारकर ने लिखा है, "मिल सारहीन स्वतंत्रता तथा अमूर्त व्यक्ति का मसीहा था। सही अधिकारों के विषय में उसका वर्णन अस्पष्ट था जिनके बिना स्वतंत्रता का कोई सही अर्थ नहीं निकलता।"

मिल का योगदान

उपरोक्त आलोचनाओं से राजशास्त्र में मिल का योगदान किसी भी प्रकार से कम नहीं होता। आधुनिक विचारक स्त्रियों के मताधिकार के सम्बन्ध में मिल से सहमत हैं। उसके सार्वजनिक मतदान और बहुल मतदान के सिद्धान्त कितने भी अव्यवहारिक क्यों न हों किन्तु उनके मूल में तर्क अवश्य है। मिल का यह विचार सभी मानते हैं कि मतदाताओं में शिक्षा सम्बन्धी योग्यतायें होनी चाहिये। उसके स्वतंत्रता के सिद्धान्त का संसार में सब कहीं प्रभाव पड़ा है।

अभ्यास के लिए प्रश्न

1. क्या जॉन स्टुअर्ट मिल का सिद्धान्त उपयोगितावाद सिद्धान्त था? उसने बैंथम के उपयोगितावाद में किन-किन बातों में सुधार किया?
2. 'स्वतन्त्रता तथा प्रतिनिधित्व शासन के विषय में जे.एस. मिल के विचार बताइए?
3. "मनुष्य के लिये वास्तविक स्वतन्त्रता उसकी अपनी इच्छा के अनुसार अपने लाभ के कार्य करने में हैं।" मिल के इस कथन की आलोचनात्मक परीक्षा कीजिये।
4. "मिल एक खाली स्वतन्त्रता तथा काल्पनिक व्यक्ति का दूत था।" सही अधिकारों के विषय में उसका वर्णन अस्पष्ट था जिनके बिना स्वतन्त्रता का कोई सही अर्थ नहीं निकलता। (बार्कर) उपरोक्त कथन की आलोचनात्मक व्याख्या कीजिये।
5. "लोक प्रिय संविधान में एक बहुत महत्वपूर्ण सिद्धान्त यह है कि कोई भी कार्यकारिणी अधिकार लोक प्रिय निर्वाचन के द्वारा नियुक्त न हो।" (जे० एस० मिल) व्याख्या कीजिये।
6. जे० एस० मिल को बेंथम का शिष्य कहना कहां तक सही है ?
7. "जिन बातों का सम्बन्ध केवल व्यक्ति से है उनमें व्यक्ति स्वतन्त्र होना चाहिये तथा जिन बातों का सम्बन्ध समाज से है उनमें समाज स्वतन्त्र होना चाहिये।" (जे.एस. मिल) व्याख्या कीजिए।

8. सावधानी के साथ उन प्रस्तावों का परीक्षण कीजिये जिनका जॉन स्टुअर्ट मिल जनतन्त्र की निर्बलताओं तथा संकटों पर विजय प्राप्त करने के लिए समर्थन करता है।
9. जॉन स्टुअर्ट मिल ने किन आधारों पर व्यक्ति के चिन्तन, भाषाण और कार्यों की स्वतन्त्रता का औचित्य सिद्ध किया है।
10. "यदि सम्पूर्ण मनुष्य जाति का एक मत है और केवल एक व्यक्ति का मत उसके विरुद्ध है तो मनुष्य जाति को उसे रोकना उससे अधिक न्याय-संगत नहीं होगा जैसे कि यदि उस व्यक्ति में शक्ति होती तो वह समस्त मनुष्य जाति को शान्त करने में समर्थ होता।" मिल के इस कथन को ध्यान में रखते हुए उसके स्वतन्त्रता सम्बन्धी विचारों की आलोचनात्मक व्याख्या कीजिये।
11. "हर व्यक्ति के जीवन के दो पहलू हैं—व्यक्तिगत और सामाजिक। दोनों पहलुओं की अपनी न्याय संगत मांगे हैं, जिन्हें स्वीकार करना चाहिये। मुख्य रूप से यह देखना है कि समाज ही सब कुछ न ले।" उक्त कथन के आधार पर मिल के व्यक्ति स्वातन्त्रय सम्बन्धी विचारों की चर्चा कीजिये।
12. "मिल एक रिक्त स्वतन्त्रता और काल्पनिक व्यक्तिवाद के प्रणेता थे।" (बार्कर) क्या आप इस कथन से सहमत हैं? तर्क दीजिये।
13. "जे० एस० मिल 'शून्य स्वतन्त्रता' तथा 'अमूर्त व्यक्तिवाद' का अग्रदूत था।" इस कथन की विवेचना कीजिये।
14. "मिल सारहीन स्वतन्त्रता तथा काल्पनिक व्यक्ति का दूत है। वह अधिकारों सम्बन्धी दर्शन प्रस्तुत नहीं करता जिनके आधार पर ही स्वतन्त्रता का सही अर्थ समझा जा सकता है।" डा. बार्कर के इस कथन की विवेचना कीजिये।
15. प्रतिनिधि शासन के विषय में मिल के क्या विचार हैं? आधुनिक काल में उसकी क्या उपयोगिता है?

6

राजनैतिक आदर्शवाद
(Political Idealism)

आदर्शवाद के इतिहास के सम्बन्ध में डा॰ आशीर्वादम (Dr. Ashirvadam) लिखते हैं कि, "चाहे उसका नाम कुछ भी रहा हो, आदर्शवादी परम्परा का इतिहास कहीं-कहीं पर खण्डित होते हुए भी बहुत लम्बा है।"

(1) यूनान में उदय—आदर्शवाद का प्रारम्भिक रूप प्राचीन यूनान की राजनीतिक विचारधारा में मिलता है। सुप्रसिद्ध यूनानी विचारक प्लेटो (Plato) को 'आदर्शवाद के जनक' (Father of all the Idealism) कहा जाता है। उन्होंने राज्य को 'सर्वश्रेष्ठ नैतिक संस्था' (Highest Ethical Association) माना था। उनके अपने ही शब्दों में "राज्य मानव मस्तिष्क का ही व्यापक रूप है। राज्य बलूत के वृक्ष अथवा चट्टानों से नहीं निकलते, वरन् वे उन लोगों के मस्तिष्क से निकलते हैं जो उनमें निवास करते हैं।"

अरस्तू (Aristotle) भी राज्य की उपयोगिता व्यक्ति के सद्जीवन के लिए आवश्यक मानते हैं। उन्होंने लिखा है कि "राज्य का उदय मानव के लिए हुआ, किन्तु वह सद्जीवन (नैतिक जीवन) के लिए बना हुआ है।"[1] इस प्रकार आधुनिक आदर्शवादी विचारधारा का प्रथम आधार प्लेटो और अरस्तु के लेखों में ही मिलता है।[2] प्लेटो और अरस्तु के इन विचारों की सादृश्यता भारत के प्राचीन मनीषियों के विचारों में भी देखी जा सकती है, जिन्होंने यह कहा है कि राज्य संस्था के अभाव में व्यक्ति का जीवन भी सम्भव नहीं है।

(2) रोमन तथा मध्य युग—रोमन काल और मध्य युग में कोई महत्वपूर्ण आदर्शवादी दार्शनिक नहीं हुआ। 17 वीं सदी के पुनर्जागरण युग में पुन: आदर्शवादी विचारधारा के दर्शन हुए हैं। थामस मूर (Thomas Moore) ने प्लेटो के आदर्शवादी लेखों में कल्पना से प्रभावित होकर ही अपनी प्रसिद्ध पुस्तक 'Utopia' की रचना की थी।

---

1. "State came into being for the sake of life and it continues for the sake of good life."
--Aristotle

2. E. Barker, *Political Thought in England,* p.16.

आधुनिक युग का प्रमुख आदर्शवादी विचारक रूसो था, जिसने अपनी दार्शनिक अथवा राजनीतिक विचारधारा के आधारभूत तत्व यूनानी राजदर्शन से ही लिये हैं। रूसों के दर्शन पर प्लेटो का बहुत अधिक प्रभाव रहा है और प्लेटो के समान ही वह इस विचार का प्रतिपादन करता है कि व्यक्ति नैतिक जीवन की प्राप्ति राज्य के अन्तर्गत रहकर ही कर सकता है।

(3) आधुनिक युग—रूसों के बाद जर्मनी आदर्शवाद का केन्द्र बन गया। जर्मनी के आदर्शवादी लेखकों में काण्ट (Kant), फिक्टे (Fichte) तथा हेगेल (Hegel) के नाम प्रसिद्ध हैं। इनमें काण्ट के आदर्शवाद में उदारवादी तत्व पर्याप्त मात्रा में है। उदारवादी तत्व फिक्टे में कम होकर हेगेल में पूर्णतया समाप्त हो गया है। 'जर्मन आदर्शवादी स्कूल' के साथ-साथ इंगलैंड में भी ऐसी ही विचारधारा का जन्म हुआ, जो 'आक्सफोर्ड स्कूल' के नाम से प्रसिद्ध है। ब्रिटेन के आदर्शवादियों में थामस हिल ग्रीन (T. H. Green) एफ० एच० ब्रेडले (f. H. Bradley), तथा बर्नार्ड बोज़ांके (Bernard Bosanquet) अधिक प्रसिद्ध हैं। तत्कालीन इंगलैंड की परिस्थितियों तथा इंगलैंड की चिरकालीन उदार परम्पराओं को ध्यान में रखते हुए ये अंग्रेज आदर्शवादी जर्मनी के उग्र आदर्शवाद को एक नरम तथा उदार विचारधारा में बदल देते हैं। यह आदर्शवाद का अंग्रेजी रूपान्तर कहा जा सकता है। यदि जर्मनी का आदर्शवाद उग्रवादी था, तो इंगलैंड का उदारवादी तथा हेगेल तथा ग्रीन का क्रमशः उग्र एवं उदार आदर्शवाद का प्रतीक विचारक कहा जा सकता है।

आदर्शवाद का अर्थ
(Meaning of Idealism)

'आदर्शवाद' अथवा 'प्रत्ययवाद' 'आइडियलिज्म' (Idealism) का हिन्दी रूपान्तर है, जो अंग्रेजी के आइडिया (Idea) शब्द से बना है। आइडिया का अर्थ है विचार अथवा 'विचार तत्व'। हिन्दी में कई बार 'आइडियलिज्म' शब्द के लिऐ 'आदर्शवाद' शब्द का प्रयोग होता है, किन्तु यह रूपान्तर इस भ्रान्ति पर आधारित है कि अंग्रेजी का शब्द 'आइडियलिज्म' 'आइडियल' शब्द से बना है, जबकि वास्तव में 'आइडियलिज्म' शब्द 'आइडिया' से बना है। इसलिए आइडियलिज्म का हिन्दी में सही रूपान्तर 'आदर्शवाद' नहीं है। अपितु 'प्रत्ययवाद' अथवा 'विचारवाद' ही है। आदर्शवाद तो वास्तव में यथार्थवाद का उलटा है।

कुछ दार्शनिकों का यह विचार है कि जो कुछ हमें दिखाई देता है, वह ही जड़ प्रकृति है। वही वास्वविक है। उसे किसी अन्य शक्ति ने उत्पन्न नहीं किया, बल्कि उसी के द्वारा मनुष्य की उत्पत्ति हुई है। इसी प्राकृतिक शक्ति से मनुष्य में चेतना और विचार शक्ति उत्पन्न हुई। जो मनुष्य इस जड़ पदार्थ को ही सब कुछ मानते हैं और इसका रचयिता ईश्वर को नहीं मानते, उन्हें भौतिकवादी कहा जाता है। इसके विपरीत प्रत्ययवादियों का कहना है कि इस जड़ प्रकृति की अपनी स्वतन्त्र सत्ता नहीं है। वह प्रत्यय से उत्पन्न हुई है।

प्रत्यय के लिए प्रत्ययवादी मन, चेतना और आत्मा शब्दों का प्रयोग करते हैं। उनके अनुसार 'जड़-प्रकृति' सत्य नहीं है। यह दृश्यमान विश्व किसी परम चेतना सत्ता की सृष्टि है। संसार में यह चेतन तत्व सर्वत्र दिखाई पड़ता है। इस जगत में जो कुछ भी चर-अचर है, सभी में उस चेतन तत्व का प्रभाव दिखाई देता है। प्रत्ययवादी यह मानते हैं कि विचार

ही पूर्ण है अथवा विचारों द्वारा ही पूर्णता सम्भव है। जो 'प्रकृति' अथवा 'पदार्थ-जगत' हमको दिखाई देता है, वह अस्थायी परिवर्तनशील और सीमित होता अत: अपूर्ण है।

प्रत्ययवाद के आधारभूत सिद्धान्त
(Basic Principles of Idealism)

19 वीं व 20 वीं सदी के पूर्वार्द्ध में विकसित आदर्शवाद के 'उदारवादी आदर्शवाद' और 'उग्रवादी आदर्शवाद' दो पक्ष थे। इन दोनों में काफी मतभेद था, किन्तु फिर भी आदर्शवाद के मुख्य सिद्धान्त एक ही थे, जिनका वर्णन निम्न रूप से किया जा सकता है:–

1. नैतिक संस्था के रूप में राज्य (State as an Ethical Institution)–आदर्शवादियों के अनुसार राज्य एक नैतिक संस्था है। वे प्रकृतिवादियों एवं बुद्धिवादियों की भाँति राज्य को केवल भौतिक आवश्यकताओं की पूर्ति का साधन मात्र न मानकर नैतिक संस्था के रूप में मानते हैं। उनके अनुसार "जिस प्रकार चर्च एक नैतिक संस्था है उसी प्रकार से राज्य भी एक नैतिक संस्था है। राज्य हमारे 'नैतिक विचार का ही प्रत्यक्षीकरण' (Realisation of Moral Ideas) है। राज्य की सदस्यता अनैतिक एवं मूर्ख मानव को नैतिक, योग्य तथा विवेकशील बनाती है।" बोज़ांके (Bosanquet) लिखते हैं कि, "राज्य विश्व-व्यापी संगठन का एक अंग न होकर समस्त नैतिक संसार का अभिभावक है।"[3] बोज़ांके ने राज्य के नैतिक पक्ष पर जोर देते हुए लिखा है कि, "राज्य एक नैतिक विचार का मूर्त रूप है।"[4]

2. साध्य के रूप में राज्य (State-as an End)–आदर्शवादियों ने राज्य को साध्य के रूप में स्वीकार किया है। उनके अनुसार "राज्य एक ऐसा साध्य है, जिसके विकास हेतु व्यक्ति को अपना बलिदान करके भी प्रयत्नशील रहना चाहिए। राज्य की तुलना में व्यक्ति की कोई सत्ता नहीं है, व्यक्ति तो राज्य रूपी ध्येय के 'साधन' मात्र हैं। अत: उनके द्वारा पूर्णरूप से राज्य की आधीनता स्वीकार कर लेनी चाहिए।" ट्रीटस्के (Treistchke) का कहना है "व्यक्ति को राजाओं की आज्ञा के विरुद्ध किसी प्रकार की कोई शिकायत न करते हुए उनका स्वेच्छा से पालन करना चाहिए।"[5] इस कथन को और अधिक स्पष्ट करते हुए सुप्रसिद्ध राजनीति-विचारक बार्कर (Barker) ने लिखा है कि, "आदर्शवादी साधारणतया अपनी विचारधारा का केन्द्र व्यक्ति के स्थान पर राज्य को बनाते हैं। वास्तव में उनकी विचारधारा का प्रारम्भ ही केन्द्रीय सामाजिक व्यवस्था से होता है, जिसमें व्यक्ति को अपना निर्दिष्ट स्थान खोज लेना चाहिए अर्थात् उनके अनुसार समाज व्यक्ति के लिए नहीं है।"[6]

3. राज्य के अंग के रूप में व्यक्ति (Individual as an Organ of State)–आदर्शवाद व्यक्ति को राज्य के एक अंग के रूप में व्यक्त करता है। आदर्शवादियों का यह

3. "State is the guardian of the whole moral world and not a factor within an organization of moral world." --Bosanquet
4. "State is the embodiment of ethical idea." --Bosanquet
5. "The State is a power and this is our duty to fall down and worship it." --Treistschke
6. "Instead of starting from a central individual to whom the social system is supposed to be adjusted, the idealist starts from a central social system in which the individual must find his appointed orbit of duty." --E. Barker

विचार राज्य के सावयवी स्वरूप को प्रकट करता है, जिसके अनुसार सम्पूर्ण शरीर को महत्व दिया जाता है, उसके किसी एक अंग को नहीं। जिस प्रकार शरीर के किसी एक अंग के लिये सम्पूर्ण शरीर को नष्ट होने देना स्वीकार नहीं किया जा सकता, ठीक उसी प्रकार किसी एक व्यक्ति के लिये सम्पूर्ण राज्य के हितों को बलि वेदी पर नहीं चढ़ाया जा सकता। यहाँ आदर्शवादी यह स्पष्ट कर देना भी उचित समझते हैं कि व्यक्ति के वास्तविक हित वही हैं, जिनको राज्य का हित समझा जाता है। वास्तव में व्यक्ति और राज्य के हितों में कोई विरोध नहीं है।

4. राज्य और व्यक्ति के समान हित (Same Interests of Man and State)–आदर्शवादी राज्य और व्यक्ति के हितों को समान समझते हैं। जैसे शरीर के किसी अंग के लिये सम्पूर्ण शरीर को बलिदान नहीं किया जा सकता, उसी प्रकार शरीर के अंगों को पुष्ट करना भी सम्पूर्ण शरीर को पुष्ट करने के लिये आवश्यक है। आदर्शवादियों के अनुसार व्यक्तियों के हित साधन से राज्य के हित भी स्वयं सिद्ध हो जाते हैं। वस्तुत: राज्य और व्यक्ति के हित अन्योन्याश्रित हैं, केवल भ्रमवश उनमें अन्तर-भेद समझ लिया जाता है।

5. राज्य का पृथक् व्यक्तित्व एवं संकल्प (Separate Identity and Will of State)–आदर्शवादियों ने राज्य के पृथक् एवं उच्चतर व्यक्तित्व एवं संकल्प का प्रतिपादन किया है। उनके विचार में राज्य केवल व्यक्तियों का समूह मात्र नहीं होता अपितु राज्य की सत्ता उस राज्य में निवास करने वाले मनुष्यों की समष्टि से भिन्न तथा उच्चतर होती है और यही उच्चतर सत्ता ही राज्य का निर्माण करती है। आदर्शवादियों के इस विचार की व्याख्या फिक्टे (Fichte) महोदय ने एक उदाहरण देकर इस प्रकार स्पष्ट की है कि, ''जिस प्रकार एक तैलचित्र कणों का केवल समूह ही नहीं, वरन् उससे अधिक है। जिस प्रकार एक पत्थर की मूर्ति संगमरमर के कणों का समूह मात्र नहीं है, जिस प्रकार एक मनुष्य घटकों तथा रक्त धमनियों का समूह मात्र न होकर उससे अधिक है, ठीक उसी प्रकार राष्ट्र भी व्यक्तियों का समूह मात्र न होकर उससे अधिक है।''

6. सामान्य संकल्प के प्रतीक के रूप में राज्य (State--as a Symbol of General Will)–'आधुनिक राजनीतिक दर्शन के जनक' रूसो के दार्शनिक विचारों से आदर्शवाद भी प्रभावित हुआ है। रूसो के 'सामान्य संकल्प' के सिद्धान्त के अनुसार ''राज्य का संचालन सामान्य संकल्प द्वारा होता है, क्योंकि यह संकल्प नागरिकों की आदर्श संकल्प का प्रतिनिधित्व करता है।''

राज्य को 'सामान्य संकल्प का प्रतीक' मानकर आदर्शवादी इस तथ्य का समर्थन इस प्रकार करते हैं कि ''वास्तविक स्वतन्त्रता, नैतिकता और अधिकार केवल राज्य में और उसकी सामान्य इच्छा द्वारा ही अभिव्यक्त होते हैं।'' अत: स्पष्ट है कि ''आदर्शवाद में राज्य 'सामान्य इच्छा के प्रतीक' के रूप में प्रकट किया गया है और राज्य को सभी व्यक्तियों का अथवा सम्पूर्ण समाज का प्रतिनिधित्व करने वाला माना जाता है'' इसके अनुसार राज्य की आज्ञा पालन करना, सभी नागरिकों द्वारा अनिवार्य रूप से किया जाना चाहिये।

7. स्वतन्त्रता राज्य की आज्ञा का पालन करने में है (Liberty is in the Obedience of State)–आदर्शवादी 'सकारात्मक स्वतन्त्रता' के उपासक हैं। उनके विचारानुसार

वास्तविक स्वतंत्रता राजकीय बन्धनों के आधार पर ही प्राप्त की जा सकती है। व्यक्तिवादियों के समान ये व्यक्ति को राजकीय बन्धनों से पूर्णतया मुक्त नहीं करना चाहते। आदर्शवादियों के अनुसार, ''जिस प्रकार कुरूपता का अभाव सुन्दरता नहीं है, उसी प्रकार केवल बन्धनों का अभाव स्वाधीनता नहीं है।'' बन्धनों के अभाव में वास्तविक स्वतन्त्रता की कल्पना भी नहीं की जा सकती। बन्धनों के अभाव में स्वतन्त्रता केवल शक्तिशाली व्यक्तियों का विशेषाधिकार मात्र ही रह जाती है। प्रसिद्ध आदर्शवादी ब्रेडले (Bradley) के अनुसार ''मनुष्य की स्वतन्त्रता से हमारा तात्पर्य समाज के प्रति उन कर्त्तव्यों के पालन करने से है, जिनसे व्यक्ति समाज में अपना उचित स्थान प्राप्त कर सके।''

अत: आदर्शवादियों के अनुसार मानव की वास्तविक स्वतन्त्रता राज्य के आज्ञापालन में निहित है। स्वतन्त्रता की राज्य पर निर्भरता के विषय में आदर्शवादी दृष्टिकोण स्पष्ट करते हुए बार्कर (Barker) ने कहा है कि ''मानवीय चेतना स्वतन्त्रता को जन्म देती है, स्वतन्त्रता में अधिकार का भाव निहित है और अधिकार (अपनी रक्षा हेतु) राज्य की मांग करते है।''

8. सर्वोच्च शक्ति राज्य (State as Supreme Power)—आदर्शवादियों के अनुसार राज्य सर्वाधिक सम्पन्न, अजर, अमर, सर्व-शक्तिमान तथा नैतिकता का पोषक है। अत: व्यक्तियों को चाहिए कि वह उसके आदेशों का पालन करें। उग्र आदर्शवादी तो राज्य को ईश्वर का ही रूप मानते हैं। राज्य को ईश्वर की असीम सत्ता की श्रेणी में प्रतिष्ठित करते हुए हेगेल (Hegel) जैसे आदर्शवादी ने भी कहा है कि ''राज्य पृथ्वी पर परमेश्वर की अवधारणा है। यह पृथ्वी पर विद्यमान एक दैवीय विचार है।''[7] उन्होंने आगे भी लिखा है कि, ''राज्य दैवी इच्छा है, जो पृथ्वी पर अपने वास्तविक रूप में प्रकट होती है।''

9. संकल्प न कि शक्ति राज्य का आधार है (Will, not Power is the basis of State)—विश्वविख्यात अंग्रेज आदर्शवादी विचारक ग्रीन का कथन है कि ''राज्य का आधार संकल्प न कि शक्ति है'' (The basis of the State is will, not force)। उनके अनुसार, ''राज्य में सभी व्यक्ति राज्य की आज्ञाओं का पालन भयवश ही नहीं करते, वरन् इसलिये करते हैं कि राज्य उनके संकल्प का प्रतिनिधित्व करता है।'' अत: कहा जा सकता है कि ''आदर्शवादियों के अनुसार राज्य का आधार शक्ति नहीं है, वरन् व्यक्तियों का स्वतन्त्र संकल्प है।''

10. नैतिक कर्त्तव्यों तथा राजनीतिक कर्त्तव्यों में भेद नहीं (No Difference between Moral and Political Duties)—आदर्शवादी विचारक काण्ट (Kant) के अनुसार ''कर्त्तव्य का सम्बन्ध मनुष्य की आत्मा से होता है और राज्य मानव की आत्मा की ही व्यापक अभिव्यक्ति है। अत: राज्य के प्रति हमारे समस्त कर्त्तव्य नैतिक हैं और जो वस्तु नैतिक नहीं है, वह कभी भी कानूनी रूप में सत्य नहीं हो सकती।'' अत: नैतिक और राजनीतिक कर्त्तव्यों में कोई अन्तर नहीं है।

---

7. ''State is God itself. It is Divine idea as it exists on earth.'' --Hegel

आदर्शवादी विचारक
(Idealistic Thinkers)

रूसो (Rousseau)

इसी शताब्दी में रूसो का "सामाजिक अनुबन्ध" (Social Contract) प्रकाशित हुआ जिसके कारण यूरोप के राजनैतिक क्षेत्र में महत्वपूर्ण परिवर्तन हुए। रूसो ने प्राचीन काल के यूनानी और रोमन राजशास्त्रों का अध्ययन किया। यूनानी राजनैतिक गणराज्यों के सिद्धांतों का उस पर बड़ा प्रभाव पड़ा। यूनानी नगर-राज्यों की ओर उसका ध्यान विशेषरूप से आकृष्ट हुआ और इन राजनैतिक संस्थाओं का उस पर बड़ा प्रभाव पड़ा। इसी प्रभाव के कारण उसे 'सामाजिक अनुबन्ध' नामक ग्रन्थ लिखने की अन्त:प्रेरणा हुई और उसने लोकेच्छा सिद्धांत की स्थापना की। रूसो के विचारों पर प्लेटो के आदर्शवादी सिद्धांतों का सबसे अधिक प्रभाव पड़ा है। इसी प्रभाव के कारण उसने लॉक के व्यक्तिवादी सिद्धांत का खण्डन किया है और अपने 'सामाजिक अनुबन्ध' में उसने समिष्टवाद पर जोर दिया है। उसकी लोकेच्छा समष्टिवाद का ही साकार स्वरूप है। रूसो ने अपने इस ग्रन्थ में राज्य को आदर्श अवयव-संस्थान बतलाया है और जन सम्मत सिद्धांत का स्पष्टीकरण किया है। रूसो का मत है कि राज्य आदर्श संवास है, राज्य में रहकर ही मनुष्य की बौद्धिक और आध्यात्मिक उन्नति हो सकती है। समाज से पृथक होकर मनुष्य का कोई व्यक्तित्व नहीं रहता है। राज्य में रहकर ही मनुष्य बुद्धिमान, चतुर और ज्ञानी बन सकता है, राज्य से पृथक रहकर मनुष्य किसी प्रकार की उन्नति नहीं कर सकता है। वर्तमान काल में सामाजिक जीवन के प्रत्येक क्षेत्र में जो उन्नति दिखाई देती हैं वह सब राज्य में रह कर ही हुई है। मनुष्य की व्यक्तिगत तथा सामूहिक उन्नति के लिए राज्य आवश्यक है। मनुष्य की आचारिक उन्नति का कारण राज्य ही है। आदर्श राज्य में ही मनुष्य की सब प्रकार की नैतिक उन्नति सम्भव है। प्रत्येक मनुष्य राज्य की उन्नति करने में सहायक होता है राज्य की उन्नति पर ही व्यक्तिगत उन्नति निर्भर है।

जर्मन आदर्शवादी विचारक
(German Idealists)

रूसो का प्रभाव जर्मन आदर्शवादी इमैन्युअल काण्ट (Immanuel Kant), जार्ज विल्हैल्म हेगेल (George Wilhelm Hegel) और अंग्रेज आदर्शवादी ग्रीन (Green) बोज़ांके (Bosanquet) आदि पर पड़ा है। इमैन्युअल काण्ट (Immanuel Kant) का मत है कि सब मनुष्य स्वभावतया समान और स्वतन्त्र हैं, लोगों ने अनुबन्ध द्वारा अपने व्यक्तिगत नैसर्गिक अधिकारों को सब लोगों को सौंप दिया है और इस प्रकार राज्य की स्थापना हुई है। उसका विचार है कि सर्वोच्चसत्ता लोगों में विद्यमान है और लोगों की शुद्ध इच्छा ही विधानों का स्रोत हैं, राज्य का कार्य विधान निर्माण करना, उनको कार्य रूप देना तथा न्याय सम्बन्धी कार्य करना है। उनका मत है कि विधान-निर्मात्री तथा कार्यकारिणी संस्थायें एक दूसरे से स्वतन्त्र रहेंगी तो शासन कार्य में सुगमता होगी और जनता की स्वतन्त्रता सुरक्षित रहेगी। राज्य स्वेच्छाचार, कुलीनतन्त्र अथवा जनतन्त्र हो सकता है। शासन सम्बन्ध भी निरंकुश अथवा प्रजातन्त्री हो सकता है। काण्ट के ऊपर

फ्रेंच क्रांति का बड़ा प्रभाव पड़ा, वह क्रांति के विरुद्ध था, उसका विश्वास है कि राज्य में सुधार करने के लिए क्रांति की अवश्यकता नहीं हैं। राजा स्वयं वैधानिक रीति से सुधार कर सकता है। जनतान्त्रिक राज्य में सम्मिलित तथा सुव्यवस्थित जीवन सम्भव नहीं है। उसने मनुष्य की व्यक्तिगत इच्छा की स्वतन्त्रता पर जोर दिया है। उसका कथन है कि राज्य को मनुष्य जीवन के प्रत्येक कार्य में हस्तक्षेप नहीं करना चाहिए। वाह्य विषयों में राज्य अन्य राज्यों से पूर्ण रूप से स्वतन्त्र नहीं रह सकता। संसार में स्थाई रूप से शांति स्थापित करने के लिए यह आवश्यक है कि किसी निश्चित सीमा तक राज्य एक दूसरे से सम्बद्ध रहे। अत: वह संघीय संगठन के पक्ष में था। वह चाहता था कि यूरोप में एक ऐसा राष्ट्र-संघ स्थापित किया जाये जिसके सब राज्य सदस्य हों। वह विश्व-संघ स्थापित करने के पक्ष में था। युद्ध से राज्यों को सुरक्षित रखने के लिए वह राज्यों की आर्थिक दशा को सुधारने के पक्ष में था। उसका विचार था कि यदि राज्यों की आर्थिक दशा सुधर जायेगी तो वे युद्ध का विचार कभी भी नहीं करेंगे।

1. जान फिख्टे (John Fichte)—फिख्टे काण्ट का समकालीन था, वह कभी एक जर्मन आदर्शवादी था। उसने मनुष्य के नैसर्गिक व व्यक्तिगत अधिकारों और जनतन्त्र पर अधिक जोर दिया है। उसके विचार समाजवाद की ओर झुके हुए प्रतीत होते हैं। उनका विचार है कि राज्य को मनुष्य की बौद्धिक, नैतिक और आध्यात्मिक उन्नति की ओर ध्यान देना चाहिए।

2. हेगेल (Hegel)—हेगेल पर काण्ट के विचारों का प्रभाव पड़ा था। हेगेल का विचार है कि राज्य एक प्राकृतिक सावयव संस्थान है। वह राज्य को एक जीवित संस्था समझता था। उसके मतानुसार मनुष्य का व्यक्तिगत अस्तित्व राज्य में रह कर ही स्थापित रह सकता है। यूनानी दार्शनिकों के समान वह नागरिक को समाज का एक अभिन्न अंग समझता था। उसका मत है कि नागरिक का अस्तित्व राज्य के लिए है। राज्य की प्रगति में प्रत्येक मनुष्य का भाग है। वैधानिक राजतंत्रीय राज्य को वह आदर्श राज्य समझता था। जनतन्त्र की अपेक्षा राजतन्त्र को वह अधिक श्रेष्ठ समझता था। वह कान्ट की भाँति अधिकार-विभाजन के पक्ष में नहीं था। उसका विचार था कि राज्य में ऐक्य स्थापित रखने के लिए शासन-कार्यों का परस्पर सहयोग आवश्यक है। राजतन्त्र में उस राज्य की निबन्धकारी तथा न्यायकारी सत्ता एकसूत्र मे बंधी रहती है। वैदेशिक विषयों में प्रत्येक राज्य को वह एक दूसरे से स्वतन्त्र समझता था। उसका मत है कि प्रत्येक राज्य पूर्णरूप से एक दूसरे से स्वतन्त्र है किन्तु सब राज्य एक-दूसरे से संधि कर सकते हैं और आवश्यकता पड़ने पर उस सन्धि की अवहेलना भी कर सकते है। कोई शक्ति राज्यों को एक-दूसरे से सम्बद्ध नहीं कर सकती। राज्य में सदैव शान्ति स्थापित रहने से अकर्मण्यता आ जाती है और भ्रष्टाचार फैल जाता है। अत: राज्यों में पारस्परिक युद्ध आवश्यक है। राज्य को शक्तिशाली बनाने के लिए युद्ध अनिवार्य है। कभी-कभी युद्ध करने से राज्य में आन्तरिक अशांति का अविरोध होता है और राज्य की शक्ति बढ़ती है। राज्य में वीर तथा साहसी नागरिकों का एक सुसंगठित समुदाय होना चाहिए जिसका कार्य युद्ध करना तथा अपने देश के लिए अपने प्राणों की बलि देना हो। फिख्टे के समान उसका भी यह विचार हैं कि प्रत्येक राष्ट्र के भाव और संस्कृति विशिष्ट होती है। अपने देश की स्वतन्त्रता ही प्रत्येक नागरिक का आदर्श होना चाहिए।

3. विल्हैल्म वान हम्बोल्ट (Wilhelm Von Humbolt)—यह भी एक प्रसिद्ध जर्मन आदर्शवादी था। उसका मत है मनुष्यों ने अपने व्यक्तिगत हितों को सुरक्षित रखने के लिए एक अनुबन्ध द्वारा राज्य की स्थापना की है। उसका मत है कि राज्य ही स्वयं ध्येय नहीं है। वह तो मानव उन्नति का एक साधन है। मनुष्य की शारीरिक, नैतिक, बौद्धिक तथा सामाजिक उन्नति केवल राज्य द्वारा ही हो सकती है। व्यक्तिगत उन्नति करने का अवसर देना राज्य का ही कर्त्तव्य है। व्यक्ति को पूर्ण स्वतन्त्रता होनी चाहिए। राज्य का कर्तव्य यह है कि वह व्यक्तिगत उन्नति में बाधा डालने वाले अपराधों का विरोध करे और पारस्परिक झगड़ा कराने वाली बातों को रोके। उसे सार्वजनिक हित के लिये सक्रिय होने की आवश्यकता नहीं है। नागरिकों के व्यक्तिगत कार्यों में राज्य को अधिक हस्तक्षेप नहीं करना चाहिये क्योंकि ऐसा करने से लोगों की प्रेरणा-शक्ति का ह्रास होता है और उनमें अकर्मण्यता आती है। राज्य को केवल उसी समय हस्तक्षेप करना चाहिए जब बाह्य आक्रमणों से रक्षा करने की आवश्यकता हो अथवा राज्य में आंतरिक शांति और व्यवस्था स्थापित करनी हो। वह जनतन्त्र के विरुद्ध था।

जर्मन आदर्शवादी विचारों का मूल्यांकन

अधिकांश जर्मन आदर्शवादियों ने नागरिकों की अपेक्षा राज्य को अधिक महत्व दिया है। उनका कहना है कि राज्य के लिए प्रत्येक व्यक्ति को अपने प्राण तक न्यौछावर कर देने चाहिए। उन्होंने राज्य को पृथ्वी पर देवता के तुल्य समझा है, राज्य की आज्ञा का पालन करना प्रत्येक व्यक्ति का परम कर्तव्य है। राज्य को महान् बनाने में राष्ट्र महान् बन सकता है। राज्य को महान् बनाने के लिए राज्य का शक्तिशाली होना आवश्यक है। इसके साथ-साथ राज्य का विस्तार भी बढ़ना चाहिये। वैदेशिक विषयों में राज्य पूर्णरूप से स्वतन्त्र है। अन्तर्राष्ट्रीय विधानों को मानना राज्य के लिए आवश्यक नहीं है। राज्य अन्तर्राष्ट्रीय संधियाँ कर सकता है परन्तु यदि कोई सन्धि राज्य के लिए अहितकर हो तो उसका उल्लघंन किया जा सकता है। राज्य का हित सबसे पहले है। राज्य के हित के लिए ही राज्य की स्थापना हुई है। जनतन्त्र की अपेक्षा राजतन्त्र राज्य के लिये अधिक हितकर है, अतः प्रत्येक नागरिक का कर्तव्य है कि राज्य की आज्ञाओं का पालन निःसंकोच करे। इन्हीं सिद्धांतों के आधार पर जर्मनी में लगभग एक सौ वर्षों से कार्य हो रहा है। लोगों में राष्ट्रीयता के भाव जागृत किए जा रहे हैं और राज्य तथा राष्ट्र के लिए सर्वस्व बलिदान करने की शिक्षा दी जा रही है। सन् 1939-45 के महायुद्ध ने इस बात को पूर्णरूप से सिद्ध कर दिया।

अंग्रेजी आदर्शवाद
(British Idealism)

अंग्रेजी आदर्शवादियों के आधार रूसो के विचार, यूनानी आदर्शवाद तथा जर्मन आदर्शवाद हैं। अंग्रेजी आदर्शवादियों में टी॰ एच॰ ग्रीन (T. H. Green), एफ॰ एच॰ ब्रैडले (F.H. Bradley) और बी॰ बोज़ांके (B. Bosanquet) सबसे प्रसिद्ध हैं। जब प्लेटो और अरस्तू की पुस्तकों का पठन-पाठन ऑक्सफोर्ड (Oxford) विश्वविद्यालय में आरम्भ हुआ तभी से आदर्शवाद के विचारों का वहाँ उदय हुआ। यूनानी दार्शनिक के इस विचार का कि "मनुष्य स्वभावतया

राजनैतिक समुदाय का सदस्य है और राज्य एक ऐसा अवयवी संस्थान है जिसमें इच्छा-शक्ति विद्यमान हैं और श्रेष्ठ जीवन की प्रगति के लिए जिसका अस्तित्व है'' इंगलैण्ड के दार्शनिकों के विचारों पर बड़ा प्रभाव पड़ा। उन्होंने इन्हीं विचारों को अपने सिद्धांत का मूलभूत आधार बनाया है और रूसों की 'इच्छा' तथा 'स्वतन्त्रता' की नैतिक कल्पना ही जर्मन आदर्शवाद का आधार है। जर्मन आदर्शवाद में भी राज्य को नैसर्गिक अवयवी संस्थान माना गया है और रूसो की लोकेच्छा का स्रोत भी जन-साधारण को माना गया हैं। इन बातों को अंग्रेजी आदर्शवादियों ने अपने सिद्धांत में सम्मिलित कर लिया है। जर्मन-आदर्शवादी सिद्धांत में थोड़ा सा संशोधन करके अंग्रेज आदर्शवादियों ने अपने सिद्धांत की स्थापना की है। जर्मन आदर्शवादी स्वेच्छाचारी राजतन्त्र में विश्वास करते हैं, परन्तु अंग्रेजी आदर्शवाद में वैधानिक राजतन्त्र पर जोर दिया गया है। जर्मन आदर्शवाद अन्तर्राष्ट्रीय नैतिकता की अवहेलना करता है, अंग्रेजी आदर्शवाद उसको सम्मान की दृष्टि से देखता है और अन्तर्राष्ट्रीय कर्तव्यों को पालन करने का आदेश करता है। उन्नीसवीं शताब्दी की इंगलैण्ड की आर्थिक दशा तथा भौतिकवादी सभ्यता का वहाँ के आदर्शवाद पर बड़ा प्रभाव पड़ा। अंग्रेजी आदर्शवाद इस बात के पक्ष में है कि मनुष्य की सब प्रकार की व्यक्तिगत उन्नति राज्य ही की सहायता से हो सकती है। राज्य एक सुसंगठित अवयवी शरीर है जिसके अवयव मनुष्य हैं। प्रत्येक मनुष्य राज्य रूपी शरीर का एक अवयव है और राज्य का यह कर्तव्य है कि मनुष्य के व्यक्तिगत अधिकारों की रक्षा करे। इस सिद्धांत के अनुसार राज्य का संगठन नैतिक आधार पर किया गया हैं।

अंग्रेज आदर्शवादी विचारक

1. टी॰ एच॰ ग्रीन (T.H. Green)—ग्रीन इंगलैंड का बड़ा प्रसिद्ध आदर्शवादी था। इसके सिद्धान्त का आधार यूनानी दार्शनिक प्लेटो और अरस्तु हैं। इसके ऊपर प्लेटो और अरस्तु का बड़ा प्रभाव पड़ा। उसका विचार है कि राज्य एक स्वाभाविक और आवश्यक वस्तु है। मनुष्य समुदायिक जीवन का एक अभिन्न अंश है, मनुष्य समुदाय में रहकर ही सब प्रकार की उन्नति कर सकता है। राज्य तथा मनुष्य-समुदाय में कोई भेद नहीं है। जिस प्रकार मनुष्य एक सामाजिक प्राणी है और समाज से पृथक् रह कर मनुष्य का जीवन व्यर्थ है, उसी प्रकार मनुष्य एक राजनीतिक प्राणी है और राजनैतिक संगठन से पृथक् होकर मनुष्य की उन्नति नहीं हो सकती है।

यूनानी दार्शनिकों और ग्रीन के आदर्शवादी सिद्धांतों में थोड़ा सा भेद है। प्लेटो और अरस्तू के मतानुसार राज्य में प्रत्येक व्यक्ति को सब प्रकार की उन्नति करने के अधिकार प्राप्त न थे। केवल यूनानी नागरिकों (हैलन्स) को ही सब प्रकार के राजनैतिक अधिकार प्राप्त थे। दासों (हैलट्स) और अदेशियों को राजनैतिक अधिकार प्राप्त न थे और इन लोगों की बौद्धिक, शारीरिक और आध्यात्मिक उन्नति की ओर ही अधिक ध्यान दिया जाता था। परन्तु ग्रीन के आदर्शवाद में राज्य के प्रत्येक व्यक्ति के लिए समान स्थान है। ग्रीन का मत है कि राज्य के प्रत्येक व्यक्ति को शारीरिक, बौद्धिक और आध्यात्मिक उन्नति करने का अधिकार है। राज्य के सब मनुष्य समान हैं। उनमें किसी प्रकार का भेद-भाव नहीं है। प्रत्येक मनुष्य के व्यक्तिगत

हितों का सम्बन्ध समुदाय के हितों से है। समुदाय की भलाई ही में व्यक्तिगत भलाई है। प्लेटो की अपेक्षा ग्रीन पर अरस्तु का अधिक प्रभाव पड़ा है। अरस्तु का यह मत है कि राज्य का यह कर्त्तव्य है कि प्रत्येक व्यक्ति को लोक-हित का कार्य करने के लिए प्रेरित करे और इसी ध्येय को सामने रख कर लोगों को शिक्षा दी जाय कि प्रत्येक व्यक्ति आत्मतुष्टि और आत्म-अनुभूति को अपना ध्येय बनाए, क्योंकि जब प्रत्येक मनुष्य इस प्रकार अपनी आत्मोन्नति करेगा तो समाज की अपने आप उन्नति हो जायेगी। अतः ग्रीन ने मनुष्य की व्यक्तिगत उन्नति की ओर अधिक ध्यान दिया है और इसी में लोकहित बतलाया है। सामान्यहित को ही उसने सर्वश्रेष्ठ कार्य और मनुष्य का परम धर्म समझा है। ग्रीन के सिद्धान्त के अनुसार आत्मोन्नति, आत्मतुष्टि, स्वहित, लोकहित, लोकोपकार आदि शब्दों का अर्थ एक ही है और एक दूसरे का परस्पर घनिष्ठ सम्बन्ध है।

रूसो के सिद्धांत का भी ग्रीन पर बड़ा प्रभाव पड़ा है। ग्रीन ने रूसो के आचार-सम्बन्धी अथवा नैतिक स्वतन्त्रता सम्बन्धी विचार को अपनाया है। रूसो के समान ग्रीन ने भी इस बात पर जोर दिया है कि मनुष्य को नैतिक स्वतन्त्रता होनी चाहिए। नैतिक स्वतन्त्रता प्रत्येक व्यक्ति का नैसर्गिक अधिकार है। बिना नैतिक स्वतन्त्रता के मनुष्य का जीवन व्यर्थ है। राज्य का यह कर्त्तव्य है कि वह प्रत्येक मनुष्य को नैतिक स्वतन्त्रता प्राप्त कराने में सहायक हो। ग्रीन ने इस विषय में रूसो के सिद्धांत में संशोधन किया है। उसने दो प्रकार की स्वतन्त्रता बतलाई है, एक नकारात्मक और दूसरी वास्तविक। ग्रीन ने स्वतन्त्रता की व्यवस्था करते हुए बतलाया है कि वास्तव में मनुष्य की स्वतन्त्रता का उद्देश्य आत्मबोध को प्राप्त करना है। प्रत्येक सदेच्छा ही स्वतन्त्रता है। कुचेष्टा स्वतंत्रता नहीं है। मनुष्य को अपनी बुद्धि का प्रयोग करके प्रत्येक कार्य करना चाहिए, प्रेक्षा और विचारशक्ति का प्रयोग करके प्रत्येक कार्य को करना ही वास्तविक स्वतन्त्रता है। मनुष्य को विचारशक्ति का प्रयोग करते हुए आत्मोन्नति करनी चाहिए, यही नैतिक स्वतन्त्रता है। इच्छा तथा प्रेक्षा द्वारा प्रत्येक कार्य को करना ही नैतिक स्वतन्त्रता कहलाती है। अनुचित तथा दूषित कार्य करना स्वतन्त्रता नहीं है। प्रत्येक व्यक्ति को इस प्रकार की स्वतन्त्रता प्राप्त कराना राज्य का परम कर्त्तव्य है। राज्य का यह ध्येय है कि वह प्रत्येक व्यक्ति को अपनी बुद्धि तथा युक्ति के अनुसार कार्य करने का अवसर दे और जो-जो बाधायें उसके मार्ग में आएँ उन्हें हटाने का प्रयत्न करे। प्रेक्षा-युक्त कार्य ही स्वतंत्र कार्य है। यही सिद्धांत हेगेल का भी है। इस प्रकार ग्रीन पर हेगेल का भी प्रभाव पड़ा है।

2. एफ० एच० ब्रैडले (F. H. Bradley)—ब्रेडले के विचारों पर हेगेल का अधिक प्रभाव पड़ा है। ब्रैडले ने समाज को एक नैतिक अवयवी संस्थान माना है। उसका विचार है कि समाज में मनुष्य का महत्वपूर्ण स्थान है। उसके कथनानुसार समाज एक सावयव संस्था है और जिस प्रकार शरीर के भिन्न-भिन्न अंग होते है उसी प्रकार प्रत्येक मनुष्य भी समाज का अंग है। समाज में रहता हुआ मनुष्य अपने ही नियमों तथा विधानों की आज्ञा का पालन करता है। समाज में पृथक् रहकर मनुष्य किसी प्रकार की उन्नति नहीं कर सकता। उसका समाज में रहना आवश्यक है। कोई भी मनुष्य समाज से पृथक् होकर जीवित नहीं रह सकता, जिस प्रकार शरीर से किसी अंग को पृथक् करने के पश्चात् वह जीवित नहीं रह सकता।

ब्रैडले के मतानुसार राज्य भी समाज की भाँति एक नैतिक सावयव संस्थान है। राज्य सम्पूर्ण संवासो तथा समाजों का समूह है। राज्य के अन्तर्गत राज्य की सब व्यक्तिगत तथा सामूहिक संस्थाएँ सम्मिलित हैं। राज्य की प्रत्येक संस्था तथा व्यक्ति राज्य का एक अंग है। राज्य तथा संस्थाओं का घनिष्ठ सम्बन्ध है। इन संस्थाओं की उन्नति पर राज्य की उन्नति निर्भर है। प्रत्येक व्यक्ति राज्य में अपनी सब प्रकार की उन्नति करता है और उसकी व्यक्तिगत उन्नति के साथ-साथ राज्य की उन्नति होती है, अत: राज्य को 'समग्र प्रणाली' कहा गया है, राज्य एक सम्पूर्ण वस्तु है। प्रत्येक व्यक्ति राज्य को एक सम्पूर्ण वस्तु समझते हुए अपने आप को उसका एक महत्वपूर्ण अंग समझता है, वही ब्रैडले का सिद्धान्त है, वह राज्य को एक महान आदर्श समझता है। आदर्श नैतिकता को वह राज्य का आधार मानता है। वह इस बात को मानता है कि राज्य का नैतिक स्तर कभी जनसाधारण के नैतिक स्तर से ऊँचा और कभी नीचा हो सकता है। कभी ऐसा भी हो सकता है कि एक व्यक्ति संकुचित राष्ट्रीय भावों से ऊँचा उठ कर विश्वबंधव-भावों से प्रभावित हो और वह अनुभव करे कि सम्पूर्ण संसार के प्राणी भी एक सार्वभौम सावयव संस्था के अभिन्न अवयव हैं। इस प्रकार ब्रैडले के विचार अत्यन्त उच्च हैं। वह सम्पूर्ण संसार को एक सावयव संस्थान के समान संगठित देखना चाहता है और यही उसका आदर्शवाद है।

ब्रैडले के सिद्धान्त में एक त्रुटि यह है कि उसने समाज तथा राज्य के भेद को भली प्रकार से नहीं दर्शाया है। वह राज्य को समाज और समाज को राज्य समझता है। इसका परिणाम यह होता है कि ब्रैडले का नागरिक सामाजिक नियमों तथा राज्यों के विधानों से इतना जकड़ा हुआ है कि उसे किसी कार्यक्षेत्र में पूर्ण स्वतन्त्रता नहीं है। दूसरी त्रुटि ब्रैडले के सिद्धान्त में यह है कि इस सिद्धान्त के अनुसार प्रत्येक व्यक्ति का समाज में एक निश्चित स्थान है। उस निश्चित स्थान पर निश्चित कार्य करना उसका परम कर्तव्य है। उसे अपना निर्दिष्ट कार्य करना आवश्यक है।

3. बी॰ बोज़ांके (B. Bosanquet)—बोज़ांके के आदर्शवादी सिद्धान्त का आधार रूसो की सामान्य इच्छा है। उसने अपने सिद्धान्त में रूसो की स्वतन्त्र नैतिक इच्छा की व्याख्या की है और इसी आधार पर उसने अपना आदर्शवादी सिद्धान्त स्थापित किया है। अत: बोज़ांके के सिद्धान्त को भली प्रकार समझने के लिये बोज़ांके के 'इच्छा सिद्धान्त' को समझना आवश्यक है। उसके आदर्शवादी सिद्धान्त के तीन मूल तत्व हैं। (1) व्यक्तिगत विवेकपूर्ण इच्छा तथा विवेकपूर्ण इच्छा का भेद, (2) व्यक्तिगत विवेकपूर्ण इच्छा तथा समाज की सामान्य इच्छा का सम्बन्ध और (3) राज्य, जो सर्वसाधारण की सामान्य इच्छा का प्रतीक है।

बोज़ांके ने स्वाभाविक इच्छा और विवेकपूर्ण इच्छा की विशिष्ट व्याख्या की है। उनका मत है कि मनुष्य की स्वाभाविक इच्छा का सम्बन्ध मनुष्य की अन्त:प्रेरणा से है। मनुष्यों की वह इच्छा जो उसके साधारण स्वभाव अथवा भावुकता से प्रभावित होती है उसकी स्वाभाविक इच्छा कहलाती है। स्वाभाविक इच्छा में स्वार्थ का सम्मिश्रण होता है। इस इच्छा में उसके अविवेक का प्रदर्शन होता है। बिना विचारे और बिना बुद्धि के प्रयोग किए जो इच्छा केवल भावुकता से प्रभावित होती है वही स्वाभाविक इच्छा कहलाती है।

तुलनात्मक विश्लेषण
(Comparative Analysis)

इसमें सन्देह नहीं है कि जर्मन आदर्शवाद और अंग्रेजी आदर्शवाद में बड़ा भेद है। जर्मन आदर्शवाद को हम उग्र आदर्शवाद और अंग्रेजी आदर्शवाद को संयत आदर्शवाद कह सकते हैं। आधुनिक काल के राजशास्त्रवेत्ता उग्र आदर्शवाद के विरुद्ध हैं। उनका मत है कि उग्र आदर्शवाद में राज्य को दैवी रूप दिया गया है। मनुष्य के व्यक्तिगत तथा सामूहिक अस्तित्व को राज्य ही के लिए बतलाया है। राज्य के हित को बहुत महत्व दिया गया है और राज्य के लिए बलिदान होना प्रत्येक मनुष्य का कर्तव्य बतलाया गया है। अन्तर्राष्ट्रीय विषयों में भी राज्य के व्यक्तित्व को ही अधिक महत्व दिया है। राज्य के व्यक्तिगत हित के लिए अन्तर्राष्ट्रीय विधानों की अवहेलना की जा सकती है। राज्य की सर्वोच्च सत्ता को स्वेच्छाचारी माना है। इन आदर्शवादियों ने एक सत्तात्मक राज्य को ही सर्वश्रेष्ठ समझा है। इन सब बातों के साथ-साथ राष्ट्रीय राज्य को आदर्श माना है। जर्मन आदर्शवादियों ने व्यक्ति को राज्य के ध्येय की पूर्ति का साधन बना डाला। यह बात अनुचित तथा अव्यावहारिक है। आधुनिक काल की राष्ट्रीय तथा अन्तर्राष्ट्रीय स्थिति को देखते हुए यह सिद्धांत व्यावहारिक नहीं प्रतीत होता है।

अंग्रेजी आदर्शवाद कुछ अधिक व्यावहारिक और युक्तिसंगत प्रतीत होता है। अंग्रेजी आदर्शवादी सिद्धांत में मनुष्यों की व्यक्तिगत तथा सामूहिक उन्नति का साधन राज्य को बतलाया गया है। राज्य का यह कर्तव्य बतलाया गया है कि वह मनुष्यों की व्यक्तिगत बौद्धिक, नैतिक तथा भौतिक प्रगति में सहायता दे। जो बाधाएँ मनुष्य की व्यक्तिगत सामूहिक उन्नति में बाधक हों उनका निरोध करे। मनुष्यों को स्वतन्त्रतापूर्वक अपने-अपने कार्य करने दें। इसका यह अभिप्राय नहीं है कि राज्य मनुष्यों को दुष्कर्म करने की आज्ञा देता है। ऐसे कार्यों को रोकना राज्य का परम कर्तव्य है। केवल रोकना ही परम कर्तव्य नहीं है बल्कि ऐसे कार्य करने वालों को समुचित दन्ड देना भी राज्य का परम कर्तव्य है। दन्ड व्यवस्था भी एक विशेष प्रकार की गई है। दन्ड ऐसा हो कि जिसमें अन्य लोगों को शिक्षा मिले और वैसा अपराध करने का साहस न करे, और दण्ड संशोधनात्मक भी होना चाहिए। अपराधी को सुधारना भी राज्य का परम कर्तव्य बतलाया गया है। एक अपराधी को ऐसा दण्ड देने की व्यवस्था की है कि वह समाज में एक सुयोग्य पुरुष बनकर प्रवेश कर सके। अन्तर्राष्ट्रीय विषय में राज्यों को बहुत सी अन्तर्राष्ट्रीय बातों का ध्यान रखते हुए राज्य कार्यों का संचालन करना आवश्यक बतलाया है। राज्य को अन्तर्राष्ट्रीय सम्बन्ध स्थापित करना और अन्तर्राष्ट्रीय विधानों को मानना भी आवश्यक समझा है। अत: ग्रीन आदि अंग्रेज आदर्शवादियों का सिद्धांत अधिक श्रेष्ठ तथा व्यवहारिक है। यह कोरा काल्पनिक आदर्श नहीं है। आधुनिक पाश्चात्य तथा अमेरिका के राज्य-शास्त्रवेत्ताओं ने इसी आदर्शवाद का समर्थन किया है।

उग्र व उदारवादी आदर्शवाद
(Absolute and Moderate Idealism)

समानताये

राजनीतिक चिन्तन के इतिहास में आदर्शवाद की दो शाखाओं का वर्णन प्राप्त होता है—'उग्र आदर्शवाद' तथा 'उदार आदर्शवाद'। उग्र आदर्शवाद जर्मन प्रत्ययवादी विचारधारा को तथा उदार आदर्शवाद इंगलैंड में विकसित होने वाली प्रत्ययवादी विचारधारा, को कहा गया है। 'उग्र आदर्शवाद' के प्रवर्तक हेगेल थे और उदार आदर्शवाद के प्रवर्तक ब्रिटिश दार्शनिक ग्रीन थे।

1. राज्य को अत्यधिक महत्व देना (Extreme Importance to State)—उग्र व उदारवादी दोनों ही विचारधाराओं में राज्य को अत्यधिक महत्व दिया गया है। हेगेल एवं ग्रीन दोनों ही राज्य को एक नैतिक, श्रेष्ठतम एवं स्वाभाविक संस्था मानते हैं। उनके अनुसार मनुष्य अपना पूर्णतम विकास राज्य के ही अन्तर्गत कर सकता है। हेगेल के समान ही ग्रीन भी राज्य की महिमा और शक्ति में पूर्ण आस्था रखता है और इसका प्रतिपादन करता है कि राज्य व्यक्ति के सभी अधिकारों का जन्मदाता है।

2. राज्य का सावयवी स्वरूप (Organic Form of State)—आदर्शवाद की दोनों विचारधाराओं में राज्य के 'सावयवी रूप' का प्रतिपादन किया गया है, जिसके अनुसार राज्य का एक पृथक अस्तित्व स्वीकार किया गया है। इस विचार के अन्तर्गत यह स्वीकार किया गया है कि राज्य व्यक्तियों का एक संगठन मात्र नहीं है।

3. राज्य की श्रेष्ठता (Supremacy of State)—दोनों ही प्रकार के आदर्शवादियों ने राज्य को 'संघों का संघ' तथा 'समुदायों का समुदाय' माना है तथा फिर भी उनके विचार में राज्य सभी संगठनों, संस्थाओं तथा समुदायों में सर्वोच्च तथा सर्वोपरि माना गया है।

4. स्वतन्त्रता सम्बन्धी समानता (Similarity in Liberty)—स्वतन्त्रता के सम्बन्ध में दोनों प्रकार के आदर्शवादी समान विचार व्यक्त करते है। उनके विचार में स्वतन्त्रता कोई इच्छानुसार किया गया मनमाना आचरण नहीं है। वास्तव में राज्य के कानून स्वतन्त्रता के भक्षक नहीं रक्षक होते हैं। वे स्वतन्त्रता पूरक हैं, विरोधी नहीं।

5. समाज विषयक समान धारणयें (Similar Conceptions Regarding Society)—समाज के सम्बन्ध में भी दोनों विचारधाराओं की समान धारणायें हैं। हेगेल और ग्रीन दोनों ही इस बात से सहमत हैं कि समाज व्यक्ति के विकास के लिये एक महत्वपूर्ण स्थिति रखता है तथा समाज ही व्यक्तियों के लिये नैतिकता के मानदण्ड निर्धारित करता है।

समाज का महत्व दोनों ही प्रकार के आदर्शवादियों में बहुत अधिक है, क्योंकि उसी में रहकर व्यक्ति अपना विकास कर सकता है, फिर भी राज्य और समाज में अन्तर है। वे दोनों ही अन्तर व्यक्त करते हैं तथा राज्य को श्रेष्ठ मानते हैं।

अन्तर (Dissimilarities)

1. राज्य और व्यक्ति के सम्बन्ध में असमानता (Difference Regarding State and Man)—आदर्शवाद की इन दोनों विचारधाराओं में व्यक्ति और राज्य के सम्बन्ध में मौलिक अन्तर है। यद्यपि हेगेल और ग्रीन दोनों ही राज्य को आवश्यक और श्रेष्ठ मानते हैं, परन्तु ग्रीन व्यक्ति को राज्य के लिये बलिदान होने का समर्थन नहीं करता। ग्रीन कहता है कि, "व्यक्ति राज्य के लिये नहीं, वरन् राज्य व्यक्ति के लिये है।" उसके इसी दृष्टिकोण के कारण ही हेगेल का उग्र जर्मन आदर्शवाद, उदारवादी और व्यक्तिवादी विचारों से 'रूपान्तरित' होकर नर्म तथा उदार (Moderate and Liberal) अंग्रेज आदर्शवाद बन गया। बार्कर (Barker) ने ठीक ही लिखा है, "ग्रीन राज्य की महत्ता के आदर्शीकरण में खो गया है। वह प्लेटोवादी की अपेक्षा अरस्तुवादी और हेगेलवादी की अपेक्षा काण्टवादी ही अधिक है।"[8]

2. संकल्प सम्बन्धी अन्तर (Difference Regarding Will)—आदर्शवाद की दोनों विचारधाराओं में एक मौलिक अन्तर 'राज्य का संकल्प' के सम्बन्ध में है। हेगेल के अनुसार राज्य की भाँति राज्य का संकल्प भी सर्वोपरि है, किन्तु ग्रीन ने इसे स्वीकार नहीं किया और रूसो से प्रभावित होकर राज्य के संकल्प को सामान्य संकल्प (General Will) की संज्ञा दी।

3. राज्य के विरोध के सम्बन्ध में असमानता (Difference Regarding Opposition of State)—हेगेल और ग्रीन द्वारा प्रतिपादित उग्र तथा उदारवादी आदर्शवाद का राज्य का विरोध करने के सम्बन्ध में भी मौलिक अन्तर है। राज्य की सर्वोपरिता की भावना से अभिभूत होकर हेगेल ने तो कल्पना भी नहीं की थी कि व्यक्ति राज्य का विरोध कर सकेगा, जबकि उदारवादी विचारक ग्रीन ने कुछ असाधारण परिस्थितियों में ही व्यक्ति को आवश्यक रूप से राज्य का विरोध करने का अधिकार दिया है। ग्रीन के विचार में "यद्यपि राज्य की सर्वोच्चता को चुनौती नहीं दी जा सकती, किन्तु फिर भी व्यक्ति को राज्य की बलिवेदी पर बलिदान नहीं किया जा सकता, उसके अनुसार यदि व्यक्ति का अस्तित्व ही खतरे में हो तो उसे निश्चित ही राज्य की इच्छा का विरोध करने का अधिकार है।

4. अन्तर्राष्ट्रीय कानून सम्बन्धी असमानता (Dissimilarity Regarding International Law)—जर्मनी में उग्र राष्ट्रीयता के समर्थक हेगेल ने राज्य को जहाँ सर्वोपरि स्थान दिया था, वहीं उसे सर्वशक्तिमान भी बनाया था और अन्तर्राष्ट्रीय क्षेत्र में सभी प्रकार की नैतिकताओं एवं कानूनों को तिलांजलि दे दी थी, किन्तु ग्रीन ने हेगेल के इस विचार को स्वीकार नहीं किया। उसने 'विश्व बन्धुत्व' की भावना के आधार पर अन्तर्राष्ट्रीय कानूनों के अस्तित्व को स्वीकार किया और उन्हें मान्यता दी तथा उन्हें पालन करने का नैतिक दायित्व भी राज्य के ऊपर सौंपा। अन्तर्राष्ट्रीय कानूनों के सम्बन्ध में हेगेल और ग्रीन की विचारधाराओं में यह अन्तर स्पष्ट है।

5. युद्ध सम्बन्धी अन्तर (Difference Regarding War)—युद्ध विषयक धारणा में आदर्शवाद की इन दो उपधाराओं में एक विशिष्ट अन्तर है। हेगेल युद्ध को सर्वश्रेष्ठ,

---

8. "Green is not trammelled by any idealization of the majesty of the state, he is more an Aristotelian than a Platonic."
--Barker.

राज्य की सत्ता के निर्माण तथा निर्वाह के लिये और अपने आधीन व्यक्तियों में अनेक प्रकार के विशिष्ट गुणों को उत्पन्न करने वाला आदर्श तत्व स्वीकार करता है, किन्तु ग्रीन युद्धों को अनावश्यक व विध्वंसकारी कहकर उनकी निन्दा करता है। ग्रीन युद्धों को किसी भी प्रकार से व्यक्ति के विकास में सहायक नहीं मानता है, वरन् वह युद्धों के विचार से ही घृणा करता है।

6. स्वतन्त्रता सम्बन्धी अन्तर (Difference Regarding Liberty)—स्वतन्त्रता के सम्बध में भी हेगेल और ग्रीन दोनों की मान्यतायें अलग-अलग हैं। हेगेल के अनुसार स्वतन्त्रता का अर्थ यह है कि राज्य के नियमों का पूर्णरूप अक्षरशः पालन करे और राज्य के साथ एकाकार होने में भी स्वतन्त्रता का अनुभव करें, किन्तु व्यक्तिवाद से प्रभावित होकर ग्रीन ने स्वतन्त्रता का जो अर्थ लगाया है वह यह है कि, "करने योग्य कार्यों को करने की सुविधा तथा स्वतन्त्रता का लक्ष्य व्यक्ति का नैतिक विकास।"

आलोचनात्मक आकलन
(Critical Estimate)

आदर्शवादी विचारकों ने राज्य की सत्ता का जिस अतिशयोक्ति के साथ वर्णन किया है, उसकी विद्वानों द्वारा अत्यन्त प्रबल आलोचना की गई है। इस सिद्धान्त के विरुद्ध जो युक्तियाँ दी गयी हैं वे निम्नलिखित हैं—

1. असंगत और खतरनाक (Unsound & Dangerous)—आलोचकों के अनुसार "आदर्शवादी सिद्धान्त "न केवल असंगत है, अपितु खतरनाक भी है।"[9] हॉबहाऊस (Hobhouse) ने लिखा है कि, 'हेगेल ने राज्य की जो गौरवगाथा गायी है, उसे एक आध्यात्मवादी की 'विचार तरंग' मात्र मान लेना भूल है।"

उसके मिथ्या एवं भयानक सिद्धान्त के अनुसार 'ईश्वरीय राज्य' की कल्पना की गई है। इस सिद्धान्त ने उन्नीसवीं शताब्दी के बुद्धिवादी प्रजातान्त्रिक मानवतावाद (Rational Democratic Humanitarianism) द्वारा सबसे भयानक विरोध के लिये पृष्ठभूमि तैयार की। हॉब हाऊस (Hobhouse) ने आगे कहा है कि "हेगेल की विचारधारा का उद्देश्य स्वतन्त्रता और कानून को एक बनाकर स्वतन्त्रता के सिद्धान्त को कुण्ठित कर देना था तथा समानता को उसके स्थान पर अनुशासन की कल्पना स्थापित करके और व्यक्ति को राज्य में विलीन करके तथा राज्य को मानवीय संस्था का सर्वोच्च विकास मानकर मानवता का नाश कर देना था।"

2. स्वप्नलोकीय सिद्धान्त (Utopian Theory)—आदर्शवादियों ने जिस आदर्श राज्य की कल्पना की है, वह एक 'स्वप्नलोकीय राज्य' है, जो केवल स्वर्ग में ही सम्भव है। प्रो॰ लास्की (Prof. Laski) ने लिखा है कि, "जिस राज्य की बोज़ांके चर्चा करता है, वह वास्तविक जगत की वस्तु नहीं है वरन् केवल विचारों के राज्य में पाया जाता है।"[10]

9. "This theory is not unsound but dangerous too," --Hobhouse

10. "The state of which Bosanquet speaks of dwells solely in the realm of concepts, and is not one with actual world." --H. J. Laski.

आदर्शवादियों का यह विचार असत्य है कि, "जो वास्तविक है, वही विवेकपूर्ण है और जो विवेकपूर्ण है, वही वास्तविक है।"[11] व्यवहार में प्रत्येक यर्थाथ स्थिति को विवेकपूर्ण नहीं कहा जा सकता। जेम्स (James) महोदय ने लिखा है कि "आदर्शवाद एक कल्पनाशील दर्शन है जो सुख और दुख की कटु अनुभूतियों तथा स्पष्ट तथ्यों को हमसे दूर रखता है।"

3. राज्य नैतिक संस्था नहीं हैं (State is not a Moral Association)– आदर्शवादियों का यह विचार गलत है कि 'राज्य एक नैतिक संस्था है', क्योंकि राज्य के बहुत से कार्य वैधानिक दृष्टि से तो मान्य होते हैं परन्तु नैतिकता की दृष्टि से वे अमान्य होते हैं। जैसे–नैतिकता की दृष्टि से एक व्यक्ति के प्राण लेना पाप है, लेकिन यदि किसी व्यक्ति को सजा-ए-मौत दी जाये तो वह कानूनी अथवा वैधानिक दृष्टि से राज्य का अनिवार्य कर्तव्य है। इसलिये राज्य 'नैतिक संस्था' नहीं है।

4. राज्य का कोई दैवी उदगम नहीं है (State has no Divine Origin)– आदर्शवादियों ने राज्य को दैवी संस्था मानते हुये कहा है कि "राज्य पृथ्वी पर ईश्वर का अवतार है। इसलिये ईश्वर की भाँति वह भी अभ्रान्त (Infallible) है।" इसके विरोध में कटाक्ष करते हुये हॉबहाऊस (Hobhouse) ने कहा है कि "सरकार, कानून और राजनैतिक संस्थायें मानव के सबसे सफल प्रयोग सिद्ध नहीं हुए हैं। उनकी कटु आलोचना करने की आवश्यकता है। उनकी पूजा करना, झूठे देवताओं की पूजा करना है, जिनके समक्ष हमारे करोड़ो पुत्रों को आग से गुजरना पड़ता है।"[12]

5. व्यक्ति राज्य में ही रहता है (Individual exists in the State)–आदर्शवादी राज्य को साध्य (End) एवं व्यक्ति को साधन (Means) समझते हैं। इससे व्यक्ति की स्वतन्त्रता को खतरा उत्पन्न होता है। यह विचारधारा व्यक्ति को राज्य का दास मानती है और व्यक्ति के हितों को राज्य से पृथक् न करके उन्हें राज्य के हितों का पर्याय मानकर व्यक्ति के अधिकारों की उपेक्षा करती है। इस प्रक्रिया में व्यक्ति का विकास रुक जाता है। इसकी आलोचना करते हुये हॉबहाउस ने लिखा है कि, "यह सिद्धान्त कि व्यक्ति का राज्य से पृथक् न कोई मूल्य है और न उसका जीवन ही है और जब तक राज्य की नैतिक आत्मा द्वारा व्याख्या किये गये नियमों के अनुसार यह काम न करे, तब तक उसे स्वाधीनता नहीं मिल सकती है, स्वाधीनता का निषेध करना है।"

6. राज्य में अव्यावहारिक एकता की स्थापना का प्रयास (Effort to establish Impracticable Unity in State)–आलोचकों का कहना है कि आदर्शवादी विचारधारा के समर्थक विद्वान् राज्य को एकता के आधार पर संगठित एक संस्था मानते हैं, किन्तु वह यह भूल जाते हैं कि, "राज्य ऐसे व्यक्तियों का एक संगठित समूह है, जिनमें मतों की विभिन्नता का पाया जाना स्वाभाविक ही है। ऐसी दशा में राज्य को एकता का प्रतीक नहीं माना जा

---

11. "What is real is rational and what is rational is real." --James

12. "The government, law or political institutions are far from being successful experiments of mankind. They call about for criticism and to defy them is to establish false gods, before whom our sons are made to pass in millions through the fire." --Hobhouse

का पाया जाना स्वाभाविक ही है। ऐसी दशा में राज्य को एकता का प्रतीक नहीं माना जा सकता।''

7. सर्वशक्तिमान राज्य का विचार अन्यायपूर्ण (The Idea of State Absolutism is Unjust)– आलोचकों के अनुसार सर्वशक्तिमान राज्य का सिद्धान्त स्वीकार करना आदर्शवादियों की भयानक भूल थी, जिसकी कड़ी आलोचना की गयी। फ्रैंच विद्वान् ड्यूगी (Mr. Duguit) ने इसका विरोध इस आधार पर किया है कि ''आदर्शात्मक सिद्धान्त राज्य को उसके व्यक्तियों से भिन्न एवं अलग व्यक्तित्व मानता है और इसके अतिरिक्त यह राज्य की सर्वशक्ति-सम्पन्नता, स्वेच्छाचारिता एवं देवत्व के सिद्धान्त की स्थापना करता है।'' ड्यूगी के ही अगले शब्दों में, ''यह व्यक्ति की स्वतन्त्रता को राज्य की वेदी पर बलिदान करता है और व्यक्तियों की क्रान्ति के जन्मसिद्ध अधिकार का ही निषेध नहीं करता है, बल्कि राज्य की सत्ता के अथवा उसके कार्यों के नैतिक औचित्य की जाँच का भी अधिकार प्रजा को नहीं देता है।''

''राज्य अभ्रान्त है तथा कोई गलती नहीं कर सकता,'' आदर्शवादियों के इस विचार का खण्डन करते हुए ड्यूगी ने कहा है कि ''यह धारणा कि राज्य अभ्रान्त (Infallible) है, राज्य कोई गलती नहीं कर सकता है, यह स्वयं अपने बनाये हुये कानूनों के अतिरिक्त और किसी कानून से बँधा हुआ नहीं है, यहाँ तक कि यह नैतिक कानून या अन्तर्राष्ट्रीय नियमों से बाध्य नहीं है, मिथ्या और अधर्म है।''

8. 'राज्य' और 'समाज' वही नहीं हो सकते (Society and State can not be the same)– आदर्शवाद के आलोचकों का कथन है कि आदर्शवादी राज्य और समाज को अनुरूप मानते हैं, जो गलत है। वास्तविक रूप में राज्य समाज में अनेक समुदायों में से एक समुदाय मात्र है। राज्य को मनुष्य की सामाजिकता का सर्वोत्कृष्ट रूप तो कह सकते हैं, परन्तु मनुष्य की सामाजिकता का अनुरूप नहीं मान सकते। राज्य और समाज कभी भी अनुरूप नहीं हो सकते, क्योंकि व्यक्ति की सामाजिकता अपने आप को अनेक रूपों में व्यक्त करती है। इसलिये व्यक्ति के विकास हेतु उसके प्रत्येक रूप को उचित स्थान मिलना चाहिये।

9. राज्य 'साध्य' नहीं साधन है (State is Means not End)– आदर्शवादी विचारक राज्य को एक 'साधन' न मानकर 'साध्य' मानते हैं, जो आज के प्रगतिशील युग में स्वीकार नहीं किया जा सकता। राज्य एक संस्था है, जिसका मुख्य उद्देश्य व्यक्तियों को कल्याणप्रद तथा सुखदायी जीवन प्रदान करना है। इस साध्य की प्राप्ति के लिये राज्य एक साधन मात्र है, साध्य नहीं। प्रो० जोड (C. E. M. Joad) के अनुसार ''राज्य व्यक्ति के लिये होता है, व्यक्ति राज्य के लिये नहीं है .... दूसरे शब्दों में राज्य और समुदाय अपने आप में साध्य नहीं हैं।''

10. राज्य पृथक व्यक्तित्व का स्वामी नहीं (State is not Master of Separate Identity)–आदर्शवादियों के इस विचार को स्वीकार नहीं किया जा सकता कि 'राज्य का एक पृथक् व्यक्तित्व' है, या 'वह पृथक् व्यक्तित्व का स्वामी' है। आलोचकों के अनुसार ''व्यक्तियों के संगठन से राज्य के रूप में कोई लोकोत्तर व्यक्ति नहीं बन जाता''। इसी के सम्बन्ध में मैकाइवर (MacIver) ने लिखा है कि ''जिस प्रकार बहुत से घोड़ों के समूह से

कोई नवीन उत्कृष्ट घोड़ा नहीं बनता अथवा विद्यार्थियों के संगठित होने से किसी नवीन सर्वोत्कृष्ट विद्यार्थी की उत्पत्ति नहीं होती, उसी प्रकार अनेक व्यक्तियों के समुदाय से किसी लोकोत्तर व्यक्ति का प्रादुर्भाव नहीं हो सकता है।''

11. राज्य दोषमुक्त संस्था नहीं (State is not free from Defects)– आलोचकों के अनुसार राज्य पूर्णतया दोषमुक्त संस्था नहीं है, क्योंकि गलती करना मानव-स्वभाव है और ऐसा हो ही नहीं सकता कि राज्य गलतियाँ न करे। आलाचकों का कहना है कि ''यह बात समझ में नहीं आती कि साधारण व्यक्ति शासक वर्ग में सम्मिलित होते ही ऐसा देवता कैसे बन जाता है जो कभी गलती नहीं करता। इस सम्बन्ध में हॉबहाउस (Hobhouse) ने ठीक ही लिखा है कि ''शासकीय कानून या दूसरी राजकीय संस्थायें मानवता के सर्वाधिक सफल परीक्षणों से बहुत दूर है। वे आलोचना की माँग करते हैं और उनकी पूजा करना झूठे देवताओं की स्थापना करना है।''

12. सामान्य संकल्प पर आधारित राज्य अन्यायपूर्ण (State based on General Willl is Unjust)– प्रमुख आदर्शवादी टी० एच० ग्रीन (T. H. Green) के अनुसार, ''सामान्य संकल्प ही राज्य का वास्तविक आधार है।'' आलोचकों के अनुसार, ''समाज की सामान्य संकल्प जैसी कोई वस्तु यथार्थ में सम्भव ही नहीं है, क्योंकि हमारे संकल्प या तो व्यक्तिगत संकल्प हैं, या कुछ भी नहीं है।'' प्रो० हॉब्सन (Hobson) ने इस सम्बन्ध में लिखा है कि, ''सामान्य संकल्प का विचार एक प्रजातन्त्रात्मक राज्य में भी अनुदारता उत्पन्न करने में सहायक सिद्ध हो सकता है। जिस समय तक कोई स्पष्ट क्रान्ति नहीं होती, उस समय तक सरकार अपने आप को जनता के संकल्प अथवा स्वीकृति को अधिकारी समझ सकती है।''

13. राजनीतिक और नैतिक कर्तव्यों में साम्य (Similarity between Moral & Political Actions)– हॉब्सन (Hobson) के मतानुसार ''आदर्शवादियों का मुख्य दोष यह है कि वे नैतिक और राजनीतिक कर्त्तव्यों में अन्तर नहीं करते हैं।'' यह आवश्यक नहीं है कि जो वस्तु कानूनी दृष्टिकोण से सत्य हो, वह नैतिक रूप में भी सर्वदा सत्य हो।

14. विश्व शान्ति का विरोधी (Against World Peace)– आदर्शवाद को विश्व शान्ति का विरोधी बताते हुये आलोचकों ने कहा है कि यह गलत है कि व्यक्ति राज्य के बिना नहीं रह सकता। यदि यह सत्य मान लिया जाये, तो आज के वैज्ञानिक युग में विश्व बन्धुत्व के विचार को बहुत क्षति पहुँचेगी। विज्ञान की उन्नति ने सारे विश्व को एक सूत्र में बाँध दिया है। व्यक्ति आज किसी एक राज्य विशेष का सदस्य न होकर सम्पूर्ण विश्व का सदस्य है। इसलिये आदर्शवादी विचारधारा को विश्व-प्रगति के मार्ग में बाधक समझा जाता है।

आदर्शवाद का महत्व
(Significance of Idealism)

आदर्शवाद के महत्व पर प्रकाश डालते हुये गार्नर (Garner) ने लिखा है कि ''आदर्शवाद के विरुद्ध जो आलोचनायें की गयी हैं उनमें से अधिकांश के सम्बन्ध में कहा जा सकता है कि वे अनुचित, अतिशयोक्तिपूर्ण और इस सिद्धान्त के मिथ्या विचार पर आधारित हैं।''

इसकी उग्र आदर्शवाद व उदार आदर्शवाद दोनों धारायें निश्चित रूप से उल्लेखनीय हैं तथा उनमें बहुत कुछ अपनाने योग्य एवं प्रशंसनीय है। इस सिद्धान्त के सम्बन्ध में होर्नले (Hoernle) ने कहा है कि, "जहाँ तक आदर्शवादियों ने राज्य का गौरव गान किया, उसे समस्त मानव संस्थाओं से ऊँचा उठाया और श्रेष्ठ जीवन की प्रगति के लिये उसकी अनिवार्यता को माना और यह स्वीकार किया कि इस कारण नागरिकों को राज्य के प्रति भक्ति रखनी चाहिये और राज्य अपने अस्तित्व की रक्षा के लिये उनसे बलिदान लेने की आशा कर सकता है। राज्य ही कानून तथा अधिकारों का आदि स्रोत है और राज्य में व्यक्ति अपने लक्ष्य की पूर्ण प्राप्ति कर सकते हैं और उसके बिना मानव प्रगति तथा सभ्यता का विकास असम्भव है, वहाँ तक यह सिद्धान्त सर्वथा उचित और अनिन्दनीय है।" हेगेल के राज्य-गौरव की कल्पना का वर्णन करते हुये हॉबहाउस (Hobhouse) ने लिखा है कि, "राज्य एक महती संस्था है। उसका कल्याण एक सामान्य नागरिक के कल्याण से अधिक महान् एवं स्थायी महत्व का है। उसका क्षेत्र महान है। उसकी सेवा के लिये चरम सीमा का आत्म-त्याग एवं राजभक्ति की आवश्यकता है। यह सब सत्य है, परन्तु जब राज्य को हम व्यक्तियों से भिन्न और पृथक सत्ता के रूप में मान लेते हैं तो वह एक मिथ्या देवता बन जाता है और उसकी पूजा इप्रे तथा सोम के प्रसिद्ध युद्धों में देखी हुई निर्जनता या शून्यता का अभिशाप हो जाती है।"

अभ्यास के लिए प्रश्न

1. उग्र एवं उदार आदर्शवाद के अन्तर को स्पष्ट कीजिये।
2. हेगेल तथा ग्रीन के आदर्शवादी विचारों की तुलना कीजिये।
3. राज्य के आदर्शवादी सिद्धान्तों के प्रमुख विचारों का संक्षिप्त वर्णन कीजिये और उसकी आलोचना भी कीजिए।
4. आदर्शवाद के मौलिक सिद्धान्तों की व्याख्या कीजिए।
5. राज्य के आदर्शवादी सिद्धान्तों का क्या अर्थ है? इस कथन में सत्य का कितना अंश है कि 'वास्तव में यह सिद्धान्त वैयक्तिक स्वतन्त्रता का कट्टर विरोधी है'?
6. "जो लोग राज्य का निर्माण करते हैं, राज्य उनसे पृथक् सत्ता है, उसकी अपनी एक सच्ची इच्छा और स्थायित्व होता है।" उक्त वक्तव्य में निहित राज्य के सिद्धान्त की आलोचना कीजिये।
7. "व्यक्ति के सच्चे हित और राज्य के हित एक ही हैं और समान हैं अर्थात् मानवीय व्यक्तित्व का पूर्णतम विकास।" उक्त उद्धरण के प्रकाश में राजनीतिक सिद्धान्त की आदर्शवादी विचारधारा का विवेचन कीजिए।

7

इमैनुअल काण्ट

(Immanuel Kant--1724-1804)

काण्ट का जन्म सन् 1724 में हुआ था। प्रारंभ से ही उसकी दर्शन में बड़ी रुचि थी। अपनी प्रतिभा के बल पर वह बढ़ते-बढ़ते कोनिंग्सबर्ग विश्वविद्यालय में दर्शन का प्राध्यापक हो गया था। वह समय की नियमितता के लिए विख्यात था। क्रियात्मक राजनीति में उसने कोई भाग नहीं लिया। उसके अनुसार जर्मनी की प्रगति ही सामन्तवाद के कारण अवरुद्ध थी। सन् 1804 में उसकी मृत्यु हो गई।

काण्ट के राजनीतिक अधिकारों के सिद्धान्त और राजनीतिक व्यवस्था के प्राकृतिक सिद्धान्त संबंधी लेख बहुत प्रसिद्ध हैं और वे पुस्तकाकार छप भी चुके हैं। इन निबंधों के अतिरिक्त उसने निम्नलिखित पुस्तकें भी लिखी हैं।

(1) 'परपेचुअल पीस' (Perpetual Peace) यह पुस्तक सन् 1795 में छपी थी।

(2) 'फर्स्ट मेटाफिजिकल प्रिंसिपिल्स ऑव दि थ्योरी ऑफ लॉ' (First metaphysical Principles of the Theory of Law), जो सन् 1796 में प्रकाशित हुई।

(3) इन दो के साथ 'क्रिटिक ऑफ प्योर रीजन' (Critique of Pure Reason) भी प्रकाशित हुई है। ये पुस्तकें मूलत: जर्मन में थी लेकिन अँग्रेजी में इनके अनुवाद प्रकाशित हो चुके हैं।

पूर्ववर्ती विचारकों का प्रभाव—राज्य संबंधी कल्पना को स्थिर करने में काण्ट ने सबसे अधिक रूसो से सहायता ली। शासनतंत्र का विश्लेषण करने में उस पर मॉण्टेस्क्यू का प्रभाव भी पड़ा है। फ्रांस की राजक्रान्ति का काण्ट ने विशेष रूप से अध्ययन किया था। काण्ट पर इंगलैण्ड की तुलना में फ्रांसीसी विचारकों का प्रभाव अधिक पड़ा। काण्ट ने प्लेटो तथा अरस्तु के अलावा शेष यूनानी दार्शनिकों को भी अध्ययन किया था। परन्तु काण्ट पर यूनान की अपेक्षा रोमन विचारों और इतिहास का अधिक प्रभाव पड़ा।

नैतिक संकल्प और स्वतंत्रता
(Moral Will and Freedom)

काण्ट के विचारों में उसकी नैतिक संकल्प और स्वतंत्रता संबंधी अवधारणा सबसे अधिक महत्वपूर्ण है। उसकी नैतिक संकल्प संबंधी अवधारणा से ही यह पता चल जाता है कि वह राजनीति और राजदर्शन की समस्याओं को किस दृष्टिकोण से देखता था। काण्ट यह अनुभव करता था कि यदि मनुष्य को अपने नैतिक संकल्प के अनुसार काम करने की स्वतन्त्रता दे दी जाय तो वह स्वतंत्र हो जायेगा। काण्ट ने इस संबंध में रूसों से सबसे अधिक सहायता ली। रूसो मानव सभ्यता की भौतिकवादी प्रगति को उसकी उन्नति नहीं बल्कि अवनति मानता था। उसका कहना था कि मनुष्य का महत्व इसलिए नहीं है कि वह भौतिकवादी दृष्टि से भी सोचता है, बल्कि उस के महत्व का कारण उसकी नैतिक प्रकृति है। रूसो ने सम्पत्ति को, जो भौतिकता का मूर्तरूप है, सर्प (Serpent) की संज्ञा दी थी। मनुष्य की नैतिक प्रकृति का दर्शन काण्ट ने रूसो से ही लिया। आगे हीगल ने भी यही सिद्धान्त अपनाया।

काण्ट ने मानवीय संकल्प (Human Will) को दो भागों में बाँटा था। मनुष्य में एक प्रकार की तो ऐसी इच्छाएँ होती हैं जिन्हें हम वासनात्मक इच्छाएँ कह सकते हैं और जो अनैतिक होती हैं। ये इच्छाएँ मनुष्य की यथार्थ इच्छाओं का प्रतिनिधित्व नहीं करतीं। दूसरी वे इच्छाएँ होती हैं जो विवेक-प्रेरित होती हैं और जिनका आधार नैतिकता होती है। यह इच्छाएँ ही मनुष्य के यथार्थ संकल्प (Real Will) का प्रतिनिधित्व करती हैं। स्वतंत्रता (Freedom) नैतिक या यथार्थ संकल्प का गुण हैं। इसको अर्थात व्यक्ति की नैतिक इच्छा को रूसो ने इसका शुभ संकल्प (Good Will) की संज्ञा दी है। "भला" का प्रयोग आचारिक (Ethical) अर्थों में किया गया है। काण्ट का कहना है कि "भला संकल्प" (Good Will) की तुलना में भलाई का अन्य इतना अधिक शुद्ध रूप नहीं हो सकता। इसलिए नैतिक स्वतंत्रता इसी बात में निहित है कि लोग अपने "भले संकल्प" की आज्ञाओं के अनुसार ही कार्य करें।

काण्ट का मत था कि "शुभ संकल्प" के आदेशों को बिना परिणामों की परवाह किये माना जाना चाहिए। इन आदेशों को उसने "निरपवाद कर्तव्यादेशों" (Categorical Imperatives) की संज्ञा दी थी। ये आदेश सबके लिए बिना किसी भेदभाव के सार्वभौमिक होते हैं। उदाहरण के लिए "शुभ संकल्प" एक आज्ञा देता है–"चोरी मत करो" या "झूठ मत बोलो"। यह आदेश केवल किसी एक व्यक्ति के लिए नहीं है बल्कि सबके लिए हैं। यदि सारी दुनिया इसके अनुसार आचरण करे तो सबको लाभ ही होगा। इसके विरुद्ध अभ्युपगत आदेश (Hypothetical Imperatives) प्रथम प्रकार की आज्ञाओं के ठीक विरुद्ध होते हैं। इन पर अधिक से अधिक कुछ व्यक्ति आचरण कर सकते हैं। सार्वभौमिक रूप से इनका पालन कभी नहीं हो सकता। यदि कोई इन आदेशों के अनुकूल कार्य करेगा तो उसको निश्चित रूप से हानि होगी। उदाहरण के लिए "चोरी करो" या झूठ बोलो" इनमें से किसी एक या दोनों पर न तो दुनिया के सारे लोग चल सकते हैं और न इसे मान ही सकते हैं। यदि इस संकल्प का कोई पालन भी करता है तो उसे एक न एक दिन जेल में अवश्य जाना होगा। ऐसी अवस्था में अभ्युपगत आदेश (Hypothetical Imperatives) सीमित होते हैं। उनका बहुत अधिक प्रयोग

किया जाना असंभव है। यदि कोई इनके अनुसार आचरण करता है तो उसे निश्चित रूप से हानि होगी।

काण्ट ने कहा कि नैतिक स्वतंत्रता में वे सारे काम आ जाते हैं जो "केवल उन सूक्तियों (Maxims) के अनुकूल होते हैं जिन्हें व्यक्ति स्वयं तो मानता ही है—साथ ही यह भी इच्छा करता है कि वे (सूक्तियाँ) सार्वभौमिक विधियाँ बन जायें।" काण्ट के मतानुसार बुराइयाँ, भलाइयों के आसरे पर ही जीवित रहती हैं। इसको स्पष्ट करते हुए काण्ट ने कहा है कि यदि संसार के सब लोग झूठ बोलने लगें और सचाई का नाम-निशान भी न रहे तो फिर कोई किसी का विश्वास नहीं करेगा और झूठ बोलने से जो लाभ होता है वह किसी को न होगा। ऐसी दशा में झूठ बोलने की कोई उपयोगिता न रह जायगी और वह स्वयं ही समाप्त हो जायगा। झूठ तभी बोला जाता है जब तक झूठ बोलनेवाला यह समझता रहे कि वह जो कुछ कह रहा है वह सच माना जा रहा है। इसीलिए, बुराइयों को काण्ट ने पराश्रित (Parasitic) कहा है। ये बुराइयाँ एक स्थल पर जाकर अहितकारी हो जाती हैं। इसलिए मनुष्य का हित इसी में है कि वह इनकी आज्ञाओं का पालन न करे। इसी अवस्था में व्यक्ति की नैतिक स्वतंत्रता सुरक्षित रह सकती है। "भले संकल्प के सर्वोपरि आदेशों के पालन द्वारा ही हम अपने हितों की रक्षा कर सकते हैं। काण्ट ने अधिकारों को भी इसी नैतिक स्वतंत्रता से संबद्ध कर दिया और बतलाया कि मनुष्य की नैतिक स्वतंत्रता (1) आन्तरिक (Subjective), (2) सीमित, (व्यक्ति तक) (Limited) और (3) नकारात्मक (Negative) होती है। आन्तरिक इसलिए कि उसका स्रोत मानव-मस्तिष्क होता है, सीमित इसलिए कि वह केवल व्यक्ति की ही स्वतंत्रता होती है और नकारात्मक इसलिए कि वह व्यक्ति को बुरे कामों के करने से रोकती है।

राज्य की अवधारणा (Concept of State)

काण्ट का कहना था कि मनुष्य स्वभावतः समान होते है। फिर, उसमें कुछ त्रुटियाँ भी होती हैं। वे त्रुटियाँ यह हैं कि मनुष्य सांसारिक मोह, माया, ममता और यशलिप्सा आदि के फेर में पड़ जाता हैं। यदि वह समान ही बना रहता तो कभी कोई संघर्ष ही उत्पन्न न होता परन्तु मनुष्य के उक्त दोषों ने उसे अशान्त बना दिया। इस प्रकार मनुष्य में अच्छाइयाँ और बुराइयाँ दोनों होती हैं। काण्ट का कहना था कि राज्य इन दोनों के बीच समाज में समन्वय स्थापित करता है।

राज्य की उत्पत्ति—राज्य की उत्पत्ति अनुबंध द्वारा मानते हुए काण्ट कहता है कि इसके द्वारा ही मनुष्य (व्यक्ति) अपने जन्मसिद्ध अधिकारों को राज्य को समर्पित कर देता है। वे अधिकार उसे नैतिक स्वतंत्रता द्वारा मिलते हैं। उसके इस अधिकार समर्पण के बदले सम्पूर्ण समाज व्यक्ति को आश्वस्त करता है कि उसके "भले संकल्प" द्वारा दी जाने वाली आज्ञाओं के पालन की छूट रहेगी। अर्थात् व्यक्ति अनुबंध द्वारा जिस बाह्य स्वतंत्रता को समर्पित करता है वह उसे समाज के सदस्य के रूप में लगभग तत्काल ही वापस मिल जाती है।[1] इसके

1. "By contract men, "surrender their external freedom in order to receive it immediately, back again as members of a commonwealth: they abandon their wild lawless freedom in order to substitute a perfect freedom--a freedom undiminished, because it is the creation

साथ ही व्यक्ति को समाज और राज्य द्वारा सुरक्षा का आश्वासन भी मिल जाता है। उसकी स्वतंत्रता का दायरा कुछ और बढ़ जाता है। काण्ट ने अनुबंध वाली बात का विस्तार नहीं किया। ऐसा प्रतीत होता है कि वह अनुबंध को केवल ऐसा साधन मानता था कि जिसके जरिए व्यक्ति अपेक्षाकृत नीची सामाजिक व्यवस्था से उच्चतर सामाजिक व्यवस्था में आ जाता है। सामाजिक अनुबंध की कल्पना को वह नही मानता था। वह इसे कोई महत्व भी नहीं देता।[2] काण्ट तो यह अनुभव करता था कि राज्य में मनुष्य की नैतिक स्वतंत्रता (Moral Freedom) के संकल्प का समाज और राज्य के सामान्य संकल्प (General Will) के साथ सामंजस्य स्थापित हो जाता है।

विश्वराज्य की कल्पना–काण्ट अन्तर्राष्ट्रीय युद्धों के विरुद्ध था। उसका कहना था कि एक न एक दिन ऐसा अवश्य आयेगा जब मनुष्य अपने आर्थिक हितों की रक्षा के लिए युद्धों का परित्याग करने के लिए विवश हो जायेगा। काण्ट का यह भी मत था कि राज्य पर अन्तर्राष्ट्रीय क्षेत्र में भी कोई न कोई नियंत्रण अवश्य होना चाहिए।[3] वह आधुनिक युग का संभवत: पहला कल्पनावादी विचारक था जिसने विश्व-राज्य की कल्पना की। काण्ट का कहना था कि विश्वराज्य अवश्य होगा क्योंकि दैवी इच्छा यही है। काण्ट ने यह विचार यूरोप की अराजकता को दृष्टि में रखते हुए प्रकट किये थे।

सरकार की अवधारणा
(Concept of Government)

मॉण्टेस्क्यू की भाँति काण्ट ने भी सरकार (Government) के कार्यों को तीन भागों में विभक्त किया था अर्थात् (1) विधेयक कार्य (Legislative Functions), (2) कार्यपालिका (Executive) के कार्य और (3) न्यायपालिका (Judiciary) के कार्य। काण्ट का कहना था कि व्यक्ति की नैतिक स्वतंत्रता की रक्षा के लिए यह बहुत जरूरी है कि कार्यपालिका और न्यायपालिका के विभाग एक दूसरे से अलग और स्वतंत्र रहें।

काण्ट ने सरकार के (1) राजतंत्रात्मक, (2) आभिजात्यतंत्रात्मक और (3) प्रजातंत्रात्मक स्वरूपों को भी माना है। काण्ट का कहना है कि जिस राज्य में न्यायपालिका और कार्यपालिका विभाग अलग-अलग होते हैं। उस राज्य का शासन गणतंत्रात्मक (Republican) होता है। काण्ट का कहना था कि शासन का स्वरूप चाहे जो हो उसमें जनता की इच्छाओं का प्रतिनिधित्व

---

of their own free legislative will; but a freedom which nevertheless assumes the form of a lawful dependence, because it takes its place in a realm of Right or Law.''
--E. Barker, *Political Thoughts of England from 1844 to 1914,* p. 18.

2. ''Whether an actual contract of subjection to the ruler was as a fact the first step or whether force was the first step and Laws only came in a later state......these are for the people which already stand under the protection of civil law, quite empty subtleties and for the state full of danger.''
-- C.E. Vaughan, *Studies in History of Political Philosophy before and After Rousseau.*

3. ''........Remedy was a system of international right, founded upon public laws conjoined with power, to which every state must submit.''
--R.G. Gettell, *History of Political Thought* p. 316.

अवश्य होना चाहिए। यह प्रतिनिधित्व राजा, सामान्त या प्रजा के प्रतिनिधि कोई भी कर सकते हैं। काण्ट को सरकार के किसी विशेष स्वरूप से प्रेम न था। सरकार चाहे जो हो, व्यक्ति को नैतिक स्वतंत्रता मिलनी चाहिए। यही काण्ट का अभिष्ट था। सरकार का सबसे बड़ा कर्तव्य इस स्वतंत्रता के मार्ग में आनेवाली बाधाओं को दूर करना है। वह शासक को शासन का अधिकार देने के उपरान्त उक्त कर्तव्य के अतिरिक्त अन्य किसी भी बंधन में नहीं बाँधता था। वह शासक के विरुद्ध विद्रोह करने का अधिकार भी किसी को नहीं देता।

संप्रभुता और विधि
(Sovereignty and Law)

सामान्य संकल्प द्वारा अभिव्यक्त होने वाली जनता के संकल्प को काण्ट संप्रभुता की मान्यता देता था। परन्तु सामान्य संकल्प काल्पनिक होता है, इसलिए काण्ट का कहना था कि उसका कोई न कोई भौतिक स्वरूप अवश्य होना चाहिए। उसका कहना था कि सामान्य संकल्प एक व्यक्ति, कुछ व्यक्तियों के समूह, या बहुत व्यक्तियों द्वारा प्रकट किया जा सकता है।[4] सामान्य इच्छा स्थित संप्रभुता को वह किसी एक स्थान में नहीं मानता।

काण्ट जनता को विधियों का स्रोत मानता है। इस संबंध में उसका कहना था कि चूँकि जनता ही वस्तुत: संप्रभु होती है, इसीलिए वही सर्वोच्च विधायिका-शक्ति का भी प्रयोग कर सकती है। सामान्यत: व्यक्तियों का कोई एक संगठन समूह से अधिक मूल्य नहीं रखता। संविधान ही व्यक्ति समूह को राष्ट्र की संज्ञा देता है तथा जाति बनाता है। राज्य की सदस्यता प्रत्येक व्यक्ति को इसी संविधान द्वारा ही प्राप्त होती है। विधि का लक्ष्य राज्य के प्रत्येक सदस्य की स्वतंत्रता के बीच समन्वय स्थापित करना है।

आलोचनात्मक आकलन
(Critical Estimate)

1. काण्ट कहता था कि संप्रभुता जनता के सामान्य संकल्प द्वारा प्रकट होती है और सामान्य संकल्प में ही अवस्थित रहती हैं। यहाँ तक तो ठीक है परन्तु काण्ट का यह कहना ठीक नहीं है कि वह कई स्थानों में एक साथ हो सकती है संप्रभुता की विभाज्यता पर आलोचकों को आपत्ति है।

2. एक ओर तो काण्ट जनता की संप्रभुता पर बल देता है और दूसरी ओर ऐसे शासक के बने रहने को उचित बतलाता है जो किसी भी प्रकार के वैधानिक नियंत्रण से मुक्त हो। उसके विचारों से यह असंगति भी साफ प्रकट हो जातीं है।

3. काण्ट अनुबंध की कल्पना को स्पष्ट करने में असफल रहता है। एक ओर तो वह कहता है कि जो शासन जनता की सहमति पर निर्भर है वह न्याय और व्यवस्था का समुचित प्रबंध नहीं कर सकता और दूसरी ओर वह यह भी कहता है कि जो शासन जनता की अनुमति

---

4. "To give it objective, practical reality, it must be expressed in physical form, as one, or few or many persons." --W.A. Dunning, *Political Theories,* Volume III, p. 133.

बिना चलाया जाता है उसमें जनता की नैतिक स्वतंत्रता हमेशा खतरे में रहती हैं। इससे व्यक्ति असमंजस में पड़ जाता है और वह समझ नहीं पाता कि किस मार्ग का समर्थन करे।

4. यद्यपि आदर्शवादी विचारधारा यूरोप में फैली व्यक्तिवादी दर्शन की प्रतिक्रिया थी फिर भी काण्ट को एक तो निगमात्मक जीवन (Corporate life) का अनुभव न होने के कारण तथा दूसरे नैतिक स्वतंत्रता पर बहुत अधिक जोर दिये जाने के कारण उसका दर्शन भी व्यक्तिवाद की तरफ ही झुक जाता है।

काण्ट का योगदान
(Contribution of Kant)

आदर्शवादी जर्मन विद्वानों के प्रवर्तक के रूप में काण्ट का स्थान इतिहास में सदैव सुरक्षित रहेगा।

1. काण्ट ने व्यक्तिवादी दर्शन द्वारा फैलाये गये अति-भौतिकवाद का विरोध किया और कहा कि मनुष्य की आत्मिक शक्ति उसकी भौतिक शक्ति की अपेक्षा कहीं अधिक महत्वपूर्ण है। उसने यह भी कहा कि अनुभूति सदैव सत्य ही नहीं होती। कभी-कभी गलत अनुभूतियाँ भी हो जाती हैं। सही और गलत अनुभूतियों को छाँटने का साधन "विशुद्ध विवेक" (Pure Reason) है। विशुद्ध विवेक द्वारा ही हम सही और गलत अनुभूतियों को छाँट सकते हैं। इसलिए विवेक का स्थान अनुभूति से कहीं अधिक ऊँचा है।

2. काण्ट ने सार्वभौमिक नैतिक विधि और स्वतन्त्रता की कल्पना भी की। उसने बतलाया कि विधि ही स्वतंत्रता की संरक्षक और प्रेरक शक्ति है। व्यक्तिवादी विचारधारा का सबसे पहले विरोध किया। उसने परस्परविरोधी और संघर्षशील विचारधाराओं में सामंजस्य स्थापित करने की भी कोशिश की।

3. काण्ट ने व्यावहारिक राजनीति की अपेक्षा राजदर्शन पर कहीं अधिक ध्यान दिया। यही कारण है कि काण्ट के शासन या संविधान की अपेक्षा स्वतंत्रता, विधि और अधिकार संबंधी विचार अधिक महत्वपूर्ण माने जाते हैं। जर्मनी ने काण्टवादी दर्शन को अपनाया क्योंकि वह समकालीन परिस्थितियों में लोगों के सबसे अधिक अनुकूल था। अस्तु जर्मनी में उदारतावादी विचारों की उन्नति हुई, सामन्तवाद का अन्त हुआ और जनता की प्रतिनिधि संवासों की स्थापना करने की इच्छा भी बढ़ी। इसी के साथ जर्मनी में राष्ट्रीय एकता की भावना भी आयी। काण्ट के बाद फिक्टे और हीगल ने बचे हुए कार्य की पूर्ति की।[5]

अभ्यास के लिये प्रश्न

1. जर्मन आदर्शवाद में काण्ट के योगदान का विवेचन कीजिये।
2. काण्ट की शुभ संकल्प की अवधारणा का विवेचन कीजिये।

---

5. "It was the Hegelian conception of the state which was designed to turn the edge of the principle of freedom by indentifying freedom with law; of equality; by substituting the conception of discipline of personality itself by merging the individual in the state of humanity by erecting the state as the supreme and final form of human associations."
-- L.T. Hobhouse, *The Metaphysical Theory of State,* p. 23.

8

जार्ज विल्हैम फ्रेड्रिक हेगेल
(George Wilhelm Friedrich Hegel--1770-1831)

हेगेल का जन्म 1770 में दक्षिणी जर्मनी में स्टटगार्ट के एक मध्यम वर्ग के परिवार में हुआ था। उसने टृयूबिन्जर्न के विश्वविद्यालय में शिक्षा प्राप्त की थी। विश्वविद्यालय छोड़ने के उपरान्त उसने कुछ वर्षों तक एक प्राइवेट शिक्षक के रूप में कार्य किया। फिर वह जीना विश्वविद्यालय में सात वर्षों तक एक प्रध्यापक रहा। जीना में रहकर ही उसने अपने व्यापक तथा गूंढ़ दर्शन के मुख्य तत्वों का विकास किया और अपने महान् ग्रंथ 'Phenomenology of Mind' को प्रकाशित कराया। परन्तु फिर नैपोलियन के युद्ध आरम्भ हो गये।1806 में जीना के संग्राम का विश्वविद्यालय पर भयंकर प्रभाव पड़ा, और हेगेल को जीना छोड़ कर अन्यत्र आजीविका खोजने के लिये विवश होना पड़ा। वह न्यूम्बर्ग में जाकर वहाँ के एक माध्यमिक स्कूल में प्रधानाध्यापक हो गया। स्कूल के प्रधान पद पर रहते हुए हेगेल ने इस सिद्धान्त के विरुद्ध कि शिक्षा को छात्र के व्यक्तित्व के अनुकूल होना चाहिये, आज्ञापालन और आत्मसमर्पण की भावना पर जोर दिया। इस प्रकार राजनीतिक क्षेत्र में जिस अधिकारवाद के साथ उसका नाम सम्बद्ध है, उसका प्रयोग उसने शिक्षा के क्षेत्र में अपने जीवन में बहुत पहिले किया था। न्यूम्बर्ग में उसने तीन भागों में अपने महान् ग्रंथ Science of Logic प्रकाशित कराया। 1816 में वह हीडल्बर्ग में प्रोफेसर हो गया जहां कि उसने अपने 'Encyclopaedia of the Philosophical Sciences' को प्रकाशित कराया। 1818 में वह बर्लिन विश्वविद्यालय में दर्शनशास्त्र का प्रध्यापक नियुक्त हुआ जहां कि वह 1831 में अपनी मृत्यु पर्यन्त तक रहा। वहाँ उसे बड़ी ख्याति प्राप्त हुई और विचार जगत में उसका वैसा ही प्रभाव पड़ा जैसा कि साहित्य जगत में गेटे (Goethe) का पड़ा था। वह न केवल 'दार्शनिकों का राजा बल्कि राजाओं का दार्शनिक' भी बन गया। राजकीय दार्शनिक होने के कारण उसके विचारों का प्रभाव सैद्धान्तिक राजनीति के साथ-साथ व्यवहारिक राजनीति पर भी पड़ा। बिस्मार्क ने हेगेल तथा उसके शिष्यों के सिद्धान्तों को ही व्यवहार में परिणित किया। बिस्मार्क का शक्ति के ऊपर आधारित मानव क्रिया के उच्चतम लक्ष्य के रूप में राष्ट्र राज्य पर जोर देना, उसका यह विश्वास कि राज्य व्यक्तियों का समूह मात्र नहीं हैं बल्कि एक सावयवी सम्पूर्ण है, उसका लोकतन्त्र के विरोध

में एक सर्व शक्तिमान राजतन्त्र तथा नौकरशाही का अधिवक्तन—इन सबका मूल हेगेल के सिद्धान्तों में था।''[1]

अपने महान् पूर्ववर्तियों, काण्ट तथा फिख्टे की भाँति हेगेल ने भी अपने राजनीतिक सिद्धान्तों को एक व्यापक दर्शन प्रणाली के अंग के रूप में ही विकसित किया जो हमें उसकी रचना 'Philosophy of Right' में मिलते हैं जो कि 1821 में प्रकाशित हुई थी। राजनीतिक विचार के विद्यार्थी के लिये उसकी 'The Philosophy of History' महत्वपूर्ण है जो कि उसके मरने के बाद 1837 में प्रकाशित हुई थी। कभी-कभी यह कहा जाता है कि जब कि फ्रांस में किसी भी लेखक के लिए, एक महान् दार्शनिक के लिये भी अपने विचारों को स्पष्ट और सुनिश्चित भाषा में व्यक्त करना आवश्यक था। जर्मनी में परम्परा यह थी कि यदि कोई विचारक यह चाहता था कि उसे गहन समझा जाय तो उसकी भाषा अस्पष्ट और क्लिष्ट होनी चाहिए। इस परम्परा का जितना प्रभाव हेगेल पर पड़ा उतना किसी दूसरे पर नहीं। इसका परिणाम यह हुआ कि उसने ऐसी भाषा का प्रयोग किया है और ऐसी शैली अपनाई है कि एक साधारण पाठक को वे चक्कर में डाल देती हैं।

हेगेल पर प्रभाव—हेगेल के विचार की दिशा को निर्धारित करने में कई बातों का हाथ था। सबसे अधिक उस पर काण्ट और फिख्टे का प्रभाव पड़ा। उस पर ग्रीक दार्शनिकों, विशेषकर अफलातून और अरस्तु का भी बहुत गहरा प्रभाव पड़ा। उसे प्रभावित करने में दूसरा स्थान रूसो और मॉण्टेस्क्यू के लेखों का हैं। फिख्टे की भान्ति उसका विश्वास था कि वास्तविक सत्य प्रज्ञा अथवा आत्मा है, पदार्थ नहीं; उसने इसे निरपेक्ष भाव (Absolute Idea) या प्रज्ञा (Reason) अथवा आत्मा (Spirit) कहा है। उसने स्वमेव वस्तुओं (Things in themselves) की काण्ट की धारणा को स्व-विरोधी कह कर छोड़ दिया। उसका विश्वास था कि संसार में ऐसी कोई चीज नहीं है जिसे मानव बुद्धि नहीं जान सकती। उसके अनुसार प्रज्ञा या आत्मा कोई स्थिर चीज नहीं है, वह गति शील है; मूल रूप से यह विकास का सिद्धान्त है। यद्यपि यह नित्य, शाश्वत तथा सर्व व्यापी और अपने में ही सम्पूर्ण है, तथापि यह परिवर्तन हीन और कठोर नहीं है। अपने स्वभाव से ही यह अपना विकास और प्रस्फुटन करता है। परिवर्तन, वृद्धि तथा विकास केवल माया नहीं हैं जैसा कि अफलातून मानता था, ये नित्य विश्व प्रक्रिया का एक सजीव भाग हैं, निरपेक्ष जिसके आधीन है।

प्रज्ञा तथा आत्मा जो कि वास्तविकता है, आत्म चेतना है। आत्म चेतना को सर्वोच्च अवस्था को प्राप्त करने के लिये इसे बहुत सी अवस्थाओं में होकर गुजरना पड़ता है। स्वत: आत्म विकास की इस प्रक्रिया में निम्नतम अवस्था भौतिक अथवा निष्प्राण जगत है जिसका अध्ययन भौतिक शास्त्र तथा रसायन शास्त्र में किया जाता है। हमें यह निष्प्राण दिखलाई पड़ता है, किन्तु यह प्रज्ञा अथवा आत्मा की अभिव्यक्ति या उसका साकार रूप है और इसलिए इसमें महान् रचनात्मक शक्ति निहित है। यह रचना शक्ति और अधिक प्रस्फुटन तथा विकास के

1. ''Bismarck's emphasis upon the nation--state based upon force or power as the supreme goal of human activity; his belief that the state is not a collection of individuals but a single organic whole, his advocacy of an all powerful monarchy and bureaucracy in opposition to democracy; his notions of international relation were all rooted in Hegelian principles.'' -- Mc Govern, *From Luther to Hitlar*, p. 265

लिये मचलती है और इस प्रकार एक नवीन अवस्था पर पहुँच जाती है। निरपेक्ष विचार अपने आपको जीव जगत के रूप में अर्थात् वनस्पति और प्राणी जगत के रूप में प्रकट करता है। पौधों तथा प्राणियों में यह चेतना निष्प्राण पदार्थ की अपेक्षा उच्चतर अवस्था में आ जाती है; परन्तु उच्चतम अवस्था केवल मनुष्य में जाकर ही प्राप्त होती है। विश्व-बुद्धि और प्रज्ञा सबसे पहले मनुष्य में जाकर ही स्वयं अपनी चेतना प्राप्त करती है। मनुष्य के प्रगट होने पर विकास की इस प्रक्रिया का अन्त हो जाता है। इसके लक्ष्य, पूर्ण आत्म चेतना की प्राप्ति, की सिद्धि दर्शनशास्त्र तथा धर्म में होती है। हेगेल का विश्वास था कि उसने विश्व के विधान की व्याख्या अन्य किसी भी दार्शनिक की अपेक्षा अधिक समुचित रूप से कर दी है और संसार में कोई ऐसा रहस्य नहीं जिसका उद्घाटन उसने न कर दिया हो। वह सबसे अधिक आत्म-विश्वासी दार्शनिक था। उसके शिष्यों और प्रशंसकों का विश्वास था कि दार्शनिक चिंतन में वह अन्तिम सत्य तक पहुंच चुका था; और सबसे पहिले उसकी विचार प्रणाली में ही उस 'विश्व दर्शन' की समुचित व्याख्या की गई थी जिसकी ओर उससे पहिले के दार्शनिक क्रमशः बढ़ रहे थे।

द्वन्द्वात्मक प्रणाली—चूँकि अन्तिम सत्य प्रज्ञा है, इसलिये इसके प्रस्फुटन अथवा विकास की प्रक्रिया भी विवेक परक होनी चाहिये। हेगेल को पूर्ण विश्वास था कि उसने इस विवेकमय प्रक्रिया के वास्तविक स्वरूप का पता लगा लिया है। वह उसे द्वन्द्व (Dialectic) कहता था। हेगेल का द्वन्द्व, अपनी सूक्ष्मताओं मे, बहुत ही गूढ़ और आध्यात्मिक सिद्धान्त है, इसका विवरण उसे Science of Logic में मिलता है। मार्क्स ने इसे ही इसके उल्टे रूप में, अपनी साम्यवादी विचारधारा का आधार बनाया है। द्वन्द्ववादी पद्धति के अनुसार प्रगति अथवा विकास किसी एक सीधी दिशा में नहीं होता, वरन् एक तिरछे बंके और उतार-चढ़ाव के रूप में होता है। इसका सूत्र है थीसिस, एण्टीथीसिस तथा सिन्थेसिस। इन तीनों से मिल कर एक आकार बनता है, और द्वन्द्व ऐसी ही बहुत से त्रिकारों का नाम है। थीसिस में वास्तविकता का एक रूप प्रगट होता है, एण्टीथीसिस में उसका दूसरा तथा विपरीत रूप तथा एक उच्चतर सिन्थेसिस में इनका संश्लेषण हो जाता है। सिन्थेसिस भी एक नये त्रिकार को जन्म देता है। यह कालान्तर में थीसिस बन जाता है और अपने एण्टीथीसिस को जन्म देता है। दोनों का विरोध एक उच्चतर सिन्थेसिस में जाकर समाप्त हो जाता है, और इसी प्रकार प्रक्रिया चलती रहती है। राइट के शब्दों में, द्वन्द्ववाद विशुद्ध तर्क की अत्यन्त निराकर धारणा से आरम्भ होता है और उसका अवसान विचार के अत्यन्त साकार रूप—अपनी पूर्ण व्यापकता तथा साकारता के साथ निरपेक्ष बुद्धि के दर्शन में होता है।[2]

जब हम 'अस्तित्व' (Being) के सम्बन्ध में सोचते हैं तो हमें इसको समस्त वस्तु विशेष से निर्विकल्प कर देना चाहिये। यह विशुद्ध 'अस्तित्व' है जिसमें कोई गुण नहीं, कोई विशेषता नहीं, जिसका कोई लक्ष्य नहीं। यह निरा शून्य है। संक्षेप में, यह 'अस्तित्व हीनता' (Non-being) अथवा 'कुछ नही' की अवधारणा है। इस प्रकार के विचार से यह सिद्ध होता है कि

---

2. "The dialectic begins with the most abstract conception of pure logic, that of mere being and terminates with the most concrete phase of thought, the philosophy of the Absolute Mind in its full comprehensiveness and concreteness."

--Wright; *A History of Modern Philosophy*, p. 328.

'अस्तित्व' की धारणा अपने अन्दर से ही इसके विपरीत विचार अस्तित्व हीन को जन्म देती है। इस प्रकार 'अस्तित्व' 'अस्तित्व हीन' के साथ एकाकार हो जाता है। एक श्रेणी के दूसरी श्रेणी के साथ एकाकार होने के फलस्वरूप एक नया विचार मिलता है और वह विचार है: 'अस्तित्व हीनता' के विचार का 'अस्तित्व' के विचार के साथ एकाकार हो जाना। 'थीसिस' और 'एण्टी थीसिस' के बीच सम्बन्ध और सिन्थेसिस में उनके संश्लेषण को हेगेल ने जन्म नहीं दिया; वे सम्बन्ध तो पहिले से ही थे, हेगेल ने तो केवल उनकी खोज की। ''निगमन बुद्धि की एक वस्तु प्रधान प्रक्रिया है जो कि हमसे स्वाधीन रूप से चलती रहती है। यह प्रक्रिया नमय में नहीं, बल्कि यह एक तार्किक प्रक्रिया है। हमारा कार्य एक ऐसी पद्धति का आविष्कार करना नहीं है जिसके द्वारा हम श्रेणियों को नियमित कर सकें, बल्कि उस पद्धति को खोजना है जिसके द्वारा श्रेणियाँ स्वयं अपने आपको नियन्त्रित करती हैं।''[3]

प्राचीन काल में यूनानी दार्शनिकों ने देखा था कि ऐतिहासिक प्रक्रिया की प्रकृति द्वन्द्व और प्रतिद्वन्द्व में होकर गुजरने की है। एक प्रवृत्ति जब अपनी अति को पहुँच जाती है तो वह अपने विरोधी को जन्म देती है जोकि उसे नष्ट कर देती है। निरपेक्ष राजतंत्र धीरे-धीरे निरंकुशवाद में परिणित हो जाता है जोकि क्रान्ति कों जन्म देता है जिसके परिणामस्वरूप लोकतंत्र शासन की स्थापना हो जाती है। हेगेल का यह द्वन्द्ववादी सूत्र उसी प्रवृत्ति का एक साधारणीकरण है जोकि हमें राजनीतिक परिवर्तन में दिखलाई पड़ती है। यद्यपि सम्पूर्ण संसार के विकास के सिद्धान्त के रूप में कुछ लोगों को यह कुछ खींचातानी सी ही दिखाई पड़ती है, तथापि इसमें कोई सन्देह नहीं कि मानव क्रिया जोकि विभिन्न अवस्थाओं में पारस्परिक प्रेम और बलिदान पर आधारित है एक थीसिस है; समाज जो कि इसके विपरीत नियमों की प्रतिस्पर्धा तथा जीवन संघर्ष में जीवित रहने की इच्छा पर निर्भर है इसकी एण्टी-थीसिस है; और राज्य जो कि परिवार तथा समाज दोनों को अपने क्रोड़ में लपेट लेता है और उनका अतिक्रमण करता है सिन्थेसिस है जिसमें परस्पर प्रेम तथा प्रतिस्पर्धा दोनों के लिए ही स्थान है।

हेगेल सर्वाधिक निर्विकल्प धारणा अर्थात विशुद्ध अस्तित्व की धारणा में से, द्वन्द्वात्मक पद्धति के अनुसार सम्पूर्ण संसार को निस्रृत करना चाहता था। ऐसा प्रतीत होता है कि ब्रह्माण्ड के विकास में त्रिकार एक सीधी दिशा में, एक के बाद दूसरा, इस प्रकार आते हैं। 'ये समस्त त्रिकार अपने से बड़े त्रिकारों के अन्तर्गत होते हैं, और फिर ये अपने बड़ों के अन्दर। हेगेल के अनुसार बहुत से त्रिकार मिलकर श्रेणियों अथवा धारणाओं का एक क्षेत्र बनाते हैं। यह सम्पूर्ण क्षेत्र जिसमें कि बहुत सी थीसिस, एण्टीथीसिस तथा सिन्थेसिस होती हैं, स्वयं एक थीसिस समझा जाता है। इसकी एण्टीथीसिस तथा सिन्थेसिस स्वयं श्रेणियों के क्षेत्र होंगे जोकि अपने अन्दर छोटे त्रिकार रखते हैं। सम्पूर्ण प्रणाली का एक त्रिकार, विचार, प्रकृति तथा आत्मा होता

3. ''The deduction is an objective process of reason which takes place independently of us--not, of course, a process in time, but a logical process. Our task is, not to invent a method by which we can deduce categories, but to discover the method by which the categories deduce themselves.''

--Stace, *The Philosophy of Hegel*, p. 88.

है। न्याय शास्त्र विचार का अपने विशुद्ध रूप में अध्ययन करता है। प्रकृति विचार का अपना दूसरे पन का रूप है। यह विचार के विशुद्ध रूप का उल्टा है। यह एण्टीथीसिस है। आत्मा विचार तथा प्रकृति का संयुक्त रूप है। यह सिन्थेसिस है।'[4]

हेगेल के द्वन्द्ववाद की उपरोक्त विवेचना से यह स्पष्ट हो जाता है कि उसके लिये संसार के विकास का प्रवाह पूर्ण रूप से निर्धारित और निश्चित है; उसमें संयोग जैसी किसी चीज का कोई स्थान नहीं। विकास के प्रवाह को निर्धारित करने वाली शक्ति बुद्धि (Reason) है, वह बुद्धि जो सृष्टिकारक है और अचेतन रूप में रहती है। उस अन्तिम तथा बुद्धिपरक आदर्श को उद्भासित करना दर्शन शास्त्र का ध्येय है जिसका प्रस्फुटन ही ब्रह्माण्ड तथा मानवता का इतिहास है। विश्व बुद्धि का साकार रूप या उसकी अभिव्यंजना है, इसलिये वह पूर्ण रूप से ज्ञेय है; इसमें कोई भी वस्तु मानव बुद्धि की पहुँच से परे नहीं हो सकती। इसी से हम हेगेल की इस प्रसिद्ध सूक्ति को समझ सकते है कि 'वास्तविक बुद्धि परक है और बुद्धि परक ही वास्तविक है' (Real is the rational and the rational is the real) इस प्रसंग में हमें 'वास्तविक' और 'यथार्थ' को एक ही बात नहीं समझ लेना चाहिये। हेगेल ने वास्तविकता तथा यथार्थता को एकरूप कभी नहीं बताया। उसके लिये बुद्धि की विभिन्न श्रेणियां वास्तविक हैं, परन्तु वे देशकाल के इस संसार में भी कहीं भी विशिष्ट घटनाओं के रूप में नहीं पाई जाती। यथार्थ सदैव क्षणिक होता है और बड़ी हद तक संयोग वश होता है। ऐतिहासिक घटनाओं में हम सदैव एक गहरी और आन्तरिक शक्ति को देख सकते हैं जोकि अपने को घटनाओं में अभिव्यक्त करती हैं। आन्तरिक शक्ति वास्तविक है; विशिष्ट घटनायें क्षण भंगुर और अनित्य हैं, वे अवास्तविक हैं। प्रकृति के अन्तर्निहित वास्तविक तथा स्थायी तत्व का पता लगाने के लिये हमें तल के नीचे उतर उस शक्ति को खोजना चाहिये जो कि बाह्य घटनाओं को जन्म देती हैं।

हेगेल के लिये विचार (Idea) और वास्तविकता (fact) एक ही वस्तु है, भिन्न नहीं। इसलिये न्याय शास्त्र (Logic) तथा अध्यात्म शास्त्र भी एक ही होने चाहिये। विचार के नियम प्रकृति के नियम हैं। न्याय शास्त्र (Logic) जिस वस्तु को बुद्धि संगत समझता है वह वास्तविक होनी चाहिये।

अब इतिहास उस प्रक्रिया का विवरण मात्र है जिस के द्वारा कि विश्व बुद्धि अथवा आत्मा अपने विकास के लक्ष्य पर पहुँचती हैं। यह लक्ष्य क्या है? ऐसा लक्ष्य अवश्य है जिसकी ओर कि विकास की प्रक्रिया अग्रसर है। हेगेल का सिद्धान्त केवल परिवर्तन का नहीं, बल्कि

---

4. "The whole series of triads fall within larger triads, and these again within larger. Hegel regards a number of triads as constituting a single sphere of categories or notions. This whole sphere which may contain many thesis, antithesis, and synthesis, is itself regarded as a single thesis. Its antithesis and synthesis will themselves be spheres of categories or notions which contain smaller triads within them. The entire system constitutes a single triad, Idea, Nature, Sprit. Logic treats of the idea as it is in itself. Nature is the Idea in its otherness. It is the opposite of the Idea itself. This is antithesis. Spirit is the unity of the Idea and Nature. This is the synthesis."

--Stace, *Op. Cit., p.* 115.

एक व्यवस्थित प्रगति का सिद्धान्त है। लक्ष्य की ओर अपनी यात्रा में आत्मा बहुत से प्रयोग करती हैं। वह विभिन्न रूप धारण करती है जो कि समय विशेष के लिए उपयोगी सिद्ध होते हैं; किन्तु उनका उद्देश्य पूर्ण हो जाने पर यह उनका परित्याग कर देती है। विकासवादी प्रक्रिया का लक्ष्य आत्मा द्वारा पूर्ण आत्म-चेतना की प्राप्ति है। जब मनुष्य के इस उद्देश्य की प्राप्ति हो जाती है तो विकास की इस प्रक्रिया का अन्त हो जाता है। हेगेल का यह दृढ़ और अटल विश्वास था कि विकास की चरम सीमा मनुष्य है। विश्व-आत्मा ने अब तक जितने भी रूप धारण किये हैं और भविष्य में भी जितने रूप धारण करेगी, उन सब में मनुष्य सर्वोच्च रूप है।

राज्य की अवधारणा
(Concept of State)

मानव का लक्ष्य

चेतना अथवा ज्ञान आत्मा का सार है, अस्तु पूर्ण आत्म-चेतना की प्राप्ति ब्रह्माण्ड के विकास का लक्ष्य समझा जा सकता है। हेगेल न केवल उच्चतम आत्म-चेतना को प्राप्त करना चाहता है; यह स्वतंत्रता की भी मांग करता है। उसका कहना है: ''ब्रह्म का सार स्वतंत्रता है।...स्वतंत्रता की चेतना की प्रगति ही संसार का इतिहास है।'' ''ब्रह्म आत्म-ज्ञान की प्राप्ति स्वतंत्रता के द्वारा ही करता है। जिस प्रकार ब्रह्म को आत्मज्ञान प्राप्त करने के लिए नाना प्रकार के रूप जीव-हीन पदार्थ, वनस्पति, पशु तथा अन्त में मनुष्य-धारण करने पड़े, इसी प्रकार उच्चतम स्वतंत्रता की प्राप्ति के लिए इसे कई प्रकार की सामाजिक व्यवस्थाओं की रचना करनी पड़ी। मनुष्य कभी एकान्तवासी प्राणी नहीं होता; वह सदैव दूसरों के साथ रहता है और अपनी भौतिक, बौद्धिक आवश्यकताओं तथा स्वतंत्रता की प्राप्ति के लिए दूसरों पर निर्भर करता है।

1. **परिवार**—स्वतंत्रता प्राप्ति के लिये ब्रह्म ने जो सामाजिक संगठन बनाये हैं उनमें सर्वप्रथम परिवार है। परिवार मनुष्य की ऐन्द्रिक आवश्यकताओं की पूर्ति करता है और उसे सुरक्षा प्रदान करता है। वेपर के शब्दों में परिवार परस्पर प्रेम के बुद्धि संगत विचार का साकार रूप है, और इस लिये वह एक थीसिस है जो कि हीगल के राज्य के विश्लेषण का आरंभ बिन्दु है।

2. **समाज**—परन्तु परिवार मनुष्य की आवश्यकताओं की पूर्ति के लिए अत्याधिक छोटा सिद्ध होता है। इसलिए इसकी एण्टी-थीसिस नागरिक समाज का जन्म होता है। यह प्रतिस्पर्धा के सिद्धान्त पर आधारित होता है। परिवार के विपरीत यह एक ऐसे स्वाधीन मनुष्यों का समूह होता है जो कि स्वहित के धागे में एक जगह बन्धे होते हैं।

3. **राज्य**—परिवार की पूर्ति समाज से करने और दोनों को राज्य में संघटित कर देने का कारण वेपर के निम्नलिखित शब्दों में दिया जा सकता है ''परिवार की विशेषता परस्पर प्रेम है, किन्तु पूंजीवादी समाज की विशेषता सार्वभौमिक प्रतिस्पर्धा है। परन्तु परिवार की तुलना में पूंजीवादी समाज कितना ही शिथिल और आकर्षणहीन क्यों न दिखाई दे फिर भी उसमें तथा परिवार दोनों में ही कुछ सार अवश्य है। पूंजीवादी समाज में व्यापार तथा उद्योग की

सारी प्रक्रिया मानव आवश्यकताओं की तृप्ति के लिए एक नवीन संघटन बन जाती है, इसलिए उस समाज में भी मनुष्य परिवार के लिए ही उत्पादन कर रहा है, जिससे वह अपनी आवश्यकताओं की तृप्ति के साथ मानव की भी सेवा करता है, जिससे पूँजीवाद समाज बुद्धि संगत हो जाता है और उसमें सार्वभौमिक महत्त्व आ जाता है। इसके अतिरिक्त पूंजीवाद समाज कानूनों की रचना करता है, यद्यपि यह आवश्यक नहीं कि वह न्याय संगत ही हो; वह पुलिस का निर्माण करता है और उसका रूप अधिकाधिक राज्य जैसा हो जाता है। ज्यों-ज्यों इसका विकास होता जाता है यह गिल्ड और निगमों को जन्म देता है जोकि अपने घटकों को, अपने निजी स्वार्थों को छोड़कर उस सम्पूर्ण के विषय में सोचना सिखाते हैं जिनके कि वे अंग होते हैं, और जोकि, क्योंकि वे ऐसा करते हैं, सामाजिक भावना को नहीं जोकि प्रतिस्पर्धात्मक होता है, राज्य की भावना को जो कि सहयोगात्मक होती है, अभिव्यक्त करते हैं वेपर आगे कहते हैं, 'इस प्रकार परिवार रूपी थीसिस, जो कि प्रेम के धागे में बंधी हुई होती है और जिसमें कोई भेद नहीं होते, के सामने पूंजीवादी समाज की एण्टीथीसिस आ जाती है जो कि अलग-अलग व्यक्तियों का योग मात्र होती है जो प्रतिस्पर्धा के कारण अलग-अलग रहतें हैं और जिनमें कोई एकता नहीं होती, यद्यपि यह एक महान्तर एकता के लिए संघर्ष कर रही है जोकि इसने अभी प्राप्त नहीं की है। यह सिन्थेसिस जो कि थीसिस और एण्टीथीसिस-दोनों के सर्वोत्तम तत्त्वों को सुरक्षित रखता है, जो कि न तो परिवार को नष्ट करता है और न पूंजी समाज को, बल्कि जो उन्हें एकता तथा सामंजस्य प्रदान करता है राज्य है।''[5]

हेगेल का विश्वास है कि संसार का इतिहास ब्रह्म का इतिहास है जोकि द्वन्द्वात्मक पद्धति के द्वारा पूर्णतर चेतना तथा पूर्णतर स्वतंत्रता प्राप्त करना चाहता है। यह ब्रह्म अपने आपकों व्यक्तियों में तथा परिवार, नागरिक समाज तथा राज्य जैसी सामाजिक संस्थाओं के रूप में साकार करता है। किन्तु व्यक्तिगत मस्तिष्क छाया सदृश होते हैं और अपने सामाजिक परिवेश से बाहर रहकर उनका कोई महत्व नहीं होता। वे परम्परायें तथा संस्थायें व्यक्तियों की अपेक्षा अधिक महत्वपूर्ण होती हैं जिन्हें वे अपने आर्थिक उद्देश्यों की प्राप्ति के लिये बनाते हैं। आत्मा के द्वन्द्वात्मक विकास की चरम सीमा राज्य है जिसमें कि परिवार तथा नागरिक समाज के मूल तत्व सम्मिलित रहते हैं। राज्य द्वारा बनाये गये कानूनों में ही नैतिकता अथवा विवेक के ठोस तत्व मिलते हैं। राज्य के कानून नैतिक नियमों की उच्चतम ही नहीं बल्कि एकमात्र ठोस अभिव्यक्ति भी होते हैं। उनका पालन करने में मनुष्य अपनी सच्ची स्वतंत्रता, वह नैतिक स्वतंत्रता जोकि बुद्धि संगत कानूनों को मानने में हैं, प्राप्त करते हैं। राज्य के कानूनों की बुद्धि का साकार रूप कहा जा सकता है क्योंकि वे जनता की विशिष्ट प्रतिभा तथा संचित अनुभव द्वारा उत्पन्न होते हैं। राज्य बुद्धि के द्वन्द्वात्मक विकास की चरम सीमा है। विकासवादी प्रक्रिया में राज्य से परे तथा राज्य से उच्चतर और अधिक पूर्ण और कोई वस्तु नहीं है।

5. ''The thesis, the family, a unity held together by love, knowing no differences, is thus confronted by one antithesis, bourgeois society, an aggregate of individuals held apart by competition, knowing no unity, even, though it is manifestly struggling towards as greater unity which it has nevertheless not yet attained. The synthesis, which preserves what is best in thesis and antithesis, which swallows up neither family nor bourgeois society, but which gives a unity and harmony to them is the state.''
-- Wayper : *Political Thought,* pp. 162-163.

नागरिक समाज तथा राज्य (Civil Society and State)—हेगेल ने नागरिक समाज तथा राज्य में जो भेद किया है यह इसके सिद्धान्त का एक मुख्य अंग है। आवश्यकताओं की प्रणाली, न्याय प्रशासन और पुलिस तथा निगम नागरिक समाज की तीन अवस्थायें हैं। नागरिक समाज एक निर्विकल्प तत्व है जोकि राज्य के बिना जीवित नहीं रह सकता। न्यायालय, पुलिस तथा जेल जो कि नागरिक समाज के उदाहरण हैं राज्य के बिना नहीं हो सकते। विचार क्रम में नागरिक समाज राज्य से अवश्य पहले आता है, किन्तु काल क्रम में नहीं। इसका पूर्ण विकसित राज्य से भेद केवल तार्किक रूप से ही किया जा सकता है। यह राज्य का वह स्वरूप है जिसमें समाज को ऐसे स्वाधीन व्यक्तियों का समूह माना जाता है जोकि सब समाज के अन्य घटकों की सहायता से अपने उद्देश्यों की प्राप्ति में लगे हुए हैं। नागरिक समाज में एक व्यक्ति दूसरों के साथ आवश्यकताओं के सूत्र में बन्धा हुआ होता है और उद्योग तथा व्यापार प्रणाली में वह कार्य करता है। राज्य में दूसरों से सम्बन्ध सावयवी हो जाता है; अब अपने लिये कार्य नहीं करता बल्कि राज्य के सर्वव्यापी जीवन में विलीन हो जाता है। उसकी स्वार्थ भावना का स्थान सामान्य हित ले लेता है। इस प्रकार एक नागरिक समाज एक पूर्ण विकसित राज्य के लिय मार्ग प्रशस्त करता है। इसका वर्णन प्रो० बोजान्के ने इस प्रकार किया है: 'राज्य एक व्याप्त आधार के रूप में परिवार का स्वभाव तथा नैतिक आदत रखता है, जिसमें व्यापार जगत की स्पष्ट चेतना और उद्देश्य मिले हुए होते हैं। राज्य के सावयव में, अर्थात जहां तक कि हम नागरिकों की भांति अनुभव करते और सोचते हैं, भावना स्नेहमयी भक्ति बन जाती है और स्पष्ट चेतना राजनीतिक सूझ बन जाती हैं। नागरिकों के नाते हम यह अनुभव करते हैं और देखते हैं कि राज्य हमारे स्नेह और रुचि के पात्र पदार्थों को संयोग द्वारा एक जगह फैंकी हुई अलग-अलग वस्तुओं के रूप नहीं, बल्कि सामान्य शुभ के साथ अपने सम्बन्धों द्वारा निर्मित उद्देश्यों के रूप में सम्मिलित रखता है और उन्हें प्राप्त करता है, यह भावना और बुद्धि देश-भक्ति का सच्चा सार है।''[6]

नागरिक समाज तथा राज्य के बीच मूलभूत अन्तर को प्रो० स्टैक के शब्दों में इस प्रकार व्यक्त किया जा सकता है : ''पहले (नागरिक समाज) में व्यक्ति अपने लिये स्वयं ही साध्य है, इस लिए उसका साध्य विशिष्ट है, जब कि दूसरे (राज्य) में राज्य उच्चतर साध्य है जिसके लिए व्यक्ति जीवित है, इसलिए उसका साध्य विश्व व्यापक है।''[7]

''इस प्रकार राज्य केवल स्वयं व्यक्ति है जिसके संयोगात्मक तथा अनित्य गुणों को विनष्ट करके और शाश्वत गुणों का समावेश करके उसका निर्माण किया गया है। व्यक्ति

---

6. ''The state has the ethical habit and temper of the family as a pervading basis, combined with the explicit consciousness and purpose with the business world. In the organism of the state, i.e., in so far as we feel and think as citizens, feeling becomes affectionate loyalty, and explicit consciousness becomes political insight. As citizens we both feel and see that the state includes and secures the objects of our affections and our interests; not as separate items, thrown together by chance, but as purposes transformed by their relation to the common good, into which, as we are more or less aware, they necessarily pass. This feeling and insight are the true essence of patriotism.''
--Bosanquet : *Philosophical Theory of the State*, p. 261-62.

मूल रूप से शाश्वत है। शश्वतता उसका मूल तत्व है। राज्य यथार्थ शाश्वत है और इस प्रकार केवल व्यक्ति का ही यथार्थ तथा साकार रूप है। इस प्रकार से राज्य कोई बाह्य शक्ति नहीं है जोकि बाह्य रूप से अपने को व्यक्ति के ऊपर थोपती हो और उसके व्यक्तित्व को कुचलती हो। इसके विपरीत राज्य स्वयं व्यक्ति है और केवल राज्य में रह कर ही उसके व्यक्तित्व की अनुभूति हो पाती है।''[8]

हेगेल के सिद्धान्त के अनुसार राज्य ब्रह्म का एक सर्वथा आवश्यक विकास है उसका वह साकार रूप है जिसमें कि परिवार तथा नागरिक समाज अपनी पूर्णता प्राप्त करते हैं। संविदा सिद्धान्त के अनुसार राज्य प्राण रक्षा, सम्पत्ति की रक्षा जैसे भौतिक हितों की सिद्धि के लिए बनाया गया है; इसका अर्थ यह हुआ कि राज्य अपने से ऊपर किसी साध्य की प्राप्ति के लिए एक साधन मात्र है। हेगेल के अनुसार राज्य को किसी साध्य के लिए साधन मात्र मानना एक बुनियादी गलती है; राज्य स्वयं में एक साध्य है। यह व्यक्ति से उच्चतर है क्योंकि यह व्यक्ति के विशुद्ध तथा नित्य और शाश्वत तत्त्व का साकार रूप है जिसमें से व्यक्ति के अनित्य गुण निकाल दिये गयें हैं। राज्य व्यक्ति के उच्चतर इसलिए है क्योंकि व्यक्ति का जो महत्व और मूल्य है वह सब राज्य की घटकता के द्वारा ही प्राप्त होता है। अस्तु राज्य का व्यक्ति के ऊपर सर्वोच्च अधिकार है और व्यक्ति का सर्वोच्च कर्त्तव्य राज्य का घटक बनना है। हॉबहाउस तथा जोड सरीखे आलोचकों का यह विचार है कि हेगेल के सिद्धान्त में व्यक्ति को पूर्ण रूप से राज्य के आधीन कर दिया गया है। हॉबहाउस कहता है कि आदर्शवादी सिद्धान्त राज्य को ''एक महान्तर प्राणी, एक आत्मा तथा एक अति-व्यक्ति सत्ता मानता है जिसमें कि व्यक्ति, उनके अन्तःकरण, उनके दावे तथा अधिकार, उनका हर्ष, उनका दुख, ये सब केवल पराधीन तत्व है।'' 'Introduction to Modern Political Theory' में जोड लिखता है :''यह स्पष्ट है कि राज्य को एक वास्तविक व्यक्ति होने के कारण उसे अपने में ही एक साध्य समझा जा सकता है जिसके अपने अधिकार होते हैं और जो व्यक्ति के तथाकथित अधिकारों के साथ भासित होने वाले संघर्ष में विजयी होते हैं''। इसी पुस्तक के एक दूसरे पृष्ठ पर वह कहता है: ''सिद्धान्त रूप में हर समय और व्यवहार में युद्ध के समय वह अपने नागरिकों के जीवन पर पूर्ण अधिकार प्रयोग कर सकता है और उसका ऐसा करना विधिविहित होगा और न ही सिद्धान्त अथवा कानून में उसके प्रत्यादेशों का विरोध करने के लिए कोई आधार हो सकता है क्योंकि जिनके ऊपर राज सत्ता का प्रयोग किया जाता है वे और जो लोग राजसत्ता का प्रयोग करते हैं उनमें कोई भेद नहीं है''। ऐसे ही विचार प्रो॰ मैक्गवर्न ने व्यक्त किये हैं: ''पुराने उदारवादी

7. ''In the former (the civil society) the individual is for himself the sole end, so that his end is particular, while in the latter (the state) the state is the higher end for which the individual exists, so that his end is universal.''
Stace : *Op Cit.*, p. 414.

8. ''The state is thus only the individual himself objectified and eternalised by the elimination of his merely accidental and ephemeral features and the retention of what is universal in him. The individual is implicitly universal. Universality is his essence. The state is the actual universal, and is thus simply the individual actualised and objectified. Thus the state is no alien authority which imposes itself externally upon the individual and suppresses his individuality. On the contrary, the state is the individual himself. And it is only in the state that his individuality is realised.''
--Stace: *Op. Cit.* p. 415.

इस बात पर जोर देते थे कि राज्य अपने में साध्य नहीं है, बल्कि एक साध्य के लिए एक साधन मात्र है—साध्य है जनता की भलाई और कल्याण। इसके विपरीत हेगेल ने यह घोषित किया कि राज्य स्वयं एक साध्य है और व्यक्ति एक साध्य के लिये साधन मात्र हैं—वह साध्य है उस राज्य का ऐश्वर्य जिसके कि वे घटक हों''[9]

हेगेल राज्य के विकास तथा ऐतिहासिक प्रक्रिया में व्यक्ति का कोई महत्वपूर्ण भाग नहीं मानता। ऐतिहासिक प्रक्रिया में महत्वपूर्ण इकाई राष्ट्र है, व्यक्ति नहीं। किसी राष्ट्र की कला, कानून, आचार तथा धर्म की सृष्टि स्वयं उसकी आत्मा है, कोई व्यक्ति या समूह नहीं। हेगेल का विश्वास था कि इतिहासकारों ने राष्ट्र के इतिहास के निर्माण में महान् व्यक्तियों के योगदान को बहुत बढ़ा चढ़ाकर बताया है। वे मनुष्य जिन्हें इतिहास महान् कहकर पुकारता है वे न तो इतिहास का निर्माण और न उसका पथ प्रदर्शन करते हैं बल्कि अधिक से अधिक उसे कुछ थोड़ा सा समझ पाते हैं और उन शक्तियों के साथ सहयोग करते हैं जोकि उनकी स्वयं की इच्छा और बुद्धि से कहीं अधिक बलवती होती हैं।........महान् व्यक्ति-निव्यर्क्ति शक्तियों के हाथ का यन्त्र होते हैं जोकि इतिहास का निर्माण करती हैं; वे कुछ थोड़ा देखते हैं और कुछ थोड़ा निर्देशन करते हैं, किन्तु अन्त में घटनाओं की अन्तर्निहित तर्क के समक्ष वे सिर झुका देते हैं।[10]

स्वतंत्रता की अवधारणा
(Concept of Freedom)

हेगेल की दृष्टि में राज्य, स्वयं में साध्य होते हुए भी स्वतंत्रता का प्रसारण करने के लिए स्वयं एक साधन हैं। जो विश्व आत्मा जगत की इस प्रक्रिया में अभिव्यक्त हो रही हैं, साकार हो रही हैं तथा अपने को प्राप्त कर रही हैं, उसका सार स्वतंत्रता है। हेगेल के ही शब्दों में, ''स्वतंत्रता की चेतना की प्रगति ही विश्व का इतिहास है''। जब लोग यह नहीं जानते थे कि मनुष्य या आत्मा स्वतंत्र है; तो केवल निरंकुश शासक ही स्वतंत्र था। यूनान तथा रोम के लोग मानते थे कि कुछ मनुष्य स्वतंत्र थे। जर्मन राष्ट्रों ने इस बात की अनुभूति की कि मनुष्य, मनुष्य के नाते स्वतंत्र है। मनुष्य का सार स्वतंत्रता है, इस सत्य को हेगेल के रूसो तथा काण्ट के लेखों से ग्रहण किया। हेगेल के अनुसार स्वतंत्रता सम्बन्धी काण्ट की अवधारणा नकारात्मक, सीमित तथा भावात्मक थी जिसके कारण राज्य के प्रति उसका दृष्टिकोण ईर्ष्यापूर्ण

---

9. ''The old liberals had stressed the notion that the state is not an end in itself, but only a means to an end, the end being the happiness and the welfare of the individual. Hegel, on the other hand, declared that the state was an end, or rather the end in itself, and that individuals were merely means to an end, the end being the glorification of the state of which they happened to be members''

-- Mc Govern: *From Luther to Hitlar* p. 299.

10.'' Men whom history calls great 'neither make nor guide the history, but at the most understand a little of it and co-operate with forces enormously more massive than their own will and understanding......Great men are instruments of the impersonal forces that make history; they see a little and direct a little but in the end they bow before the inherent logic of events.''

--Sabine : *A History of Political Theory,* p. 631.

तथा व्यक्तिवादी हो गया। काण्ट के विपरीत हेगेल ने 'स्वतंत्रता की अधिक विधेयात्मक और तथ्य प्रधान अवधारणा तथा राज्य की कम व्यक्तिवादी अवधारणा' प्रस्तुत करने का प्रयास किया। हेगेल की स्वतंत्रता सम्बन्धी अवधारणा की समीक्षा करने से पहले यह देखना आवश्यक प्रतीत होता है कि काण्ट की अवधारणा को किस प्रकार नकारात्मक, सीमित तथा भावात्मक समझा जा सकता है।

काण्ट से अन्तर– काण्ट के लिये स्वतंत्रता का अर्थ केवल बन्धन का अभाव नहीं है। सच्ची स्वतंत्रता विधेयात्मक है; यह स्व-निर्णय की शक्ति है। काण्ट के लिये स्वतंत्रता बुद्धि के नियम का पालन करने में है। चूँकि बुद्धि के नियम मनुष्य के अन्तःजगत में रहते हैं, इसलिये स्वतंत्रता, जोकि इसका पालन करने में है, भावात्मक दिखलाई पड़ती है। यह एक मनःअवस्था है जिसका तथ्य-प्रधान सामाजिक जगत से कोई प्रत्यक्ष सम्बन्ध नहीं है। यथार्थ जीवन में इसकी स्वतंत्र अभिव्यंजना नहीं होती। ऐसी स्वतंत्रता का स्वरूप नकारात्मक भी होता है क्योंकि कर्तव्य का आदेश पालन करने का अर्थ एक प्रकार का बन्धन है और सच्ची स्वतंत्रता में कोई बन्धन नहीं हो सकता क्योंकि वह स्वतः आचरण करने से ही होती हैं। हेगेल के अनुसार सच्ची स्वतंत्रता विधेयात्मक होती है जिसका भोग करते समय व्यक्ति यह अनुभव करता है कि वह आत्म-ज्ञान प्राप्त कर रहा है। हेगेल के अनुसार काण्ट की स्वतंत्रता की धारणा व्यक्तिवादी और सीमित है क्योंकि यह व्यक्ति के सामाजिक सम्बन्धों पर कोई ध्यान नहीं देती। निसन्देह कर्तव्य में दूसरों के साथ सम्बन्ध भी आ जाते हैं; किन्तु कर्तव्य के अटल आदेश की अवधारणा में सामाजिक पहलू प्रधान और महत्वपूर्ण नहीं है। काण्ट के लिये व्यक्ति साध्य है; उसका आन्तरिक जीवन अनिवार्य रूप से सामाजिक सम्बन्धों के रूप में प्रवाहित नहीं होता। हेगेल के अनुसार काण्ट की स्वतंत्रता की व्याख्या का मुख्य दोष यह है कि यह स्वतंत्रता को एक सामाजिक घटना नहीं समझता। काण्ट कहीं भी इस बात पर जोर नहीं देता कि सच्ची स्वतंत्रता की प्राप्ति समाज के भौतिक और कानूनी संस्थाओं में भाग लेने से ही हो सकती है। इसके विपरीत हेगेल इस बात पर जोर देता है कि स्वतंत्रता एक सामाजिक तथ्य है, अर्थात इसकी प्राप्ति समाज के नैतिक जीवन में भाग लेने से ही सम्भव हो सकती है। वह व्यक्ति और समाज में सम्बन्ध स्थापित करता है और कहता है कि प्राकृतिक अवस्था में कोई स्वतंत्रता नहीं हो सकती। जैसा कि सैबीन कहता है : "हेगेल की रचनाओं का बहुत थोड़ा अंश ही इतना ज्ञानवर्द्धक है जितना कि उसका यह प्रमाण कि आर्थिक आवश्यकतायें सामाजिक होती हैं, उनमें और केवल शारीरिक आवश्यकताओं में विभेद होता है, कि प्रथा और कानून स्पष्ट रूप से मानवीय तथा समाजिक होते हैं, तथा यह अधिकार और कर्तव्य एक दूसरे से परस्पर सम्बद्ध होते है और वे वैधानिक प्रणाली के अर्न्तगत हैं। हेगेल की स्वतंत्रता सम्बन्धी अवधारणा में महत्वपूर्ण बात यह है कि सभ्यता व्यक्ति की आत्माभिव्यक्ति को कुचलने वाली नहीं है; कि सामाजिक शक्ति वह माध्यम हैं जिनमें कि वह व्यक्तित्व के तत्व भी ग्रहण करता है; कि मनुष्य बनने के लिये किसी प्रकार के सामुदायिक जीवन में भाग लेना आवश्यक है; कि स्वतंत्रता तथा संस्कृति साधारणतया स्वतंत्रता का साधन हैं।"[11]

11. "Few parts of Hegel's work are more elightening than his proof that economic wants are social, as distinguished from mere biological needs, that custom and law are distinctively

सही स्वतंत्रता कानून के पालन में है—हेगेल काण्ट की इस बात से पूर्ण रूपेण सहमत है कि स्वतंत्रता केवल बन्धन का अभाव या अपनी इच्छा और कामनाओं की स्वछन्द प्राप्ति का नाम नहीं है, यह स्व-निर्णय की शक्ति है। काण्ट और हेगेल, दोनों के ही अनुसार स्वतंत्रता, बुद्धि अथवा उच्चतर आत्मा द्वारा नियन्त्रित होने में हैं। काण्ट के लिये विवेक व्यक्ति के अन्तःकरण में है और हेगेल के लिये इसका साकार रूप राज्य है और यह उसके कानूनों के रूप में अभिव्यक्त होता है। इसीलिये हेगेल कहता है कि जो नागरिक आदर्श राज्य के आदर्श कानूनों का स्वेच्छापूर्वक पालन करता है, उसे ही पूर्ण स्वतंत्रता प्राप्त होती है। जिस तर्क के द्वारा हेगेल इस परिणाम पर पहुँचा है वह यह है : विश्वात्मा का मूल तत्व स्वतंत्रता है जोकि विकास की प्रक्रिया द्वारा आत्मानुभूति करने की चेष्टा करती है। इसलिये स्वतंत्रता का विकास आत्मा का विकास है। अस्तु, स्वतंत्रता मनुष्य का भी तत्व होना चाहिये जोकि जैविक पक्ष में विकास की प्रक्रिया की अंतिम अवस्था है। मानव जाति का इतिहास स्वतंत्रता का इतिहास होना चाहिये। चूँकि आध्यात्मिक पक्ष में राज्य विश्वात्मा की उच्चतम अभिव्यक्ति है; इसलिये वह स्वतंत्रता की उच्चतम अभिव्यंजना होनी चाहिये। इसलिये व्यक्ति का उद्देश्य राज्य के उद्देश्य का विरोधी नहीं हो सकता। व्यक्ति उसी सीमा तक स्वतंत्रता की प्राप्ति कर सकता है जिस तक कि वह अपने आपको राज्य तथा उसकी संस्थाओं में अभिव्यक्त आत्मा के साथ एक रूप कर लेता है। इस प्रकार व्यक्ति की स्वतंत्रता राज्य के उद्देश्य को अपना समझने में है। केवल इसी प्रकार उसे विश्वास हो सकता है कि उसकी इच्छा विवेक के अनुकूल है। व्यक्ति की बुद्धि अपूर्ण हो सकती है; वह उसकी वासनाओं और भावनाओं से आच्छादित हो सकती है। विवेक-हीन वासनाओं और कामनाओं की दासता से स्वतंत्रता प्राप्त करने का केवल एक मार्ग है और वह है राज्य के सामने स्वेच्छापूर्वक समर्पण कर देना जिसमें कि विश्व-बुद्धि की अधिक पूर्ण अभिव्यंजना होती है। इस युक्ति को वेपर ने निम्नलिखित शब्दों में व्यक्त किया है : ''किन्तु इस बात को कैसे जाने कि उसकी वास्तविक इच्छा क्या है? यदि मनुष्य की पाशविक इच्छायें तथा स्वार्थ उसे पथ भ्रष्ट कर सकते हैं तो वह अपने को 'आत्मा' से एक रूप कैसे कर सकता है? राज्य उसे यह बात बतलाता है। वह एक ऐसा शिक्षक है जो कि उसे आत्मा, विशुद्ध बुद्धि का ज्ञान प्रदान करता है। उसकी वास्तविक इच्छा उसे अपने को आत्मा से एकरूप करने के लिये उत्प्रेरित करती है। आत्मा राज्य में साकार हो उठती है। इसलिये राज्य के आदेशों का पालन करना उसकी वास्तविक इच्छा है। वास्तव में राज्य के आदेश ही उसकी वास्तविक इच्छा है। इस प्रकार राज्य की आज्ञायें मनुष्य को अपनी स्वतंत्रता प्राप्त करने का एक मात्र अवसर प्रदान करती है। परन्तु यह आवश्यक नहीं कि वह इस अवसर से लाभ भी उठायेगा। वह राज्य के आदेशों का पालन इसलिये भी कर सकता है क्योंकि उसे उसकी अवज्ञा के परिणामों का भय है। यदि वह भय के कारण ही

---

human and distinctively social, and that rights and duties are correlative and fall within a legal sytem. The vital point of the Hegelian conception of freedom is that civilization is not repressive of individual self-expression; that social forces are a medium in which the individual always moves and from which he derives the elements even of his individuality; that to be man at all requires participation in the life of some sort of communities; that education and culture are in general a means of liberation.''

--Sabine : *Op. Cit.* p. 638.

आज्ञा का पालन करता है तो वह स्वतंत्र नहीं है; वह अब भी बाह्य शक्ति के आधीन है किन्तु यदि वह आज्ञा का पालन इसलिये करता है क्योंकि उसे ऐसा करने की इच्छा है, क्योंकि उसने सचेत होकर अपने आपको राज्य की इच्छा से एक रूप कर लिया है, क्योंकि उसे विश्वास है कि राज्य उससे जिस बात की माँग करता है उसे वह स्वयं भी करना चाहता है यदि उसे तथ्यों का पूरा ज्ञान होता, तब वह केवल अपनी इच्छा के आधीन है, और वह वास्तव में स्वतंत्र है। "हेगेल कहता है कि राज्य वास्तविकता का वह रूप है जिसमें कि व्यक्ति अपनी स्वतंत्रता प्राप्त करता है और उसका उपभोग करता है बशर्ते कि वह जानता हो, उसमें विश्वास करता हो और उसकी इच्छा करता हो कि सम्पूर्ण के लिये सामान्य हो।"[12]

व्यक्ति का हीन स्थान—हेगेल के सिद्धांत में कुछ बातें ऐसी हैं जो कि इस विश्वास को पुष्ट करती हैं कि उसके राज्य में व्यक्ति का अत्यन्त हीन स्थान है। वह रूसो की इस अवधारणा को स्वीकार करता है कि व्यक्ति की वास्तविक स्वतन्त्रता राज्य के कानूनों का पालन करने में है; वह यह भी कहता है कि कानून सामान्य संकल्प की उत्पत्ति है; परन्तु वह यह कहीं नहीं कहता कि वह जनता की सर्वोच्च इच्छा की उत्पत्ति है जिसे उसने अपनी व्यवस्थापिका सभा में अभिव्यक्त किया है। इसके विपरीत वह यह कहता है कि कानून जनता के भूत इतिहास की उत्पत्ति है। जनता कानूनों को बनाती नहीं बल्कि उन्हें गत पीढ़ियों से प्राप्त करती है। उन कानूनों के बनाने में उसका कोई हाथ नहीं होता जिनका कि जनता को पालन करना है, इस प्रकार हेगेल के राज्य में व्यक्ति पूर्ण रूप से राज्य के आधीन है।

राज्य सर्वोच्च सामाजिक नैतिकता का प्रतिनिधि और साकार रूप है। वह सामाजिक नैतिकता का सृष्टा तथा संरक्षक है। इसलिये वह व्यक्तियों के लिये नैतिकता का मान दण्ड निर्धारित करता है। इस प्रकार यह समस्त नैतिक सिद्धान्तों के ऊपर है; यह उस वस्तु से नहीं बन्ध सकता जिसे कि इसने स्वयं उत्पन्न किया है। बोसान्के लिखता है : 'राज्य हमारे सम्पूर्ण नैतिक जगत का संरक्षक है, हमारे संघटित नैतिक जगत में केवल एक तत्व ही नहीं।...... यह देखना बड़ा कठिन है कि राज्य उस अर्थ में चोरी या हत्या कर सकता है जिसमें कि ये नैतिक अपराध समझे जाते हैं।' अपने बनाये हुये नैतिक कानूनों से राज्य इसी प्रकार ऊपर है जिस प्रकार बोदां, हॉब्स तथा ऑस्ट्रिन के अनुसार संप्रभु अपने बनाये हुये कानूनों से ऊपर होता है। अपने नागरिकों के साथ व्यवहार करने में राज्य को नैतिक नियमों से मुक्त कर देना इसके ऊपर से एक लाभप्रद नियन्त्रण को हटा लेना और इसे निरंकुश बना देना है। ईसा की इस उक्ति का हेगेल के लिये कोई अर्थ नहीं कि 'राज्य के विषयों में राजा की आज्ञा मानो और ईश्वर की बातों में ईश्वर के प्रति भक्ति रखो' हेगेल की विचार प्रणाली में प्रत्येक वस्तु राज्य की है, ईश्वर का कुछ नहीं है।

अन्तर्राष्ट्रीय सम्बन्ध—अन्तर्राष्ट्रीय क्षेत्र में दूसरे राज्यों के साथ व्यवहार करने में ही हेगेल राज्य को नैतिक नियमों से स्वतन्त्र रखता है। राज्य के सामने, उस क्षेत्र में, केवल एक सिद्धान्त है और वह है अपनी सुरक्षा उसकी अपनी भलाई ही सर्वोच्च कानून है।

12. "The state, says Hegel, is that form of reality in which the individual has and enjoys his freedom provided he recognises, believes in and wills what is common to the whole."
--Wayper : *Political Thought*, p. 168.

'Philosophy of Right' में हेगेल लिखता है : "यह सर्वमान्य और सुविख्यात सिद्धान्त है कि राज्य का विशिष्ट हित ही सबसे महत्वपूर्ण विचार है।" 'Ethics' में वह और भी जोर के साथ लिखता है : "राज्य स्वनिश्चित, निरपेक्ष बुद्धि है जो कि अच्छे, बुरे तथा नीच, छल कपट के किसी अमूर्त्त नियम को नहीं मानती।" अन्तर्राष्ट्रीय क्षेत्र में नैतिकता के ऊपर आधारित कोई तर्क नहीं चल सकता। इसका कारण यह है कि प्रत्येक राज्य एक स्वाधीन व्यक्ति है और इसलिये प्रत्येक राज्य का यह मूल अधिकार है कि उसे एक स्वाधीन और संप्रभुता सम्पन्न राज्य के रूप में माना जाय और उसका सम्मान किया जाय। विभिन्न राज्यों के बीच में सार्वभौमिक सदाचार का कोई वास्तविक क्षेत्र नहीं है। इसलिये उनके कार्य उनकी स्वेच्छा से ही निर्धारित होते हैं; और उनके बीच में सर्वोच्च सदाचार केवल उनके पारस्परिक समझौते पर ही आधारित हो सकता है। परन्तु राज्यों के ऊपर कोई शक्ति नहीं होती और उनके परस्पर सम्बन्ध किसी शाश्वत नियम से नहीं बल्कि स्थिति विशेष से निर्धारित होते हैं। जब वे स्थितियां बदल जाती हैं जिन्होंने संधि विशेष को जन्म दिया था तो वह संधि भी निरर्थक और अमान्य हो जाती है। राज्यों द्वारा किये गये समझौते साधारणतया अन्तरिम समझे जाते हैं। इसलिये अन्तर्राष्ट्रीय सम्बन्ध नैतिक नियमों द्वारा विनियमित नही किये जा सकते। कोई अन्तर्राष्ट्रीय नैतिकता नहीं हो सकती क्योंकि मानवता एक ऐसा संगठित समाज नहीं है जिसकी कोई निजी सामाजिक नैतिकता हो। नैतिक कानून राज्यों के बीच में नहीं राज्य के अन्दर लागू हो सकते हैं, विभिन्न राज्यों को एक सामान्य नैतिक विधान के अधीन लाने का केवल एक उपाय है और वह है विभिन्न राज्यों को मिला कर एक विश्व-राज्य बनाना जिस प्रकार कि व्यक्ति को मिला कर राष्ट्र-राज्य बने हैं। परन्तु हेगेल ऐसी किसी विश्व व्यवस्था की कल्पना नहीं करता जिसमें कि विभिन्न राज्य घटकों के रूप में सम्मिलित हों। उसने काण्ट और फिख्टे की विश्व राज्य या राष्ट्र संघ की अवधारणा का तिरस्कार पूर्ण खण्डन किया है। उसके लिये यह विचार ही प्रभाव पूर्ण है कि सम्पूर्ण जाति एक नैतिक सावयव बन सकती है। वह राष्ट्र-राज्य को सामाजिक तथा राजनीतिक संगठन की सर्वोच्च इकाई समझता है। उसी पर पहुँच कर उसका द्वन्द्ववाद समाप्त हो जाता है। इस प्रकार हेगेल एक राष्ट्रवादी था, अन्तर्राष्ट्रवादी नहीं।

युद्ध का कार्यमान—राज्य की निरंकुशता युद्ध जैसे आपत्ति काल में उग्रतम रूप में प्रगट होती है। ऐसी स्थिति में राज्य मनमानी कर सकता है। ऐसे समय राज्य की सबसे बड़ी आवश्यकता अपनी संप्रभुता सम्पन्न स्वाधीनता की रक्षा करना है क्योंकि इसके बिना यह राज्य ही नहीं रहेगा। चूँकि राज्य का जीवन और उद्देश्य व्यक्तियों के जीवन और उद्देश्य से उच्चतर है, इसलिये व्यक्ति को राज्य की स्वाधीनता की रक्षा के लिये अपने धन जन का बलिदान करने के लिये तैयार रहना चाहिये। हेगेल लिखता है: "युद्ध की अवस्था में राज्य की अपने व्यक्तित्व में सर्व-शक्तिमत्ता प्रगट हो जाती है; देश और मातृभूमि उस समय ऐसी शक्ति बन जाते हैं जिनके सामने व्यक्तियों की स्वतन्त्रता निरर्थक हो जाती है।"[13] इसी प्रकार महान् इंग्लिश नवीन हेगेलवादी, बोसान्के कहता है कि आवश्यकता पड़ने पर जिस का एकमात्र

---

13. "The state of war shows the omnipotence of the state in its individuality; country and fatherland are then the power which convicts of nullity the independence of the individuals."
--Hegel

निर्णायक स्वयं राज्य है।, राज्य अपने नागरिकों को अपने प्राण उसके सामने अर्पित करने का आदेश दे सकता है। हेगेल कोई शान्तिवादी (Pacifist) नहीं था; स्थायी शान्ति के विचार को वह कोरा स्वप्न समझता था। उसका विश्वास था कि राष्ट्रों के परस्पर झगड़ों का निर्णय अन्ततोगत्वा युद्ध द्वारा ही हो सकता है। वह युद्ध को एक पुण्य कार्य समझता था जो कि देश भक्ति की प्रेरणा देने वाला और मानव जाति के नैतिक विकास में सहायता देने वाला एक अमूल्य यन्त्र है। उसका विश्वास था कि स्थायी शान्ति जनता को भ्रष्ट कर देती है। उसके अनुसार ''युद्ध वह स्थिति है जो कि लौलिक विषयों के मिथ्यात्व से संबंध रखता है—यह मिथ्यात्व दूसरे समय में बड़े भव्य उपदेश का सामान्य विषय होता है। युद्ध का उच्चतर महत्व यह होता है कि उसके द्वारा जनता का नैतिक स्वास्थ्य कायम रखा जाता है।''[14]

सफल युद्ध कलह को रोकते हैं और राज्य की आन्तरिक शक्ति को बढ़ाते हैं। विश्व इतिहास में भी युद्ध एक महत्वपूर्ण कार्यभाग अदा करता है। युद्ध के फलस्वरूप ही विभिन्न समय पर विभिन्न राष्ट्रों का प्रभुत्व स्थापित हो जाता है युद्ध द्वारा वे विश्व भावना के विकास में अपना योग दे पाते हैं। हेगेल लिखता है : ''इतिहास में विचार अपने आपको विभिन्न रूपों में प्रगट करता है और किसी भी युग में उसका प्रधान रूप उस युग के प्रधान मानव समूह में साकार हो उठता है।''[15]

शासक जाति का आविर्भाव

राज्यों में युद्ध के द्वारा ही शासक जातियों का आविर्भाव हो सकता है। आत्मा अपने उद्देश्य की पूर्ति राष्ट्रों में युद्ध के द्वारा करती है। युद्ध में स्वयं विश्वात्मा इस बात का निर्णय करती है कि लड़ने वालों में कौन सा राज्य उसका सच्चा साकार रूप है और किसे विजय प्राप्त होनी चाहिये। विजयी राष्ट्र विश्वात्मा का अभिकर्त्ता होने का दावा कर सकता है। परन्तु विजय प्राप्त करने से पूर्व किसी भी राष्ट्र का यह दावा करना उचित नहीं होगा कि वह विश्वात्मा की ओर से लड़ रहा है।

सर्वभक्षकवाद नहीं

यद्यपि हेगेल नागरिकों को अवज्ञा और विद्रोह का अधिकार नहीं देता, और इसलिए वह लॉक तथा मांटेस्क्यू तथा ग्रीन से भी, कहीं कम उदारवादी है, यद्यपि यह कहना गलत होगा कि वह अपने सिद्धान्त उस अति पर ले गया जिस पर कि मुसोलिनी तथा हिटलर सरीखे समकालीन सर्वभक्षकवादी (Totalitarians) उसे ले गये। हेगेल पर यह आरोप लगाना ठीक न होगा कि वह व्यक्ति को पूर्ण रूप से राज्य का दास बनाता है और उसे राज्य के वैभव के लिए एक साधन मात्र समझता है। हेगेल के लिए राज्य मूल रूप से व्यक्ति की स्वतंत्रता

14. ''War is the state of affairs which deals in earnest with the vanity of temporal goods and concerns--a vanity at other times, a common theme for edifying sermonising. War has the higher significance that by its agency the ethical health of peopoles is preserved in their indifference to the stablisation of finite institution.''
--Hegel

15. ''In history the idea unfolds its various phases in time and the dominant phase at any epoch is embodied in a dominant people.'' --Hegel

का क्षेत्र बढ़ाने के लिए है, उसे सीमित करने के लिए नहीं। व्यक्ति अपनी पूर्ण आत्म-चेतना तथा स्वतंत्रता की प्राप्ति राज्य में रहकर और राज्य की सदस्यता द्वारा ही कर सकता है। राज्य के बुद्धिसंगत कानूनों का पालन करके ही मनुष्य अपने इस भावनात्मक और ऐन्द्रिक जीवन को एक सच्चे आध्यात्मिक लक्ष्य की प्राप्ति का साधन बना सकता है। हेगेल का राज्य सिद्धान्त रूसो की इस उक्ति का विस्तार समझा जा सकता है कि भावना तथा वासना ग्रस्त जीवन दासता का जीवन है; हमारे अपने लिए बनाये हुए कानूनों का पालन करना स्वतंत्रता है। राज्य से अलग होकर हम सीमित तथा मूर्ख प्राणी ही रहते हैं; मानवीय तथा दैविक गुणों का विकास हममें राज्य की सदस्यता द्वारा ही होता है। ग्रीन तथा बोसान्के दोंनों ही हेगेल के इस सिद्धान्त को मानते हैं कि सच्ची स्वतंत्रता अपनी विवेक प्रधान आत्मा के कानून का पालन करने में है। बोसान्के सामान्य संकल्प के सिद्धान्त को ग्रीन से अधिक विकसित करता है और निश्चित रूप से यह दावा करता है कि मनुष्य की सर्वोच्च स्वतंत्रता की प्राप्ति चेतनापूर्वक अपने को राज्य में अभिव्यक्त सामान्य संकल्प के साथ एकाकार कर लेने में है।

हेगेल के अनुसार राज्य में सर्व व्यापकता तथा विशिष्टता का सम्मिश्रण रहता है। जिस समय व्यक्ति से अलग करके इसके निर्विकल्प रूप पर विचार किया जाता है तो यह सर्व व्यापक हो जाता है और जब यह व्यक्तियों के व्यक्तिगत उद्देश्यों तथा हितों के ऊपर विचार करता है तो यह विशिष्ट हो जाता है। इसका सार इन दोनों पक्षों की पूर्ण व्यवस्था तथा इनके एक वास्तविक एकरूपता में संघठित होने में है। इसलिए राज्य अपने स्वरूप की अवहेलना किये बिना व्यक्ति का दमन नहीं कर सकता।

सरकार की अवधारणा
(Concept of Government)

हेगेल का कहना है कि राज्य की तीन अवस्थायें होती है : (1) उसका संविधान, अर्थात उसकी आन्तरिक व्यवस्था, (2) अन्तर्राष्ट्रीय कानून अर्थात राज्यों के परस्पर सम्बन्ध, तथा (3) सार्वभौमिक इतिहास।

संवैधानिक राजतन्त्र

हेगेल राज्य को उसके राजनीतिक पक्ष में व्यवस्थापिका, कार्य-पालिका तथा न्यायतंत्र, तीन शाखाओं में विभक्त करता है। राज्य का इन तीन शाखाओं अथवा कार्यों में विभेदी-करण उसके अन्तर्हित स्वरूप, अर्थ तथा महत्ता के अनुसार होता है। व्यवस्थापिका विभाग जोकि राज्य के सार्वभौम स्वरूप का द्योतक है, वाद है, कार्य-पालिका अथवा उसके विशिष्ट स्वरूप का सूचक विभाग 'प्रतिवाद' है, और संवैधानिक राजा, जिसे कि एक व्यक्ति में उन दोनों का एकीकरण समझा जा सकता है, संवाद है। सार्व-भौमिक रूप में राज्य कानून का स्रोत है; इससे व्यवस्थापिका विभाग मिलता है। उसका विशिष्ट स्वरूप कानूनों को विशिष्ट मामलों पर आरोपित करने में प्रगट होता है; यह कार्य-पालिका विभाग है। न्यायिक कार्य को हीगल कार्य-पालिका में ही सम्मिलित करता है। संवैधानिक राजा वह माध्यम है जिसके द्वारा व्यवस्थापिका तथा कार्य-पालिका में सामंजस्य होकर वे एक हो जाता हैं। इस प्रकार राजा राज्य की एकता तथा सर्वोच्चता का प्रतीक तथा साकार रूप है। राज्य की संप्रभुत्ता उसमें रहती है, सर्वसाधारण में नहीं। संवैधानिक होने के कारण राजा निरंकुश नहीं हो सकता। वह अपने

परामर्शदाताओं के परामर्श से बाधित होता है। जब संविधान अच्छी तरह से स्थापित हो जाता है तो प्राय: उसे हस्ताक्षर करने के और कोई कार्य ही नहीं रहता। अपने द्वन्द्ववाद के अनुसार हेगेल इस परिणाम पर पहुँचता है कि एक पूर्ण रूप से विवेकपूर्ण राज्य के लिये केवल राजतंत्र ही नहीं, वरन संवैधानिक राजतंत्र होना आवश्यक है। एक कदम आगे बढ़कर वह यह सिद्ध करने की चेष्टा करता है कि राजा को वंशानुगत होना चाहिये।

सीमित शक्ति प्रथक्करण का सिद्धान्त

सरकार के कार्यों को तीन भागों में विभक्त करके और प्रत्येक को एक दूसरे से पृथक करके हेगेल मांटेस्क्यू के शक्ति प्रथक्करण के सिद्धान्त को मानता है। परन्तु उसका विचार है कि यह प्रथक्करण सीमा से आगे नहीं बढ़ना चाहिये, अथवा इसका परिणाम अराजकता होगा। यदि सरकार के तीन अंग निरन्तर एक दूसरे को रोकते रहें और एक दूसरे का विरोध करते रहें तो उसके भयंकर परिणाम निकलेंगे। राज्य में एक अंग ऐसा होना चाहिये जोकि शेष दो का अतिक्रमण करे और उनमें सामंजस्य स्थापित करे। हेगेल संविधानिक राजा को ऐसा अंग समझता है। उसका संवैधानिक राजा उस ब्रिटिश सम्राट के सदृश नहीं है जिसके समस्त कार्य उत्तरदायी मंत्रियों के परामर्श से निर्धारित होते हैं। ब्रिटिश ढर्रे के संसदीय संस्थानों को वह पसन्द नहीं करता था। उसकी कल्पना का राजा प्रशिया के सम्राट के अधिक सदृश था जोकि अपने मंत्रियों के परामर्श के अनुसार तो कार्य करता था किन्तु जिसे मंत्रियों को चुनने का भी अधिकार था। मंत्रियों की नियुक्ति व्यवस्थापिका में बहुमत नहीं बल्कि राजा की अबाध स्वच्छन्दता पर निर्भर करती थी। व्यवस्थापिका तथा कार्यपालिका के निर्माण, शक्तियों तथा उनके परस्पर सम्बन्धों के विषय में हेगेल ने बहुत विस्तार के साथ लिखा है। उसे क्षेत्रीय निर्वाचक मण्डलों में कोई विश्वास न था, उन्हें वह नापसन्द करता था। वह प्रतिनिधित्व का सही आधार विभिन्न व्यवसायों को मानता था। उसके अनुसार व्यवस्थापिका में विभिन्न वर्गों और निगमों के प्रतिनिधि होने चाहियें। वह इस विचार को निरर्थक समझता था कि एक व्यक्ति एक क्षेत्र विशेष में रहने वाले समस्त व्यक्तियों का प्रतिनिधित्व कर सकता है। वह व्यावसायिक प्रतिनिधित्व (Fuctional Representation) के आधुनिक सिद्धान्त को मानता था। इसलिये इस विषय में उसके विचार राजनीतिक विचार के इतिहास में एक नवीन युग की सूचना देते हैं।

हेगेल का प्रभाव
(Impact of Hegel)

हेगेल को संसार का एक महानतम दार्शनिक समझा जाता है। सैबीन के शब्दों में उसका दर्शन ''आधुनिक विचार की पूर्ण तथा क्रमबद्ध पुनर्रचना'' के प्रयास से कम नहीं है। मानव विचार के इतिहास को उसकी सबसे अधिक महत्वपूर्ण देन है : 1. द्वन्द्ववादी पद्धति जिसके द्वारा वह बुद्धि, तथ्य तथा मूल्य में सामंजस्य स्थापित करना चाहता था जिनमें ह्यूम ने पूर्ण सम्बन्ध विच्छेद कर दिया था, 2. राष्ट्र-राज्य की स्तुति, तथा 3. उसकी प्रगति की अवधारणा। उसके चिंतन में ये सब वस्तुयें एक अविभाज्य इकाई में गुँथित हैं। अपनी द्वन्द्ववादी पद्धति के प्रयोग द्वारा हेगेल इस परिणाम पर पहुँचा था कि विश्वात्मा के आत्म-विकास में राष्ट्र-राज्य अंतिम अवस्था है। द्वन्द्ववादी पद्धति का एक आवश्यक तत्व प्रगति है। इसके द्वारा ही हेगेल इस परिणाम पर पहुँच सका कि मानव इतिहास दैविक उद्देश्य की प्रगतिशील अनुभूति है। सभ्यता के इतिहास

को वह राष्ट्रीय संस्कृतियों की एक क्रमबद्ध श्रृंखला समझता था जिसमें प्रत्येक राष्ट्र मानव विकास को अपनी विशिष्ट देन देता है। उसके बाद के समय पर इन तीनों विचारों का बड़ा गहरा प्रभाव पड़ा है।

परन्तु जबकि हेगेल में ये तीनों विचार अभिन्न रूप से संघटित थे, बाद के विचारकों के चिन्तन में ये अलग-अलग हो गये। कार्ल मार्क्स ने द्वन्द्ववादी पद्धति की एक भौतिकवादी व्याख्या की और उसके ऊपर समाजवादी विचारधारा का निर्माण किया जिसका दृष्टिकोण अन्तर्राष्ट्रीय है और जो राष्ट्र-राज्य को एक बुराई समझता है जोकि अन्त में जाकर अवश्य समाप्त हो जायेगा। दूसरी ओर हेगेल द्वारा किया हुआ राष्ट्र-राज्य का आदर्शीकरण द्वन्द्ववादी पद्धति की सहायता के बिना भी 19 वीं शताब्दी तक चलता रहा और उसमें से क्रमशः वह क्राँतिकारी भावना जाती रही जोकि हेगेल में थी। इस प्रकार हेगेल उन्नीसवीं और बीसवीं शताब्दी में दो महत्वपूर्ण राजनीतिक विचारधाराओं का स्रोत बन गया जो कि बहुत ही अधिक महत्वपूर्ण थीं। ''मार्क्स'' द्वारा संशोधित द्वन्द्ववाद के द्वारा वह नवीन सर्वहारा क्रांति का स्रोत बन गया जिसका परिणाम हुआ साम्यवाद जिसकी निरन्तर प्रवृत्ति पुराने मध्यवर्गी उदारवाद को नष्ट कर देने की रही है। राष्ट्र-राज्य के अपने आदर्शीकरण द्वारा वह रूढ़िवादी राष्ट्र-वाद का स्रोत बन गया, जिसका परिणाम हुआ फात्सीवाद जिसने मध्य उन्नीसवीं शताब्दी के उदार राष्ट्रवाद को ग्रस लिया है।''[16]

बर्लिन विश्वविद्यालय, जब तक कि हेगेल वहां दर्शन का प्राध्यापक रहा, जर्मनी का बौद्धिक केन्द्र बना रहा। प्रशिया के सम्राट की दृष्टि में उसका ऊँचा स्थान था और बौद्धिक विषयों में वह उसका अधिकृत वक्ता था। उसका राज्य सम्बन्धी सिद्धान्त दूर-दूर तक प्रचलित हो गया और बहुत से लोगों ने उसे, उसका सामान्य दर्शन माने बिना, स्वीकार कर लिया।19वीं शताब्दी के जर्मनी के विचार पर उसका कितना गहरा प्रभाव पड़ा है उसका अनुमान मैकबेथ के इस कथन से लगाया जा सकता है : ''बिस्मार्क की शताब्दी के द्वार पर हेगेल का जीवन, विचार तथा कार्य खड़ा है जैसे कि विचार कर्म से पहिले आता है......यह कहना कदाचित् अतिशयोक्तिपूर्ण न होगा कि हेगेल तथा उसके शिष्यों ने जो विचार अभिव्यक्त किये और जिस बात की मांग की उसी को बिस्मार्क ने क्रियान्वित किया'[17]

बिस्मार्क की नीति हेगेल के सिद्धान्तों से प्रेरित हुई। ट्रीट्स्के (Treitshke) तथा ड्रॉयसन (Droysen) सरीखे उच्च कोटी के इतिहासकारों पर हेगेल के विचारों का गहरा पभाव पड़ा था, यद्यपि इतिहास की व्याख्या में वे उससे मतभेद रखते थे। विधि तथा विधिशास्त्र के लेखकों

---

16. ''Through the dialectic as revised by Marx he became the source of the new proletarian radicalism, culminating in Communism, which has steadily tended to displace the older middle-classes liberalism. Through his idealisation of the national state he became a source for conservative nationalism, culminating in Fascism, which has swallowed up the liberal nationalism of the mid-nineteenth century.'' --Sabine, *Op. Cit.* p. 621
17. ''At the portal of Bismarck's century stands the life, thought and activity of Hegel like the thought before the deed.....It is not too much to say that Bismarck carried out in fact what Hegel and lhis disciples expressed and demanded.''
-- Quoted by Mc Govern : *Op Cit.* p. 265

पर भी उसके सिद्धान्तों का प्रभाव पड़ा। सेविग्नी (Savigny) ने, जिसने कि विधि शास्त्र की ऐतिहासिक प्रणाली का प्रवर्त्तन किया, अपने बहुत से विचार हेगेल के राज्य के सिद्धान्त से लिए।

जर्मनी से बाहर भी हेगेल को प्रशंसक और अनुयायी मिले। उसकी रचनाओं का अंग्रेजी तथा यूरोप की अन्य भाषाओं में अनुवाद हुआ और कई देशों में हेगेलवादी तथा अर्द्ध-हेगेलवादी विचार प्रणालियों का जन्म हुआ। इंग्लैण्ड तथा इटली, में हेगेलवाद का राजनीतिक विचार पर सबसे अधिक प्रभाव पड़ा। इंग्लैण्ड में, इसने दर्शन की धारा को एकदम एक नवीन दिशा की ओर मोड़ दिया जिसके फलस्वरूप टॉमस हिल ग्रीन के नेतृत्व में ऑक्सफोर्ड आदर्शवादी विचार प्रणाली की स्थापना हुई। ग्रीन ने हेगेल के कुछ विचारों को अंग्रेजों के स्वभाव के लिये अनुकूल न पाया और उसने राज्य के आदर्शवादी सिद्धान्त के एक उदार रूप का निर्माण किया। उसके उत्तराधिकारी बैडले तथा बोजान्के राज्य की पूर्ण हेगेलवादी अवधारणा के अधिक निकट थे। इटली में हेगेलवाद को लोकप्रिय बनाने में मिलान विश्व-विद्यालय के प्रो० ऑगस्टोवारी और आगे चलकर बेनिडेटो क्रोचे तथा गियोवान जेंटाइली का हाथ था। संयुक्त राज्य अमेरिका में मॉरिस, पायर, रॉयस तथा आगे चलकर जॉनडिवो से हेगेल प्रभावित हुए।

हेगेल की आलोचना
(Criticism of Hegel)

1. जोड़ के शब्दों में, यह है कि यह 'सैद्धांतिक रूप से गलत और तथ्यों के विरुद्ध है और पर्राष्ट्र नीति के क्षेत्र में वर्तमान राज्यों के सिद्धान्तहीन कार्यों को इससे मान्यता मिल सकती है'।

2. हेगेल के सिद्धान्त के मुख्य दोष उसके यह मानने से उत्पन्न होते है कि (1) ब्रह्माण्ड के विकास की प्रक्रिया राष्ट्रीय राज्य पर आकर रुक जाती है जिसको वह सामाजिक संघटन का सर्वोच्च तथा सबसे अधिक पूर्ण रूप समझता है; और (2) यह कि वंशानुगत साँविधानिक राजतंत्र शासन का सर्वोत्तम रूप है। ये परिणाम हेगेल ने अपनी व्यक्तिगत इच्छाओं को द्वन्द्ववाद में आरोपित करके ही निकाले थे। उसके सिद्धान्त के मुख्य तत्व को कोई आघात पहुँचाये बिना ही इन परिणामों को निरस्त किया जा सकता है। प्रो० जोड ने ठीक ही कहा है कि मानव जाति की बढ़ती हुई आर्थिक परस्पर-निर्भरता के कारण राष्ट्रीय-राज्य की धारणा अब एक विडम्बना बनती जा रही है। जोड लिखता है: "स्पष्ट है कि उस संसार को जिसको कि यांत्रिक साधन उत्तरोत्तर एक एकल आर्थिक प्रणाली बनाते जा रहे हैं आन्तरिक आर्थिक एकता प्रदान करने के लिए एक एकल राजनीति संघटन की आवश्यकता है"।[18]

3. हेगेल की यह बात समझ में नहीं आती कि राज्य अपने नागरिकों तथा अन्य राज्यों के साथ व्यवहार रखने में नैतिक नियमों से स्वतंत्र है। यदि राज्य स्वयं नैतिक नियमों का उल्लंघन करता है तो नैतिक मूल्यों के सृष्टा तथा रक्षक के नाते उसका महत्व बहुत कम हो जायेगा।

---

18. "A world which technical factors are welding increasingly into a single economic system requires, it is obvious, a single political organisation to give effect to the underlying economic unity." --Joad : C.E.M., *Guide to Morals and Politics,* p. 747.

निस्सन्देह यह तो सत्य है कि व्यवहारिक रूप में राज्य केवल आवश्यकता के अनुसार आचरण करते हैं, कानून के अनुसार नहीं; किन्तु यह मान लेना कठिन है कि इस बात का कोई बुद्धि संगत आधार है। इस तर्क में कोई औचित्य दिखाई नहीं पड़ता कि केवल राज्य ही एक ऐसा समुदाय है जिसे आवश्यकता और समय के अनुसार, बिना नैतिक नियमों पर ध्यान दिये हुए, किसी भी प्रकार का आचरण लेना चाहिये।

4. हेगेल के द्वन्द्ववाद में भी कुछ ऐसी बातें हैं जिनके ऊपर आपत्ति की जा सकती है। (1) हेगेल ने श्रेणियों (Categories) का जो निगमन किया है वह कहीं कहीं खींचातानी सी दिखाई देती है। (2) द्वन्द्ववाद का एक अभिन्न अंग ऐतिहासिक आवश्यकता में विश्वास को पूर्ण रूप से स्वीकार कर लेना कठिन प्रतीत होता है। इस बात को मान लेना सरल नहीं है कि संसार के विकास का सम्पूर्ण क्रम आत्मा के आन्तरिक स्वरूप की आवश्यकता का परिणाम है और उसके ऊपर मानव इच्छा तथा उद्देश्य का कोई प्रभाव नहीं पड़ता। इसका अभिप्राय तो यह होगा कि विश्व एक आवृत्त चीज है। एक ऐसे जगत में रहना सुखद और आकर्षक प्रतीत नहीं होता जिसका सम्पूर्ण व्यापार एक आन्तरिक आवश्यकता के कारण चलता है और जिस पर हमारा कोई नियन्त्रण नहीं है। वेपर के शब्दों में हेगेल का सिद्धान्त तो हमें 'इस विश्वास की ओर ले जाना चाहता है कि जो कुछ है ठीक है क्योंकि यह समय विशेष के विकास की ऐतिहासिक प्रक्रिया का सूचक है। यदि ऐसे विचार को निष्क्रिय होकर स्वीकार, कर लिया जाता है तो स्वयं प्रक्रिया का अन्त हो जाने का भी खतरा उत्पन्न हो जाता है। (3) हेगेल ने द्वन्द्व प्रयोग यह सिद्ध करने के लिये किया कि राज्य दैविक प्रज्ञा (Divine Reason) की उच्चतम तथा पूर्णतम अभिव्यक्ति है और इसलिये इसे सम्पूर्ण राष्ट्रीय विकास का उद्देश्य समझा जाना चाहिये। हेगेल की प्रणाली में द्वन्द्व तथा राज्य में इस प्रकार एकीकृत कर दिये गये कि इनकों एक दूसरे से अलग नहीं किया जा सकता। परन्तु कार्ल मार्क्स ने इन दोनों को अलग कर दिया। उसने द्वन्द्व को तो मान लिया परन्तु वह एक ऐसे परिणाम पर जा पहुँचा जो कि हेगेल के परिणाम से एक दम भिन्न था। मार्क्स में जा कर यह समाज के एक वर्ग द्वारा दूसरे वर्ग के शोषण तथा दास बनाने के यन्त्र के रूप में राष्ट्र-राज्य की निन्दा का आधार बन गया। (4) द्वन्द्ववाद में से विरोधी परिणाम निकाले जा सकते हैं किसी भी ऐतिहासिक स्थिति को 'वाद', 'प्रतिवाद' अथवा 'संवाद' समझा जा सकता है। द्वन्द्ववाद की अस्पष्टताओं और अनिश्चितताओं को प्रो॰ वेपर ने इस प्रकार व्यक्त किया है : 'हम इस परिणाम पर भी पहुँच सकते हैं कि जिस प्रकार 18 वीं शताब्दी में नैसर्गिक कानून का सिद्धान्त इसलिये लोकप्रिय हो गया था क्योंकि इसमें से सब लोग अपनी इच्छानुसार न्याय के सिद्धान्तों को निकाल सकते थे, इसी प्रकार 19 वीं और 20 वीं शताब्दियों में द्वन्द्ववाद इसलिये जनप्रिय हुआ क्योंकि इसमें से लोग अपनी भावना के अनुकूल इतिहास में से मनुष्य तथा राज्य के सम्बन्ध सिद्धान्त निगमित कर सकते थे।''[19]

---

19. "We may even conclude that just as the doctrine of Natural Law was popular in the 18th century because it allowed all men to deduce from Nature those principles of justice which appealed to them, so the Dialectic became popular in the 19th and 20th centuries because it enabled men to deduce from history those theories of man in relation to the state which they wished to see generally accepted." --Wayper : *op. cit.*, p. 172.

5. हेगेल के विरुद्ध आमतौर से यह आरोप लगाया जाता है कि स्वतंत्रता को आज्ञापालन के साथ एक रूप करके वह स्वतन्त्रता सिद्धान्त की धार को मोड़ देता है। मेक्गवर्न कहता है कि यह उद्घोषणा करके कि जो कुछ है सही हैं हेगेल राज्य के प्राधिकार को महान् पवित्रता और मान्यता प्रदान कर देता है; और इसमें से बड़ी सरलता के साथ यह परिणाम निकाला जा सकता है कि व्यक्ति के लिये राज्य की आलोचना करना उसका विरोध करना उसकी अवज्ञा करना कभी भी उचित नहीं हो सकता। 17 वीं शताब्दी के दैविक अधिकार के सिद्धान्त को हेगेल ने एक नवीन रूप में पुनर्जीवित कर दिया है। जोड कहता है : ''राज्य का निरपेक्ष सिद्धान्त व्यक्ति की स्वतंत्रता का शत्रु है, क्योंकि जब भी व्यक्ति और राज्य में कोई संघर्ष उत्पन्न होता है तो इसके अनुसार राज्य अवश्य ही सही होना चाहिये।''[20]

6. हेगेल राज्य को सामाजिक नैतिकता की सर्वोच्च अभिव्यक्ति और अंग समझता है। इसलिये यह समस्त नागरिकों के जीवन को समस्त रूपों में और समस्त समूहों को नियन्त्रित करता है। उसके इस दावे का इसके अतिरिक्त और कोई अभिप्राय नहीं हो सकता कि राज्य जीवन के सर्वोच्च नैतिक मूल्यों का मूर्त्त रूप है। इस परिणाम पर पहुँचने में हेगेल पर अफलातून के विचार का बड़ा प्रभाव पड़ा था। यूनान का नगर-राज्य नागरिकों के सम्पूर्ण जीवन को समाविष्ट कर सकता था और उसकी समस्त क्रियाओं का केन्द्र बन सकता था। परन्तु हेगेल यह नहीं बतलाता कि आधुनिक राष्ट्र-राज्य जो कि न केवल वृहदाकार है बल्कि जो अव्यक्तिगत है, किस प्रकार आधुनिक मनुष्य के समस्त हितों का केन्द्र बन सकता है, अथवा सैबीन के शब्दों में ''किस प्रकार नागरिकता व्यक्तिगत नैतिकता के समस्त रूपों को सम्मिलित कर सकती है और ढक सकती है, जैसा कि नगर राज्य में प्राय: होता था।'' असंख्य समुदायों के उत्थान ने, व्यक्ति के जीवन में बहुत से ऐसे राज्य विरोधी तत्वों का विकास किया है। इनमें सबसे महत्वपूर्ण तत्व यह भावना है कि व्यक्ति का धार्मिक जीवन राज्य के नियन्त्रण से मुक्त रहना चाहिये। रोमन कैथोलिक चर्च, थियोसोफिकल सोसाइटी तथा क्रिश्चियन सांईस ऑगनाइजेशन जैसे संगठनों में विभिन्न राष्ट्र राज्यों के घटक सम्मिलित हैं। 'अन्तर्राष्ट्रीय श्रम संगठन, 'विश्व न्यायालय, राष्ट्र संघ तथा संयुक्त राष्ट्र संघ की बहुत सी सामाजिक तथा आर्थिक शाखाओं का उदय ऐसा तथ्य है जिनकी कि हेगेल कोई संतोषजनक व्याख्या नहीं कर सकता। इस प्रकार हेगेल की यह धारणा आधुनिक जीवन के तथ्यों के अनुकूल नहीं है कि राष्ट्र-राज्य सामाजिक संगठन का सर्वोत्कृष्ट तथा सबसे अधिक पूर्ण रूप है। आज बहुत प्रकार से व्यक्तियों के जीवन में राज्य का भाग उससे कम होता जा रहा हैं जो कि हेगेल उसे देता है। हेगेल राज्य के आदर्शवादी सिद्धान्त की प्रतिक्रिया के फलस्वरूप ही बहुलवादी सिद्धान्तों का जन्म हुआ है।

7. हेगेल को अन्तर्राष्ट्रीय नैतिकता में कोई विश्वास नहीं था। वह अन्तर्राष्ट्रीय क्षेत्र में राष्ट्रहित साधना के सिद्धान्त को निर्णायक मानता है और युद्ध की प्रशंसा करता है। उसकी इन बातों को पर राष्ट्र सम्बन्धी क्षेत्र में राज्य के सिद्धान्त हीन कार्यों को उचित सिद्ध करने के लिये प्रयोग किया जा सकता है।

---

20. ''The Absolute theory of the state is inimical to individual freedom, because, whenever a conflict occurs between an individual and the state, it takes the view that the latter must inevitably be right.'' --Joad: *Introduction to Modern Political Theory*, p. 19.

8. हेगेल का सिद्धान्त व्यक्ति को राज्य का दास बनाता है और उसे राज्य के वैभव के लिये एक साधन मात्र बना देता है। वह राज्य की निरंकुशता और मनमानी के द्वार खोल देता है। आलोचकगण फासिस्ट राज्य को हीगल द्वारा राज्य की प्रशंसा की एक बुरी सृष्टि समझते हैं। निस्सन्देह फासिस्ट राज्य व्यक्ति को अपनी महानता और वैभव के लिये एक साधन मात्र समझता है, और उसके दर्शन पर हेगेलवाद का प्रभाव स्पष्ट रूप से झलकता है। परन्तु फासिस्ट सिद्धान्त में जो भी कलुषित है उस सबके लिये हेगेल को उत्तरदायी ठहराना न्याय नहीं होगा।

अभ्यास के लिये प्रश्न

1. हेगेल यह किस प्रकार सिद्ध करते हैं कि राज्य स्वतन्त्रता का सर्वोच्च रूप है?
2. हेगेल के सर्वोच्च सत्ताधारी राज्य के स्वरूप का वर्णन कीजिये।
3. हेगेल के राज्य सम्बन्धी विचारों की व्याख्या कीजिये।
4. "राज्य एक आत्म चेतन नैतिक तत्व है।" हेगेल के इस कथन को स्पष्ट करें।
5. "राज्य पृथ्वी पर परमात्मा की यात्रा है।" हेगेल के इस कथन को स्पष्ट कीजिये।
6. "हेगेल सर्वाधिकारवादी सिद्धान्तों के जनक हैं।" इस कथन का सावधानी पूर्वक परीक्षण करते हुए समीक्षा कीजिये।
7. हेगेल के विभिन्न राजनैतिक विषयों पर विचारों की व्याख्या कीजिये, जैसे स्वतन्त्रता, युद्ध, नैतिकता, संविधान, अन्तर्राष्ट्रीय कानून, दण्ड, इतिहास तथा इच्छा आदि।
8. "राज्य स्वतन्त्रता की अभिव्यक्ति से कम अन्य कोई चीज नहीं।" हेगेल के इस कथन के आधार पर उसके स्वतन्त्रता सम्बन्धी विचारों का वर्णन कीजिये।

9

थामस हिल ग्रीन

(Thomas Hill Green--1836-1882)

सन् 1836 में ब्रिटेन के आदर्शवादी दार्शनिक थामस हिल ग्रीन (Thomas Hill Green) का जन्म एक उच्च मध्यमवर्गीय परिवार में हुआ। उस युग में औद्योगिक क्रान्ति के फलस्वरूप ज्ञान-विज्ञान तथा समाज-सुधार की बड़ी धूम थी और नई-नई औद्योगिक, शैक्षणिक, सामाजिक संस्थाएँ प्रकट हो रही थीं। ब्रिटेन में व्यक्तिवाद और उपयोगितावाद का प्रभाव इतना बढ़ चुका था कि उसकी प्रतिक्रिया आरम्भ हो गई थी। प्रारम्भ से ही ग्रीन कुशाग्रबुद्धि, प्रतिभासम्पन्न तथा मेधावी था। पढ़ने-लिखने में इसकी बुद्धि तीव्र थी। वह व्यावहारिक ज्ञान में भी पटु था। उसे साहित्य, दर्शन, इतिहास, समाजशास्त्र, विधि आदि की शिक्षा में यथेष्ट सफलता मिली। उच्चशिक्षा प्राप्त करने के बाद वह आक्सफोर्ड विश्वविद्यालय में, दर्शनशास्त्र के प्राध्यापक पद पर नियुक्त हो गया जो उन दिनों उच्च शिक्षण, कला की संस्कृति, अनुसन्धान का विश्वविश्रुत केन्द्र था। यह गौरव ग्रीन को 24 वर्ष की अल्प आयु में (1860 ई०) ही मिला। इस पद पर उसने मृत्युपर्यन्त 22 वर्ष तक काम किया। सैद्धान्तिक तथा बौद्धिक जटिलताओं से आक्रान्त रहने के कारण प्रोफेसर का जीवन एकांगी होता है। ग्रीन इसका अपवाद था। विश्वविद्यालय के स्वस्थ, उदार तथा स्वतन्त्र वातावरण में ग्रीन ने सार्वजनिक कार्यों का शिलान्यास किया और स्वयं व्यावहारिक राजनीति के कार्यों में सक्रिय भाग लेता रहा। इस दिशा में वह ब्राइट की उदार बौद्धिक विचारधारा का अनुयायी था और राजनीति को गम्भीर समस्यामूलक विषय मानता था। उसे स्थानीय प्रशासन का काफी अनुभव था। वह अनिवार्य शिक्षा तथा मद्यनिषेध का प्रचण्ड समर्थक था। उसके अनुसार अज्ञानता और मादकता मानवता के महान् शत्रु हैं। मद्यपान रोकने के लिये उसने एक 'काफी-हाउस' भी खोला था। आक्सफोर्ड म्युनिसिपैलिटी में उसने कई वर्षों तक प्रमुख सदस्यता ग्रहण की। प्रमुख शिक्षा-शास्त्री होने के नाते उसे शिक्षा आयोग का सदस्य बनाया गया। सन् 1882 ई० में 46 वर्ष की अल्प आयु में ही देहान्त हो जाने के कारण वह जीवन में अधिक कुछ न कर सका। फिर भी उसकी तर्कशैली, अभिव्यक्ति, वाक्शक्ति, सरलता आदि के कारण उसके व्याख्यान अमर हो गये हैं।

ग्रीन के व्याख्यानों का संग्रह Lectures on Principles of Political Obligation के रूप में उसकी मृत्यु के बाद प्रकाशित हुआ। ये व्याख्यान सन् 1879-80 में दिये गये थे। इनका उद्देश्य राज्य, समाज, व्यक्ति के पारस्परिक सम्बन्धों को स्पष्ट करते हुए जनस्वीकृति के सिद्धान्त का समर्थन करना था। इस ग्रन्थ का प्रकाशन ग्रीन के विद्यार्थियों ने कराया। ग्रीन के दूसरे गन्थ (Liberal legislation and freedom of contract) में वे व्याख्यान हैं जो 1881 में दिये गये, जो उदारवादी परम्परा के अनुरूप अनुबन्ध की स्वतन्त्रता का उद्घोष करते थे। इस ग्रन्थ में यह प्रश्न उठाया गया है कि वर्तमान युग में विधि-निर्माण प्रक्रिया से कहाँ तक अनुबन्धों की स्वतन्त्रता सीमित हो जाती है। स्वतन्त्रता की व्याख्या करके ग्रीन ने उदारवादी राजनीतिक सिद्धान्त (Liberal Political Theory) का सम्बन्ध नये प्रकार के कानूनों के साथ जोड़ा। स्वतन्त्रता, अधिकार, नैतिक चेतना, राज्य, संप्रभुता, अपराध, विद्रोह, अनुशासन, अन्तर्राष्ट्रीयता, युद्ध, सामाजिक संगठन तथा सुधार, शिक्षा सम्पत्ति आदि विषयों पर ग्रीन के विचार बड़े मौलिक, आकर्षक तथा प्रभावशाली हैं। ग्रीन ऐसे उदार समाज का प्रशंसक है जिसमें जीवनोपयोगी सुख-सुविधा तथा शान्तिपूर्ण वातावरण किसी विशिष्ट वर्ग के लिये नहीं बल्कि सबके लिये उपलब्ध हैं। ऐसे समाज का उद्देश्य है व्यक्ति की शक्तियों और क्षमताओं को बढ़ाना जिससे प्रत्येक व्यक्ति सामूहिक कल्याण के लिए योगदान कर सके।[1]

ग्रीन के विचारों पर प्रभाव
(Influences on Green Ideas)

ग्रीन के विचारों पर भिन्न-भिन्न वर्गों के प्रभाव ढूँढे जा सकते हैं। साधारणतया इन प्रभावों को 5 वर्गों में ढूँढ़ा जा सकता है:-

1. प्राचीन यूनानी साहित्य–प्राचीन यूनानी साहित्य, विशेषत: प्लेटो और अरस्तु के प्रभाव के अनुसार मनुष्य सामाजिक जीव था, राज्य मनुष्य की प्राकृतिक आवश्यकता थी और आदर्श राज्य मानव जीवन का चरम लक्ष्य था। इस आदर्श राज्य का काल्पनिक चित्रण भी उन दिनों हुआ था। राजनीति मुख्यत: आचार-शास्त्र से सम्पृक्त थी। ग्रीन अपने विचारों में इन बुनियादी धारणाओं को लेकर चलता है। ग्रीन का आत्मानुसन्धान (Self-realisation) अरस्तु के यूनानी नागरिकता के आदर्शीकरण (Idealisation of Greek Citizenship) से मिलता-जुलता है।

2. जर्मन आदर्शवाद–ग्रीन पर जर्मन आदर्शवाद का प्रभाव काण्ट, हेगेल, फिख्टे, हम्बोल्ट आदि ने सुदृढ़ बनाया। ग्रीन के विचार काण्ट के अधिक समीप हैं। आदर्शवादियों में सबसे प्रबल हेगेल हैं और ग्रीन उससे अत्यधिक प्रभावित हैं। परन्तु यह भी वह जानता है कि हेगेल की धारणाएँ कल्पनाजगत की झाकियाँ प्रस्तुत करती हैं, उनमें व्यावहारिकता कम है। ग्रीन हेगेल की उग्रता, कट्टरता, दुरूहता तथा अतिशय बौद्धिकता से मुक्त है। वह काण्ट की तरह उदारवाद तथा आदर्शवाद का समन्वय करता है जो ब्रिटिश परम्परा के अनुरूप है।

---

1. "The essence of a liberal society is that it makes the common good available not to a privileged class but to all, so far as the capacity of each permits him to share it. The end of such a society is to increase the powers and capacities by which the individual can contribute to the common good." --G.H. Sabine, *op. cit.* p. 674.

एक प्रकार से ग्रीन को हेगेलवादी नहीं मानना चाहिये। उसने हेगेल द्वारा राज्य की गौरवगाथा बनाने तथा उसे आदर्श मानने की कल्पना का पूर्ण तिरस्कार किया क्योंकि वस्तुस्थिति उसके विपरीत थी।[2]

3. अनुबन्धवाद तथा उसके विरोधी सिद्धान्त—इनसे ग्रीन का पूरा परिचय था। ग्रीन स्वत: अनुबन्ध की पूर्ण स्वतन्त्रता का पक्षपाती है क्योंकि उसके द्वारा कार्य-सिद्धि में सहायता होती है। राज्य का आधार ढूँढ़ते समय वह सामान्य जनस्वीकृति को ही मूल भाव या प्रेरक कारण मानता है। उसे रूसो का सामान्य संकल्प तथा नैतिक स्वाधीनता का सिद्धान्त ग्राह्य था। उसका ब्रिटेन की पूर्ववर्ती विचारधारा से भी पूरा परिचय था। उस पर मिल, बेन्थम, आस्टिन आदि के विचारों की प्रतिक्रिया हुई। उसने व्यक्तिवाद और उपयोगितावाद को अपने ढंग से परिवर्तित, संशोधित करने का प्रयास किया।

4. धर्मशास्त्र—ग्रीन ने धर्मशास्त्र का अध्ययन किया था। परन्तु वह विचारों से पक्का असहयोगी (Non-conformist) था। वह कॉमवेल के युग की धर्म-शुचित की भावना (Puritanism) तथा प्यूरिटन सम्प्रदाय का भक्त था। उन दिनों धर्म के पीछे श्रद्धा, विश्वास, अदम्य शक्ति रहती थी। ग्रीन इन्हीं आधारों से स्वतंत्रता, नैतिकता, संयम, सदाचरण, अनुशासन आदि का अनुरक्त बना।

5. आक्सफोर्ड आदर्शवाद—ग्रीन पर आक्सफोर्ड आदर्शवाद के विभिन्न प्रभावों में आक्सफोर्ड का बौद्धिक आन्दोलन, (Oxford idealism) टामपेन, मेकियावेली आदि के ग्रन्थ भी उल्लेखनीय हैं। ग्रीन के विचारों में उदार समाजवाद (Liberal Socialism) के तत्व हैं क्योंकि वह राज्य के द्वारा ऐसे कानूनों का प्रचलन चाहता था जो अधिक मानवीय तथा सर्वजन सुलभ आर्थिक सामाजिक पृष्ठभूमि का निर्माण करते। उसके विचारों के बल पर प्रमुख उद्योगों का राष्ट्रीयकरण, शिक्षा, स्वास्थ्य, अवकाश, मजदूरी, जीवन स्तर आदि की उन्नति का समर्थन किया जा सकता था। उसमें वर्ग संघर्ष की भावना छोड़कर दूसरे तत्व मिल सकते थे। इस प्रकार ग्रीन नैतिक आदर्शवाद (ethical idealism) का प्रवर्तक है। वह तर्क पूर्ण राजनीतिक सिद्धान्त (rational political theory) और विवेक पूर्ण राजनीतिक नीतिमत्ता तथा व्यावहारिकता (intelligent political policy) का स्थायी समन्वय करता है।

राज्य की अवधारणा
(Concept of State)

थामस हिल ग्रीन इंग्लैंड का आदर्शवादी दार्शनिक था। आदर्शवादी दार्शनिकों जैसे प्लेटो, काण्ट और हेगेल के समान ग्रीन भी समस्त विश्व को चेतना की अभिव्यक्ति मानता है। उसके अनुसार मनुष्य का लक्ष्य आत्मज्ञान, आत्मसंतोष अथवा सामान्य शुभ हैं। राज्य का उद्देश्य व्यक्ति और समाज को इन लक्ष्यों को प्राप्त करने में सहायता देना है। राजनैतिक विकास में नैतिकता का महत्वपूर्ण स्थान है। विश्व में जो कुछ है वह आत्मचेतना का ही परिणाम है।

---

2. "In truth, however, Green was no Hegelian. He emphatically rejected Hegel's tendency to glorify the state and to justify it by substituting an ideal very imperfectly realised, for states as they actually are."

राज्य का आधार

बारकर ने ग्रीन के राजदर्शन के विषय में लिखा है, ''ग्रीन के अनुसार राज्य मानव चेतना की उपज है, मानव चेतना स्वतंत्रता पर आधारित है, स्वतंत्रता अधिकारों पर तथा अधिकार राज्य पर आधारित है।'' इस कथन में सबसे पहले ग्रीन के अनुसार राज्य के आधार की विवेचना की गयी है। ग्रीन राज्य को मनुष्य की आत्म चेतना का परिणाम मानता है। उसके शब्दों में, ''राज्य को बनाने वाला आधार राज्य की केवल बाध्यकारी शक्ति ही नहीं है वरन् वह बाध्यकारी शक्ति है जो लिखित अथवा अलिखित कानून के अनुसार मनुष्यों के अधिकारों की रक्षा करने के लिये तथा नागरिकों को आंतरिक और बाह्य आक्रमणों से रक्षा करने के लिए प्रयोग की जाती है।''[3] इस प्रकार विधि के अनुकूल शक्ति राज्य का अधिकार है। यह विधि सामान्य संकल्प का वैधानिक रूप है। इस प्रकार राज्य का आधार शक्ति नहीं बल्कि संकल्प है। यह संकल्प सामान्य सामाजिक चेतना का संकल्प है। यह चेतना ही नैतिक अधिकारों की रक्षा करती है। राज्य के कानूनों का पालन इसीलिये किया जाता है कि वे इस संकल्प पर आधारित होते हैं। यह सामान्य चेतना ही स्वतंत्रता की चेतना है। ग्रीन के शब्दों में, ''जब हम स्वतन्त्रता के विषय में बात करते हैं तो हमारा अर्थ किसी उचित कार्य करने की अथवा आनन्द मानने की सकारात्मक शक्ति से होता है और वह शक्ति ऐसी होनी चाहिये जो सबको समान रूप से प्राप्त नहीं है।'' ग्रीन के माध्यम से ब्रिटिश आदर्शवाद ने मुक्त व्यक्तियों और उनके परस्पर समझौते का यंत्रवादी विचार छोड़कर राज्य को एक स्वाभाविक रूप से विकसित हुआ सावयव माना। इस धारणा का महत्व यह है कि उसमें उत्तरदायित्व सामूहिक होता है और व्यक्ति तथा राज्य में समन्वय स्थापित होता है। इसमें नीति शास्त्र और राजशास्त्र का समन्वय किया जाता है। ये सभी विचार आदर्शवादियों में दिखलायी पड़ते हैं।

राज्य नैतिक संस्था है

राजशास्त्र के इतिहास में पहले विचारकों ने राज्य को दैवी संस्था मानकर राज्य की उत्पत्ति का दैवी सिद्धान्त उपस्थित किया। इसकी आलोचना होने के बाद सामाजिक समझौते का सिद्धांत उपस्थित किया गया। सामान्य व्यक्ति यह मानते थे कि राज्य का आधार शक्ति है किन्तु यदि शक्ति ही राज्य का आधार है तो फिर मनुष्यों में सहयोग और न्यायप्रियता का कोई आधार नहीं रह जायेगा। इसलिये ग्रीन ने यह सिद्धांत उपस्थित किया कि राज्य एक नैतिक संस्था है और उसका आधार संकल्प है। इस प्रकार राज्य अनिवार्य और प्राकृतिक है। जनता उसकी आज्ञा का पालन इसीलिये करती है क्योंकि उससे उसका नैतिक विकास होता है। ग्रीन के शब्दों में ''मेरा उद्देश्य उस नैतिक उद्देश्य को समझना है जो कानून अथवा अधिकारों और कर्त्तव्यों के द्वारा पूरा होता है जिसे राज्य लागू करता है और ऐसा करने में मैं उस आधार को मालूम करना चाहता हूँ जिस पर जनता को कानून का पालन करना चाहिये। मेरी योजना होगी (1) कानून के उद्देश्य की रूप रेखा निर्धारित करना। यह रूप रेखा उस नैतिक कर्त्तव्य का भी आधार होगी जिसके अनुसार मनुष्य को राज्य के कानून का पालन करना चाहिये। मैं अपनी

---

3. ''It is not coercived power as such but coercive power exercised according to law, written or unwritten, for the maintenance of the existing rights of the citizens from external and internal invasion that make a state.'' --Green

समस्त योजना में नैतिक कर्त्तव्य तथा वैधानिक कर्त्तव्य में भेद स्पष्ट करूंगा। (2) वर्तमान यूरोप में जो राजनैतिक कर्त्तव्यों के सिद्धांत प्रचलित हैं मैं उनका परीक्षण करूंगा और उनकी आलोचना करके एक सच्चे सिद्धान्त की व्याख्या करूंगा। (3) सभ्य राज्यों में जो मुख्य अधिकार और कर्त्तव्य प्रचलित हैं उनका विस्तृत रूप से परीक्षण करके मैं यह मालूम करूंगा कि वे क्यों उचित हैं तथा उनको उपरोक्त सिद्धान्तों पर क्यों मानना चाहिये।" इस लम्बे कथन में ग्रीन के राजशास्त्र के निम्नलिखित लक्ष्य स्पष्ट होते हैं–

(1) कानून के उद्देश्य निर्धारित करना।

(2) राजनैतिक कर्तव्यों के सिद्धान्त का स्पष्टीकरण।

(3) अधिकारों और कर्तव्यों के औचित्य के सिद्धान्त का स्पष्टीकरण।

दण्ड का सिद्धान्त

इस प्रकार ग्रीन के राजदर्शन में राज्य की व्याख्या करने का लक्ष्य कानून, राजनैतिक कर्तव्य और अधिकार की व्याख्या करना है। जैसा कि पीछे बतलाया जा चुका है, राज्य के कर्तव्य नैतिक कर्तव्य हैं। उसे उन परिस्थितियों को बनाये रखना चाहिये जिनमें नैतिकता का विकास होता है। नैतिकता और स्वतंत्र व्यक्तित्व के विकास के लिये राज्य में व्यक्तियों को स्वतंत्रता दी जानी चाहिये। ग्रीन के अनुसार यह स्वतन्त्रता देने में राज्य का कार्य स्वतंत्रता में आने वाली बाधाओं में बाधा डालना है। दूसरे शब्दों में, राज्य का कार्य नकारात्मक है। ग्रीन के शब्दों में, "दण्ड अपराधी के पाशविक बल की विरोधी शक्ति है। इस प्रकार राज्य उत्तम जीवन के विरुद्ध बाधाओं में बाधा के रूप में काम करता है।"[4] राज्य में शक्ति का प्रयोग व्यक्तियों की स्वतंत्रता को सुरक्षित रखने के लिये किया जाता है। इस उद्देश्य की पूर्ति के लिये राज्य के हस्तक्षेप की कोई सीमा नहीं है। उदाहरण के लिये राज्य नागरिकों के अधिकारों को नियन्त्रित कर सकता है, दासता की प्रथा को समाप्त कर सकता है, माता-पिता को बालकों को स्कूल भेजने के लिये बाध्य कर सकता है, जनता की स्वास्थ्य रक्षा के लिये आवश्यक प्रतिबन्ध लगा सकता है, इत्यादि।

राज्य के अधिकार की सीमायें

किन्तु ग्रीन राज्य को निरंकुश नहीं मानता। वह राज्य पर आन्तरिक और बाह्य प्रतिबन्ध लगाता है। राज्य मनुष्यों के केवल बाहरी कार्यों पर ही प्रतिबन्ध लगा सकता हैं। वह नैतिक जीवन का विकास नहीं कर सकता, केवल इसके मार्ग की बाधाओं को दूर कर सकता है। कुछ परिस्थितियों में व्यक्ति को राज्य की आज्ञा का उल्लंघन करने का भी अधिकार है। यूं तो राज्य के विरुद्ध व्यक्ति को कोई अधिकार नहीं होते क्योंकि कानून सर्वशक्तिमान होता है किन्तु व्यवहार में राज्य सामाजिक सम्बन्धों को बनाये रखने और उसमें सामन्जस्य स्थापित करने के कार्य को सदैव पूरा नहीं करता। ऐसी परिस्थिति में उसकी आज्ञा का उल्लंघन आवश्यक हो जाता है। राज्य में कुछ ऐसे कानून हो सकते हैं जो सामाजिक सम्बन्धों में सामन्जस्य बढ़ाने के स्थान पर कम करते हों। ऐसी स्थिति में व्यक्ति को इन कानूनों का विरोध करने का अधिकार

---

4. "Punishment is counter force against the brutal force of the culprit. In this way state acts as a hinderance to the hinderances against good life." --T.H. Green.

है। यदि कानून समाज कल्याण की दृष्टि से बना है तो सभी को उसकी आज्ञा का पालन करना चाहिये। किन्तु यदि कोई कानून किसी विशेष वर्ग के हित के लिये बनाया गया है, तो उसका विरोध किया जा सकता है। दूसरे शब्दों में, प्राकृतिक अधिकारों और कानून के द्वारा मान्यता प्राप्त अधिकारों में अन्तर होने के कारण व्यक्ति को राज्य का विरोध करने का अधिकार मिलता है। यह विरोध करते समय व्यक्ति के लिये यह निश्चय करना आवश्यक है कि विरोध कहाँ तक आवश्यक है और उसका कौन-सा तरीका सबसे अधिक उपयुक्त है। राज्य का विरोध करने से पहले व्यक्ति को यह निश्चय करना चाहिये कि वह जिस बात का विरोध कर रहा है क्या वह इतनी महत्वपूर्ण है कि उसके लिये राज्य का विरोध किया जाना चाहिये? यदि ऐसा नहीं है तो विरोध करना उचित नहीं है। दूसरी ओर यदि राज्य की त्रुटि इतनी गम्भीर है कि उसका विरोध करके अन्य सुविधाओं और अधिकारों को खतरें में डालना उचित है तो राज्य का विरोध किया जाना चाहिये। ऐसा करने में भी राज्य का विरोध सब कहीं नहीं बल्कि केवल उसी विशेष गलती के प्रसंग में किया जाना चाहिये। दूसरे, राज्य का विरोध करने से पहले व्यक्ति को यह निश्चय करना चाहिये कि जिस बात का वह विरोध कर रहा है वह उसी की दृष्टि में महत्वपूर्ण है या अन्य लोग भी उसे महत्वपूर्ण समझते हैं। यदि अन्य लोग उसे महत्वपूर्ण नहीं समझते तो पहले व्यक्ति को प्रचार के द्वारा अन्य लोगों को अपना मत समझाना चाहिये और जनमत तैयार करने के बाद ही विरोध करना चाहिये अन्यथा उसका विरोध अराजकता मात्र बन जायेगा।

युद्ध सम्बन्धी विचार
(Ideas About War)

राज्य को विभिन्न वर्गों के नियन्त्रण में असीम शक्ति प्राप्त होती है ऐसा करने में ग्रीन ने राज्य के अन्तर्गत अन्य समुदायों पर कोई ध्यान नहीं दिया है। व्यक्ति के विरोध के अतिरिक्त राज्य के कार्य अन्तर्राष्ट्रीय कानून से भी निर्धारित होते हैं। विश्वभ्रातृव के सिद्धान्त के आधार पर अन्तर्राष्ट्रीय कानून राज्य की शक्तियों को सीमित करता है। अन्तर्राष्ट्रीय चेतना के लिये विश्वसमाज की आवश्कयता होती है। राज्य समाज नहीं बनाता किन्तु वह विभिन्न समाजों में सामन्जस्य स्थापित करता है और इसके लिये उन पर नियंत्रण करता है। ग्रीन युद्ध के विरुद्ध था और उसे केवल अपवाद की स्थिति में ही उचित मानता था। किसी परिस्थिति में जब कि शान्ति युद्ध से भी अधिक भयानक हो, तथा कोई चारा न हो, युद्ध हो सकता है किन्तु ऐसे अवसर बहुत कम होते हैं। साधारणतया युद्ध अनैतिक है। किसी भी व्यक्ति को अपनी इच्छानुसार दूसरे की हत्या करने का अधिकार नहीं है और न अपनी ही हत्या करने का अधिकार है। प्राचीन काल में जो युद्ध होते थे वे स्वार्थ से प्रेरित होते थे। ग्रीन के अनुसार युद्धों को रोका जा सकता है। युद्ध इसलिये नहीं होते कि दुनियाँ में अनेक राज्य हैं, बल्कि इसलिये होते हैं कि ये राज्य अपने कर्तव्यो को पूरा नहीं करते। युद्धों को रोकने के लिये ग्रीन अन्तर्राष्ट्रीय न्यायालय और अन्तर्राष्ट्रीय राज्य की स्थापना का प्रस्ताव रखता है। यह अन्तर्राष्ट्रीय राज्य राज्यों के अधिकारों को इस प्रकार नियन्त्रित करेगा कि समस्त राज्यों में मनुष्यों के प्राकृतिक अधिकार बने रहें। ग्रीन के अनुसार देशभक्ति अथवा राष्ट्रवाद युद्ध की ओर नहीं ले जाता, युद्ध कभी न्यायपूर्ण नहीं होता।

सामान्य संकल्प की अवधारणा
(Concept of General Will)

ग्रीन के अनुसार राज्य का वास्तविक आधार न तो दैवी शक्ति है, न सामाजिक समझौता और न पुलिस और सेनाओं की शक्ति ही है। उसका आधार तो सामान्य संकल्प (General Will) है। मनुष्य में दो प्रकार के संकल्प पाये जाते हैं—यथार्थ संकल्प (Actual Will) और वास्तविक संकल्प (Real Will)। यथार्थ संकल्प स्वार्थी संकल्प है। उसके कारण मनुष्य अपने ही हित साधन करता है। वह मनुष्य की पाशविक इच्छाओं पर आधारित है। दूसरी ओर वास्तविक संकल्प निस्वार्थ संकल्प है। यह अन्तरात्मा से प्रेरित होता है। इसी को सामान्य संकल्प कहा जाता है। इसमें समस्त, सामाज के कल्याण की कामना निहित है। ग्रीन के शब्दों में, ''सामान्य संकल्प सामान्य शुभ की सामान्य चेतना है।''[5] सामान्य संकल्प का पालन इसलिये किया जाता है क्योंकि वह समाज के सभी व्यक्तियों के संकल्पों से मिलकर बना है। इस सामान्य संकल्प का लक्ष्य सामान्य हित है जिसमें व्यक्ति का हित भी शामिल है। इसीलिये ग्रीन के शब्दों में, ''सामान्य संकल्प सम्पूर्ण रूप में सामाजिक शुभ की ओर लक्षित होता है और व्यक्तिगत शुभ उसका एक अंश है।''[6]

सामान्य संकल्प पर आधारित होने के कारण राज्य उसी के द्वारा ही व्यक्ति के अधिकारों की रक्षा करता है। यह शक्ति अधिकारों को उत्पन्न नहीं करती। अधिकार तो प्राकृतिक होते हैं, सामान्य संकल्प की शक्ति उनकी रक्षा अवश्य करती है। यहाँ पर यह प्रश्न उठाया जाता है कि यदि राज्य का आधार संकल्प है तो किसी विशेष मनुष्य को प्रभु कैसे माना जा सकता है। ग्रीन के अनुसार यह मनुष्य सामान्य संकल्प के प्रतिनिधि के रूप में प्रभु माना जा सकता है। कुछ लोगों को यह आक्षेप है कि यदि राज्य का आधार सामान्य संकल्प है तो क्या तानाशाही राज्यों में जनता सामान्य संकल्प से ऐसे राज्य को चाहती है? इसके उत्तर में ग्रीन का कहना है कि तानाशाही राज्य आदर्श राज्य नहीं है क्योंकि राज्य का उद्देश्य जनता का कल्याण है और तानाशाही राज्य जनता का अहित करते हैं इसलिए उनका आधार सामान्य संकल्प नहीं है। प्रजातंत्रीय देशों में जनता राजनैतिक अधिकारों द्वारा सामान्य संकल्प का अनुभव करती है। जब तक राज्य जनता का हित साधन करता है तभी तक उसे सामान्य संकल्प की शक्ति मिली होती है। यदि राज्य अपने कर्तव्य का पालन नहीं करता तो उसे सामान्य संकल्प का समर्थन नहीं मिलता। इस प्रकार राज्य को शक्ति जनता के सामान्य संकल्प से प्राप्त होती है। जब राज्य अपने कर्तव्य नहीं करता तो जनता उसके विरुद्ध विद्रोह कर सकती है। इस प्रकार राज्य साध्य नहीं बल्कि साधन है। वह सकारात्मक और नकारात्मक दोनों प्रकार से व्यक्तियों की आत्मोन्नति में सहायता करता है। सकारात्मक (Positive) रूप में वह व्यक्तियों के अधिकारों की रक्षा करता है और ऐसे नियम बनाता है जिनसे जनता का हित सम्भव हो। नकारात्मक (Negative) रूप से राज्य व्यक्ति के मार्ग से उन बाधाओं को हटाता है जिनसे उसके सुखी

---

5. ''General will is common consciousness of common good.'' --Green.

6. ''The general will aims at social good as a whole and individual good is a part of it.'' --Green.

जीवन में बाधा पड़ती है। इन दोनों प्रकार के कार्यों को न करना राज्य की त्रुटि है। सकारात्मक कार्य जैसे सार्वजनिक शिक्षा का प्रबन्ध आदि न करना नकारात्मक त्रुटि है। अत्याचारपूर्ण अनुचित कानून बनाना सकारात्मक त्रुटि है। पहले में राज्य वह नहीं करता जो उसे करना चाहिये, दूसरे में राज्य वह करता है जो उसे नहीं करना चाहिये। इन दोनों ही परिस्थितियों में व्यक्ति को राज्य के विरूद्ध विद्रोह करने का अधिकार है।

आलोचना

ग्रीन के सामान्य संकल्प की विचार की अनेक विचारकों ने आलोचना की है। कुछ आलोचनायें निम्नलिखित हैं–

(1) गिंसबर्ग के अनुसार, "समाज में हमें जो भी वस्तु सार्वजनिक कल्याण की प्रतीत होती है वह मनुष्य के संकल्प पर आधारित नहीं होती। व्यक्तियों के संकल्पों में परस्पर इतना संघर्ष होता है कि उनसे सामान्य संकल्प की उत्पत्ति की कल्पना भी नहीं की जा सकती।" इस प्रकार गिंसबर्ग सामान्य संकल्प को असम्भव मानता है।

(2) हाबहाउस के अनुसार, "सामान्य संकल्प के सिद्धान्त की आड़ में रूढ़िवादी को पनपने की अनुमति दी जाती है और जब तक जनता उन्मुक्त रूप से आन्दोलन करे तब तक यह बहाना किया जा सकता है कि राज्य की सरकार सामान्य संकल्प के अनुरूप ही कार्य कर रही है।" इस कथन के अनुसार राज्य को सामान्य संकल्प पर आधारित करने से वह मनमानी कर सकता है। मैकाइवर के अनुसार, "सामान्य संकल्प राज्य का संकल्प नहीं बल्कि राज्य को स्थिर रखने का संकल्प है।"[7] यह कहना अनुचित है कि राज्य की स्थापना सामान्य संकल्प के कारण हुई। केवल यही कहा जाना चाहिये कि सामान्य संकल्प के अनुसार चलकर ही राज्य स्थिर रह सकता है।

राज्य के कार्य
(Functions of the State)

ग्रीन ने राज्य के दो प्रकार के कार्य माने हैं–सकारात्मक (Positive) और नकारात्मक (Negative)। सकारात्मक कार्यों में शान्ति का पोषण, शिक्षा का प्रसार, नैतिक जीवन के विकास की परिस्थितियाँ जुटाना तथा जनता के अधिकारों का सम्मान आदि सम्मिलित हैं। नकारात्मक कार्यों में नैतिक जीवन के विकास में आने वाली बाधाओं के विरुद्ध बाधा डालने के कार्य आते हैं। इसका एक उदाहरण दण्ड व्यवस्था है। अपराधी का अपराध समाज विरोधी शक्ति है। उससे समाज की शान्ति भंग होती है। वह नैतिक विकास में बाधा है। अपराध के लिए दण्ड की व्यवस्था करके राज्य अपराधी के बल प्रयोग के विरुद्ध बल प्रयोग करता है। इस प्रकार वह बाधा को दूर करने वाली बाधा है। दण्ड अपराधी के घूमने-फिरने तथा अनेक कार्यों में बाधा डालता है। अपराधी को जेल में बन्द कर देने से वह कोई भी कार्य करने के लिये स्वतन्त्र नहीं रह जाता किन्तु राज्य द्वारा अपराधी के जीवन में यह बाधा उस बाधा को

7. "General will is not so much the will of the state as the will for the state i.e., will to maintain it."
--MacIver.

दूर करती है जो अपराधी ने राज्य के अनेक व्यक्तियों के जीवन में लगा रखी है। इसलिए ग्रीन ने कहा है कि दण्ड राज्य द्वारा अपराधी के बल प्रयोग के विरुद्ध बल प्रयोग है। उसके अपने शब्दों में "राज्य को उत्तम जीवन के मार्ग में आने वाली बाधाओं को दूर करने के लिए एक बाधा के रूप में कार्य करना चाहिये।" ग्रीन का यह सिद्धान्त उसके दण्ड, विद्रोह, समुदायों के परस्पर सम्बन्ध और युद्ध सम्बन्धी विचारों से स्पष्ट होता है।

(1) **दण्ड सम्बन्धी सिद्धान्त**– ग्रीन के अनुसार नैतिकता की वृद्धि के लिये राज्य बलपूर्वक कानूनों का पालन करा सकता है। राज्य को चाहिए कि वह उन व्यक्तियों को दण्ड दे जो राज्य के कानूनों का पालन नहीं करते। कानून का पालन दण्ड के भय से नहीं बल्कि सामाजिक हित को ध्यान में रखकर होना चाहिये। राज्य को केवल उन्हीं विषयों पर कानून बनाना चाहिए जिन्हें दण्ड के द्वारा मनवाया जा सके। आत्मा को बल द्वारा नहीं जीता जा सकता, इसलिए राज्य को नैतिकता के विषय में कानून नहीं बनाने चाहियें। नैतिकता की उत्पत्ति के लिये राज्य नकारात्मक कार्य कर सकता है। उदाहरण के लिए वह मद्यपान, जुआ, अशिक्षा आदि नैतिक जीवन की बाधाओं में बाधा डालने के लिए कानून बना सकता है। अन्त में दण्ड राज्य का नकारात्मक कार्य है।

(2) **विद्रोह सम्बन्धी सिद्धान्त**–ग्रीन व्यक्ति को राज्य के गलत कामों के विरुद्ध विद्रोह करने का अधिकार देता है। उसके अपने शब्दों में "व्यक्ति का यह विकास राज्य के विपरीत एक बाधा है जिससे सामाजिक सन्तुलन बना रहे। वह राज्य में बाधा डालने वाली एक बाधा है।"[8] यह बाधा तभी उचित है जब कि राज्य उचित कार्य न कर रहा हो और अनुचित कार्य कर रहा हो, उसका कर्त्तव्यों का उल्लंघन गम्भीर हो और जनमत विद्रोह के पक्ष में हो।

(3) **राज्य तथा अन्य समुदायों का सम्बन्ध**–ग्रीन के अनुसार व्यक्ति का राज्य से सम्बन्ध अन्य समुदायों के माध्यम से स्थापित होता है। राज्य समुदायों का समुदाय है। जिस प्रकार व्यक्ति मिलकर समुदाय बनाते हैं उसी प्रकार समुदाय मिलकर राज्य बनाते हैं। इन समुदायों में परिवार, धार्मिक समुदाय और आर्थिक समुदाय मुख्य हैं। व्यक्तियों के इनके प्रति उसी प्रकार अधिकार और कर्त्तव्य होते हैं जैसे राज्य के प्रति अधिकार और कर्त्तव्य होते हैं। राज्य को इन समुदायों के अधिकारों का आदर करना चाहिये और उन्हें छीनने की कोशिश नहीं करनी चाहिए। उसे इन समुदायों के अधिकारों और कर्त्तव्यों में सामंजस्य बनाये रखना चाहिए। राज्य को इस प्रकार कार्य करना चाहिए कि इन समुदायों में संघर्ष न हो।

(4) **युद्ध सम्बन्धी विचार**–ग्रीन के अनुसार, 'युद्ध अपूर्ण राज्य का द्योतक है तथा एक क्रूर आवश्यकता है।" वह युद्ध की आलोचना करता है, क्योंकि सभी मनुष्यों को जीने का अधिकार है। यदि यह कहा जाये कि युद्ध अनिवार्य बुराई है तो बुराई से बुराई को समाप्त नहीं किया जा सकता। युद्ध अपूर्ण राज्य के कारण होता है। जैसे-जैसे राज्य पूर्णता प्राप्त करते हैं, युद्ध कम होते हैं। ग्रीन युद्ध को राष्ट्रभक्ति का प्रतीक मानने के विरुद्ध है। उसके अनुसार साहस, बलिदान और राष्ट्र प्रेम शान्ति की अवस्था में ही दिखलाई पड़ते हैं।

---

8. "Thus right of revolution to the individual against the state is a check to the state to maintain the equilibrium. It is a check to check the state." --T.H. Green

आलोचना

ग्रीन ने जो राज्य को उत्तम जीवन के मार्ग में आने वाली बाधाओं को दूर करने के लिए एक बाधा के रूप में कार्य करने वाला माना है, इसकी आलोचना करते हुए विचारकों ने इसे नकारात्मक सिद्धान्त बतलाया है। उसके अनुसार ग्रीन इस बात पर अधिक जोर देता है कि राज्य को क्या नहीं करना चाहिए और यह नहीं बतलाता कि राज्य को क्या करना चाहिए। इसके प्रत्युत्तर में ग्रीन का कहना है कि राज्य के कार्यों का मूलभूत सिद्धान्त नकारात्मक है किन्तु उसकी आत्मा सकारात्मक है। इसलिए ग्रीन ने कुछ सामाजिक सुधारों का भी उल्लेख किया है। वास्तव में ग्रीन के आलोचक यह भूल जाते हैं कि पूर्ण नकार सम्भव नहीं है, प्रत्येक नकार के मूल में कोई न कोई सकार अवश्य होता है। जैसा कि ग्रीन ने स्पष्ट किया है, निरक्षरता दूर करने के लिए शिक्षा का विस्तार करना पड़ता है। मद्य निषेध के लिए अन्य प्रकार के पेय गृह जैसे काफी हाउस आदि खोले जा सकते हैं। भूमि के समान वितरण के लिए जमींदारी प्रथा समाप्त करनी होती है। व्यक्तिगत सम्पत्ति के अपहरण को रोकने के लिए सम्पत्ति का न्यायपूर्ण वितरण करना पड़ता है। स्वास्थ्य में बाधक तत्वों को दूर करने के लिए राज्य को स्वच्छ और स्वास्थ्यवर्धक घरों का निर्माण करना चाहिए। वास्तव में ग्रीन ने राज्य के कानूनों को रुकावटों की रुकावट कहकर यह तथ्य स्पष्ट किया है कि उनके पालन के लिए दण्ड प्रयोग का नैतिक आधार क्या है और वह क्यों आवश्यक है।

व्यक्तिवाद
(Individualism)

ग्रीन व्यक्तिवादी विचारक था। उसने स्वतन्त्रता को अत्यन्त महत्वपूर्ण माना। उसके अनुसार, "प्रत्येक मनुष्य को स्वतन्त्रता का अधिकार है" राज्य के कानूनों द्वारा उसके अधिकारों में बाधा पड़ने पर वह उनका भी विरोध कर सकता है। व्यक्ति के अधिकार आत्मचेतना पर निर्भर हैं। ये अधिकार प्राकृतिक अधिकार हैं जो राज्य द्वारा नहीं छीने जा सकते। प्राकृतिक अधिकार वैधानिक अधिकारों से अधिक व्यापक और गहरे होते हैं। ये नैतिक विकास के लिये भी आवश्यक होते हैं। ये सार्वभौम होते हैं। ये मनुष्य को समाज के सदस्य के रूप में प्राप्त होते हैं। इनमें मनुष्य का उन सभी कार्यों का अधिकार आ जाता है जो कि उसके विकास के लिए आवश्यक हैं। व्यक्तिगत सम्पत्ति को व्यक्तियों के विकास के लिए आवश्यक मान कर ग्रीन व्यक्ति के सम्पत्ति के अधिकार का समर्थन करता है। सम्पत्ति का अधिकार स्वतन्त्र जीवन व्यतीत करने के लिए आवश्यक है। प्रत्येक व्यक्ति को सम्पत्ति प्राप्त करने का अवसर प्राप्त होना चाहिए। विभिन्न व्यक्तियों में सम्पत्ति का अन्तर पाया जाना स्वाभाविक है क्योंकि उनमें सम्पत्ति प्राप्त करने की क्षमता भिन्न-भिन्न होती है।

ग्रीन राज्य को व्यक्ति के विकास का साधन मानता है। उसके अपने शब्दों में, "राष्ट्र के जीवन का उसको निर्माण करने वाले व्यक्तियों के जीवन के अतिरिक्त कोई वास्तविक अस्तित्व नहीं है व्यक्तियों के कुछ अधिक मूल्य के प्रसंग के अतिरिक्त एक राष्ट्र, समाज अथवा मानव जाति की किसी प्रगति अथवा उन्नति अथवा विकास की बात करना शब्दों को

बिना अर्थ प्रयोग करना है।"[9] इस प्रकार राष्ट्र की प्रगति अन्त में व्यक्ति की ही प्रगति है। राज्य मनुष्यों को नैतिक नहीं बनाता, वे अपने ही प्रयासों से नैतिक विकास करते हैं। एक साधन के रूप में राज्य का कार्य केवल उन परिस्थितियों को जुटाना है जिनमें मनुष्यों का नैतिक विकास सम्भव हो सके। ऐसा करने वाले राज्य को परिवर्तित किया जा सकता है। संस्थायें मनुष्यों के लिए होती हैं, मनुष्य संस्थाओं के लिये नहीं होते। संस्थाओं का मूल्य उस लाभ और कार्य में होता है जो वे मनुष्य के लिये करती है।[10] राज्य सामान्य संकल्प पर आधारित होता है और उसके विरुद्ध विद्रोह किया जा सकता है।

उपरोक्त विवेचन से स्पष्ट है कि ग्रीन ने अपने राजदर्शन में व्यक्ति को बहुत महत्व दिया है किन्तु इससे यह निष्कर्ष निकालना अनुचित होगा कि उसने व्यक्ति को बिल्कुल निरंकुश बना दिया है। मनुष्य को आन्तरिक और बाह्य स्वतन्त्रता देते हुए भी वह स्वतन्त्रता को निरंकुश नहीं मानता। उसके अनुसार, "एक मनुष्य तभी स्वतन्त्र है जब कि वह उस राज्य में है जिसमें कि वह अपने आदर्श को प्राप्त करता है और कानून से एक रूप होता है, जिसको कि वह आज्ञा पालन के उपयुक्त मानता है, जिसमें वह जो कुछ उसमें है उसे अभिव्यक्त करता है और सत के नियम की पूर्ति करता है अर्थात् प्रकृति के अनुसार जीवन व्यतीत करता है।"[11] इस प्रकार ग्रीन के अनुसार मानव चेतना स्वतन्त्रता चाहती है। स्वतन्त्रता के लिए अधिकार आवश्यक है और अधिकारों की रक्षा के लिये राज्य आवश्यक है। उसके अपने शब्दों में, "मानव चेतना स्वतन्त्रता स्थापित करती है, स्वतन्त्रता में अधिकार निहित है, अधिकार राज्य की मांग करते हैं।"[12] ग्रीन व्यक्तिवादियों की स्वतन्त्रता को नकारात्मक मानता है। उसके अनुसार स्वतन्त्रता का अर्थ बन्धनहीनता नहीं बल्कि ऊँचे आदर्शों को प्राप्त करने का अवसर है। उसके अपने शब्दों में, "सच्ची स्वतंत्रता आदर्श वस्तुओं के संकल्प करने की स्वतन्त्रता अथवा अवसर है।"[13]यह अवसर राज्य के अन्तर्गत कानूनों के अनुसार जीवन यापन करने से प्राप्त होता है। अस्तु ग्रीन के अनुसार, "स्वतन्त्रता बन्धनों का अभाव नहीं है।"[14] राज्य में व्यक्ति पर कानूनों के द्वारा जो बन्धन लगाये जाते हैं वे उसके आत्म-विकास में सहायक होने के कारण उसकी स्वतन्त्रता को कम न करके बढ़ाते ही हैं। स्वतन्त्रता आत्म-विकास अथवा नैतिक विकास के लिए होती है। अधिकारों के बिना स्वतन्त्रता का कोई अर्थ नहीं है। प्रत्येक व्यक्ति को उसके

---

9. "The life of the nation has no real existence except as the life of the individuals composing it....To speak of any progress, improvement or development of a nation or society or mankind except as relative to some greater worth of persons, is to use words without meaning." --Green
10. "The value of the institutions of civil life lies in their operation as giving reality to the capacities of will and reasons enabling them to be really exercised." --Green
11. "A man is free when he is in that state in which he shall have realised the ideal of himself, shall be at one with the law, which he recognizes as that which he ought to obey, shall have become all that he has it in him to be, and to fulfil the law of being or live according to nature." --Green
12. "Human consciousness postulates liberty, liberty involves right, rights demand the state." --Green
13. "Genuine liberty is the freedom or opportunity to will the ideal objects." --Green
14. 'Liberty is not the absence of restraints." --Green

विकास के लिए प्राकृतिक और वैधानिक अधिकार मिलने चाहियें। किन्तु ग्रीन ने राज्य के बाहर केवल मनुष्य होने के नाते प्राकृतिक अधिकार नहीं माने हैं। उसके अनुसार प्राकृतिक अधिकार वे हैं जो मनुष्य के नैतिक विकास के लिये आवश्यक हैं, राज्य इन अधिकारों को नहीं छीन सकता क्योंकि इनके बिना मनुष्य का नैतिक विकास सम्भव नहीं है। प्राकृतिक अधिकार प्राकृतिक स्थिति के अनुसार नहीं बल्कि नैतिक प्रकृति की मांगे हैं। दूसरे शब्दों में, प्राकृतिक अधिकार नैतिक अधिकार हैं। इन अधिकारों की रक्षा राज्य में होती हैं। बल प्रयोग और दण्ड के भय के द्वारा राज्य मनुष्यों को दूसरों के अधिकारों का उल्लंघन करने से रोकता है।

उपरोक्त विवेचन से स्पष्ट है कि ग्रीन उतना ही समाजवादी था जितना कि व्यक्तिवादी। अस्तु उसे अन्य व्यक्तिवादियों के समान कोरा व्यक्तिवादी समझना उचित नहीं है। वास्तव में वह व्यक्ति और राज्य को एक ही व्यवस्था के दो पहलू मानता है। वह व्यक्ति को समाज से अलग रखकर नहीं देखता बल्कि समाज में ही देखता है। सेबाइन ने ग्रीन के योगदान के विषय में लिखा है कि उसने यह बतलाया कि सामूहिक कल्याण व्यक्ति की स्वतन्त्रता की पहली शर्त है। इसलिये व्यक्ति के अधिकारों की स्थापना तभी हो सकती है जबकि सामान्य हितों की पूर्ति की जाये। राज्य का कार्य ऐसी परिस्थितियाँ उत्पन्न करना है जिनमें व्यक्ति का नैतिक विकास हो सके। शासन को अर्थव्यवस्था पर वहीं तक नियंत्रण रखना चाहिए जहाँ तक कि ऐसा करना व्यक्तियों के विकास के लिए आवश्यक हो। मैकन ने ग्रीन के इस व्यक्तिवाद की प्रशंसा करते हुए लिखा है, ''यदि प्रत्येक राजनैतिक आन्दोलन में मानव प्राणियों के भाग्य और संस्थाओं पर प्रत्येक विवाद में साथी नागरिकों के सुख दु:ख देखना व्यक्तिवाद है तो राजनीति दर्शन में ग्रीन से अधिक व्यक्तिवादी बहुत कम होंगे।''[15] वेपर के अनुसार, ''उसने व्यक्तिवाद को नैतिक और सामाजिक तथा आदर्शवाद को सभ्य और सुरक्षित बनाया।''[16]

ग्रीन का योगदान
(Contribution of Green)

राजनैतिक चिन्तन के इतिहास में ग्रीन का महत्व उसके निम्नलिखित योगदान से स्पष्ट होता है।

(1) **व्यक्तिवाद और आदर्शवाद का समन्वय**—ग्रीन के विचारों में व्यक्तिवाद और आदर्शवाद का समन्वय मिलता है। व्यक्ति की स्वतन्त्रता का भारी समर्थन करते हुए भी ग्रीन 'यद्‌भाव्यम' नीति का समर्थन नहीं करता और अनेक परिस्थितियों में व्यक्ति पर राज्य के कानूनों का अंकुश आवश्यक मानता है।

(2) **उदार आदर्शवाद की स्थापना**—ग्रीन उदार आदर्शवादी (liberal idealist) था। उसने व्यक्ति की स्वतन्त्रता, प्राकृतिक अधिकार तथा विश्व शान्ति आदि के विचारों को इस

---

15. ''If it be individualism to see in every political movement the fate of human beings and in every controversy over institutions the weal or woe of fellow citizens then there are few more declared individualists in political philosophy than Green.'' --Maccunn
16. ''.....he made individualism moral and social and idealism civilized and safe.'' --Wayper

ढंग से उपस्थित किया कि उदारवादी विचारधारा की ओर संसार का ध्यान आकर्षित हुआ। उसी के प्रयास के प्रभाव से अंग्रेजी बोलने वाले देशों में उदारवादी विचारों का सम्मान हुआ।

(3) व्यक्तिवाद में संशोधन—ग्रीन ने अतिरेकवादी व्यक्तियों के विचारों की आलोचना करके संशोधित और नियंत्रित व्यक्तिवाद उपस्थित किया।

(4) राज्य साधन है—ग्रीन ने राज्य को जनकल्याण का साधन मान कर व्यक्तिवाद और आदर्शवाद का सुन्दर समन्वय किया।

(5) राज्य और समाज का सम्बन्ध—ग्रीन के अनुसार समाज हित राज हित से ऊपर है। राज्य समाज का स्वामी नहीं बल्कि प्रतिनिधि है। इसलिए राज्य को विश्व समाज की सामान्य नैतिक चेतना के अनुसार चलना चाहिए।

(6) विश्वशान्ति पर जोर—ग्रीन ने युद्ध की आलोचना की और विश्वशान्ति पर जोर दिया। उसने विश्व न्यायालय और विश्व राज्य का समर्थन किया।

(7) वैधानिक सुधार—ग्रीन के प्रभाव से इंग्लैण्ड में बुढ़ापे की पेंशन, बेरोजगारी का बीमा, मजदूरों का मुआवजा और फैक्ट्री अधिनियम तथा अन्य अनेक सामाजिक अधिनियमों के पारित होने में सहायता मिली। अपराध के क्षेत्र में ग्रीन ने सुधारवादी विचारों का समर्थन किया। उसके विचारों का दण्ड विषयक कानूनों पर व्यापक प्रभाव पडा। उसके प्रभाव से सम्पत्ति के विषय में ऐसे कानून बने जिनसे एक ओर व्यक्ति की सुरक्षा हुई तो दूसरी ओर गलत इस्तेमाल की भी रोकथाम हुई।

(8) राज्य के कार्यों का नैतिक आधार—ग्रीन ने राज्य के कार्यों को नैतिक आधार पर स्थापित किया। राज्य के विधायक कार्य जैसे शिक्षा की व्यवस्था, स्वास्थ्यप्रद घरों का निर्माण इत्यादि वे कार्य हैं जिनके द्वारा व्यक्तियों के नैतिक विकास की परिस्थितियाँ जुटायी जा सकती हैं। राज्य के नकारात्मक कार्य वे हैं जो व्यक्तियों के नैतिक विकास में आने वाली बाधाओं का निषेध करते हैं जैसे मद्य निषेध इत्यादि।

(9) राज्य विरोध के अधिकार का स्पष्टीकारण—ग्रीन ने राज्य विरोध के अधिकार का जो स्पष्टीकरण किया उसने आधुनिक काल में गांधी जी तक को प्रभावित किया है। उसने व्यक्ति को राज्य का विरोध करने का अधिकार देते हुए भी इसकी गम्भीरता को किसी भी प्रकार से कम नहीं होने दिया। उसकी व्याख्या अहिंसक, असहयोग आन्दोलन का आधार प्रदान करती है।

(10) राज्य के अधिकार की व्याख्या—ग्रीन की सामान्य संकल्प की धारणा में विचारकों को चाहे कुछ भी आपत्तियाँ क्यों न हों, इसमें सन्देह नहीं कि उसका यह विचार राज्य के नैतिक आधार की महत्वपूर्ण प्रस्तावना है। बारकर ने ठीक ही कहा है कि, "वह एक उच्च स्तर का आदर्शवादी और संजीदा व्यावहारिक दार्शनिक था।"[17]

---

17. "He was a souring idealist and a sober realist." --Barker.

अभ्यास के लिये प्रश्न

1. अंग्रेजी दार्शनिक टी॰ एच॰ ग्रीन के राजनीतिक दर्शन का संक्षेप में वर्णन कीजिये।
2. टी॰ एच॰ ग्रीन के राजनीतिक दर्शन का मूल्यांकन कीजिये। उसके राज्य, राजनीतिक कर्त्तव्य के आधार, राज्य के विरोध करने के अधिकार तथा स्वतन्त्रता के विषय में विचार बताइये।
3. ''राज्य का आधार 'शक्ति' नहीं अपितु 'इच्छा' है।'' (ग्रीन) विवेचना कीजिये।
4. ''अच्छे से अच्छा युद्ध भी आपेक्षिक रूप से कभी ठीक नहीं होता।'' (ग्रीन) आलोचनात्मक व्याख्या कीजिये।
5. ''उदारवाद सिद्धान्त में ग्रीन ने जिस चीज की वृद्धि की है, वह यह कल्पना थी कि सामूहिक कल्याण व्यक्तिगत स्वतन्त्रता तथा उत्तरदायित्व के लिये आवश्यक है।'' (सेबाइन) विवेचना कीजिये।
6. ''जब हम स्वतन्त्रता के विषय में बात करते हैं तो हमारा अर्थ कोई उचित कार्य करने की अथवा आनन्द मनाने की कारात्मक शक्ति से होता है और वह शक्ति ऐसी होनी चाहिये जो सबको सामान्य रूप से प्राप्त नहीं है।'' (ग्रीन) विवेचना कीजिये।
7. ''राज्य...अधिकारों का निर्माण नहीं करता अपितु जो अधिकार पहले से प्राप्त होते हैं, उनको ही वास्तविकता प्रदान करता है।'' (ग्रीन) व्याख्या कीजिये।
8. ग्रीन के राज्य सिद्धान्त अथवा राजनीतिक कर्त्तव्यों के सिद्धान्त का आलोचनात्मक वर्णन कीजिये। वह हेगेल से किन बातों से भिन्न है।
9. ''कभी-कभी यह प्रश्न प्रस्तुत किया जाता है कि क्या विधि के द्वारा नैतिक कर्त्तव्यों को लागू किया जाना चाहिये। यह प्रश्न वास्तव में अर्थहीन है, क्योंकि राज्य ऐसा करने में असमर्थ है।'' (टी॰ एच॰ ग्रीन) इस कथन को दृष्टि में रखते हुये राज्य के कर्त्तव्यों के विषय में ग्रीन के विचारों का वर्णन कीजिये।
10. ग्रीन के अनुसार राज्य मानव चेतना की उपज है, मानव चेतना स्वतन्त्रता पर आधारित है, स्वतन्त्रता अधिकारों पर तथा अधिकार राज्य पर।'' (बार्कर) विवेचना कीजिये तथा बताइये कि यह कथन ग्रीन के विचारों का कहां तक वर्णन करता है?
11. ''राज्य का वास्तविक आधार शक्ति नहीं अपितु इच्छा है।'' (ग्रीन)। विवेचना कीजिये।
12. ''राज्य को उत्तम जीवन के मार्ग में आने वाली बाधाओं को दूर करने के लिए एक बाधा के रूप में कार्य करना चाहिए।'' ग्रीन के इस कथन की व्याख्या कीजिए।
13. ''हेगेल में विश्वास रखते हुए भी ग्रीन एक मौलिक तथा व्यक्तिवादी विचारक था।'' (वेपर) विवेचना कीजिए।

10

बैडले तथा बोज़ांके

Bradley-- 1846-1924and Bosanquet--1848-1923

फ्रांसिस हरबर्ट ब्रैडले

(Francis Herbert Bradley 1846-1924)

आदर्शवाद तथा उदारवाद के बीच वह कठिन संधि अधिक न टिक सकी, जो कि टामस हिल ग्रीन के राजनीतिक विकल्प की एक मुख्य विशेषता थी। उसके बाद में आने वाले आदर्शवादी विचारकों ने उसके दर्शन के उदारवादी तत्व को पृष्ठभूमि में डाल दिया और उसकी आदर्शवादी प्रवृत्ति को हेगेलवाद की दिशा में विकसित किया। फ्रांसिस हरबर्ट ब्रैडले तथा बर्नार्ड बोज़ान्के, इन दो महान् अंग्रेज विचारकों ने इस दिशा में मुख्य योग दिया। मेज (Metz) के शब्दों में ब्रैडले के साथ ब्रिटिश हेगेलवाद पूर्ण रूप से पुष्ट हो गया और उसमें स्वतंत्र उड़ान के लिये पंख लग गये। ब्रेडले की मुख्य देन आचार शास्त्र और अध्यात्म शास्त्र के क्षेत्र में है, राजनीतिक दर्शन के क्षेत्र में नहीं। अपने महान् ग्रंथ 'Ethical Studies' के 'My Station and its Duties' नामक अध्याय में ब्रैडले एक नैतिक सावयव के रूप में राज्य की अवधारणा को विकसित करता है। राजनीतिक विचार को यही उसकी मुख्य देन समझी जा सकती है जो उसे हेगेल के उससे कहीं अधिक निकट ले आती है जितना कि ग्रीन पहुँच पाया था। वह राज्य को एक सावयविक ऐक्य समझता था क्योंकि उसके समस्त घटकों में एक ही सामान्य उद्देश्य पाया जाता है। वे उसी के अन्तर्गत उत्पन्न होते हैं और उसी के कारण उनका व्यक्तित्व होता है क्योंकि वह उसकी संस्थाओं तथा आत्मा की सृष्टि होती है। ब्रैडले का कहना है कि, "वास्तव में जिसे हम व्यक्तिगत मनुष्य कहते हैं वह समाज के कारण और उसके द्वारा ही है, और समाज केवल नाम मात्र नहीं है बल्कि वास्तविक है।"[1]

व्यक्ति जो कुछ है समाज के कारण है, क्योंकि वह जब जन्म लेता है तो, 'उसका एक पारिवारिक चरित्र होता है, एक रांष्ट्रीय चरित्र होता है और एक सभ्य चरित्र होता है और ये

1. "In fact what we call an individual man is what he is because of and by virtue of community, and communities are not mere names, but something real."

--Bradley, quoted by Barker, *op. cit.* p. 62.

सब चरित्र मानव समाज से आते हैं। जैसे ही वह बढ़ता है वह समाज जिसमें कि वह रहता है उस भाषा के द्वारा जिसे कि वह सीखता है और उस सामाजिक वातावरण के द्वारा जिसमें कि वह रहता है, अपने को उसके अस्तित्व में प्रवाहित कर देता है, इसलिये उसके अस्तित्व के तत्व के कण-कण में समाज के सम्बन्ध ओत-प्रोत रहते हैं।''[2]

जहां तक कि राज्य के घटक स्वयं चेतन नैतिक अभिकर्त्ता हैं और राज्य की आत्मा उनमें निवास करती हैं, राज्य स्वयं एक नैतिक सावयव है। मानव शरीर के अंगों के विपरीत राज्य के घटकों को स्वयं अपनी तथा उस सम्पूर्ण की चेतना होती है जिसके कि वे अंग होते हैं। यही कारण है कि ब्रैडले हेगेल की इस धारणा से सहमत था कि राज्य 'स्व-चेतन नैतिक तत्व', अथवा 'स्वयं को जानने वाला तथा स्वयं को यथार्थ करने वाला व्यक्ति' है। राज्य एक नैतिक सावयव है, अपनी इस अवधारणा के द्वारा ब्रैडले इस तथ्य पर जोर देता है कि व्यक्ति अपनी अनुभूति राज्य में और राज्य की सदस्यता के द्वारा ही कर सकता है, कि वह अपने सच्चे स्वरूप की प्राप्ति समाज में स्वधर्म का पालन करके ही कर सकता है।

बर्नार्ड बोजान्के
(Bernard Bosanquet 1848-1923)

बर्नार्ड बोजान्के का जन्म 14 जून, 1848 को हुआ। उसके पिता आर० डब्लू० बोज़ान्के रॉक हाल, नार्थम्बरलैण्ड के रहने वाले थे। बोजान्के ने हैरो तथा बैलिओल कॉलिज, ऑक्सफोर्ड में शिक्षा प्राप्त की जहां कि वह बेन्जामिन जीवेट टॉमस हिल ग्रीन के प्रभाव में आया। 1871 से 1881 तक वह विश्वविद्यालय कॉलिज में फैलो तथा शिक्षक रहा। उसे एक लैक्चरर के जीवन का सीमित क्षेत्र पसन्द न आया, इसलिए वह लन्दन गया और वहाँ वह चैरिटी आर्गनाइजेशन सोसाइटी तथा अन्य समुदायों की ओर से लिखने में लग गया। नवीन शताब्दी के आरम्भ होने के कुछ ही पश्चात् वह सेन्ट एण्ड्रूज कॉलिज में दर्शन-शास्त्र का प्राध्यापक बन गया और 1908 तक इसी पद पर रहा। सन् 1911 और 1912 में उसने एडिनबर्ग के विश्वविद्यालय में 'Principles of Individuality and Value' तथा 'Value and Destiny of the Individual' नामक दो प्रसिद्ध व्याख्यान दिये। 1923 में लन्दन में उसका शरीरान्त हो गया।

बोज़ान्के एक सर्वतोमुखी विचारक तथा लेखक था। न्याय शास्त्र, सौंदर्य शास्त्र, अध्यात्म शास्त्र तथा राजनीति दर्शन पर उसने लगभग बीस पुस्तकें प्रकाशित कराई। उक्त प्रसिद्ध व्याख्यानों के अतिरिक्त उसकी महत्वपूर्ण रचनायें हैं:-

'Knowledge and Reality' (1885); 'Logic' (1888); 'History of Aesthetics' (1892); 'Social and International Ideals' (1917); तथा 'The Meeting of Extremes in Contemporary Philosophy' (1921)।

---

2. ''He has something of the family character, something of the national character, and something of the civilised character which comes from human society. As he grows, the community in which he lives pours itself into his being in the language he learns and the social atmosphere he breathes, so that the content of his being implies in its every fibre relations of community.'' --Barker: *Ibid* pp. 62-63.

राजनैतिक विचार
(Political Ideas)

बोज़ान्के के राजनीतिक विचार उसके महत्वपूर्ण ग्रंथ 'The Philosophical Theory of the State' (1899) में पाये जाते है। बोजान्के एक आदर्शवादी था। प्रो॰ जे॰ ए॰ लीटन ने उसे महान्तम इंग्लिश आदर्शवादी कहकर पुकारा है। एक आदर्श्वादी होने के नाते उसने ग्रीन के सिद्धान्तों को अपनाया, परन्तु उसके उदारवाद को नहीं, और उन्हें पूर्णतया हेगेलवाद की दिशा में विकसित किया। प्रो॰ बार्कर के शब्दों में ग्रीन ने राज्य पर जो सीमायें लगाई थीं, बोजान्के ने उन्हें एकदम दूर कर दिया और ऐसा करके वह ग्रीन के दर्शन को एक ऐसे स्थल पर ले आया जहाँ कि वह राज्य की पूर्ण हेगेलवादी धारणा के निकट आ गया।

राज्य का सिद्धान्त
(Theory of State)

दार्शनिक सिद्धान्त –बोजान्के अपने राज्य के सिद्धान्त को 'दार्शनिक' (Philosophical) कहता है। उसके अनुसार किसी वस्तु का अध्ययन दार्शनिक हैं यदि उसका उद्देश्य उस वस्तु का उसके सम्पूर्ण रूप में और ज्ञान के लिए ही ज्ञान प्राप्त करना है। इस प्रकार राज्य के दार्शनिक सिद्धान्त के अनुसार राज्य का अपना निजी स्वरूप होता है जोकि स्वयं अपने लिए ही विचार का पात्र है। उसका उद्देश्य राज्य का अपने वास्तविक स्वरूप में अध्ययन करना है, एक आदर्श समाज की रचना करना नहीं। राज्य के जन्म और इतिहास की खोज करने से दार्शनिक सिद्धान्त का कोई सम्बन्ध नहीं। बोजान्के के अनुसार जिस प्रकार कि मानव शरीर शास्त्र का कार्य एक आदर्श रूप से स्वस्थ मनुष्य को चित्रित करना नहीं है उसी प्रकार राजनीति दर्शन का कार्य भी एक आदर्श राज्य का चित्र खींचना नहीं है।

अन्य विचारकों से सहमति–राज्य के स्वरूप के अपने विश्लेषण में बोजान्के ग्रीक दर्शन के इस विचार से आरंभ करता है कि "मानव बुद्धि अपना पूर्ण तथा समुचित जीवन मनो के समुदाय में ही अथवा एक ऐसे समुदाय में ही कर सकता है जिसमें एक बुद्धि व्याप्त हो और जो समाज के प्रत्येक घटक के जीवन तथा कार्य में अपने को संगति-बद्ध रूप से, यद्यपि विभिन्न रूप से, अभिव्यक्त करती है।"[3]

रूसो के सामान्य संकल्प के सिद्धान्त की व्याख्या बोजान्के इस प्रकार करता है कि समाज के घटकों की बुद्धियाँ तथा संकल्प सामान्य संकल्प में एक अविभाजनीय सम्पूर्ण में मिल जाती हैं। वह रूसो की इस अवधारणा का पूर्ण रूप से समर्थन करता है कि मनुष्य अपनी पाशविक वृत्तियों के ऊपर उठकर तथा मानव राज्य के सामान्य जीवन में भाग लेकर ही सच्चे अर्थों में बुद्धिमान बनता है। राज्य मनुष्य के लिए स्वाभाविक है क्योंकि वह ही मनुष्य के पूर्ण विकास की स्थितियाँ जुटा सकता है। इस विश्वास में बोजान्के ग्रीन से सहमत है। ये

---

3. "The human mind can only attain its full and proper life in a community of minds, or more strictly in a community pervaded by a single mind, uttering itself consistently though differently in the life and action of every member of the community."

--Bosanquet: *The Philosophical Theory of the State*, p. 6

दोनों विचारक हॉब्स तथा लॉक की इस व्यक्तिवादी अवधारणा को मानने से इन्कार करते हैं कि मनुष्य प्रकृति द्वारा अलग अलग तथा स्वाधीन होते हैं और वे केवल आगे चलकर एक कृत्रिम तथा बाहरी रूप से समाज में संगठित होते हैं। ग्रीन के समान बोजान्के अपने राज्य के सिद्धान्त को इस तथ्य पर आधारित करता है कि व्यक्ति पूर्ण रूप से सामान्य संकल्प से व्याप्त है और वह अपने सच्चे व्यक्तित्व की प्राप्ति समाज का होकर ही कर सकता है जोकि एक सावयविक सम्पूर्ण है।

बोजान्के ग्रीन की इस अवधारणा से भी सहमत है कि राज्य के पास अपने उद्देश्य की प्राप्ति के जो साधन होते हैं उनके तथा नैतिकता के स्वरूप के कारण राज्य का कार्य एक शुभ जीवन के मार्ग में आने वाली बाधाओं को हटाने तक सीमित है। वह लिखता है : "तब, हम कहते हैं कि सर्वोत्तम जीवन के लिये राज्य स्वयं कुछ नहीं कर सकता किन्तु केवल उसके मार्ग की बाधाओं को दूर कर सकता है।"[4]

ग्रीन की भाँति ब्रैडले इस बात पर जोर देता है कि यद्यपि राज्य के कार्य का तात्कालिक रूप नकारात्मक होता है तथापि अपनी वास्तविक क्रियाओं तथा अंतिम उद्देश्य में वह विधेयात्मक होता है। ऐसी बाधाओं को दूर करना विधेयात्मक कार्य है जैसे कि अनिवार्य शिक्षा द्वारा निरक्षरता को दूर करना और मदिरा के क्रय विक्रय को नियंत्रित करके नशेबाजी को रोकना। ऐसे विधेयात्मक कार्यों का उद्देश्य नैतिक है; यह चरित्र के उन गुणों को स्वतंत्र करता है जोकि बाधाओं की अपेक्षा निश्चित रूप से ही अधिक महान् होते हैं। राज्य के द्वारा ऐसे कार्यों का किसी भी उद्देश्य से करना कुछ न करने की अपेक्षा तो अच्छा ही है। किन्तु राज्य को ऐसे कार्य नहीं करने चाहियें जिनका मूल्य तभी होता है जबकि वे स्वतंत्र इच्छा द्वारा निर्धारित हों। इस प्रकार राज्य के कार्य सम्बन्धी अवधारणा में बोजान्के ग्रीन से पूर्ण रूप से सहमत है। परन्तु, वह ग्रीन के दर्शन को विकसित करके उसे एक ऐसा रूप दे देता है जो हेगेल की राज्य की अवधारणा से यदि पूर्ण रूप से मिल नहीं जाता तो उसके बहुत निकट अवश्य आ जाता है। बोजान्के के लिए राज्य "एक प्रकार का चर्च, मानवता का चर्च बन जाता है, और उसकी सदस्यता एक महान् आध्यात्मिक अनुभव के अतिरिक्त और कुछ नहीं है। संक्षेप में, हेगेल की भाँति ही बोजान्के के लिये भी राज्य नागरिक के लिए अंतिम नैतिक शक्ति है, उसके नागरिक अन्तः करण का संरक्षक है।"[5]

राज्य बोजान्के के लिये एक आतंकपूर्ण तथा रहस्यमयी वस्तु बन जाता है जिसके प्रति हमें भक्ति-भाव रखना चाहिये। राज्य का प्रशंसक होने के नाते वह उसकी महानता तथा आदर्शता को उसकी साधारणतम यथार्थ अवस्थाओं में दिखाने की चेष्टा करता है।

---

4. "We say, then, that the state as such can do nothing for the best life but hinder hindrances to it"
--*Ibid,* p. 183

5. "The state becomes for him a sort of church, the church of humanity, and membership of it is nothing else than a great spiritual experience. In short, for Bosanquet as for Hegel, the state is the ultimate moral authority for the citizen, the keeper of his civic conscience"
--Murray: *Studies in the English Social and Political Thinkers of the 19th Century;* vol. II, pp. 311-12.

यद्यपि ग्रीन स्थूल रूप से हेगेल की इस अवधारणा से सहमत था कि व्यक्ति अपनी सच्ची स्वतन्त्रता की प्राप्ति राज्य का एक घटक बनकर ही कर सकता है और वह यह भी मानता था कि समस्त समुदाय तथा संस्थायें दैविक आत्मा (Divine Spirit) का साकार रूप हैं, तथापि वह हेगेल की इस आधार पर आलोचना करता था कि उसका राज्य का सिद्धान्त यथार्थ जीवन के तथ्यों के सर्वथा अनुरूप नहीं है। उसका तर्क था कि यदि कोई व्यक्ति एथेन्स के एक दास से यह कहता कि एथेन्स राज्य स्वतंत्रता की अनुभूति है तो यह उसके साथ एक निर्दय परिहास होता। इसी प्रकार आज के औद्योगिक नगरों की गन्दी बस्तियों (Slums) में रहने वाले निरक्षर तथा भूखों मरते हुए मजदूरों को भी राज्य स्वतंत्रता का साकार दिखाई नहीं पड़ सकता। हेगेल की स्वतंत्रता तथा स्वतंत्रता के साकार रूप राज्य की अवधारणा की ग्रीन ने जो आलोचना की है बोजान्के उसका किसी महत्वपूर्ण बात में विरोध तो नहीं करता, किन्तु वह उसका महत्व बहुत कम करने की चेष्टा अवश्य करता है। उसका विचार है कि नवीन सामाजिक प्रयोगों तथा अधिकाधिक सामाजिक अनुभव के फलस्वरूप, राज्य के अर्थ और महत्व को आज निर्धन लोग भी उतना ही समझने लगे हैं जितना कि धनी लोग। वह अपनी पुस्तक का एक पूरा अध्याय राज्य अथवा समाज की अवधारणा और एक व्यक्ति की व्यक्तिगत इच्छा को मुक्त करने के लिये देता है। वह इस परिणाम पर पहुँचता है कि एक विशिष्ट तथा विलक्षण दृष्टिकोण से विचार करने पर एक व्यक्तिगत मस्तिष्क अपने पूर्ण रूप में, सम्पूर्ण समाज का एक प्रतिबिम्ब है। इस प्रकार व्यक्ति को राष्ट्र की आत्मा में विलीन करने के लिये आधार तैयार किया गया है जोकि हेगेलवाद का मूल तत्त्व है।

राज्य के ऐसे कार्यों को केवल बाधाओं का हटाना कहना उचित नहीं है जैसेकि जनता के लिए शिक्षा की व्यवस्था करना, निवास तथा सफाई का प्रबन्ध करना इत्यादि। बोजान्के भी यह मानता है कि ऐसी बाह्य स्थितियों को केवल नकारात्मक स्थिति कहना अत्युक्ति होगी। जैसेकि सर्वोत्कृष्ट शिक्षा की व्यवस्था करना। तथापि वह ग्रीन के सूत्र का समर्थन करता है और ऐसे कार्यों को इस सूत्र के अन्तर्गत रख कर जो केवल बाधाओं को दूर करने और बुद्धि तथा इच्छा को सक्रिय रूप से स्फुरित करने के बीच में हैं वह हमारे स्वभाव के उस भाग में जिस पर राज्य की विवशकारी शक्ति का प्रभाव पड़ सकता है और उसमें विभेद करता है जोकि एक श्रेष्ठतर जीवन में अपनी अनुभूति करने के लिए संघर्ष कर रहा है। श्रेष्ठतर जीवन की यह प्रवृत्ति यदि व्यक्तियों में न होती तो एक उत्कृष्ट शिक्षा प्रणाली, अच्छा निवास स्थान तथा समुचित वेतन अच्छे जीवन के तत्व न होते। इस प्रवृत्ति को समाज की राजनीति विहीन क्रियाओं से स्फुरण प्राप्त हो रहा है। इस प्रकार बोजान्के राज्य तथा समाज में विभेद करता हैं जिनको कि वह सामान्यतया पर्यायवाची शब्द समझता है। जब हम कहते हैं कि राज्य व्यक्ति की इच्छा की स्वच्छन्द क्रीड़ा के लिये आवश्यक बाह्य स्थितियाँ जुटाता है तो हमारा तात्पर्य समाज के केवल राजनीतिक संगठन से होता है। समाज को सामाजिक शक्तियों तथा सामाजिक सहयोग का एक ऐसा जटिल सम्मिश्रण समझा जाता है जोकि समाज के जीवन को आविष्कारात्मक तथा प्रयोगात्मक तत्त्व प्रदान करता है। इस दृष्टिकोण से बार्कर के शब्दों में कह सकते हैं कि राज्य का क्षेत्र ''यान्त्रिक क्रिया का है, उसकी स्फूर्ति का आधार बल

है, उसकी कार्य पद्धति में कठोरता है; जबकि समाज का क्षेत्र स्वेच्छा पूर्ण सहयोग है, उसकी स्फूर्ति का आधार सद्‌भावना है, उसकी कार्य-पद्धति में लचीलापन है।''[6]

राज्य तथा समाज में इस प्रकार का विभेद करके और राज्य को समाज का राजनीतिक ढांचा समझ कर राज्य की ओर से सतर्क ही रहना पड़ेगा और उसके कार्यों को समाज के स्वीकृत परिणामों पर अपनी मुहर लगा कर उन्हें मान्यता प्रदान करने तक ही सीमित रखना होगा। किन्तु बोजान्के राज्य को पशुबल प्रयोग करने वाला एक राजनीतिक संगठन मात्र नहीं समझता। ''वह उसे एक सामान्य संगठन तथा जीवन का समन्वय समझता है जिसमें परिवार से लेकर व्यापार तक और व्यापार से लेकर चर्च तथा विश्वविद्यालय तक वे समस्त संस्थायें सम्मिलित हैं जोकि जीवन को निर्धारित करती हैं। इसमें ये सब केवल एक एकत्रीकरण के रूप में सम्मिलित नहीं होती हैं बल्कि एक ऐसे ढांचे के रूप में होती हैं जोकि राजनीतिक संगठन का जीवन अर्थ प्रदान करता है, जबकि स्वयं इससे पारस्परिक सामंजस्य प्राप्त करता है जिसका परिणाम प्रसरण तथा एक अधिक उदार अभिव्यक्ति होता है।''[7]

राज्य और समाज—जीवन के एक ऐसे सामान्य संगठन के नाते जोकि सम्पूर्ण जीवन का एक आदर्श प्रस्तुत करता है जिसके प्रकाश में यह समाज के अन्तर्गत समस्त समुदायों की आलोचना करता है और उनमें सामंजस्य स्थापित करता है, राज्य समाज को अपने अन्तर्गत ही सम्मिलित रखता है। राज्य के अन्तर्गत ही समाज रह सकता है और उसका कुछ महत्व हो सकता है। राज्य की ऐसी कोई अवधारणा हमें ग्रीन में नहीं मिलती। उसने व्यक्ति के स्वतंत्र संकल्प तथा राज्य के बीच सम्बन्ध की विवेचना बड़ी सतर्कता के साथ की है। इस प्रकार बोजान्के हेगेल की इस अवधारणा के निकट आ गया है जोकि व्यक्ति को राष्ट्र की आत्मा में विलीन कर देती है।

नैतिक विचार के रूप में राज्य—बोजान्के ने संसद कालिज तथा राज्य इत्यादि संस्थाओं को नैतिक विचार कहा है। परन्तु राज्य को केवल एक नैतिक विचार (an ethical idea) कहना ठीक न होगा; वह नैतिक विचार (the ethical idea) है। अपनी इसी धारणा के कारण बोजान्के हेगेल की इस धारणा की ओर आता है जोकि व्यक्ति को राज्य की आत्मा मे विलीन कर देती है। राज्य की अधिकतर आधुनिक परिभाषाओं के अनुसार राज्य व्यक्तियों का समुदाय है, अथवा समुदायों का समुदाय है; राज्य को 'स्वयं को जानने वाला तथा स्वयं को यथार्थ करने वाला व्यक्ति' समझने वाले बहुत नहीं है; जैसा कि हेगेल उसे समझता था। उन पर व्यक्तिवादी परम्परा का अत्यधिक प्रभाव है। बोजान्के के लिये राज्य 'समस्त नागरिकों की बुद्धियों का सामान्य तत्व' है, अपने घटकों की सर्व-व्यापक बुद्धि है। यद्यपि ग्रीन ने भी

6. ''The area of state is rather that of mechnical action, its energy force, its method rigidity; while the area of society is voluntary co-operation, its energy that of good will, its method that of elasticity.''
--Barker *op. cit.*, p. 71.

7. ''He rather views it as a general organisation and synthesis of life which includes the entire hiearchy of institutions by which life is determined, from the family to the trade, and from the trade to the Church and the University. It includes all of them, not as a mere collection of the growths of the country, but as the structure which gives life and meaning to the political whole, while receiving from it mutual adjustment, and therefore expansion and a more liberal air.''
--Bosanquet : *op. cit.* p. 139.

राज्य को सामान्य उद्देश्यों की सामान्य चेतना कहा है, तथापि वह बोजान्के की स्थिति पर नहीं पहुँचता क्योंकि वह यह नहीं मानता कि राज्य की अपनी कोई बुद्धि होती है जिसमें कि उसके घटकों की समस्त बुद्धियां एकीकृत हो जाती हैं। वह इस बात का अनुरोध करता है कि एक राष्ट्र का जीवन अपने घटकों के जीवन के अतिरिक्त और कुछ नहीं होता। इसलिये ग्रीन को उदार आदर्शवादी कहा जाता है। राज्य की एक नैतिक विचार की अपनी अवधारणा के कारण बोजान्के हेगेल की इस धारणा के निकट आ जाता है कि राज्य स्वयं को जानने वाला तथा स्वयं को यथार्थ करने वाला एक व्यक्ति है; यही उग्र आदर्शवाद है।

सामान्य बुद्धि की अवधारणा—बोजान्के कहता है कि एक संसद सरीखी संस्था उन व्यक्तियों का एक समूह मात्र नहीं है जो कि एक कमरे में बैठते हैं और वादविवाद करते हैं; मूलतः वह एक उद्देश्य अथवा भावना है जोकि कुछ बुद्धियों को एक सम्पूर्ण इकाई में एकीकृत कर देती है। यह एक सामाजिक बुद्धि है जिसमें कि घटकों की बुद्धियाँ मिलती हैं, यह वह आदर्श तत्त्व है, जोकि एक सार्वभौमिक रचना होने के नाते तो सामाजिक बुद्धि है, किन्तु अपनी विभिन्नीकृत स्थितियों में व्यक्तिगत बुद्धि है। बार्कर के शब्दों में संसद, अंतिम रूप से, 'न तो ईंटें हैं, न चूना, और न माँस तथा रक्त, यह वह तत्त्व है जोकि छः सौ बुद्धियों के लिये सामान्य है : यह, जैसा कि हम कहते हैं, "सामान्य बुद्धि" है।' इसी प्रकार से भवन, सड़कें, बाटिकायें, पुस्तकालय, प्रयोगशालायें, तथा विद्यार्थी और शिक्षकगण ही एक कालिज नहीं है; वह एक सामान्य उद्देश्य को प्राप्त करने की चेष्टा करने वाली बुद्धियों का एक समूह है। उन्हे एकताबद्ध करने वाले सामान्य उद्देश्य के कारण बुद्धियों का समूह समूह-बुद्धि (Group-mind) बन जाता है। यद्यपि समूह-बुद्धि का घटकों की बुद्धि से अलग होकर कोई अस्तित्व नही हो सकता, तथापि वह एक वास्तविकता है; उसका अस्तित्व है। इसलिये तो हम कालिज बुद्धि तथा समाज की सार्वजनिक बुद्धि की बात करते हैं। इसी प्रकार हम कह सकते हैं कि राज्य एक निश्चित क्षेत्र में रहने वाले और एक सामान्य संप्रभुता के आधीन लाखों करोड़ो नर-नारियों का समूह मात्र नहीं है; वह सामान्य उद्देश्य है जोकि उन्हें एक सम्पूर्ण इकाई के रूप में एकीकृत करता है; वह यह नैतिक विचार है जो उन सबके लिये सामान्य है। एक उद्देश्य अथवा एक नैतिक विचार का अस्तित्व उस बुद्धि से अलग होकर नहीं हो सकता जिसमें कि वह उत्पन्न होता है। इसलिये हमें कालिज बुद्धि अथवा ट्रेड यूनियन बुद्धि के सदृश एक राष्ट्रीय बुद्धि को भी मानना चाहिये; उसका अस्तित्व होना चाहिये, यद्यपि उसका अस्तित्व राज्य के घटकों की बुद्धियों में ही हो सकता है। परिवार, ट्रेड यूनियन तथा संसद इत्यादि समुदायों की बुद्धियों से राष्ट्र की बुद्धि भिन्न है क्योंकि वह सार्वभौमिक है, क्योंकि यह राज्य के अन्तर्गत समस्त व्यक्तियों और समुदायों के लिए सामान्य है और क्योंकि यह सम्पूर्ण जीवन का अंतिम आदर्श प्रस्तुत करता है। यदि राज्य को शुभ जीवन के लिये बाह्य स्थितियों की व्यवस्था करनी है तो उसे शुभ जीवन का अर्थ भली-भाँति समझ लेना चाहिये। शुभ जीवन के अपने ज्ञान के कारण ही यह अपने अन्तर्गत समस्त समुदायों की आलोचना कर सकता है, उनमें सुधार कर सकता है तथा उनमें परस्पर सामंजस्य स्थापित कर सकता है। इसलिये हमारे राज्य को केवल एक नैतिक विचार नहीं, बल्कि सर्वोच्च नैतिक विचार समझना उचित ही है। जोकि समाज के सम्पूर्ण ढाँचे को कायम रखता है, बोजान्के की अवधारणा के अनुसार राज्य में वे

समस्त संस्थायें सम्मिलित हैं जोकि जीवन को निर्धारित करती हैं। इसलिये बोजान्के राज्य को जीवन का चालक पहिया कहकर पुकारता है।

संस्थाओं तथा राज्य के नैतिक विचारों के होने के विषय में उपरोक्त कथन से यह बात समझ में आ सकती है कि किसी व्यक्ति को एक संस्था क्यों कहा जाता है। किसी व्यक्ति को एक संस्था कहने का अभिप्राय केवल यह होता है कि उस व्यक्ति ने अपनी संस्था की परम्पराओं तथा उद्देश्य को असाधारण मात्रा में आत्मसात् कर लिया है। बोजान्के के लिये एक संस्था एक से अधिक बुद्धियों का उद्देश्य तथा भावना है तथा न्यूनाधिक उसका स्थायी मूर्त्त रूप है।

राज्य के कार्यों की नैतिकता

राजनीतिक दर्शन में बोजान्के कुछ बातों में ग्रीन से हटता है और हेगल के निकट आता है। इनमें से प्रथम का सम्बन्ध राज्य के कार्य की नैतिकता से है। ग्रीन एक नैसर्गिक कानून की सत्ता में विश्वास करता है जोकि एक ऐसा आदर्श अथवा कसौटी है जिसके आधार पर हम राज्य की आलोचना कर सकते हैं और उसका निर्णय कर सकते हैं। ग्रीन का विश्वास है कि अन्ततोगत्वा समाज में एक नैतिक प्रणाली रहती है जोकि राज्य से स्वतंत्र होती है और जिसके आधार पर व्यक्ति राज्य के कार्यों की आलोचना कर सकता है। दूसरी बात यह कि ग्रीन 'राष्ट्रीय ईर्ष्याओं से भरे हुए, प्रतिद्वन्द्वी सेनाओं से सुसज्जित तथा एक दूसरे के विरुद्ध आयात निर्यात की दीवारें खड़ी किये हुए यूरोप के राज्यों की अपेक्षा कहीं अधिक श्रेष्ठ व्यवस्था की कल्पना करता था। वह राज्यों की अनुमति पर आधारित अधिकार से सम्पन्न एक अन्तर्राष्ट्रीय न्यायालय का सपना देखता था। विश्व भ्रातृत्व की धारणा, जोकि स्वतंत्र जीवन के अधिकार का उपसिद्धान्त है, ग्रीन के इन विचारों का सैद्धाँतिक आधार है। ''बोजान्के किसी ऐसी नैतिक प्रणाली की सत्ता में विश्वास नहीं करता जोकि राज्य से स्वाधीन होकर समाज में पाई जाय। उसके लिये राज्य एक सम्पूर्ण नैतिक जगत का संरक्षक है, किन्तु वह एक संगठित नैतिक जगत के अन्तर्गत एक तत्व नहीं है। बोजान्के कहता है: ''नैतिक सम्बन्धों के लिये एक संगठित जीवन एक पूर्व-आवश्यकता है; किन्तु ऐसा जीवन केवल राज्य के अन्तर्गत है, राज्य तथा अन्य समुदायों के बीच सम्बन्धों में नहीं।''[8]

इस प्रकार बोजान्के इस परिणाम पर पहुँचता है कि राज्यों के कार्यों का उस प्रकार से नैतिक निर्णय नहीं होना चाहिये जैसा कि व्यक्तिगत कार्यों का होता है। राज्य के कार्य सार्वजनिक कार्य हैं; इसलिये वे उस संगठित नैतिकता के सिद्धान्तों के क्षेत्र से परे हैं जोकि व्यक्तियों के परस्पर सम्बन्धों पर लागू होती हैं। युद्ध, सम्पत्ति हरण, ऋण निषेध आदि सार्वजनिक कार्य जिनसे कि कुछ हानि होती है, हत्या अथवा चोरी से बिल्कुल भिन्न हैं और उपरोक्त की भाँति उनका निर्णय नहीं किया जा सकता। इसका अर्थ यह नहीं है कि बोजान्के राज्य के कर्मचारियों के राज्य के हित में किये हुये गलत अथवा अनैतिक कार्यों को भी उचित ठहराता है। एक राज्य कर्मचारी द्वारा किये हुये भी ऐसे कार्य उतने ही अनैतिक हैं जितने कि किसी

8. ''Moral relations presuppose an organised life; but such a life is only within the state, not in relations between the state and other communities.''

--Bosanquet, *Op Cit.*, p. 302.

प्राइवेट नागरिक द्वारा किये हुये। बोजान्के ऐसे कार्यों को सार्वजनिक नहीं समझता; वे व्यक्तियों के कार्य हैं। युद्ध की घोषणा तथा उसका संचालन, बिना प्रतिकार के किसी उद्योग का राष्ट्रीकरण तथा राज्य के ऊपर ऋण को देने से इन्कार कर देना सार्वजनिक कार्यों के उदाहरण है; उन्हें कानून की अवहेलना करना नहीं समझा जा सकता; वे किसी दुर्भावना अथवा लालच से प्रेरित होकर नहीं किये जाते। इसलिये राज्य को व्यक्तिगत अनैतिकता का अपराधी नहीं समझा जा सकता। इस बात पर आग्रह करते हुए भी कि ऐसे सार्वजनिक कार्य साधारण नैतिकता के क्षेत्र के अन्तर्गत नहीं आ सकते बोजान्के यह अवश्य मानता है कि उनकी आलोचना की जा सकती है। यदि वे समाज के सक्रिय समर्थन के साथ किये जाते हैं और वे अनैतिक होने के कारण निंद्य हैं तो राज्य का 'मानवता तथा इतिहास के न्यायालय के सामने' निर्णय होगा। परन्तु जब कोई देश लड़ाई लड़ता है या सम्पत्ति हरण अथवा सार्वजनिक ऋण को अदा न करने की नीति अपनाता है तो राज्य पर हत्या अथवा चोरी का आरोप लगाना गलत होगा। साराँश यह कि यद्यपि बोजान्के यह तो मानता है कि हम राज्य के कार्यों की आलोचना कर सकते हैं, किन्तु वह यह नही मानता कि राज्य के कार्यों का भी उसी प्रकार निर्णय किया जा सकता है जिस प्रकार कि प्राइवेट नागरिकों के कार्यों का। राज्य के कार्य सार्वजनिक होते हैं, इसलिये उसके कार्यों का व्यक्तिगत कार्यों की भाँति निर्णय नहीं किया जा सकता। राज्य अधिकारों और कर्त्तव्यों की उस प्रणाली से बाधित नहीं हो सकता जिसे कि वह अपने नागरिकों पर आरोपित करता है। वह उस सामाजिक नैतिकता से सीमित नहीं हो सकता जिसे कि वह कायम रखता है।

सामाजिक संगठन का सर्वोच्च रूप राष्ट्र-राज्य

एक संस्था के लिये एक सामान्य उद्देश्य अथवा भावना रखने वाली कुछ बुद्धियों का होना एक पूर्व-आवश्यकता है। एक उद्देश्य रखने वाले एक व्यक्ति से संस्था नहीं बन सकती; बहुत से मनुष्यों से भी एक संस्था नहीं बन सकती, यदि उनका कोई सामान्य उद्देश्य न हो। इसलिये सम्पूर्ण मानव जाति को एक संस्था नहीं कहा जा सकता क्योंकि उसे एकता के सूत्र में बांधने वाला कोई सामान्य नैतिक विचार नहीं होता। निस्संदेह, हम मानव जाति का विचार तो रखते है, किन्तु सम्पूर्ण मानव जाति एक समुदाय नहीं है जैसाकि राष्ट्र-राज्य है। समस्त मनुष्यों का ऐसा कोई समरूप अनुभव नहीं होता जोकि एक समाज की सक्रिय सदस्यता तथा एक सामान्य इच्छा को प्रयुक्त करने के लिये आवश्यक है। मानवता एक नैतिक सावयव (Organism) नहीं है। इसलिये एक संगठित मानवता के आधार पर कोई सच्ची अन्तर्राष्ट्रीय नैतिकता नहीं हो सकती इसलिये नैतिक कानून एक राज्य के अन्तर्गत घटकों पर ही लागू हो सकता है; स्वाधीन राज्यों के परस्पर सम्बन्ध उसकी परिधि से बाहर हैं। तथापि, यदि हम बोजान्के के साथ न्याय करना चाहते हैं तो हमें यह मानना होगा कि वह राज्य अथवा मानवता के विचार अथवा मानव जाति के हितों को अपने सिद्धान्त का अंतिम शब्द नहीं समझता। संगठित सामाजिक जीवन के लिये एक ऐसे पथ-प्रदर्शक तथा मानदण्ड की आवश्यकता है जोकि उसकी सामयिक क्रियाओं से परे है। बोजान्के आशा करता है कि राज्य का उद्देश्य एक ऐसे सामाजिक अन्त:करण की दिशा में अग्रसर होगा जोकि 'सत्य शिव सुन्दर' की प्राप्ति को अपना लक्ष्य समझेगा। वह इस धारणा से सहमत है कि नागरिक जीवन का अंतिम लक्ष्य तथा मूल तत्व धर्म होना चाहिये

और जीवन के परम मूल्य ही हमारी इच्छाओं को सन्मार्ग की ओर निर्दिष्ट कर सकते हैं और राष्ट्रभक्ति को स्वच्छ तथा मधुर रख सकते हैं। यदि मानव जाति राष्ट्रों के बीच मतभेद की अपेक्षा एकमत होने के लिये अधिक भौतिक आधार खोज सकती है तो हो सकता है कि सुदूर भविष्य में एक विश्व-व्यवस्था अथवा विश्व राज्य का जन्म हो जाये।

दण्ड सम्बन्धी विचार
(Idea about Punishment)

दण्ड सिद्धान्त के विषय में बोजान्के के विचारों के बारे में भी दो शब्द कह देना अनावश्यक न होगा, क्योंकि यहाँ भी वह ग्रीन के सिद्धान्त से थोड़ा हटता है और दण्ड में एक विलक्षण विधेयात्मक गुण देखता है जो राज्य-कार्य के नकारात्मक स्वरूप के सामान्य सिद्धान्त से कुछ भिन्न है। जो बात दण्ड के विषय में सत्य है वह राज्य के दूसरे बाध्यकारी कार्यों के विषय में भी सही हो सकती है, और इसके कारण बोजान्के ग्रीन द्वारा दी गई हेगेल के राज्य के सिद्धान्त की आलोचना को बहुत कम महत्व देता है।

दण्ड का स्वरूप

ग्रीन के अनुसार यद्यपि दण्ड का मूल स्वरूप प्रतिरोधात्मक (Deterrent) है, किन्तु वह प्रतिकारात्मक (Retributive) तथा सुधारात्मक (Reformative) भी है। बोजान्के ग्रीन के सिद्धान्त में कुछ संशोधन करता है और कहता है कि दण्ड के प्रतिकारात्मक, प्रतिरोधात्मक तथा सुधारात्मक सिद्धान्तों में भेद करना और अन्य को छोड़कर उनमें से केवल किसी एक को सही मान लेना निरर्थक है। दण्ड आक्रमण के विरुद्ध प्रतिक्रिया है। आक्रमण एक आघात है, और साथ ही साथ वह एक खतरा है और चरित्र का द्योतक है। इसलिए उसके विरुद्ध प्रतिक्रिया, अर्थात् दण्ड भी एक ही साथ दण्ड का प्रतिकार, खतरे का प्रतिरोध तथा चरित्र को सुधारने का प्रयास होना चाहिये। किन्तु हमें यह याद रखना चाहिये कि यद्यपि दण्ड का प्रभाव निश्चित रूप से सुधारात्मक होता है तथापि वह मुख्य रूप से अपराधी को सुधारने के उद्देश्य से नहीं दिया जाता। अपराधी को अच्छा बनाना इसका प्रत्यक्ष उद्देश्य नहीं होता। इसका सच्चा उद्देश्य अधिकारों की रक्षा करना है। अपने इस उद्देश्य की पूर्ति वह अपराधी को यह अनुभव करा कर करता है कि दण्ड उसके ही कार्य का स्वाभाविक प्रतिकार है (प्रतिकारात्मक सिद्धान्त) और अपराध करने के विचार के साथ भय की भावना को जोड़कर करता है। इस प्रकार सुधार, प्रतिरोध तथा प्रतिशोध दण्ड के तीनों स्वरूप एक दूसरे से अलग नहीं किये जा सकते। यदि उनकी समुचित व्याख्या की जाय तो प्रत्येक का इतना प्रसारण हो जाता है कि उनमें अन्य दो भी सम्मिलित हो जाते हैं।

दण्ड से सुधार

दण्ड के प्रभाव से सुधार किस प्रकार होता है, इस विषय में बोजान्के ग्रीन से मतभेद रखता है। बोजान्के की युक्ति का स्वरूप मनोवैज्ञानिक है। वह कहता है कि मनुष्य की निम्नतर प्रकृति में जोकि स्वत: क्रिया का उपचेतन क्षेत्र है तथा उच्चतर प्रकृति में जहाँ शुभ की चेतन इच्छा वर्तती है एक सूक्ष्म निरन्तरता रहती है। इसलिये पहली में जो कुछ होता है उसका प्रभाव दूसरी में भी पड़ता है। जब कोई मनुष्य अनजाने में दूसरे के साथ कोई दुर्व्यवहार करता है और उसके लिये उसे दण्ड दिया जाता है तो दण्ड का धक्का उसकी चेतना इच्छा को जाग्रत

कर देता है जिससे वह अपने कार्य के वास्तविक परिणामों को समझ लेता है। वह यह अनुभव करने लगता है कि उसने दूसरों के अधिकारों पर आघात किया है, और इस प्रकार वह अपने वास्तविक स्वरूप में आ जाता है। बार्कर के शब्दों में "इस प्रकार दण्ड का अर्थ हो सकता है, यह नहीं कि मैं भविष्य में अपराध इसलिये न करूँ क्योंकि मुझे फिर से ऐसा धक्का लगने का भय है, कि मैं भविष्य में भूल न करूँ क्योंकि मैं अपने आपे में आ गया हूँ; आदतों की पूर्ण प्रणाली की मेरी चेतना जाग्रत हो चुकी है और ऐसी चेतना के प्रकाश में मैंने यह अनुभव कर लिया है कि मेरे अपराध करने का क्या अर्थ है।"[9]

इस प्रकार बोजान्के दण्ड में विलक्षण रूप से एक विधेयात्मक गुण देखता है। परन्तु राज्य द्वारा किये हुए अन्य बाध्यकारी कार्यों में यह गुण नहीं है। राज्य जिस प्रणाली को कायम रखता है, वह हमें अपने कर्त्तव्यों को निरन्तर याद दिलाता रहे जिन्हें भूलने की हमें स्वयं भी कोई इच्छा नहीं है, किन्तु यदि राज्य का आदेश हमें ऐसा करने के लिए विवश न करे अपने अज्ञान या आलस्य के कारण जिनका पालन हम नहीं करते, इसलिये बोजान्के कहता है, कि यह सोचना भारी भूल है कि राज्य द्वारा प्रयुक्त शक्ति केवल अपराधियों को सँयत रखने तक ही सीमित है; इसका उसके घटकों के मत पर स्फूर्तिजनक प्रभाव पड़ता है। इस प्रकार बोजान्के राज्य कार्य के उस नकारात्मक स्वरूप में संशोधन करता है जिसके ऊपर ग्रीन इतना जोर देता है।

बोजान्के के राज्य को नैतिक विचार कहने से यह स्पष्ट हो जाता है कि वह यह मानता है कि राज्य का एक अपना जीवन होता है, उसकी एक अपनी बुद्धि अथवा चेतना होती है जिसमें कि उसके घटकों की बुद्धियाँ तथा इच्छायें एक अविभाज्य इकाई में मिल जाती हैं। इस प्रकार राज्य एक नैतिक व्यक्ति बन जाता है जिसके जीवन में भाग लेकर मनुष्य उससे उच्चतर तथा अधिक गहरे व्यक्तित्व और अधिक सच्ची स्वतंत्रता की प्राप्ति करता है जितनी कि वह उससे अलग रहकर कर सकता है। मेज के शब्दों में हम कह सकते हैं कि राज्य 'एक सामान्य तथा बुद्धि प्रधान इच्छा है, एक निरन्तर तथा स्व-तद्रूप प्राणी है, जोकि बहुत से विशिष्ट व्यक्तियों में रमा हुआ है जिनमें और जिनके द्वारा ही इसका अस्तित्व और अर्थ है।' इसका उद्देश्य व्यक्ति तथा समाज में पूर्ण ऐक्य स्थापित करना है। इस प्रकार बोजान्के व्यक्ति तथा समाज के उस पार्थक्य को दूर करता है जोकि हॉब्स, लॉक, बेन्थम, मिल तथा स्पेंसर के व्यक्तिवादी सिद्धान्तों में पाया जाता है। राज्य का लक्ष्य विधेयात्मक है; उसका स्वरूप नैतिक है। बोजान्के के अनुसार राज्य का तात्कालिक कार्य निषेधात्मक अर्थात् शुभ जीवन के मार्ग में से बाधाओं को दूर करना है। वह ग्रीन की भाँति इस बात को भी स्वीकार करता है कि अधिकारों तथा कर्त्तव्यों की प्रणाली को सुरक्षित रखने के लिए राज्य को बल का प्रयोग करना पड़ता है। परन्तु यह मानने में वह ग्रीन से आगे जाता है कि बल राज्य का एक मौलिक तथा तात्त्विक गुण है; और हममें से अधिकतर को अपनी स्वार्थपरता तथा पाशविकता का दमन करने के लिए उस बल की आवश्यकता है। राज्य की विवशकारी शक्ति हमारे लिए तब तक

---

9. "Thus punishment may mean, not that henceforth I cease to have slips because I fear to experience a like shock again, but that henceforth I cease to have slips because I have come to my senses; have had my consciousness of the meaning of a whole system of habits awakened; and have realised, in the light of such consciousness, what my offending means."
--Barker: *op. cit.*, pp. 76-77.

आवश्यक है जब तक कि हममें इतनी सामर्थ्य न आ जाय कि हम अपनी उच्चतर प्रकृति द्वारा अपनी निम्नतर प्रकृति को दबालें। इस कार्य को करने के लिऐ राष्ट्र-राज्य सबसे अधिक उपयुक्त है, जोकि उन नैतिक नियमों से ऊपर होता है जिन्हें कि वह समाज में लागू करता है। राज्य व्यक्तियों की अपेक्षा एक उच्चतर इकाई है, इसलिये उसके कार्यों की नैतिकता उस मापदण्ड से नहीं नापी जा सकती। जोकि व्यक्तियों के लिये ठीक होता है। परन्तु इसका अर्थ हमें यह नहीं समझ लेना चाहिये कि अपने हितों की सिद्धि के लिये वह राज्य की प्रत्येक अनैतिकता को उचित समझता है। बोजांके यह नहीं मानता कि राज्य के हितों की पूर्ति के लिये जो कुछ भी किया जाय सब उचित है। वह राज्य के नैतिक उत्तरदायित्व से इन्कार नहीं करता, किन्तु वह उसका अधिक उत्कृष्ट प्रकार का उत्तरदायित्व मानता है जो कि उसके उच्चतर पद तथा शक्तियों के अनुकूल हो। यहाँ यह भी उल्लेखनीय है कि बोजान्के सभी युद्धों को बुरा नहीं समझता जैसाकि ग्रीन समझता है। उसका विचार है कि युद्ध राष्ट्र राज्य प्रणाली के स्वभाव का अंग नहीं है, बल्कि वे राज्य के उस दोष से उत्पन्न होते हैं जिसके कारण वह प्रसार की नीति अपनाता है। इसलिये एक राज्य को दूसरों के आक्रमण से आत्म-रक्षा करने का अधिकार है। अपने रक्त की अंतिम बूँद बहाकर भी अपनी स्वतन्त्रता की रक्षा करना उसके नागरिकों का परम कर्त्तव्य है। इस प्रकार स्वतंत्र जीवन के अधिकार पर बोजान्के उतना बल नहीं देता जितना कि ग्रीन देता है। जिस बल को बोजान्के राज्य की प्रकृति में निहित समझता है और जिसका प्रयोग उसे अपने घटकों के विरुद्ध करना पड़ता है, उसका प्रयोग वह दूसरे राज्यों के विरुद्ध भी कर सकता है, यदि उसके परम हित उसकी माँग करें। यहाँ भी बोजान्के ग्रीन से हटकर हेगेलवाद की दिशा में ही कदम बढ़ाता है।

मूल्यांकन और योगदान
(Evaluation and Contribution)

ब्रिटिश आदर्शवादी विचारधारा के विकास में बोजान्के एक महत्वपूर्ण स्थान रखता है। वह ग्रीन के सिद्धान्तों को लेकर चलता है और उन्हें अधिक पूर्ण हेगेलवाद की दिशा में विकसित करता है। यह हॉब्स, लॉक, बेन्थम, मिल तथा स्पेंसर के व्यक्तिवाद तथा उदारवाद के विरुद्ध राज्य की धारणा को पुनर्जीवित करने का संकल्प-बद्ध प्रयास है। ग्रीन ने भी इन सिद्धान्तों का खण्डन किया था, किन्तु वह हेगेलवाद तक नहीं पहुँचता था; परन्तु बोजान्के प्राय: हेगेलवाद तक ही आ जाता हैं। उसके राज्य के सिद्धान्त की इस आधार पर आलोचना की जाती है कि इसके परिणामस्वरूप व्यक्ति पूर्ण रूप से राज्य के आधीन हो जाता है। उसकी यह धारणा एक प्रकार से युद्ध का समर्थन है कि राज्य के मुख्य हितों की रक्षा करने के लिये उसके घटकों को अपने रक्त की अंतिम बूंद भी बहा देनी चाहिये। इसीलिये इसकी आलोचना की जाती है और निन्दा भी की जाती है। उसके इस विचार की भी काफी आलोचना हुई है कि अपने घटकों के साथ व्यवहार करने में राज्य के हाथ व्यक्तिगत नैतिकता के नियमों से नहीं बांधे जा सकते। उसका एक अन्तर्राष्ट्रीय विश्व-व्यवस्था की सम्भावना से इन्कार करना भी भर्त्सना का विषय रहा है।

अभ्यास के लिये प्रश्न

1. एफ० एच० ब्रैडले की राज्य की अवधारणा की विवेचना कीजिये।
2. बोज़ांके की राज्य की अवधारणा की व्याख्या और विवेचना कीजिये।

11

भाववाद और वैज्ञानिक सम्प्रदाय आगस्त काम्टे

(Positivism and the Scientific School: Auguste Comte--1798-1857)

आधुनिक युग के सामाजिक विचारकों में आगस्त काम्टे का नाम सर्वप्रथम है। आगस्त काम्टे फ्रांस का निवासी था! उसका जन्म सन् 1798 ई० में मौंटपेलिगर में हुआ था। वह एक साधारण परिवार का सदस्य था। उसके माता-पिता कैथोलिक धर्म के अनुयायी थे। इसीलिए प्रारम्भ में काम्टे भी कैथोलिक धर्म को ही मानता था। काम्टे का स्वास्थ्य अच्छा नहीं था अत: वह किसी संस्था में नियमित रूप से शिक्षा नहीं ले पाया था। बचपन में कुछ शिक्षकों द्वारा घर पर रह कर ही उसने विभिन्न विषयों का ज्ञान प्राप्त किया था। शारीरिक स्वास्थ्य कमजोर होने पर भी काम्टे की मानसिक क्षमता एवं बौद्धिक प्रतिभा अद्वितीय थी। बचपन में ही उसकी बौद्धिक प्रतिभा स्पष्ट नजर आती थी। काम्टे प्रारम्भ से ही स्वतन्त्र विचारों वाला था। वह दूसरों के अनुचित अथवा अप्रिय विचारों को किसी भी स्थिति में स्वीकार नहीं कर सकता था। इसी प्रवृत्ति के फलस्वरूप उसने शीघ्र ही अपने माता-पिता के विचारों की अवहेलना भी प्रारम्भ कर दी। वह अपने माता-पिता के राजनीतिक विचारों से भी सहमत न था। वह स्वयं रिपब्लिकन विचारों का हिमायती था। उसने शीघ्र ही अपने माता-पिता के धर्म अर्थात् कैथेलिक धर्म को भी छोड़ दिया।

अपनी युवा अवस्था में काम्टे की भेंट तत्कालीन समाजवादी विचारक सेंट साइमन से हुयी। काम्टे ने साइमन को अपना गुरु स्वीकार किया। लगभग छ: वर्ष तक ये दोनों मिलकर कार्य करते रहे परन्तु बाद में इनमें आपसी मतभेद हो गया। वैसे इसमें कोई सन्देह नहीं कि काम्टे के विचारों पर सेंट साइमन का पर्याप्त प्रभाव पड़ा था कहा जाता है कि काम्टे द्वारा 'समाजशास्त्र' की कल्पना भी साइमन के विचारों के प्रभाव का परिणाम थी। सेंट साइमन मुख्य रूप से समाजवादी विचारक था। वह प्राय: कहा करता था कि समाज के विभिन्न पहलुओं का एक साथ अध्ययन होना चाहिए तथा एक ऐसा विज्ञान होना चाहिए जो समाज के विभिन्न पहलुओं का अध्ययन कर सके। साइमन के इसी विचार के आधार पर काम्टे ने 'समाजशास्त्र'

की एक सामाजिक विज्ञान के रूप में स्थापना की थी। जहाँ एक ओर साइमन तथा काम्टे के विचारों में कुछ साम्यता थी वहीं दूसरी ओर कुछ अन्तर भी था। साइमन मुख्य रूप से क्रान्तिवादी था, वह सामाजिक व्यवस्था में आमूलचूल परिवर्तन चाहता था। इससे भिन्न काम्टे इतना तीव्र परिवर्तनवादी नहीं था।

काम्टे का निजी जीवन बहुत अधिक सफल जीवन नहीं कहा जा सकता। उसने कैरोलाइन मैर्सी नामक युवती से विवाह किया था। परन्तु उसका वैवाहिक जीवन भी सफल नहीं रहा। काम्टे की आर्थिक स्थिति अच्छी नहीं थी। उसका स्वास्थ्य भी अच्छा न था। इन सब परेशानियों के कारण सन् 1822 ई॰ में काम्टे अपना मानसिक सन्तुलन भी खो बैठा। इस अवस्था में उसने आत्महत्या करने का भी प्रयास किया। परन्तु पत्नी द्वारा अत्यधिक सेवा के बाद वह पुनः स्वस्थ हो गया। वह स्वस्थ तो हो गया परन्तु फिर भी उसकी अपनी पत्नी से निभ नहीं पायी और अन्त में उन्होंने विवाह-विच्छेद कर लिया। विवाह-विच्छेद की इस घटना के बाद काम्टे कुछ उदासीन रहने लगा। इसके बाद वह गम्भीर चिन्तन-मनन में लीन रहने लगा। उसके विचारों में पर्याप्त परिवर्तन हुआ। अब वह मानवतावादी विचारों का प्रतिपादन करने लगा। वह स्वार्थवादी विचारों का विरोधी बन गया। उसने एक नवीन धर्म की स्थापना करनी चाही जिसे उसने 'मानव धर्म' का नाम दिया। वह पूरे समाज का पुनर्निर्माण करना चाहता था। इस उद्देश्य के लिए उसने एक योजना भी प्रस्तुत की थी।

काम्टे ने अपने विचार दो ग्रन्थों के द्वारा प्रस्तुत किये थे। उसका प्रथम ग्रन्थ था ''पौजिटिव फिलौसफी''। इस ग्रन्थ के छः भाग थे। काम्टे का दूसरा ग्रन्थ चार भागों में विभक्त है उसका नाम ''पौजिटिव पौलिटी'' है। काम्टे ने अपने इन ग्रन्थों का प्रकाशन बहुत मुश्किल से करवाया था। वह अपनी पुस्तकों को किसी भी प्रकार की आमदनी का साधन बनाना नहीं चाहता था इसलिए वह अपनी पुस्तकों की रायल्टी भी नहीं लेता था।

उपरोक्त वर्णित ग्रन्थों में काम्टे ने जिन सिद्धान्तों एवं विचारों का प्रतिपादन किया है उनमें से मुख्य विचारों एवं सिद्धान्तों का संक्षिप्त विवरण निम्नलिखित है।

सामाजिक चिन्तन की अवस्थाएँ (Stages of Social Thought)

आगस्त काम्टे (Auguste Comtc) आधुनिक समाजशास्त्र के जन्मदाता कहलाते हैं। आपने पूर्व प्रचलित सामाजिक ज्ञान को व्यवस्थित किया तथा उसे वर्गीकृत किया। काम्टे ने जहाँ एक ओर ज्ञान के अध्ययन के लिये विशिष्ट पद्धति का प्रतिपादन किया वहाँ दूसरी ओर मानवीय चिन्तन के विकासक्रम एवं विभिन्न स्थितियों का विवेचन किया। चिन्तन के इस विकासक्रम को काम्टे ने एक व्यवस्थित सिद्धान्त के रूप में प्रस्तुत किया है। इस सिद्धान्त को 'चिन्तन की तीन अवस्थाओं का सिद्धान्त' (Law of three Stages of thinking) का नाम दिया गया है। इस सिद्धान्त का यह नाम देने का मुख्य कारण यह है कि इस सिद्धान्त के अन्तर्गत चिन्तन के विकास की तीन विभिन्न अवस्थाओं का विवेचन किया गया है। इस सिद्धान्त को प्रस्तुत करने का मुख्य उद्देश्य सामाजिक विज्ञानों का अध्ययन के लिये आवश्यक आधार उपलब्ध कराना था।

काम्टे के अनुसार मानवीय चिन्तन की प्रक्रिया अथवा विचारधाराओं का विकास निम्नलिखित तीन अवस्थाओं में से होकर गुजरता है–

(1) धर्मशास्त्रीय अथवा काल्पनिक अवस्था (Theological or Ficitious Stage)

(2) तत्वदार्शनिक अथवा अमूर्त अवस्था (Metaphysical or Abstract State)

(3) वैज्ञानिक अथवा सकारवादी अवस्था (Scientific or Positive State)

काम्टे ने अपने इस वर्गीकरण को इन शब्दों में प्रस्तुत किया है, "हमारी प्रत्येक प्रमुख विचारधारा हमारे ज्ञान की प्रत्येक शाखा–एक के बाद एक तीन विभिन्न सैद्धान्तिक अवस्थाओं से होकर गुजरती है : धर्मशास्त्र या काल्पनिक, तत्वदार्शनिक अथवा अमूर्त तथा वैज्ञानिक अथवा सकारात्मक।"[1] काम्टे द्वारा प्रस्तुत चिन्तन की इन विभिन्न अवस्थाओं का संक्षिप्त विवरण निम्नलिखित है–

(1) धर्मशास्त्रीय या काल्पनिक अवस्था (Theological or Fictitious Stage)– चिन्तन के विकासक्रम के अन्तर्गत प्रथम अवस्था धर्मशास्त्रीय या काल्पनिक अवस्था होती है। चिन्तन की इस अवस्था का सम्बन्ध मुख्य रूप से आदिमवासियों से होता है। कभी-कभी बच्चों का चिन्तन-स्तर भी इसी अवस्था में होता है। चिन्तन की इस अवस्था में पर्याप्त विकसित एवं सुनिश्चित तर्क का अभाव होता है। इस अवस्था में व्यक्ति का चिन्तन के प्रति वैज्ञानिक दृष्टिकोण नहीं होता। उसका दृष्टिकोण काल्पनिक होता है। धर्मशास्त्रीय चिन्तन अवस्था में चिन्तन के मुख्य विषय प्रकृति की घटनाओं से सम्बन्धित होते हैं। प्रकृति की आश्चर्य-उत्पादक घटनाएँ मनुष्य के धर्मशास्त्रीय चिन्तन को उत्प्रेरित करती हैं। चिन्तन के इस विकास स्तर पर मानव प्राकृतिक घटनाओं के पारलौकिक अथवा काल्पनिक कारण निश्चित कर लेता है। इसी पारलौकिक अथवा काल्पनिक कार्य-कारणवाद को हम धर्मशास्त्रीय अथवा काल्पनिक चिन्तन का नाम दे सकते हैं। उदाहरण के लिए प्राकृतिक घटनाओं जैसे अतिवृष्टि अथवा अनावृष्टि को किसी पारलौकिक शक्ति का प्रकोप मान लेना काल्पनिक चिन्तन कहा जा सकता है। इस चिन्तन के अन्तर्गत मुख्य रूप से यह स्वीकार किया जाता है कि हमारे इस प्रत्यक्ष संसार के अतिरिक्त कोई अन्य दैनिक क्षेत्र भी है जहाँ की शक्तियाँ हमारे विश्व की घटनाओं को नियमित तथा निर्देशित करती हैं। इस प्रकार स्पष्ट है कि धर्मशास्त्रीय चिन्तन अवस्था का सीधा सम्बन्ध पारलौकिक शक्तियों और उनके परिचालन से है। काम्टे ने धर्मशास्त्रीय चिन्तन अवस्था को पुन: तीन उप-अवस्थाओं में विभाजित किया है। ये उप-अवस्थाएँ क्रमश: प्रेतवाद (Fetishism), बहुदेववाद (Polytheism) तथा एकेश्वरवाद (Monotheism) हैं। इन अवस्थाओं का संक्षिप्त विवरण निम्नलिखित है :–

(अ) प्रेतवाद (Fetishism)– धर्मशास्त्रीय चिन्तनक्रम के अन्तर्गत सबसे प्रारम्भिक अवस्था को प्रेतवाद कहा जाता है। प्रेतवाद की अवस्था में ऐसा स्वीकार किया जाता है कि प्रत्येक जड़ एवं चेतन वस्तु में एक जीव होता है। जड़ एवं भौतिक वस्तुओं में भी एक

---

1. "..........that each of our leading conceptions-each branch of our knowledge-passes successively through three different theoretical conditions : the theological or fictitious, the metapysical or abstract, and the scientific or positive...." --Auguste Comte.

विशिष्ट चेतना होती है। प्रत्यक्ष रूप से निर्जीव दिखाई देने वाली वस्तुओं में भी अलौकिक शक्ति मानी जाती है। इस आधार पर यह स्वीकार किया जाता है कि ये सब अलौकिक शक्तियाँ सभी घटनाओं को परिचालित करती हैं।

(ब) बहुदेववाद (Polytheism)– मानव के बौद्धिक विकास के फलस्वरूप चिन्तन के रूप में भी परिवर्तन हुआ। प्रेतवाद के बाद की अवस्था बहुदेववाद कहलाती है। इस अवस्था में आदिम मानव ने शक्तियों को वर्गीकृत कर लिया और विभिन्न देवताओं की स्थापना भी कर ली थी। इन देवताओं के अपने-अपने विभाग थे। सभी देवताओं के अपने-अपने कार्य भी निश्चित थे। कहने का आश्य यह है कि इस अवस्था में स्थिति पहले से कुछ अधिक व्यवस्थित एवं सुनिश्चित थी।

(स) एकेश्वरवाद (Monotheism)–धर्मशास्त्रीय चिन्तन अवस्था का अन्तिम चरण एकेश्वरवाद है। जैसा कि इसके नाम से ही स्पष्ट है, इस अवस्था में केवल एक ईश्वर की चरम सत्ता में विश्वास रखा जाता था। एकेश्वरवाद मानव के बौद्धिक विकास का परिणाम है। एकेश्वरवाद का आविष्कार पूर्व की अव्यवस्थित एवं अबौद्धिक धारणाओं को समाप्त करने के लिए हुआ था। इस अवस्था में यह माना जाता था कि पूरे विश्व का परिचालन केवल एक ही ईश्वर करता है और उस ईश्वर की चरम सत्ता एवं परम शक्ति है।

(2) तत्वदार्शनिक या अमूर्त अवस्था (Metaphysical or Abstract Stage)– चिन्तन के विकास क्रम के अन्तर्गत काम्टे के अनुसार दूसरी अवस्था तत्वदार्शनिक या अमूर्त अवस्था है। चिन्तन एवं बौद्धिकता के विकास के फलस्वरूप मानव की समस्याएँ बढ़ गई। धर्मशास्त्रीय चिन्तन उन समस्याओं के समाधान के लिए पर्याप्त नहीं था। संसार में विरोधी प्रवृत्तियों के एक साथ दर्शन होने की अवस्था में एकेश्वरवाद मानव को सन्तुष्ट नहीं कर सकता था। एक ही ईश्वर को संहार और निर्माण आदि कारण मानना सम्भव नहीं था। इस स्थिति में किसी एक वैयक्तिक एवं मूर्त ईश्वर की धारणा मानव चिन्तन को सन्तुष्ट नहीं कर पाती। इस बौद्धिक सन्तुष्टि के लिए मनुष्य ने तत्वदार्शनिक चिन्तन को अपनाया। तत्वदार्शनिक चिन्तन के अन्तर्गत एक अमूर्त अलौकिक सत्ता को स्वीकार किया जाता है। इसके अन्तर्गत यह माना जाता है कि संसार की सभी घटनाएँ अमूर्त एवं अवैयक्तिक सत्ता द्वारा परिचालित होती हैं। चिन्तन की इस अवस्था में यह नहीं माना जाता कि प्रत्येक जीव एवं वस्तु के पीछे एक मूर्त ईश्वर है।

(3) वैज्ञानिक या सकारवादी अवस्था (Scientific or Positive Stage)– धर्मशास्त्रीय तथा तत्वदार्शनिक चिन्तन अवस्थाओं के बाद वैज्ञानिक अथवा सकारवादी अवस्था आती है। धर्मशास्त्रीय तथा तत्वदार्शनिक चिन्तन के अन्तर्गत जो भी ज्ञान प्राप्त किया जाता है वह अनुमान तथा कल्पना पर ही आधारित होता है। इस निश्चितता के अभाव को समाप्त करने के लिए वैज्ञानिक चिन्तन अपनाया जाता है।

वैज्ञानिक या सकारवादी चिन्तन तथ्यों एवं प्रमाणों पर आधारित होता है। इसमें कल्पना को महत्व नहीं दिया जाता। वैज्ञानिक चिन्तन तथ्यों के अवलोकन द्वारा आरम्भ होता है। तथ्यों के अवलोकन के बाद उनका वर्गीकरण तथा सामान्यीकरण किया जाता है। प्राप्त परिणामों

का तरह-तरह से परीक्षण किया जाता है। पर्याप्त परीक्षणों के बाद नियम बनाये जाते हैं। ये नियम वैज्ञानिक नियम कहलाते हैं। वैज्ञानिक चिन्तन के अन्तर्गत किसी प्रकार के विश्वास अथवा अलौकिक सत्ता के प्रति आस्था को महत्व नहीं दिया जाता।

काम्टे का मत है कि मानव चिन्तन की प्रत्येक शाखा को वैज्ञानिक अवस्था तक पहुँचने के लिए पूर्व की दोनों अवस्थाओं में से होकर गुजरना पड़ता है। यही नहीं प्राय: यह भी देखा जाता है कि वैज्ञानिक अवस्था के चिन्तन से भी पूर्व की अवस्थाओं के कुछ-न-कुछ स्पष्ट अथवा अस्पष्ट लक्षण अवश्य विद्यमान रहा करते हैं।

चिन्तन की अवस्थाएँ और सामाजिक संगठन
(Stages of Thought and Social Organisation)

जहाँ एक ओर काम्टे ने यह स्पष्ट किया है कि मानव के चिन्तन की विभिन्न अवस्थाएँ हैं वहीं काम्टे ने चिन्तन की प्रत्येक अवस्था से सम्बन्धित समाज के संगठन का भी विवरण प्रस्तुत किया है। काम्टे का विचार है कि कोई समाज चिन्तन की जिस अवस्था में से गुजरता है उसका सामाजिक संगठन भी उसी के अनुरूप होता है। चिन्तन की प्रक्रिया में विकास एवं परिवर्तन होने पर सम्बन्धित सामाजिक संगठन भी परिवर्तित होता है। चिन्तन की तीनों अवस्थाओं से सम्बन्धित सामाजिक संगठन का संक्षिप्त विवरण निम्नलिखित है:-

(1) **धर्मशास्त्रीय अवस्था का सामाजिक संगठन**—चिन्तन की धर्मशास्त्रीय अवस्था में सामाजिक संगठन एक विशिष्ट प्रकार का था। इस अवस्था के सामाजिक संगठन की प्रमुख विशेषता यह थी कि प्रत्येक सामाजिक नियम एवं राजनीतिक कानून तथा सिद्धान्तों की वैधता को पूर्णरूप से स्वीकार किया जाता था। इनके प्रति शंका अथवा आपत्ति का प्रश्न नहीं उठता था। राजा तथा राजनीतिक सत्ता को दैवी सत्ता का प्रतिनिधि समझा जाता था। इसी कारण अधिकांश शासन-प्रणालियाँ एकतन्त्रवादी ही हुआ करती थीं। कहीं-कहीं एकतन्त्र शासन के अध्यक्ष अर्थात् राजा को पृथ्वी का ईश्वर माना जाता था। इस काल में अनुशासन कठोर था। इसका मुख्य कारण यह था कि उस अवस्था में सामाजिक तथा राजनीतिक नियमों के उल्लंघन को दैवी नियमों का उल्लंघन माना जाता था तथा इस उल्लंघन के लिए कठोर दण्ड एवं दैवी भय हुआ करता था। दैवी शक्तियों से प्रभावित होने के कारण इस अवस्था में सामान्यतया अन्धविश्वासों का अधिक बोलबाला होता था।

(2) **तत्वदार्शनिक अवस्था का सामाजिक संगठन**—तत्वदार्शनिक चिन्तन अवस्था में सामाजिक संगठन भिन्न प्रकार का होता है। इस अवस्था में सामाजिक संगठन को कुछ अमूर्त सिद्धान्त निर्देशित करते हैं। इस अवस्था में शासन-प्रणाली भी परिवर्तित हो जाती है और राजा अथवा अध्यक्ष की सत्ता क्रमश: कम हो जाती है। इस अवस्था में समाज को संगठित करने के लिए वैधानिक विकास पर बल दिया जाता है। यह वैधानिक विकास प्राय: औपचारिक रूप से होता है। इस अवस्था में समाज में पुरोहितवाद का भी बोलबाला हो जाता है। प्राय: सामान्य जनता को भी कुछ अधिकार एवं सत्ता प्राप्त हो जाते हैं।

(3) **वैज्ञानिक अवस्था का सामाजिक संगठन**—इस अवस्था में स्पष्ट एवं सुनिश्चित सामाजिक नियम एवं राजनीतिक सिद्धान्त निर्धारित होते हैं। इस अवस्था का सामाजिक संगठन

उद्योग एवं तकनीकी प्रधान होता है। प्राकृतिक शक्तियों को सामाजिक सुविधा के लिए साधन बनाया जाता है। अन्य विश्वासों के प्रति कोई आस्था नहीं रह जाती। प्रत्येक विषय में प्रमाणों की अपेक्षा की जाती है। दैवी भय प्रायः समाप्त हो जाते हैं।

विज्ञानों का वर्गीकरण
(Classification of Sciences)

अति प्राचीन काल से ही अनेक विचारक ज्ञान का वर्गीकरण करते आये हैं। प्रारम्भिक ग्रीक विचारकों ने सम्पूर्ण ज्ञान को तीन वर्गों में बाँटा है अर्थात् भौतिक (Physics), नीतिशास्त्र (Ethics), तथा राजनीतिशास्त्र (Politics)। बाद में बेकन ने मन के विभिन्न विभागों के आधार पर ज्ञान को तीन वर्गों में विभाजित किया था—स्मृति, कल्पना और तर्क। स्मृति पर आधारित ज्ञान इतिहास है, कल्पना से सम्बन्धित ज्ञान कविता है। तर्क पर आधारित ज्ञान को विज्ञान (Science) कहा गया। काम्टे ज्ञान के इस प्रकार के वर्गीकरणों से सन्तुष्ट नहीं था। उसने सम्पूर्ण ज्ञान को एक नये ढंग से वर्गीकृत किया। काम्टे ने ज्ञान का वर्गीकरण चिन्तन की वैज्ञानिक अथवा सकारवादी अवस्था का अवलोकन करके किया था। काम्टे द्वारा किये गये इस वर्गीकरण का मुख्य उद्देश्य एक ऐसा आधार तैयार करना था जिसके ऊपर निर्भर रहकर उसके द्वारा विकसित किये गये विज्ञान अर्थात् समाजशास्त्र का अध्ययन किया जा सके। इसी वर्गीकरण के माध्यम से उसने समाजशास्त्र के अध्ययन की पद्धति भी निश्चित की थी। इसके अतिरिक्त महत्वपूर्ण विज्ञान समाजशास्त्र का अन्य विज्ञानों के साथ सम्बन्ध स्थापित करने के लिए भी यह वर्गीकरण सहायक सिद्ध हुआ। वास्तव में कोई सामान्य आधार होने पर भी विभिन्न विज्ञानों का पारस्परिक सम्बन्ध स्थापित किया जा सकता है।

वर्गीकरण के सिद्धान्त पर आधार

प्रत्येक विज्ञान का सम्बन्ध किसी निश्चित घटना अथवा विषय से होता है, जिसका अध्ययन उस विज्ञान के अन्तर्गत किया जाता है। सम्बन्धित विज्ञान की प्रकृति एवं वर्ग इसी घटना अथवा विषय द्वारा निर्धारित होते हैं। काम्टे ने भी अपने ज्ञान के वर्गीकरण को इसी तथ्य पर आधारित किया है। उन्होंने अपने इस सिद्धान्त को वृद्धिमान आश्रितता (Increasing Dependency) का नाम दिया है। इस सिद्धान्त का विशेष विवेचन यह है कि वास्तव में भिन्न-भिन्न विज्ञानों की सम्बन्धित घटना की जटिलता का अंश भिन्न-भिन्न होता है। कुछ घटनाएँ सरल होती हैं तथा कुछ जटिल घटनाएँ सरल घटनाओं पर आश्रित होती हैं। सरल घटनाएं सामान्य होती हैं और वे सब कहीं विद्यमान होती हैं। इसी आधार पर काम्टे ने ज्ञान की शाखाओं को वर्गीकृत किया था। जटिल घटना से सम्बन्धित विज्ञान जटिल माना गया था। जटिल विज्ञान सरल विज्ञान पर आधारित होता है। जटिल विज्ञान के अध्ययन के लिए उससे सरल विज्ञान का ज्ञान प्राप्त करना आवश्यक हो जाता है। इस प्रकार प्रत्येक विज्ञान किसी अन्य विज्ञान पर आश्रित होता है और स्वयं किसी अन्य विज्ञान के लिए आधार प्रस्तुत करता है अर्थात् अन्य विज्ञान उस पर आश्रित रहते हैं। कहने का आशय यह है कि जटिल विज्ञान सरल विज्ञान पर आश्रित रहते हैं तथा जटिलतर विज्ञान जटिल विज्ञान पर आश्रित रहते हैं। इसी आधार पर काम्टे ने ज्ञान का एक क्रमिक वर्गीकरण प्रस्तुत किया था। इस वर्गीकरण

के अन्तर्गत सबसे सरल विज्ञान सबसे नीचे या पहले आता है और जटिलतम विज्ञान सबसे ऊपर या सबसे बाद में आता है। इस प्रकार स्पष्ट है कि वृद्धिमान आश्रितता के सिद्धान्त के अन्तर्गत जटिलतम विज्ञान सबसे अधिक आश्रित होगा तथा सरलतम विज्ञान की आश्रितता बिल्कुल नहीं होगी।

विज्ञानों के वर्गीकरण का क्रम

वृद्धिमान आश्रितता के सिद्धान्त को आधार बनाकर किये गये ज्ञान के वर्गीकरण के अन्तर्गत प्रथम स्थान गणित को दिया गया है तथा सबसे बाद में समाजशास्त्र को रखा गया है इस वर्गीकरण में स्तरण क्रम (Hierarchy) इस प्रकार है—(1) गणित शास्त्र (Mathematics), (2) खगोलशास्त्र (Astronomy), भौतिक शास्त्र (Physics), (4) रसायन शास्त्र (Chemistry), (5) प्राणीशास्त्र (Biology), तथा (6) समाजशास्त्र या सामाजिक भौतिकी (Sociology or Social Physics)। इस वर्गीकरण के द्वारा यह स्पष्ट होता है कि गणित सबसे सरल विज्ञान है और समाजशास्त्र सबसे जटिल विज्ञान है। समाजशास्त्र की आश्रितता सबसे अधिक है और गणित की आश्रितता सबसे कम है। यह भी कहा जा सकता है कि गणित की आश्रितता है ही नहीं।

समाजशास्त्र का जनक
(Father of Sociology)

आधुनिक समाजशास्त्र के जन्मदाता काम्टे ही माने जाते हैं। ज्ञान की इस विशेष शाखा को यह नाम प्रदान करने का श्रेय भी आगस्त काम्टे को ही है। काम्टे ने सर्वप्रथम इस शास्त्र को ''सामाजिक भौतिकी'' (Social Physics) का नाम दिया था। यह नाम प्रदान करने का कारण यह था कि काम्टे के अनुसार समाजशास्त्र अर्थात् इस नव-विकसित शास्त्र के अध्ययन के नियम एवं प्रणालियाँ उतनी ही निश्चित एवं विश्वशनीय होंगी जितनी कि भौतिकी आदि शुद्ध विज्ञानों के नियम। बाद में काम्टे ने ज्ञान की इस शाखा को सोशियौलोजी (Sociology) नाम दिया। विज्ञानों के वर्गीकरण में काम्टे ने समाजशास्त्र को अन्तिम स्थान दिया। उनके अनुसार समाजशास्त्र के सफल अध्ययन के लिए इससे पूर्व के अन्य पाँचों मुख्य विज्ञानों का पूर्ण अध्ययन आवश्यक है। समाजशास्त्र अभी नवविकसित विज्ञान है। अत: अभी यह पूर्णरूप से चिन्तन की अधिभौतिक (Metaphysical) अथवा वैज्ञानिक अवस्था में नहीं आया, परन्तु इसके विकास की दिशा इसी ओर है।

काम्टे ने 'समाजशास्त्र' को एक व्यापक शास्त्र स्वीकार किया है। उसके अनुसार वास्तव में सभी सामाजिक विज्ञान इसी समाजशास्त्र के अन्तर्गत आ जाते हैं। उसने सभी सामाजिक विज्ञानों को मिलाकर एक 'एकात्मक सामाजिक विज्ञान' स्वीकार किया है।

काम्टे के अनुसार समाजशास्त्र के अध्ययन का सम्बन्ध समाज से है। समाजशास्त्र समाज में काम करने वाले नियमों एवं सामाजिक व्यवस्था का अध्ययन करता है। समाजशास्त्र उन सामाजिक नियमों को ज्ञात करता है, जिनके द्वारा समाज को संगठित एवं व्यवस्थित रखने में सहायता मिलती है। समाजशास्त्र केवल सामाजिक नियमों का ही अध्ययन नहीं करता, बल्कि वह उन नियमों को ज्ञात करता है तथा ढूंढता है जो समाज की गतिविधियों को सुचारू रख

सकते हैं। यह आवश्यक है कि समाजशास्त्र के नियम वैज्ञानिक हों। इन नियमों का पालन करने के लिए भी वैज्ञानिक पद्धति को प्रयोग में लाया जाता है। सभी सामाजिक नियम सामाजिक घटनाओं एवं सामाजिक चक्र से पूर्ण निरीक्षण, परीक्षण, तुलना एवं वर्गीकरण आदि के माध्यम से ही निर्धारित किये जाते हैं। कहने का आशय यह है कि समाजशास्त्र के अध्ययन एवं नियमों को अधिक से अधिक वैज्ञानिक बनाना आवश्यक है।

समाजशास्त्र के दो विभाग

कान्टे ने समाजशास्त्र को एक व्यापक शास्त्र स्वीकार किया है। अध्ययन को व्यवस्थित रखने के लिए कान्टे ने व्यापक समाजशास्त्र को दो उप-विभागों में विभाजित कर दिया है। ये विभाग है–"सामाजिक स्थितिशास्त्र" (Social Statics) तथा "सामाजिक गतिशास्त्र" (Social Dynamics)। सामाजिक स्थितिशास्त्र का सम्बन्ध समाज की वर्तमान अवस्था एवं व्यवस्था से हैं। समाजशास्त्र के इस विभाग के अन्तर्गत समाज के वर्तमान नियमों का अध्ययन किया जाता है। यह देखा जाता है कि वर्तमान सामाजिक नियम कैसा प्रभाव डाल रहे हैं। वर्तमान सामाजिक संगठन का अध्ययन एवं मूल्यांकन भी समाजिक स्थितिशास्त्र द्वारा ही होता है। सामाजिक स्थितिशास्त्र वर्तमान समाज में व्याप्त सामाजिक घटनाओं के सह-अस्तित्व सम्बन्धी रूप का अध्ययन करता है। समाजशास्त्र के दूसरे विभाग सामाजिक गतिशास्त्र का सम्बन्ध समाज के गत्यात्मक पहलू से है। इस विभाग के अन्तर्गत मुख्य रूप से यह अध्ययन किया जाता है कि सामाजिक घटनाओं एवं संगठन में गति अथवा परिवर्तन किस प्रकार से होता है। सामाजिक परिवर्तन का क्रम किस प्रकार से होता है। यह विभाग मुख्य रूप से सामाजिक अध्ययन करता है।

समाजशास्त्र के इन दोनों विभागों के विषय क्षेत्र अलग-अलग हैं। सामाजिक स्थितिशास्त्र समाज की रचना का अध्ययन करता है। सामाजिक गतिशास्त्र सामाजिक प्रगति का अध्ययन करता है। अब समाजशास्त्र के अर्थ को तथा अध्ययन के क्षेत्र को पूर्णरूप से समझाने के लिए इन दोनों विभागों के विषय क्षेत्र का अलग-अलग विवेचन करना आवश्यक है।

सामाजिक स्थितिशास्त्र तथा सामाजिक रचना
(Social Statics or Social Structure)

'समाजशास्त्र' के प्रति कान्टे के विचार जानने के लिए यह आवश्यक है कि उसके सामाजिक रचना से सम्बन्धित विचारों को जाना जाये। सामाजिक रचना को जानने के लिए आवश्यक है कि हम जान लें कि समाज में व्यक्ति, परिवार, राज्य और धर्म तथा नैतिकता का क्या स्थान है? इस विषय में कान्टे के विचार निम्नलिखित हैं–

(1) **सामाजिक रचना में व्यक्ति**–सामाजिक दृष्टि से व्यक्ति के विषय में कान्टे के विशिष्ट प्रकार के विचार हैं। वह समाज में व्यक्ति को केवल एक अमूर्त भावात्मक सत्ता स्वीकार करता है। सामाजिक निर्माण में कान्टे व्यक्ति को कोई स्थान नहीं देता। उसके अनुसार वास्तव में व्यक्ति समाज की इकाई नहीं हैं। वह परिवार को समाज की इकाई स्वीकार करता है। समाजशास्त्र के अध्ययन एवं विवेचन के लिए कान्टे परिवार को प्रारम्भ बिन्दु मानता है।

(2) सामाजिक रचना में परिवार—काम्टे के अनुसार समाज में तथा समाजशास्त्र में परिवार का विशेष स्थान है। परिवार को समाज की इकाई स्वीकार किया गया है तथा इसी से समाजशास्त्र का अध्ययन प्रारम्भ होता है। सामाजिक विकास के क्रम में परिवार प्रारम्भ बिन्दु है। परिवार के विकास से ही क्रमश: शहर और राज्य आदि का विकास होता है। काम्टे के अनुसार परिवार मुख्य रूप से दो तत्वों पर आधारित है। ये तत्व हैं—प्रेम (Affection) तथा सहानुभूति (Sympathy)।

(3) सामाजिक रचना में राज्य तथा समाज— सामाजिक विकास क्रम में परिवार के बाद समाज एवं राज्य का स्थान आता है। अनेक परिवारों के एक साथ सामूहिक निवास के फलस्वरूप समाज का गठन होता है। एक स्थान पर अनेक परिवारों के निवास तथा एक समान भाषा के प्रयोग के फलस्वरूप एक समाज का निर्माण होता है। भाषा के अतिरिक्त एक समान भूमि भी आवश्यक है। समाज एवं राज्य में विकास एवं संगठन के लिए 'सहयोग' (Cooperation) की विशेष आवश्यकता होती है। समाज एवं राज्य के स्तर पर सहयोग का एक विशिष्ट रूप होता है। यह सहयोग 'श्रम-विभाजन' (Division of Labour) तथा 'श्रम-समन्वय' (Co-ordination of Efforts) के रूप में प्रस्तुत होता है। इस प्रकार के सहयोग को प्राप्त करने के लिए पूरे सामाजिक कार्य को बाँट दिया जाता परन्तु इस विभाजन के साथ ही साथ यह भी ध्यान रखा जाता है कि श्रम-समन्वय भी बना रहे। काम्टे की 'सहयोग' की धारणा भी प्रेम एवं सहानुभूति का एक विशेष स्तर तक विकसित रूप है। सहयोग की भावना क्रमश: विकसित होने पर सहयोग करने वाले तथा सहयोग करवाने वाले वर्ग उत्पन्न हो जाते हैं। इस वर्ग परम्परा के अन्तर्गत एक ऐसी सत्ता उत्पन्न हो जाती है जिसका कार्य सामाजिक नियन्त्रण करना होता है। यह नियन्त्रणकारी सत्ता क्रमश: विकसित एवं शक्तिशाली होकर राज्य का रूप धारण कर लेती है। यह राज्य या राजनैतिक सत्ता भी इन्हीं आधारों पर ही समाज का नियन्त्रण करती है। काम्टे के अनुसार राजनीतिक सत्ता का आधार धार्मिक और नैतिक भावना है। यहाँ यह स्पष्ट कर देना आवश्यक है कि काम्टे की नीति एवं धार्मिक भावना का प्रत्यय अन्य पारस्परिक प्रत्ययों से भिन्न है। इसका विवेचन आगे किया जायेगा।

(4) सामाजिक रचना में धर्म एवं नैतिकता—काम्टे के अनुसार सामाजिक स्थितिशास्त्र के अन्तर्गत धर्म एवं नैतिकता का भी विशेष स्थान है। सामाजिक नियन्त्रण के लिए ये दोनों साधन विशेष महत्वपूर्ण एवं उपयोगी हैं। काम्टे का विचार है कि राज्य एवं कानून द्वारा स्थापित किया गया सामाजिक नियन्त्रण औपचारिक एवं कृत्रिम होता है। वह केवल बाहरी भय पर आधारित होता है। इससे भिन्न धर्म एवं नैतिकता का भय आन्तरिक एवं अन्तरात्मा का भय होता है। यह भी सत्य है कि प्राचीन काल में राज्य एवं कानून की व्यवस्था के अभाव में सामाजिक नियन्त्रण का कार्य धर्म एवं नैतिकता के माध्यम द्वारा ही होता था, परन्तु काम्टे धर्म की पारम्परिक धारणा का पक्षपाती नहीं है। वह धर्म के अन्धविश्वासों पर आधारित रूप का हिमायती नहीं है। काम्टे के अनुसार वर्तमान युग में एक विशिष्ट प्रकार के धर्म की आवश्यकता है। इस धर्म को उसने 'मानवता का धर्म' (Religion of Humanity) कहा है। धर्म के इस प्रत्यय का विस्तृत विवेचन एक अन्य प्रश्न के अन्तर्गत किया जायेगा।

सामाजिक गतिशास्त्र अथवा सामाजिक प्रगति
(Social Dynamics or Social Progress)

काम्टे ने समाजशास्त्र के दो विभाग स्वीकार किये हैं। प्रथम विभाग अर्थात् सामाजिक स्थितिशास्त्र का संक्षिप्त विवेचन हम कर चुके हैं। दूसरा विभाग सामाजिक गतिशास्त्र (Social Dynamics) है। समाजशास्त्र के इस विभाग को काम्टे अधिक महत्वपूर्ण मानता है। इस महत्व का मुख्य कारण यह है कि सामाजिक स्थिरता से सामाजिक प्रगति या गति का अधिक महत्व है। समाज के विकास के लिए गति आवश्यक है स्थिरता नहीं। काम्टे प्रगति को समाज का एक अनिवार्य तत्व मानता है। सामाजिक प्रगति कोई अस्पष्ट या अनिर्देशित गति नहीं है। काम्टे के अनुसार सामाजिक गति की एक निश्चित दिशा है, एक निश्चित लक्ष्य है। समाज की पूर्ण प्रगति अथवा गति का लक्ष्य चिन्तन को सकारवादी या वैज्ञानिक अवस्था प्राप्त कराना है और इस गति की दिशा इसी ओर है।

यह स्पष्ट है कि समाज में गति एवं प्रगति होती है और उसकी एक दिशा एवं लक्ष्य भी होता है। अब प्रश्न उठता है कि सामाजिक गतिशास्त्र का क्या अर्थ है और उसके द्वारा क्या अध्ययन किया जाता है? सामाजिक गतिशास्त्र वह विज्ञान है जो यह अध्ययन करता है कि समाज की गति या प्रवाह के पीछे कौन-कौन से नियम एवं शक्तियाँ काम कर रही हैं? समाज की प्रगति की निरन्तरता को बनाये रखने के लिए क्या-क्या आवश्यक है? सामाजिक गतिशास्त्र के अन्तर्गत आवश्यक नियमों को ज्ञात करने के लिए इतिहास पर भी दृष्टिपात करना पड़ता है। इतिहास हमें बतलाता है कि किस-किस प्रकार के सामाजिक परिवर्तन हुये। वास्तव में सामाजिक परिवर्तन ही सामाजिक प्रगति के रूप में प्रस्तुत होता है। इस प्रकार सामाजिक परिवर्तन के कारणों एवं रूपों को जानने के बाद कुछ सामान्य नियम भी ज्ञात किये जा सकते हैं तथा उन नियमों के आधार पर भाविष्यवाणी में समाज की प्रगति की दिशा एवं लक्ष्य का निर्धारित होना भी आवश्यक होता है।

काम्टे सामाजिक प्रगति के तीन प्रकार स्वीकार करता है। ये प्रकार हैं—भौतिक उन्नति (Physical Progress), बौद्धिक उन्नति (Intellectual Progress), तथा नैतिक उन्नति (Moral Progress)। इन तीनों प्रकार की प्रगतियों का संक्षिप्त विवेचन निम्नलिखित है—

(1) **भौतिक उन्नति**—मानव समाज की आधारभूत उन्नति भौतिक उन्नति है। इस उन्नति के बिना अन्य किसी प्रकार की प्रगति सम्भव ही नहीं होती। भौतिक उन्नति का अर्थ मनुष्य के बाहरी रहन-सहन एवं खान-पान की उन्नति है, परन्तु पूर्व सामाजिक प्रगति के लिए इस भौतिक उन्नति का विशेष महत्व नहीं है। सामाजिक प्रगति के विकास-क्रम में इसका पहला परन्तु निचला एवं कम महत्वपूर्ण स्थान है। भौतिक उन्नति सामाजिक प्रगति की पहली सीढ़ी है, परन्तु इस पर रुकना नहीं है, इससे आगे बढ़ना है।

(2) **बौद्धिक उन्नति**—सामाजिक प्रगति के अन्तर्गत बौद्धिक उन्नति का विशेष महत्व है। बौद्धिक विकास एवं प्रगति के द्वारा ही हम समाज के संगठन एवं विघटन अथवा अव्यवस्था के कारणों को ज्ञात कर पाते हैं। सामाजिक जीवन में सामंजस्य लाने के लिए भी बौद्धिक उन्नति आवश्यक है। काम्टे का विचार था कि यदि हमारी बुद्धि सामाजिक सामंजस्य

के महत्व को स्वीकार कर ले तो समाज में व्याप्त 'स्वार्थ' की भावना 'परार्थ' की भावना में परिवर्तित होनी सम्भव है। इससे सामाजिक विकास एवं प्रगति होगी। परन्तु यह सब कुछ बौद्धिक उन्नति के द्वारा ही सम्भव है।

(3) **नैतिक उन्नति**—सामान्य रूप से बौद्धिकता को सर्वाधिक महत्व देने वाले काम्टे भी एक समय में नैतिकता की ओर झुक गये थे। अपने ग्रन्थ 'पौजिटिव पौलिटी' (Positive Polity) में काम्टे ने नैतिकता को अधिक महत्व दिया है। इस विचार परिवर्तन का एक विशिष्ट एवं निजी कारण बतलाया जाता है। काम्टे का परिचय एवं घनिष्ठ प्रेम क्लोथिल्ड डी बॉक्स नामक स्त्री से हो गया था। इस परिचय के प्रभाव स्वरूप काम्टे की विचारधारा परिवर्तित हो गई। क्लोथिल्ड की मृत्यु के बाद काम्टे बुद्धि एवं बौद्धिकता के महत्व से मुँह फेर कर प्रेम एवं भावना की ओर अग्रसर हुआ। उसने भावना को बुद्धि से ऊँचा स्थान दिया। भावना को महत्वपूर्ण स्थान देने के फलस्वरूप काम्टे ने नैतिकता को भी प्रधानता दी। अपने मौलिक आदर्शों से भिन्न यहाँ काम्टे ने नैतिकता को मनुष्य की प्रगति एवं विकास का चरम लक्ष्य स्वीकार किया। नैतिकता को महत्व देने के साथ ही साथ काम्टे ने एक विशिष्ट धर्म का भी प्रतिपादन किया जिसे उसने मानव-प्रेम-धर्म (Religion of love of humanity) का नाम दिया।

"मानव धर्म"
(Religion of Humanity)

प्रारम्भ में काम्टे बौद्धिकता तथा विज्ञानवाद को अत्यधिक महत्व देता था। परन्तु बाद में काम्टे की विचारधारा में परिवर्तन आ गया था। अपने बाद के ग्रंथ पॉजिटिव पौलिटी (Positive Polity) में काम्टे ने भावना, नैतिकता तथा धर्म को महत्व दिया। उसकी विचारधारा में यह परिवर्तन उसके जीवन में मैडम क्लोथिल्ड के प्रवेश के कारण हुआ। परिस्थितियों के परिणामस्वरूप काम्टे का स्त्री के प्रति होने वाला प्रेम क्रमशः मानवता के प्रति प्रेम के रूप में परिवर्तित हो गया। इसी मानवता के प्रेम से प्रेरित होकर काम्टे ने एक धर्म को प्रतिपादित किया जिसे 'मानव धर्म' (Religion of Humanity) का नाम दिया।

काम्टे का मानव धर्म नैतिकता प्रधान था। वह अलौकिक एवं अपार्थिव सत्ता पर आधारित नहीं था। इस धर्म का उद्देश्य मानवता को स्थापित करना था। वह मानवता की पूजा या उपासना का प्रतिपादन करता था। इस धर्म के अन्तर्गत काम्टे विभिन्न प्रचलित धर्मों के तर्क-सम्मत विश्वासों को तथा विधिविधानों को समन्वित करना चाहता था। इसी उद्देश्य के लिए उसने एक पॉजिटिव सोसायटी भी स्थापित की थी। इस सोसायटी या समाज के माध्यम से काम्टे व्यक्ति एवं समाज का भौतिक, बौद्धिक एवं नैतिक स्तर उठाना चाहता था। उसका विचार था कि मानव स्वार्थ से परार्थ की ओर अग्रसर हो। अपने हित एवं कल्याण के स्थान पर वह परहित एवं पर-कल्याण का भी ध्यान रखे। काम्टे का यह मानव-धर्म 'सामाजिक उपयोगिता' के लिए महत्वपूर्ण था।

काम्टे पारम्परिक रूप से प्रचलित ईसाई धर्म के पक्ष में नहीं था। उसका विचार था कि इस धर्म के अन्तर्गत राजनीतिक दबाव एवं भय द्वारा काम लिया जाता है तथा सामान्य जनता को नियमों को मानने के लिए बाध्य किया जाता है। उसके अनुसार ईसाई धर्म अर्थात्

रोमन कैथेलिक धर्म केवल कुछ विधि-विधानों का संग्रह मात्र ही था। वैसे काम्टे ने अपने मानव धर्म को भी ईसाई धर्म के कुछ मुख्य आधारों पर ही आधारित किया था। उसने अपने धर्म में पुरोहितों को भी स्थान दिया था। परन्तु अन्तर यह था कि मानव-धर्म के पुरोहित दबाव अथवा भय के माध्यम से नहीं, वरन् समझा-बुझाकर धर्म के नियमों को स्वीकार करने के लिए प्रेरित करते थे। मानव-धर्म में धर्म के अनुयायियों की इच्छा, शक्ति एवं स्वतंत्रता को महत्व दिया गया था।

काम्टे के मानव-धर्म की भिन्न-भिन्न वर्ग के विद्वानों ने भिन्न-भिन्न प्रकार से आलोचना की है। ईसाई धर्म के विद्वान उसके मानव-धर्म के विषय में कहा करते थे कि यह धर्म और कुछ नहीं केवल कैथेलिक धर्म में विज्ञान का समावेश हुआ है। इससे भिन्न कुछ वैज्ञानिकों का कहना था कि मानव धर्म अन्य कुछ नहीं केवल कैथोलिक धर्म में से ईसाइयत को निकाल दिया गया है। वास्तव में काम्टे का धर्म नैतिकता से अत्यधिक प्रभावित था।

सामाजिक पुनर्निर्माण की योजना
(Scheme of Social Reorganisation)

सामाजिक व्यवस्था एवं संगठन की दृष्टि से काम्टे का काल उत्तम नहीं था। उस काल में सामाजिक स्थिति ढुल-मुल थी। सामाजिक नियम एवं मूल्य फीके पड़ गये थे। सामन्तवादी व्यवस्था कमजोर पड़ गयी थी। उसका स्थान पूँजीवादी व्यवस्था ग्रहण कर रही थी। मौलिक रूप से काम्टे पूँजीवाद के विरुद्ध नहीं था परन्तु उस युग में जिस रूप से पूँजीवाद पनप रहा था वह काम्टे को पसन्द नहीं था। जिस रूप में पूँजीवाद सामने आ रहा था वह काम्टे के अनुसार समाज के लिए हितकर नहीं था। उस युग की आर्थिक व्यवस्था ने समाज को मुख्य रूप से तीन वर्गों में विभाजित कर दिया था। ये वर्ग थे सामन्तवादी वर्ग, मध्यम वर्ग तथा श्रमिकों का वर्ग जिसे सर्वहारा वर्ग कहा जा सकता था। सामन्तवादी वर्ग की तो कोई बात नहीं, परन्तु मध्यम वर्ग के व्यक्ति क्रमशः व्यापार एवं उद्योगों के माध्यम से धन कमा कर पूँजीपति बनते जा रहे थे। उनका उद्देश्य केवल धन कमाना ही था। मध्यम वर्ग के पूँजीपति लोगों की एकांगी नीतियों के कारण श्रमिकों का शोषण हो रहा था। पूँजीपति मशीन का उपयोग अपने हित को प्राप्त करने के लिए कर रहे थे। मशीन एवं तकनीक का उपयोग श्रमिकों के हित में अथवा उनकी दशा सुधारने के लिए नहीं हो रहा था। समाज के इस रवैये से काम्टे को चिन्ता थी। पूँजीपतियों और श्रमिकों में दूरी बढ़ रही थी। वे एक दूसरे के विरोधी बनते जा रहे थे। काम्टे इस सम्पूर्ण सामाजिक व्यवस्था में परिवर्तन चाहता था। वह समाज का पुनर्निर्माण चाहता था। इस उद्देश्य के लिए उसने योजना बनाई थी। सामाजिक पुनर्निर्माण की काम्टे की इस योजना के कुछ मुख्य तथ्य अग्रलिखित हैं।

सामाजिक पुनर्निर्माण का मनोवैज्ञानिक आधार

समाज को पुनर्गठित करने के लिए काम्टे ने मनोविज्ञान का भी सहारा लिया। उसने बतलाया कि मन की तीन अवस्थायें होती हैं—इच्छा, ज्ञान और कर्म। मन की गतिविधियाँ इन्हीं तीन अवस्थाओं के माध्यम से होती हैं। अपने सामाजिक पुनर्निर्माण के सिद्धान्त को भी काम्टे ने इसी तथ्य से सम्बन्धित किया। उसने समाज में इन तीनों के प्रतिनिधि निर्धारित किये। उसके

अनुसार स्त्री 'इच्छा' की प्रतिनिधि है, पुरोहित ज्ञान का तथा समाज का और नेता कर्म का प्रतिनिधित्व करता है। काम्टे का विचार था कि समाज का पुनर्निर्माण इन्हीं तीनों वर्गों द्वारा ही हो सकता है। उसके अनुसार, "छोटे से छोटे नगरों में, जहाँ पृथक् अस्तित्व सम्भव है, हम इन वर्गों का दर्शन कर सकते हैं। वहाँ पुरोहित मिलेंगे जो हमारे अनुमानों को निर्देशित करते हैं, वहाँ स्त्रियाँ हैं जो हमारे उच्चतम स्नेह को प्रेरणा प्रदान करती हैं, वहाँ व्यावहारिक नेता हैं जो हमारे कार्यों को निर्देशित करते हैं।"[1]

सामाजिक पुनर्निर्माण में नैतिकता का महत्व

काम्टे के काल में सब ओर समाजवाद की चर्चा हो रही थी। भिन्न-भिन्न प्रकार के सुझाव उपस्थित किये जा रहे थे। कुछ लोगों का विचार था कि सम्पूर्ण आर्थिक व्यवस्था पर राज्य का अधिकार होना चाहिये तथा पूँजीपतियों का महत्व कम होना चाहिये इससे भिन्न कुछ विचारक श्रमिकों की दशा के सुधार के पक्षपाती थे, परन्तु काम्टे किसी भी सुझाव से सहमत नहीं था। उसका विचार था कि पूँजीपतियों और श्रमिकों का समझौता होना सम्भव नहीं है। राजनीतिक उपायों से अर्थात् शक्ति द्वारा पूँजीपतियों की शक्ति को छीन कर श्रमिकों को दिया जाये तो कोई समाधान नहीं होगा क्योंकि कुछ काल बाद श्रमिक वर्ग के लोग पूँजीपति की गतिविधियों को अपना लेंगे और व्यवस्था पुनः भंग हो जायेगी। इस प्रकार कोई अन्तिम समाधान प्राप्त नहीं होगा। इसके अतिरिक्त आर्थिक उपाय भी उपयोगी नहीं होंगे। आर्थिक उपायों के अन्तर्गत सम्भव है कि पूँजीपतियों की आय में श्रमिकों को भागीदार बनाया जाय अथवा उन पर अतिरिक्त कर लगाये जायें। काम्टे के अनुसार इस स्थिति में भी कोई समाधान प्राप्त नहीं हो सकता। इस स्थिति में पूँजीपति लोग अपनी आय को छिपायेंगे तथा धोखा धड़ी करेंगे। इस समस्या को स्थायी रूप से समाप्त करने के लिए काम्टे नैतिक समाधान प्रस्तुत करता है। काम्टे का विचार था कि सामाजिक व्यवस्था बनाने के लिए एक विशेष प्रकार की 'औद्योगिक नैतिकता' (Industrial Ethics) होनी आवश्यक है। औद्योगिक नैतिकता के लिये सामान्य सामाजिक नैतिकता को भी सबल बनाना आवश्यक है। उद्योगपतियों में नैतिकता की भावना जागृत होने पर वे धन को धरोहर मानेंगे। इस दशा में धन का अपव्यय नहीं होगा तथा उसका उपयोग सम्पूर्ण समाज के हित में होगा। इस दशा में पूँजीपतियों द्वारा समाज कल्याण के लिए किया गया व्यय खलेगा नहीं। वे अपने आपको सार्वजनिक सम्पत्ति का रक्षक समझेंगे। इस प्रकार काम्टे का मत है कि पूँजीवाद को समाप्त करना आवश्यक नहीं है, केवल पूँजीपतियों को नैतिकता के प्रति सचेत करना आवश्यक है।

सामाजिक पुनर्निर्माण में पुरोहितों का स्थान

काम्टे को विचार था कि सामाजिक पुनर्निर्माण की योजना में पुरोहितों का विशेष महत्वपूर्ण स्थान है। उसके अनुसार समाज के सुगठन के लिए सामान्य नैतिकता को स्थापित

1. "In the smallest cities capable of separate existence, we find these classes; the priests who guide our speculation, the women who inspire our highest affections and the practical leaders who direct our activity."

--Auguste Comte

करना परम आवश्यक है। नैतिकता प्राप्त करने के लिए समाज में पुरोहितों का होना आवश्यक है। काम्टे ने पुरोहितों के विषय में एक विस्तृत योजना प्रस्तुत की थी। उसके अनुसार दस हजार परिवारों के एक समूह के लिए एक पुरोहित पर्याप्त है। विभिन्न पुरोहितों के ऊपर एक मुख्य पुरोहित का भी पद होना आवश्यक है। इस मुख्य पुरोहित की सहायता के लिए 7 मुख्य अधिकारी होने चाहिएँ। सब पुरोहितों का कार्य मानव-धर्म का प्रसार एवं प्रचार करना ही था। यहाँ यह स्पष्ट कर देना आवश्यक है कि काम्टे का यह पुरोहितवाद अन्य धर्मों के पुरोहितवाद से भिन्न था। काम्टे के मानव-धर्म के पुरोहित सामान्य धर्मशास्त्री अथवा धर्म पुजारी नहीं थे। इन पुरोहितों अथवा समाजशास्त्रियों का कार्य संसार के बच्चों को नैतिकता एवं मानव धर्म की शिक्षा देना था। ये पुरोहित बच्चों को समाज में उचित स्थान प्राप्त करने के लिए परामर्श भी देते थे। कहने का आशय यह है कि काम्टे के पुरोहित नैतिक एवं सामाजिक नेता थे। उनकी शक्ति धार्मिक एवं नैतिक थी। वे सांसारिक, भौतिक एवं राजनीतिक शक्ति से वंचित रहते थे। इन पुरोहितों को समाज में सम्मान की दृष्टि से उच्च स्थान देने की व्यवस्था थी, परन्तु इनका वेतन निम्न ही था।

सामाजिक पुनर्निर्माण में उद्योगपतियों का स्थान

काम्टे ने समाज के पुनर्निर्माण की योजना के अन्तर्गत शक्ति का बँटवारा कर दिया था। उसके अनुसार नैतिक एवं धार्मिक शक्ति पुरोहितों के हाथ में थी तथा भौतिक शक्ति, औद्योगिक शक्ति तथा राजनीतिक शक्ति उसने उद्योगपतियों को सौंपनी चाही थी। उद्योगपतियों का भी वर्गीकरण किया गया था। इस वर्गीकरण के अन्तर्गत उसने बैंकर्स को सर्वोच्च स्थान दिया। राजनीतिक सत्ता उद्योगपतियों के हाथ में थी परन्तु पुरोहितों की सत्ता इनके ऊपर थी। उद्योगपतियों को अपने कर्त्तव्य के प्रति सचेत रखने तथा सत्ता के उचित उपयोग के लिए भी पुरोहितों के परामर्श महत्व रखते थे।

राजनीतिक विचार
(Potitical Views)

1. भाववाद (Positivism)—समाज का वैज्ञानिक ढंग से निश्चयात्मक विकास ही भाववाद है। वह मानव विज्ञान की पूर्ण जानकारी है। कोई भी चीज प्रत्यक्ष या यथार्थ तब कही जाती है जब उसे इन्द्रिय ज्ञान से सिद्ध किया जा सके, अर्थात देखा, अर्थात् सुना या अनुभव किया जा सके। विज्ञान का भी लगभग यही अर्थ है अर्थात् जिसे प्रयोग द्वारा प्रमाणित किया जा सके।

'भाववाद' अप्रमाणिक मान्यताओं का प्रतिरोधी वैज्ञानिक सिद्धान्त है। काम्टे की मान्यता थी कि समाज-विज्ञान के नियमों को जाना जा सकता है। काम्टे का मूलमन्त्र था विज्ञान से सूझ और सूझ से कार्य प्राप्त होता है। समाज की रचना में मानव-मन हमेशा काम करता रहा है। इसी प्रकार यदि यह पता लगाया जाये कि इतिहास के विकास के साथ मन किस प्रकार कार्य करता रहा है तो सामाजिक विकास के मूल सिद्धान्तों को जाना जा सकता है और इसी आधार पर उनकी भावी रूपरेखा के सम्बन्ध में भविष्यवाणी भी की जा सकती है।

2. राज्य व कानून का विकास (Development of State and Law)—ऑगस्ट काम्टे के अनुसार धर्म प्रधान युग में पुरोहित वर्ग राज्य का शासक रहा, जिससे सारी राज्य व्यवस्था और कानून धार्मिक भावना के अधीन रहे परन्तु जब "अधि भौतिक युग" आया तब धर्म का स्थान '**प्राकृतिक अधिकारों**', स्वतन्त्रता, लोक सम्प्रभुता जैसे सूक्ष्म तत्वों की माँग ने ले लिया, जिससे शासन की बागडोर राजनीतिज्ञों, अधिवक्ताओं एवं पत्रकारों के हाथ पहुँच गयी।

अबाध स्वतन्त्रता, समानता एवं लोक सम्प्रभुता जैसी अविवेकपूर्ण माँगों के आधार पर कोई भी सरकार कायम नहीं की जा सकती। 'अधिभौतिक युग' की अवशेष इन माँगों को समाप्त किये बिना राजनीतिक और सामाजिक विकास नहीं हो सकता। परन्तु दूसरी ओर उन्होंने यह विश्वास भी व्यक्त किया कि समाज में अपने विकास की शक्ति अन्तर्निहित होती है जो इन बाधाओं को दूर करने के लिये आवश्यक परिस्थितियों का निर्माण और अराजकता का अन्त करेगी। वैज्ञानिक पुनर्संगठन की माँग इस स्थिति का अन्त करने के लिये कार्य कर रही है।

3. भाववादी सरकार का सिद्धान्त (Theory of Positive Government)—

(i) **वर्ग व्यवस्था** (Class System)— ऑगस्ट काम्टे ने जिस सरकार की रूपरेखा प्रस्तुत की वह भाववादी सरकार है। उसका विचार था कि सीमा और आबादी की दृष्टि से उस समय के राज्य इतने बड़े होते थे कि उनका ठीक-ठाक प्रबन्ध करना मुश्किल हो जाता था। नयी व्यवस्था के अनुसार एक राज्य की आबादी दस लाख से तीस लाख के बीच होनी चाहिये। प्रत्येक राज्य की आबादी को दो वर्गों **अभिजात वर्ग** और **श्रमिक वर्ग** में बांट दिया जाना चाहिये, जिसमें अभिजात वर्ग 'श्रमिक वर्ग' का नियन्त्रण करे।

काम्टे के गणित के अनुसार एक कृषक अभिजात 35 श्रमिकों का, एक 'औद्योगिक अभिजात' 60 श्रमिकों और एक 'उत्पादक अभिजात' 70 श्रमिकों का नियन्त्रण कर सकता है। काम्टे ने लोकतन्त्रीय व्यवस्था की कटु आलोचना की, क्योंकि उनके अनुसार सामान्य जनता कभी भी प्रशासन का काम नहीं कर सकती। प्रशासन के लिये एक वर्ग तैयार किया जाता है, जिसमें सदस्यों की संख्या बहुत थोड़ी होती है। उन्होंने लोकमत को कभी भी 'ज्ञान' नहीं माना, क्योंकि उनके मत में ज्ञान की उपलब्धि का तात्पर्य है 'वैज्ञानिक ज्ञान' और 'विशेषता'।

(ii) **स्त्रियों को महत्व** (Importance to Women)—काम्टे ने स्त्री जाति को बहुत महत्व दिया है और उन्हें सर्वोत्कृष्ट जीव (Supreme Being) बताते हुये स्वर्गिक नैतिकता का प्रतीक कहा है जो पुरुष को परेशानी, कुप्रवृत्तियों एवं चिताओं से मुक्त करती है। काम्टे ने लिखा है कि, "अगर संसार में प्रेम ही एक वस्तु हो, जैसा कि ईसाइयत मानती है, तो औरत ही सर्वोत्कृष्ट प्रेम की वस्तु है। मानवता की श्रेष्ठतम उपलब्धियों में औरतें पुरुषों से श्रेष्ठ हैं।"

(iii) **सम्प्रभुत्ता-अनावश्यक** (Sovereignty unnecessary)—भाववादी सरकार में लोक सम्प्रभुत्ता का कोई महत्व नहीं होगा। श्रमिकों और सर्वहारा वर्ग को अभिजात्य वर्ग की आधीनता और निरीक्षण में रहना और कार्य करना होगा। अधिक से अधिक वे अपने संगठित

लोकमत के द्वारा निरंकुश बैंकरों की नीति को नर्म कर सकते हैं।

(iv) **प्रेस की स्वतन्त्रता सम्बन्धी विचार** (Views Regarding Freedom of Press)—काम्टे ने 'प्रेस की स्वतन्त्रता' को 'अराजक संगठन' कहा है। भाववादी सरकार में प्रेस की स्वतन्त्रता को निर्मूल कर दिया जायेगा। उसके स्थान पर 'प्लेकार्ड (Placard) प्रचलित होंगे, जिन पर लेखकों का नाम लिखा होगा। प्रेस का स्थान स्वागत कक्ष (Salon) ले लेंगे, जिनमें महिलायें कार्य करेंगी और अपनी प्यार भरी मीठी बोली से लोगों को नई व्यवस्था के बारे में जानकारी दिया करेंगी। इन स्वागत केन्द्रों में ही सभी औद्योगिकों के पुनीत सम्मेलन हुआ करेंगे।

(v) **शक्ति को महत्ता** (Importance to Power)—हॉब्स की भाँति ऑगस्ट काम्टे ने यह घोषणा की थी कि जो सरकार शक्ति को नहीं अपनायेगी वह पूर्णतया काल्पनिक होगी। इस शक्ति का अर्थ हिंसा नहीं बल्कि भौतिक शक्ति था। स्वयं काम्टे के विचारानुसार ''शक्ति की प्रत्येक सरकार मानव समाज तथा राज्य का आधार है।''

4. भाववादी धर्म (Positive Religion)—काम्टे ने ईसाइयत के अन्धविश्वासों को मानने से इंकार करते हुए यह आक्षेप किया कि ''रोमन कैथोलिक चर्च'' के विश्वास निराधार हैं। नई व्यवस्था का विश्वास 'समाज-विज्ञान' होगा, जिसमें मानव धर्म होगा—'मानव मात्र का भौतिक कल्याण' समाज में तीन प्रवृत्तियाँ होंगी—'स्त्री जाति से प्रेम', 'पुरोहित के लिये सम्मान' और 'श्रमिकों के लिये कृपा' काम्टे ने अपनी इस नई व्यवस्था को 'पवित्र व्यवस्था' के नाम से पुकारा। इस नई व्यवस्था के पोप काम्टे स्वयं होंगे। पुरोहित को कम से कम 28 वर्ष का होना चाहिए। 49 पुरोहितों की एक सभा 'उत्तराधिकार' सम्बन्धी निर्माण को प्रभावित या शुद्ध करने का कार्य करेगी। इसका प्रचार करने के लिए 50,000 दार्शनिकों की आवश्यकता होगी, जिन्हें नये वैज्ञानिक या व्यापारिक मानव धर्म से पहले दीक्षित करना होगा। ये दार्शनिक व्यवस्था की तोड़कर नयी व्यवस्था का निर्माण करेंगे।

5. भाववादी शिक्षा (Positivist Education)—भाववादी व्यवस्था में लोग पाप-पुण्य की भावना से मुक्त होकर भौतिक समृद्धि को महत्व देंगे। इसके लिये काम्टे ने नयी शिक्षा प्रणाली की योजना प्रस्तुत की। उनका कहना था कि नयी शिक्षा प्रणाली में समाजशास्त्र का ज्ञान अनिवार्य होगा तथा सामाजिक विकास के लिए धार्मिक, अधिभौतिक और वैज्ञानिकता की अवस्थाओं का तथा जीवन के प्रत्येक क्षेत्र का अध्ययन अनिवार्य है। काम्टे ने शिक्षा की अवधि 29 वर्ष रखी थी। मनुष्य की भावनात्मक शिक्षा 14 वर्ष तक माताओं के द्वारा और उनके पश्चात् 29 वर्ष तक उनका प्रशिक्षण पुरोहितों अर्थात् समाजशास्त्रियों द्वारा होना चाहिये।

काम्टे के अनुसार समाजशास्त्रियों द्वारा गणित, भौतिक शास्त्र, रसायनशास्त्र, नक्षत्र विद्या, नैतिकता, समाजशास्त्र एवं प्रणिशास्त्र आदि का प्रशिक्षण व्याख्यानों के रूप में दिया जाना चाहिए। काम्टे के अनुसार विद्यार्थियों में आज्ञाकारिता एवं नम्रता की भावना पुरोहित एवं माता ही पैदा कर सकती है। काम्टे महोदय पूरी सामाजिक व्यवस्था को ही बदल देना चाहते थे। इसलिये उन्होंने भाववादी समाज में 'मानवता' को सबसे बड़ी धार्मिकता और उपासना को 'वस्तु' के रूप में प्रस्तुत किया और उसका नाम 'परमसत' (Supreme Being) रखा।

ऑगस्ट काम्टें के भाववाद की आलोचना
(Criticism of Auguste Comte's Positivism)

आलोचकों ने काम्टे को उन स्वप्नकारों में माना है जिनके लिये समाज का स्वरूप किसी भी समय सिनेमा के पर्दे पर चित्र की भांति बदलता है। समाज का परिवर्तन कोई 'अलाउद्दीन का चिराग' नहीं और न ही समाज किसी ईट-पत्थर की सफेद दीवार है, जिस पर क्लई के स्थान पर तारकोल पोतकर, धण्टे भर में काला कर दिया जाये, बल्कि समाज का परिवर्तन शनै:-शनै: होता है। बर्क (Burke) के अनुसार "समाज युगों के विकास का प्रतिफल होता है और उसे समूचे रूप में बदलने के लिये शायद प्रलय भी पर्याप्त नहीं होती।" काम्टे की योजना से औद्योगिक 'सामन्तवाद' के साथ-साथ 'पूँजीवादी अधिनायकवाद' एवं 'सुखवाद' की बू आती है। यह आज की राजनीतिक दल-बदल के समान 'समाज बदल योजना' थी। यह 'खाओ पियो मौज करो' का 'वाद' है, जिसमें परम्परागत नैतिकता, धार्मिकता, पारिवारिक मर्यादा एवं सौजन्यता को समाप्त करके व्यक्ति को पुरोहितों, बैंकरों एवं समाजशास्त्रियों की आज्ञा पालन की सलाह दी गई है। काम्टे की आलोचना को निम्न प्रकार वर्णित किया जा सकता है–

1. **सामाजिक विकास की तीन अवस्थायें-अनुचित** (Three States of Social Evolution Improper)–काम्टे द्वारा वर्णित सामाजिक विकास की तीन अवस्थायें धार्मिकता, आधिभौतिक एवं वैज्ञानिक हैं। इनकी व्याख्या काम्टे ने उचित प्रकार से नहीं की है। उन्होंने व्याख्या का आधार पश्चिमी सभ्यता को माना है जो पूरी मानवता का प्रतिनिधित्व नहीं करती।

काम्टे की तीनों अवस्थाओं का क्रम कुछ सौ वर्षों का क्रम हो सकता है। परन्तु प्राचीन समाज के विकास की प्रक्रिया को उसमें शामिल नहीं किया जा सकता। पश्चिमी सभ्यता मानवता की सभ्यता नहीं है। इस कारण काम्टे के विकास क्रम को प्रत्येक समाज के विकास का सामान्य नियम नहीं माना जा सकता।

2. **उदारवाद का विरोध** (Opposition of Liberalism)–आलोचक विद्वानों का कहना है कि व्यक्तिगत स्वतन्त्रता समानता एवं प्रजातन्त्रात्मक प्रणाली की आलोचना करके काम्टे ने वैज्ञानिकता के मार्ग में घोड़े के आगे बग्गी खड़ी कर दी है। इसके विपरीत उदारवाद में यह माना जाता है कि समाज का हित व्यक्ति के स्वतन्त्र कार्यों द्वारा अधिक अच्छी तरह पूरा किया जा सकता है।

3. **यान्त्रिकता को प्रमुखता** (Significance to Mechanism)– बेन्थम की भाँति काम्टे ने भी समाज तथा सरकार के निर्माण में व्यावसायिक 'बनिया-बुद्धि' का प्रयोग किया। जैसे अभिजातीय परिवार में 13 सदस्य, श्रमिक परिवार में 9 सदस्य तथा सम्पूर्ण संसार में 500 राज्यों और पूरे राज्य में 3 लाख लोगों का निर्धारण। इस यान्त्रिकता में सरसता लाने का कार्य उसने औरतों को सौंपा था, क्योंकि पत्नी से तलाक हो जाने पर 'मैडम डी वाक्स' ने काम्टे की व्यावसायिक बुद्धि में सरसता उत्पन की थी। भाववाद की रुक्षता का 'माडरेशन' उसने महिलाओं और महिलाओं द्वारा संचालित स्वागत-कक्षों द्वारा कराया।

कांम्टे के इस अनुमान को लिओ ब्रन्शविका (Leo Brunschvick) ने एक 'प्यारी बुराई' (Darling Vice) का नाम दिया है, जो 19वीं शताब्दी की सामाजिक विचारधारा में प्रविष्ट हुई। मैक्सी (Maxey) ने काम्टे को रूढ़िवादी विचारक बताया है क्योंकि उसने सामन्तवादी व्यवस्था को ही नये रूप में प्रस्तुत किया था। जॉन स्टुअर्ट मिल (John Stuart Mill) के विचार में "काम्टे का भाववाद आध्यात्मिक राजनीतिक दोनों की निरंकुशता का चिंतन है।" फिर भी लंकास्टर के अनुसार "काम्टे में सही निष्कर्ष भावना से कार्य करने वाले व्यक्ति के दर्शन होते हैं, जिसने एक ऐसे समाज के निर्माण की उत्कृष्ट इच्छा की, जिसमें लोग उद्यमी, उद्योगी, दयालु और शान्तिपूर्ण बनें।"

अभ्यास के लिये प्रश्न

1. समाजशास्त्र के जनक के रूप में आगस्त काम्टे के विचारों का वर्णन कीजिये।
2. राजनैतिक चिन्तन में काम्टे के योगदान का वर्णन एवं मूल्यांकन कीजिये।

12

व्यक्तिवाद
(Individualism)

सत्रहवीं और अठारहवीं शताब्दी में यूरोप में स्वेच्छाचारी शासकों के अधिकार बहुत विस्तृत हो गये थे। प्रजा को व्यक्तिगत तथा सामाजिक कार्यों में पूर्णरूप से कार्य करने का अधिकार प्राप्त न था। सम्राट की इच्छा ही विधान का रूप धारण किए थी। सम्राट बड़े-बड़े सरदारों तथा भूपतियों की सहायता से शासन करते थे। करों का भार जनसाधारण पर था। राजकोष की अधिकतर आय जनसाधारण से प्राप्त किए हुए करों द्वारा होती थी। परन्तु कर-दाताओं को शासन में हस्तक्षेप करने का अधिकार न था। ऐसी दशा में साधारण जनता बहुत दुःखी थी। सम्राटों के अधिकार इतने अधिक थे कि वे चाहे जो कुछ कर सकते थे, चाहे जिसे पकड़वाकर कारागार में डाल सकते थे और चाहे जितना दण्ड दे सकते थे। सारे संसार में अधिकतर ऐसी ही शासन-प्रणाली कार्य कर रही थी। ऐसे समय में फ्रांस में क्वेने (Quesnay) ने अठारहवीं शताब्दी में एक नवीन सिद्धांत का प्रचार किया। उसका मत था कि नैसर्गिक व्यवस्था के अनुसार शासन-प्रबन्ध होना चाहिये। उसके अनुयायी अधिभूतवादी (Physiocrates) कहलाये। अधिभूतवादी अर्थशास्त्रवेत्ताओं ने प्रकट किया कि राज्य को मनुष्यों के उद्योग-धंधों में किसी प्रकार का हस्तक्षेप नहीं करना चाहिये। राज्य का कर्त्तव्य केवल उन नैसर्गिक नियमों का पालन करना है और उनकी ही रक्षा करना है जिनके द्वारा राज्य में उत्पादन की वृद्धि हो। अधिभूतवादियों ने राज्य की सर्वोच्चसत्ता पर आक्रमण किया और उद्योग-व्यापार के लिए पूर्ण स्वतन्त्रता का आन्दोलन किया ऐडम स्मिथ (Adam Smith) नामक प्रसिद्ध अंग्रेज अर्थशास्त्रवेत्ता ने अपनी 'वैल्थ आफ नेशन्स (Wealth of Nations) नामक पुस्तक में इस बात का समर्थन किया कि राज्य को जनता के आर्थिक विषयों में हस्तक्षेप नहीं करना चाहिए। इसके पश्चात् रिकार्डो (Ricardo), माल्थस (Malthus) आदि अंगेज लेखकों, डि टाकविल (De Tocqueville) आदि फ्रैंच लेखकों और कान्ट (Kant), फिख्टे (Fichte), विल्हैम हम्बोल्ट (Wilhelm Humboldt) आदि जर्मन लेखकों ने भी अपने-अपने ग्रन्थों में इस बात का समर्थन किया।

राज्य की अवधारणा
(Concept of State)

सन् 1791 में विल्हैम हम्बोल्ट (Wilhelm Humboldt) ने यह विचार प्रकट किया कि "शासन को जहाँ तक हो सके न्यूनातिन्यून शासनकार्य करना चाहिए। वही शासन-प्रणाली सर्वश्रेष्ठ है जो सबसे कम शासन करती है। शासन का सर्वप्रथम कर्त्तव्य यह हैं कि वह अपने राज्य के व्यक्तित्व का विकास करे।" एक जर्मन विद्वान रिख्टर (Richter) का कथन है कि "व्यक्तित्व का सब स्थानों पर प्रसार करना चाहिए" और स्पर्जन (Spurgon) का कथन है कि "अत्यन्त महान कार्य व्यक्तियों द्वारा ही किये जाते हैं। बहुधा सैकड़ों पुरुष अधिक कार्य नहीं करते हैं और समुदाय (Company) तो ऐसा कभी नहीं करते हैं। इकाइयाँ–अकेले व्यक्ति ही शक्ति हैं। वस्तुतः वैयक्तिक प्रयत्न ही महान वस्तु है" ई० एच० चेपिन (E.H. Chepin) का कथन है कि "सेनाओं ने जातियों की उन्नति नहीं की है और न राष्ट्रों ही ने, बल्कि यत्र तत्री युगानुसार एक व्यक्ति उठ खड़ा हुआ है और उसने संसार पर अपनी छाया डाली है।" एमर्सन (Emerson) ने अपने 'प्रोग्रैस एण्ड कल्चर' नामक ग्रन्थ में लिखा है कि "साहित्यिक इतिहास शक्तिशाली अल्पसंख्यक (अर्थात्) एक ही व्यक्ति का लेख संग्रह है।"

राज्य की प्रकृति

व्यक्तिवादी राज्य को अनावश्यक समझते हैं। जिस प्रकार अराजकतावादी (Anarchists) राज्य को एक आवश्यक किन्तु दोषपूर्ण वस्तु समझते हैं उसी प्रकार व्यक्तिवादी भी राज्य को एक आवश्यक बुराई समझते हैं। व्यक्तिवादियों का मत है कि राज्य का कार्य शांति और व्यवस्था स्थापित रखना है। राज्य का कार्य क्षेत्र अत्यन्त सीमित कर देना चाहिये। राज्य का कार्यक्षेत्र जितना विस्तृत होता है उतना ही व्यक्तिगत स्वतन्त्रता का अवरोध होता है और व्यक्तिगत स्वाधीनता में बाधा पड़ती है। मनुष्य स्वभावतया अहंकारी और अज्ञानी है। वह इन परम्परागत दोषों के वशीभूत होकर अपने निजी स्वार्थ के लिये अन्य व्यक्तियों के तत्वों पर अनाधिकृत अतिक्रमण करता है। अतः मनुष्य की इस प्रकार की कुप्रवृत्तियों का अवरोध करने के लिये राज्य की आवश्यकता है। इंगलैण्ड के प्रसिद्ध व्यक्तिवादी जे० एस० मिल (J. S. Mill) का कथन है कि "अन्त में राज्य की योग्यता उन व्यक्तियों की योग्यता है जो उसमें निवास करते हैं।" उसने अपनी 'लिबर्टी' नामक पुस्तक की भूमिका में एक स्थान पर लिखा है कि "व्यक्तिगत स्वतन्त्रता में सामूहिक मत के उचित हस्तक्षेप की एक सीमा है। उसको ज्ञात करना और अनाधिकृत हस्तक्षेप से उसे सुरक्षित रखना मनुष्य सम्बन्धी हितों के लिए इतना अनिवार्य है जितना कि उसे राजनीतिक स्वेच्छाचारिता से सुरक्षित रखना।" उसने एक स्थान पर लिखा है कि "व्यक्तित्व को कुचलने वाली वस्तु ही स्वेच्छाचारिता है, चाहे किसी भी नाम से उसे सम्बोधित किया जाये।" रूसो ने अपनी ऐमाइल (Emile) नामक पुस्तक के पाँचवे भाग में लिखा है कि "नगर से पृथक करके लोगों का अध्ययन करो तो तुम वास्तव में उन्हें समझ सकते हों।" रस्किन (Ruskin) ने अपनी 'अन्टू दिस लास्ट' (Unto This Last) नामक पुस्तक के चतुर्थ निबन्ध में लिखा है कि "जो देश अत्यधिक श्रेष्ठ और सुखी व्यक्तियों का पालन पोषण करता है वह देश अत्यन्त धनी है।" एक प्रसिद्ध फ्रांसीसी व्यक्तिवादी ज्यूल्स

साइमन (Jules Simon) का कथन है कि राज्य को ऐसा प्रयत्न करना चाहिए कि वह अनुपयोगी हो जाय और अपनी मृत्यु के लिए स्वयं तैयारी करे।'' एक प्रसिद्ध इतिहासवेत्ता फ्रीमन (Freeman) ने अपना विचार इस प्रकार प्रकट किया है कि ''किसी रूप में भी आदर्श राज्य मनुष्य की अपूर्णता का चिन्ह है।''

राज्य के उद्देश्य और आवश्यकता

व्यक्तिवादियों के मतानुसार राज्य का अस्तित्व केवल इसीलिए है कि अपराध होते हैं और राज्य का विशेष कर्तव्य केवल अपराधों का निरोध करना है। किसी व्यक्तिगत अथवा सामाजिक कार्य में सहायता करना राज्य का कर्तव्य नहीं है। जब कभी राज्य इस प्रकार के कार्य अपने हाथ में लेता है जैसे यातायात, डाक तार इत्यादि, तो वह मनुष्य के निजी कार्यों, व्यवसायों और व्यक्तिगत स्वतन्त्रता पर अनधिकृत अतिक्रमण करता है। इसी आधार पर व्यक्तिवादी राजकीय शिक्षा, स्वच्छता, टीका लगाना, उद्योग, व्यापार, शुद्ध अन्न आदि सम्बन्धी उन सब विधि-विधानों का विरोध करते हैं जो व्यापार आदि में हस्तक्षेप करते हैं और व्यक्तियों के सामाजिक जीवन में बाधा डालते हैं। उनका विचार है कि राज्य को यद्‌भाव्यं नीति (Laissez faire) का अनुकरण करना चाहिए और व्यक्तिगत व्यापार में किसी प्रकार का हस्तक्षेप नहीं करना चाहिए। राज्य का कार्य केवल धन, जन, की रक्षा करना और शांति तथा सुव्यवस्था स्थापित रखना है। उसका कार्य है अपराधियों को दण्ड देना। इन कार्यों को पूर्ण करने पर राज्य का कर्तव्य समाप्त हो जाता है और उसके उद्देश्यों का अन्त हो जाता है।

राज्य के अधिकार और कार्य

इंगलैंड के प्रसिद्ध व्यक्तिवादी हर्बट स्पेन्सर (Herbert Spencer) का कथन है कि ''किसी राष्ट्र की संस्थायें और आस्थायें (beliefs) उसके (व्यक्तिगत) आचरण पर निर्भर हैं।'' स्पेन्सर कट्टर व्यक्तिवादी था। उसका मत है कि 'राज्य का अस्तित्व मनुष्य के जन्मजात तथा परम्परागत अहंभाव और कुप्रवृत्ति का परिणाम है, अत: राज्य रक्षक होने की अपेक्षा कहीं अधिक भक्षक है।'' उसका कथन है कि ''चाहे यह बात सत्य हो या असत्य कि मनुष्य अधर्म के ढाँचे में ढ़ाला गया है परन्तु यह वास्तव में सत्य है कि राज्य की उत्पत्ति अतिक्रमण से हुई है। राज्य की उत्पत्ति मनुष्य के अप्राकृतिक कार्यों में उचित अवरोध स्थापित करने के लिए और एक व्यक्ति को दूसरे व्यक्ति के अत्याचारों से बचाने के लिए हुई है। अत: जब मानव समाज अपनी पूर्ण आचारिक अवस्था पर पहुँच जायगा तब शासन की आवश्यकता न रहेगी।'' एक स्थान पर उसने लिखा है कि 'शासन वास्तव में अनैतिक (Immoral) है। उसका अस्तित्व इसीलिए ही नहीं है कि अपराध होते हैं। यदि ऐसा हो तो अपराधों का अन्त होते ही शासन का अन्त भी हो जाना चाहिए'। उसका विचार है कि यह कल्पना निर्मूल है कि शासन का अस्तित्व सदैव के लिए है। स्पेन्सर का विचार है कि उद्योग व्यवसाय तथा वाणिज्य आदि के लिए शासन को विधान निर्माण करने का अधिकार नहीं है। शासन को पंजीयन (Registration) संबन्धी, संक्रामक रोग-काल में पृथक्करण सम्बन्धी अथवा अनिवार्य शिक्षा सम्बन्धी विधि विधान-निर्माण करने का कोई अधिकार नहीं है। इन कार्यों के करने का अधिकार केवल लोगों को ही होना चाहिए। राज्य को लोगों के इन कार्यों में हस्तक्षेप करने का कोई अधिकार नहीं है। राज्य के हस्तक्षेप से लोगों का व्यक्तिगत स्वत्वों पर अतिक्रमण होता है।

कान्ट (Kant), फिख्टे (Fichte), हम्बोल्ट (Humboldt), लेबूले (Laboulaye), जे० एस० मिल (J. S. Mill) आदि व्यक्तियों का विचार भी राजनीतिक क्षेत्र में हर्बर्ट स्पेन्सर (Herbert Spencer) के समान है। इन लोगों का मत है कि मनुष्य की व्यक्तिगत, शारीरिक आत्मिक और बौद्धिक उन्नति तभी सम्भव है जब शासन मनुष्यों के कार्यों में न्यूनातिन्यून हस्तक्षेप करे। राज्य जनता के कार्यों में जितना अधिक हस्तक्षेप करेगा उतनी ही लोगों की उन्नति में बाधा पड़ेगी।

व्यक्तिवाद की उत्पत्ति और विकास
(Origin and Development of Individualism)

गार्नर के कथानुसार 'व्यक्तिवाद की उत्पत्ति अठारहवीं शताब्दी के उत्तरार्ध में यूरोप में अतिशासन (Over Government) के दोषों की प्रतिक्रिया के फलस्वरूप हुई है।' अधिभूतवादी (Physiocrat) अर्थशास्त्र-वेताओं ने सर्वप्रथम इस सिद्धांत का प्रतिपादन किया था। सत्रहवीं अठारहवीं शताब्दी में यूरोप में स्वेच्छाचारी निरंकुश शासकों का शासनाधिकार इतना बढ़ा हुआ था कि लोगों को वास्तव में किसी प्रकार की भी स्वतन्त्रता प्राप्त न थी। सामाजिक, धार्मिक तथा उद्योग व्यवसाय सम्बन्धी सब विषयों में निरंकुश शासकों के विधानों की कठोरता का कष्ट साधारण जनता को अत्यन्त दुख:दायी जान पड़ता था। ऐसे समय में क्वेने (Quesnay) तथा उसके अनुयायियों ने अधिभूतवाद सिद्धान्त (Physiocracy) की स्थापना की। इस सिद्धान्त के अनुयायियों ने तत्कालीन निरंकुश तथा स्वेच्छाचारी शासन की तीव्र आलोचना की और मानव अधिकारों की रक्षा के लिए आन्दोलन आरम्भ किया। अधिभूतवाद सिद्धान्त का मूलतत्त्व यह था कि लोगों के उद्योग व्यापार सम्बन्धी कार्यों के लिए राज्य को विधान बनाकर उनमें हस्तक्षेप नहीं करना चाहिए। लोगों को उत्पादन का कार्य प्राकृतिक नियमों के अनुसार करने देना चाहिए और राज्य को ऐसे प्राकृतिक नियमों की जो उत्पादन में सहायक हैं, रक्षा करनी चाहिये। राज्य को इस कार्य में किसी प्रकार के प्रतिबन्ध न लगाने चाहियें। सिजविक (Sidgwick) ने भी अपने 'पोलिटिकल इकनामी' नामक ग्रन्थ में ऐसे ही विचार प्रकट किये हैं। इन लोगों ने राज्य की सर्वशक्तिमत्ता (Omnipotence of the State) का विरोध किया और उद्योग-व्यापार में स्वतन्त्रता की मांग उपस्थित की।

सन् 1776 में इंग्लैंड के प्रसिद्ध अर्थशास्त्रवेत्ता ऐडम स्मिथ (Adam Smith) ने 'वैल्थ आफ नेशन्स' नामक ग्रंथ प्रकाशित किया और उसमें इस बात का प्रतिपादन किया कि राज्य के लोगों के अर्थ सम्बन्धी विषयों में किसी प्रकार का हस्तक्षेप नहीं करना चाहिए। स्मिथ ने "श्रम द्वारा उत्पादन की हुई वस्तुओं के उन्मुक्त आदान-प्रदान तथा श्रमिकों से स्वतन्त्रतापूर्वक सेवा लेने में अवरोध स्थापित करने वाले तत्कालीन प्रचलित विधि-विधानों की निन्दा की, और उन्हें अनिष्टकारी तथा पातक बतलाया।" ऐडम स्मिथ के पश्चात् अंग्रेज अर्थशास्त्रवेत्ता केर्नीज (Cairnes), रिकार्डो (Ricardo), माल्थस आदि, फ्रेंच विद्वान बास्तिया (Bastiat), डि टाकविल (De Tocqueville), डुनायर (Dunnoyer), लियोंसे (Leon Say), टेन (Taine), आदि और जर्मन दार्शनिक काण्ट (Kant), फिख्टे (Fichte), वान हम्बोल्ट (Von Homboldt), ईयोटवास (Eotvos) आदि ने इस बात का समर्थन किया कि आर्थिक विषयों में जनता को स्वाभाविक स्वतन्त्रता प्राप्त होनी चाहिए। तत्पश्चात् आधुनिक काल में इसी सिद्धान्त का

'समर्थक लेबुले (Laboulaye), माइकेल (Michel), आदि फ्रेंच विद्वानों ने किया। इसी समय इंगलैंड में हर्बट स्पेन्सर (Herbert Spencer), जॉन स्टुअर्ट मिल (John Stuart Mill), वेमिस (Wemiss), अर्जाइल (Argyle), ब्रूस स्मिथ (Bruce Smith), डौनिस्थॉर्प (Donisthorpe) आदि ने इसी व्यक्तिवाद सिद्धांत का समर्थन और प्रचार किया।

विलियम वान हम्बोल्ट
(Wilhelm Von Humboldt, 1776-1835)

व्यक्तिवाद पर सर्वश्रेष्ठ तथा सर्वप्रथम ग्रंथ प्रशा (Prussia) निवासी विद्वान् विल्हैल्म हम्बोल्ट (Wilhelm Humboldt) ने लिखा था। उस समय प्रजा की राजनीतिक दशा ऐसी थी कि वहाँ यह ग्रन्थ उसके जीवन-काल में प्रकाशित न हो सका। उसकी मृत्यु के पश्चात् यह ग्रन्थ सन् 1852 में प्रकाशित हुआ। उसमें उसने इस प्रमेय (Proposition) का संकलन किया कि राज्य को प्रजा के कार्यों में केवन उतना ही हस्तक्षेप करना चाहिए जितना प्रजा की पारस्परिक शांति तथा व्यवस्था और बाह्य शत्रुओं से रक्षा करने में आवश्यक हो। राज्य को इस सीमा से बाहर नहीं जाना चाहिए। केवल इसी उद्देश्य से राज्य लोगों की व्यक्तिगत स्वतन्त्रता में बाधक हो सकता है, अन्यथा नहीं। उसका कथन है कि नागरिकों की व्यक्तिगत उन्नति का ध्यान राज्य को सदैव रखना चाहिए। अत: राज्य को ऐसा कार्य करना चाहिए जो स्वयं लोगों से न हो सके, जैसे शांति स्थापित रखना। हम्बोल्ट का मत है कि राज्य को जनता के कार्यों में किसी प्रकार का हस्तक्षेप नहीं करना चाहिए। उसने अपने ग्रन्थ में लिखा है कि राज्य को लोगों के उद्योग, व्यापार, व्यवसाय, शिक्षा, वाणिज्य आदि विषयों में किसी प्रकार का हस्तक्षेप नहीं करना चाहिए और इस प्रकार के कार्यों में लोगों को पूर्ण व्यक्तिगत स्वतंत्रता होनी चाहिए। यद्यपि हम्बोल्ट के ऐसे विचार थे; परन्तु अपने जीवन के अन्तिम काल में वह प्रशा का शिक्षामंत्री था और उसने बर्लिन विश्वविद्यालय की स्थापना की और उसे आर्थिक सहायता दिलायी गयी। इस विश्वविद्यालय का सम्पूर्ण व्यय राजकीय सहायता द्वारा किया गया।

हर्बर्ट स्पेन्सर
(Herbert Spencer)

हम्बोल्ट के पश्चात् इंगलैंड में स्पेन्सर ने व्यक्तिगत सिद्धान्त की विस्तृत रूप से विवेचना करते हुए उसका समर्थन किया और यद्भाव्यंनीति को लोकप्रिय बनाने का सफल प्रयत्न किया। इस विषय पर उसने 'सोशल स्टैटिक्स' (Social Statics) तथा 'मैन वर्सस द स्टेट' (Man versus the State) नामक एक महत्वपूर्ण ग्रन्थ लिखे और उनमें इस सिद्धान्त की विस्तारपूर्वक विवेचना की। स्पेन्सर ने उसमें लिखा है कि मनुष्य की कुप्रवृत्तियों तथा अहंभाव के कारण राज्य की स्थापना हुई है। वह रक्षक होने की अपेक्षा अभिधावक (Aggressor) है। मनुष्य की दुष्टता को रोकने के लिए और मनुष्यों को पारस्परिक अनाधिकृत अतिक्रमण से बचाने के लिए राज्य की स्थापना हुई है। एक आदर्श राजनीतिक समाज में किसी प्रकार की दुष्टता नहीं होनी चाहिए। ऐसे आदर्श राजनीतिक समाज के स्थापित होते ही राज्य का अन्त हो जाना चाहिए। क्योंकि आदर्श समाज में राज्य की कोई आवश्यकता नहीं है। उसके मतानुसार राज्य एक नैमित्तिक संस्था है। पूर्व अनुभव इस बात को सिद्ध करता है कि मनुष्य

को सुख की प्राप्ति राज्य द्वारा ही हो सकती है। राजनीतिक समानता उन्हीं लोगों को प्राप्त हो सकती है जो वयस्क, नागरिक, ठीक बुद्धि वाले हैं और अपराधी नहीं हैं, अथवा किसी अन्य राज्य के कर्मचारी नहीं हैं। राजनीतिक समानता के अधिकारी केवल ऐसे लोग हो सकते हैं। राजनीतिक स्वतन्त्रता का अर्थ है, शासन कार्य में भाग लेने की समानता। अत: सामाजिक समानता तथा स्वतन्त्रता सबको प्राप्त हो सकती है परन्तु राजनीतिक समानता तथा स्वतन्त्रता सबको प्राप्त नहीं हो सकती, राजनीतिक समानता और स्वतन्त्रता राज्य में एक सीमित जनसंख्या को ही प्राप्त हो सकती है। राजनीतिक स्वतन्त्रता का अर्थ भी शासन-कार्य में भाग लेने की स्वतन्त्रता है। व्यक्तिवादी सिद्धान्त के अनुयायी भी इस भेद को मानते हैं यद्यपि वे सब लोगों को सामाजिक स्वतन्त्रता देने के पक्ष में हैं परन्तु वे सबको राजनीतिक स्वतन्त्रता प्राप्त कराने के पक्ष में नहीं हैं। व्यक्तिवादी भी इस बात को मानते हैं कि राजनीतिक स्वतन्त्रता विदेशी, विक्षिप्त अपराधी तथा अवयस्क को प्राप्त नहीं हो सकती।

व्यक्तिवाद के आधार
(Bases of Individualism)

विलोबी (Willoughby) ने निम्नलिखित चार बातों के आधार पर व्यक्तिवाद की पुष्टि की हैं:-

(1) मनुष्य के स्वभाव में स्वार्थ एक विश्वव्यापी वस्तु है।

(2) कालान्तर में प्रत्येक व्यक्ति स्वहित सम्बन्धी बातों को पूर्ण रूप से जानता है और वास्तव में स्वच्छन्द (Arbitrary) अवरोधों की अनुपस्थिति में उनके अनुसार कार्य करता है।

(3) बाह्य अवरोधों को अनुपस्थिति में प्रतियोगिता स्वतन्त्रतापूर्वक हो सकती है और होती है।

(4) ऐसी स्वतन्त्र प्रतियोगिता में सदैव मनुष्य की उच्चकोटि में उन्नति की सम्भावना होती है, क्योंकि ऐसी दशा में प्रतिकूल बातों से बचता हुआ प्रत्येक व्यक्ति जिस कार्य को पूर्णरूप से कर सकता है, उसी को करता है। इस प्रकार (व्यक्तिगत उन्नति से) सब की भलाई होती है।

व्यक्तिवाद की आलोचना
(Criticism of Individualism)

गैटिल ने इन चार बातों की आलोचना करते हुए लिखा है कि—

(1) मनुष्यों के कार्यों का आधार केवल स्वार्थ ही नहीं है, परमार्थ भी है।

(2) अनिवार्य शिक्षा, स्वच्छता, श्रम सम्बन्धी विधान आदि कुछ बातें ऐसी हैं जिनके विषय में लोग अपने हित की बातों को भली प्रकार नहीं समझ सकते। अत: अन्य व्यक्तियों के सामूहिक कार्यों द्वारा उनके हितों की अवश्य रक्षा होनी चाहिए।

(3) जब तक प्रतियोगिता करने वालों की शक्ति समान न हो तब तक प्रतियोगिता नहीं हो सकती। ऐसी दशा में शासन दुर्बल पक्ष की सहायता करके प्रतियोगिता को नष्ट न करके उसे स्थापित करता है।

(4) 'योग्यतम का बचा रहना' (Survival of the fittest) सिद्धान्त को मानव समाज पर प्रयोग करना अनुचित है। सामूहिक प्रयत्न अनुचित कार्य का निरोध कर सकता है और जहाँ अवरोध का निरोध करने की आवश्यकता है वहाँ उसका निरोध भी कर सकता है।

(5) व्यक्तिवाद के समर्थकों का विचार है कि न्याय की दृष्टि से प्रत्येक व्यक्ति को कार्य करने की पूर्ण स्वतन्त्रता होनी चाहिए। जब प्रत्येक व्यक्ति स्वतन्त्रतापूर्वक कार्य तो वह करेगा तब वह अपनी शक्ति के अनुसार पूर्ण उन्नति कर सकता है। प्रत्येक व्यक्ति की संपूर्ण शक्तियों की सामंजस्य प्रगति के लिए यह आवश्यक है कि राज्य उसके कार्यों में न्यूनातिन्यून हस्तक्षेप करे; क्योंकि उसके कार्य में प्रत्येक अवरोध उसकी प्रेरणा शक्ति और उसके स्वावलम्बी भावों का नाश करता है। उसके स्वतन्त्र उत्तरदायित्व का ह्रास करता है, उसकी शक्ति का नाश करता है और उसके आचरण को भ्रष्ट करता है, यही विचार काण्ट, फ़िख्टे, हम्बोल्ट और जान स्टुअर्ट मिल का है।

(6) मनुष्य की व्यक्तिगत सामंजस्ययुक्त (Harmonious) उन्नति के लिए स्वतन्त्रता अनिवार्य है। हम्बोल्ट का कथन है कि मनुष्य का वास्तविक ध्येय उसके विवेक द्वारा निर्धारित किया जाता है यह ध्येय मनुष्य के सामंजस्य के लिए आवश्यक है। अतिशासन से केवल स्वतन्त्रता का ही ह्रास नहीं होता बल्कि वह कार्य करने की कृत्रिम प्रणाली स्थापित करता है और राष्ट्रीय समानता स्थापित करता है। इससे समाज मृतप्राय हो जाता है। मिल का भी इस विषय में ऐसा ही मत है। उसका कथन है कि अतिशासन से मनुष्य की मानसिक और शारीरिक शक्तियों का ह्रास होता है और मनुष्य अपनी इच्छा तथा विवेकानुसार अपनी उन्नति के लिए जो कार्य करना चाहता है उसे करने में असमर्थ होता है। उन्मुक्त प्रतियोगिता मनुष्य की उन्नति करती है, उसकी प्रेरणा शक्ति को प्रबल करती है और आत्म-विश्वास को बढ़ाती है। अतिशासन केवल उद्योगवर्द्धक प्रयत्नों का ही ह्रास नहीं करता, वह चरित्र की उन्नति में भी बाधक होता है और मनुष्य के व्यक्तिगत स्वाभाविक प्रयत्नों में हस्तक्षेप करके व्यक्तित्व तथा मौलिकता का ह्रास करता है और उसे समाज के नीचे स्तर पर पहुंचता है। व्यक्तिवादी सिद्धान्त के समर्थकों का मत है कि संसार में उच्चकोटि की सभ्यता की उन्नति व्यक्तिवाद के कारण हुई है और इसी के कारण बौद्धिक तथा भौतिक उन्नति हो रही है। स्पेन्सर का कथन है कि अतिशासनीय राज्य में "प्रत्येक व्यक्ति एक-दूसरे के समाज है।" शासन द्वारा उद्योग पर अधिकार वास्तव में स्वेच्छाचारिता है। यह कर्मण्यता की स्वतन्त्रता का ह्रास करके उसे संयमित करता है, और अवरोध स्थापित करके कर्मकौशल का ह्रास करता है, झगड़े तथा असंतोष फैलता है तथा अनुचित हस्तक्षेप भाँति-भाँति के दोष उत्पन्न करता है।" उसका कथन है कि पदाधिकार, मोह तथा सामाजिक हस्तक्षेप मनुष्यों की स्वाभाविक तथा स्वस्थ उन्नति का निरोध करते हैं। इसके विपरीत स्वतन्त्रता व्यक्तिगत चरित्र को शक्तिशाली बनाती है, उसकी उन्नति करती है और मानव समाज की प्रगति में सहायक होती है।

(7) व्यक्तिवादियों का यह भी विचार है कि यद्भाव्यं नीति का मूल आधार वैज्ञानिक है क्योंकि यह सिद्धान्त विकासवाद पर निर्भर है; क्योंकि आर्थिक क्षेत्र में व्यक्तिवाद इस सिद्धान्त का समर्थन करता है कि योग्यतम व्यक्ति ही जीवित रहता है और उन्नति करता है, अन्य नष्ट हो जाते हैं। मनुष्य स्वार्थभावना द्वारा प्रेरित होकर कार्य करता है और जिस कार्य

को वह अपने विवेक द्वारा स्वहित के लिए उचित समझता है उसी को करने के लिए प्रेरित होता है। व्यक्तिवादियों का मत है कि इस सिद्धान्त के अनुसार चलने पर अयोग्य और दुर्बल लोगों का नाश होता है और सर्वश्रेष्ठ पुरुष जीवित रहते हैं। इस प्रकार श्रेष्ठ समाज की स्थापना होती है और उनकी उन्नति होती है।

(8) व्यक्तिवादियों का मत है कि पूर्व अनुभव भी इसी सिद्धान्त को स्थापित करता है कि राज्य द्वारा मनुष्यों के कार्यों में हस्तक्षेप न होना ही सर्वश्रेष्ठ सिद्धान्त है इतिहास में ऐसे बहुत से उदाहरण है कि राज्य विधान द्वारा मनुष्यों के बहुत से कार्यों का नियमन करता था। बाजार में प्रत्येक वस्तु का मूल्य निर्धारित करना, मनुष्यों से पहनने के लिये कपड़े तथा उनकी बनावट निश्चित करना, दिन में कितने बार भोजन करना, क्या-क्या कार्य करना, कहाँ तथा किस प्रकार रहना, सब बातें राज्य विधानों द्वारा निश्चित की जाती थीं। उत्पादन शालाओं में कार्य करने का समय तथा अन्य कर्मशाला सम्बन्धी अनेक नियम राज्य बनाता था। ''सन् 1795 में इंगलैंड में पुरशासकों (Magistrates) को रोटी के मूल्य के अनुसार श्रमिकों की मजदूरी निर्धारित करने का अधिकार था।'' सन् 1824 तक इंगलैंड में पार्लमेंट का यह विधान प्रचलित था कि राजकीय विनिमय (Royal Exchange) से दस मील से अधिक दूरी पर वस्तुनिर्माणकर्त्ता अपनी उत्पादनशालाएँ नहीं बना सकते थे। सत्रहवीं और अठारहवीं शताब्दी में सब स्थानों पर अनेक प्रकार के उद्योगों पर शासन का कठोर तथा अनुचित नियंत्रण था। राज्य ही इस बात को निश्चित करता था कि किस को कहाँ कार्य करना चाहिए, किसको क्या सामान प्रयोग करना चाहिए तथा किस परिस्थिति में भिन्न-भिन्न प्रकार के व्यापार करने चाहिये।

सत्रहवीं और अठारहवीं शताब्दी में उद्योग व्यापार में राज्य द्वारा अनुचित हस्तक्षेप किया जाता था। बकल (Buckle) का कथन है कि उस समय शासकों का यह विश्वास था कि बिना कठोर विधानों के उद्योग-धन्धे और व्यापार की उन्नति नहीं हो सकती है। यह एक मानी हुई बात थी कि बिना अन्य देशों के उद्योग, व्यापार में बाधा डाले हुए अपने देश के उद्योग, व्यापार की उन्नति नहीं हो सकती है। बकल इस बात पर यह आश्चर्य प्रकट करता है कि ऐसी परिस्थिति में सभ्यता की उन्नति किस प्रकार संभव हो सकती है।

(9) व्यक्तिवादियों का मत है कि उन लोगों का विचार मिथ्या है जो यह समझते हैं कि राज्य सर्वज्ञ है और वह भूल नहीं कर सकता अथवा वह मनुष्यों की व्यक्तिगत योग्यता और आवश्यकता को समझता है और उन्हें प्रत्येक कार्य में सहायता दे सकता है। व्यक्तिवादी कहते हैं कि अनुभव से यह प्रकट होता है कि राज्य की आविष्कार करने अथवा नवीन कार्य आरम्भ करने की शक्ति उन व्यक्तियों की इन शक्तियों से अधिक नहीं होती जो उसमें निवास करते हैं राज्य क्रियात्मक अथवा सूचनात्मक संस्था नहीं है वह तो केवल आलोचनात्मक, तथा सहयोगात्मक निर्णायक संस्था है जो समाज की प्रगति का आधार नहीं है बल्कि केवल सहायक मात्र है। शासन प्रत्येक कार्य को सुचारू रूप से नहीं कर सकता। प्रत्येक कार्य को सुचारू रूप से करने के लिए व्यक्ति-विशेषों की आवश्यकता है। अत: राज्य में सब प्रकार की उन्नति तथा आविष्कार का कारण व्यक्ति का कार्य है ''राज्य उसकी उन्नति के मार्ग में आने वाली बाधाओं का निरोध कर सकता है। इसके अतिरिक्त राज्य का और कोई कार्य नहीं होना चाहिए।

व्यक्तिवाद के विरोध में युक्तियाँ
(Arguments Against Individualism)

(1) व्यक्तिवाद के विरोधियों ने भी इस सिद्धान्त के विरुद्ध बड़ी-बड़ी युक्तियाँ प्रस्तुत की हैं। सबसे पहली युक्ति जो उन्होंने प्रस्तुत की है वह यह है कि अनुभव इस बात को सिद्ध करता है कि राज्य एक दूषित संस्था नहीं है। इतिहास इस बात का प्रतीक है कि भूतकाल में सभ्यता की जितनी उन्नति हुई है वह सब बुद्धिमत्ता द्वारा संचालित राज्य कार्यों द्वारा ही हुई है। यह सत्य है कि कभी-कभी राज्य ने अपना ध्येय प्राप्त करने के लिए ऐसे कार्य किये हैं। जिनसे लोक का अहित हुआ है। इससे यह परिणाम नहीं निकालना चाहिए कि राज्य एक दूषित तथा सदैव लोक का अहित करने वाली संस्था है। स्पेन्सर का यह विचार है कि ''राज्य का अस्तित्व केवल इसलिए है कि अपराध होते हैं और अपराधों का अन्त होते ही राज्य के अस्तित्व की आवश्यकता का अन्त हो जाता है और एक पूर्ण आदर्श चरित्र वाले लोगों के राज्य में शासन की आवश्यकता ही नहीं है'' बिल्कुल मिथ्या और निर्मूल है। आधुनिक काल के जटिल समस्यापूर्ण मनुष्य समाज में राज्य का कर्त्तव्य केवल नकारात्मक, निरोधात्मक ही नहीं है। राज्य का कर्त्तव्य दोष तथा अपराधों को रोकना, दुष्टों को दण्ड देना और लोकहित सम्बन्धी कार्य करना है।

(2) मनुष्य एक सामाजिक प्राणी है। समाज में रहकर मनुष्यों को एक दूसरे की सहायता पर निर्भर रहना पड़ता है। अपने व्यक्तिगत जीवन की आवश्यकता के लिये सम्पूर्ण आवश्यक कार्य मनुष्य स्वयं नहीं कर सकता। अनेक आवश्यकताओं के लिये उसे अन्य व्यक्तियों पर निर्भर रहना पड़ता है। अन्य व्यक्तियों के सहयोग से बहुत से कार्य करने पड़ते हैं। आधुनिक काल में सभ्यता की उन्नति के कारण जीविकोपार्जन के अगण्य साधन हो गये हैं। जीविकोपार्जन के साधनों की रक्षा करने के लिये मनुष्यों को संवास स्थापित करने पड़ते हैं। कभी-कभी ऐसा होता है कि एक संवास के हित का दूसरे संवास के हित से संघर्ष होता है और परस्पर झगड़ा होता है। ऐसी दशा में शांति और व्यवस्था स्थापित रखने के लिये राजनीतिक संस्था की आवश्यकता होती है जो अन्य प्रत्येक संवासों के कार्यक्षेत्र की सीमा निर्धारित कर सके और उनमें परस्पर शांति और व्यवस्था स्थापित रख सके। ज्यों-ज्यों सभ्यता की उन्नति होती जायेगी त्यों-त्यों राज्य के कार्य और उसकी शक्ति बढ़ती जायेगी।

वास्तव में बीसवीं शताब्दी के आरम्भ से व्यक्तिवाद सिद्धांत का विरोध अधिकाधिक बढ़ता जा रहा है। इसका कारण यह है कि उद्योग-धन्धे तथा कर्मशालाओं के बढ़ जाने से मनुष्यों की जनसंख्या इन स्थानों पर अधिक बढ़ती जा रही है। लोगों को रहने को घर और खाने को भोजन मिलना कठिन हो रहा है। ऐसी दशा में अब राज्य को पग-पग पर मनुष्यों को व्यक्तिगत तथा सामूहिक सहायता देने की अत्यन्त आवश्यकता प्रतीत होती है और राज्य वास्तव में सफलतापूर्वक इन कार्यों में सहायता कर रहा है। यदि आज राज्य इस प्रकार की सहायता करना बन्द कर दे तो विशेषकर नगरों के लोग बेघर हो जायेंगे और सहस्त्रों मनुष्य अपने सामान और स्त्री-बच्चों समेत जनमार्गों पर पड़े हुये दिखाई पड़ेंगे और खाने को भोजन भी न मिलेगा। अब यद्भाव्यंनीति (Laissez Faire) के विरोधी बढ़ते जा रहे हैं। अत: लैवेलिये (Laveleye) का कथन हैं कि 'ज्यों-ज्यों सभ्यता की उन्नति होती जायगी और मनुष्य एक-दूसरे

पर तथा समाज पर अधिकाधिक निर्भर होता जायगा, त्यों-त्यों लोगों की सामान्य इच्छाओं की पुष्टि करने के लिये राज्य का कार्यक्षेत्र आनुक्रमिक रूप से अवश्य अधिकाधिक बढ़ता जायगा। आधुनिक काल की सामाजिक दशा को देखते हुये स्पेन्सर का व्यक्तिवाद निर्मूल है।

(3) व्यक्तिवादियों का यह बड़ा संकुचित विचार है कि लोकहित के लिये यदि राज्य हस्तक्षेप करता है तो इससे मनुष्य की व्यक्तिगत स्वतन्त्रता में बाधा पड़ती है। संभव है कि एक निर्धारित सीमा के भीतर राज्य के हस्तक्षेप द्वारा व्यक्तिगत स्वतन्त्रता पर आघात हो, परन्तु साधारणतया इस हस्तक्षेप से हानि की अपेक्षा लाभ अधिक होता है। बुद्धिमत्तापूर्ण राज्य प्रत्येक व्यक्ति तथा समाज के कार्यक्षेत्रों को सीमित करके मनुष्य की व्यक्तिगत तथा सामाजिक स्वतन्त्रता को विस्तृत करता है। गार्नर का विचार है कि इस प्रकार मनुष्यों के व्यक्तिगत अथवा सामाजिक कार्यों में बाधा डालकर राज्य एक माली के समान कार्य करता है। जैसे माली एक फल के वृक्ष अथवा अंगूर की बेल को उसकी उन्नति करने के लिये काटता है उसी प्रकार राज्य भी करता है। क्योंकि माली के ऐसा करने से अच्छे फल लगते हैं और अन्त में सबको लाभ होता है।

(4) व्यक्तिवादियों का मत है कि शासन का कार्यक्षेत्र जितना अधिक विस्तृत होता जायेगा मनुष्यों की स्वतन्त्रता का उतना ही अधिक ह्रास होता जायगा। यह विचार भी बड़ा दोषपूर्ण है। इससे यह स्पष्ट है कि उनके मतानुसार 'शासन' और 'स्वतन्त्रता' इन दों शब्दों में विरोधाभास है। शासन स्वतन्त्रता का बैरी और विरोधी है। वास्तव में ऐसा नहीं है। शासन स्वतन्त्रता का विरोधी नहीं है। व्यक्तिवादियों की यह कल्पना मिथ्या है। सुव्यवस्थित तथा बुद्धिमान पुरुषों द्वारा संचालित शासन कार्यों द्वारा राज्य के निवासियों की केवल नैतिक, शरीरिक और बौद्धिक उन्नति ही नहीं होतीं बल्कि राज्य शक्तिशाली होता है, तथा स्वार्थी लोगों के अनुचित कार्यों का नियंत्रण करके जनसाधारण को व्यक्तिगत तथा सामाजिक उन्नति करने की स्वतन्त्रता प्राप्त होती है। इस प्रकार मनुष्य की निहित शक्तियों का विकास होता हैं, भाँति-भाँति के आविष्कार होते हैं और उद्योग, व्यवसाय तथा व्यापार को प्रोत्साहन मिलता है जिससे देश की उन्नति होती है। व्यक्तिवादियों का यह सिद्धांत निर्मूल है कि शासकीय नियमन और नियंत्रण मनुष्य की व्यक्तिगत प्रेरणाशक्ति, आत्मविश्वास, स्वावलम्बन, आदि गुणों का ह्रास करके तथा व्यक्तिगत और मानसिक गुणों की संपूर्ण तथा सांमजस्यपूर्ण प्रगति में बाधा डालकर उसके आचरण को भ्रष्ट करता है। आचरण की उन्नति केवल स्वतन्त्रता से नहीं होती है। आचरण की उन्नति के लिए अनुशासन तथा निरोध की अत्यन्त आवश्यकता है। व्यक्तिवादियों की यह कल्पना निराधार है कि शासन का कार्यक्षेत्र ज्यों-ज्यों बढ़ता जाता है, त्यों-त्यों मनुष्य निर्बल होता है। मनुष्य का पूर्ण विकास तभी समझा जा सकता है जब उसकी सामाजिक तथा सांस्कृतिक उन्नति हो। उसकी नैसर्गिक उन्नति कोई उन्नति नहीं है। मनुष्य की उन्नति समाज द्वारा ही हो सकती है। समाज से पृथक रहकर मनुष्य कभी किसी प्रकार की उन्नति नहीं कर सकता है और राज्य एक उन्नत राजनीतिक संवास अथवा समाज है जो मनुष्य की सर्व प्रकार की उन्नति के लिए अत्यन्त आवश्यक है।

(5) व्यक्तिवाद में एक बड़ा भारी दोष है कि यह सिद्धांत शासन के नियम को वर्णन करने में अतिशयोक्ति करता है। शासन के नियमन को वह वृहद रूप देता है और शासन

के नियमन द्वारा प्राप्त होने वाले लाभों को बड़ा सूक्ष्म रूप देता है। व्यक्तिवादी स्वतन्त्रता के वास्तविक लक्षणों की कल्पना करने में भूल करते हैं और स्वतन्त्रता की उन्नति की उचित सीमा निर्धारित करने में भी भूल करते हैं। वे लोग यह बात ठीक नहीं समझते हैं कि मनुष्य का समाज के साथ क्या सम्बन्ध है? यदि वे इस बात को ठीक-ठीक कल्पना कर लें कि मनुष्य समाज का एक अंग है और वह समाज से पृथक नहीं है तो वे इस प्रकार के विचार कभी न प्रकट करें। वास्तव में वे मनुष्य को समाज से पृथक् समझकर उसकी व्यक्तिगत महत्ता पर अधिक जोर देते हैं। उनका सिद्धान्त है कि मनुष्य की व्यक्तिगत उन्नति से समाज की उन्नति होती है। वे लोग व्यक्तिगत उन्नति को अधिक महत्व देते हैं परन्तु उन्हें इस बात का आभास नहीं होता कि बिना समाज की उन्नति हुए व्यक्तिगत उन्नति असम्भव है। समाज से पृथक व्यक्ति की कल्पना करना ऐसा है जैसे ''ऊँची दीवार'' में केवल ''ऊँचाई'' की कल्पना करना अथवा मनुष्य की कल्पना न करके भूत प्रेत की कल्पना करना। इसका अभिप्राय यह है कि वास्तव में मनुष्य समाज से पृथक् कोई अस्तित्व नहीं रखता है। उसका अस्तित्व केवल समाज के एक अवयव के रूप में है।

(6) इसमे संदेह नहीं कि किसी समय शासन के किसी कार्य से जनता का अहित हुआ हो अथवा शासन के किसी विधान से लाभ की अपेक्षा हानि हुई हो, तो इसका यह परिणाम नहीं निकलना चाहिये कि शासन के ऐसे कार्यों अथवा विधानों से सदैव ही लोक का अहित होगा। भूतकाल में ऐसा हुआ कि शासन के कार्यों से कभी-कभी लोक का अहित हुआ है। ऐसा हुआ है कि शासन के विधानों से जनता का लाभ न होकर हानि हुई है। इसी प्रकार के कार्यों अथवा विधानों के कारण व्यक्तिवादियों ने यह परिणाम निकाल लिया है कि शासन के कार्यों अथवा विधानों से भविष्य में भी सदैव ही जनता को हानि ही पहुँचेगी। व्यक्तिवादियों का यह विचार भ्रमात्मक और निर्मूल है। व्यक्तिवादियों ने शासन की छोटी-छोटी त्रुटियों को बड़ा विराट रूप दे दिया है और सब प्रकार के शासन को अवाँछनीय घोषित कर दिया है। शासन-प्रणाली भी तो अनेक प्रकार की होती है। स्वेच्छाचारी अथवा निरंकुश शासन दोषयुक्त हो सकता है। कुलीनतन्त्र भी दोषयुक्त हो सकता है और जनतन्त्र भी बुरा हो सकता है। परन्तु जहाँ वास्तव में प्रतिनिधित्व प्रत्यक्ष अथवा अप्रत्यक्ष, शासन-प्रणाली कार्य करती है और उसमें श्रेष्ठ, बुद्धिमान और नि:स्वार्थी लोगों के हाथ में शासन कार्य है, वहाँ की जनता को रामराज्य का सुख प्राप्त होता है और ऐसे शासन वाले राज्य में लोगों की शारीरिक, आत्मिक, बौद्धिक आदि सब प्रकार की उन्नति होती है। अत: यह विचार करना कि क्योंकि शासनों ने भूलें की है अथवा शासकों ने भूलें की है; इसलिए शासन प्रणालियाँ दोषयुक्त हैं, बिल्कुल मिथ्या है।

(7) व्यक्तिवादियों का यह विचार भी मिथ्या है कि प्रत्येक व्यक्ति अपने हित की बात को राज्य की अपेक्षा अधिक अच्छी तरह समझता है और प्रत्येक व्यक्ति को स्वहित सम्बन्धी कार्य स्वतन्त्रतापूर्वक करने देना चाहिए, राज्य को उसमें किसी प्रकार का हस्तक्षेप नहीं करना चाहिए। यदि एक व्यक्ति के स्वहित सम्बन्धी कार्यों में हस्तक्षेप नहीं करेगा तो वह स्वत: अपनी उन्नति करता चला जायेगा और व्यक्तिगत उन्नति के साथ सामाजिक उन्नति अपने आप होती जायेगी। वास्तव में व्यक्तिवादियों की यह कल्पना निर्मूल है। यदि प्रत्येक व्यक्ति को स्वहित सम्बन्धी कार्य करने की पूर्ण स्वतन्त्रता दे दी जाय तो वह अपने स्वार्थ की सिद्धि के लिए

सब प्रकार के बुरे-भले कार्य करने को उद्यत होता जायगा और अन्य व्यक्तियों के हितों पर आघात पहुँचायेगा और उनके हितों पर अनधिकृत अतिक्रमण करेगा। परिणाम यह होगा कि मनुष्य एक-दूसरे की हत्या करने को उद्यत होता जायेगा और पूर्णरूप से अराजकता फैल जायगी। व्यक्तिवादियों के सिद्धांत के अनुसार यदि आज राज्य का अन्त कर दिया जाय और सब प्रकार की शासन प्रणाली उठ जाय तो हम इस बात की कल्पना कर सकते हैं कि हमारे देश की क्या दशा होती जायगी। सत्य तो यह है कि ''जिसकी लाठी उसकी भैंस'' अर्थात् शक्ति सिद्धांत की स्थापना हो जायेगी अथवा यों कहिए कि मत्स्य-न्याय का आश्रय लेना पड़ेगा। बली निर्बल पर अत्याचार करेगा। इस बात को मिल आदि व्यक्तियों ने स्वीकार किया है। मिल ने अपनी 'लिबर्टी' नामक पुस्तक में स्पष्ट लिखा है कि ''बहुमत अल्पमत पर अत्याचार करता है।'' सिजविक (Sidgwik) का भी यही विचार है कि बहुधा जनता अपने हित के विषय में ठीक-ठीक निर्णय नहीं कर सकती। बेल्जियम के प्रसिद्ध लेखक लैवेलिये (Laveleye) का मत है कि ''यदि प्रत्येक मनुष्य अपने हितों, कर्त्तव्यों और अधिकारों को स्पष्ट रूप से समझ सके, उनके विषय में ठीक-ठीक निर्णय कर सके, उनके अनुसार कार्य कर सके, स्वेच्छा से सुकर्म कर सके और कुकर्मों से बच सके तो (वास्तव में) राज्य के हस्तक्षेप की आवश्यकता न रहेगी और हम स्वतन्त्र शासन का उपभोग कर सकेंगे''। परन्तु वास्तव में बात तो यह है कि लोग अज्ञानी और मूर्ख अधिक संख्या में होते हैं और विद्वान और चतुर न्यून संख्या में होते हैं। अज्ञानी लोग उन बुरी बातों की कल्पना कभी नहीं कर सकते जिनके विषय में वे बिल्कुल अज्ञानी है। अत: वे कभी स्वयं अच्छे मार्ग पर नहीं चल सके। उन्हें अच्छा मार्ग बताने के लिये बुद्धिमान मनुष्यों की आवश्यकता है। इससे सिद्ध होता है कि राज्य एक अत्यन्त आवश्यक संस्था है जिसके बिना राज्य की भान्ति-भान्ति की जटिल समस्याएँ हल नहीं हो सकती और न राज्य के लोगों की तथा राष्ट्र की उन्नति ही हो सकती है।

व्यक्तिवाद का मूल्यांकन
(Evaluation of Individualism)

संसार में आधुनिक काल में जितने भी राज्य हैं उन सबकी शासन-प्रणालियों की ओर दृष्टिपात करने से विदित होता है कि शासन ने जनता के लगभग सभी कार्यों पर नियंत्रण कर रखा है। लोगों के भोजन, वस्त्र, स्वास्थ्य, शिक्षा, उद्योग, व्यवसाय, व्यापार, धर्म, संवास आदि बातों पर अपना अधिकार कर रखा है। इन सब विषयों के सम्बन्ध में शासन विधानों की रचना करता है और इन विधानों द्वारा ये सब कार्य सफलतापूर्वक हो रहे हैं। इन विधानों द्वारा वास्तव में लोकहित हो रहा है। सब प्रकार की व्यक्तिगत अथवा सामूहिक उन्नति होती दिखायी दे रही है।

व्यक्तिवाद सिद्धान्त के पक्ष और विपक्ष में बहुत कुछ कहा जा चुका है। साधारण पाठक इन तर्कों में पड़कर भ्रम में पड़ सकता है। अत: यह आवश्यक है कि यह भी स्पष्ट कर दिया जाय कि वास्तव में कौन-सा पक्ष अधिक प्रबल है। व्यक्तिवाद सिद्धान्तवादियों का मत ठीक है अथवा इस सिद्धांत के विरोधियों का? व्यक्तिवाद सिद्धान्त के पक्ष-विपक्ष में जितने तर्क उपस्थित किये गए हैं, उन पर विचार करने से हम इस परिणाम पर पहुँचते है कि वास्तव में

व्यक्तिवादियों का पक्ष प्रबल है। व्यक्तिवाद में अनेक दोष होने पर भी हमारा निर्णय यह है कि कुछ विशेष परिस्थितियों को छोड़कर प्रत्येक दशा में मनुष्यों को व्यक्तिगत सब प्रकार की उन्नति करने में राज्य को न्यूनातिन्यून हस्तक्षेप करना चाहिए और इस प्रकार की उन्नति के मार्ग में आने वाले अवरोधों का निरोध करना चाहिए। गार्नर का कथन है कि "यद्‌भाव्यं नीति" के विपक्ष में सब कुछ कहने के पश्चात् यह अवश्य मानना पड़ेगा कि साक्ष्य का गुरुभार (Weight of evidence) इसी के पक्ष में है। यह उपक्षेप (Proposition) अत्याधिक दशाओं में विश्वसनीय हैं कि मनुष्य विषय का सबसे अच्छा निर्णायक है जो उसके व्यक्तिगत सुख का अनुदायक है और वह उन्मुक्त तथा स्वतंत्र प्रतियोगिता के अनुक्रम में अत्याधिक समृद्ध होगा और इस अनुक्रम (System) को कार्यरूप में परिणत करना चाहिए। सिजविक और केर्नीस (Sidgwick and Cairnes) ने भी प्रदर्शित किया है कि इस मार्ग से विशेष दशाओं में उस समय डटना चाहिए जब यह विश्वास करने के लिए पूर्ण अनुभूतिमूलक (Empirical) कारण हों कि यह साधारण धारणा (General Assumption) असत्य है।"

अभ्यास के लिये प्रश्न

1. व्यक्तिवाद के सिद्धान्तों के उदय और विकास का वर्णन कीजिये।
2. व्यक्तिवाद के पक्ष और विपक्ष में तर्क का वर्णन कीजिए।
3. व्यक्तिवाद के सिद्धान्त की आलोचना कीजिए।

13

हरबर्ट स्पेन्सर

(Herbert Spencer--1820-1903)

हरबर्ट स्पेन्सर का जन्म एक गरीब अध्यापक के परिवार में 27 अप्रैल, 1820 ई० को हुआ था। उसके पिता की स्थिति उसे उच्च शिक्षा दिलाने की न थी, किन्तु उसने उसकी तर्क शक्ति को निरन्तर उत्प्रेरित किया, जैसे कि जेम्स मिल ने अपने पुत्र, जॉन स्टुअर्ट मिल की शक्ति को किया था। हर्नशा की सुन्दर भाषा में, स्पेन्सर 'एक मनुष्य इतना नहीं था जितना कि एक बौद्धिक सावयव, और उसकी इहलोक यात्रा एक अस्तित्व था, जीवन इतना नहीं।' 'वह सम्पूर्ण रूप से बुद्धि ही था, हृदय नहीं, उसने कभी प्रेम नहीं किया और कभी विवाह नहीं किया। उसे किसी कालिज या विश्वविद्यालय की नियमित शिक्षा का सौभाग्य प्राप्त नहीं हुआ। वह स्व-शिक्षित तथा स्व-निर्मित मनुष्य था। दस बारह वर्ष तक रोजगार प्राप्त करने के विफल प्रयास करने के उपरान्त उसे 'इकानामिस्ट' नामक पत्रिका के उप-सम्पादक का स्थान मिल गया। यह एक सुप्रसिद्ध पत्रिका थी जिसमें उस समय के कुछ सर्व-विख्यात व्यक्तियों की रचनायें प्रकाशित होती थीं इससे स्पेसर को हक्सले, टिन्डाल, न्यूमैन तथा इलियट सरीखे महान् प्रतिभाशाली व्यक्तियों के सम्पर्क में आने का सुअवसर प्राप्त हुआ। जिनके साथ वार्तालाप ने उसके जिज्ञासु मस्तिष्क को बहुत प्रेरित किया।1853 ई० में उसने उप-सम्पादक के पद को छोड़ दिया और सारा समय तथा शक्ति लेखन-कार्य में लगाने का निर्णय किया। उसकी प्रारम्भिक रचनाओं से उसे कुछ विशेष आय नहीं हुई। उसे घोर कठिनाइयों का सामना करना पड़ा। किन्तु 1868 ई० में उसके भाग्य का पाँसा पलटा; उसकी रचनाओं की इंग्लैड तथा अमरीका दोनों में अच्छी बिक्री होने लगी। उसके उपराँत वह कुछ आराम का जीवन व्यतीत कर सका। 1898 ई० में वह ब्राइटन में अधिक अच्छे और अधिक सम्मानित मकान में चला गया जहाँ कि वह 1903 में अपनी मृत्यु पर्यन्त रहा। किन्तु 1885 ई० में उसका स्वास्थ्य खराब हो गया और वह अन्तिम समय तक निद्राहीनता, रक्ताभाव इत्यादि रोगों का शिकार रहा। इसका उसकी रचनाओं पर खराब प्रभाव पड़ा। दिसम्बर 1903 ई० में 83 वर्ष की अवस्था में स्पेन्सर का देहान्त हो गया।

अपने गिरे हुये स्वास्थ्य के बावजूद स्पेन्सर ने बहुत कुछ लिखा। उसकी रचनायें अठारह बड़ी बड़ी जिल्दों में संकलित हैं। इनमें उल्लेखनीय पुस्तकें निम्नलिखित हैं: 'First Principles' (1862), 'Principles of Biology' (दो जिल्दें, 1864-67), 'Principles of Psychology' (दो जिल्दें, 1870-72), 'Principles of Sociology' (तीन जिल्दें, 1986-96), तथा 'Principles of Ethics' (दो जिल्दें, 1892-93) स्पेन्सर के राजनीतिक विचार उसके 'Social Statistics', 'The Man Versus the State', 'The Proper Sphere of Govt.', 'Political Institutions' तथा 'Principles of Sociology' आदि ग्रन्थों में पाये जाते हैं।

स्पेन्सर की रचनाओं का अनुवाद लगभग समस्त प्रगतिशील राष्ट्रों की भाषाओं में हुआ। उसकी ख्याति न केवल यूरोप तथा अमरीका में, बल्कि चीन और जापान सरीखे सुदूर देशों में भी फैल गई। वह उन थोड़े से दार्शनिकों में से हैं जिसकी ख्याति अपने ही समय में अपने देश के बाहर भी फैली। यद्यपि उसकी नवीन दर्शन प्रणाली ने लगभग पचास वर्ष तक संसार भर के विचारशील व्यक्तियों के ध्यान को आकृष्ट किया और उसकी मनोविज्ञान सम्बन्धी कृतियाँ उस शताब्दी की उस विषय की सबसे अधिक महत्वपूर्ण प्रामाणित पुस्तक रही है। तथापि आज स्पेन्सर की रचनाओं को कोई भी नही पढ़ता। जैसा कि केन ब्रिन्टन ने कहा है : "टॉमस एक्वीनास के सम्मा (Summa) की अपेक्षा हम इस आधुनिक सम्मा की ओर अधिक उदासीन हैं।"

स्पेन्सर एक महान् प्रणाली-निर्माता था। ब्रिटिश चिंतन की एक विलक्षण विशेषता यह है कि वह प्रणाली की अधिक चिन्ता नहीं करता। हॉब्स के बाद ब्रिटिश दर्शन में क्रमबद्धता लाने का श्रेय हरबर्ट स्पेन्सर को है। उसने जिस क्रमबद्ध प्रणाली का निर्माण किया वह बेकन और हॉब्स की प्रणाली से कहीं अधिक व्यापक और संघटित है। मेज के अनुसार वह ब्रिटिश विचार में अद्वितीय है। उसके शब्दों में "स्पेन्सर ने अमूर्त्त सिद्धान्तों की रचना की, वर्गीकरण किया, सामान्यकरण किया, तथा 'अधिकाधिक अमूर्त्त एकबद्धताओं की ओर बढ़ता गया, जब तक कि वह एक ऐसे बिन्दु पर न आ गया जहां कि वह सम्पूर्ण विश्व का सारांश एक ही सूत्र में दे सकता था। फलतः एक ऐसी प्रणाली का जन्म हुआ जिसमें प्रत्येक वस्तु का अपना स्थान निर्धारित था। यह प्रणाली इतनी निर्भीकतापूर्वक आयोजित और कुशलतापूर्वक व्यवस्थित थी कि उसके प्रति हमारा दृष्टिकोण चाहे कुछ भी क्यों न हो, किन्तु हम उसकी प्रशंसा किये बिना नहीं रह सकते। स्पेन्सर का स्थान इतिहास के महान्तम दर्शन निर्माताओं में है।"[1]

स्पेन्सर ने विकासवादी सिद्धान्त का बड़ा व्यापक प्रयोग किया है। यद्यपि लैमार्क, डार्विन, वैलेस, हक्सले तथा लीविज सरीखे उस समय के सुप्रसिद्ध विचारक सभी विकासवादी थे, तथापि एक दृष्टिकोण से स्पेन्सर को उन्नसवीं शताब्दी का प्रमुख विकासवादी दार्शनिक समझा

1. "Spencer abstracted, classified, generalised and 'moved forward to more and more abstract unifications until he had reached the point from where he could sum up the universe in a single formula. The result was a system in which everything was given its place, a system so boldly planned and so skilfully and neatly ordered that, whatever our ultimate attitude towards it may be, we cannot help admiring it. Spencer must be ranked among the greatest philosophical architects that history has known."

--Metz; *Hundred Years of British Philosophy*, p. 102.

जा सकता है। जबकि अन्य विचारकों ने विकासवाद को न्यूनाधिक प्राणीशास्त्र तक ही सीमित रखा स्पेन्सर ने इसमें ज्ञान का अमर वृक्ष देखा। उसने इसका प्रयोग ''न केवल नक्षत्र जगत, मण्डल-प्रणाली, पृथ्वी का रूप तथा आकार, विश्व की वनस्पति तथा पशु-पक्षी का रूप तथा आकार, विश्व की वनस्पति तथा पशु-पक्षी सम्पत्ति और मानव शरीर की वर्तमान बनावट तथा स्थिति की बल्कि मनुष्य के मस्तिष्क तथा मानव समाज के रूपों की भी व्याख्या करने के लिये किया। वास्तव में ''समन्वयवादी'' का मुख्य उद्देश्य आचार-शास्त्र की समस्याओं का प्रकृतिवादी तथा विकासवादी सिद्धान्त के अनुसार निराकरण देना था।''[2]

हरबर्ट स्पेन्सर का जन्म एक ऐसे परिवार में हुआ था। जोकि धर्म के क्षेत्र में विचार स्वातंत्रय का प्रेमी था। उसे शक्ति के प्रति उपेक्षा भाव और विद्रोह से प्रेम अपने पूर्वजों से विरासत में मिला। जिनका विश्वास यह था कि प्रकृति के वे नियम जो कि कारण-कार्य के वैज्ञानिक सिद्धान्तों में पाये जाते है। मानवकृत कानूनों से अधिक श्रेष्ठ हैं। इस प्रकार परस्पर विरोधी प्रवृत्तियाँ उसे विरासत में मिली थीं, और अपने चाचा टॉमस स्पेन्सर के यहाँ तीन वर्ष में जो दीक्षा उसे मिली उसने उन प्रवृत्तियों को और अधिक पुष्ट कर दिया। उसका सम्बन्ध बर्मिंघम के जॉजेफ स्टर्ज से भी रहा जिसने कि 1841 ई० में 'नॉन कॉन्फार्मिस्ट' नामक पत्र की स्थापना की थी। स्पेन्सर का 'The Proper Sphere of Government नामक प्रथम लेख इसी साप्ताहिक में प्रकाशित हुआ था। 'इकॉनामिस्ट' का उपसम्पादक होने के नाते वह टॉमस हाग्सकिन के सम्पर्क में आया जोकि राजनीति में रेडिकल और आचारशास्त्र में बेंथम-विरोधी था। हॉग्सकिन मनुष्य के नैसर्गिक अधिकारों में गहरा विश्वास रखता था जिनका कि बेंथम ने खण्डन किया था। उसकी यह धारणा थी कि क्योंकि समाज एक नैसर्गिक कानूनों के अधीन है, इसलिये सरकार की एकमात्र उचित नीति लैसे-फेयर (Laissez Faire) की हो सकती है। हॉग्सकिन के अनुसार राज्य का कार्य एकदम नकरात्मक है; इसका कर्तव्य केवल नैसर्गिक कानूनों के वर्तने के लिये एक स्वतन्त्र क्षेत्र तैयार करना है। सामाजिक विषयों को विनियमित करना राज्य का कार्य नहीं। बार्कर के शब्दों में हॉगसकिन ने एक ऐसे कल्पित आदर्श को हमारे सामने रखा है, जिसमें 'अराजकता है, जिसमें सरकार का लोप हो गया है, और जिसमें समस्त व्यक्तियों की भावनाओं का एक दूसरे से स्वतः सामंजस्य स्थापित हो गया है।' ऐसा प्रतीत होता है कि स्पेन्सर पर हॉग्सकिन के इन आदर्शो का गहरा प्रभाव पड़ा था; जीवनपर्यन्त वह व्यक्ति की स्वतंत्रता तथा लैसे-फेयर का समर्थक रहा। यहाँ तक कि जब सामाजिक ढांचे में परिवर्त्तन हुआ और उसके समकालीन सामूहिक कार्य की आवश्यकता को अनुभव करने लगे तब भी स्पेन्सर व्यक्ति की स्वतंत्रता को सामाजिक हस्तक्षेप से सुरक्षित रखने का प्रयास करता रहा। इस प्रकार हम देखते है। कि स्पेंसर के व्यक्तिवाद—उसका व्यक्ति के महत्व में विश्वास तथा राज्य द्वारा उन समस्त विषयों में हस्तक्षेप करने का विरोध जिन्हें कि उन्नीसवीं

---

2. ''He used it to explain the present constitution and condition not only of the starry universe, the planatery system, the face and figure of the earth, the flora and fauna of the world, together with the bodies of men, but also of the minds of the men and the forms of human society. Indeed, the primary aim of the *synthetic philosophy* was precisely the solution on naturalistic and evolutionary lines of the problems of ethics and politics.''
--Hearnshaw : *Social and Political Ideas of Thinkers of the Victorian Age,* p. 80.

शताब्दी के विचारक राज्य के हस्तक्षेप से स्वंतत्र रखना चाहते थे—का मूल उसके प्रारम्भिक रेडिकल पर्यावरण तथा उसके हॉंगसकिन के साथ संसर्ग में पाया जाता है।

रेडिकलवाद के अतिरिक्त अन्य दो स्त्रोत और हैं। जिससें कि स्पेंसर ने अपने चितंन के तत्त्वों को लिया है। उनमें से एक तो है उसका प्राकृतिक विज्ञान का अध्ययन और दूसरा है शेलिंग तथा शेलीगल के आदर्शवाद का ज्ञान जो उसे कॉलरिज के अध्ययन द्वारा प्राप्त हुआ था। इन दोनों की, विशेष रूप से दूसरे की, रेडीकलवाद के साथ और आपस में एक दूसरे के साथ संगति नहीं बैठती थी। उसके चिंतन में प्राकृतिक विज्ञान के अध्ययन का क्या स्थान हैं उसे समझने के लिये हमें इस तथ्य को याद रखना चाहिये कि स्पेंसर अपने समकालीन मिल की भाँति राजनीति में एक उपयोगितावाद था। वह उपयोगितावादी की इस धारणा में विश्वास रखता था कि जीवन का लक्ष्य सुख की प्राप्ति है, किन्तु सुख की उसने जो व्याख्या की हैं उसमें एक नवीन तत्त्व मिलता है जो हम मिल में नहीं देखते और जिसके कारण वह विकासवादी सुखवाद (Evolutionary Hedonism) नामक एक नवीन विचारधारा का जनक बन गया। यद्यपि मिल ने सुख का एक गहनतर तथा अधिक आध्यात्मिक अर्थ लगाया हैं, तथापि वह प्राचीन परम्परा से नहीं हटा: इसीलिये उसे कभी कभी अन्तिम महान् उपयोगितावादी कहा जाता है। जैसा कि सैबीन कहता है, मिल ने उपयोगितावाद के सिद्धाँतों में परिवर्तन नहीं किया, यद्यपि उसने उसके परिणामों में अवश्य संशोधन कर दिया। नैतिकता को मूल रूप से भौतिक सत्य के साथ एक रूप समझ कर, और वास्तव में उसे अतिक्रमणात्मक शरीरशास्त्र का रूप मान कर स्पेंसर ने स्पष्ट रूप से एक नवीन तत्त्व का प्रवेश कराया और आचारशास्त्र तथा राजनीतिशास्त्र की जीवन के कानूनों के विज्ञान के एक अंग के रूप में व्याख्या की। उसने जीवन के कानूनों में से नैतिक नियमों को निगमित किया और इस प्रकार आचारशास्त्र को विकासवादी बना दिया। इस अर्थ में यह कहा जा सकता है कि उसने उपयोगितावाद के सिद्धाँतों में परिवर्तन किया। परन्तु विकास सिद्धान्त को राज्य पर आरोपित करने के परिणामस्वरूप वह समाज की जिस सावयवी धारणा पर पहुँचा उसके बावजूद वह आग्रहपूर्वक व्यक्ति के महत्व में विश्वास पर डटा रहा। जहाँ तक कि वह मिल तथा बेंथम की भाँति एक व्यक्तिवादी बना रहा, वहां तक हम यह कह सकते है कि उसने व्यावहारिक परिणामों को लगभग वहीं छोड़ दिया जहाँ कि वे थे।

हरबर्ट स्पेन्सर जिस समय एक बच्चा ही था तो उसके पिता ने उसे उसके चाचा टॉमस स्पेन्सर के पास भेज दिया। वहां उसने लेटिन तथा ग्रीक के प्रति पूर्ण उदासीनता दिखाई। भाषा अथवा साहित्य के अध्ययन में उसका कोई अनुराग न था, किन्तु गणितशास्त्र तथा भौतिकशास्त्र को उसने ऐसे अपनाया जैसे कि मछली पानी को अपनाती है; बचपन से ही उसे भौतिकशास्त्र तथा प्रकृति अध्ययन में गहरा अनुराग था। 1837 से 1841 तक के चार वर्षों तक वह एक इन्जीनियर था और उसने नाना प्रकार के कामों के लिये नाना प्रकार के यन्त्रों का आविष्कार किया। भौतिकशास्त्र में अपने अनुराग के कारण वह विश्व को शक्तिमय समझने लगा। जर्मन आदर्शवाद (जिसके प्रतिनिधि शेलिंग तथा श्लीगल थे) से प्रभावित होकर वह जीवन को एक सार्वत्रिक विकास समझने लगा, और मानव समाज को प्रकृति का एक अंग समझने लगा जिस पर विकास अथवा परिवर्तन की सार्वत्रिक प्रक्रिया लागू होती है। भौतिक

तथा आदर्शवादी दृष्टिकोणों का सम्मिश्रण करके उसने सार्वत्रिक विकास की प्रक्रिया के मूलभूत सिद्धान्तों की रचना की। वह सिद्धान्त है **शक्ति का आग्रह** (Persistence of Force) जिसमें से उसने दो उप-सिद्धान्त निगमित किये—अन्तिम संतुलन की ओर जाने की समस्त वस्तुओं की प्रवृत्ति, और इसके फलस्वरूप उस संतुलन को प्राप्त करने के लिये विकास की प्रक्रिया के द्वारा अपने को परिवर्तित करने की प्रवृत्ति।

विकास का सिद्धान्त
(Theory of Evolution)

हरबर्ट स्पेन्सर ने सामाजिक विकास के विषय में मौलिक एवं नवीन विचार प्रस्तुत किये हैं। सामाजिक विकास के सिद्धाँतों में उसके इस सिद्धान्त का महत्वपूर्ण स्थान है। स्पेन्सर ने सामाजिक विकास के सिद्धान्तों को एक विशिष्ट रूप से प्रस्तुत किया है। सामाजिक विकास के सिद्धान्त को स्पष्ट करने के लिये उसने 'भौतिक विकास' (Physical Evolution) तथा जीव-शास्त्र के विभिन्न सिद्धान्तों का विवेचन किया है। उसने सामाजिक विकास को इन्हीं सिद्धान्तों पर आधारित किया है।

स्पेन्सर का भौतिक विकास का सिद्धान्त

अपने विकास के सिद्धान्त को प्रस्तुत करने के लिए हरबर्ट स्पेन्सर ने पूरे विश्व को दो मुख्य भागों में विभाजित कर लिया। ये भाग थे अज्ञेय और ज्ञेय। विश्व के 'अज्ञेय' भाग का सम्बन्ध धर्म से है। उसका विषय आत्मा-परमात्मा है। विज्ञान का इससे कोई सम्बन्ध नहीं है। विज्ञान का सम्बन्ध विश्व के ज्ञेय भाग से है। विज्ञान इस ज्ञेय भाग के क्षेत्र में कारणों को खोजता है। इसके अन्तर्गत विश्व के पदार्थों की उत्पत्ति तथा विकास के नियमों एवं सिद्धान्तों को ज्ञात किया जाता है। स्पेन्सर का मत था कि जो सिद्धान्त भौतिक जगत के विकास पर लागू होते हैं वे ही सिद्धान्त सामाजिक विकास पर लागू होते हैं अत: सामाजिक विकास के सिद्धान्तों को जानने के लिए भौतिक विकास के नियमों को जानना आवश्यक है।

विकास के मुख्य नियम

स्पेन्सर के अनुसार भौतिक विकास को समझने के लिए भौतिक जगत के आदि कारणों को जानना आवश्यक है। इसके अतिरिक्त उन मुख्य एवं गौण नियमों को भी जानना आवश्यक है जो इस क्षेत्र में कार्य करते हैं। स्पेन्सर के अनुसार मूल कारण या आदि कारण शक्ति है। परन्तु शक्ति का रूप 'अज्ञेय' है। इसे देखना असम्भव है। यह अपने दो मुख्य रूपों में प्रगट होती है। ये रूप हैं—पदार्थ (Matter) तथा 'गति (Motion) ये दोनों ही शक्ति के प्रगट रूप हैं। स्पेंन्सर के अनुसार इसी आदि कारण शक्ति के क्रियाशील हो जाने पर पदार्थ एवं गति के माध्यम से विकास होता है। इस भौतिक विकास की प्रक्रिया के कुछ नियम हैं। पहले इसके मुख्य नियमों का विवेचन किया जायेगा। ये नियम निम्नलिखित हैं—

(1) शक्ति में स्थायित्व—प्रथम नियम के अनुसार विश्व का आदि कारण 'शक्ति' में स्थायित्व है। स्थायित्व का अर्थ यह है कि इसकी मात्रा घटती-बढ़ती नहीं। विकास होने पर इसके स्थायित्व पर कोई प्रभाव नहीं पड़ता। यह केवल विकास का कारण मात्र है।

(2) पदार्थ अविनाशी है—भौतिक विकास को समझाने के लिए स्पेन्सर ने दूसरा नियम 'पदार्थ की अविनाशिता का नियम' प्रस्तुत किया। इस नियम के अनुसार पदार्थ जो कि आदि कारण शक्ति का एक रूप या पहलू है, उसका कभी विनाश नहीं होता। पदार्थ केवल अपना रूप परिवर्तित करता है यह नष्ट नहीं होता। पदार्थ के रूप परिवर्तित करने से ही विकास की प्रक्रिया चलती हैं।

(3) 'गति' निरन्तर है—तीसरा मुख्य नियम गति से सम्बन्धित है। पदार्थ की ही भाँति गति भी कभी नष्ट या समाप्त नहीं होती। गति निरन्तर बनी रहती है। विकास की प्रक्रिया में गति का रूप बदलता रहता है। गति के रूप में परिवर्तन होने से ही विकास के विभिन्न सोपान सामने आते हैं।

विकास के गौण नियम

विकास की प्रक्रिया को पूर्ण रूप से प्रतिपादित करने के लिए स्पेन्सर ने उपरोक्त वर्णित तीन मुख्य नियमों के अतिरिक्त अन्य चार गौण नियम भी प्रस्तुत किये थे। ये गौण नियम निम्नलिखित हैं—

(1) सभी नियमों में एकता होती है—स्पेन्सर के अनुसार सभी नियमों में एक समानता होती है। किन्हीं दो नियमों में किसी प्रकार का विरोध सम्भव नहीं है। बाह्य रूप से भिन्न दिखने वाले नियम भी वास्तव में भिन्न नहीं होते।

(2) रूपान्तर एवं समानता का नियम—यह दूसरा गौण नियम है। इसके अनुसार किसी भी वस्तु अथवा पदार्थ का नाश नहीं होता। वह केवल रूपान्तरित हो जाता है। परन्तु इस रूपान्तरण के दौरान गति एवं पदार्थ की मात्रा ज्यों की त्यों बनी रहती है।

(3) अधिकतम आकर्षण तथा न्यूनतम प्रतिरोध का नियम—विकास की प्रक्रिया का यह तीसरा गौण नियम है। इस नियम के अनुसार विकास की प्रक्रिया में प्रत्येक वस्तु अथवा पदार्थ की गति सदैव अधिकतम आकर्षण की ओर होती है तथा न्यूनतम प्रतिरोध उत्पन्न करती है।

(4) क्रमिक गति का नियम—विकास के लिए गति आवश्यक होती है। स्पेन्सर के अनुसार यह गति सदैव क्रमिक रूप में होती है अर्थात् यह गति एक सी नहीं चलती। विकास के लिए आवश्यक गति में क्रमशः आरोह तथा अवरोह होते रहते हैं। कभी तीव्र होती है तो कभी धीमी। गति के इसी परिवर्तन द्वारा विकास की प्रक्रिया आगे बढ़ती हैं।

भौतिक विकास-प्रक्रिया की विशेषतायें

विकास के उपरोक्त सात नियमों का विवेचन करने के बाद स्पेन्सर ने इस विकास के लक्षण अथवा कुछ विशेषताओं का भी वर्णन किया है। उसके अनुसार विकास की प्रत्येक प्रक्रिया में उपरोक्त सातों नियम किसी न किसी रूप में अवश्य लागू होते हैं। विकास की प्रक्रिया से 'पदार्थ में एकीकरण' (Integration) होने पर 'गति' में विकीर्णता (Dissipation) होती है। पदार्थ में विभेदीकरण होने पर 'गति' में विलीनीकरण होता है अर्थात् विकास की प्रक्रिया में 'गति' और पदार्थ का अनुपात समान बना रहता है। एक के घटने से दूसरा बढ़ जाता है तथा दूसरे के बढ़ने से पहला घट जाता है।

भौतिक विशेषतायें बतलाते हुए स्पेन्सर कहता है कि यह भौतिक विकास सदैव अव्यक्त से व्यक्त की ओर होता है, अनिश्चित से निश्चितता की ओर अग्रसर होता है। यह गति एक तत्व से बहुतत्व तथा सामान्य से विशेष की ओर होता है।

जीवशास्त्रीय विकास का सिद्धान्त

जैसा कि पहले भी कहा जा चुका है, स्पेन्सर के सामाजिक विकास का सिद्धांत भौतिक-विकास भौतिक एवं जीवशास्त्रीय सिद्धान्तों पर आधारित है। इसलिये सामाजिक विकास को जानने के लिये जीवशास्त्रीय सिद्धान्तों को भी जानना आवश्यक है। स्पेन्सर ने जीव शास्त्र के विभिन्न सिद्धान्तों का विस्तृत विवेचन किया है। सामाजिक विकास के सिद्धान्तों को समझने में डार्विन का सिद्धान्त सहायक है। यह सिद्धान्त है-'अस्तित्व के लिये संघर्ष (Struggle for existence) अर्थात् अस्तित्व को बनाये रखने के लिये संघर्ष करना पड़ता है। यह संघर्ष प्रत्येक क्षेत्र में चलता रहता है। इस सिद्धान्त के आधार पर कहा गया है। कि सदैव सबल की जीत होती है। सबल का विकास होता है। सबल ही प्रगति करता है। निर्बल क्रमशः नष्ट हो जाता है। यहाँ यह भी स्पष्ट कर देना आवश्यक है कि इस सिद्धांत के अन्तर्गत सबल का प्रयोग एक विशेष अर्थ में हुआ है। वास्तव में जो प्राणी अथवा जीव परिवर्तित परिस्थितियों से निरन्तर रूप से अनुकूलन करने में समर्थ होता है वह सबल कहलाता है। परिवर्तित परिस्थितियों से अनुकूलन न कर सकने वाला प्राणी निर्बल कहलाता है। निर्बल प्राणी परिस्थितियों से हार जाता है। वह विकास नहीं कर पाता। क्रमशः प्रतिकूल परिस्थितियों के प्रभाव से उसका पतन हो जाता है। हरबर्ट स्पेन्सर ने यह सिद्धान्त डार्विन से ग्रहण किया था। आगे चलकर उसने अपने सामाजिक विकास के सिद्धान्त को विकसित करने के लिए इस सिद्धान्त को आधार के रूप में स्वीकार किया।

सामाजिक विकास का सिद्धान्त

स्पेन्सर ने सामाजिक विकास के सिद्धान्त को भौतिक विकास के सिद्धान्त तथा जीवशास्त्रीय सिद्धान्तों पर आधरित किया था। उसने भौतिक विकास के सिद्धान्त का विवेचन तथा विश्लेषण करके यह निष्कर्ष प्राप्त किया कि समस्त भौतिक विकास की गति सरल से जटिल अथवा सम से विषम की ओर हो रही है। यह विकास क्रम सजातीय स्थिति से विजातीय स्थिति की ओर है। भौतिक विकास के परिणामस्वरूप भौतिक स्थिति अनिश्चित से निश्चित की ओर चल रही है। भौतिक विकास के सिद्धान्त के अतिरिक्त स्पेन्सर ने डार्विन के सिद्धान्त अर्थात् अस्तित्व के लिए संघर्ष तथा परिस्थितियों के साथ अनुकूलन के सिद्धान्त को भी स्वीकार किया। इन दोनों सिद्धान्तों को स्पेन्सर ने सामाजिक विकास के सिद्धान्त पर लागू किया। उसने घोषित किया कि सामाजिक विकास की गति भी सरल से विषम की ओर हो रही है। समाज क्रमशः सजातीय से विजातीय रूप धारण कर रहा है। समाज की स्थिति क्रमशः अनिश्चित से निश्चित की ओर अग्रसर हो रही है। इसके अतिरिक्त जीवशास्त्रीय सिद्धान्त को सामाजिक विकास के सिद्धान्त पर लागू करते हुए स्पेन्सर का कहना है कि सामाजिक विकास की प्रक्रिया में केवल वही सभ्यता एवं संस्कृति अपना अस्तित्व बनाये रखती है जो सबल होती है। सबल संस्कृति वही होती है जो समय-समय पर परिवर्तित परिस्थितियों के साथ अनुकूलन कर लेती

है। यदि सभ्यता अथवा संस्कृति परिवर्तित परिस्थितियों के साथ अनुकूलन अथवा समायोजन नहीं कर पाती तो वह संस्कृति क्रमशः नष्ट हो जाती है।

अपने सिद्धान्त के सैद्धान्तिक विवेचन के बाद स्पेन्सर ने उसका व्यावहारिक स्पष्टीकरण प्रस्तुत किया है। उसने समाज का ऐतिहासिक विवरण प्रस्तुत करके अपने सिद्धान्त को स्पष्ट किया है। स्पेन्सर का कहना है कि पहले हमारा समाज सरल था, उस समय समाज में सजातीय तत्व क्रियाशील थे तथा समाज अनिश्चित दशा में था। क्रमशः सामाजिक विकास के फलस्वरूप समाज में श्रम-विभाजन जैसे सिद्धान्त निर्धारित हुए। इस सिद्धान्त के अन्तर्गत व्यक्तियों के कार्य निश्चित हो गये। अब प्रत्येक व्यक्ति केवल अपना कार्य करता था। इस श्रम-विभाजन के फलस्वरूप सामाजिक स्थिति पहले की अपेक्षा निश्चित हो गयी। सामाजिक विकास के तथ्य को स्पेन्सर ने पारिवारिक विकास के उदाहरण से भी स्पष्ट किया है। उसके मतानुसार पहले परिवार सरल था, एक ही रुधिर था परन्तु विकास की प्रक्रिया के साथ-साथ परिवार क्रमशः जटिल हो गया। उसमें विभिन्न रुधिर वाले सदस्य सम्मिलित हो गये। इससे परिवार क्रमशः सजातीय रूप में परिवर्तित हो गया। समाज में राजनीतिक विकास एवं सम्पत्ति का विचार भी इसी क्रम में विकसित हुआ है। पहले सब लोग समानता का जीवन व्यतीत करते थे, समाज सरल था। बाद में क्रमशः मुखिया बना और सरदार तथा राजा रूप में विकसित हुआ। इस दशा में राजनीतिक जीवन पर्याप्त जटिल एवं विजातीय बन गया। सम्पत्ति के प्रति लगाव भी इसी तरह विकसित हुआ। इस प्रकार स्पेन्सर ने विभिन्न प्रकार के उदाहरण प्रस्तुत करके यह सिद्ध करने का प्रयास किया कि सामाजिक विकास सरल से विषम की ओर, सजातीय से विजातीय की ओर, अनिश्चित से निश्चित की ओर हो रहा है।

हरबर्ट स्पेन्सर के काल में सामाजिक चिन्तन पर प्राणीशास्त्रीय सिद्धान्तों का प्रभाव था। प्रत्येक सामाजिक सिद्धान्त के विवेचन अथवा निर्धारण में किसी न किसी प्रकार से प्राणीशास्त्र के सिद्धान्तों से सहायता ली जाती थी। स्पेन्सर भी इस प्रभाव से मुक्त रहा था। समाज के ढाँचे के विवेचन के लिए उसने उसकी तुलना एक जीवित प्राणी के शरीर से की थी। जिस सिद्धान्त के अन्तर्गत स्पेन्सर ने समाज के ढाँचे एवं प्राणी के शरीर से तुलना की है उस सिद्धान्त को 'समाज का सावयवी सिद्धान्त' (Organismic Theory of Society) कहा गया है।

समाज का सावयवी सिद्धान्त

हरबर्ट स्पेन्सर समाज के ढाँचे को एक जैविक सावयव (Biological Organism) मानता था। उसके अनुसार समाज सावयव है। उसके भिन्न-भिन्न अवयव है। समाज के इस रूप को समझाने के लिए उसने समाज के ढाँचे की तुलना प्राणी-शरीर से की है। स्पेन्सर का इस सिद्धान्त को प्रतिपादित करने का उद्देश्य केवल समाज के रूप को स्पष्ट करना था। स्पेन्सर व्यक्तिवादी था। अतः वह सावयवी समाज में भी व्यक्तियों की स्वतन्त्र सत्ता स्वीकार करता था। उसने अपने सिद्धान्त में केवल दोनों अर्थात् समाज और प्राणी-शरीर में सदृश्य स्थापित करने का प्रयास किया था। अपने सिद्धान्त को प्रस्तुत करने के लिए स्पेन्सर ने समाज और प्राणी-शरीर की समानताओं एवं असमानताओं का विवरण प्रस्तुत किया है। ये समानतायें एवं विषमतायें निम्नलिखित हैं।

प्राणी-शरीर और समाज की समानतायें

(1) दोनों जड़ पदार्थों से भिन्न हैं— समाज और प्राणी-शरीर की प्रथम समानता दर्शाने के लिए स्पेन्सर ने इन दोनों की तुलना जड़-पदार्थो से की है। स्पेन्सर का कहना है कि ये दोनों ही जड़-पदार्थ से भिन्न है। जड़ पदार्थों में कभी किसी प्रकार की वृद्धि नहीं होती है परन्तु समाज और प्राणी-शरीर में निरन्तर वृद्धि होती है। इस प्रकार जड़ पदार्थ से भिन्नता के आधार पर समाज और प्राणी-शरीर की समानता स्थापित होती है।

(2) दोनों में परिमाण के बढ़ने से रचना बदलती है— समाज और प्राणी शरीर की दूसरी समानता निर्धारित करने के लिए दोनों के परिमाण वृद्धि को आधार बनाया गया है। स्पेन्सर का कहना है कि प्राणी शरीर के परिमाण में जैसे जैसे वृद्धि होती है वैसे-वैसे ही उसकी रचना में भी परिवर्तन होता है। शरीर की रचना क्रमशः जटिल बनती जाती है। विकास के प्रथम स्तर पर जीव मात्र एक जीव कोष्ठ के रूप का होता है परन्तु विकास द्वारा परिमाण में बढ़ने पर उसके स्पष्ट तथा विशिष्ट अंग प्रत्यंग विकसित हो जाते है तथा शरीर की रचना पर्याप्त जटिल हो जाती है। यही तथ्य समाज के ढाँचे पर भी लागू होता है। प्रारम्भ में समाज का रूप सीमित तथा रचना सरल होती है। उसी स्तर पर प्रत्येक व्यक्ति स्वयं ही कारीगर, शिकारी, शिल्पी आदि होता है। परन्तु समाज में परिमाणात्मक विकास होने पर उसकी रचना जटिल हो जाती है। भिन्न-भिन्न प्रकार के विशेषीकरण हो जाते है। इस दशा में समाज के विभिन्न अंग प्राणी-शरीर के अंगों की भाँति विशिष्ट हो जाते हैं।

(3) दोनों में 'रचना' के बदले 'कार्य' बदलता है— समाज की रचना बदलने से उसके अंगों अर्थात् समुदायों एवं समूहों आदि के कार्य बदल जाते हैं अर्थात् अधिक विशेषीकृत हो जाते है। यह तथ्य प्राणी-शरीर पर भी लागू होता है। प्राणी-शरीर की रचना भिन्न होने पर अर्थात् शरीर के विकसित होने पर उसके अंगों के कार्य भी भिन्न हो जाते हैं।

(4) दोनों में अंगों की विषमता के साथ समन्वय भी होता हैं— यह सत्य है कि समाज तथा प्राणी-शरीर मे विकास के साथ-साथ अंगों में विषमता पैदा होती है परन्तु इस विषमता के होते हुए भी विभिन्न अंगों के कार्यो में समन्वय रहता है। प्रत्येक अंग अन्य अंगों के कार्यो में सहायक होता है विरोधी नहीं। स्पेन्सर का कहना है कि यह तथ्य समाज और प्राणी शरीर पर समान रूप से लागू होता है। अतः समाज और प्राणी-शरीर में समानता अथवा सादृश्य है।

(5) अवयव नष्ट होने से अवयवी नष्ट नहीं होता—समाज अवयवी है, प्राणी शरीर भी अवयवी है। दोनों की समानता दर्शाने के लिए स्पेन्सर कहता है कि समाज और प्राणी शरीर के अवयव नष्ट होने से वे स्वयं नष्ट नहीं होते । शरीर का एक अंग हाथ अथवा पैर नष्ट हो सकता है परन्तु इस अंग के नष्ट होने से शरीर नष्ट नहीं होता। ऐसे ही समाज का कोई अंग नष्ट हो जाने पर समाज नष्ट नहीं होता।

(6) व्यवस्था की प्रक्रिया एवं प्रणालियाँ समान हैं— प्राणी-शरीर तथा समाज के ढाँचे में एक अन्य समानता भी है। स्पेन्सर का कहना है कि जिस प्रकार शरीर की व्यवस्था बनाये रखने के लिए विभिन्न संस्थान जैसे कि नाड़ी-संस्थान, स्नायु-संस्थान इत्यादि अपना-अपना

कार्य करते रहते हैं, उसी प्रकार समाज में व्यवस्था बनाये रखने के लिए भी विभिन्न संस्थान कार्य किया करते है। समाज में यातायात, उत्पादन, वितरण, शिक्षा आदि कार्यों को विभिन्न संस्थान पूरा किया करते हैं। इस प्रकार से स्पेन्सर ने समाज तथा प्राणी शरीर की व्यवस्था सम्बन्धी समानता दर्शायी है।

प्राणी-शरीर और समाज की असमानतायें

स्पेन्सर का उद्देश्य समाज और प्राणी-शरीर में केवल सादृश्य स्थापित करना नहीं था। उसके अनुसार जहाँ दोनों में अनेक समानतायें है वहाँ इन दोनों में कुछ भिन्नतायें भी है। अपने 'समाज के सावयवी सिद्धान्त' के अन्तर्गत स्पेन्सर ने प्राणी-शरीर तथा समाज की निम्नलिखित असमानतायें भी बतलायी हैं।

(1) शरीर के अंग अभिन्न तथा समाज के अंग भिन्न रह सकते हैं– प्राणी-शरीर तथा समाज की असमानता स्पष्ट करते हुए स्पेन्सर का कहना है कि शरीर के अंग शरीर से अलग नहीं रह सकते। यह सत्य है कि अंगों के समष्टि रूप को ही शरीर कहते हैं। शरीर से अलग शरीर के अंगों की कोई सत्ता नहीं। एक हाथ अथवा पैर की सत्ता केवल उस समय तक है जब तक कि उसका सीधा सम्बन्ध शरीर से है। इसके विपरीत समाज के अंग समाज से अलग भी अपनी सत्ता बनाये रख सकते हैं। यह सत्य है कि समाज परिवारों, समुदायों और समूहों आदि से बनता हैं। परन्तु ये परिवार आदि समाज के अंग समाज से स्वतन्त्र भी अपना अस्तित्व रख सकते हैं।

(2) केन्द्रीभूत चेतना सम्बन्धी अन्तर– प्राणी-शरीर तथा समाज के ढाँचे अथवा शरीर में एक अन्य असमानता भी है, जिसका सम्बन्ध चेतना के केन्द्र से है। प्राणी-शरीर में एक चेतना केन्द्र होता है जो कि पूरे शरीर के लिए चिन्तन करता है। शरीर के विभिन्न अंगों में अलग-अलग चेतना अथवा चिन्तन शक्ति नहीं होती। इसके विपरीत समाज में कोई केन्द्रीभूत चेतना अथवा चिन्तन केन्द्र नहीं होता। समाज के विभिन्न अंगों अथवा इकाइयों में अलग-अलग चिन्तन शक्ति एवं चिन्तन केन्द्र होते हैं।

(3) अवयवी और अवयव की आश्रितता का अन्तर– समाज और शरीर दोनों ही अवयवी है। समाज के अवयव व्यक्ति, परिवार, समूह आदि हैं तथा शरीर के अवयव शरीर के विभिन्न अंग है। स्पेन्सर के अनुसार शरीर के अवयव अर्थात् अंग शरीर पर आश्रित हैं अर्थात् अंग शरीर के लिए हैं, शरीर अंगों के लिए नहीं है। इसके विपरीत समाज रूपी अवयवी के अवयव प्रधान हैं । स्पेन्सर के व्यक्तिवादी विचारों के अनुसार व्यक्ति का महत्व अधिक है, समाज व्यक्ति के लिए है न कि व्यक्ति समाज के लिए।

राज्य सत्ता का विकास
(Evolution of State)

जब से सामाजिक तथ्यों का व्यवस्थित अध्ययन प्रारम्भ हुआ है तभी से राज्य-सत्ता के विषय में भी विभिन्न प्रकार के विचार होते रहे हैं। विभिन्न विचारकों ने राज्य की आवश्यकता, अनावश्यकता, कार्य तथा लाभ एवं महत्व आदि के विषय में विचार प्रकट किये हैं। इन सब प्रश्नों पर विचार करने के साथ ही साथ एक प्रश्न यह भी उठता है कि राज्य की सत्ता का

विकास कैसे हुआ ? क्या प्रारम्भ में भी हमारी राज्य सत्ता इसी प्रकार की थी? राज्य के विकास सम्बन्धी इन प्रश्नों का उत्तर स्पेन्सर ने अपने ढंग से दिया है।

स्पेन्सर के अनुसार सभ्य मानव समाज में राज्य सत्ता का उदय जीवित व्यक्तियों के भय के फलस्वरूप होता है। यहाँ यह स्पष्ट कर देना आवश्यक है कि धर्म की सत्ता का विकास मृत आत्माओं के भय द्वारा होता है। राज्य सत्ता के विकास से शक्तिशाली व्यक्तियों का आतंक छा जाता है। इनकी शक्ति से अन्य व्यक्ति भयभीत होने लगते है। इस भय के फलस्वरूप वे निर्बल होने लगते है तथा शक्तिशाली व्यक्ति उन पर नियन्त्रण रखने लगता है। यह नियन्त्रण राज्य सत्ता का प्रथम स्तर होता है। इसके बाद क्रमशः सामाजिक विकास एवं परिस्थितियों के परिवर्तन के फलस्वरूप राज्य सत्ता का विकास होता है। स्पेन्सर के अनुसार राज्य सत्ता के विकास के मुख्य तीन स्तर अथवा रूप होते हैं। ये रूप निम्नलिखित हैं :–

(1) सैनिक राज्य (Military State)

(2) औद्योगिक राज्य (Industrial State)

(3) नैतिक राज्य (Ethical State)

अब इन तीनों प्रकार के राज्यों के विकास की विशेषताओं का संक्षिप्त विवरण प्रस्तुत किया जायेगा।

(1) सैनिक राज्य (Military State)– हरबर्ट स्पेन्सर के अनुसार राज्य-सत्ता का प्रधान रूप 'सैनिक राज्य' था। राज्य सत्ता के इस रूप को स्पष्ट करने के लिए स्पेन्सर ने अपने सामाजिक विकास के सिद्धान्त का सहारा लिया है। उसके अनुसार सामाजिक विकास के प्रारम्भिक स्तर पर समाज सरल, अनिश्चित तथा सजातीय था। उस स्तर पर समाज अविकसित तथा असंगठित था। इस काल में कोई स्पष्ट राज्य–सत्ता विकसित नहीं थी। कभी-कभी कुछ विभिन्न दलों अथवा समुदायों में आपसी युद्ध हो जाया करते थे। युद्ध के अवसर आने पर कुछ वास्तविक शूरवीर आगे आते थे तथा उन्हें सामयिक परिस्थितियों के लिए मुखिया अथवा नेता मान लिया जाता था। युद्ध के दौरान सब लोग उसकी आज्ञाओं का पालन करते थे तथा उनके नियन्त्रण को स्वीकार करते थे। इस स्तर पर युद्ध के अवसर कम थे। अत: कोई स्थाई मुखिया नहीं हुआ करता था। समय बीतने के साथ-साथ समाज विकसित हुआ तथा उसका रूप आपेक्षाकृत जटिल हो गया। इस समाज में युद्ध के अवसर अधिक आने लगे। इस स्थिति में एक स्थायी मुखिया की आवश्यकता अनुभव की गयी। अब परम्परा के रूप में मुखिया के मरने के बाद उसका पुत्र मुखिया बनने लगा। इस प्रकार मुखिया का पद पैतृकता द्वारा निर्धारित होने लगा। धीरे-धीरे इस सैनिक मुखिया की सहायता एवं सलाह-मशवरे के लिए कुछ व्यक्तियों की समिति बनायी जाने लगी जिनमें कुछ सदस्य मुखिया द्वारा नाम-जद किये जाते थे तथा कुछ का चुनाव होता था। इन्हें जनता का प्रतिनिधि स्वीकार किया जाता था। इस प्रकार एक राज्य सत्ता स्थापित हो गयी थी।

'सैनिक राज्य' का मुख्य उद्देश्य एवं कार्य युद्ध करना तथा आत्म-रक्षा करना था, जिसके लिए आक्रमण भी किये जाते थे। इस राज्य-व्यवस्था में सेनाओं का सर्वाधिक महत्व था तथा समाज की पूरी व्यवस्था सेनाओं के हित में होती थी। सेना का सर्वोच्च अधिकारी ही राज्य

का प्रमुख अर्थात् राजा होता था। इस राज्य-व्यवस्था के अन्तर्गत सार्वजनिक सम्पत्ति पर राज्य का ही अधिकार था। सैनिक राज्य में राज्य महत्वपूर्ण था। उसके अधिकार एवं स्वतन्त्रता सर्वोच्च थी। व्यक्ति का महत्व नहीं था। व्यक्ति की स्वतन्त्रता का कोई स्थान नहीं था। कहने का आशय यह है कि व्यक्ति राज्य के लिये था, राज्य व्यक्ति के लिए नहीं था।

(2) **औद्योगिक राज्य** (Industrial State)–'सैनिक राज्य' के बाद 'औद्योगिक राज्य' का प्रारम्भ होता है। सैनिक राज्य में पूरे राज्य का उद्देश्य सैन्य बल को प्राप्त करना एवं बढ़ाना होता है। परन्तु केवल सैन्य बल को बढ़ाने तथा युद्ध करने से संतोष प्राप्त नहीं होता। मनुष्य औद्योगिक समृद्धि भी चाहता है। इस समृद्धि के लिए क्रमशः राज्य एवं जनता उद्योगों के विकास की ओर ध्यान देने लगते हैं। जैसे जैसे सामान्य रुख उद्योगों की ओर होने लगता है वैसे ही वैसे राज्यसत्ता का रूप बदलने लगता है। राज्य सत्ता तब क्रमशः औद्योगिक राज्य में परिवर्तित होने लगती है। औद्योगिक राज्य में राज्य के लिए उद्योगों का विकास साध्य हो जाता है। औद्योगिक राज्यों में अन्य राज्यों पर आक्रमण करने की प्रवृत्ति भी कम हो जाती है। सैनिक राज्य के विपरीत औद्योगिक राज्य में व्यक्ति की स्वतन्त्रता तथा अधिकारों को भी महत्व दिया जाता है। औद्योगिक राज्य में व्यक्ति के व्यक्तिगत जीवन में राज्य का हस्तक्षेप कम हो जाता है। जनता के प्रतिनिधियों का राज्य प्रणाली में विशेष स्थान होता है। औद्योगिक राज्यों मे क्रमशः जन-तन्त्र का विकास होने लगता है तथा सार्वजनिक हितों की बात होने लगती है।

(3) **नैतिक राज्य** (Ethical State)–'नैतिक राज्य' का विचार हरबर्ट स्पेन्सर का काल्पनिक विचार है 'सैनिक राज्य' तथा 'औद्योगिक राज्य' अस्तित्व में आ चुके है परन्तु नैतिक राज्य को अभी भविष्य में अस्तित्व में आना शेष है। यह स्पेन्सर की काल्पनिक धारणा है। स्पेन्सर के अनुसार औद्योगिक राज्य विकास कर रहा है। एक दिन इसका चरम विकास पूर्ण हो जायेगा। इस चरम विकास की स्थिति में मानव की भौतिक समृद्धि पूर्ण हो जायेगी। इस भौतिक समृद्धि की स्थिति में मानव की स्वार्थ की प्रकृति शान्त हो जायेगी। इस दशा में उसका व्यवहार नैतिकता के नियमों द्वारा परिचलित होगा ? स्पेन्सर के अनुसार मनुष्य का अनैतिकतापूर्ण व्यवहार केवल भौतिक अभावों के कारण ही है। इस प्रकार जब व्यक्ति के भौतिक अभाव समाप्त हो जायेंगे तब राज्य का रूप नैतिक हो जायेगा। नैतिक राज्य वास्तव में पारस्परिक रूप में राज्य से भिन्न होगा। इस स्थिति में राज्य का उन्मूलन हो जायेगा, किसी बाहरी शासन की आवश्यकता ही नहीं रहेगी। इस स्थिति में मनुष्य अपनी नैतिकता से स्वशासित रहेगा।

विकासवादी सिद्धान्त की आलोचना
(Criticism of Evolutionary Theory)

स्पेन्सर की विकासवादी विचारधारा, यद्यपि मौलिक एवं विकसित विज्ञान की तरह प्रमाणित लगती है, किन्तु उसकी निम्नलिखित आलोचना भी की गई है, जो इस प्रकार हैं–

1. **अनैतिहासिक तथ्य** (Unhistorical Facts)–स्पेन्सर द्वारा प्रतिपादित मानव विकास की कहानी कपोल कल्पित मानी जाती है। आलोचक यह स्वीकार करने को तैयार नहीं हैं कि मानव आरम्भ में एक 'अमीबा' की भाँति ही जीव था। विद्वानों की इस अस्वीकृति में स्पेन्सर द्वारा प्रस्तुत अनैतिहासिक तथ्यों का प्रस्तुतिकरण है। स्पेन्सर द्वारा प्रस्तुत इस विषय में तर्क भी प्रायः काल्पनिक हैं।

2. 'सामंजस्य से असामन्जस्य की ओर' जाने का सिद्धांत अनुचित (Improper Theory of going from Homogeneity to Heterogeneity)—स्पेन्सर द्वारा प्रतिपादित विकास सिद्धान्त 'सामन्जस्य से असामन्जस्य की ओर' जाने के लिए प्रस्तुत हुआ है, जबकि यह सामाजिक प्रक्रिया के लिये सदैव उचित नहीं होता। समाज की प्रगति सदैव 'अनेकत्व से एकत्व की ओर' जाना ही उचित मानी जाती है जबकि स्पेन्सर का सिद्धान्त ठीक इसके विपरीत है।

3. औद्योगिक पूर्ण विकास की भ्रान्त अवधारणा (Wrong Concept of Perfection of Industrial Evolution)-- स्पेन्सर ने एक भारी भूल यह की है कि उसने इंग्लैण्ड और अमेरिका में हुए औद्योगिक विकास को ही 'पूर्ण विकास' के रूप में समझ लिया था। सुप्रसिद्ध विचारक डर्निंग (Dunning) ने लिखा है कि, "स्पेन्सर इंग्लैण्ड और अमेरिका में हुई औद्योगिक क्रान्ति से इतने प्रभावित हुए कि काम्टे की तरह उन्होंने भी मान लिया कि यही दोनों देश, विकास की पूर्णावस्था में पहुँच चुके है।"[3] यह एक बौद्धिक व्यभिचार का उदाहरण है। जैसाकि हेगेल (Hegel) तथा हर्डर (Herder) ने जर्मनी के ही विकास की पूर्णता व्यक्त करके किया था।

4. 'योग्यतम की जीत' का अमान्य सिद्धान्त (Unrecognised Theory of Survival of the Fittest)—'योग्यतम की जीत' नामक सिद्धान्त जिस पर स्पेन्सर ने विशेष बल दिया था, समाज के परिप्रेक्ष्य में अमान्य घोषित हो चुका है। यदि यह मान भी लिया जाये कि समाज में योग्यतम की ही जीत होती है तो समाज व राज्य दोनों ही असहायों, अल्पज्ञों, अशक्तों की सहायता बन्द कर देंगे और ये बेचारे समय से पूर्व ही मृत्यु के ग्रास बन जायेगे। वस्तुत: स्पेन्सर का यह सिद्धान्त प्राणी जगत् के लिये अमान्य घोषित हो चुका है, क्योंकि प्राणियों में सहानुभूति, प्रेम, दया आदि के गुण विद्यमान हैं।

5. न पूर्ण आत्मिक न जैविक (Neither Complete Spiritual Nor Organic)—स्पेन्सर द्वारा प्रस्तुत विकास न तो पूर्ण आत्मिक है और न जैविक। एक लेखक के शब्दों में, "स्पेन्सर ने हेगेल, न्यूटन, और डार्विन तीनों का समन्वय करके असम्भव को सम्भव बनाने का प्रयास किया है। विकास जर्मन आध्यात्मवाद से आरम्भ होता है, भौतिक विज्ञानवाद में आकर ठहरता है और जीवविज्ञान में अन्त करता है।" इस प्रकार स्पेन्सर का विकासवादी सिद्धान्त अमान्य धारणाओं का शिकार हो गया है।

6. विभिन्न अनमेल समन्वयों का प्रयत्न (An Effort of Many Incongruous Synthesis)—हरबर्ट स्पेन्सर के विकासवाद में अनेकों अनमेल समन्वयों का समन्वय करने का प्रयत्न किया गया है किन्तु इस प्रयत्न में असफल स्पेन्सर किसी का भी पूर्णत: समन्वय नहीं कर सका।

ये अनमेल समन्वय निम्नलिखित है :

(1) उसने 'आदर्शवाद का भौतिकवाद' से समन्वय्र करना चाहा तथा दोनों को प्रारम्भिक मौलिकतावाद के साथ जोड़कर प्राकृतिक अधिकारों की पूर्व धारणा से युक्त किया।

3.. Dunning, *Op. Cit.* p. 40

(2) उसने प्रारम्भिक मौलिकतावाद व कल्पनावाद को जोड़कर उसमें भौतिक विज्ञानवाद' का समन्वय करना चाहा और 'सामाजिक साम्यता' (Social Statics) का नाम दिया, जिसे भविष्य के 'सुख स्वप्न' के अतिरिक्त कुछ नहीं कहा गया।

(3) व्यक्ति, समाज और राज्य तीनों को एक जीव मानकर एक अनोखा समन्वय करना चाहा। यह भी अनुचित समन्वय है क्योंकि मनुष्य कभी भी स्पेन्सर के सिद्धान्त में वर्णित पशु की भाँति व्यवहार नहीं कर सकता।

(4) स्पेन्सर द्वारा प्रस्तुत व्यक्तिवाद तथा जैविक विकासवाद का आर्थिक व औद्योगिक समन्वय है, जो स्वयं में अनमेल है।

इस प्रकार के अनमेल समन्वयों का समन्वय प्रस्तुत करके स्पेन्सर ने समन्वय का असफल प्रयत्न किया है।

हरबर्ट स्पेन्सर द्वारा प्रस्तुत विकास-सिद्धान्त वैज्ञानिक दृष्टि से तथा जीवविज्ञान के परिप्रेक्ष्य में तो उचित एवं सत्य प्रतीत होता है किन्तु समाज एवं राज्य के विषय में इसे एक राजदर्शन के रूप में प्रस्तुत करना उचित नहीं, क्योंकि उसके विकास की प्रक्रिया पशुओं में होने वाले विकास पर तो सही बैठती है, किन्तु प्राणी जगत् में नहीं। स्पेन्सर द्वारा प्रस्तुत सामाजिक विकास समाज के वास्तविक आरम्भ व अन्त से ऐतिहासिकताओं एवं प्रमाणों द्वारा सिद्ध नहीं हो पाते। इस सम्बन्ध में स्पेन्सर द्वारा किये गये तर्क भी असंगत एवं काल्पनिक लगते हैं फिर भी वैज्ञानिक दृष्टिकोण एवं विकास की सनातन प्रक्रिया के रूप में विकास का प्रस्तुतीकरण निश्चय ही स्पेन्सर की गरिमा को अभिव्यक्त करता है।

मानव समाज में राज्य का स्थान
(Place of State in Human Society)

हरबर्ट स्पेन्सर व्यक्तिवाद को महत्व देता था। उसके अनुसार व्यक्ति न कि समाज प्रधान है। यह सिद्धान्त उसके सामाजिक सावयवी सिद्धान्त से पुष्ट होता है। उसके अनुसार समाज के नष्ट हो जाने से व्यक्ति नष्ट नहीं हो जाता। वह व्यक्ति की स्वतन्त्रता का पक्षपाती था। व्यक्ति की स्वतन्त्रता को बनाये रखने के लिए स्पेन्सर ने एक नियम प्रस्तुत किया था जिसे 'समान स्वतन्त्रता का नियम' (Law of equal Freedom) कहा गया। इस नियम के अनुसार समाज में रहने वाले प्रत्येक व्यक्ति को उतनी हद तक स्वतन्त्रता के उपभोग का अधिकार है जितनी स्वतन्त्रता वह दूसरों को देता है अथवा देने को तैयार रहता है। स्पेन्सर के अनुसार सामाजिक व्यवस्था एवं तथाकथित राज्य का उद्देश्य यही समान स्वतन्त्रता उपलब्ध कराना है। इस स्थिति में राज्य के अधिकार एवं कार्य काफी सीमित हो जाते हैं। स्पेन्सर राज्य को पूर्णरूप से नष्ट करने के पक्ष में नहीं था। इसीलिए स्पेन्सर ने स्पष्ट रूप से राज्य के कार्यों को निर्धारित किया है तथा यह भी निर्धारित किया है कि राज्य को कौन-कौन से कार्य बिल्कुल नहीं करने चाहियें। स्पेन्सर के अनुसार राज्य द्वारा करने वाले तथा राज्य द्वारा न करने वाले कार्यों का विवरण अग्रलिखित है।

राज्य के कार्य
(Functions of the State)

राज्य द्वारा करने वाले कार्य

स्पेन्सर ने राज्य द्वारा करने वाले कार्यों की सूची को काफी सीमित कर दिया है। उसके अनुसार राज्य का एक मात्र कार्य समाज में 'समान स्वतन्त्रता' उपलब्ध कराने में सहायक होना है। यह आवश्यकता इसलिये महसूस की गयी क्योंकि मानव स्वभाव ही स्वार्थी है। इस प्रवृत्ति के कारण वह सदैव अपने हित को प्रधानता देता है अन्य व्यक्तियों के हित को ध्यान में नहीं रखता। स्पेन्सर समाज में संघर्ष को बुरा नहीं मानता अर्थात् अपने हितों को प्राप्त करने के लिए संघर्ष बुरा नहीं है परन्तु इस संघर्ष में भी कोई व्यवस्था होनी चाहिये। यह व्यवस्था केवल उच्छृंखलता को रोकने के लिए होनी आवश्यक है। मनुष्य जितनी स्वतन्त्रता चाहता है उसे उतनी स्वतन्त्रता देने के लिए भी तैयार रहना चाहिये। उसे प्रत्येक व्यक्ति की समान रूप से रक्षा करनी चाहिये। राज्य का कार्य किसी प्रकार का कानून बनाना नहीं है उसे तो केवल देश की भीतरी और बाहरी शत्रुओं से रक्षा करनी है। इस प्रकार स्पष्ट है कि स्पेन्सर के अनुसार व्यक्तिवादी राज्य में राज्य का कार्य केवल अनुचित संघर्ष को रोकना है, उचित संघर्ष को रोकना नहीं है।

राज्य द्वारा न किए जाने वाले कार्य

जहाँ एक ओर स्पेन्सर ने राज्य द्वारा किए जाने वाले सीमित कार्यों का विवरण प्रस्तुत किया है वहीं दूसरी ओर उसने बिल्कुल स्पष्ट रूप से यह भी बतलाया है कि राज्य को क्या-क्या कार्य नहीं करने चाहियें। उसने राज्य के अनेक पारस्परिक कार्यों पर रोक लगाने का प्रस्ताव रखा है।

स्पेन्सर के अनुसार व्यक्ति का महत्व अधिक है। राज्य का महत्व कम है; व्यक्ति राज्य के लिए नहीं है। व्यक्ति साध्य है, राज्य साधन है। अत: व्यक्ति जो चाहता है उसे प्राप्त करने के लिए उसे स्वयं सोचना-विचारना तथा प्रयास करना है। राज्य को उसके प्रयासों में किसी प्रकार का दखल नहीं देना चाहिये। व्यक्ति को अपना कल्याण स्वयं करना है। स्पेन्सर के अनुसार राज्य व्यक्ति का कल्याण कर भी नहीं सकता। उसके अनुसार राज्य वास्तव में किसी न किसी रूप से व्यक्ति का अकल्याण ही करता है । विकास के सिद्धान्त के अन्तर्गत स्पेन्सर यह मानता है कि शक्तिशाली व्यक्ति की जीत होती है और वह बना रहता है। मानव समाज में निरन्तर संघर्ष चलता रहता है। इसी संघर्ष के माध्यम से ही समाज का विकास होता है। राज्य यदि कल्याण करने के प्रयोजन से कुछ करता है तो उसके द्वारा समाज में होने वाला संघर्ष प्रभावित होता है। राज्य इस सामाजिक संघर्ष को दो प्रकार से प्रभावित कर सकता है। एक रूप में वह निर्बलों का साथ दे सकता है। स्पेन्सर के अनुसार इन दोनों प्रकारों से राज्य व्यक्ति का अकल्याण ही करता है। उसके अनुसार सामाजिक संघर्ष अंकुश रहित ही होना चाहिये। स्पेन्सर का कहना है कि यदि राज्य इस सामाजिक संघर्ष में निर्बलों का साथ दे अर्थात् उनकी सहायता करें तक भी समाज का विकास उचित नहीं होगा। इस दशा में पूरे समाज को दो प्रकार से हानि होगी। प्रथम तो स्वरूप संघर्ष की परम्परा समाप्त हो जायेगी। दूसरे, समाज में निर्बलों

का अनुपात बढ़ जायेगा अर्थात् समाज में अधिक व्यक्ति मौलिक रूप से निर्बल होंगे। इससे समाज अशक्त हो जायेगा। सामान्य रूप से राज्य का यह कार्य अर्थात् निर्बलों का साथ देना, सामाजिक कल्याण का कार्य माना जाता है परन्तु स्पेन्सर का मत है कि राज्य की प्रवृत्ति वास्तव में पूरे समाज के स्तर को निम्न बनाने वाली तथा विकास की प्रक्रिया में बाधा डालने वाली है इसके विपरीत दूसरा विकल्प है राज्य द्वारा सबल वर्ग की सहायता। इस सहायता के फलस्वरूप सामाजिक संघर्ष की गति एकाएक तीव्र हो जायेगी तथा निर्बल वर्ग शीघ्र समाप्त हो जायेगा जिससे समाज में संघर्ष का अन्त हो जायेगा। स्पेन्सर के अनुसार यह भी उचित नहीं है। संघर्ष के समाप्त हो जाने से समाज का विकास अवरुद्ध हो जायेगा। विकास की प्रक्रिया केवल संघर्ष के ही माध्यम से आगे बढ़ती है। इस पूरे विवेचन द्वारा स्पेन्सर यह कहता है कि तथाकथित सामाजिक कल्याण का कार्य राज्य को नहीं करना चाहिये समाज का कल्याण एवं विकास तो स्वतन्त्र संघर्ष की प्रक्रिया द्वारा ही सम्भव है। औद्योगिक क्षेत्र में भी राज्य का हस्तक्षेप उचित नहीं है। औद्योगिक क्षेत्र में यह संघर्ष प्रतिस्पर्धा (Competetion) के रूप में होता है। स्पेन्सर औद्योगिक क्षेत्र में मुक्त प्रतिस्पर्धा का पक्षपाती है। उसके अनुसार यदि मुक्त स्पर्धा होती है तो कार्य शीघ्र एवं सस्ते होंगे। स्पेन्सर ने कुछ कार्यों के विषय में स्पष्ट रूप से नकरात्मक विचार प्रस्तुत किये हैं। ये कार्य इस प्रकार हैं—किसी भी प्रकार के व्यापारिक नियमों को निर्धारित नहीं करना चाहिए। कोई भी सामाजिक संस्था स्थापित नहीं करनी चाहिये। निर्बल वर्ग की रक्षा करने वाली सार्वजनिक संस्थाओं की सहायता नहीं करनी चाहिये। शिक्षा संस्थानों की स्थापना एवं परिचालन नहीं करना चाहिए। स्वास्थ्य केन्द्र जैसी संस्थायें नहीं खोलनी चाहिये। डाक-तार विभाग की स्थापना नहीं करनी चाहिए। स्पेन्सर का कहना था कि यदि राज्य ये सब कार्य करने लगता है तो सामाजिक संघर्ष की प्रक्रिया अवरुद्ध हो जाती है तथा सामाजिक संघर्ष के अभाव में समाज का विकास भी अवरुद्ध हो जाता हैं।

हरबर्ट स्पेन्सर का व्यक्तिवाद
(Individualism of Herbert Spencer)

19 वीं शताब्दी के उत्तरार्द्ध में स्पेन्सर सबसे बड़ा दार्शनिक समझा जाता था, उस जैसी लोकप्रियता अपने जीवन काल में बहुत कम दार्शनिकों को प्राप्त हुई है। स्पेन्सर का विश्वास था कि संसार में सबसे अधिक मौलिक और महत्वपूर्ण बात व्यक्ति को उसके गुणों और योग्यताओं के विकास के लिये पूरी स्वाधीनता देना है, क्योंकि वह इसी से सुख प्राप्त कर सकता है। स्पेन्सर व्यक्तिवादी था। वह प्रत्येक व्यक्ति को उस हद तक स्वतन्त्रता प्रदान करना चाहता था, जहाँ तक वह दूसरों की इसी प्रकार की स्वतन्त्रता में बाधक न हो।

हरबर्ट स्पेन्सर के व्यक्तिवाद की प्रमुख बातें निम्नलिखित है—

(1) 'भय' द्वारा राज्य की उत्पत्ति (State's Origin by 'Fear')—हरबर्ट राज्य को निन्दित संस्था कहता था। उसके स्वयं के शब्दों में "यह सच हो या न हो कि व्यक्ति अन्याय व पाप से परिपूर्ण है, किन्तु यह बिल्कुल सत्य है कि राज्य आक्रमण के कारण ही पैदा हुआ है और उसी के आधार पर जीवित है।" स्पेन्सर ने आगे लिखा है कि, "यदि व्यक्ति सदाचारी तथा पूर्ण नैतिक हो जाये तो राज्य की बिल्कुल भी आवश्यकता नहीं रहेगी। जैसे-जैसे मनुष्य के दोष दूर हो जाएंगे वैसे-वैसे उसकी सत्ता क्षीण होती जायेगी तथा एक दिन ऐसा

आयेगा जबकि राज्य की सत्ता पूर्णरूप से लुप्त हो जायेगी।" उन्होंने यह भी कहा है कि, "यह समझना एक भूल है कि शासन सदैव स्थिर रहेगा। वह आवश्यक नहीं है, बल्कि घटनास्वरूप है।"

(2) सीमित हस्तक्षेप का सिद्धान्त (Theory of Limited Interference)—हरबर्ट स्पेन्सर का मत था कि राज्य को सीमित हस्तक्षेप की नीति अपनानी चाहिये। स्पेन्सर के अनुसार, "राज्य को बाह्य आक्रमणों" से रक्षा करनी चाहिये। प्रत्येक राज्य को इस बात का ध्यान रखना चाहिये कि उसका कोई भी कानून व्यक्ति की स्वतन्त्रता का अतिक्रमण न करे।"

(3) राज्य के निषेधात्मक कार्य (Negative Functions of State)—हरबर्ट के अनुसार राज्य के प्रमुख कार्य निषेधात्मक कार्य हैं, जिनकी स्पेन्सर ने एक सूची भी तैयार की है। उनके अनुसार 'एक आदर्श राज्य को सार्वजनिक उद्योग-धन्धों, शिक्षा, समाज-सुधार, औद्योगिक प्रतियोगिता, टकसाल, डाक व तारघर आदि के सम्बन्ध में कोई कानून नहीं बनाना चाहिए।"

(4) विशेष कार्य (Special Functions)—राज्य के विशेष कार्यों के सम्बन्ध में हरबर्ट स्पेन्सर ने लिखा है कि, "राज्य को केवल वह कार्य करना चाहिए, जिससे व्यक्ति एक दूसरे की स्वतन्त्रता का अतिक्रमण न करे।" स्पेन्सर के अनुसार "राज्य का प्रमुख कार्य एक व्यक्ति को दूसरे व्यक्ति की समान स्वतन्त्रता में हस्तक्षेप करने से रोकना है।"

(5) राज्य की उपेक्षा (Negligence of State)—स्पेन्सर समाज के व्यक्तियों को राज्य की उपेक्षा करने का एक विशेष अधिकार भी प्रदान करता है। उसके अनुसार 'यदि राज्य व्यक्ति के व्यक्तित्व के विकास में कोई बाधा डालता है, तो व्यक्ति राज्य की उपेक्षा कर सकता है।'

(6) संसदीय कानूनों की उपेक्षा (Negligence of Parliamentary Laws)—विधान मण्डल का विरोध करते हुये हरबर्ट स्पेन्सर ने कहा है कि "यदि भूतकाल का अन्धविश्वास राजाओं का दैविक अधिकार था तो वर्तमान काल का अन्धविश्वास संसदों का दैविक अधिकार है।"

(7) योग्यतम को ही जीवित रहने का अधिकार (Right of Living of Fittest only)—योग्यतम व्यक्तियों को ही जीवित रहने का अधिकार है। इस सम्बन्ध में हरबर्ट स्पेन्सर (Herbert Spencer) ने लिखा है कि, "विश्व की सभी वस्तुओं में निरन्तर संघर्ष चला आ रहा है और उसके परिणामस्वरूप अयोग्य तथा निर्बल व्यक्ति समाप्त हो जाते हैं, केवल सबल व्यक्ति ही जीवित रहते हैं।" विकास की प्रक्रिया यह हमेशा चलती रहती है।

(8) स्त्रियों को समान अधिकार (Equal Rights of Women)—स्पेन्सर अपने अधिकार सम्बन्धी विचारों में अधिक व्यापक दृष्टिकोण रखता था। उसके अनुसार स्त्रियों और बच्चों को भी समान रूप से स्वतन्त्रता के अधिकार प्राप्त होने चाहियें।

(9) व्यक्तिगत अधिकार को महत्त्व (Importance to Individual Rights)—हरबर्ट स्पेन्सर व्यक्तिगत अधिकार को भारी महत्त्व प्रदान करता है। व्यक्ति को यह अधिकार निजी स्वामित्व की उस वस्तु पर होता है, जो उसने अपने परिश्रम से कमाई हो तथा कभी-कभी यह अधिकार केवल उन्हीं वस्तुओं पर होता है, जिन पर समाज स्वीकृति प्रदान करे।

अत: कहा जा सकता है कि "स्पेन्सर का दर्शन राज्य के प्राकृतिक अधिकारों तथा सावयव रूपकों के विचित्र मिश्रण से प्रारम्भ होता है तथा उसी से उसका अन्त होता है।"

अधिकारों की अवधारणा
(Concept of Rights)

अधिकारों की व्याख्या करते हुये स्पेन्सर ने कहा था कि, "अधिकार इसके सिवाय कुछ भी नहीं कि वे योग्यता के प्रदर्शन के लिये सामान्य दावों का अप्राकृतिक विभाजन हैं।" स्पेन्सर अधिकारों को दो भागों में बांटता है–

1. व्यक्तिगत अधिकार (Private Rights)
2. सार्वजनिक अधिकार (Public Rights)

1. व्यक्तिगत अधिकार (Private Rights)–स्पेन्सर के अनुसार इन व्यक्तिगत अधिकारों का सम्बन्ध मनुष्य के निजी जीवन से होता है। इनके अन्तर्गत पारिवारिक जीवन तथा सम्पत्ति सम्बन्धी अधिकारों को सम्मिलित किया जाता है। स्पेन्सर का कहना था कि, "व्यक्ति को जीवन बिताने के लिये श्रम, वेतन तथा सम्पत्ति का अधिकार होना चाहिए।"

2. सार्वजनिक अधिकार (Public Rights)–सार्वजनिक अधिकारों का सम्बन्ध समाज से होता है। स्पेन्सर के अनुसार प्रत्येक व्यक्ति को तीन अधिकार प्राप्त होने चाहियें–

1. जीवन रक्षा का अधिकार।
2. स्वतन्त्रता का अधिकार।
3. सुख-सुविधा का अधिकार।

समानता के अधिकारों के प्रबल पक्षपाती स्पेन्सर का कहना था कि, "व्यक्ति को अधिकार बिना लिंग भेद के देना चाहिये।" वह पुरुषों के साथ-साथ स्त्रियों को तथा बच्चों को भी समान अधिकार देना चाहता था। इंग्लैण्ड की सरकार ने उस समय स्त्रियों को मताधिकार नहीं दिया हुआ था, जिसका स्पेन्सर ने डटकर विरोध किया और सरकार की इस नीति की कड़ी आलोचना की।

अभ्यास के लिए प्रश्न

1. राज्य के स्वरूप एवं कार्यों के विषय में स्पेन्सर के विचारों की व्याख्या एवं विवेचना कीजिये।
2. हरबर्ट स्पेन्सर के राज्य की प्रकृति सम्बन्धी विचारों का आलोचनात्मक परीक्षण कीजिये।
3. यह समझाइये कि स्पेन्सर की राज्य की विचारधारा, वास्तव में, राज्य के निषेध की विचारधारा है।
4. हरबर्ट स्पेन्सर के राज्य के सम्बन्ध में सावयवी सिद्धान्त का आलोचनात्मक वर्णन कीजिये।
5. "स्पेन्सर का दर्शन राज्य के प्राकृतिक अधिकारों तथा सावयव रूपकों के विचित्र मिश्रण से प्रारम्भ होता है तथा उसी से उसका अन्त होता है।" इस कथन की विवेचना कीजिये।
6. स्पेन्सर के व्यक्तिवाद व अधिकार सम्बन्धी विचारों का वर्णन कीजिये।
7. "अधिकार, इसके सिवा कुछ नहीं है कि वे योग्यता के प्रदर्शन के लिये सामान्य दावों का अप्राकृतिक विभाजन है।" इस कथन को स्पष्ट कीजिये।

14

थॉमस हेनरी हक्सले
(Thomas Henery Huxley--1825-1892)

हक्सले का जन्म सन् 1825 ई० में इंगलैण्ड में ही एक निर्धन अध्यापक के घर में हुआ था। केवल दो वर्ष तक एक पाठशाला में पढ़ने के बाद उसने स्वयंमेव कठोर परिश्रम और अध्यवसाय से अध्ययन किया कि विश्वविद्यालय में प्रवेश पाने की परीक्षा उसने बड़ी सुगमता से पास कर ली। विश्वविद्यालय में डाक्टरी का अध्ययन करने के बाद हक्सले ब्रिटिश नौ सेना में सर्जन बन गया। इससे उसे उष्ण कटिबन्धों के प्राणियों एवं वनस्पतियों के अध्ययन का अवसर मिला और उसने मेरुदण्डीय तथा मेरुदण्डशून्य प्राणियों की शारीरिक रचना के सम्बन्ध में अनेक तथ्यों की जानकारी हासिल की।

तदोपरान्त हक्सले ने लन्दन के विश्वविद्यालय में प्राध्यापक, एबर्डीन विश्वविद्यालय के लार्ड रैक्टर, रायल सोसायटी के सभापति एवं प्रिवी कौंसिल के सदस्य के रूप में अपनी शक्ति और प्रभाव को समस्त विज्ञानों के प्रसार में लगा दिया। यद्यपि हक्सले डार्विन के सिद्धान्त के पूर्णरूप से सहमत नहीं था, परन्तु उसने विरोधियों के आक्रमणों से इसकी रक्षा की तथा इसके प्रचार के लिये प्रयास किया। सन् 1892 में हक्सले परलोक सिधार गये।

अपनी जीवन काल में हक्सले ने कई प्रमुख ग्रन्थों की रचना की थी जैसे– "इवोल्यूशन एण्ड इथिक्स" (Evolution and Ethics), "एडमिनिस्ट्रेटिव निहिलिज्म 1870" (Administrative Nihilism 1870) तथा "एस्से आन गवर्नमेंट" (Essay on Government) आदि।

हक्सले के राजनैतिक विचार
(Political Thoughts of Huxley)

थॉमस हेनरी हक्सले हरबर्ट स्पेन्सर के समकालीन जीव विज्ञानवादी विचारक थे। हरबर्ट स्पेन्सर ने अपने दर्शन में राज्य द्वारा मनुष्य को शिक्षा देने का घोर विरोध किया, परन्तु हक्सले इस आधार पर अनिवार्य शिक्षा का समर्थन करता है कि यह समाज में शान्ति बनाये रखने के लिये तथा उसकी उन्नति के लिये नितान्त आवश्यक है। यह राज्य की संस्था की उपयोगिता और आवश्यकता में विश्वास रखता है। बार्कर (Barker) ने लिखा है कि, "प्रकृति के जंगल

को मानव समाज का मनोरम उद्यान बनाने के लिये तथा इसमें शान्ति स्थापित करने के लिये राज्य को सब प्रकार के प्रयत्न करने चाहियें।''

हक्सले ने जैविक विकास तथा सामाजिक स्वरूप पर विशेष रूप से विचार किया था। उसने प्रकृति के विकास का चित्र खींचते हुये उसमें मानव विकास का स्थान निश्चित करने का प्रयत्न किया तथा सामाजिक स्वरूप में राज्य के स्थान को निश्चित किया, जो प्राकृतिक विकास की विपरीत दिशा में काम करता है, फिर भी उसे प्राकृतिक विकास के साथ समन्वित करने का प्रयास किया गया है। हक्सले ने स्पेन्सर की अपेक्षा हॉब्स के सिद्धान्त को माना तथा निर्दय प्रकृति के हाथों मनुष्य के पुशत्व की आत्माभिव्यक्ति (Self-assertion) करायी। 'मनुष्य एक सामाजिक प्राणी है और उसका प्राकृतिक स्वरूप पशु से अच्छा नहीं है।'

1. विकासवाद (Evolutionism)– हक्सले का विचार है कि मानव अपने विकास के लिए प्रकृति के सार्वभौमिक नियमों के आधीन है। इन सार्वभौमिक नियमों की खोज जीव विज्ञान द्वारा की गयी है। विकासवादी सिद्धान्त का आधार हक्सले ने डार्विन के विकासवाद को माना है और उसे मनुष्य पर पूरी तरह लागू किया है। हक्सले इस बात को नहीं मानता कि मानव का विकास अन्य जीवों से भिन्न है और प्रकृति की योजना में मनुष्य के लिये विशेष स्थान है।

2. प्रकृति का विश्लेषण (Analysis of Nature)–हक्सले इस बात को मानता है कि प्रकृति को मानव की अपनी नैतिकता में बाँधा नहीं जा सकता, क्योंकि प्रकृति की अपनी नैतिकता है और यह उसी आधार पर सारे विकास को कड़े अनुशासन में रखती है। उसके द्वारा उठाये गये विकास के कदम मनुष्य जाति में निर्दय, क्रूर एवं अनैतिक होते हैं। मनुष्य जाति ने अपनी नैतिकता स्वयं गढ़ ली है। जहाँ वह प्राकृतिक विकास से मेल नहीं खाती वहाँ वह मनुष्य की मनमानी को ही स्पष्ट करती है। प्रो० बार्कर ने लिखा है कि ''गलती, प्रकृति नहीं करती, बल्कि उसे समझने में मनुष्य करता है और मनमाने ढंग से अपने नियम और परम्परायें गढ़ता रहता है और ये परम्परायें जितनी ही अधिक प्राकृतिकता से दूर होती हैं उतना ही अधिक मनुष्य पर प्रकृति का निर्दय चक्र चलता है, क्योंकि प्रकृति मानवकृत कृत्रिम दीवारों को तोड़ने के लिये निर्दय से निर्दय कदम उठा सकती है।''

3. प्राकृतिक विकास की प्रक्रिया (Process of Natural Development)– हक्सले के विचार में प्राकृतिक विकास की प्रक्रिया में जीव अपनी अधिक से अधिक अभिव्यक्ति का प्रयास करता है। वह दूसरों की अपेक्षा अपने को श्रेष्ठ प्राणी बनाना चाहता है और प्राकृतिक वातावरण को समझने के लिये अपने को श्रेष्ठतम बनाने का प्रयास करता है। अपनी समग्रता में प्रकृति यही कर रही है। वह अपनी योजना को कार्यान्वित करने के लिये अपने नियमों को लागू करती है। हक्सले के विचारनुसार ''सार्वभौमिक प्रकृति (Cosmic Nature) सद्‌गुणों की कोई पाठशाला नहीं है बल्कि नैतिक प्रकृति के शत्रुओं का केन्द्रस्थल है। प्रकृति जिसके दाँत लाल हैं और जिसके पंजे में माँस है, बाघ के अधिकारों का क्षेत्र है। वह अपने प्राणियों को जीवन के संघर्ष में धकेल देती है, जिसमें प्राकृतिक चुनाव उन लोगों के जीवन को सुरक्षित नहीं करता, जो नैतिक दृष्टि से सर्वोत्तम होते हैं न वह केवल उन लोगों के ही जीवन को सुरक्षित करता है, जो शारीरिक दृष्टि से सक्षमतम होते हैं। वह तो केवल उनके जीवन को

बचाता है, जो विशेष समय के लिये उसके द्वारा निर्धारित परिस्थितियों के अनुकूल अपने आपको ढाल देते हैं।'' प्रकृति के पास कोई नैतिकता नहीं है और न ही नैतिक मापदण्ड है। उसके 'श्रेष्ठतमों' की मान किसी भी निर्पेक्ष योग्यता के मापदण्ड से नहीं की जाती वरन् परिस्थितियों की सापेक्ष अनुकूलता (Adaptation) के द्वारा की जाती है। यह सम्भव है कि प्रकृति का 'श्रेष्ठतम', मानवीय मूल्यों के अनुसार 'निकृष्ट' हो, क्योंकि तात्कालिक परिस्थितियाँ निकृष्ट स्तरीय हो सकती हैं।

4. प्राकृतिक अधिकार (Natural Right)– हक्सले के विचार में प्राकृतिक अधिकार 'मनुष्य की अपनी समझ एवं नैतिकता की उपज' है। एक ही अधिकार 'प्राकृतिक' है और वह है शक्ति, जिसके द्वारा उसका प्रत्येक जीव, 'अस्तित्व के प्राकृतिक संघर्ष' में अपने अस्तित्व की रक्षा के लिये प्रयोग करता है और अपने व्यक्तित्व को प्रभावशाली बनाने में लगाता है।

अस्तित्व को कायम रखने की शक्ति से बड़ा और कोई प्राकृतिक अधिकार नहीं होता। हक्सले ने लिखा है कि, ''प्रकृति के नियम केवल निर्दय तथ्यों की उद्घोषणायें हैं, उसके अधिकार केवल राक्षसी शक्तियाँ हैं। स्वतन्त्रता के नैतिक अधिकारों का या समानता का उसके क्षेत्र में आयात करना निरर्थक है। प्रकृति के क्षेत्र में ऐसे अधिकारों का अस्तित्व नहीं होता और नैतिक अधिकारों के किसी भी विचार को बेतुका मानकर दूर कर दिया जाना चाहिये। प्रकृति के क्षेत्र में कोई स्वतन्त्रता नहीं है। यहाँ तो सीधा सा हिसाब है 'या तो परिस्थितियों के अनुरूप ढालो या मर जाओ।' प्रकृति के क्षेत्र में जहाँ केवल सक्षमतम ही जीवित रहते हैं समानता की बात करना ही निर्मूल है।''

5. मानवीय नैतिकता (Human Ethics)– नैतिकता मानवीय होने के कारण कृत्रिम है। अन्य जीवों की अपेक्षा मनुष्य हमेशा प्रकृति से लड़कर अपने मूल्यों एवं मानदण्डों का निर्माण करके पृथक सृष्टि का निर्माण करता रहा है। वह ऐसे समाज को जन्म देना चाहता है जिसमें मानव जाति का ही कल्याण हो लेकिन प्रकृति उसे ऐसा नहीं करने देती। उसके विकास में प्रतिस्पर्धा हैं, जबकि नैतिकता कहती है कि दूसरों का सम्मान करो और उनके विकास में सहायता करो।

प्रकृति सक्षमता को ही बढ़ाना चाहती है, परन्तु मनुष्य चाहता है, कि सबको जीने का अधिकार हो, सब आगे बढ़ें। इस प्रकार प्राकृतिक विकास को मनुष्य उल्टी दिशा में ले जाना चाहता है और नैतिकता की दृष्टि से अक्षम लोगों को भी आगे बढ़ाना चाहता है। इस ढंग से मनुष्य ने जो समाज की रचना कर ली है वह कृत्रिम है। मनुष्य सभी को अपने मानदण्ड की माप के अनुसार उपयुक्त स्थान प्रदान करना चाहता है। प्रकृति और मानव के मध्य यही प्रतिद्वन्द्विता चली आ रही है। अपने संघर्ष के द्वारा मनुष्य प्रकृति का दास होकर भी उसका स्वामी बनता आ रहा है।

जब मनुष्य 'प्राकृतिक प्राणी' है तो उसमें उल्टी दिशा में जाने की प्रवृत्ति कैसे पैदा हुई? उसका उत्तर देते हुये हक्सले ने कहा कि मनुष्य में अनुकरण करने की प्रवृत्ति है। एक दूसरे की नकल करने की प्रवृत्ति के कारण कृत्रिम समाज का निर्माण हो जाता है और लोग समान जीवन व्यतीत करने लगते हैं। यदि मनुष्य का विकास जैविक है और राज्य प्राकृतिक विकास के विरुद्ध नकलचियों का एक कृत्रिम संगठन मात्र है, तो भला उसकी कृत्रिमता को अनिवार्य

क्यों किया गया? राज्य की स्वीकृति ही प्राकृतिक विकास की अस्वीकृति है। मानवीय पक्ष का समर्थन करते हुए हक्सले ने कहा है कि, "सरकार वह सब कुछ कर सकती है, जो मानव कल्याण के लिये विशिष्ट स्थितियों में उचित है।" वे पुन: कहते हैं कि "इस लगाये गये सामाजिक जगत के बगीचे में शान्ति की स्थापना के लिये सरकार को हर प्रकार का नियन्त्रण लगाने का अधिकार है।" राज्य द्वारा शाँति के लिये मनुष्यों को नागरिक एवं नैतिक अधिकार दिये जाते हैं। इनके साथ कर्त्तव्य भी जुड़े होते हैं। उनके उल्लंघन करने पर सजा का प्रावधान होता है।

6. सरकार के अधिकार एवं कार्य (Rights and Duties of Government)– हक्सले ने सामाजिक शांति को बहुत अधिक महत्व दिया है और सरकार के कार्यों को तथा अनिवार्य शिक्षा को उस शक्ति की रक्षा के आश्रित कर दिया है। इन्होंने राज्य के विरुद्ध व्यक्तिवादी विचारधाराओं की आलोचना की है और अराजकता की स्थिति का विरोध किया है।

हक्सले ने समाज को ऐसी वस्तु चीज माना है, जिसमें अनेक प्रकार के समझौते निहित होते हैं। समझौते में दोनों तत्व होते हैं–'आकर्षण' और 'विकर्षण' आकर्षण सहयोग का गुण है, जिसके कारण व्यक्ति समाज का निर्माण करता है और 'विकर्षण' असहयोग का, जिसके कारण मनुष्य समाज से असहयोग करता है। ये दोनों ही प्रवृत्तियाँ महत्वपूर्ण हैं। इस कारण राज्य का कार्य–'इन दोनों प्रवृत्तियों के साथ समायोजन करना हैं।

इस प्रकार हक्सले ने मनुष्य के जैविक विकास को 'यथार्थ विकास' और नैतिक विकास को 'निषेधार्थक विकास' कहा है।

आलोचनात्मक आकलन
(Critical Estimate)

विद्वानों द्वारा हक्सले के विचारों की निम्नलिखित आलोचना की गई है–

1. विरोधी विचार (Opposite Idea)– हक्सले की विचारधारा आत्मविरोधी है। उसके 'इवोल्यूशन एण्ड इथिक्स', 'एडमिनिस्ट्रेशन निहिलिज्म' तथा 'ऐस्से ऑन गवर्नमेंट' में कोई पारस्परिक सम्बन्ध ही नहीं हैं। एक ओर तो वे यह कहते प्रतीत होते हैं कि प्रकृति के रास्ते से हटकर उसका साथ दो, वरना नष्ट हो जाओगे। दूसरी और वे यह उद्घोषणा करते प्रतीत होते हैं कि 'प्रकृति के सामने आत्मसमर्पण मत करो वरना समाप्त हो जाओगे।'

2. समाज का कृत्रिम सिद्धांत (Artificial Theory of Society)– हक्सले का कृत्रिम समाज का सिद्धान्त पूर्णतया कृत्रिम है।

(i) उन्होंने राज्य, समाज और सरकार में कोई अन्तर नहीं किया है।

(ii) मात्र 'आकर्षण' की एवं अनुकरण प्रवृत्ति द्वारा समाज का निर्माण नहीं किया जा सकता।

(iii) यदि मानव नकलची है तो भी वह सारी नकल, प्रकृति के विरोध में ही क्यों करता है।

(iv) 'प्रकृति के साथ जो अपने आपकों अनुकूल नहीं बना पाता उसका अस्तित्व ही समाप्त हो जाता है' प्राकृतिक विकास का तो यही नियम है। तब यह स्पष्ट नही होता कि मानव-समाज सदा से 'प्राकृतिक विकास' का विरोध करते रहने पर भी आज तक स्थिर क्यों हैं, तथा और भी अधिक विकसित और शक्तिशाली क्यों होता जा रहा है।

3. नैतिक अधिकारों का स्रोत (Source of Ethical Rights)–पहले तो हक्सले ने 'संघर्ष' और 'आत्म-प्रभुत्व' की पशुता को ही 'प्राकृतिक' माना है, परन्तु बाद में राज्य के अन्दर नागरिक और नैतिक दोनों ही अधिकारों को मान्य कर लिया है, जो एक असंगति है।

4. आत्म प्रभुत्व के सम्बन्ध में अस्पष्ट (Unclear Regarding Self Assertion)– बार्कर के अनुसार– "हक्सले ने कभी व्यक्ति के आत्म-प्रभाव को जैविक रूप दिया है तो कभी उसे नैतिक रूप दे दिया है। कुल मिलाकर उन्होंने 'आदिम अवस्था' में व्यक्ति के जैविक स्वरूप को ही स्वीकार किया है।

5. राज्य की अस्पष्ट प्रकृति (Unclear Nature of the State)– हक्सले ने राज्य की वास्तविक प्रकृति का कभी परीक्षण नहीं किया। इसी कारण यह तार्किक असंगति पैदा हुई है। 'प्राकृतिक चुनाव और योग्यता को ही जीने का अधिकार' जैसे सिद्धान्तों का पूर्ण समर्थन करके भी हक्सले ने राज्य के कार्यों को 'मानव कल्याण' के निमित्त क्यों निरुपति किया? यह समझ में नहीं आता।

इस प्रकार व्यक्तिगत एवं सामाजिक विकास को परस्पर विरोधी दिशाओं में विकसित करके हक्सले ने दोहरे एवं कृत्रिम सिद्धांत का प्रतिपादन किया है।

अभ्यास के लिये प्रश्न

1. थामस हेनरी हक्सले के राजनीतिक सिद्धान्तों की व्याख्या कीजिये।
2. हक्सले के जैविक विकास और मानवीय नैतिकता सम्बन्धी विचारों का उल्लेख कीजिये।

15

मनोवैज्ञानिक विचारधारा

(Psychological School)

विज्ञानवाद के विकास ने मनुष्य के जीवन के चार पक्षों को उजागर किया—**भौतिक, शारीरिक, सामाजिक और मानसिक**। भौतिक पक्ष के विषय में विचारक **'यथार्थवादी'** कहलाये तथा जिन विचारकों ने शारीरिक या जैविक पक्ष के विषय में लिखा, वे **'जीवविज्ञानवादी'** कहलाये। जिन विचारकों ने मानव जीवन के तीसरे पक्ष अर्थात् सामाजिक विकास को चिन्तन का विषय बनाया वे **'समाजविज्ञानवादी'** कहलाये। जिन विचारकों ने विज्ञान द्वारा उद्घाटित मानव जीवन के चौथे अर्थात् 'मानसिक पक्ष' के विषय में अपना समस्त ज्ञान प्रस्तुत किया, उन्हें **'मनोविज्ञानवादी विचारकों'** की श्रेणी में स्थान दिया गया।

वाल्टर बेजहॉट

(Walter Bagehot)

राजनीतिशास्त्र में प्राणीशास्त्रीय दृष्टिकोण के आधारभूत दोष को व्यक्त करते हुए बार्कर ने लिखा है, ''उसके (प्रकृति के) योग्यतम का मापदण्ड कोई निरपेक्ष मूल्य नहीं है, बल्कि पर्यावरण से अनुकूलीकरण का सापेक्षिक मापदण्ड है; और यदि मानव जीवन की स्थितियाँ निकृष्ट हैं तो प्रकृति के योग्यतम भी मानव जीवन के मूल्यों के किसी भी मापदण्ड से निकृष्ट ही होंगे। ...... उसके (प्रकृति के) कानून निर्दय तथ्यों के सरल कथन है; उसके अधिकार पाशविक शक्तियाँ मात्र हैं। इस क्षेत्र में स्वतंत्रता अथवा समता के नैतिक अधिकारों का प्रवेश करना निरर्थक है।''[1] अस्तु प्राणीशास्त्रीय दृष्टिकोण में संशोधन करना पड़ा और अन्त में उसका परित्याग करना पड़ा। हक्सले कहता है कि ''प्राकृतिक व्यवस्था में मानव जाति के कल्याण की प्रवृत्ति नहीं होती; प्रकृति सदाचार की पाठशाला नहीं हैं, बल्कि वह नैतिक स्वभाव के शत्रु का मुख्य निवास स्थान है।'' अस्तु आचारशास्त्र और राजनीतिशास्त्र में प्राणीशास्त्र के

---

1. ''Her (nature's) fittest are measured by no canons of absolute worth but by the relative canons of adaptation to conditions; and nature's fittest will be low in any scale of human values if the conditions prevalent are low conditions-- Her (nature's) laws are simple statements of cruel facts; her rights are simply brutal powers. To import moral rights of freedom or equality into this sphere is meaningless.''

-- Barker, *Political Thought in England,* p. 134.

नियमों का कोई हित न होगा। उनके लिये मनोवैज्ञानिक दृष्टिकोण अधिक सहायक हो सकता है, क्योंकि समाज और राज्य मन की सृष्टि हैं। आधुनिक काल में सामाजिक समस्याओं के निराकरण के लिये मनोविज्ञान का प्रयोग करने का श्रेय वाल्टर बेजहॅाट को है। उसने 'Physics and Politics' नामक पुस्तक लिखी जिस से 'राजनीतिक सिद्धान्तवेत्ता सामाजिक मनोविज्ञान वेत्ता हो गये हैं; समूह जीवन पर विचार करते समय वे यह मान कर चलते हैं कि ये तथ्य समूह-चेतना के तथ्य हैं, और उनकी समस्या उन तथ्यों का उस पद्धति द्वारा वर्णन और व्याख्या करना है जो कि प्राकृतिक विज्ञान पदार्थ के तथ्यों का वर्णन और व्याख्या करने में करता है। उसका ग्रंथ वास्तव में मनोवैज्ञानिक पद्धति का आरम्भ है।" बेजहॉट ने जिस मनोवैज्ञानिक दृष्टिकोण का सूत्रपात किया उसे वैज्ञानिक विचारधारा की ही एक शाखा समझा जा सकता है।

मनोवैज्ञानिक दृष्टिकोण
(Psychological Viewpoint)

यह सत्य नहीं है कि राजनीतिक समस्याओं के समाधान में मनोवैज्ञानिक दृष्टिकोण को बेजहॉट से पहिले किसी ने नहीं अपनाया। मानव स्वभाव के विषय में कुछ मान्यतायें तो प्रत्येक राजनीतिक दर्शन के मूल में होती हैं। अफलातून की दार्शनिक-राजा की धारणा की उसकी मानव प्रकृति के विषय में मान्यताओं का तार्किक परिणाम है। मेकियावेली का राजनीतिक सिद्धान्त उसकी इस धारणा पर आधारित है कि मनुष्य बुरा और अहंकारवादी है। हॉब्स, लॉक तथा रूसो के सिद्धान्त उनकी मानव स्वभाव के विषय में भिन्न धारणाओं पर आधारित हैं। उपयोगितावाद इस मान्यता पर आधारित है कि मनुष्य पूर्णरूपेण बुद्धिवादी है और उसका प्रत्येक कार्य सुख प्राप्त करने की इच्छा और दुख से बचने की कामना से प्रेरित होता है। इस प्रकार स्पष्ट है कि प्रत्येक राजनैतिक विचारक ने मानव के स्वभाव तथा उसकी शक्तियों के विषय में कुछ मान्यतायें रखी हैं। बेजहॉट की नवीनता यह है कि उसने इन मान्यताओं को अलग करके उन्हें अध्ययन और विश्लेषण का विषय बनाया। इसका अर्थ यह नहीं है कि बेजहॉट, मैक्डूगल अथवा रॉस की भाँति एक वैज्ञानिक वेत्ता था, या उसने मानव प्रेरणाओं का कोई विशेष अध्ययन किया है और यह दिखलाया है कि वे मानव चरित्र को किस प्रकार प्रभावित करती हैं। इसका अभिप्राय केवल यह है कि उसने उन मनोवैज्ञानिक तथ्यों को प्रगट किया जिनके बिना प्रागऐतिहासिक काल से आरम्भिक काल और आरम्भिक काल से आधुनिक काल तक के समाज के विकास की समुचित व्याख्या नहीं की जा सकती। उसने जिस समस्या का समाधान करने का प्रयास किया वह यह थी : "यदि हम प्राकृतिक चुनाव के सिद्धान्त की सत्यता को स्वीकार कर लें तो प्रश्न यह उत्पन्न होता है कि जीवन संघर्ष के पाशविक स्तर से सामाजिक संघटन और सहयोग के मानवीय स्तर तक यह महान आवर्त्तन किस प्रकार हुआ? बेजहॉट के लिये यह आवर्त्तन की समस्या आधारभूत थी, और मानव जाति के सम्पूर्ण विकास को समझने की कुंजी थी"[2] इस प्रकार हर्नशा के शब्दों में उसका 'Physics

2. "Assuming the truth of the doctrine of natural selection, how are we to account for the momentous *transition* from the brute leval of the struggle for existence to the human level of social organisation and co-operation? To Bagehot this *transition* problem was the essential one and the key to all subsequent development of the human race."

-- Hearnshaw: *Op Cit*, pp. 202

and Politics' "उस जमाने में प्रचलित विकास सिद्धान्त पर एक समाजशास्त्रीय फुटनोट था क्योंकि यह हमारा ध्यान मनोवैज्ञानिक कारकों की ओर आकृष्ट करता है जो कि सामाजिक विकास में आदिम पशु स्तर से आधुनिक मानव स्तर पर आवर्त्तन में सहायक रहे हैं।" इसलिये इस पुस्तक को जैसा कि बार्कर कहता है, 'Physics and Politics' अथवा 'Psychology and Politics' कहना अधिक युक्ति संगत होगा। 'Physics and Politics' नाम से उसके विषय का स्पष्ट आभास नहीं मिलता। बेजहाँट की मुख्य देन मनोवैज्ञानिक है, प्राणीशास्त्रीय नहीं हैं।

बेजहॉट ने मानव स्वभाव की उन बुद्धि-विरोधी और उप-बुद्धिमय शक्तियों को हमारे सामने रक्खा जो कि उसे युग-युगान्तरों से चली आई विकास की प्रक्रिया से विरासत में मिली हैं। उसके विचार उस सीमित ज्ञान से थे जोकि उस समय प्राप्त था और जिसका उसने पूरा प्रयोग किया, किन्तु वह अत्यन्त मौलिक है। उसकी विचार-पद्धति को बहुत से आधुनिक समाज-रचना शास्त्रियों और सामाजिक मनोविज्ञान शास्त्रियों ने अपनाया है जोकि इसके अधिक पूर्ण उत्तर के लिये सामग्री एकत्रित कर रहे हैं। इस अर्थ में यह कहा जा सकता है कि बेजहॉट का 'Physics and Politics' सामाजिक विज्ञानों के क्षेत्र में अनुसंधान करने के लिये एक 'प्रॉस्पैक्टस' का कार्य करता है। स्पेन्सर ने यह सिखाया था कि विकास की प्रक्रिया का अवसान एक पूर्ण रूप से विकसित समाज में होगा। उसने आदर्श समाज में आचरण के नियमों को निर्धारित करने का प्रयास किया। बेजहॉट की धारणा यह थी कि सामाजिक विज्ञान का कार्य एक आदर्श सामाजिक व्यवस्था की रचना करना नहीं है बल्कि प्रस्तुत सामाजिक संस्थाओं को समझना है और उन प्राकृतिक शक्तियों को अध्ययन करना है जो कि प्रस्तुत समाजों के विकास के रूप को निर्धारित करती हैं।

भौतिक-शास्त्र तथा राजनीति शास्त्र
(Physics and Politics)

बेजहॉट ने इस प्रश्न का उत्तर दिया है कि मनुष्य पशु अवस्था से सामाजिक अवस्था पर किस प्रकार आया है। सामाजिक विकास को व्यक्ति के विकास ने सम्भव बनाया है। व्यक्ति का विकास इस कारण होता है क्योंकि मस्तिष्क "एक विलक्षण ढंग से हमारे स्नायुओं पर कार्य करता है और हमारे स्नायु उतने ही विलक्षण ढंग से परिणामों को संचित कर लेते हैं और किसी प्रकार उसके परिणाम सामान्यत: हमारी संतति में संक्रान्त हो जाते हैं।" समाज का विकास होता है क्योंकि व्यक्ति का विकास होता है, और व्यक्ति का विकास होता है क्योंकि उसके अनुभव किसी प्रकार मस्तिष्क के स्नायु तंतुओं में संचित हो जाते हैं और वंशानुक्रमण द्वारा संतति पर पहुँच जाते हैं। इसमें लैमार्क के इस सिद्धान्त का समर्थन होता है कि संचित आदतें और स्वभाव वंशानुक्रमण द्वारा संक्रान्त हो जाते हैं जिसे स्पेन्सर ने स्वीकार किया था, किन्तु डार्विन ने जिस से इन्कार किया था। इस सिद्धान्त के लिये बेजहॉट, अपने समय के प्राणी-शास्त्र का बड़ा ऋणी था। इसकी प्रगति के कारण वह उन्नति को एक नवीन दृष्टिकोण से देख सका। प्रगति इस बात से सम्भव होती है कि व्यक्तियों में सचेतन प्रयत्न द्वारा उन गुणों को प्राप्त करने और उन्हें अपनी संतति को सक्रान्त करने की सामर्थ्य होती है जोकि उनके पहिले नहीं थे। प्रत्येक पीढ़ी अपनी पहिली पीढ़ी से जो विरासत प्राप्त करती है उसका विश्लेषण

करते हुए बेजहॉट ने देखा कि वह आंशिक रूप से भौतिक और आंशिक रूप से मनोवैज्ञानिक होती है। भौतिक भाग में वे परावर्त्तन होते हैं जोकि हमारे स्नायु तन्तुओं, हमारे परावर्त्तनीय तथा स्वत: कार्यों, हमारे भावों और भावनाओं में अंकित हो जाते हैं। मनोवैज्ञानिक भाग में प्रथायें और परम्परायें होती हैं जिनके बीच में हमारा विकास होता है और जो हमारे कार्यों, हमारे भावों और भावनाओं में अंकित हो जाते हैं। मनोवैज्ञानिक भाग में प्रथायें और परम्परायें होती हैं जिनके बीच में हमारा विकास होता है और जो हमारे कार्यों को बहुत प्रभावित करते हैं। बेजहॉट ने इन दोनों भागों के परस्पर सम्बन्ध की व्याख्या करके यह समझाने का प्रयास किया कि मनुष्य स्वयं अपने लिये परम्परा का निर्माण किस प्रकार करता है। उसने देखा कि आधुनिक राष्ट्रों के निर्माण में परम्परा का मुख्य हाथ होता है; वादविवाद उसकी पूर्ति करता है।

आज के सामाजीकृत मनुष्य का आदिम काल से जो आविर्भाव हुआ है बेजहॉट उसकी तीन अवस्थायें बतलाता हैं,

1. **समाजहीन अवस्था**—प्रथम अवस्था में मनुष्य शक्तिशाली भावनाओं का प्राणी था; उसके पास न कोई परम्परा थी, न कोई सामान्य ज्ञान और न दूरदर्शिता। उसका जीवन ऐसा था जैसा कि हॉब्स ने प्राकृतिक अवस्था में भी बताया है। परन्तु इस काल में मनुष्य को एक अचेतन शिक्षा मिली जिसने उसके स्वभाव में गहरा संशोधन किया। इसके फलस्वरूप उसके जीवन में कुछ एक-बद्धता आई; मनुष्य रक्त के आधार पर तथा एक प्रकार के नेतृत्व के आधीन समूहों में संगठित होने लगे।

2. **सामाजिक समूह**—सामाजिक विकास की प्रक्रिया में यह दूसरी अवस्था थी। इसका आविर्भाव किस प्रकार हुआ, इस विषय में निश्चित रूप से कुछ भी कहना कठिन है। बेजहॉट इसे प्राकृतिक चुनाव की क्रिया का परिणाम मानता है। सगोत्रता का सिद्धान्त सामाजिक जीवन में बहुत पहले से ही क्रियान्वित होना आरम्भ हो जाता है। एक ही पूर्वज की सन्तति भिन्न भिन्न पूर्वजों की सन्तति की अपेक्षा अधिक सरलता से संगठित हो जाती है और समूह बनाकर रहने लगती है। इस प्रकार समूहों का निर्माण होता है। प्रतिद्वन्द्वी समूहों के बीच में चलने वाले संघर्ष में अधिक संगठित और अनुशासित समूहों को उन समूहों की अपेक्षा लाभ रहता है जिनमें कि इन गुणों का अभाव रहता है। वे जीवित रह जाते हैं और अपने गुणों को अपनी सन्तति को दे जाते हैं। इस प्रकार संगठित राजनैतिक जीवन का उदय होता है और सामाजिक विकास की दूसरी अवस्था आरम्भ होती है।

संसार में संगठित समूहों के आविर्भाव की यह कोई समुचित व्याख्या नहीं है। इसका अभिप्राय तो केवल यह है कि उनका जन्म विकास की प्रक्रिया में और प्राकृतिक चुनाव की क्रिया के कारण होता है किन्तु इसमें एक गुण है। यह उन दो तत्वों सगोत्रता तथा नेतृत्व का स्पष्ट रूप से उल्लेख करता है जिनके बिना संगठित समूहों का आविर्भाव असंभव होता है। मनुष्य दूसरी अवस्था के द्वार पर इन दो गुणों को लेकर ही आता है। सगोत्रता के बिना व्यक्तियों को एक समूह में संगठित करने वाला कोई सूत्र ही न होता, अनुशासन बनाये रखने के लिये नेतृत्व के अभाव में कोई सामूहिक दृढ़ता ही नहीं होती। बेजहॉट कहता है कि इन्हीं शक्तियों ने प्रारम्भिक काल में मनुष्यों को एक सूत्र में गूंथ कर उन्हें समूहों के रूप में संगठित किया। आगे चलकर वह उस प्रक्रिया का वर्णन करता है जिसके फलस्वरूप सामाजिक संघटन

समाजहीन प्रथमावस्था से स्थिर समाज की दूसरी अवस्था तक, और उससे परिवर्तन-शील समाज की तीसरी अवस्था तक विकसित होता है।

प्रथमावस्था में कोई संगठित समाज नहीं होता; लोग इधर उधर बिखरे हुए परिवारों में रहते हैं। परन्तु शीघ्र ही उन्हें यह ज्ञात हो जाता है कि जीवन संघर्ष में मुखिया के प्रति भक्ति के सूत्र में बंधे परिवार उन परिवारों की अपेक्षा अधिक सफल रहते हैं जो कि किसी की आज्ञा मानना नहीं जानते और अपनी अपनी चलाते हैं। इस प्रकार समूहों का जन्म हुआ। समूहों के रूप का कोई महत्व नही; एक समूह के व्यक्ति चाहे एक व्यक्ति के अनुशासन में रहे चाहे अनेक व्यक्तियों के, मूल बात तो यह है कि समूह में अनुशासन कायम रखने वाला कोई न कोई अवश्य होना चाहिये। दूसरे शब्दों में, प्रारम्भिक अवस्था में महत्व शासन के गुण का नहीं बल्कि उसकी मात्रा का है; समस्या यह होती है कि जनता की आज्ञाकारिता किस प्रकार प्राप्त की जाये। दूसरी बात, जिस पर बेजहॉट जोर देता है, यह है कि संघर्ष में वे समूह बचते हैं और उन्नति करते हैं जोकि सबसे अधिक संघटित और अनुशासित होते हैं। बेजहॉट लिखता है: 'यदि तुम में एक दृढ़ सहयोगी एकता सूत्र नहीं है तो एक ऐसा समाज, जिसमें कि एक ऐसा सूत्र है, तुम्हारे समाज को विजय कर लेगा और मार डालेगा।' इस सहयोगी सूत्र को वह समूह की प्रथा में पाता है। इस प्रकार सामाजिक विकास की दूसरी अवस्था आती है। इसकी विशेषता यह होती है कि इसमें दृढ़ समूह प्रथायें पाई जाती है जिन्हें कठोरता के साथ लागू किया जाता है। जबकि प्रथम अवस्था में समाज की इकाई एक परिवार होता था, दूसरी अवस्था में उसका स्थान समूह ले लेता है समूह की विशेषता ठोसता (Solidarity) होती है; समूह की ठोसता को व्यक्ति की स्वतंत्रता से अधिक महत्वपूर्ण समझा जाने लगता है। इसलिये ऐसी प्रथायें विकसित होने लगती हैं जोकि व्यक्ति से समाज की आवश्यकताओं के अनुकूल आचरण कराते हैं और समाज को सम्बल पहुँचाते हैं। इस प्रकार प्रथा का निर्माण होता है जोकि व्यक्ति की स्वतंत्रता को नष्ट कर देती है और सबके मस्तिष्क को एक सामान्य ढर्रे पर ढाल देती है। इस अवस्था में वे समूह सबसे अधिक शक्तिशाली और विजेता होते हैं जिसके घटक सबसे अधिक आज्ञाकारी और अनुशासन-प्रिय होते हैं। एक समूह में एकबद्धता लाने के लिये यह नितान्त आवश्यक है कि उसके घटक एक आचरण करें, एक भाषा बोलें अंत तक एक से ही विचार रक्खें। सारॉंश यह कि अपने विकास की प्रारंभिक और अवस्थाओं में समाज में स्थिरता तथा व्यवस्था कायम रखने का सर्वोत्तम साधन कठोर एवं अधिकार-पूर्ण प्रथा है। बेजहॉट के विचार में प्रथा का बड़ा महत्व है। इस के द्वारा जीवन के समस्त कार्य एक ही उद्देश्य के लिए और एक ही नियम के आधीन रक्खे जाते हैं।' इसी की सहायता से बेजहॉट राष्ट्रीय चरित्र के निर्माण की व्याख्या कर पाता है और यही उसे योग्यतम की विजय के सिद्धान्त की सामाजिक विषयों पर ठीक-ठीक लागू करने की कुंजी प्रदान करती है। राष्ट्रीय चरित्र उस समूह का चरित्र है जिसने कि संघर्ष में दूसरे समूहों को विजय करके अपने आधीन कर लिया है। विजित समूह विजेता समूह के चरित्र को अपना लेते हैं। प्रभुत्व के लिये प्रतिस्पर्धा करने वाली समूह की अनेक विशेषताओं में उस विशेषता की विजय होती है जोकि समूह के घटकों को अनुशासित करने में सबसे अधिक सफल रहती है। इससे यह स्पष्ट हो जाता है

कि योग्यतम की विजय के सिद्धान्त की जो व्याख्या बेजहॉट ने की है उसमें उसने चरित्र के उन गुणों पर जोर दिया है जोकि मनुष्य को सहयोग के लिये प्रेरित करते हैं और संघटित समूहों के निर्माण में सहायक होते हैं; शारीरिक सामर्थ्य अथवा पाशविक बल पर जोर नहीं देता। इस प्रकार वह इस सिद्धान्त में एक ऐसे तत्व का प्रवेश करता है जोकि स्पेन्सर में नहीं पाया जाता।

समूह के घटकों का अपने प्रमुख का पूर्ण रूप से आज्ञाकारी रहना ही समूह को संघटित, शक्तिशाली तथा अनुशासित बनाता है। प्रारम्भिक राजनीतिक समुदायों में राजनीतिक शक्ति का भय इतना प्रभावक नहीं होता जितना कि देवताओं के कोप का भय। यह केवल संयोग की ही बात नहीं है कि मानव जाति के विकास की उस अवस्था में राज्य और धर्म का प्रथक्करण नहीं था; स्थिरता के लिये दोनों की एकरूपता आवश्यक थी। बेजहॉट लिखता है: 'उस आज्ञाकारिता को प्राप्त करने की प्रथम शर्त यह है कि राज्य और धर्म में एक-रूपता हो। ......वहां सम्पूर्ण मानव जीवन को विनियमित करने के लिये एक ही शासन की आवश्यकता है। उस समय शक्ति विभाजन खतरे से भरा हुआ है, सम्भवत: उससे विनाश भी हो सकता है। ऐसा नहीं होना चाहिये कि धर्मपुरोहित एक उपदेश दे और राजा दूसरा; राजा को धर्म-पुरोहित होना चाहिये और धर्मावतार को राजा; दोनों को एक ही बात कहनी चाहियें क्योंकि वे एक ही हैं।''[3]

अनुकरण की प्रवृत्ति– समूह के संघटन और एकता के लिये यह आवश्यक है कि उसके घटक एक-सा आचरण करें, एक-सी भाषा बोलें और एक अंश तक उनके एक से ही विचार हों। स्वाभाविक रूप से यह प्रश्न उठता है कि एक समूह के घटक ऐसा क्यों करते हैं। यह भी कहा जा चुका है कि राष्ट्रीय चरित्र वह समूह चरित्र है जो कि परस्पर प्रतिस्पर्धा करने वाले विभिन्न समूहं चरित्रों में अपनी श्रेष्ठता स्थापित कर चुका है। प्रश्न यह पूछा जा सकता है: कमजोर समूह शक्तिशाली समूह के चरित्र को क्यों अपनाते हैं? इन दोनों प्रश्नों का एक ही उत्तर है। एक ही समूह के घटकों के एक ही प्रकार आचरण करने, एक ही भाषा का प्रयोग करने और एक अंश तक एक से ही विचार रखने, तथा असफल समूहों के सफल समूह के चरित्र को अपना लेने का कारण है अचेतन अनुकरण (Unconscious imitation)। सामाजिक जीवन में अनुकरण का कितना महत्वपूर्ण कार्य है, इस पर जोर देने वाला सर्वप्रथम आधुनिक लेखक बेजहॉट है। वह लिखता है: ''सत्य यह है कि अपने सामने की चीजों का अनुकरण करने की प्रवृत्ति उसके स्वभाव का एक सबसे अधिक शक्तिशाली भाग है। हमें यह नहीं सोचना चाहिये कि यह अनुकरण स्वेच्छापूर्ण होता है अथवा सचेतन भी होता है। इसके विपरीत इसका स्थान मानव मानस के एक बहुत ही अज्ञात भाग में होता है जिसकी धारणाओं

3. ''To gain that obedience the primary condition is the indentity-- not the union but the samenes........ of what we now call church and state....... What is there requisite is a single Government........ regulating the whole of human life. No division of power is then endurable without danger...... probably without destruction; the priest must not teach one thing and the king another; king must be priest; and prophet king; the two must say the same thing, because they are the same.''

--Bagehot

की सचेतना ग्रहण करने की बात ही दूर रही, उनके अस्तित्व की भी अनुभूति नहीं होती।[4] अनुकरण करने की इसी प्रवृत्ति के कारण एक संघटित समूह के घटकों के आचार-विचार तथा भाषा इत्यादि में इतनी अधिक साम्यता होती है। आदिकालीन समूहों में 'अनुकरण' ने प्रथा के निर्माण में बहुत बड़ा भाग लिया है और इसकी शक्ति आज भी नष्ट नहीं हुई है। मनुष्य आज भी अनुकरणशील प्राणी है। फैशन के साम्राज्य का इसके अतिरिक्त अन्य कोई कारण नहीं हो सकता। बेजहॉट के इस कथन का कि अधिकतर मानव विश्वास और कार्य अचेतन अनुकरण पर आधारित होते हैं, इस बात से भी समर्थन होता है कि विश्वास की अपेक्षा अविश्वास के लिये प्राय: अधिक तर्क की आवश्यकता होती है। इस प्रकार बेजहॉट राजनीति में बुद्धि-विरोधी बन जाता है। इस बात में उसका बेंथम, मिल और यहाँ तक कि स्पेन्सर से भी मतभेद है, जो कि सब मानव कार्यों का आधार विवेक-सम्मत स्व-हित बतलाते थे।

बेजहॉट के अनुसार आदिम जातियों में सामान्यता निर्दयी निरंकुश राजाओं का राज्य होता था। निरंकुश राजाओं द्वारा शासित समूहों को बहु-शासित समूहों के ऊपर लाभ था। जब तक कि समूहों का मुख्य कार्य युद्ध था तब तक किसी न किसी प्रकार की निरंकुशता अपरिहार्य थी। एक सेना एक बुरे सेनापति के आधीन रह कर तो सफल हो सकती है किन्तु कई सेनापतियों के आधीन रह कर नहीं क्योंकि उनमें एक विवाद-सभा का रूप ग्रहण करने की प्रवृत्ति रहती है।

प्रथा की प्रधानता—आदिकालीन राजनीतिक समुदाय एक बद्धता, संघटन तथा ठोसता प्राप्त करने के लिये साँस्कृतिक रूप से एक दूसरे से अलग थलग रहते थे और उनमें उन लोगों का दमन किया जाता था जो कि सुनिश्चित ढर्रे को मानने से इन्कार करते थे। प्रथा के द्वारा शासित समाज में स्थापित विश्वासों और व्यवहारों से हटने की कोई गुंजाइश नहीं हो सकती। बेजहॉट लिखता है: "समस्त वन्य जातियों की दमन करने की प्रवृत्ति उनकी अनुकरण करने की प्रवृत्ति से भी अधिक स्पष्ट है। कोई भी बर्बर अपने राष्ट्र के किसी घटक को कबीले की बर्बरतापूर्ण प्रथाओं तथा रूढ़ियों से हटते हुये देखना सहन नहीं कर सकता।" इसलिये आदिकालीन समुदायों के लिये मतैक्य पर आग्रह करना और परिवर्तन को अवांछनीय और खतरनाक समझना स्वाभाविक था। वे एक सुकरात को भी उन प्रथाओं को भंग करने की अनुमति नहीं दे सकते थे जिन पर कि समाज आधारित था। समाज का पहला कर्त्तव्य अपने को सुरक्षित रखना था।

इस प्रकार यह स्पष्ट है कि सामाजिक विकास की दूसरी अवस्था की विशेषता, प्रथा की प्रधानता थी। प्रथा से एक सामान्य जीवन पद्धति को लादा जाता था। इसीलिये बेजहॉट इसे स्थिर समाज (Fixed polity) की अवस्था कहता है। इसमें इकाई समूह था, व्यक्ति नहीं। प्रचलित व्यवहार से हटने वालों का दमन करके समूह का संघटन सुरक्षित रखा जाता था।

---

4. " The truth is that the propensity of man to imitate what is before him is one of strongest parts of his nature....... We must not think that this imitation is voluntary or even conscious. On the contrary, it has its seats mainly in very obscure parts of the mind; whose notions; so far from having been consiously produced; are hardly felt to exist."
--Bagehot

उस अवस्था में सहिष्णुता को सम्भव नहीं समझा जा सकता था। उस समय प्रधानता अनुकरण की थी।

3. परिवर्तनशील समाज की अवस्था—विकास की तीसरी अवस्था की विशेषता परिवर्तनशीलता है; वर्तमान समाज परिवर्तनशील है। इसकी इकाई व्यक्ति है, समाज नहीं। व्यक्ति को बदलती हुई परिस्थितियों के अनुसार अपने को ढालने की स्वतन्त्रता दी जाती है। इसमें सहिष्णुता है, अन्धविश्वास और मन नहीं। प्रथा की स्थिरता में से एक परिवर्तनशील समाज का आविर्भाव किस प्रकार हुआ? इस प्रश्न का उत्तर देने में बेजहॉट एक नवीन मनोवैज्ञानिक शक्ति को प्रविष्ट करता है; वह शक्ति है विवाह की भावना। इसकी व्याख्या करते समय वह कहता है कि एक बार अनुकरण के एक बड़े पैमाने पर सफल हो जाने पर विवाद और परिवर्तन सम्भव हो जाते हैं। जब तक कि अनुकरण मनुष्यों में आज्ञाकारिता की एक बलवती आदत उत्पन्न न कर दे तब तक मौलिकता को प्रोत्साहित नहीं किया जा सकता। बेजहॉट कहता है कि जब अनुकरण द्वारा समाज में संघटन और एकता उत्पन्न करने की समस्या हल हो जाती है तो इस बात का खतरा रह जाता है कि कहीं प्रथा समाज को गतिहीन न बना दे और गतिहीन होकर उसका अन्त न हो जाये। समाज की प्रगति के लिये प्रथा के शिकंजे को तोड़ना है, यद्यपि उसे तोड़ना बड़ा कठिन है। बहुत सी सभ्यताओं का विकास प्रथा ने ही अवरुद्ध कर दिया, फल यह हुआ कि वे जीवन संघर्ष में न टिक सकीं। चीन को एक अवरुद्ध सभ्यता के उदाहरण के रूप में प्राय: पेश किया जाता है। इसके विपरीत अपनी परिवर्तन तथा अनुकूलन की क्षमता के कारण प्राचीन यूनानियों और रोमनों की सभ्यताओं का विकास हुआ। भारतीय सभ्यता ने बहुत से उत्थान-पतन देखे, किन्तु वह जीवित रही क्योंकि उसमें अनुकूलीकरण की अद्भुत क्षमता पाई जाती है। अनुकूलीकरण की योग्यता वाद-विवाद करने की क्षमता से आती है। यदि एक समाज के घटक प्रथा के शिकंजे में इतने जकड़े हुये होते हैं कि वे उससे एक इंच भी इधर-उधर नहीं हिल सकते तो उनमें उन्नति की सामर्थ्य नहीं रह जाती; वे अवरुद्ध हो जाते हैं और उनका पराभव हो जाता है। परन्तु यदि उनमें कुछ ऐसे हों जो कि यह सोचते हों कि एक रीति या परम्परा का विकल्प भी हो सकता है और लकीर के फकीर बने रहना हानिकारक होगा तो उन्नति का मार्ग खुल जाता है। वाद-विवाद रचनात्मक बुद्धि को अपना कार्य करने का अवसर देता है। यह परिवर्तनशीलता और अचेतन अनुकरण द्वारा उत्पन्न परम्परा भक्ति में सामंजस्य स्थापित करता है। यह नवीन विचारों के प्रचार को सम्भव बनाता है। यह प्रारंभिक मनुष्यों की जल्दबाजी का भी उपचार करता है। जिन्हें वाद-विवाद की आदत होती है वे 'कूदने से पहले देख लेते हैं', और इसलिये वे कम कूदते हैं और अच्छे रहते हैं।

बेजहॉट यह नहीं बतलाता कि प्रथाग्रस्त समुदायों में वाद-विवाद किस प्रकार आया। वह इस बात को मान लेता है कि विकास की प्रक्रिया में किसी प्रकार वाद-विवाद की भावना उत्पन्न हो गई। परन्तु एक बार इस प्रक्रिया के आरम्भ होने पर इसने समूह के अन्दर ऐसा मत-विवर्तन उत्पन्न कर दिया जिसमें कि नवीन विचार आ सकते थे। वाणिज्य, उपनिवेशीकरण, तथा एक विश्वव्यापक चर्च सरीखे कारकों ने नवीन विचारों को प्रविष्ठ किया और एक नीवन आलोचनात्मक प्रवृत्ति उत्पन्न की जिसके परिणामस्वरूप उत्तरोत्तर उन्नति हुई। वे ही समाज सबसे अधिक प्रगतिशील रहे हैं जिन्होंने अपने घटकों में स्वतंत्र विचार की प्रवृत्ति को प्रोत्साहित

किया है। भारतीय समाज के आज भी जीवित रहने का एक कारण यह भी है कि इसने अपने घटकों में स्वतंत्र विचार और वाद-विवाद की भावना को कभी नहीं दबाया।

सामाजिक विकास के सिद्धान्त—अपने सिद्धान्त में से बेजहॉट ने निम्नलिखित परिणाम निकाले हैं :

1. इसके द्वारा निरंकुश तथा प्रथा द्वारा शासन के स्थान में 'स्वतंत्र विचार विमर्श द्वारा शासन' की स्थापना होती है। इस प्रकार के शासन में व्यक्तियों को सार्वजनिक विषयों के ऊपर वाद-विवाद करने की स्वतंत्रता रहती है और लोकतंत्र का एक तत्व आ जाता है। इस सबसे सामाजिक उन्नति होती है। इस प्रकार बेजहॉट के राजनीतिक सिद्धान्त में उदारवाद का एक तत्व आ जाता है। परन्तु उसकी धारणा थी कि आज के युग में भी उदारवादी संस्थायें समस्त राष्ट्रों के अनुकूल नहीं हैं। उदारवाद केवल उन जातियों में सफल हो सकता है जिन्हें कानून व अनुशासन की एक बलवती भावना अपने पूर्वजों से विरासत में मिली हैं। इस बात में बेजहॉट एक रूढ़िवादी था।

2. बेजहॉट का विचार था कि वाद-विवाद से मानव स्वभाव में संशोधन हो जायेगा। अतीत में मनुष्य कर्म करते थे, उनमें विचारशीलता पर्याप्त नहीं थी। उनकी सबसे बड़ी कमजोरी यह थी कि वे शान्त रह कर विचार नहीं कर सकते थे। वाद-विवाद की आदत जल्दबाजी के कामों को रोकती है; इसने आधुनिक मनुष्य को कूदने से पहिले सोचना सिखाया है। राष्ट्र संघ एक ऐसा ही साधन हैं जिसके द्वारा अन्तर्राष्ट्रीय विषयों के ऊपर विचार किया जाता है और जिसके फलस्वरूप जल्दबाजी के कार्यों को रोका जाता है। वाद-विवाद की आदत ने निश्चित रूप से ही जीवन और संस्थाओं पर गहरा प्रभाव डाला है।

3. वाद-विवाद में बेजहॉट काम भावना में परिवर्तन तथा उसकी शक्ति के ह्रास की सम्भावना देखता है। अपनी अत्याधिक काम-भावना के कारण मनुष्य आजकल बहुत ही द्रुत गति से सृष्टि कर रहे हैं। बेजहॉट आशा करता है कि मनुष्य जितना ही अधिक बौद्धिक जीवन व्यतीत करेगें उतनी ही उनकी काम-भावना कम हो जायेगी। बहुत अधिक सभ्य होने पर मनुष्य की मानव-सृष्टि शक्तियाँ घट जाती हैं। वाद-विवाद नवीन विचारों को जन्म देता है, पुराने विश्वासों को हिलाता है और इस प्रकार उन्नति के लिये मार्ग प्रशस्त करता है।

इंग्लिश संविधान
(The English Constitution)

इंग्लिश संविधान बेजहॉट की एक अन्य महत्वपूर्ण रचना 'The English Constitution' उसकी पुस्तक 'Physics and Politics' के दो वर्ष पश्चात् सन् 1869 ई० में प्रकाशित हुई थी। 'Physics and Politics' ने सामाजिक तथा राजनैतिक समस्याओं के प्रति एक नवीन दृष्टिकोण का सूत्रपात किया था। 'English Constitution' ने संविधानों की व्याख्या की और एक नवीन पद्धति का सूत्रपात किया। उस समय तक संविधान को केवल एक कानूनी ढाँचा समझा जाता था और विश्लेषणात्मक दृष्टिकोण से उसका अध्ययन किया जाता था। बेजहॉट ने संविधान को जीवन से सम्बद्ध करके और उसे एक जीवित वस्तु समझ कर उसका अध्ययन करना सिखाया। इस ग्रंथ ने ब्रिटिश संविधान को केवल कानूनी दृष्टिकोण से अध्ययन करने

की पुरानी परम्परा को तोड़ा और उसके वास्तविक कार्य करने पर ध्यान केन्द्रित किया। इंग्लैण्ड के महत्वपूर्ण राजनीतिज्ञों के साथ उसके निकट के सम्बन्धों ने बेजहॉट के इस कार्य को काफी सरल बना दिया। संविधान के विषय में उसने जो कुछ लिखा उसमें यथार्थता आ गई। परन्तु प्राकृतिक चुनाव का सिद्धान्त जिसे उसने अपनाा 'Physics and Politics' में इतनी सफलता और दक्षता के साथ प्रयोग किया है 'English Constitution' में यत्र-तत्र ही पाया जाता है। इसमें मनेवैज्ञानिक दृष्टिकोण की ही प्रधानता है। इंगलैण्ड में संसदीय शासन प्रणाली की सफलता और अंग्रेज जाति की शक्ति का मूल तत्व बेजहॉट एक सामान्य अंग्रेज के परम्परावादी चरित्र तथा एंग्लो-सेक्सन जाति के एक विलक्षण गुण में पाता है जिसे वह सुखद मूर्खता कह कर पुकारता है। जीवन अच्छी प्रकार जीने के नीरस कार्य को चलाने के लिये नीरस व्यक्तियों की आवश्यकता पड़ती है। दूरदर्शी मौलिकता तथा विचार में तीव्र रुचि साधारण जीवन व्यापार में सफलता प्रदान नहीं करतीं। 'English Constitution' में बेजहॉट अपने पाठकों को अपने समय के राजनीतिक विचारों की भूमिका देता है।

बेजहॉट का मूल्यांकन
(Evaluation of Begehot)

बेजहॉट एक बहुत अधिक संकेत देनेवाला (Suggestive) लेखक था। उसका ग्रंथ 'Physics and Politics' आने वाली पीढ़ियों के लिये अनुसंधान का विषय है, एक पूर्ण दर्शन प्रणाली नहीं। राजनीतिक मनोविज्ञानवेत्ता के रूप में उसके कार्य का स्थायी प्रभाव पड़ा है। राजनीतिक जीवन में अचेतन अनुकरण के महत्व और विशुद्ध तर्क की कमजोरी पर बेजहॉट ने जो बल दिया उससे प्रेरित होकर उसके बाद के विचारकों ने उसके कार्य को आगे बढ़ाया। भावना तथा समूह-मानस (Group mind) का पूर्णतर विश्लेषण आवश्यक समझा गया। ग्रैहम वैलास, मैक्डूगल, लॉयड मॉर्गन तथा हॉबहाउस ने इस क्षेत्र में अधिक गहरा अनुसन्धान किया और सामाजिक मनोविज्ञान के क्षेत्र में ठोस कार्य किया। इस प्रकार आधुनिक काल में बेजहॉट ने राजनीति में मनोवैज्ञानिक विचारधारा का सूत्रपात किया। राजनीतिक व्यवहार में एक निर्धारक शक्ति के रूप में प्रतीकवाद के महत्व को देखने और संसदीय तथा अध्यक्षात्मक शासन प्रणालियों के बीच भेद पर पूर्ण रूप से लिखने वाले लेखकों में बेजहॉट का नाम प्रमुख है। उसने देखा कि संसदीय शासन प्रणाली को चलाने के लिये एक वंशानुक्रमगत राजा आवश्यक नहीं है; एक निर्वाचित अध्यक्ष से भी वह चल सकती है। उसकी पुस्तक 'Physics and Politics' के विषय में मेन का कहना है कि मुझ पर इस पुस्तक से अधिक अन्य किसी पुस्तक का कभी प्रभाव नहीं पड़ा। ब्राइस का कहना है कि यदि बेजहॉट अपनी पद्धति को क्रियान्वित करने के लिये जीवित रहता तो उसका भी उतना ही महान प्रभाव पड़ सकता था जितना कि अठारहवीं शताब्दी के मध्य में मांटेस्क्यू का और उन्नीसवीं शताब्दी के आरम्भ में टॉकविल का पड़ा था। बेजहॉट के 'English Constitution' के विषय में डाइसी ने लिखा है: "इंगलिश राजनीति के सिद्धान्त और व्यवहार को स्पष्ट करने के लिये बेजहॉट ने बर्क के बाद अन्य किसी भी मनुष्य की अपेक्षा जीवन के अधिक ज्ञान और मस्तिष्क की अधिक मौलिकता का परिचय दिया है।"

बेजहॉट के सुविख्यात ग्रंथ 'Physics and Politics' की मुख्य देन प्राणीशास्त्रीय की अपेक्षा मनोवैज्ञानिक अधिक थी। राजनीतिक विचार के इतिहास में बेजहॉट को अमर स्थान प्रदान करने वाली बात सामाजिक तथा राजनीतिक घटना-चक्र के प्रति उसका मनोवैज्ञानिक दृष्टिकोण है। राजनीतिक सिद्धान्त को निश्चित रूप से मनोविज्ञान की और मोड़ने वाला वह प्रथम व्यक्ति था। बहुत से प्रसिद्ध फ्रांसीसी लेखकों ने उसके पद-चिन्हों का अनुसरण किया, और हाल ही में अमरीकन लेखकों ने मनोविज्ञान-शास्त्र को राजनीति पर आरोपित करने पर बहुत ध्यान दिया है।

ग्रैहम वैलास
(Graham Wallas--1858-1932)

सन् 1858 ई० में एक पादरी परिवार में ग्रैहम वैलास उत्पन्न हुआ। उसने ऑक्सफोर्ड में कोर्स क्रस्टी कालिज तथा शूजबरी स्कूल में शिक्षा प्राप्त की। वह लण्डन स्कूल ऑफ इकॉनामिक्स से भी सम्बन्धित था जिसमें 'राजनीति विज्ञान की चेयर' उसके पास थी, और जिस पद के प्रो० हैरोल्ड लास्की उसके बाद में उत्तराधिकारी बने। एक महान् विद्वान होने के अतिरिक्त वह एक योग्य प्रशासक भी था। वह लण्डन यूनिवर्सिटी सीनेट, लण्डन स्कूल बोर्ड, तथा लण्डन काउण्टी काउंसिल तथा रायल कमीशन ऑन सिविल सर्विस का सदस्य रहा। वह फेबियन सोसाइटी का भी सदस्य रहा और उसने 'फेबियन ऐसेज' में अपना योगदान दिया। उसकी महत्वपूर्ण रचनायें है: 'Human Nature in Politics' (1908), 'The Great Society' (1914) तथा 'Our Social Heritage' (1921)। इन समस्त रचनाओं में राजनीतिक घटना-चक्र की मनोविज्ञान की शक्तियों के शब्दों में व्याख्या की गई है। वैलेस का दृष्टिकोण बुद्धि-विरोधी है। वह कहता है कि राजनीति अधिकतर 'आदत तथा भावना, संकेत तथा अनुकरण की अचेतन प्रक्रियाओं का विषय है, सचेत बुद्धि का विषय वह बहुत कम है'। अपने बाद के लेखों में ग्रैहम वैलास विचार तथा इच्छा के संगठन की विवेचना करता है और राजनीतिक मनोविज्ञान में बौद्धिक तत्व पर अधिक ध्यान देता है। उसने अपने परिणामों को उस सामग्री पर आधारित किया जो कि उसने एक शिक्षक, एक प्रशासक तथा एक राजनीतिज्ञ होने के अनुभव से प्राप्त की थी और जो इंग्लैण्ड तथा अमरीका में उसके विद्यार्थियों तथा मित्रों ने उसे बतलाई थीं। उसने राजनीति, चुनाव संग्राम जनमत के निर्माण तथा प्रभावित होने में जीवन का जो स्वरूप देखा उसे उसने अपने विचारों के लिये एक प्रयोगशाला बनाया।

राजनीति में मानव प्रकृति
(Human Nature in Politics)

बुद्धि से अधिक भावनाओं का महत्व—ग्रैहम वैलास अपने ग्रंथ 'Human Nature in Politics' (1908) का आरम्भ यह कह कर करता है: राजनीति का अध्ययन अभी असंतोषजनक अवस्था में है क्योंकि विचारशील व्यक्तियों के मन में उत्पन्न की हुई आशायें उससे पूरी न हो पाई थीं। शासन के सर्वोत्तम रूप लोकतंत्र के वास्तविक व्यवहार ने जनता को निराश कर दिया था। लोगों का विचार था कि जनतंत्र की विफलता का कारण दोषपूर्ण राजनीतिक संस्थायें, सीमित मताधिकार तथा अपर्याप्त शिक्षा थी, परन्तु वैलास का विचार था

कि मानव स्वभाव को समझने पर पर्याप्त ध्यान नहीं दिया गया था। उसका कहना था कि राजनीति के अध्ययन को मानव स्वभाव के अध्ययन से अलग नहीं किया जाना चाहिये। उसकी अपनी रचनाओं में इन दोनों के प्रथक्करण को दूर करने का प्रयास किया गया है जो कि उन्नीसवीं शताब्दी के आरम्भ तथा मध्य के लेखकों की एक विशेषता थी। राजनीति के विद्यार्थी को एक अमूर्त्त मनुष्य की विवेचना नहीं करनी चाहिये। उसे एक पूर्ण मनुष्य की विवेचना करनी चाहिये जोकि 'भावना तथा भावों और सचेतन बुद्धि का संघठित प्राणी' हैं। यदि राजनीति के विद्यार्थी को ऐसे राजनीतिक सिद्धान्त पढ़ाए जाते हैं जिनका आधार यह है कि मनुष्य एक बुद्धिप्रधान प्राणी है जोकि प्रत्येक कार्य बुद्धि द्वारा सोच समझकर करता है अर्थात् व्यक्ति पहिले यह सोचता है कि उसका अभिष्ट लक्ष्य क्या है और फिर यह सोचता है कि कौन से साधनों से वह उसे सबसे अधिक प्राप्त कर सकता है, तो जिस समय वह व्यावहारिक राजनीतिक और जीते जागते मनुष्यों के संसर्ग में आयेगा तो उसे अपनी पाठ्यपुस्तकों को उठाकर एक ओर फेंक देना होगा और अपने विचार बदलने पड़ेंगे। वह अनुभव करेगा कि उसके विचारों का वास्तविकता से कोई सम्बन्ध नहीं है। ग्रैहम वैलास अपने पाठकों से कोरे बुद्धिवाद का परित्याग करने का अनुरोध करता है। वह कहता है कि एक दिन में एक मनुष्य जो कुछ करता है और कहता है, यदि उसका सही-सही लेखा तैयार किया जाये तो यह ज्ञात हो जायेगा कि उसके बहुत थोड़े से ही कार्य उसकी साध्य को प्राप्त करने के लिये साधनों की सचेतन खोज का परिणाम हैं। उनमें से अधिकतर या तो आदत के प्रभाव में अर्द्ध-चेतन पुनरावृत्तियां होंगी जो कि मूल रूप से अधिक सचेतन थीं, या उनका आधार मानव स्वभाव के भावनात्मक और भावात्मक गुणों में होगा। इसका स्वाभाविक परिणाम यह निकलता है कि राजनीति अधिकतर आदत, भावना संकेत तथा अनुकरण की अचेतन प्रक्रिया का विषय है; सचेतन बुद्धि की उत्पत्ति बहुत ही कम है। इसलिये ग्रैहम वैलास इस परिणाम पर पहुँचता है कि मनोविज्ञान को राजनीति में भी उसी प्रकार प्रयोग किया जाना चाहिये जिस प्रकार कि उसका प्रयोग शिक्षा और अपराधियों के साथ व्यवहार में किया जाता है।

महत्वपूर्ण भावनायें

राजनीतिज्ञ के लिये मनुष्य की समस्त भावनाओं और भावों का समान महत्व और मूल्य नहीं है, इसलिये वैलास उनमें से अधिक महत्वपूर्ण का ही वर्णन करता है। सबसे अधिक महत्वपूर्ण है प्रेम का भाव, इसके बाद आता है भय, और तीसरा स्थान है सम्पत्ति की कामना का। इनके साथ हम द्वन्द्वभाव, सन्देह भाव, कौतूहल भाव तथा ख्याति भाव को भी जोड़ सकते हैं। यदि हम राजनीतिक सिद्धान्त और संगठन की पुर्नरचना करना चाहते हैं तो हमें बुद्धि और सुलह की कामना पर ध्यान देना पड़ेगा क्योंकि ये भी मानव जीवन के निर्माण में मौलिक शक्तियां हैं। ग्रैहम वैलास बुद्धि-विरोधी नहीं था। उसने राजनीति में से बुद्धि को बहिष्कृत नहीं किया। वह तो केवल इस बात पर जोर देता है कि राजनीतिक जीवन में अपचेतन कारक आधारभूत भाग लेते हैं। व्यावहारिक राजनीति की कला अधिकतर इस बात में है कि अपचेतन तथा बुद्धिहीन भावनाओं को गुदगुदाकर जनमत का निर्माण किया जाये। अपने बाद के लेखों में, वैलास राजनीति के मनोविज्ञान में बुद्धि तत्व पर और अधिक ध्यान देता है।

राजनैतिक पर्यावरण का प्रभाव

ग्रैहम वैलास कहता है कि मनुष्य का राजनीतिक व्यवहार न केवल मनोवैज्ञानिक तत्व से बल्कि राजनैतिक पर्यावरण से भी प्रभावित होता है। इस पर्यावरण में निरन्तर परिवर्तन होता रहता है। नई-नई राजनीतिक अवस्थायें, आदतें, तथा भावनायें उत्पन्न होती हैं जोकि हमारे राजनीतिक व्यवहार को प्रभावित करती हैं। राष्ट्रीय ध्वज, राष्ट्रीय गान तथा राजनीतिक दल प्रमुख राजनीतिक स्थितियां हैं जिनके चारों ओर विचार की आदतें तथा भावनायें विकसित होती हैं। वे बौद्धिक विचारों के प्रतीक हैं और इसलिये उनका मूल बौद्धिक है। किन्तु सर्वसाधारण के लिये वे कोरे विचारों से कुछ अधिक है; उनके लिये वे भावना से भरे हुए और भावना का निर्माण करने वाले नाम हैं। राजनीतिज्ञ की कला इस बात में है कि वह उनके साथ कुछ भावनाओं को सम्बद्ध करे और तब उन भावनाओं से लाभ उठाये। भावनाओं को अपील करना सभी चतुर राजनीतिज्ञों का मुख्य शस्त्र है। निर्वाचन काल में यह सबसे अधिक स्पष्ट हो जाता है। प्रत्येक दल कुछ नारे गढ़ता है और उन्हें भावनाओं का प्रतीक बनाता है। चुनाव मनोवैज्ञानिक युद्ध और 'वशीकरण' करने का प्रयास बन जाता है। बार्कर के शब्दों में, "दल के नाम तथा प्रतीक, दल की ध्वजायें, नारे तथा गाने निर्वाचक मण्डल की संकेत ग्राहकता पर आक्रमण करने के लिये छोड़ दिये जाते हैं।"

उपरोक्त विवरण राजनैतिक जीवन की इस प्रचलित मान्यता का खण्डन है कि मनुष्य अपने पूर्व-निर्धारित उद्देश्यों की पूर्ति के लिये सर्वोत्तम साधनों को ध्यान में रख कर कार्य करते हैं। ग्रैहम वैलास की धारणा यह है कि राजनीति में "मनुष्य प्रेम तथा भावना की तुरन्त कालीन प्रेरणा के आधीन काम करते हैं और उन्हें ऐसे राजनीतिक चिन्हों की ओर मोड़ा जा सकता है जो कि संसार के उन तथ्यों से बिल्कुल भिन्न होते हैं जिन्हें हम सचेतन पर्यवेक्षण तथा विश्लेषण द्वारा जान सकते हैं।" आगे चलकर वह यह दिखाता है कि जब मनुष्य अपने कार्यों के परिणामों के सम्बन्ध में कुछ धारणायें बनाते हैं, तो वे ऐसी बुद्धि की किसी प्रक्रिया द्वारा नहीं बल्कि बुद्धि रहित प्रक्रिया करते हैं। उसके शब्दों में, "मनुष्य के मस्तिष्क 'एक वीणा की भाँति कार्य करते हैं जिसके समस्त तार एक साथ फड़कते हैं; इसलिये भावना, भाव इत्यादि प्राय: साथ-साथ चलते हैं और एक ही बौद्धिक अनुभव के एक दूसरे से मिले हुये पहलू होते है" जिस समय हम उत्तजेना के वशीभूत होकर और एक ही भीड़ के अंग के रूप में कार्य करते हैं तो हमारी मानसिक प्रक्रिया का बुद्धि-रहित चरित्र और भी अधिक तीव्र और स्पष्ट हो जाता है। वैलास यह दावा करता है कि अधिकतर मनुष्य जहां तक कि उनके मानसिक और बौद्धिक जीवन का सम्बन्ध है, एक भीड़ की स्थिति में रहते हैं। वे बौद्धिक के स्थान में अबौद्धिक को प्रतिस्थापित करते हैं। नागरीकरण ने इस प्रवृत्ति को बहुत गुणा बढ़ा दिया है। संकेत का प्रभाव ग्रहण करने के लिये अब एक स्थान पर एकत्रित होना भी आवश्यक नहीं रह गया। रेडियो, प्रेस तथा सिनेमा इस कार्य को भली-भाँति कर देते हैं। द्वितीय विश्व युद्ध में हर कहीं पाई जाने वाली उत्तेजना और जिस प्रकार राष्ट्रपति रूजवेल्ट ने अमरीका की जनता को युद्ध में कूद पड़ने के लिये प्रेरित किया, वे इस बात का सुन्दर उदाहरण हैं कि संकेत तथा सहानुभूतिपूर्ण उत्तेजना किस प्रकार जनमत को प्रभावित करती हैं। जनमत किस प्रकार अबौद्धिक तत्वों से प्रभावित होता हैं वैलास ने इसकी सूक्ष्म प्रक्रिया को स्पष्ट किया है।

लोकतन्त्र
(Democracy)

अबौद्धिक शक्तियां किस प्रकार जनमत का निर्माण करती हैं इसके विषय में जो कुछ कहा गया है यदि वह सत्य है तो लोकतंत्र का भविष्य अन्धकारमय है। वैलास की युक्तियां लोकतंत्र के आधार पर ही कुठाराघात करती हैं। जनता की शिक्षा इसका कोई उपचार नहीं है क्योंकि इससे रोग घटने के बजाय बढ़ता है। प्रारम्भिक शिक्षा मतदाता को केवल पढ़ने की शक्ति प्रदान करती है, इसलिये वह जनमत के निर्माता के और भी अधिक आधीन हो जाता है। परन्तु वैलास लोकतंत्र का विरोधी नहीं था। वह यह नहीं चाहता था कि प्रत्येक काम सबसे अधिक बौद्धिक व्यक्तियों के हाथ में ही छोड़ दिया जाये। उसका कहना है कि सर्वोत्तम बुद्धिवादी भी स्वयं संकेत का शिकार हो सकते हैं, इसलिये प्रत्येक काम उन पर छोड़ देने से स्थिति में कोई सुधार नहीं हो सकता। 'इच्छा के बिना शासन एक जटिल एवं भद्दी प्रक्रिया है।' वैलास यह भी आशा करता था कि आधुनिक मनोविज्ञानशास्त्र मानव स्वभाव का अधिक सच्ची, यद्यपि अधिक जटिल, धारणा हमारे सामने रक्खेगा जिसे कि राजनीतिज्ञ अपना आधार बना सकते हैं, और नवीन मात्रा-प्रधान पद्धतियों की सहायता से राजनीतिक विचारक अपनी समस्याओं को अधिक पूर्णरूप से व्यक्त कर सकेंगे और उनका अधिक सही समाधान कर सकेंगे। इन प्रवृत्तियों से एक नवीन राजनीतिक विज्ञान का विकास हो सकेंगा। वैलास शिक्षा से सुधार की आशा करता है। वह मार्ग दर्शन की आशा उन भावनाओं को अधिक स्पष्ट रूप से समझ लेने से करता है जो कि मनुष्य को कर्म करने के लिये प्रेरित करते हैं। कदाचित् एक निर्वाचन उत्तरोतर एक शिक्षात्मक प्रक्रिया बन जायेगी, जिसके लिये वैलास मिल की भांति उत्सुकतापूर्वक आशा करता है। अन्त में, ग्रैहम वैलास आशा करता है कि **मानवता** शब्द इतना भावनापूर्ण बन सकता है और उसका इतना भावनात्मक प्रभाव पड़ सकता हैं जितना कि आजकल राष्ट्रीय-ध्वज, राष्ट्रीय-गान तथा पार्टी लेबिल का होता है। ग्रैहम वैलास एक महान आशावादी था। वह 'सामाजिक आविष्कार' के द्वारा बहुत अधिक सामाजिक सुधार की आशा करता था, और वह सामाजिक नियन्त्रण और निर्देशन पर जोर देता था। अपनी अन्य रचनाओं में उसने राजनीतिक स्वतन्त्रता और प्राकृतिक अधिकारों के सिद्धान्तों को एक अधिक समाजीकृत तत्व देने का प्रयास किया है।

आलोचनात्मक आकलन
(Critical Estimate)

ग्रैहम वैलास के महान् ग्रंथ 'Human Nature in Politics' को एक अत्यन्त उच्चकोटि का संकेत पूर्ण ग्रंथ समझा जाता है। इसमें इस बात को देख लिया गया है कि राजनीतिक प्रक्रिया के निर्धारण में सामान्य रूप से और जनमत के निर्माण में विशेष रूप से अबौद्धिक (Non-Rational) कारक महत्वपूर्ण कार्यभाग अदा करते हैं। मानव स्वभाव का एक सम्पूर्ण अचेतन पक्ष है जिस पर संकेत और अनुकरण कार्य करते हैं और जिसमें आदतें बनाई जाती हैं। प्रो॰ वैलास ने राजनीतिक सिद्धान्त का विश्लेषण किया है, और ऐसे उपाय सुझाये हैं जिनके द्वारा हम समाज के रोगों को दूर कर सकते हैं। वह कहता है कि जब मनुष्य उन मनोवैज्ञानिक

प्रक्रियाओं को जान जाते हैं जिनसे वे अब तक अचेत या अर्द्ध-सचेत रहे हैं तो वे अपने आप की न केवल दूसरों के द्वारा शोषण से रक्षा कर सकते हैं, बल्कि आन्तरिक रूप से भी उन पर नियन्त्रण कर सकते हैं। यदि हम उन्हें एक बार नियन्त्रित करना सीख लें तो वे एक श्रेष्ठतर समाज की रचना करने में मानव बुद्धि की सहायता कर सकती हैं।

किन्तु ऐसा लगता है कि वैलास राजनीतिक जीवन को अबुद्धिकृत करने में अति को पहुँच गया है। राजनीतिक समाज के निर्माण में बुद्धि कार्य करती रहती है, चाहे उसका कार्य अचेतन रूप से ही हो। मनोवैज्ञानिक विचारधारा के अन्य प्रतिनिधियों की भांति ग्रैहम वैलास का एक गम्भीर दोष यह भी है कि वह निम्नतर से उच्चतर की व्याख्या करता है। वह प्रागऐतिहासिक काल की जीवन स्थितियों से सभ्य जीवन की व्याख्या करता है और मनुष्य तथा दूसरे प्राणियों को एक ही श्रेणी में रखता है।

विलियम मैक्डूगल
(William McDougal 1871)

विलियम मैक्डूगल ग्रैहम वैलास का समकालीन था। वह उससे केवल तेरह वर्ष छोटा था उसका जन्म 1871 में हुआ था। अमरीका में हारवर्ड विश्वविद्यालय में मनोविज्ञान की कुर्सी को सुशोभित करने से पूर्व वह आक्सफोर्ड में था। वैलास की भांति सामाजिक घटना-चक्र के प्रति उसका दृष्टिकोण भी बुद्धि-विरोधी है। वह मानव आचरण को उन सामाजिक शक्तियों का परिणाम समझता है जो कि व्यक्ति की वंश परम्परागत भावनाओं और प्रवृत्तियों का कार्य करती है। वह उपयोगितावाद के इस सिद्धान्त को पूर्ण रूप से ठुकराता है कि प्रत्येक व्यक्ति बुद्धि-पूर्वक सोच समझ कर अपने अधिकतम लाभ के लिये कार्य करता है। इस प्रकार उसके विचार वैलास के विचारों की पूर्ति करते हैं। अन्तर केवल यह है कि वह सकेंत, अनुकरण तथा आदत के स्थान में भावों (Instincts) को प्रतिस्थापित करता है। वैलास ने अपनी सामग्री जीवन की प्रयोगशाला से ली, किन्तु मैक्डूगल ने अपनी सामग्री विज्ञान की प्रयोगशाला से ली। वैलास की अपेक्षा वह अधिक विशुद्ध मनोविज्ञान वेत्ता था, और मानसिक प्रक्रियाओं के साथ होने वाली शारीरिक क्रियाओं में उसकी गहरी दिलचस्पी थी। मानव मानस के मूल तथा विकास की उसने बड़ी विस्तृत खोज की है। 'Introduction to Social Psychology' (1908 ई०) तथा 'Group Mind' (1920) उसकी महत्वपूर्ण रचनायें हैं।

समाज मनोविज्ञान की भूमिका
(Introduction to Social Psychology)

इस महत्वपूर्ण पुस्तक में, मैक्डूगल ने मनोविज्ञान के परम्परागत विचार के स्थान पर उसकी एक गतिमान् धारणा प्रतिस्थपित की है जिसके अनुसार वह आचरण और व्यवहार का सामाजिक विज्ञान है। वैलास की भांति उसकी यह भी धारणा है कि यदि राजनीति विज्ञान यथार्थवादी और उपयोगी होना चाहता है तो उसे मनोविज्ञान की सहायता लेनी चाहिये और मनुष्य की समस्त मूल प्रवृत्तियों (Instinct) संवेगों (Emotion) कामनाओं तथा विचार को ध्यान में रखना चाहिये वह स्वंय मनुष्य को मूल प्रवृत्तियों का एक पुलिन्दा समझता है जिसमें बुद्धि उनके एक तुच्छ अनुचर के रूप मे रहती है जो कि उनकी तृप्ति के लिये सदैव उद्यत रहती

है। वह लिखता है: ''यदि मनुष्य में से इन शक्तिशाली वृत्तियों वाली मूल प्रवृत्तिजन्य विन्यास को निकाल लिया जाये तो वह किसी भी प्रकार की क्रिया के लिये असमर्थ हो जायेगा; वह उस घड़ी के सदृश जड़ और गतिहीन हो जायेगा जिसकी कि कमानियाँ निकाल दी गई हों; या वह उस भाप के इंजिन के सदृश हो जायेगा जिसकी आग बुझा दी गई हो। मूल प्रवृत्तियाँ वे मानसिक शक्तियां हैं जो कि व्यक्तियों और समाज के जीवन को कायम रखती हैं और उनका रूप निर्धारित करती हैं और उनमें ही हम जीवन, मन तथा इच्छा का मुख्य रहस्य पाते हैं।''[5]

दूसरे शब्दों में मैक्डूगल मूल प्रवृत्तियों (Instincts) में समस्त मानव क्रियाओं का प्रधान संचालक और समस्त सामाजिक सम्बन्धों का आधार देखता है, और इस परिणाम पर पहुँचता है कि मनुष्य बहुत थोड़े अंशों में ही विवेकशील होता है और वह अधिकतर विवेकहीनता से ही उद्वेलित होता है। वह ग्यारह मुख्य भाव गिनाता है और इस बात पर जोर देता है कि उनमें प्रत्येक के साथ प्रत्येक की अपनी अपनी एक संवेग (Emoton) संयुक्त रहती है। प्रत्येक मूल प्रवृत्ति का सार प्रत्येक व्यक्ति की पर्यावरण में उपस्थित एक स्फूर्ति विशेष के कारण एक विशिष्ट रूप से कार्य करने और अनुभव करने की प्रवृत्ति में होता है। विलक्षण तथा अपरिचित वस्तुओं के समाने आने पर हममें भयभीत होने और भाग खड़े होने की प्रवृत्ति होती है; जब कि भिन्न प्रकार के पदार्थों को हम प्रेम करते हैं और उन्हें ग्रहण कर लेना चाहते हैं। सात मूलप्रवृत्तियाँ, जिनमें से प्रत्येक के साथ एक संवेग विशेष संयुक्त रहता है, ये हैं: (1) भय की मूलप्रवृत्ति के साथ पलायन; (2) उपेक्षा की मूलप्रवृत्ति के साथ धृणा; (3) आश्चर्य की मूलप्रवृत्ति के साथ कौतूहल; (4) क्रोध की मूलप्रवृत्ति के साथ कलह; (5) हीनता की मूलप्रवृत्ति के साथ आत्म-निषेध; (6) उत्थान मूलप्रवृत्ति के साथ आत्माभिव्यक्ति; और (7) कोमलता की मूलप्रवृत्ति के साथ वात्सल्य; शेष चार मूल प्रवृत्तियाँ जिनके साथ और संवेग संयुक्त नहीं होता—ये हैं: (1) काम मूलप्रवृत्ति; (2) संचय मूलप्रवृत्ति; (3) यूथ चारी मूलप्रवृत्ति तथा (4) रचनाशील मूलप्रवृत्ति इन प्राथमिक मूलप्रवृत्तियों द्वारा उनके संशोधित रूपों द्वारा इनके ऊपर आधारित आदतों तथा इनमें से दो या अधिक के सम्मिश्रण से बनने संवेग को मैक्डूगल मानव की समस्त क्रियाओं का स्त्रोत समझता है।

निसन्देह व्यक्तिगत तथा सामाजिक जीवन में मूलप्रवृत्ति बड़ा महत्वपूर्ण कार्य भाग अदा करती हैं; मैक्डूगल ने एक प्रवृत्तिहीन सावयव की कोयले से खाली भाप के इंजिन से जो तुलना की है। वह एक दम ठीक है। परन्तु वे कभी शून्य में कार्य नहीं करती; सदैव एक सामाजिक स्थिति में ही उसकी अभिव्यक्ति होती है और उसी के द्वारा उनकी अभिव्यक्ति की रूपरेखा

---

5 ''Take away these instinctive dispositions with their powerful impulses and the organism would become incapable of activity of any kind; it would be inert and motionless; like a wonderful clock work whose mainsprings have been removed, or a steam engine whose fire has been withdrawn. These impulses are the mental forces that maintain and shape all the life of individuals and societies; and in them we are confronted with the central mystery of life and mind and will.''

--McDougal

निर्धारित होती है। सामाजिक जीवन तथा संस्थाओं की रूपरेखा निर्धारित करने वाले भूख और प्यास, काम और प्रेम नहीं हैं; बल्कि वे ठोस और निश्चित क्रियायें हैं जिनके द्वारा वे संतुष्ट होते हैं और जो कि मनुष्य के अनुभव और विचार की उत्पत्ति करते हैं। बार्कर ठीक ही कहता है कि मैक्डूगल समाज में वर्तने वाले भावों का एक पूर्ण विवरण तो देता है "परन्तु वह यही नहीं बतलाता कि वे समाज में अवतरित किस प्रकार होते हैं। वह यात्रा करने की तैयारियाँ तो खूब करता है, परन्तु उसे आरम्भ कभी नहीं करता। बुद्धिवादी काफी तैयारी चाहे न करता हो किन्तु वह राज्य में यात्रा और उसकी खोज अवश्य करता हैं"

बार्कर की आलोचना का अभिप्राय यह है: मानव स्वभाव का विश्लेषण करके मूल प्रवृत्तियों के महत्वपूर्ण कार्य पर जोर देकर मैक्डूगल ने सामाजिक विज्ञानों की एक महान सेवा की है, परन्तु उसने उसके आधार पर किसी राजनीतिक सिद्धान्त की रचना नहीं की। वह एक मनोविज्ञान शास्त्री, एक सामाजिक मनोविज्ञान शास्त्री है, किन्तु वह एक राजनीतिक दार्शनिक नहीं है।

समूह मन
(Group Mind)

अपने ग्रन्थ 'Group Mind' में मैक्डूगल ने 'Introduction to Social Psychology' में प्रतिपादित मानव आचरण के मूल सिद्धान्तों के अनुकूल विभिन्न समूहों के व्यवहार की व्याख्या की है। मूलप्रवृत्ति तथा संवेग एक भीड़ के आचरण को भी उसी प्रकार निर्धारित करते हैं जिस प्रकार कि एक व्यक्ति के कार्यों को। समूह जीवन के तथ्य समूह-चेतना के तथ्य हैं और मैक्डूगल समूह चेतना के तथ्यों की उसी पद्धति रो समीक्षा करता है जिससे कि प्राकृतिक विज्ञान प्राकृतिक जगत की व्याख्या करता है किन्तु यद्यपि वह अपनी सामग्री प्राणीशास्त्री, समाज रचना-शास्त्री तथा इतिहास वेत्ता से प्राप्त करता है, वह कहता है: "सामाजिक समूह का एक सामूहिक मानसिक जीवन होता है, जो कि अपने घटकों के मानसिक जीवन का योग मात्र नहीं होता। यह कहा जा सकता है कि एक समाज न केवल सामूहिक जीवन का उपयोग करता है, बल्कि वह एक सामूहिक मानस अथवा एक सामूहिक आत्मा रखता है। समाज आत्मा की रचना ठीक उतनी ही विशुद्ध मानसिक होती है जितनी कि व्यक्ति के मानस की।" समाज के अन्दर छोटे-छोटे समूह होते हैं, और इन समूहों अथवा समुदायों के द्वारा व्यक्ति समूह मानस के साथ संयुक्त हो जाते है। इस प्रकार मैक्डूगल बोजान्के के निकट आ जाता है। उसकी भांति उसकी भी यह धारणा हैं कि समाज के अन्दर समूह राज्य के साथ होड़ नहीं करते जैसा कि बहुलवादी करते हैं बल्कि उसकी पूर्ति करते हैं। मैक्डूगल जनमत का गुण-गान करता है; वह उसे एक बुद्धिमान और मान्य पथ-प्रदर्शक समझता है। उसका विश्वास है कि लोकमत की सर्वोत्तम व्याख्या समाज के सर्वोत्तम मस्तिष्क ही कर सकते हैं। इससे व्यक्ति समाज के आधीन हो सकता है। कदाचित् इसीलिये रॉको (Rochow) मैक्डूगल को एक अफलातूनवादी कह कर पुकारता है। किन्तु ऐसे विशेषणों का प्रयोग न करना ही अच्छा है क्योंकि इनसे भ्रम उत्पन्न हो सकता है; अफलातून और मैक्डूगल में अधिक साम्य नहीं है।

मनोवैज्ञानिक दृष्टिकोण का योगदान
(Contribution of Psychological Standpoint)

विचारकगण

सामाजिक तथा राजनीतिक घटनाचक्र की व्याख्या मनोविज्ञान के शब्दों में करने का प्रयास केवल इंग्लैण्ड में ही नहीं हुआ, फ्राँस और अमरीका के भी कुछ प्रमुख विचारकों ने ऐसा किया । फ्राँस के विचारकों में सबसे अधिक विख्यात नाम गैब्रील टार्डे (Gabriel Tarde) (1843-1904) तथा इमाइल दुर्खिम (Emile Durkheim) (1858-1917) का है। अमरीका में मनोविज्ञान का प्रभाव सर्वप्रथम लीस्टर एम-वार्ड (1841-1913) की रचनाओं में पाया गया। विलियम ग्रैहम समनर (William Graham Sumner) (1840-1910) ने भी सामाजिक तथा राजनीतिक जीवन में प्रथाओं तथा परम्पराओं के महत्त्वपूर्ण भाग की ओर सकेत किया था। गिडिंग्स, रॉस तथा कूले-आदि समाज-शास्त्रियों ने भी सामाजिक घटनाचक्र के मनोवैज्ञानिक पहलू को महत्त्वपूर्ण देन दी है। कई कारणों से हम उनके सिद्धान्तों की यहाँ रूप-रेखा मात्र भी नहीं दे सकते।

योगदान

सामाजिक तथा राजनीतिक घटनाचक्र को समझने के लिये मनोवैज्ञानिक दृष्टि बहुत उपयोगी रही है। उसमें बहुत से पुराने प्रश्नों पर नवीन प्रकाश डाला गया है और अध्ययन का एक नवीन दिलचस्प क्षेत्र खोला गया है। ग्रैहम वैलास, मैक्डूगल, दुर्खिम तथा रॉस जैसे व्यक्तियों के प्रयास ने उन शक्तियों को दिखलाया है जोकि मानव मानस और सामाजिक सम्बन्धों को प्रभावित करती हैं। आज राजनीतिक जीवन में मूल प्रवृत्ति संवेग तथा प्रथा और परम्परा के कार्य भाग को हम अपने पूर्वजों की अपेक्षा अधिक अच्छी तरह समझ सकते हैं और इस बात को पूर्णरूप से अनुभव कर सकते हैं कि मानव जाति की सामूहिक समस्याओं पर ऐसे विचार करना एक गलती है मानों कि प्रत्येक व्यक्ति 'भावना-रहित विशुद्ध बुद्धि' है। चतुर तथा सिद्धान्तहीन राजनीतिज्ञ जिन हथकण्डों से निर्वाचकों को प्रभावित करते हैं और जनमत का निर्माण करते हैं, उनका आज पर्दाफाश हो गया है। अपने घटकों पर समाज के नियन्त्रण करने का ढंग राज्य द्वारा अपनी प्रजा पर अनुशासन थोपने के ढंग से बहुत अधिक भिन्न है; 'सामाजिक नियंत्रण' के साधनों का ज्ञान सरकार के लिये भी निश्चित रूप से ही बहुत सहायक हो सकता है। मनोविज्ञान तथा वंशानुक्रमण का अध्ययन हमें वह सामग्री प्रदान करेगा जिसके आधार पर हम यह निर्णय कर सकते है कि वृद्धावस्था के लिये पेन्शन अथवा बेरोजगारों को सहायता देने के लिये प्रस्तावित कानूनों का व्यक्ति के चरित्र पर अच्छा प्रभाव पड़ेगा या बुरा।

सीमायें— परन्तु राजनीति के प्रति मनोवैज्ञानिक दृष्टिकोण के मूल्य की सीमायें हैं। प्राकृतिक विज्ञान की पद्धतियों को राजनीतिक घटनाचक्र के अध्ययन में पूर्णरूपेण नहीं अपनाया जा सकता। राजनीतिज्ञ दार्शनिक मूल्यों का निर्णय करता है। वह केवल यही अध्ययन नहीं करता कि राज्य क्या है; बल्कि वह यह भी निर्णय करना चाहता है कि राज्य को क्या होना चाहिये। उसका सम्बन्ध मापदण्ड अथवा आदर्श से हैं। यहां पर आकर मनोवैज्ञानिक दृष्टिकोण सीमित और दोषपूर्ण सिद्ध होता है। प्रो॰ बार्कर ने ठीक ही कहा है कि राजनीति पर विचार

करते समय मनोविज्ञान-शास्त्री प्राणी-शास्त्री से भिन्न नहीं रहता। प्राकृतिक विज्ञान की पद्धति को अपनाने में मनोविज्ञान-शास्त्री तथा प्राणी-शास्त्री दोनों एक हैं। इस पद्धति में दो गम्भीर दोष हैं। एक तो यह कि इसमें मूल्यों के लिये कोई स्थान नहीं है; मूल्यों का क्षेत्र आचार-शास्त्री का है। राज्य का जन्म किस प्रकार हुआ और उसने वर्त्तमान रूप कैसे ग्रहण किया, इसका अध्ययन करने मात्र से ही हम इस परिणाम पर तो नहीं पहुँच सकते कि इसका रूप क्या होना चाहिये। आदर्श की ओर इंगित किये बिना राजनीति विज्ञान का कोई महत्त्व और अर्थ ही नहीं रहेगा। प्राकृतिक विज्ञान के लिये यह कार्य करना असम्भव है इसकी दृष्टि क्या रही है और क्या है, तक ही सीमित है। क्योंकि प्राकृतिक विज्ञान का सम्बन्ध मूल्यों से नहीं होता, इसीलिये उसके लिये समस्त घटनाओं का समान मूल्य है। सामाजिक मनोविज्ञान-शास्त्री के लिये एक सम्बन्ध सूचक चिन्ह भी उतना ही मूल्यवान है जितनी की ट्रेड यूनियन, जैसे कि रसायन-शास्त्री के लिये नाइट्रोजन उतनी ही मूल्यवान है जितनी कि ऑक्सीजन। परन्तु राजनीति-विज्ञान के विद्यार्थी को सामाजिक जीवन के विभिन्न रूपों का मूल्यॉंकन करना होता है। उसके लिये सभ्य मनुष्य का व्यवहार अन्य मनुष्य के व्यवहार से अधिक महत्त्व रखता है। सामाजिक मनोविज्ञान का विद्यार्थी अपनी प्रणाली में कुछ मूल्यांकन का तत्त्व भी ला सकता है क्योंकि वह मानव-मानस का विशलेषण करता है, किन्तु वह तथ्यों का मूल्याकंन गलत ओर से करता है; वह 'आदि को अन्त से न केवल समय से पहिले रखता है बल्कि महत्त्व के दृष्टिकोण से भी वह उसे प्राथमिकता देता है वह सभ्य जीवन की व्याख्या वन्य भावों की दृष्टि से करके एक भारी भूल करता है। सामाजिक मनोविज्ञान-शास्त्री समाज का अबौद्धीकरण करता है; वह उसे भाव तथा अनुकरण की सृष्टि समझता है, बुद्धि की नहीं। वह अलग थलग असम्बद्ध मानसों से आरम्भ करता है और फिर उन्हें एक इकाई में एकबद्ध करने के लिये अनुकरण अथवा यूथचारी (Gregarious) भावों सरीखे प्रारंभिक कारकों की सहायता लेने के लिये विवश होता है। जैसा कि बार्कर कहता है "यह तो समाज की एक बुद्धिरहित संघटन के रूप में व्याख्या करना है, इसलिये यह कोई व्याख्या हीं नहीं है। सामाजिक मनोविज्ञान पहिले तो निम्नतर के द्वारा उच्चतर की व्याख्या करके हमें भौतिकवाद में ले जाता है, और फिर अबुद्धिवाद की ओर ले जाता है क्योंकि वह समाज को अनुकरण का फल और उसके नागरिकों को मनमाने संकेतों की वशीकृत सृष्टि समझता हैं।"[6]

---

6. "This is to explain society as an irrational structure and therefore not to explain society at all. Social psychology leads us first into the materialism of explaining the higher by the lower; and then into the irrationalism of seeing in society the result of imitation; and in its citizens the hypnotised product of arbitrary suggestion"

--Barker *: Op Cit.* pp. 150-51

अभ्यास के लिये प्रश्न

1. वाल्टर बैजहॉट के जीवन–परिचय एवं मनोवैज्ञानिक विचारों का आलोचनात्मक वर्णन दीजिये।
2. मनोविज्ञानवादी विचारधारा में बैजहॉट का क्या स्थान है? स्पष्ट कीजिए।
3. "बैजहॉट का मनोविज्ञानवाद काम्टे के प्रत्यक्षवाद की तरह बहुत आशावादी है।" स्पष्ट कीजिए।
4. राजनीतिक सिद्धान्त को ग्राहम वैलास के योगदान को बताइये।
5. ग्राहम वैलास के राजनीतिक विचारों के विषय में आप क्या जानते हैं ?
6. "वैलास का मनोविज्ञान निराशावादी है।" स्पष्ट कीजिये।
7. विलियम मैक्डूगल के राजनैतिक विचारों की आलोचनात्मक व्याख्या कीजिये।
8. विलियम मैक्डूगल के राजनीतिक विचारों का मूल्याकंन कीजिये।

16

समाजवाद का उदय
(Rise of Socialism)

19वी शताब्दी में औद्योगिक क्रान्ति एंव पूँजीवाद ने समाज में इतना उग्र आर्थिक वैषम्य पैदा किया एंव मजदूर वर्ग में इतनी अधिक दयनीय दरिद्रता और शोचनीय परिस्थिति उत्पन्न कर दी कि, उसकी प्रतिक्रिया के रूप में समाजवाद की विचारधारा उत्पन्न हुई।

यह विचारधारा सब व्यक्तियों का कल्याण करने के लिये समाज एंव राज्य को अधिक से अधिक शक्ति सम्पन्न बनाना चाहती है, उसे सामाजिक कल्याण के सभी कार्यों को सौंपना चाहती है। समाजवाद उत्पादन के साधनों पर समाज का नियन्त्रण स्थापित करना चाहता है और निजी सम्पत्ति का नियोजन बन्द करना चाहता है ताकि आर्थिक असमानता का अन्त हो और अमीर-गरीब सबको उन्नति के समान अवसर प्राप्त हों।

समाजवाद का अर्थ
(Meaning of Socialism)

समाजवाद का प्रादुर्भाव व्यक्तिवाद के विरुद्ध एक तीव्र प्रतिक्रिया के रूप में हुआ। यह एक राजनीति दर्शन तथा एक महान आन्दोलन है। इसमें आर्थिक सिद्धान्त तथा तर्क-शास्त्र राजनीतिक सिद्धान्तों के साथ इस तरह घुल मिल गये हैं कि उन्हें पृथक् करना कठिन है।

समाजवाद का प्रयोग एक विशेष व्यवस्था तथा जीवन प्रणाली के लिये भी किया गया है। **जोड** (Joad) ने लिखा है कि "समाजवाद एक ऐसी टोपी बन गई है, जिसका रूप बिगड़ चुका है क्योंकि उसे हर व्यक्ति पहनता है।" आगे भी "समाजवाद कोई ऐसी राजनीतिक या सामाजिक व्यवस्था नहीं है, जिसमें व्यक्तिगत स्वतन्त्रता राज्य में पूर्णतया आश्रित हो जाये। हो सकता है कि समाजवाद के कुछ ऐसे भी व्यावहारिक रूप हों परन्तु समाजवाद की भावना ठीक इसके विपरीत है।"

समाजवाद समाज की ऐसी व्यवस्था का निर्माण करना चाहता है, जिसमें एक वर्गविहीन, राज्यविहीन, धर्मविहीन, संघर्ष और शोषण रहित समुदाय की स्थापना की जा सके और जिसमें प्रत्येक व्यक्ति आर्थिक, सामाजिक, बौद्धिक सभी दृष्टियों से सुखी और सम्पन्न हो सके।

आन्दोलन के रूप में समाजवाद एक आर्थिक, सामाजिक एवं राजनीतिक क्रान्ति है, जिसके द्वारा वर्तमान समाज का समूचा स्वरूप ही बदलना होगा।

समाजवाद की परिभाषा
(Definition of Socialism)

समाजवाद के अर्थ को स्पष्ट करने के लिये समाजवाद की निम्नलिखित परिभाषायें दी गई हैं :

(1) **एनसाइक्लोपीडिया ब्रिटेनिका** (Encyclopaedia Britbanica)-- "समाजवाद वह नीति अथवा सिद्धान्त है, जिसका उद्देश्य केन्द्रीय लोकतान्त्रिक सत्ता द्वारा सम्पत्ति का आज से अधिक वितरण और उत्पादन करना है।"[1]

(2) **रेम्जे मैकडोनोल्ड** (Ramsay Macdonold)-- "साधारण भाषा में समाजवाद की सबसे अधिक अच्छी परिभाषा यही है कि उसका उद्देश्य समाज के आर्थिक व भौतिक साधनों का संगठन करना तथा मानव साधनों द्वारा उसका नियन्त्रण करना है।"[2]

(3) **हम्फ्री** (Humphrey)-- "समाजवाद एक सामाजिक व्यवस्था है, जिसके अन्तर्गत जीवन के साधनों पर सम्पूर्ण समाज का स्वामित्व होता है और पूरा समाज सामान्य कल्याण (Common Welfare) को बढ़ाने के उद्देश्य से उनका विकास और प्रयोग करता है।"[3]

(4) **सेलर्ज** (Sellers)-- "समाजवाद एक लोकतन्त्रीय आन्दोलन है जिसका उद्देश्य समाज में एक ऐसे आर्थिक संगठन की स्थापना करना है, जो किसी एक समय पर अधिकतम न्याय व स्वतन्त्रता प्रदान कर सके।"

(5) **ह्यूगन** (Hughan)-- "समाजवाद श्रमिक वर्ग का एक आन्दोलन है, जिसका उद्देश्य उत्पादन तथा वितरण के बुनियादी साधनों के सामूहिक स्वामित्व और लोकतान्त्रिक प्रबन्ध द्वारा शोषण का अन्त करना है।"

(6) **जयप्रकाश नारायण** (Jai Prakash Narain)-- "समाजवादी समाज एक ऐसा वर्ग रहित समाज होता है, जिसमें सभी श्रमिक होते हैं। यह एक ऐसा समाज होता है, जिसमें व्यक्तिगत सम्पत्ति के हित के लिये मानव श्रम का शोषण नहीं होता, जिसमें समस्त सम्पत्ति वास्तविक रूप में राष्ट्रीय होती है, जिसमें किसी को बिना किये नहीं मिलता है और जिसमें आय की अधिक असमानतायें नहीं होतीं, जिसमें मानव जीवन का संचालन व उसकी प्रगति योजनाबद्ध ढंग से होती है तथा जिसमें सब, सबके लिये जीवित रहते हैं।"

---

1. "Socialism is that policy or theory which aims at securing by the action of the central democratic authority better distribution and in due subordination thereto, a better production of wealth than now prevails."
--Encyclopaedia Britanica

2. "No better definition of socialism can be given in general terms than that it aims at the organisation of material economic forces of society and their control by the human forces."
--Ramsay Macdonold

3. "Socialism is a system of society in which means of life belong to the community as a whole and are developed and operated by the community with the aims of promoting the general well being."
--Humphrey

उक्त परिभाषाओं से स्पष्ट है कि समाजवाद 'पूँजीवाद' का घोर विरोधी है। यह पूँजीवाद को नष्ट करना चाहता है, क्योंकि इससे समाज में आर्थिक असमानता उत्पन्न होती है। समाजवाद व्यक्ति की सबसे अधिक स्वतन्त्रता का सिद्धान्त प्रस्तुत करता है। वह एक ऐसी सामाजिक व्यवस्था का आदर्श प्रस्तुत करता है, जिसमें व्यक्ति भौतिक चिन्ताओं से मुक्त होकर अपनी इच्छानुसार अपना जीवनयापन कर सके और स्वतन्त्रतापूर्वक अपने व्यक्तित्व का विकास कर सके।

समाजवाद के लक्ष्य

(1) सभी उत्पादनों एवं वितरण के साधनों पर व्यक्तिगत नियन्त्रण को हटा कर राज्य का नियन्त्रण स्थापित करना।

(2) अर्थसम्बन्धी क्षेत्र में खुले मुकाबले और मनमाने उत्पादन के स्थान पर सहयोग एवं निश्चित उत्पादन को स्थापित करना।

(3) उत्पादन की सीमा का फैसला व्यक्तिगत लाभ के विचार से नहीं, बल्कि सामाजिक आवश्यकता के आधार पर करना।

(4) सामाजिक सेवा के सिद्धान्त को व्यक्तिगत लाभ के स्थान पर अधिक महत्व देना।

समाजवाद का विकास
(Rise of Socialism)

यूरोप में 1750 ई० से लेकर 1850 ई० तक व्यवसाय, शिल्प एवं विज्ञान की उन्नति हुई और मध्यम वर्ग को प्रोत्साहन मिला। तत्पश्चात् औद्योगिक क्रान्ति हुई और पूँजीपतियों का प्रभाव बढ़ गया। इस समय यूरोप में राष्ट्रवाद एवं लोकतन्त्र का विकास हो रहा था, फिर भी व्यक्तिवादी विचारधारा के प्रभाव के कारण सरकारों ने आर्थिक क्षेत्र को नियन्त्रित करने या पूँजीवादी बुराइयों को दूर करने का प्रयत्न नहीं किया। अस्तु वहाँ मजदूरों की दशा अत्यन्त शोचनीय हो गयी।

यद्यपि समाजवादी विकास का श्रेय कार्ल मार्क्स को जाता है, परन्तु इससे पूर्व भी कुछ विचारकों ने निर्धनों की दुर्दशा से प्रभावित होकर निजी सम्पत्ति पर सारे समाज के नियन्त्रण की बात कही और उनकी दशा को सुधारने के लिये समाज को प्रेरित किया। व्यावहारिक रूप के सम्बन्ध में इन के विचार समाजवाद के कार्ल मार्क्स की भाँति ठोस नहीं थे। इस कारण उनको 'काल्पनिक समाजवादी' (Utopian Socialists) की श्रेणी में रखा गया है।

समाजवाद के लक्षण
(Characteristics of Socialism)

(1) पूँजीवाद का विरोध (Opposition of Capitalism)—समाजवाद शोषण पर आधारित पूँजीवाद का प्रबल विरोधी है। वह समाज में शोषण के स्थान पर समाजवाद की स्थापना करना चाहता है, पूँजीवाद व्यवस्था में धनी लोग निर्धनों का शोषण करते हैं और उनकी मेहनत की कमाई से ऐश करते हैं, इसी कारण अमीर और अमीर तथा गरीब और गरीब होते जाते हैं। इससे उत्पन्न असमानता सामाजिक प्रगति को रोक देती है।

(2) आर्थिक प्रतियोगिता से होने वाली धन की बर्बादी को रोकना (To Stop Money Wastage due to Economic Competition)—खुली आर्थिक प्रतियोगिता में प्रचार, इश्तिहारबाजी और अन्य बातों में धन की काफी बर्बादी होती है पूँजीवादी लोग अपने हितों के अनुसार ही वस्तु का उत्पादन करते हैं। अस्तु, समाज में कुछ वस्तुयें कम हो जाती हैं और कुछ अधिक हो जाती हैं, जिसके कारण समाज को बहुत कष्ट होता है। समाजवाद सहकारिता को महत्व देकर इन सब दोषों को समाप्त करता है।

(3) वैज्ञानिकता (Scientific)—समाजवाद की एक अन्य विशेषता उसकी वैज्ञानिकता भी है, क्योंकि पूँजीवाद कुछ लोगों के हित को महत्व देता है और समाजवाद सारे समाज के हितों को महत्व देता है।

(4) स्वाभाविक (Natural)—'पूँजीवाद की अपेक्षा समाजवाद अधिक स्वाभाविक है' क्योंकि जैसे—हवा, पानी, वर्षा आदि सभी के लिये है, उसी तरह भूमि और खनिजों पर भी सबका समान नियंत्रण होना समाजवाद की प्रमुख विशेषता है।

(5) न्याय पर आधारित व्यवस्था (System based on Justice)—पूँजीवाद अन्याय को प्रोत्साहन देता है क्योंकि वह देश की धन सम्पत्ति को थोड़े से व्यक्तियों के हाथों में केन्द्रित कर देता है। इसके विपरीत समाजवाद न्याय पर आधारित है, क्योंकि इसमें भूमि, खान एवं कारखानों, जहाजों एवं रेलमार्गों पर पूरे समाज का अधिकार होता है।

(6) लोकतन्त्र का समर्थन (Supporting Democracy)—आर्थिक असमानता की जनक पूँजीवादी व्यवस्था में समस्त धन कुछ व्यक्तियों के हाथ में एकत्रित हो जाता है और जहाँ अधिक आर्थिक असमानता होती है वहाँ लोकतन्त्र कभी सफल नहीं हो सकता। इस कारण लोकतन्त्र के लिये समाजवाद को लाना अनिवार्य है।

समाजवाद की आलोचना
(Criticism of Socialism)

विद्वानों ने समाजवाद की निम्नप्रकार आलोचना की है—

1. व्यक्तिगत उत्साह की समाप्ति (End of Individual Enterprise)—समाजवादी विचारधारा के आलोचकों का कहना है कि "सभी व्यक्ति अधिक से अधिक निजी सम्पत्ति की प्राप्ति हेतु कार्य करते हैं, जबकि समाजवाद में निजी सम्पत्ति मार्केट में लगाने के लिये और नफा कमाने के लिये प्रयोग नहीं होती।" अस्तु, सरकारी नियन्त्रण में व्यापार करने पर व्यक्ति का उत्साह समाप्त हो जाता है।

2. राज्य के कार्यों में वृद्धि से अव्यवस्था की उत्पत्ति (Excess of State Duties creates Disorganisation)—समाजवादी राज्य के कार्य इतने अधिक बढ़ जायेंगे कि वह उनको उचित रूप से नहीं कर पायेगा, क्योंकि राज्यों को रक्षात्मक कार्यों के साथ-साथ उत्पादन एवं उसके साधनों के सामाजीकरण के कार्य भी करने चाहियें। इतने कार्यों की अधिकता के कारण स्वत: अव्यवस्था उत्पन्न हो जायेगी।

3. अव्यावहारिकता (Impracticability)—समाजवाद अव्यावहारिक है, क्योंकि राज्य में सामाजिक दु:खों को दूर करके शान्ति स्थापना एवं आर्थिक असमानता को दूर करके आर्थिक समृद्धि लाना आसान कार्य नहीं है।

4. सामाजिक अव्यवस्था की उत्पत्ति (Creation of Social Disorder)—समाजवाद समाज में शान्ति स्थापना की अपेक्षा अव्यवस्था उत्पन्न कर सकता है। पूंजीवादी समाज के दो वर्ग पूँजीपति एवं श्रमिक वर्ग में कभी भी मेल नहीं हो सकता, क्योंकि दोनों के हित परस्पर विरोधी हैं।

5. व्यक्तिगत स्वतन्त्रता का अन्त (End of Individual's Freedom)—समाजवादी आलोचकों के विचार में, "समाज में राज्य के कार्य इतने बढ़ जाते हैं कि इसे व्यक्ति के प्रत्येक क्षेत्र में हस्तक्षेप करने का अधिकार हो जाता है। परिणामत: व्यक्तिगत स्वतन्त्रता का ह्रास होता है।

संक्षेप में, यह कहा जा सकता है कि विद्वान समाजवादी विचारधारा की चाहे कितनी भी आलोचना करें, परन्तु वर्तमान युग में समाजवाद संसार के विभिन्न भागों में किसी न किसी रूप में फैल चुका है और संसार की सभी प्रगतिशील शक्तियाँ, जो पूंजीवाद के विरुद्ध हैं, समाजवाद की समर्थक हैं। यह वास्तव में व्यक्तिवाद और पूँजीवाद से श्रेष्ठ है क्योंकि इसका उद्देश्य समाज में आर्थिक असमानता को दूर करना है और सारे समाज में सुख, शान्ति तथा समृद्धि लाना है।

आजकल रूस, चीन, पूर्वी जर्मनी, बल्गेरिया, चैकोस्लोवाकिया, यूगोस्लाविया, फिनलैंड, हंगरी, पोलैंड एवं रूमानिया आदि देशों में समाजवाद आ चुका है। भारत में भी काँग्रेस दल का लक्ष्य समाजवाद की स्थापना है। जवाहर लाल नेहरू ने समाजवादी विचारधारा का समर्थन किया था तथा भारत को समाजवादी आधार प्रदान कर स्वंय उसे समाजवादी मार्ग पर अग्रसरित किया था।

अभ्यास के लिये प्रश्न

1. समाजवादी विचारधारा के विकास में मार्क्स के पूर्ववर्ती फ्रांसीसी समाजवादियों के अनुदान की विवेचना कीजिये।
2. समाजवाद से आप क्या समझते हैं? समाजवाद की प्रमुख विशेषताओं का उल्लेख कीजिये।
3. "समाजवाद एक ऐसे टोप की तरह है जिसका आकार बिगड़ गया है क्योंकि हर कोई इसे पहनना चाहता है।" इस कथन का परीक्षण कीजिये।
4. समाजवाद का आलोचनात्मक दृष्टि से मूल्यांकन कीजिये।
5. मार्क्स से पूर्व समाजवाद के विकास का वर्णन करो।

17

कल्पनावादी समाजवाद
(Utopian Socialism)

महान फ्रेंच कल्पनावादी विचारक–सेंट साइमन तथा फ़ोरियर और उनके अंग्रेज समकालीन–रोबर्ट ओवन, और कुछ अन्य ने 19वीं शताब्दी में अपने विचार उपस्थित किये। साइमन, फ़ोरियर तथा ओवन के समाजवाद को कार्ल मार्क्स ने घृणात्मक स्वर में कल्पनावादी अथवा स्वप्नलोकीय (Utopian) कह कर उसकी निन्दा की है, और उसके अपने समाजवाद को वैज्ञानिक कहा है। कल्पनावादी समाजवाद आधुनिक राजनीतिक विचार के इतिहास में 18वीं तथा 19वीं शताब्दी के बीच की कड़ी हैं।

कल्पनावादी समाजवाद का सामान्य स्वरूप

समाजवाद शब्द का सर्वप्रथम प्रयोग सेण्ट साइमन, चार्ल्स फ़ोरियर तथा रॉबर्ट ओवन की शिक्षाओं के लिए किया गया था। ये तीनों विचारक स्वंतत्र प्रतिस्पर्धा पर आधारित आर्थिक व्यवस्था के विरोधी थे। वे इस अवधारणा का भी विरोध करते थे कि सरकार जनहित की सर्वाधिक वृद्धि यदभाव्यम नीति अपनाकर ही कर सकती है। उन्होंने अपने जमाने की इस धारणा का खण्डन किया कि यदि राजनीतिज्ञ लोग आर्थिक विषयों के विनियमन से दूर रहें तो आर्थिक कानून की स्वतंत्र क्रिया के फलस्वरूप जनता की भलाई अपने आप होगी। इसके विपरीत समाजवाद के इन संदेशवाहकों ने यह विश्वास प्रकट किया कि सामाजिक विषयों का विनियमन और निर्देशन होना चाहिये। उनके समाजवाद यदभाव्यम (Larssez Faire) के उदार सिद्धान्तों की आलोचना में हुआ। उनके समय में व्यक्ति के अधिकारों पर बल दिया जाता था। इसके विपरीत उन्होंने मानवीय सम्बन्धों में सामाजिक तत्त्व पर जोर दिया और कहा कि जब तक सामाजिक व्यवस्था स्वंतत्र प्रतिस्पर्धा पर टिकी है तब तक कोई सुधार नहीं हो सकता। इन तीनों को राजनीति और राजनीतिज्ञों के प्रति अविश्वास था। उनका विश्वास था कि सामाजिक विषयों का नियंत्रण मंत्रियों के हाथ में नहीं बल्कि उत्पादकों के हाथ में होना चाहिये।

इस प्रारंभिक समाजवाद में श्रमजीवी वर्ग तथा उसके और पूंजीवादी वर्ग के बीच में संघर्ष का कोई उल्लेख नहीं है। ये तीनों समाजवादी सम्पत्ति के असमान वितरण की बुराईयों का कारण पूंजीवाद को नहीं, बल्कि धनतंत्र के विशेषाधिकारों को समझते थे। फिर भी उस युग में वर्ग-संघर्ष की अवधारणा पाई जाती थी। इसके मुख्य प्रतिपादक केछ उग्र रेडीकल

थे जोकि ग्रेकस बैबूफ़ (Gracchus Babeuf) से प्रेरणा प्राप्त करते थे। किन्तु उन दिनों में वर्ग संघर्ष की अवधारणा समाजवाद का अभिन्न अंग नहीं थी; वास्तव में उपरोक्त तीनों विचारकों और बैबूफ़ के अनुयाइयों के सिद्धान्तों में विभेद किया जाता था। मार्क्स ने इन दोनों में समन्वय किया। संयोग भी मार्क्स और एंजिल्स द्वारा रचित 'कम्युनिस्ट मैनीफ़ेस्टो में समाजवाद और साम्यवाद का समन्वय हुआ।

बिल के अनुसार, 'समाजवाद' और 'समाजवादी' शब्द नये थे, किन्तु जिन विचारों को वे अभिव्यक्त करते थे वे नये नहीं थे। व्यक्ति के अधिकारों के मुकाबले में समाज के अधिकारों पर जोर देना कोई नई बात न थी; विषमताओं और धनिकों द्वारा गरीबों के शोषण की निन्दा करना कोई नयी बात न थी; नागरिकों को सामाजिक आचार की शिक्षा देने की आवश्यकता पर बल देना कोई नई बात न थी। सम्पत्ति के समाजीकरण की बात नई न थी। सामाजिक कल्पनावादी सिद्धान्तों की रचना करने में, अथवा समस्त मनुष्यों के लिये आर्थिक और नागरिक तथा राजनीतिक अधिकारों की मांग करने में निश्चित रूप से ही कोई नवीन बात न थी।''[1]

इन नामों को पहले के उन समस्त विचारों पर आरोपित करना, स्वाभाविक ही था जिन्होंने कि ऐसे ही विचारों का प्रतिपादन किया था। इसलिये अफलातूनी समाजवाद अथवा साम्यवाद और मध्यकालीन समाजवाद की चर्चा होने लगी, कुछ लोगों ने तो रूसों के 'Discourse on Inequality' में तथा अन्यत्र भी समाजवादी विचार पाये।

संक्षेप में अपनी प्रारंभिक अवस्था में समाजवाद का अर्थ केवल एक न्यायोचित सामाजिक व्यवस्था पर बल देना था। यह समाज को व्यक्ति से पहले रखता था और अनियंत्रित व्यक्तिवाद से उत्पन्न संघर्ष और अव्यवस्था को स्पष्ट करता था। यह 'समाज के कष्ट निवारण के लिये प्रेरणा' का दूसरा नाम था। वह सम्पत्ति को समस्त रोगों का, विशेष रूप से दरिद्रता का, मूल समझता था, इसलिये धन के विशेषाधिकारों को नष्ट कर देना चाहता था ताकि मानव स्वतंत्रता आर्थिक दमन से स्वतंत्र हो जाये। प्रारंभिक समाजवाद व्यक्ति की स्वतंत्रता का विरोधी नहीं था, बल्कि वह इस बात पर जोर देता था कि स्वतंत्रता को सामाजिक कल्याण के संदर्भ में ही देखना चाहिये। प्रारंभिक विचारकों के सिद्धान्तों में वर्ग संघर्ष की अवधारणा का कोई स्थान नहीं था; कार्लमार्क्स ने इस समाजवाद का एक अभिन्न अंग बनाया।

कल्पनावादी समाजवादियों—सेण्ट साइमन, चार्ल्स फ़ोरियर तथा रॉबर्ट ओवन के विचारों की विफलता से यह सबक मिलता है कि नवीन समाज की रचना एक अत्यन्त जटिल समस्या है, और उसका कोरे आदर्शवादी ढंग से निराकरण नहीं किया जा सकता। ''पूर्णवादी समाज का निर्माण किसी के आदेश से, स्वयं सन्तों के आदेश से भी नहीं किया जा सकता।''[2]

1. ''There was nothing novel in stressing the claims of society as against those of the individual; nothing new in denouncing social inequalities or in accusing the rich for exploiting the poor: nothing new in asserting the need of an education for all citizens in the principles of social morality: nothing new in proposing community of goods. Assuredly, there was nothing new in writing Utopias, or in claiming for all men econnomic as well as civil and political rights.''

--G.D.H. Cole : *Socialist Thought : The Fore- runners*, p.8.

2. ''Perfectionistic societies can not be made to order, not even by the saints themselves''

कल्पनावादी (Utopian) का अर्थ

कल्पनावाद एक ऐसे सिद्धान्त को कहा जाता हैं जोकि एक ऐसे आदर्श लोक की कल्पना करके प्रस्तुत समाज के दोषों से बच निकलने का प्रयास करता है जिसमें कि उसके अभीष्ट मूल्यों का साम्राज्य रहता है। ऐसे आदर्श और पूर्ण समाज कल्पना द्वारा ही बनाये जाते हैं; उनका इतिहास में कोई ठोस आधार नहीं होता। कल्पनावादी सदैव मनुष्य की न्याय एवं नैतिक भावना को अपील करके प्रस्तुत समाज के दोष दूर करना चाहते हैं। अफ़लातून ने एथेन्स के नगर राज्य में पाए जाने वाले भयंकर वर्ग संघर्ष और राजनीतिक स्वार्थपरता से बचने का प्रयास दर्शनिक राजाओं द्वारा शासित आदर्श राज्य की रचना करके किया। सोलहवीं शताब्दी में इंगलैंड की दरिद्रता और जन संकट के विरुद्ध विद्रोह के फलस्वरूप सर टॉमस मोर ने अपने कल्पना लोक की रचना की जिसमें समस्त वस्तुओं पर सबका स्वत्व था और प्रत्येक व्यक्ति सुखी था। ये कल्पनालोक (Utopias) केवल कोरे सपने हैं; किन्तु ये मानव जाति के समक्ष न्याय के कुछ आदर्श रखते हैं जिनको प्राप्त करने का मनुष्य को प्रयास करना चाहिये।

सेण्ट साइमन
(St. Simon--1760-1825)

व्यक्तित्व और कृतित्व—आधुनिक राजनीतिक विचार समाजवाद, भाववाद (Positivism) तथा अन्तर्राष्ट्रीयवाद के बहुत से उल्लेखनीय विचारों का पूर्वाभास देने वाले काउण्ट हेनरी डी रूरॉय डी॰ सेण्ट साइमन का जन्म फ्रौंस के एक प्राचीन सामन्त परिवार में हुआ था। उसकी वंश-परम्परा चार्लीमेन (Charlemagne) से बताई जाती है। उसका जीवन बड़ा रोमांचकारी था। उसे इस बात की चेतना थी कि मैं एक महान् उद्देश्य के लिये उत्पन्न हुआ हूं और मुझे संसार का एक महान्तम व्यक्ति बनना है जिसे कि मानव व्यापार को एक नवीन दिशा देनी है जैसे सुकरात ने दी थी। उसको विश्वास था कि एक नवीन युग का आविर्भाव होने वाला हैं और आलोचना और विनाश की शताब्दी 18वीं शताब्दी के उपरान्त निश्चित रूप से ही समाज की पुर्नरचना होगी। सामन्तवादी युग गुजर चुका था और औद्योगिक युग आने वाला था। पुराने युग के समाप्त हो जाने के साथ जीवन के पुराने पथ-प्रदर्शकों का अस्तित्व भी समाप्त हो गया था और यह आवश्यक था कि कुछ नवीन-पथ प्रदर्शक उनका स्थान ग्रहण करें। सेण्ट साइमन के सामने मुख्य प्रश्न यह था कि ऐसे पथ-प्रदर्शक कहाँ और कैसे मिलें। वह एक ऐसी नवीन लौकिक एवं आध्यात्मिक शक्ति को खोजने के लिए उत्सुक था जोकि विकास की एक उच्चतर अवस्था के लिये मानव-जाति का पथ प्रदर्शन कर सके और एक नवीन तथा अधिक अच्छे समाज के निर्माण करने में उसकी सहायता कर सके। उसके विचार तथा सिद्धान्त उसके 'Letters of a Resident of Geneva' (1802), 'The Reorganisation of European Society' (1814), 'The Industrial System' (1821), तथा 'The New Christianity' (1825) में पाये जाते हैं।

सेण्ट साइमन के विचार

सैण्ट साइमन के मन में एक महान विचार था कि मानव समाज का संगठन और निर्देशन बुद्धिपूर्वक होना चाहिये। यह आवश्यक निर्देशन विज्ञान दे सकता था। अतीत में समाज पर

कुछ विशेषाधिकार प्राप्त वर्गों का प्रभुत्व था; कुछ मुट्ठी भर मनुष्यों के आराम और विलासितापूर्ण जीवन के लिये अधिकतर को घोर परिश्रम करना पड़ता था और फिर भी उनकी जीवन की न्यूनतम आवश्यकतायें पूरी नहीं होता थीं। नवीन समाज का संगठन दरिद्रनारायण के कल्याण के सिद्धान्त पर होना था। उनका जीवन स्तर ऊंचा उठाने के लिये विज्ञान की सहायता आवश्यक थी। समाज का नेतृत्व औद्योगिक वर्ग, वैज्ञानिक तथा टेक्नीशियन के हाथ में देना था। सेण्ट साइमन का विश्वास था कि वैज्ञानिक आधार पर संगठित समाज की ओर कोई वास्तविक कदम तब तक नहीं उठाया जा सकता जब तक कि निजी सम्पत्ति की संस्था में आधारभूत परिवर्तन न किये जायें, किन्तु वह सम्पत्ति के समाजीकरण का अनुमोदन नहीं करता था, उसने यह घोषणा की कि सम्पत्ति सार्वजनिक समझी जानी चाहिये और जिस धन के उत्पादन में जो लोग योग देते हैं उन सबका उस धन में अपने परिश्रम के अनुसार भाग होना चाहिये। सेण्ट साइमन लोकतंत्र का भक्त नहीं था; वह शासन की बागडोर सर्वसाधारण के हाथ में नहीं देना चाहता था। समाज को संगठित करने और उसका पथ-प्रदर्शन करने की शक्ति उद्योग के महान् नेताओं के हाथ में आनी थी। यदि शक्ति उद्योगपतियों के हाथ में आ जाये तो वे अपने को गरीबों का ट्रस्टी समझेंगे और उत्पादन तथा जनता की क्रयशक्ति में वृद्धि करके उनके जीवन स्तर को ऊंचा उठायेंगे। इसमें उद्योगपतियों तथा श्रमिकों के हितों में संघर्ष की सम्भावना का तनिक भी संकेत नहीं है। सेंट साइमन श्रमिकों की दरिद्रता का कारण उस सामाजिक व्यवस्था को समझता था जिसमें कि मालिकों की अहम् भावना पर कोई नियन्त्रण नहीं रहता। उसका विश्वास था कि यदि उन्हें समुचित ज्ञान प्राप्त हो जाये और उनमें उत्तरदायित्व की भावना जागृत हो जाये तो वे भी सर्वसाधारण के कल्याण के लिये कार्य करेंगे। वह उत्पादन को नियन्त्रित करने की शक्ति उद्योगपतियों को देना चाहता था, तथापि उसने यह व्यवस्था की कि उन्हें अपनी शक्ति का प्रयोग विद्वज्जन तथा कलाकारों के परामर्श से करना चाहिये। समाज का आध्यात्मिक नेतृत्व विद्वानों के हाथ में आना चाहिये जोकि मानवता के प्रकाश-वाहक हैं।

आलोचनात्मक मूल्यांकन

अलेग्ज़ेण्डर ग्रे के अनुसार सेण्ट साइमन का समाजवाद के जनक होने का दावा बहुत उथला है। साइमन के समाजवाद के प्रवर्त्तक होने के दावे का आधार यह सिद्धान्त है कि श्रम मूल कार्य और मनुष्य का कर्तव्य है, और प्रत्येक व्यक्ति को समाज में उसकी समाज के प्रति सेवा के अनुपात में ही सम्मान मिलना चाहिये। साइमन ने जन्म और धन पर आधारित विशेषाधिकारों को ठुकराया है और धनिकों के बेकार पड़े रहकर विलासितापूर्ण जीवन व्यतीत करने के अधिकार से इन्कार किया है। वह एक समाजवादी है। वह सम्पत्ति का अधिकार केवल उस सीमा तक देता है जहां तक कि वह सामान्य हित की वृद्धि के लिये आवश्यक है। वह उत्तराधिकार का अन्त करना चाहता है क्योंकि उसकी संगति इस सिद्धान्त से नहीं बैठती कि प्रत्येक व्यक्ति को उसके कर्म के अनुसार फल मिलना चाहिये। वह नागरिक उत्पादन में लगे हुए समस्त व्यक्तियों बैन्कर से लेकर अकुशल श्रमिक तक को सभा में भाग देना चाहता था। सेण्ट साइमन ने उत्पादन के साधनों पर निजी स्वामित्व के उन्मूलन का अनुमोदन नहीं किया, किन्तु उसके अनुयाइयों ने उनके सामाजिक स्वामित्व का प्रस्ताव किया, क्योंकि वे अपने समय के आर्थिक अन्याय का कारण निजी सम्पत्ति को समझते थे। सेण्ट साइमन के सिद्धान्तों

को उसके शिष्यों ने लोकप्रिय बनाया और उनके प्रचार के कारण काफी लोगों का ध्यान उनकी और आकृष्ट हुआ।

चार्ल्स फ़ोरियर
(Crales Fourier--1772-1837)

कल्पनावादी समाजवादी होने के नाते फ़ोरियर तथा सेण्ट साइमन को एक ही श्रेणी में रखा जाता हैं, परन्तु उन दोनों में कई बातों में मतभेद है जबकि सेण्ट साइमन बड़े पैमाने के उद्योग-धन्धों में अनुराग रखता था। फ़ोरियर किसी भी प्रकार के केन्द्रीयकरण को नापसन्द करता था और मनुष्य की आवश्यकता पूर्ति के लिये छोटे समुदायों को सबसे अधिक उपयुक्त समझता था।

जीवन परिचय

बाल्यकाल के कुछ अनुभवों ने फ़ोरियर के मस्तिष्क में उस समय की आर्थिक व्यवस्था के दोषों को स्पष्ट कर दिया और उसके विचारों के लिये दिशा निर्धारित कर दी। जब उसकी आयु केवल पांच वर्ष की थी तो उसके पिता ने उसे एक ग्राहक को अपने व्यापार का गुप्त भेद बतलाने के कारण दण्ड दिया था। उसे यह शिकायत हुई कि चर्च में तो उससे सत्य बोलने के लिये कहा जाता है, किन्तु अपने पिता की दुकान पर उसे असत्य भाषण करना पड़ता है। इससे उसके मन में उस सभ्यता के प्रति घृणा उत्पन्न हो गई जो कि ऐसी बातों को सम्भव बनाती है। मार्सीलीज की बन्दरगाह में अपने कर्तव्यों का पालन करते समय उसने एक दिन देखा कि चावल को समुद्र में फेंका जा रहा है क्योंकि उनके मालिकों ने उसके मूल्य में वृद्धि की आशा को नष्ट करने के बजाय चावल को सड़ जाने देना अधिक अच्छा समझा था। इस घटना से फ़ोरियर यह सोचने लगा कि उस सभ्यता में कोई आधारभूत दोष होना चाहिये जिसमें कि भोजन को सड़ने दिया जाता है और नष्ट किया जाता है जबकि उसकी घोर आवश्यकता होती है। वह एक ऐसी नवीन सामाजिक व्यवस्था के विषय में सोचने लगा जिसमें ऐसी बातें असम्भव हो जायें।

नवीन सामाजिक संगठन की कल्पना

फ़ोरियर को सबसे दुख स्पर्धापूर्ण प्रणाली की अव्यवस्था और अपव्यय को देखकर हुआ था; अलेग्ज़ेण्डर ग्रे के शब्दों में '300 छोटे-छोटे घरों में, तीन सौ छोटी-छोटी अग्नियां जला कर, तीन सौ छोटे-छोटे बर्तनों में अपने काम से लौट कर आने वाले 300 छोटे-छोटे पुरुषों के लिये, तीन सौ स्त्रियों के थोड़ा-थोड़ा भोजन बनाने के दुखद दृश्य' ने उसे पागल बना दिया जबकि 'तीन या चार स्त्रियां एक बड़े बर्तन की सहायता से और एक बड़ी अग्नि पर अधिक अच्छा काम कर सकती थीं। उसने देखा कि प्रतिस्पर्धा के दबाव में अधिकतर मनुष्यों को अपनी शक्ति का अधिकांश ऐसे कार्यों को करने और ऐसी वस्तुओं के बनाने में व्यय करना पड़ता है जिनसे उनके सुख में कोई वृद्धि नहीं होती, बल्कि जो उनके जीवन को नीरस बनाती हैं। फोरियर क्रय-विक्रय की जटिल प्रणाली का अन्त करके उसके स्थान पर उत्पादन तथा उपभोग की सरलतम पद्धति स्थापित करना चाहता था जिसमें से लोग सचमुच आनन्द उठा

सकें। मैक्सी के शब्दों में फ़ोरियर की इच्छा और उद्देश्य 'समाज की प्रक्रियाओं में व्यवस्था, कुशलता तथा मितव्ययता' लाना था।

फ़ोरियर की यह आधारभूत मान्यता थी कि मनुष्य स्वभावतः अच्छे होते हैं, और वे कुमार्ग पर तब जाते हैं जब कि उनकी स्वाभाविक कामनाओं अथवा भावनाओं को समाज द्वारा दबाया जाता है। वह समाज द्वारा थोपे गये बन्धनों को मानव जाति के समस्त रोगों का कारण समझता था। तथाकथित सभ्य समाजों में मानवीय सम्बन्धों पर धोखे, छलकपट और असत्य का आवरण पड़ जाता है क्योंकि मनुष्य की भावनाओं को स्वतंत्र क्रीड़ा की छूट नहीं दी जाती। इसलिये फोरियर ने एक ऐसी नवीन सामाजिक व्यवस्था का चित्र खींचा जिसमें प्रत्येक को अपनी इच्छा के अनुसार कार्य करने की स्वतंत्रता होगी और जिसमें कहीं भी जबर्दस्ती न होगी। उसकी योजना का यह एक आवश्यक तत्व था कि किसी भी श्रमिक को किसी एक ही उद्यम तक सीमित नहीं रखा जायेगा। प्रत्येक व्यक्ति बहुत से कार्य करेगा, परन्तु किसी भी कार्य को अधिक समय तक नहीं करेगा। नीरसता दूर करने और कार्य को सुखद बनाने के लिये वह इस प्रकार के कार्य-परिवर्तन को आवश्यक समझता था। ऐसे समाज में शाँति पूर्ण सामंजस्य पाया जायेगा क्योंकि उसमें प्रत्येक व्यक्ति स्वेच्छापूर्वक किसी व्यवसायिक समूह से अपने को संयुक्त करेगा।

संघात्मक संगठन

फ़ोरियर के समाज की सबसे छोटी इकाई एक व्यवसायिक समूह है जिसमें एक-सी रुचि और हित वाले लगभग सात व्यक्ति होंगे। पाँच या अधिक समूह मिल कर वे एक वृहत्तर संगठन का निर्माण करेंगे जिसे फ़ोरियर 'सीरीज' (Series) कह कर पुकारता है, और कोई पच्चीस से अट्ठाईस तक सीरीज मिल कर 'फैलेंक्स' (Phalanx) बनायेंगे जो कि सामाजिक संगठन की सबसे बड़ी इकाई होगी। जब काफी फैलेंक्स बन चुकेंगे तो वे एक संयोजक शासक के आधीन एक ढीले-ढाले संघात्मक संघटन में मिल जायेंगे।

फैंलेक्स की कल्पना

फ़ोरियर की कल्पना के नवीन समाज का आधार बिन्दु फैलेंक्स था। इसमें 1600 और 1800 व्यक्ति थे—जिसमें पुरुष, स्त्री तथा बच्चे सभी सम्मिलित हैं; यह संख्या किसी भी दशा में 2000 से अधिक नहीं हो सकती। फ़ोरियर की 1620 की संख्या गणितशास्त्र के अनुसार थी, इसे उन सम्भव रीतियों से निर्धारित किया गया था जिनमें कि विभिन्न मानव कामनाओं को व्यक्तियों में मिश्रित किया जा सकता है। इस संख्या के पीछे यह विचार था कि इकाई इतनी बड़ी हो जो कि अपने घटकों को व्यवसाय की व्यापक छांट प्रदान करने के लिये पर्याप्त हो, किन्तु वह उससे बड़ी न हो। घटकों के मुख्य धन्धे कृषि, पशु-पालन भोजन बनाना तथा सामान बनाना होंगे। फैलेक्स के समस्त घटक एक सामान्य भवन अथवा भवन समूह में रहेंगे जो कि ''सामान्य सेवाओं से पूर्ण रूप से सुसज्जित होंगे, जिनमें शिशु गृह भी होंगे। जिनमें बच्चों की सामूहिक रूप से देखरेख की जायेगी।' भोजन सामान्य पाकशालाओं में वे लोग तैयार करेंगे जो कि पाक कला में निपुण होंगे और लोग सामान्य भोजन कक्षों में बैठ कर भोजन

करेंगे। प्रत्येक 'सीरीज' का अपना एक पुस्तकालय और गोदाम होगा। परन्तु प्रत्येक परिवार का अपनी आवश्यकताओं और आय के अनुसार अपना निजी निवास स्थान होगा। रहने के मकान, आवश्यकताओं और आय के स्तरों के अनुसार विभिन्न आकार के होंगे। इस प्रकार फोरियर को निरपेक्ष समानता से कोई प्रेम न था। फैलेंक्स के आर्थिक संघटन की कुछ अन्य विशेषताओं से भी यही सिद्ध होता है कि उसका स्वरूप साम्यवादी नहीं था। फ़ोरियर निजी पूंजी और पूंजी के उत्तराधिकार को भी स्वीकार करता था। **वेस्टमेयर के शब्दों में,** "फैलेंक्स के प्रत्येक घटक के लिये सामान्य उत्पत्ति में से एक उदारता पूर्ण न्यूनतम भाग अलग रख लेने के बाद शेष को श्रम, पूंजी तथा बुद्धि में विभाजित कर दिया जाता है। श्रम को 5/12, पूंजी को 1/3 तथा बुद्धि को 1/4 भाग मिलता है यह विभाजन फैलेंक्स के अधिकारियों द्वारा किया जाता है। इसमें यह बात दिलचस्प है कि अधिकतम वेतन उन लोगों को मिलता है जो कि सबसे अधिक आवश्यक कार्य करते हैं, और सबसे कम उन लोगों को मिलता है जोकि विशेष रूप से रुचि कर कार्य में लगे हुये हैं।"[3]

फ़ोरियर का विश्वास था कि फैलेंक्स के संगठन के फलस्वरूप उत्पादकता कई गुणा बढ़ जायेगी। बहुत से स्त्री-पुरुषों के एक साथ कार्य करने से एक उच्चतर उत्पादक श्रम विभाजन सम्भव हो जायेगा। फैलेंक्स के घटकों में पूर्ण सामंजस्य होगा, इसलिये पुलिस, सेना, वकीलों इत्यादि की कोई आवश्यकता न होगी। व्यर्थ की प्रतिस्पर्धा तथा विज्ञापनों में होने वाला व्यय भी बच जायेगा। व्यापार की साधारण क्रियाओं को दूर करके कुछ और बचत भी की जा सकती है।

फैलेंक्सों को राज्य द्वारा नहीं बल्कि स्वेच्छापूर्वक स्थापित करना है। फ़ोरियर ने पूंजीपतियों से अपनी योजना के सौंदर्य को देखने और फैलेंक्सों की स्थापना में धन लगाने की अपील की परन्तु उसकी अपील पर किसी ने ध्यान नहीं दिया। उसके जीवन-काल मे उसकी कल्पना के किसी समाज की स्थापना नहीं हुई। उसकी मृत्यु के पश्चात् उसके कुछ भक्त अनुयाइयों ने उसके विचारों को लोकप्रिय बनाया और फ्रांस में कुछ फैलेंक्सों की स्थापना की गई। इंग्लैण्ड और अन्य देशों में भी उसके सिद्धान्तों का प्रचार हुआ परन्तु उन्हें सबसे अधिक सफलता संयुक्त राज्य अमरीका में प्राप्त हुई जहां कि जेम्स रसल लॉवेल, हेनरी जेम्स तथा थ्योडोर पार्कर सरीखे व्यक्तियों के नेतृत्व में कई राज्यों में बहुत से फोरियरवादी समाजों की स्थापना की गई। उनमें से कुछ को काफी सफलता मिली। परन्तु उनमें से कोई भी कुछ वर्षों से अधिक जीवित न रहा। अलबर्ट ब्रिस्बेन अमरीका में फोरियरवाद का सबसे अधिक प्रभावशाली प्रचारक था। उसके विचारों में डैना, फुलर, हाथोर्न तथा इमर्सन को बहुत अधिक प्रभावित किया।

3. "After a generous minimum of the common product is set aside for each member of the Phalanx, the surplus is divided between labour, capital and talent in the proportion of five twelfths to labour, four twelfths to capital, and three twelfths to talent, the division being made by the officers of the Phalanx. It is interesting to note that the highest pay goes to those performing the most necessary work and smallest to those engaged in particularly agreeable work."

--Westmeyer,: *Modern Economic and Social System*, p. 34.

आलोचनात्मक मूल्याकंन

प्रो॰ कोल का कहना है कि उसकी सबसे बाद की रचनाओं में बहुत कुछ 'कोरा प्रमाद' है। अलेग्ज़ेण्डर ग्रे के अनुसार वह 'मूर्खता से अधिक दूर कभी न था।' फिर भी इससे इन्कार नहीं किया जा सकता कि समाजवादी तथा सहयोगी विचारों को फ़ोरियर ने ऐसी देन दी है जिसका मूल्य स्थायी है। अनियन्त्रित व्यक्तिवाद के दोषों की प्रतिक्रिया और आलोचना के रूप में समाजवाद फोरियर की देन है। सहयोगी आंदोलन के विकास पर भी उसका बड़ा प्रभाव पड़ा है। फोरियर प्रतिस्पर्धा की प्रणाली से होने वाले कुपरिणामों को दूर करने के सर्वोंत्तम साधन के रूप में सहयोग सिद्धान्त का सबसे बड़ा प्रतिपादक है। उसने इस बात पर जोर दिया कि उत्पादकता को बढ़ाने का सर्वोत्तम उपाय कार्य की स्थितियों को सुखद बनाना है। उसकी सम्पूर्ण विचारधारा इस विश्वास पर आधारित है कि अधिकतर प्रकार का उत्पादक श्रम के समुचित संगठन के द्वारा उत्पादन काफी आकर्षक बनाया जा सकता हैं, और किसी भी व्यक्ति से उसकी इच्छा के विरुद्ध कार्य कराने की आवश्यकता नहीं है। जिस प्रकार भौतिक जगत में गुरुत्वाकर्षण का नियम होता है, उसी प्रकार सामाजिक जगत में 'आकर्षण' का नियम होता है, और सामाजिक संघटन में उसका समुचित ध्यान रखा जाना चाहिये। एक श्रेष्ठतर और सुधरा हुआ सामाजिक पर्यावरण आवश्यक है। मानव स्वभाव में परिवर्तन वास्तव में असम्भव है। उसकी फैलेंक्स की धारणा मूल रूप से 'चलो भूमि की ओर' की नीति है जिसमें बागवानी और फल उत्पन्न करने पर जोर दिया गया है; वह उद्योगवाद का अधिवक्ता नहीं था। फोरियर का क्रांति में कोई अनुराग न था। उसने परिवर्तन के लिये अपनी प्रस्थापनाओं के निर्माण में बड़ी सतर्कता से काम लिया है। उसका सरल विश्वास था कि यदि जनता उसके विचारों को सुन लेगी तो वह उन्हें स्वीकार कर लेगी। उसने गरीबों से अमीरों के विरुद्ध विद्रोह करने की अपील कभी नहीं की। पूंजी तथा श्रम के बीच समुचित सम्बन्ध रखने के सम्बन्ध में उसने जो कुछ कहा है वह आज भी सत्य प्रतीत होता है। वह ऐसा मुख्य स्रोत है जिसके द्वारा फ्रेंच समाजवादी विचार अमरीका पहुंचे।

राबर्ट ओवन
(Robert Owen)

जीवन चरित्र– राबर्ट ओवन का जन्म 1771 ई॰ में, चार्ल्स फ़ोरियर से एक वर्ष पूर्व और सेण्ट साइमन से ग्यारह वर्ष बाद हुआ था। वह एक दुकान पर नौकर, एक उद्योगपति, कल कारखानों का सुधारक, शिक्षा-शास्त्री, समाजवादी, सहयोग आन्दोलन का प्रर्वत्तक, ट्रेड यूनियन नेता, धर्म निरपेक्षवादी, आदर्श समुदायों का मूल प्रवर्त्तक तथा व्यावहारिक व्यापार का व्यक्ति सभी कुछ रहा। कोल के शब्दों में कोई भी व्यक्ति एक ही साथ इतना व्यावहारिक और इतना स्वप्नदृष्टा, इतना प्रेमपात्र तथा अपने साथ काम करने में इतना असम्भव, इतना उपहास-केन्द्र तथापि इतना प्रभावशाली नहीं था जितना कि ओवन'।

आधारभूत सिद्धान्त

रॉबर्ट ओवन को आमतौर से ब्रिटिश समाजवाद और ब्रिटिश सहयोग आन्दोलन का जनक

समझा जाता है। उसका आधारभूत सिद्धान्त यह है कि मनुष्य का चरित्र स्वयं उसके द्वारा नहीं, बल्कि उन परिस्थितियों द्वारा निर्धारित होता है जिनमें कि वह उत्पन्न होता है और जिनमें वह रहता है और कार्य करता है। जीवन की बुरी स्थितियों से बुरा चरित्र और अच्छी स्थितियों से अच्छा चरित्र उत्पन्न होता है। मार्क्स तथा उसके अनुयाइयों का भी यही विश्वास है कि मनुष्य का चरित्र उसके सामाजिक तथा आर्थिक पर्यावरण की सृष्टि है, इसलिये वे एक नवीन समाज की स्थापना करना चाहते हैं जोकि वर्तमान समाज के स्वतंत्र प्रतिस्पर्धा के सिद्धान्त के स्थान में सहयोग के ऊपर आधारित होगा।

इस सिद्धान्त का प्रतिपादन ओवन ने अपने ''Essays on the Formation of Character' में किया है जो कि 1813-15 में प्रकाशित हुये थे। उसका कहना था कि एक समाज-सुधारक का सर्वप्रथम कार्य इसी सत्य का प्रचार करना होना चाहिये। उसका दूसरा सिद्धान्त यह था कि अच्छे पर्यावरण के निर्माण के लिये धन की प्रचुरता आवश्यक है। दरिद्रता एक बहुत बड़ी बुराई है; इससे अज्ञान, अस्वास्थ्य, तथा कायरता का जन्म होता है क्योंकि ओद्यौगिक क्रांति ने अपूर्व मात्रा में धन के उत्पादन को सम्भव बना दिया था और चरित्र के निर्माण सम्बन्धी नवीन सत्य को अधिकाधिक देखा जा रहा था, इसलिये मानव जाति के संकट और कष्टों से त्राण का समय दूर नहीं था।

आदर्श समाजवाद का उदाहरण

नौ वर्ष की अवस्था में ओवन में स्कूल छोड़ दिया और वह अपने गाँव में अपने एक पड़ौसी की दुकान पर नौकरी करने लगा। एक वर्ष बाद वह एक बजाज की दुकान पर एप्रेण्टिस हो गया और चौदह वर्ष की अवस्था में वह मैन्चेस्टर चला गया। वहाँ रूई के सामान के तैयार करने की पद्धति में महान आविष्कार क्रांति आ रही थी और साहसी लोग वहां बड़ी मात्रा में धन का संचय कर रहे थे। ओवन ने एक सौ पाउण्ड उधार ले कर एक मिस्त्री के साझे में व्यापार करना आरम्भ कर दिया। उसके साझी ने उसे शीघ्र ही छोड़ दिया और उसे स्वयं अपनी व्यवस्था करनी पड़ी किन्तु उसे शीघ्र ही उससे कहीं अच्छा काम मिल गया। वह मैन्चेस्टर के एक सबसे बड़े और सबसे अच्छे रूई मिल का मैनेजर बन गया। इस प्रकार 21 वर्ष की आयु में ही वह एक बड़े कारखाने का संचालक बन गया जिसमें 500 श्रमिक कार्य करते थे। उसके प्रबन्ध काल में कारखाने ने बहुत उन्नति की और उसका तैयार किया हुआ माल प्रसिद्ध हो गया। ओवन भी एक सफल व्यापारी के रूप में विख्यात हो गया। उसे एक और अच्छा अवसर मिला और वह न्यू लैनार्क कॉटन मिल्स में प्रबन्धक साझी बन गया जोकि स्कॉटलैण्ड में सबसे बड़ा कताई का कारखाना था। न्यू लैनार्क में वह 25 वर्ष से अधिक तक रहा और उसे एक ऐसा नमूना बना दिया जिसे देखने के लिये संसार भर से लोग आया करते थे। ओवन के समाजवाद में न्यू लैनार्क का कितना केन्द्रीय स्थान है, यह ग्रे के इस कथन से प्रकट है कि रॉबर्ट ओवन न्यू लैनार्क है और रॉबर्ट ओवन के बिना न्यू लैनार्क का कोई महत्त्व नहीं है। न्यू लैनार्क एक नमूना था जिसके अनुसार रॉबर्ट ओवन सारे संसार को ढालना चाहता था।

जब ओवन ने न्यू लैनार्क मिल्स को खरीदा तो वह एक गन्दा, भद्दा तथा दरिद्र गांव था और उसके 500 निवासियों में से अधिकतर चोर-उचक्के और शराबी थे। कारखाने के

मजदूरों को प्रातःकाल 6 बजे से लेकर सायंकाल में 7 बजे तक कार्य करना पड़ता था और उनकी मजदूरी केवल उन्हें जीवित रखने के लिये ही काफी होती थी। 6 वर्ष की आयु के बच्चे और दरिद्र एप्रेण्टिस भी काम में लगायें जाते थे। ओवन का विश्वास था कि एक मालिक का अपने मजदूरों को अपने लाभ के लिये साधन मात्र समझना गलत है। उनको समुचित मजदूरी देना, काम करने के घण्टों को कम करना, उनके रहने के लिये साफ वातावरण का प्रबन्ध करना तथा उनके बच्चों के लिये शिक्षा की व्यवस्था करना उनका कर्तव्य है। इन विचारों को लेकर वह गाँव का कायाकल्प करने में लग गया। उसने सारे गाँव की सफाई कराई, मजदूरों के लिये मकान बनवाये और एक नये स्कूल की स्थापना की। उसने मदिरा की बिक्री बन्द कर दी और ऐसे स्टोर खुलवाये जहां से कि श्रमिक लागत भाव पर अपनी आवश्यकताओं का सामान खरीद सकते थे। उसने अधिक वेतन दिया, काम करने के घण्टों को कम किया और दस वर्ष से कम के बच्चों को काम पर लगाने से इन्कार कर दिया। हर प्रकार के सुधार के काम पर व्यय करने के बावजूद उसके कारखाने में लाभ होता था। न्यू लैनार्क में ओवन का काम 'उच्च वेतन की मितव्ययता' (Economy of high wages) का एक जीवित उदाहरण था। इसने उसके इस विश्वास को साकार रूप दिया कि पूंजी का प्रतिफल निश्चित मात्रा तक सीमित रहना चाहिये और बचा हुआ सम्पूर्ण लाभ श्रमिकों के आराम के लिये व्यय किया जाना चाहिये।

ओवन ने न्यू लैनार्क मे जितने भी परिवर्तन और सुधार किये उन सबके पीछे विचार यह था कि मनुष्यों को एक दूसरे के साथ सहयोग करना सीखना चाहिये। उसकी धारणा थी कि यदि 'समाज की मूल इकाई एक छोटा-सा सहयोगी समुदाय बन जाये, जोकि व्यक्तिगत लाभ के लिये नहीं बल्कि सामान्य हित के लिये कार्य करे तो इससे मनुष्य के चरित्र में एक आधारभूत परिवर्तन होगा और एक राष्ट्र के भीतर वर्ग-संघर्ष तथा विभिन्न राष्ट्रों में प्रतिस्पर्धा तथा युद्ध का खतरा जाता रहेगा।' एक कारखाने को सबके हित के लिये और सहयोग के आधार पर चलाया जा सकता है इस बात का एक प्रमाण ओवन ने तब दिया जबकि उसने अपने मजदूरों के साथ दूसरे मालिकों से भिन्न बर्ताव किया। जब जेफ़र्सन द्वारा इंगलैंड को अमरीकी रूई के निर्यात पर प्रतिबन्ध लगा देने के कारण इंगलैड के लगभग सभी कपड़ा मिलों को बन्द होना पड़ा था, केवल ओवन ही ऐसा मालिक था जिसने कि मिलों के बन्द रहने के समय भी मजदूरों को पूरा वेतन दिया। इस महान् कार्य ने श्रमिकों को उसका भक्त बना दिया और उन्होंने सच्चे मन से परिश्रम करके उसके कारखानों को सफल बनाया। ओवन की नीति इस बात का प्रमाण है कि मजदूरों को अधिक वेतन देने और कार्य करने के वातावरण को अच्छा बनाने से स्वयं मालिक को भी लाभ रहता है।

ओवन का आदर्श समाज

दूसरों से भिन्न सिद्धान्तों को अपनाकर ओवन कारखानों तथा शिक्षा के प्रबन्ध में समाजवादी विचारों का प्रवर्तक बन गया। वह उन विचारों का एक अधिक व्यापक क्षेत्र में प्रयोग करना चहाता था। ऐसा करने का अवसर शीघ्र ही उसके सामने आया। नैपोलियन की लड़ाइयों के अन्त ने इंगलैण्ड को एक उत्तरोत्तर गिरती हुई आर्थिक स्थिति में डाल दिया। अधिक उत्पादन और बाजारों के कम हो जाने से बहुत बेकारी फैल गई। मजदूरियाँ बहुत नीचे गिर

गई और व्यापार की गति अवरुद्ध हो गई। सेना में से निकाले हुए सिपाही और नाविक भी रोजगार की माँग करते थे। मजदूर बेचैन हो गये और वे संसदीय सुधार की माँग करने लगे। क्रांति की सम्भावना से भयभीत होकर सरकार ने दमन-चक्र की नीति अपनाई। ओवन, जोकि आर्थिक कष्टों के उपचार के लिये श्रमिकों के दमन को मूर्खतापूर्ण समझता था। इस नीति से बहुत दुखित हुआ। उसने न्यू लैनार्क के नमूने पर बेरोजगारों को सहयोगी ग्रामों में बसाने की एक योजना तैयार की। वह योजना यह थी कि ऐसे स्व-पर्याप्त ग्राम बसाये जायें जिनमें से प्रत्येक की जनसंख्या 300 से 2000 तक हो, और जिनके पास 150 से 3000 एकड़ तक भूमि हो। प्रत्येक परिवार का अपना एक निजी रहने का स्थान हो, किन्तु पाकशाला, भोजनालय, वाचनालय तथा विनोद-गृह सब के सामान्य हों। प्रत्येक ग्राम का अपना स्कूल, उसकी अपनी वाटिकायें तथा कल-कारखानें हों। ग्राम-निवासी आँशिक रूप से खेती पर और आंशिक रूप से उद्योग-धंधों में काम करें। सरकार अथवा स्थानीय निकाय या व्यक्तिगत दानी लोग इन सामुदायिक ग्रामों के लिए धन की व्यवस्था करें। कुछ समय पश्चात् सहयोग के आधार पर कार्य करके स्वयं निवासी आरंभिक व्यय को अदा कर सकेंगे। यद्यपि इस योजना को बेरोजगारी का उपचार करने के लिये बनाया गया था, तथापि यह आशा की जाती थी कि अन्ततोगत्वा यह पूंजीवाद को नष्ट कर देगी। यह एक व्यावहारिक सामाजिक कल्पना-चित्र (Utopia) था। सरकार ने इस योजना को शिष्टता के साथ प्राप्त किया और उसे उठाकर अपनी अलमारियों में रख दिया। ओवन को बड़ी निराशा हुई। उससे कुछ पहिले उसका बाल-श्रम को रोकने, काम के घंटों को विनियमित करने तथा कारखाने की निरीक्षण प्रणाली जारी कराने के लिये एक फैक्टरी एक्ट पास कराने का प्रयास भी असफल रहा था। जो फैक्टरी कानून बनाया गया वह उसकी आशाओं से बहुत नीचे था। हताश होकर उसने अपनी योजना को संयुक्त राज्य अमरीका में जाकर क्रियान्वित करने की सोची जहां कि उसकी योजना के सामाजिक पुनर्निर्माण के लिये अधिक अनुकूल परिस्थितियां थीं।

न्यू हार्मनी सहयोगी समाज

1824 ई० में ओवन ने अमरीका के लिये प्रस्थान किया और उससे अगले वर्ष उसने तीस हजार पाउण्ड की राशि लगाकर इण्डियाना में न्यू हार्मनी (New Harmony) नामक एक सहयोगी समाज की स्थापना की। यद्यपि यह प्रयोग सबसे अधिक अनुकूल वातावरण में आरम्भ किया गया था, तथापि वह विफल रहा। इसे 1828 ई० में छोड़ देना पड़ा। यदि ओवन स्वयं न्यू हार्मनी में रहता और उसके विषयों का संचालन एवं नियंत्रण करता, तो सम्भव था कि यह प्रयोग सफल हो जाता। किन्तु इसकी विफलता ओवन के उत्साही अमरीकी अनुयाइयों को ओहियो, टेनेसी तथा न्यूयार्क राज्यों में ऐसे ही समाज स्थापित करने से न रोक सकी यद्यपि वे सब बहुत थोड़े ही दिन चले।

श्रम आन्दोलनों का नेतृत्व

न्यू हार्मनी के प्रयोग की विफलता के बाद ओवन का ध्यान फिर इङ्गलैंड की ओर गया जहां कि उसे मजदूर नेताओं में नये शिष्य मिल गये थे। श्रमिक वर्गों ने परस्पर व्यापार के लिये छोटे-छोटे सहयोगी स्टोर और संघ स्थापित किये थे और उन्हें आशा थी कि बचे हुए

धन की सहायता से वे एक दिन ओवन की कल्पना के सहयोगी ग्रामों की स्थापना कर सकेंगे। ओवन, इस आन्दोलन में कूद पड़ा और उसके नेतृत्व में इसे आरंभिक सफलता मिली। उसके शिष्यों ने ट्रेड यूनियनों तथा श्रमिक वर्ग की अन्य संस्थाओं में अपने विचारों का प्रचार करना आरम्भ किया। एक एक करके ट्रेड यूनियन उनके प्रभाव में आने लगीं और सहयोगी स्टोर और उत्पादक सहयोगी संधों की तीव्र गति से स्थापना होने लगी। बीच के दलालों और सरकारी मुद्रा के बिना ही इन संघों द्वारा उत्पन्न किये हुये माल की बिक्री के लिये और श्रमिकों को अपने माल की अदल-बदल करने में सहायता करने के लिये ओवन ने लन्दन में 'National Equitable Labour Exchange' की स्थापना की जिसकी शाखायें बर्मिंघम, लीवरपूल तथा ग्लास्गों में खोली गई। इन ऐक्सचेंजों में ओवन का 'श्रम मूल्य' (Labour value) का सिद्धांत लागू होता था। उत्पादकों के एक समूह के द्वारा उत्पादित माल को किसी वस्तु से बदला जा सकता था जिसके बनाने में भी उतना ही 'श्रम समय' लगा हो। किस वस्तु के बनाने में कितना श्रम लगा, इसे इंगित करने के लिये श्रम की एक चिट रहती थी। इस संगठन के पीछे मूल विचार यह था कि जहां तक हो सके मालिक तथा बीच के दलाल का भाग समाप्त कर दिया जाये, और श्रमिकों को विश्वास दिलाया जाये कि उनका कल्याण राजनीतिक कार्यवाही द्वारा नहीं, बल्कि ट्रेड यूनियनवाद तथा सहयोग द्वारा हो सकता है।

महान श्रम संघ

ओवन ने समस्त ट्रेड यूनियनों को एक 'Grand National Consolidated Trade Uninon' में संगठित करने का प्रयास किया। इसके द्वारा वह इङ्गलैंड का रूप बदल देने और एक नवीन सामाजिक व्यवस्था की स्थापना करने का सपना देखता था। ओवनवादियों की योजना यह थी कि नवीन सहयोगी प्रणाली की स्थापना के बाद एक आम हड़ताल कराई जाये। श्रमिक वर्गों की सम्भावित क्रांति से भयभीत होकर पूंजीवादियों ने इस संगठन को तोड़ने का प्रयास किया। आन्दोलन का दमन करके सरकार ने भी उनकी सहायता की। कुछ तो इन शक्तियों के कारण और कुछ आन्तरिक कलह के कारण वह महान ट्रेड यूनियन अपने निर्माण के एक ही वर्ष के अन्दर टुकड़े-टुकड़े होकर गिर पड़ी और ब्रिटिश श्रमिक वर्गों का नेतृत्व ओवन के हाथों से निकल गया।

समुदाय निर्माण

ट्रेड यूनियन आन्दोलन के साथ अपने सम्बन्ध के टूट जाने पर उसने फिर से समुदाय निर्माण के अपने प्रिय विषय को ले लिया, और दो संस्थाओं की स्थापना की, एक तो 1839 ई० में हेम्पशायर में जिसका नाम 'हार्मनी हाल' (Harmony Hall) पड़ा, और दूसरी ग्लास्गो के निकट ओरिस्टन में। उसके ये प्रयास भी पहिले की अपेक्षा अधिक सफल नहीं रहे। 'हार्मनी हाल' कभी सफल नहीं रहा, यद्यपि वह 1846 ई० तक रहा। सहयोगी समाजों की योजना की विफलता के कारणों की समीक्षा करना आवश्यक नहीं हैं। केवल इतना कहना पर्याप्त होगा कि श्रमिक वर्ग, जोकि समुदाय के प्रबन्ध को पूर्ण रूप से लोकतंत्रवाद के आधार पर रखने की माँग करता था, और उस समूह, में गम्भीर मतभेद उत्पन्न हो गये जो कि उसके लिये धन की व्यवस्था करता था, धन की व्यवस्था करने वाला वर्ग कुछ नियन्त्रण अपने हाथ में रखने पर आग्रह करता था।

राबर्ट ओवन की देन

फ्रेंच कल्पनावादियों की भाँति ओवन अनियन्त्रित और स्वतन्त्र प्रतिस्पर्धा पर आधारित समाज के व्यक्तिवादी संगठन का घोर आलोचक था। वह कारखानों को धन का उत्पादन करने वाली और स्वास्थ्य तथा सुख को नष्ट करने वाली' चीजें कहता था। वह उद्योगवाद पर आधारित सामाजिक व्यवस्था को 'नितान्त' समाज-विरोधी, अराजनीतिक, तथा विवेकहीन' समझता था। वह उत्पादन तथा वितरण की दोष-पूर्ण प्रणाली तथा तद्जनित कलुषित वातावरण को सर्वसाधारण के अज्ञान दरिद्रता तथा संकटों का कारण समझता था। उसका कहना था कि धन के उत्पादकों को उत्पादित धन में समुचित भाग मिलना चाहिये। उत्पादन वितरण भी सहयोग के आधार पर होना चाहिये, मालिक को अपने नौकरों को अपने लाभ का साधन मात्र नहीं मानना चाहिये बल्कि उन्हें न्यूनाधिक साझेदार समझना चाहिये और उनके लिये अच्छे जीवन की सामग्री की व्यवस्था करनी चाहिये। उसने इस आधार पर ऊंचे वेतन की माँग भी की कि जनता की अधिक क्रिया-शक्ति राष्ट्रीय समृद्धि में सहायता देती है। उसने एक ऐसी प्रणाली का प्रतिपादन किया जिसमें प्रत्येक सहयोगी को सर्व-स्वीकृत योजना द्वारा अपने श्रम के उत्पादन में से भाग मिल सके। उसकी 'श्रम चिट' (Labour notes) की योजना इन्हीं सिद्धान्तों को क्रियान्वित करने के लिये थी। अपने जीवन में आगे चल कर उसने निजी सम्पत्ति की संस्था की घोर निन्दा की; उसने इसे पतन करने वाली और असंख्य अपराधों तथा घोर अन्याय का मूल बतलाया। यद्यपि उसने एक अवस्था में आम हड़ताल की आवश्यकता को अनुभव किया, किन्तु उसने हिंसा का कभी समर्थन नहीं किया। साधारणतया वह ट्रेड यूनियन की भावना और वर्ग संघर्ष की धारणा के विरुद्ध था। उसका समाजवाद हिंसात्मक नहीं सहयोगात्मक था। उसका विश्वास था कि घृणा तथा संघर्ष से प्रेम और सहयोग कभी उत्पन्न नहीं हो सकते। इसीलिये वह सच्चे मन से सहयोग आन्दोलन में कूदा था। उसने श्रमिकों की ओर से राजनीतिक कार्यवाही का कभी अनुमोदन नहीं किया। उसका विश्वास था कि महत्वपूर्ण परिवर्तनों का जन्म राज्य की अपेक्षा समाज में होना चाहिये।

कल्पनावादी समाजवाद का योगदान

1. सम्पूर्ण समाज का कल्याण—उपरोक्त तीन महान कल्पनावादी समाजवादियों की समीक्षा से यह स्पष्ट हो जाता है कि उनके सिद्धान्त उस समय में पश्चिमी यूरोप में हो रही औद्योगिक क्रौंति के दुष्परिणामों की प्रतिक्रिया थे। उद्योगपतियों के लोभ और शोषण ने अधिकतर मनुष्यों को जिस संकट में डाल दिया था उससे इनका हृदय विदीर्ण हो उठा। मनुष्य के कल्याण की जो योजनायें उन्होंने बताई उनमें निम्नलिखित सामान्य विशेषतायें हैं: यद्यपि उन सबने गरीबों के प्रति संवेदना प्रकट की और वे सब उनके कष्टों का निवारण करना चाहते थे, किन्तु उन्होंने अपने आपको श्रमिक वर्ग के ध्येय से एकरूप नहीं बनाया जैसा कि आगे चल कर मार्क्स ने किया। महात्मा गाँधी द्वारा आरम्भ किये गये सर्वोदय आन्दोलन के समान उनका ध्येय सबके हित में समाज की पुनर्रचना करना था। उनका उद्देश्य सम्पूर्ण समाज का कल्याण करना था उसके किसी वर्ग विशेष का नहीं जैसा कि साम्यवादी चाहते हैं। कल्पनावादी समाजवाद की यह विशेषता इसे 'प्रोलीटेरियन' के समाजवाद से विभिन्न करती है। निजी पूंजी

की संस्था पर आक्रामण करने में उन्होंने तथा उनके शिष्यों ने प्रोलीटेरियन समाजवाद पर बड़ा गहरा प्रभाव डाला है।

2. अक्रान्तिकारी—समस्त कल्पनावादी समाजवादी अक्रांतिकारी हैं। नवीन समाज व्यवस्था की स्थापना के लिये वे हिंसा, यहां तक की राजनीतिक कार्यवाही का भी, अनुमोदन नहीं करते। अपने उद्देश्य की पूर्ति के लिये वे शिक्षा तथा लेखन एवं भाषण द्वारा प्रचार पर निर्भर करते हैं। फ़ोरियर ने शिक्षा पर जोर दिया था। फ़ोरियर से भी अधिक ओवन ज्ञान को पुण्य और अज्ञान को पाप तथा विषाद समझता था।

3. मानव स्वभाव में आस्था—कल्पनावाद की तीसरी सामान्य विशेषता यह है कि ये लोग हिंसा के विरोधी थे क्योंकि ये मानव स्वभाव को मूलतः अच्छा मानते थे। कल्पनावादियों का विश्वास था कि परमात्मा अच्छा है और उसने संसार को अच्छा बनाया है और अपनी सृष्टि को वह सुखी देखना चाहता है। दुख इसलिये है क्योंकि मानव जाति सहयोग और सद्भावना के मार्ग से हट गई है। उसे अपनी स्वाभाविक सामंजस्य की अवस्था में फिर से लाने के लिये व्यक्तियों में निरन्तर होने वाले संघर्षों को दूर करना चाहिये। उन्हें दूर करने का सर्वोत्तम उपाय मनुष्य की सद्भावना और विवेक को जागृत करता है। इसीलिये वे शिक्षा पर इतना जोर देते हैं।

कल्पनावाद की दुर्बलतायें

1. कल्पनावाद की प्रेरणा नैतिक थी; यह मनुष्य के विवेक को जागृत करके उसका सुधार करना चाहता था। यह कल्पनावादियों की सबसे बड़ी कमजोरी थी। मनुष्य स्वभाव से अच्छा हो सकता है, किन्तु उसकी भावनाओं को विवेक को अपील करके ही संयत नहीं किया जा सकता। मनुष्य के भीतर विद्यमान पशु को अनुशासित करने के लिये विवेक को अपील की अपेक्षा किसी अन्य अधिक शक्तिशाली यंत्र की आवश्यकता है।

2. कल्पनावादियों ने उन लोगों के विरोध की शक्ति को ठीक से नहीं आँका जो कि वर्तमान प्रणाली से लाभ उठाते हैं और इसलिये उसे कायम रखना चाहते हैं। कल्पनावादियों की आशा के नवीन समाज का स्वागत करने के स्थान में उन्होंने उसका घोर विरोध किया। ओवन की 'ग्रैण्ड ट्रेडयूनियन' के टूटने का कारण पूंजीवादियों का कटु विरोध ही था। अमरीका में ओविन द्वारा स्थापित 'न्यू हार्मनी' नामक समाज भी इसलिये विफल हुआ क्योंकि उसके सदस्यों में सामाजिकता की पर्याप्त भावना न थी।

3. कल्पनावादियों की पद्धति—एक आदर्श समाज की स्थापना का मार्ग नहीं है। यह आशा करना व्यर्थ है कि एक दार्शनिक के कमरे में बैठ कर तैयार की हुई योजना एक दिन में ही समाज के ऊपर थोप दी जाएगी। सुधार की प्रक्रिया नीचे से आरम्भ होकर ऊपर की ओर जानी चाहिये।

अभ्यास के लिये प्रश्न

1. कल्पनावादी समाजवाद के सिद्धान्त बतलाओं और उनका मूल्यांकन करो।
2. राबर्ट ओवन के राजनैतिक विचारों की समीक्षा कीजिये।

18

कार्ल मार्क्स

(Karl Marx--1818-1883)

बीसवीं शताब्दी में मार्क्सवादी विचारधारा ने मानव चिन्तन को न केवल एक नया मोड़ दिया है अपितु इसका प्रभाव इतना व्यापक है कि संसार का तिहाई भाग तो आज अपने को पूर्णतः मार्क्सवादी कहता है। उनका राजनीतिक तथा सामाजिक दर्शन सीधा मार्क्सवाद से ही उद्भुत तथा मार्क्सवाद का व्यावहारिक रूप है। दूसरा तिहाई भूभाग मार्क्सवादी समाज व्यवस्था से प्रेरणा लेकर अपने सामाजिक जीवन को उसके अनुसार ढालने के लिए प्रयत्नशील दिखाई देता है, इसको सामान्य रूप से 'तीसरी दुनिया' कहा जाता है और शेष एक-तिहाई भाग ऐसा है जो सारा बुद्धिबल मार्क्सवाद का प्रतिरोध करने में लगा रहा है। इस प्रकार परोक्ष तथा अपरोक्ष रूप से मार्क्सवाद ने इस शताब्दी के चिन्तन प्रवाह को प्रभावित किया है। यह मार्क्सवादी चिन्तन क्या है? सामान्यतः मार्क्सवाद को अर्थशास्त्र के किसी सैद्धान्तिक पक्ष या राजनीति दर्शन के रूप में प्रस्तुत किया जाता है। परन्तु वास्तविकता यह है कि एक विशेष प्रकार की अर्थव्यवस्था या राजनीतिक शासन व्यवस्था तो मार्क्स ने एक साधन के रूप में सुझाई है। जिसके द्वारा वह उस महान् आदर्श को प्राप्त करना चाहते थे जिसका उन्होंने अपने चिन्तन में प्रतिपादन किया है।

जीवन परिचय

कार्ल मार्क्स का जन्म पश्चिमी जर्मनी के एक यहूदी परिवार में 5 मई, 1818 को हुआ था। उनके पिता साधारण आय वाले मध्यमवर्गीय वकील थे। वह एक देशभक्त जर्मन थे। उनकी माता हॉलैंड की एक यहूदी महिला थी। छः वर्ष तक मार्क्स का पालन-पोषण यहूदी संस्कारों में हुआ। 1824 में इस सारे परिवार ने यहूदी धर्म त्यागकर ईसाई धर्म ग्रहण कर लिया था। यहूदी धर्म के प्रति मार्क्स की आजीवन यही वृत्ति बनी रही कि यह तिलांजलि देने योग्य कोई हीन धर्म है। 1835 में मार्क्स को बॉन विश्वविद्यालय में उच्च शिक्षा के लिए भेजा गया। माता-पिता की इच्छा थी कि पुत्र को भी एक अच्छा वकील बनायें। इसलिये विधिशास्त्र की पढ़ाई से उन्होंने अपनी उच्च शिक्षा आरम्भ की। परन्तु इसी बीच में उनकी प्रेमचर्या जेनी वोन वैस्टफालेन के साथ आरम्भ हो गई जिसके साथ बाद में वह प्रणय सूत्र में बंध गए। अगले

ही वर्ष उन्होंने बर्लिन विश्वविद्यालय में शिक्षा आरम्भ की। यहाँ आने से पूर्व भी मार्क्स का ध्यान वकालत की अपेक्षा दर्शन में अधिक था परन्तु यहाँ आकर तो उनकी रूचि दर्शन तथा इतिहास की ओर अधिक आकर्षित हो गई। धीरे-धीरे विधिशास्त्र से ध्यान हटाकर उन्होंने दार्शनिक समस्याओं का गहरा अध्ययन किया और सन् 1838 में अपने पिता के देहान्त के पश्चात् तो उन्होंने अपनी सारी प्रतिभा को पूर्णरूपेण दर्शन तथा इतिहास की ओर ही लगा दिया। जिस समय मार्क्स बर्लिन विश्वविद्यालय में प्रविष्ट हुए, वहाँ पर हेगेल का दर्शन विशिष्ट रूप में छाया हुआ था। हेगेल की मृत्यु पाँच वर्ष पहले हो चुकी थी परन्तु उनका दर्शन बुद्धिजीवी तथा प्रतिभाशाली वर्ग के लिये आकर्षण का विषय था। विश्वविद्यालय में जो युवा हेगेलवादियों का समुदाय था मार्क्स उसके एक प्रमुख सदस्य बन गये। सन् 1841 में मार्क्स ने जेना विश्वविद्यालय से अपनी डाक्ट्रेट की उपाधि प्राप्त की। उनका शोध विषय था ऐपीक्यूरस तथा डैमोक्राईटस के भौतिकवाद का आलोचनात्मक विवेचन। इस शोध प्रबन्ध ने मार्क्स को भौतिक दर्शन के गुण, दोष विवेचन से पूरी तरह अवगत करा दिया था। पी०-एच० डी० की उपाधि प्राप्त करके उन्होंने अध्यापक के रूप में पद प्राप्त करने का प्रयास किया किन्तु बर्लिन में कुछ क्रान्तिकारियों के साथ सम्पर्क आ जाने के कारण से इनकी विचारधारा को शिक्षा अधिकारियों ने पसन्द नहीं किया। अतः इनको प्राध्यापन का कार्य नहीं मिल सका। यह तो निश्चित है कि यदि मार्क्स को विश्वविद्यालय में कोई सम्मानित पद मिल गया होता तो वह अपनी प्रतिभा का सारा प्रयोग दर्शन की कुछ श्रेष्ठतम कृतियों के लिखने में करते। परन्तु इस अवस्था में संसार को सर्वहारा समाजवाद का वह व्यावहारिक पक्ष न मिल पाता जो कि उनकी लोकप्रिय रचनाओं 'कम्यूनिस्ट मैनीफैस्टो' तथा 'द कैपीटल' में मिलता है। विश्वविद्यालय के द्वार बन्द हो जाने पर मार्क्स ने अपनी प्रतिभा का प्रयोग एक पत्रिका निकालने में किया जिसका नाम साईतुंग Rheinische Zeintemg (राईनलैण्ड गजट) था। इसका प्रथम संस्करण सन् 1842 में प्रकाशित हुआ। इसी पत्रिका के माध्यम से मार्क्स ने दार्शनिक आलोचना के सिद्धान्तों को जीवन के व्यावहारिक पक्षों अर्थात् राजनीति और अर्थव्यवस्था पर लागू किया। पत्रिका के पहले लेख में हेगेलवादी प्रभाव स्पष्ट झलकता था। इस लेख में उन्होंने राईन परिषद् की प्रेस स्वतन्त्रता सम्बन्धी कार्यवाही की आलोचना की थी। इससे लगता था कि वह प्रेस स्वतन्त्रता के कट्टर समर्थक थे। अपने पक्ष के समर्थन में उन्होंने राज्य की हेगेलवादी धारणा का सहारा लिया जिसके अनुसार "आज का दर्शन राज्य को एक विशाल शरीर के समान मानता है जो वैधिक, नैतिक तथा राजनीतिक स्वातन्त्रय की उपलब्धि के लिए विनियुक्त है जिसके अन्तर्गत कोई भी व्यक्तिगत नागरिक जब वह राज्य के कानून का पालन कर रहा है तो वास्तव में स्वयं अपने ही स्वाभाविक नियमों का अर्थात् मानव बुद्धि का पालन कर रहा होता है।"

मार्क्स का विचार था कि राज्य की ऐसी धारणा के लिए प्रेस की स्वतन्त्रता आवश्यक है। मार्क्स ने यह तर्क प्रस्तुत किया था कि प्रेस तो जनता की आत्मा की आँख हैं। यह ऐसा बौद्धिक दर्पण है जिसमें जनता स्वयं अपना अवलोकन करती है। बाद में मार्क्स का यही दृष्टिकोण और भी दृढ़ होता गया। उन्होंने आर्थिक तथा सामाजिक समस्याओं पर विचार-विमर्श करना तथा उन्हीं पर लिखना आरम्भ किया। सामाजिक संस्थाओं, परम्पराओं तथा रीति-रिवाजों

पत्र लिखते समय यह तो अनिवार्य ही था कि वहाँ के प्रचलित धर्म के अर्थात् ईसाईयत के तथा ईसाई राज्य के विरोध में भी कुछ लिखा जाए। परन्तु धर्म की आलोचना में लिखते ही उन्होंने अपने आप को संकट में फंसा लिया। राज्य की ओर से साम्यवादी विचारों पर नियन्त्रण लगा दिया गया और मार्च 1843 में सरकार ने इस पत्र के प्रकाशन पर प्रतिबन्ध लगा दिया।

यद्यपि यह पत्रिका अधिक दिनों तक नहीं चल पाई परन्तु फिर भी इस छोटी-सी अवधि में ही मार्क्स के विचारों में आमूल तथा निर्णयकारी परिवर्तन आ गया। उनको प्रतीत होने लगा था कि आर्थिक तथा सामाजिक समस्याओं का समाधान हेगेलवादी प्रकृति के दृष्टिकोण द्वारा सम्भव नहीं है। मानवीय इतिहास के क्रमिक विकास को हेगेल आत्मा के विकास द्वारा समझना चाहते थे परन्तु व्यावहारिक जीवन से प्राप्त तथ्यों ने मार्क्स को यह सोचने पर मजबूर कर दिया कि भौतिक तत्व इतिहास की घटनाओं को मोड़ देने में अधिक महत्वपूर्ण कार्य करते हैं। इस परिवर्तन में फ्यूरबाख की पुस्तक एसेंस ऑफ क्रिश्चियनिटी (Essence of Christianity) का प्रभाव अत्यधिक महत्व रखता है। राईन परिषद् की कार्यवाही की आलोचना करने के फलस्वरूप मार्क्स के मत में हेगेलवादी राज्य की जो धारणा थी उसका भी खण्डन हो गया। मार्क्स को लगा कि राज्य समाज की एक महत्वपूर्ण तथा न्यायानुरूप व्यवस्था को स्थापित करने का साधन नहीं है, अपितु सरकारी सत्ता तो कुछ निजी स्वार्थ सिद्ध करने वालों के हाथ का खिलौना है। इसी दृष्टिकोण से मार्क्स ने हेगेल के राज्य सम्बन्धी सिद्धान्त का पुनः अवलोकन किया। इनकी निजी सम्पत्ति, राज्य तथा धर्म की आलोचना में इतनी उग्रता दिखाई देती थी कि शासन इसको सहन नहीं कर सका और सरकार ने इनको जर्मनी से निष्कासित कर दिया। इस समय तक फ्यूरबाख के प्रभाव में तथा हेगेल के दर्शन की आलोचनात्मक समीक्षा द्वारा मार्क्स के दार्शनिक विचार पूरी तरह बन चुके थे। जर्मनी त्यागने के बाद जब 1843 में वह फ्रांस पहुँचे तो वहाँ उन्होंने समाजवाद के एक महान् समर्थक प्रूधों की सहायता से समकालीन फ्रांसीसी समाजवाद का गहन अध्ययन किया। फ्रांस की इस यात्रा में सितम्बर 1844 में मार्क्स की भेंट फ्रेडरिक एन्जिल्स से हुई जो मार्क्स के जीवन की एक अत्यन्त महत्वपूर्ण घटना है। लगभग सभी सैद्धान्तिक बातों पर इन दोनों में पूरी सहमति थी। इस भेंट के पश्चात् जो कुछ भी इन्होंने लिखा, एक दूसरे के सहयोग में संयुक्त रूप से लिखा। मार्क्स के दर्शन को समझने के लिए एन्जिल्स को समझना भी आवश्यक हो जाता है। दोनों साझे रूप से कम्यूनिस्ट सिद्धान्त के प्रतिपादक कहे जा सकते हैं।

सन् 1845 के आरम्भ में ही जर्मन सरकार के आग्रह पर मार्क्स को फ्रांस भी छोड़ना पड़ा और वह इंगलैंड चले गये। वहीं उन्होंने अपना अधिकतर जीवन काल बिताया। कुछ तो अपने उग्र विचारों के कारण तथा कुछ अपठन योग्य हस्तलिपि के कारण मार्क्स को कभी कोई अच्छा व्यवसाय नहीं मिल सका। उनका सारा जीवन निर्धनता और अभाव में बीता। यदि उनकी धर्म पत्नी को अपने मायके की ओर से आर्थिक सहायता न मिली होती और एन्जिल्स जीवन भर उनकी सहायता न करता रहता, तो शायद मार्क्स को अपना जीवन निर्वाह असम्भव हो जाता। 1883 में लन्दन में उन्होंने अपने जीवन की यह यात्रा समाप्त की। अपनी इन विपरीत परिस्थितियों के बावजूद भी मार्क्स ने ऐसी दार्शनिक खोजें प्रस्तुत कीं कि आज उनका नाम संसार के उच्चतम विचारकों में लिया जाता है।

कार्ल मार्क्स की कृतियाँ

मार्क्स ने अपने जीवन में बहुत से ग्रन्थों की रचना की है। उनमें से जो प्रमुख रचनायें हैं उनकी सूची इस प्रकार हैं:–(1) क्रिटीसिज्म ऑफ हेगेलियन फिलासफी ऑफ राइट (Criticism of Hegelian Philosophy of Right), (2) ऑन द ज्यूइश क्वेश्चन (On the Jewish Question), (3) इकॉनोमिक एण्ड फिलासाफिकल मैनूस्क्रिप्ट (Economic and Philosophical Manuscript of 1844), (4) द होली फैमिली (The Holy Family), (5) द पावर्टी ऑफ फिलासफी (The Poverty of Philosophy), (6) मेनीफेस्टो ऑफ द कम्यूनिस्ट पार्टी (Manifesto of the Communist Party), (7) ए कन्ट्रीब्यूशन टू द क्रिटिक ऑफ पोलिटिकल इकॉनोमी (A contribution to the Critique of Political Economy), (8) द जर्मन आईडियोलोजी (The German Ideology), (9) द गोया प्रोग्राम, (10) सिविल वार इन फ्रांस (Civil War in France), (11) क्लास स्ट्रगल इन फ्रांस (Class Struggle in France), (12) रिवाल्यूशन एण्ड काउण्टर रिवाल्यूशन (Revolution and Counter Revolution), (13) दास कैपिटल (Das Capital) आदि।

मार्क्स के दर्शन पर अन्य विद्वानों का प्रभाव

मार्क्स के समाज दर्शन में उनके पूंजीवाद के विरुद्ध कठोर दृष्टिकोण तथा उनके राजनीतिक विचारों में बहुत सी समकालीन विचारधाराओं का ऐसा सम्मिश्रण सा दिखाई पड़ता है कि सोरोकिन जैसे विद्वान को यह कहना पड़ा कि मार्क्सवाद तो अनेकानेक प्रचलित विचारधाराओं का ढेर है।[1] परन्तु मार्क्स पर जिन प्रभावों को अति स्पष्ट रूप से देखा जा सके, उनमें हेगेल, फ्यूरबाख, रिकार्डो तथा एडमस्मिथ के नाम विशिष्ट रूप से उल्लेखनीय हैं। स्थूल रूप से इन प्रभाव सूत्रों को हम तीन भागों में विभक्त कर सकते हैं–(i) हेगेल का दर्शन तथा जर्मन दार्शनिक परम्परायें, (ii) फ्रांस का भौतिकवाद तथा वहाँ के क्रान्तिकारी समाज के विचार, (iii) इंगलिश अर्थशास्त्र, विशेषत: एडमस्मिथ तथा रिकार्डो द्वारा प्रतिपादित आर्थिक नीति और अतिरिक्त मूल्य (Surplus value) का सिद्धान्त। लेनिन ने भी मार्क्सवाद के यही प्रमुख प्रभावसूत्र स्वीकार किए हैं।[2] इन सभी प्रभाव सूत्रों में जिनको मार्क्सवाद का आधारभूत ढाँचा खड़ा करने वाला माना जा सकता है मुख्य हैं हेगेल की फिनामिनोलॉजी ऑफ माइन्ड (Phenomenology of Mind), उनकी फिलासफी ऑफ राइट (Philosophy of Right) और फ्यूरबाख की एसेंस ऑफ क्रिश्चयनिटी (Essence of Christianity) मार्क्स के दर्शन में इन दोनों विचारकों के मूलभूत सिद्धान्तों का समन्वय दिखाई पड़ता है। एक ओर तो हेगेल का निरपेक्ष प्रत्ययवाद सारे संसार को केवल प्रत्ययों की लीलामात्र मानता है। सृष्टि के विकास तथा परिवर्तन में प्रत्ययों का एक दूसरे में से क्रमिक विकास इस प्रकार चलता है कि मानव की आकांक्षाओं तथा उसके प्रयासों का कोई महत्व नहीं रहता। सत्, असत् और सम्भूति के इस खेल में मानव एक परछाई या एक कठपुतली मात्र बनकर रह जाता है। इसके बिल्कुल

1. सोरोकिन पी. ए., *माडर्न हिस्टोरिकल एण्ड सोशल फिलासफीज,* पृ० 148।

2. मार्क्स, एन्जिल्स लेनिन, *ऑन हिस्टोरिकल मैटिरियलिज्म,* पृ० 454।

विपरीत फ्यूरबाख का भौतिकवाद है जिसमें पुद्‌गल का अन्धा खेल ही जगत की प्रक्रिया का परम कारण है। ऐसे उग्र भौतिकवाद में भी मानव का महत्व एक बड़े यन्त्र के पुर्जे से अधिक नहीं रह जाता। मार्क्स ने अपने दार्शनिक प्रतिपादन में इन दोनों चरम अवस्थाओं पर प्रतिरोध लगा दिया है। यह दोनों छोर वाद तथा प्रतिवाद के रूप में एक दूसरे के व्याघाती सिद्धान्त हैं और दर्शन इन दोनों का संवादी रूप है। इसलिए मार्क्स के दर्शन को समझने के लिए इन दोनों दार्शनिकों के विचारों को भली-भाँति समझना आवश्यक है।

हेगेल तथा मार्क्स

मार्क्स के दर्शन का आधार हेगेल तथा अन्य जर्मन दार्शनिकों की परम्परा है। इस बात को एंजिल्स ने बड़े गर्व के साथ स्वीकार किया है। वह कहते थे कि हम जर्मन समाजवादियों को इस बात का गर्व है कि हमारा सिद्धान्त सन्त साईमन, फौरियर तथा ओवन से ही नहीं अपितु काण्ट, फिख्टे तथा हेगेल से भी व्योत्पादित है।[3] मार्क्सवाद जर्मन परम्पराओं का उत्तराधिकारी है। इसका तात्पर्य यह है कि जो जर्मन दर्शन हेगेल पर आकर अपनी पराकाष्ठा पर पहुँचा था उसी का सातत्य मार्क्सवाद में दिखाई पड़ता है। हेगेल के दर्शन को हम जीवन तथा संस्कृति के सभी विभागों के एक योजनाबद्ध क्रम में समाविष्ट कर देने की स्वप्नदर्शी इच्छा का वास्तविकीकरण कह सकते हैं। एतद्‌नुसार हेगेल ने परम तत्व की कल्पना इस प्रकार की है कि बाहुल्य का आधार इसी में अन्तर्विष्ट होना चाहिए। इससे परम तत्व के अपने स्वभाव में ऐसा प्रतिमान प्रकट होगा जो कि प्रकृति तथा इतिहास में दिखाई देने वाले बाहुल्य को बुद्धिगम्य बना देगा। यह इस बात को दिखाने में समर्थ हो सकेगा कि सारा बाहुल्य उसी प्रतिमान की अभिव्यक्ति तथा विकास मात्र है। इसी कारण हेगेल ने परम तत्व का चिन्तन मूर्त विज्ञान के रूप में किया था। उनके मतानुसार सारी मूर्त नियतियाँ उसी परम तत्व के अपने ही आत्म विकास में व्यक्त की गई शंकाएँ मात्र हैं।

प्रश्न यह उठता है कि वह परम तत्व अपनी अभिव्यक्ति तथा आत्म सिद्धि किस प्रकार करता है। हेगेल के अनुसार जिस विधि से यह परम तत्व अपने आप में व्यावर्तन लाता है तथा भेदान्वित हो जाता है उसको द्वन्द्वात्मकता कह सकते हैं। हेगेल ने द्वन्द्वात्मक पद का प्रयोग जिन अर्थों में किया है उसके अनुसार यह ऐसी प्रक्रिया है जिसमें आरम्भिक पक्ष का निषेध करके एक प्रतिपक्ष की स्थापना की जाती है जो उसका विरोधी होता है। फिर इस प्रतिपक्ष का भी निषेध कर दिया जाता है। यह क्रम निषेध का निषेध कहलाता है जिसके द्वारा हम पूर्ववर्ती दोनों पक्षों का एक संवाद प्रस्तुत करते हैं। इस संवाद में दोनों का अतिक्रमण हो जाता है अर्थात् दोनों का निवारण भी हो जाता है और साथ ही साथ सत्ता के एक उच्च स्तर पर उनका परीक्षण भी हो जाता है। अतिक्रमण (Transcendence)की धारणा को हेगेलवादी तथा उन्हीं के प्रभाव में मार्क्स भी इसी अर्थ में प्रयोग करते हैं। अर्थात् निम्नस्तर पर घात प्रतिघात का निवारण और साथ ही साथ सत्ता के उच्च स्तर पर उन्हीं का परीक्षण। इसी क्रम से यह तीसरा नया पक्ष अगले द्वन्द्वात्मक चरण के लिए पहला जैसा वाद-पक्ष बन जाता है और फिर प्रतिवाद से टकराने पर नए संवाद को विकसित करता है। इस द्वन्द्वात्मक क्रम को हेगेल हमारी

3. मार्क्स तथा एंजिल्स, *सेलेक्टेड वर्क्स,* खण्ड 1. पृ० 137.

चिन्तन प्रणाली नहीं मानते अर्थात् यह कोई ऐसी विधि मात्र नहीं है जिसके अनुसार हम सत्ता के विषय में चिन्तन करते हैं अपितु यह तो परम तत्व का अपना द्वन्द्वात्मक प्रतिरूप है। हेगेल के दर्शन का यह ऐसा केन्द्रीय सिद्धान्त है जिसने मार्क्सवाद के विकास पर बड़ा सशक्त प्रभाव डाला है और मार्क्स के सारे दर्शन में इस हेगेलवादी धारणा का बड़ा महत्व है। क्रान्तिकारी द्वन्द्वात्मक विधि जो मात्र निषेध से निषेध के निषेध तक जाती है यही तो सारे हेगेलवादी तन्त्र की आन्तरिक शक्ति है जिसके कारण से प्रत्येक वस्तु सतत गतिमान अर्थात् संभूति के ऐसे क्रम में लीन दिखलाई देती है जो कहीं भी अन्त होता दिखाई नहीं देता। परन्तु इससे अधिक जिस बात ने मार्क्सवाद को प्रभावित किया वह हेगेलवाद की वह संश्लेषणकारी अपरिमित क्षमता थी जिसके द्वारा मानव-ज्ञान को एक सजीव एकता के रूप में देखा जा सकता था। हाँ, हेगेल के दर्शन की जिस बात को मार्क्स सहन नहीं कर सके वह उसका प्रत्ययवाद था। इस प्रत्ययवाद को छोड़कर शेष जो कुछ भी हेगेलवाद में मूल्यवान था द्वन्द्वात्मकता प्रणाली, उसको मार्क्सवाद में परीक्षित करने के लिए पूरा विधान तथा व्यवस्था मौजूद है जबकि उसके प्रत्ययवाद को भौतिकवाद में परिवर्तित कर दिया गया है। इस प्रकार प्रत्ययवाद द्वन्द्वात्मकता का परिमार्जन करके भौतिकवादी बना दिया गया है। हेगेल को इस प्रकार ऊपर से नीचे पलट कर भी मार्क्सवाद ने अपना सीधा नाता हेगेलवाद से जोड़े रखा है। परन्तु वामपंथी हेगेलवाद तथा फ्यूरबाख के द्वारा मार्क्स का हेगेलवाद के साथ जो परोक्ष सम्बन्ध जुड़ा हुआ है वह और भी महत्वपूर्ण है।

फ्यूरबाख का प्रभाव

हेगेलवाद का अधोमुख परिवर्तन करने में फ्यूरबाख का विशेष योगदान है। फ्यूरबाख वामपंथी मण्डल के अग्रगण्य सदस्यों में से थे। इन वामपंथियों ने हेगेल की क्रान्तिकारी प्रणाली तथा उनके तन्त्र के पुरातनवाद के बीच जो परस्पर व्याघात आ जाता था उसको विरोपित कर दिया। यह व्याघात इस बात के कारण आ जाता था कि द्वन्द्वात्मक विधि तो निरन्तर प्रगति तथा अविरत विकास का संकेत करती है जबकि उनका परम तत्ववादी सिद्धान्त रूढ़िवाद का प्रतीक है। द्वन्द्वात्मक प्रगति का नियम इस बात को द्योतित करता है कि प्रत्येक वास्तविकता अपनी उस तार्किक अनिवार्यता के लक्षण को खोती चली जाती है जो उस क्षण के लिए उसका विशिष्ट लक्षण होता है। बाद में यह न्यायसंगत नहीं रहती और ऐसा लगता है कि यह नई वास्तविकता को अपना स्थान दे देने के लिए पूर्वनिर्दिष्ट है। यह निरन्तर प्रगति तथा सतत प्रक्रिया का सिद्धान्त उनके तंत्र की उस रूढ़िवादिता से कैसे मेल खा सकता है जिसके अनुसार वह जर्मन राज्य को विकास की चरमावस्था मान लेते हैं जहाँ प्रगति अवरुद्ध हो जाती है। इसलिए वामपंथियों ने क्रान्तिकारी प्रणाली को हेगेलवाद का सार कहकर अपना लिया और उसके आधार पर कर्म-योगी दर्शन का एक ढाँचा खड़ा कर दिया। इसको आधार बनाकर इन्होंने निरपेक्षवाद तथा परमवाद पर करारी चोटें आरम्भ कीं। फ्यूरबाख के मतानुसार हेगेल के तंत्र की सबसे बड़ी दुर्बलता उनका प्रकृति-दर्शन है। इनका यह कहना था कि हेगेलवाद यह कहकर कि प्रकृति प्रत्यय की साकार बाहरी अभिव्यक्ति है, प्रकृति का सामान्यत: विवरण देने में तो सफल हो जाता है परन्तु प्रागानुभव रूप से अनन्त बाहुल्य तथा व्यक्तिगत मूर्त अवस्थाओं की विविधता को निर्गमित करके दिखाने में यह सर्वथा असफल रहा है। हेगेल के द्वन्द्वात्मक सिद्धान्त में

उन्हें एक और कमी यह दिखाई दी कि इसमें पौर्वापर्य के लिए तो स्थान है परन्तु समन्वय के लिए नहीं। अस्तु, हेगेलवाद अपनी इतिहास-मूलक प्रस्तावना के कारण प्रकृति की उचित व्याख्या करने में असमर्थ है। वह प्रकृति को समक्ष भी नहीं पाता, इस कारण इसको आपातिक (contingent) समझता है। परन्तु वास्तव में यही आपात तो सच्ची वास्तविकता है क्योंकि वे सारे प्राकृतिक नियम जिनको हेगेल प्रागानुभव रूप से निगमित करता है तभी सार्थक हो सकते हैं यदि उनको मूर्त दृष्टांतों पर लागू करके देखा जाए जबकि हेगेल के सिद्धान्त में व्यष्टि को कभी भी निर्गमित नहीं किया जा सकता। वस्तुत: देखा जाए तो प्रकृति का सार तो इन्हीं व्यष्टियों में निहित है जिनका विवेचन करने में हेगेल का सिद्धान्त असमर्थ है। सच्ची वास्तविकता तो व्यष्टि ही है। इस प्रकार फ्यूरबाख हेगेल को उलट देता है। व्यष्टिगत, एकवर्ती प्रकृति सत्य है और आत्मा तथा प्रत्यय उसकी प्रतिलिपी मात्र हैं। इस प्रकार हेगेल का प्रत्ययवाद फ्यूरबाख के हाथों अमार्जित भौतिकवाद में बदल दिया गया। जर्मन प्रत्ययवाद की, जो हेगेल के दर्शन में अपनी पराकाष्ठा को पहुँच गया था, मूलभूत कमजोरी यह थी कि यह सामान्य में से तथा प्रत्यय में से प्रकृति तथा व्यष्टि को व्योत्पन्न करने में असमर्थ था। इस प्रकार यह स्वयं अपनी सृजनात्मकता का निराकरण कर रहा था। यह अपना सृष्टिघात कर लेता है, परन्तु फिर भी द्वन्द्वात्मकता की छाप इस पर भी दिखाई देती है और ऐसा प्रतीत होता है कि यह भौतिकवाद जिसमें द्वन्द्वात्मक विधि के अनुसार आत्मा पुद्गल का निषेध मानी जाती है द्वन्द्वात्मक प्रत्ययवाद का छोटा भाई है, वास्तव में तो फ्यूरबाख का सारा दर्शन हेगेलवाद का प्रत्यावर्ती रूप ही दिखाई पड़ता है।

एक बार प्रत्ययों का मूल प्रकृति में दिखा देने के पश्चात् फ्यूरबाख के लिए यह बड़ा सुगम हो गया कि ईश्वर की धारणा का भी खण्डन कर सके। इसी दृष्टिकोण से उनकी पुस्तक एसेंस ऑफ क्रिश्चियनिटी (Essence of Christianity) लिखी गई थी जिसने मार्क्स के विचारों पर निर्णयकारी प्रभाव डाला। ध्यानपूर्वक देखा जाए तो यह पुस्तक ईसाईयत का सार होने की बजाय हेगेलवाद का सार अधिक दिखाई पड़ती है। इस पर थोड़ा-सा विस्तार में विचार करना आवश्यक है क्योंकि इसमें प्रतिपादित मन्तव्यों ने मार्क्स पर अमिट छाप छोड़ी। फ्यूरबाख ने मार्क्स को मानववाद की स्पष्ट कल्पना दी और यही मानववाद ही जो उत्पीड़न से मानवता को मुक्त कराने का संघर्ष था, बाद में मार्क्स का समाजवाद बन गया। मानवत्वारोप (anthropomorphism) की धारणा का स्त्रोत भी फ्यूरबाख का यह ग्रन्थ ही था। इसी धारणा का प्रयोग मार्क्स ने दर्शन, धर्मशास्त्र की आलोचना तथा सामाजिक मीमाँसा में किया। यह कहना अतिशयोक्ति नहीं है मार्क्स की अर्थाश्रित इतिहास विवेचना तथा सारा ऐतिहासिक भौतिकवाद मार्क्स द्वारा फ्यूरबाख के चश्मे से पढ़ा गया हेगेलवाद ही है। इसी कारण फ्यूरबाख के इस ग्रन्थ पर थोड़ा विस्तार से प्रकाश डालना मार्क्सवाद को समझने के लिए आवश्यक-सा हो जाता है।

द्वन्द्वन्याय (Dialectics)

मार्क्स की दूसरी मूलभूत मान्यता यह है कि सारी प्रगति द्वन्द्वात्मक गति से हो रही है। द्वन्द्व के कारण ही प्रकृति निरन्तर परिवर्तित होती रहती है। यह सिद्धान्त मार्क्स ने हेगेल से लिया है परन्तु हेगेल अपने सर के बल घूम रहे थे। मार्क्स कहते हैं कि मैंने उन्हें सीधा खड़ा

कर दिया। अपने तथा हेगेल के द्वन्द्वन्याय का अन्तर बताते हुए मार्क्स लिखते हैं कि मेरी द्वन्द्वात्मक विधि न केवल हेगेल से भिन्न है अपितु उसकी बिल्कुल उलट है। हेगेल अपनी प्रक्रिया को रिक्त सत्ता से आरम्भ करते थे। उनके सिद्धान्त में प्रत्यय को प्राथमिकता दी गई थी जबकि मार्क्स ने उसका भौतिक आरम्भ माना है। यह विधि सारे ही परिवर्तनों पर लागू होती है चाहे वे चिन्तन में हों चाहे वस्तुओं में। हेगेल का प्रत्ययवाद यह मानता था कि वस्तुओं का विकास तथा सत्य का अन्वेषण यह एक ही सत् के दो पक्ष हैं। मार्क्स इसको स्वीकार तो कर लेते हैं परन्तु जहाँ हेगेल ने सत्य के अन्वेषक को प्रथम वर्ग माना था वहाँ मार्क्स ने क्रम को उलट कर वस्तुओं के विकास से अपनी प्रक्रिया का आरम्भ किया। इस सिद्धान्त के अनुसार पुरानी वस्तुयें अपने ही गर्भ में से नई वस्तु को जन्म देकर स्वयं नष्ट होती रहती हैं और उनका स्थान नई वस्तुएँ लेती रहती हैं जो पहली से अधिक विकसित होती हैं। इस द्वन्द्वन्याय में दो बड़ी प्रमुख विशेषताएँ दिखाई पड़ती हैं। एक तो यह कि विषयनिष्ठ व्याघात सत् का प्रभावी लक्षण है, (ii) दूसरी यह कि निम्न वर्गों के नियम (जैसे यन्त्रवादी इत्यादि) विकास की उच्चतर अवस्था (जैसे जीवन तथा मन) पर लागू नहीं किए जा सकते। हर स्तर के अपने ही वर्ग (Categories) उस स्तर के प्रपंच की व्याख्या करने के लिए पर्याप्त हैं।

मार्क्सवादी द्वन्द्वात्मक सिद्धान्त इस बात पर आग्रह करता है कि प्रत्येक वस्तु गतिमान है। जगत में निरन्तर परिवर्तन होता रहता है। जो कुछ भी स्थिर, अपरिवर्तनीय या अगतिमान दिखाई देता है वह सत् नहीं हो सकता। मार्क्सवादी ऐसा मान कर चलते हैं कि प्रत्येक वस्तु के स्वभाव में कुछ व्याघाती तत्व निहित रहते हैं। इन व्याघाती तत्वों के बीच बराबर संघर्ष चलता रहता है। इसी प्रकार नूतन तथा पुरातन के बीच संघर्ष चलता रहता है। इन्हीं संघर्षों के फलस्वरूप सारे परिवर्तन होते हैं। क्योंकि यह अन्तर्निहित व्याघात ही सत् का व्यापक गुण है इसलिए प्राचीन तर्कशास्त्र सत् (Reality) की व्याख्या करने में असमर्थ है। मार्क्स यह मानते हैं कि सारा परिवर्तन तीन प्रकार के विशिष्ट लक्षण लिए हुए हैं। अतः द्वन्द्वन्याय के नियमों को तीन रूपों में देखा जा सकता है—

(1) मात्रा से गुण तथा गुण से मात्रा में रूपान्तरण का नियम।

(2) विरोधियों के परस्पर अन्तर्भेद का अर्थात् विरोधियों के परस्पर संघर्ष तथा एकता का नियम।

(3) निषेध के निषेध का नियम।

1. मात्रा से गुण तथा गुण से मात्रा में रूपान्तरण का नियम—मात्रा का गुण में परिवर्तन कैसे होता है इसका उदाहरण देते हुए एंजिल्स कहते हैं कि एक विशेष तापमान पर पानी बर्फ में परिवर्तित हो जाता है। पहले तो पानी की तरलता पर एक सीमा तक तापमान के परिवर्तन का गुणात्मक प्रभाव नहीं दिखाई पड़ता परन्तु यदि तापमान की मात्रा निरन्तर घटती जाए तो एक सीमा ऐसी आ जाती है जब उसमें गरमी बिल्कुल शेष नहीं रह जाती। उसमें शीतलता का बाहुल्य होता रहा है जिसके फलस्वरूप उसमें एक गुणात्मक परिवर्तन आ जाता है और वह पानी से बर्फ बन जाता है। इसी प्रकार इसके उल्टे क्रम में पानी में जब तापमान की विपुलता हो जाती है तो वह भाप बन जाता है। यह मात्रा तथा गुण का परस्पर परिवर्तन विकास के सिद्धान्त की ओर संकेत करता है। इसी द्वन्द्वात्मक विकास का सहारा लेकर एंजिल्स ने भौतिकशास्त्र, रसायनशास्त्र तथा जीवशास्त्र के क्षेत्र में होने वाले विकास के सारे क्रम की व्याख्या की है।

आलोचना

इस नियम में यह बात स्पष्ट नहीं की गई कि क्या पानी तथा भाप गुणात्मक दृष्टि से भिन्न हैं या यह केवल पानी का रूप परिवर्तन है। अधिक ताप के कारण परमाणुओं के बीच फैलाव उत्पन्न हो गया है और ताप कम होते ही वे पूर्व स्थिति में आ जाते हैं। यदि वस्तु के फैलने तथा सिकुड़ने को गुण परिवर्तन मान लिया जाए तब पानी में थोड़ी-सी भी गरमी या शीतलता उसके अन्दर गुणात्मक परिवर्तन ला देगी। वैज्ञानिक दृष्टि से हम इस बात को नहीं मान सकते कि सारे भौतिक परिवर्तन गुणात्मक परिवर्तन होते हैं। रासायनिक दृष्टि से तो किसी रासायनिक वस्तु के मिश्रण पर गुण परिवर्तन होते हैं। भौतिक परिवर्तन की मात्रा में तो केवल अवयव इधर से उधर कर दिए जाते हैं। फिर यदि यह मान भी लिया जाए कि मात्रा परिवर्तन से गुण भी बदल जाते हैं तो भी हम हर परिवर्तन को विकास या प्रगति नहीं कह सकते। पानी के उदाहरण में पानी बर्फ बन जाता है, फिर पुनः पानी बन जाता है तो यह तो यथापूर्व स्थिति में लौटाना है क्योंकि दुबारा जो पानी बनता है वह पहले वाले से गुणों में भिन्न है। विज्ञान इसको मानने को तैयार नहीं है। इसी प्रकार यदि 'निषेध का निषेध' वाले नियम को भी इसके साथ जोड़ दें, तो भी यह आवश्यक नहीं कि उत्तरवर्ती निषेध कोई गुणात्मक परिवर्तन उत्पन्न करता है। बीज का उदाहरण लीजिये। बीज का निषेध होने पर वृक्ष बन जाता है, उसमें पुनः बीज निकलते हैं। इसको एंजिल्स तो रूपान्तरण कहता है परन्तु ध्यानपूर्वक देखें तो पता चलेगा कि इससे हमें बीजों की अधिक मात्रा तो मिल जाएगी परन्तु वह उच्च स्तर के या पहले से भिन्न गुण वाले होंगे यह आवश्यक नहीं है। इसलिये इस नियम को प्रकृति में होने वाले सभी परिवर्तनों का नियम नहीं कहा जा सकता। हाँ, इस नियम का प्रयोग केवल इतिहास की तथा समाज की कुछ प्रगतिशील अवस्थाओं पर ही किया जा सकता है। इसको सीमित रूप में लागू करने पर यह विकास के दोनों प्रकारों की व्याख्या नहीं कर सकेगा जो कि एक दूसरे से भिन्न हैं फिर भी प्रगति के लिए अनिवार्य हैं। ये हैं उद्विकास (Evolution) तथा क्रान्ति (Revolution), इनमें से पहले वाले परिवर्तन अनुक्रमिक हैं जबकि दूसरी प्रकार का परिवर्तन आकस्मिक, अतिव्याप्त तथा प्रचण्ड ढंग से होता है। इसकी व्याख्या स्टालिन ने की है और उनका ऐसा मत है कि इस नियम के अन्तर्गत उद्विकास तथा क्रान्ति दोनों का परस्पर सम्बद्ध कर दिया गया है। उद्विकास धीरे-धीरे क्रान्ति की तैयारी करता है तथा उसके लिए आधार बनाता है। क्रान्ति में जाकर उद्विकास पूर्णता प्राप्त कर लेता है और फिर क्रान्तिकारी परिवर्तन अगली क्रिया को सुसाध्य बनाता है तथा आगे बढ़ने में सहायता देता है। मानव इतिहास में कई बार ऐसी स्थिति आई है जब एक विशेष सामाजिक व्यवस्था के अन्दर होने वाले मात्रात्मक परिवर्तन गुणात्मक परिवर्तन के लिए भूमिका तैयार करते हैं और धीरे-धीरे उस अवस्था तक ले जाते हैं जहाँ पुरानी व्यवस्था एक नये समाज को जन्म देती है जो पिछले वाले से गुणात्मक दृष्टि से सर्वथा भिन्न होता है। स्टालिन ने इस नियम के विनियोग का क्षेत्र वहीं तक सीमित कर दिया है जहाँ तक वैध रूप से इसको लागू किया जा सकता है। एंजिल्स का यह प्रयास कि इसको प्रकृति का नियम बना दें भ्रान्ति उत्पादक सिद्ध हो जाता है।

2. विरोधियों के संघर्ष का नियम—नियम जिसको मार्क्सवादी द्वन्द्वन्याय का प्रमुख भाग कह सकते हैं विरोधियों के संघर्ष का नियम है। इस नियम के अनुसार प्रकृति के प्रपंच में तथा सभी वस्तुओं के अन्दर व्याघात अन्तर्निहित हैं क्योंकि उन सभी में एक भावात्मक तथा नकारात्मक पक्ष होता है। पुरातन तथा नूतन के बीच तथा नवोदित और विनाशोन्मुख के बीच इन विरोधियों के संघर्ष द्वारा ही जगत में विकास की प्रक्रिया चलती है और इसी के द्वारा मात्रात्मक परिवर्तनों का गुणात्मक परिवर्तनों में रूपान्तरण होता रहता है। इस नियम के द्वारा मार्क्स दो महत्वपूर्ण बातें कहना चाहते हैं—(i) एक तो यह कि हर जगह अन्तर्द्वन्द्व तथा गतिशीलता विद्यमान है। वह इतिहास तथा प्रकृति की निश्चल तथा गतिशून्य कल्पना के विरोधी थे। (ii) दूसरा यह कि निम्न कोटि से उच्चकोटि के विकास की प्रक्रिया कोई प्रपंच के सामंजस्यपूर्ण उद्घाटन द्वारा नहीं होती, अपितु वस्तुओं में अन्तर्निहित व्याघातों की अभिव्यक्ति के द्वारा, या इन व्याघातों पर आधारित जो विरोधी प्रवृत्तियाँ कार्यरत रहती हैं उनके अभिसम्पात के रूप में यह क्रिया चलती रहती है। लेनिन ने इसी नियम के आधार पर यह मत रखा कि द्वन्द्वात्मक भौतिकवाद के अनुसार जगत की गति की यन्त्रवत् व्याख्या सर्वथा भ्रान्त है। यदि गति का कारण जगत में ही अन्तर्निहित नहीं है तो इसकी व्याख्या के लिए हमें अनिवार्य रूप से अलौकिक शक्ति को मानना पड़ता है। इसलिए कोई स्वतो-गति (Self-movement) के नियम की आवश्यकता थी। यह नियम हेगेल के व्याघात के सिद्धान्त से मिल जाता है जिसका विवेचन हेगेल ने अपने ग्रन्थ साईस ऑफ लॉजिक (Science of Logic) की दूसरी पुस्तिका में किया है। एंजिल्स ने इसको भौतिकवादी मोड़ दिया तथा लेनिन इससे अत्यन्त प्रभावित हुए। हेगेल कहते थे कि तादात्म्य तो मृत सत्ता का निर्धारक नियम है जबकि व्याघात सारी गति तथा सारे जीवन का आधार है। जिस हद तक किसी में वस्तु व्याघात निहित है उसी सीमा तक वस्तु गतिशील है तथा क्रियाशीलता की प्रवृत्ति रखती है।[4] एतद्नुसार हेगेलवादियों की यह धारणा है कि वही चीज सजीव है जिसमें अन्तर्द्वन्द्व है और उसी सीमा तक सजीव है जिस सीमा तक उसमें व्याघात निहित है।

एंजिल्स ने अन्तःसंघर्ष के सिद्धान्त के पक्ष में विभिन्न विज्ञानों से प्रमाण प्रस्तुत किए हैं जिनमें से तीन प्रमुख अन्वेषणों की ओर विशेष रूप से संकेत किया है—(i) एक तो कोशिका (cell) की खोज, (ii) दूसरी ऊर्जा के रूपान्तरण का सिद्धान्त जो इस बात पर आग्रह करता है कि निर्जीव प्रकृति में जितनी भी सक्रिय शक्तियाँ हैं वे सभी एक ही सर्वव्यापी गति की अभिव्यक्तियों के विभिन्न रूप हैं और एक निश्चित अनुपातानुसार एक दूसरे में परिवर्तनशील हैं। सारी प्रकृति गति के एक प्रकार से दूसरे प्रकार में रूपान्तरण की सतत प्रक्रिया है, (iii) तीसरी यह कि डार्विन के जीववैज्ञानिक अनुसंधानों ने भी प्रकृति की अपरिवर्ती धारणा को समाप्त कर दिया था। ये सारी नई-नई खोजें जिन नियमों को प्रकट करती हैं, उनसे यह सिद्ध हो जाता है कि प्रकृति में निरन्तर संघर्ष चल रहा है। यह संघर्ष, वस्तुतः, शाश्वतता तथा विनाश के बीच चलता रहता है। इस संघर्ष के फलस्वरूप वस्तुओं के स्वभाव में निहित नकारात्मक अवस्था तथा व्याघात उभर कर बाहर आ जाते है। फिर इनके समाधान से अनुपम

---

4. हेगेल जी० डब्लू० एफ०, *साईस ऑफ लॉजिक*, II पृ० 66

तथा सन्धिहीन नये व्याघातों का आविर्भाव होता है और यही क्रम पुनः चलना आरम्भ हो जाता है। इसीलिए लेनिन कहा करते थे कि "वस्तुओं के सारभूत स्वभाव व्याघातों की खोज करना ही द्वन्द्वन्याय है और विरोधियों का संघर्ष ही विकास है।"

जब इस नियम को सामाजिक जीवन पर लागू किया जाता है तो समाज की पूंजीपति व्यवस्था में यह व्याघात उभर कर सामने आ जाता है। वहाँ यह व्याघात उत्पादनकारी शक्तियों तथा उत्पादन के सम्बन्धों के बीच दिखाई देता है जो वर्ग संघर्ष के रूप में दिखाई पड़ता है। वास्तव में द्वन्द्वात्मक भौतिकवाद इस बात पर आग्रह करना चाहता है कि विरोधियों के अन्तःसम्बन्ध को प्राचीन दार्शनिकों के सर्वग्राही दृष्टिकोणानुसार मात्र संयोजन या पूर्वानुक्रम के रूप में नहीं देखना चाहिए अपितु द्वन्द्वात्मक दृष्टि से देखना चाहिए जिसका अर्थ यह है कि ये विरोधी इस प्रकार अन्तर्ग्रथित होते हैं कि एक दूसरे के बिना अस्तित्ववान नहीं रह सकता। वे एक दूसरे को अपवर्जित नहीं करते अपितु एक दूसरे को व्यंजित करते हैं तथा अन्योन्याश्रित रहते हैं। एक दूसरे को प्रतिबन्धित करता है। पूंजीपति समाज में सम्पत्तिधारी तथा सर्वहारा एक दूसरे के सर्वथा बैरपूर्ण विरोधी होते हैं फिर भी समाज के आर्थिक ढाँचे में वे एक दूसरे के साथ इस प्रकार बंधे रहते हैं कि कोई भी एक वर्ग दूसरे के अस्तित्व की अवस्था को प्रदर्शित कर सकता है। इसलिये लेनिन सार रूप में द्वन्द्वात्मक सम्बन्धों की व्याख्या करते हुए कहते हैं कि "द्वन्द्वन्याय यह सिद्धान्त है कि ये विरोधी किस प्रकार से समरूप (Identical) होते हैं या हो सकते हैं कि अर्थात् वे किन परिस्थितियों में एक दूसरे के अन्दर परिवर्तित होते हुए भी समरूप रहते हैं।" इसको समरूपी विरोधियों की एकता (unity of the identical opposites) भी कहते हैं। इस बात को हम इस ढंग से समझ सकते हैं कि किसी भी वस्तु की एकता की सीमाओं के भीतर ही विरोधियों के बीच व्याघात का सतत क्रम बराबर चलता रहता है। जब यह विरोध उस वस्तु के विशिष्ट गुण द्वारा प्रतिबन्धित होकर एक निश्चित स्तर पर पहुँच जाता है तो इस व्याघात का समाधान हो जाता है और पूर्ववर्ती गुण के स्थान पर नये अन्तर्व्याघातों सहित एक नये गुण वाली व्यवस्था स्थापित हो जाती है।

आलोचना

द्वन्द्वात्मक सिद्धान्त में एक बड़ा दोष यह दिखाई पड़ता है कि यह व्याघात (Contradiction) तथा विपरीत (Contrary) में भेद नहीं कर पाता। पूँजीपति तथा सर्वहारा एक दूसरे के विरोधी तो हैं परन्तु सारा तार्किक विरोध व्याघात तक तो सीमित नहीं है। प्रो॰ ब्रीफ्स (Briefs) के अनुसार जर्मन साहित्य में दो शब्दों को अर्थात् व्याघात (Contradiction) तथा भेद (Difference) को एक दूसरे में सम्मिलित कर दिया गया है। जो भिन्न हैं वह व्याघाती है। यह भ्रान्ति शायद सारे द्वन्द्वन्याय की बड़ी दुर्बोध समस्या है। प्रो॰ हार्टमैन भी इसी तार्किक दोष की ओर संकेत करते हुए कहते हैं कि वास्तविक व्याघात को इस जगत में कैसे खोजा जाए, अन्त में बहुत से कथाकथित व्याघात केवल वैपरीत्य ही सिद्ध हो जाते हैं। कई बार ये तथाकथित व्याघाती विरोधी एक दूसरे से टकराते की नहीं। इसी कारण इस नियम को केवल सीमित रूप में ही स्वीकार किया जा सकता है। हाँ, इसका सबसे बड़ा योगदान यह है कि गतिशील, निरन्तर परिवर्तन, विकास तथा प्रगति पर आग्रह करके मानव इतिहास में गतिरोध को रोक कर उसे रूढ़िग्रस्त होने से बचा लेता है।

3. निषेध के निषेध का नियम—नियम निषेध के निषेध का नियम है। सामान्यतः यह कह सकते हैं कि निषेध वादपक्ष (Thesis) का निषेध अर्थात् प्रतिवाद पक्ष है और संवाद पक्ष (Synthesis) इस निषेध का निषेध है। यहाँ निषेध शब्द का विशेष अर्थों में प्रयोग किया गया है। इसका अर्थ मात्र निराकरण नहीं है अपितु स्पिनोजा की भाँति प्रत्येक निर्धारण तथा परिसीमन निषेध कहलाता है। वस्तुतः हेगेलवाद के अनुसार विकास एक पराकोटि से दूसरी पराकोटि तक चलता है। निषेध का निषेध इस ओर संकेत करता है कि दोनों पक्षीय धारणाओं को पराजित किया जाना चाहिये। इन तीनों नियमों का परस्पर सम्बन्ध इस प्रकार समझा जा सकता है कि पहला नियम तो हमें यह बतलाता है कि विकास क्यों होता है दूसरा बतलाता है कि कैसे होता है और तीसरा नियम यह बतलाता है कि किस दशा में होता है। जब मात्रा का गुण में रूपान्तरण होता है तो पूर्ववर्ती गुण का निषेध हो जाता है। यह नया गुण फिर से अगले वाले सोपान के लिए आरम्भिक अवस्था बन जाता है तथा इसका पुनः निषेध होता है और पहले निषेध का अतिक्रमण हो जाता है।

एंजिल्स ने इस बात की पुष्टि करने के लिए कई उदाहरण दिए हैं। अण्डों में से तितिलियाँ अण्डों का निषेध करके ही उत्पन्न होती हैं और नये अण्डे तब उत्पन्न होते हैं जब तितलियों का निषेध हो जाता हैं मार्क्स भी यही कहते थे कि निजी सम्पत्तिवादी समाज व्यवस्था आदिम साम्यवाद का निषेध है, अब इसका निषेध करने पर वैज्ञानिक साम्यवाद की स्थापना होगी।

आलोचना

एंजिल्स ने अपने पक्ष के समर्थन में जो उदाहरण तितली के अण्डों को प्रस्तुत किया है वह बड़ा निरर्थक सा है। अन्य किसी भी उच्च स्तरीय जीवन में ऐसा नहीं होता कि अपनी सन्तान उत्पन्न करते ही उसका निषेध हो जाये। संसार में गति के अनेकों उदाहरण ऐसे प्रस्तुत किये जा सकते हैं जहाँ निरन्तर गति होने पर भी द्वन्द्वात्मक नियम लागू नहीं होता। उदाहरणार्थ पैण्डुलम का दोलन, नक्षत्र और ग्रहों की गति, तथा आकाश में प्रकाश का निरन्तर प्रसारण आदि ऐसी घटनायें हैं जिन पर द्वन्द्व न्याय के तीनों नियमों में से कोई भी लागू नहीं होता। वास्तव में एंजिल्स ने अपनी महत्वाकांक्षा में उस नियम को ब्रह्माण्ड की गति का नियम बना दिया परन्तु वह यह नहीं बतला सके कि आधुनिक विज्ञान में जो ऊष्मागतिक (Thermodynamics) के नियम तथा ऊर्जा संरक्षण का जो सर्वव्यापी नियम है जिसके अनुसार विश्व में प्रदत्त ऊर्जा की कुल मात्रा अपरिवर्तनीय है, इन नियमों के साथ द्वन्द्वात्मक नियम का सम्बन्ध कैसे जुड़ा हुआ है? यदि कोई सम्बन्ध नहीं है तो एक द्वन्द्वात्मक नियमों से नियन्त्रित होने वाला विश्व तथा एक भौतिकी के ज्ञात नियमों द्वारा संचालित विश्व, ऐसे दो विश्व मानने पड़ेंगे जोकि स्वयं मार्क्सवादी सिद्धान्त के लिये घातक हैं।

वास्तव में देखा जाए तो भौतिकवाद तथा द्वन्द्व न्याय का यह सम्मिश्रण ही समस्यापद है। द्वन्द्वात्मक भौतिकवाद के अनुसार आरम्भ में तो हमारे पास जीवन रहित तथा मनसशून्य पुद्‌गल ही होता है जो बाद में द्वन्द्व न्याय के तीनों मौलिक नियमों के अनुसार अपने सभी उच्च स्तरीय निर्धारित परिणामों को अपने से बाहर निकालता हुआ प्रतीत होता है। द्वन्द्वन्याय के तीनों नियम इस प्रक्रिया की उचित व्याख्या नहीं करते। यदि यह मान भी लिया जाये कि सत् तथा असत् का परस्पर विरोध आन्तरिक रूप से सम्भूति को सम्भव बना देता है तो भी

जब तक कोई और उच्च स्तरीय कारण न मानकर चलें तब तक इस सम्भूति की अभिव्यक्ति इस प्रकार नहीं हो सकती कि किसी उच्चस्तरीय गुण का अपने आप प्रादुर्भाव हो जाए। जब पहले निषेध द्वारा कुछ निर्धारित परिणाम उदय होते हैं तो वे अपने पूर्वगामी द्वारा प्रतिबन्धित रहते हैं और यदि द्वितीय निषेध होने पर किसी उच्च स्तर के वर्ग का जन्म होता है तो यह निषेधकारी तत्व किसी उच्च स्तर का ही होना चाहिए परन्तु यदि ऐसा मान लें तो भौतिकवाद समाप्त हो जाता है। यदि यह मान लें कि ये सारे परिणाम जो एक के बाद एक उदय होते हैं पहले से ही उसमें निहित रहते हैं तो सारा विकास क्रम केवल विवर्त बन जायेगा या हेगेल के परमतत्व की भाँति मार्क्स का पुद्‌गल भी अपने निश्चित वर्गों द्वारा अपनी ही आत्मसिद्धि (Self-realization) के लिए अपने रूप व्यक्त करता हुआ मानना पड़ेगा। इस समस्या का समाधान मार्क्सवाद के दर्शन में नहीं मिलता।

इन सारी कठिनाइयों को देखते हुए एक समकालीन मार्क्सवादी प्रो॰ हरमन लेवी ने उचित ही कहा है कि द्वन्द्वन्याय का उपनय विशेषतः सामाजिक तथा आर्थिक विकास क्रम पर किया जाना चाहिए। मार्क्स ने स्वयं भी इस द्वन्द्वात्मक न्याय को समाज व्यवस्था पर ही लागू किया था, इससे आगे नहीं। एंजिल्स तथा कई दूसरे श्रद्धालु मार्क्सवादियों ने व्यर्थ जोश में आकर इस नियम को ब्रह्माण्डशास्त्रीय तथा सार्वभौमिक बनाने की चेष्टा की है उससे ये सारी भ्रान्तियाँ उत्पन्न हो गई हैं। मानवता अपने विकास में अपनी आत्म सिद्धि के लिए प्रयत्नरत है। अतः द्वन्द्व न्याय इतिहास की व्याख्या का नियम है। इससे आगे इसको भौतिक जगत की सारी मानव प्रक्रियाओं पर लागू करना इस नियम के साथ अन्याय है।

ऐतिहासिक भौतिकवाद
(Historical Materialism)

समाज के विकास तथा इतिहास की गति की व्याख्या करने के लिए मार्क्स ने हेगेल के द्वन्द्व न्याय का प्रयोग किया है। इस प्रकार द्वन्द्वात्मक विधि द्वारा इतिहास की व्याख्या ही ऐतिहासिक भौतिकवाद कहलाती है। जिस प्रकार तत्व मीमांसा के क्षेत्र में द्वन्द्वात्मक न्याय यन्त्रवादी व्याख्या का खण्डन करता है उसी प्रकार मानव समाज की यन्त्रवत व्याख्या की भी यह सिद्धान्त कटु आलोचना करता है। एन्जिल्स कहते थे कि मानव इतिहास की प्राकृतिक इतिहास विषयक धारणा एक पक्षीय है। यह इस बात को भूल जाती है कि मनुष्य प्रकृति की प्रतिक्रिया करके उसको बदलने की क्षमता रखता है और प्रकृति में परिवर्तन लाकर वह अपने अस्तित्व की नई-नई परिस्थितियों का निर्माण करता है। मानव की आवश्यकताओं के अनुसार प्रकृति को समायोजित करने का जो क्रम है उसी से मानव इतिहास की सामग्री उपलब्ध होती है। अतः इतिहास कुछ राजनीतिक दुर्घटनाओं की कहानी नहीं है अपितु यह तो इस बात का विवेचन है कि मनुष्य समष्टिगत रूप से प्रकृति में अपने अस्तित्व के साधन कैसे उत्पन्न करता है। इस उत्पादन क्रम में जीवन बदलता रहता है, उत्पत्ति की शक्तियाँ उभरती हैं और पुराने सम्बन्ध नष्ट होकर नई व्यवस्था बनती रहती है। आरम्भ में तो मनुष्य की क्रिया भी पशुओं की भाँति सहजवृत्यात्मक थी। उसकी क्रिया का विषय बाहर विद्यमान रहता था और वह इतना ही जानता था कि यह उसकी किसी नैसर्गिक तथा शारीरिक आवश्यकता की पूर्ति कर सकता है। परन्तु मनुष्य पशुओं की भाँति कोई सर्वथा सरल प्राकृतिक प्राणी नहीं है कि वह प्रकृति

को उसी प्रकार स्वीकार कर लें जैसी यह उसके सामने प्रस्तुत है। वह अपना श्रम निरन्तर उस पर लगाता रहता है और अपनी आवश्यकताओं के अनुसार प्रकृति को परिमार्जित कर देता है। इस क्रिया में वह अपनी परिस्थितियों को तथा अपने सामाजिक सम्बन्धों को प्रकृति में होने वाले परिवर्तनों के अनुसार समायोजित कर लेता है। यह द्विपक्षीय समायोजन ही श्रम है जिसमें एक ओर तो उत्पादन शक्ति है तथा दूसरी ओर उत्पादन सम्बन्ध है। अतः इतिहास के आरिम्भक काल से ही समाज में वस्तुओं तथा मनुष्यों के बीच एक सम्बन्ध सा दिखाई पड़ता है। इस श्रम में विषयी अन्यताभाव का अनुभव करता है। इस अन्यताभाव का सम्बन्ध यथार्थ तथा बाह्य अस्तित्ववान विषयों के उत्पादन से है जिनमें मनुष्य अपनी शक्ति लगा देता है और अपने 'आप' (Self) से अलग होकर अपने से अन्य बन जाता है। इसलिए वह अपना जो कुछ भी 'अन्यता' बनकर सामने है उसकी पुनः प्राप्ति के लिए प्रयास करता रहता है। जब यह विषय तथा विषयी के बीच का नियोग समाप्त हो जाएगा अर्थात् जब मनुष्य इस बात का उन्मूलन कर देगा कि उसके अपने ही परिश्रम के परिणाम तथा उसके अपने ही श्रम के उत्पाद कोई अपने से अन्य, तथा कोई बाहरी वस्तु है तो 'अन्यता' का ही अनुभव होगा। अतः हेगेल के प्रभाव में मार्क्स भी इस बात को मानते हैं कि इतिहास का प्रयोजन अन्यता भाव को समाप्त करना है। अन्तर केवल इतना है कि हेगेल इसको ज्ञान के क्षेत्र में समाप्त करना चाहते थे जबकि मार्क्स इस अन्यता भाव को वास्तविक जीवन परिवेश (Life Situation) से समाप्त करना चाहते हैं। इस प्रकार से फ्यूरबाख के मानवत्वारोप तथा हेगेल के द्वन्द्व न्याय को मिलाकर मार्क्स इतिहास की भौतिकवादी धारणा पर पहुँचे हैं।

इस धारणा के अनुसार मनुष्य मूल रूप से एक उत्पादनकर्त्ता है। इस उत्पादन क्रिया में सबसे पहले वह अपनी भौतिक आवश्यकताओं की पूर्ति के साधन पैदा करता है। इससे पूर्व कि वह सभ्यता का निर्माण करे या संस्कृति सीखे, उसके लिए यह आवश्यक है कि वह जीवित रहे। इसलिए सर्वप्रथम वह अपने जीवित रहने के साधन प्रकृति से निकालता है। इसकी प्राथमिकता के कारण हम इसको भौतिकवादी व्याख्या कहते हैं। अतः भौतिक आवश्यकताओं की पूर्ति मनुष्य की चिन्तन क्रिया से पहले है। जब वह प्रकृति से अपने जीवित रहने के साधन उत्पादन करता है तो कुछ शक्तियों का प्रयोग करता है जिनको उसकी उत्पादन शक्तियाँ (Forces of production) कह सकते हैं। इनमें मनुष्य की अपनी शक्ति उत्पादन में प्रयोग होने वाले उपकरण, तथा जनता की श्रमिक परम्परायें भी सम्मिलित हैं। मनुष्य तथा प्रकृति के बीच जो उत्पादन क्रिया चलती है अर्थात् प्रकृति के साथ मनुष्य जो उत्पादन सम्बन्ध रखता है उसी के अनुकूल मनुष्यों के परस्पर सम्बन्ध भी निर्धारित होते हैं अर्थात् उत्पादन की व्यवस्था के अनुकूल ही वर्गों की सृष्टि होती है। मार्क्स ने यह मत प्रस्तुत किया है[5] कि समाज का यह आर्थिक ढाँचा, अर्थात् समाज अपनी उत्पादन शक्तियों को किस प्रकार संगठित किये हुए है यह बात ही इतिहास का मूलभूत निर्धारक तत्व है। इन्हीं आर्थिक सम्बन्धों के अनुसार समाज से श्रम विभाजन तथा अधिकारों का निर्धारण होता है। उत्पत्ति के साधनों की निरन्तर परिवर्तनशीलता का यह परिणाम होता है कि हमारे जीवन यापन के ढंगों में भी परिवर्तन होता रहता है। उत्पादन के साधनों में परिवर्तन करते समय प्रकृति पर प्रतिक्रिया करने के फलस्वरूप मानव अपने

5. मार्क्स कार्ल, *दास कैपिटल, खण्ड I*, पृ॰ 94.

अन्दर भी परिवर्तन उत्पन्न करता चला जाता है। अत: जब भी उसके जीवनयापन के ढंग में कोई गुणात्मक परिवर्तन होता है, वह इस ओर संकेत करता है कि उत्पादन के साधनों में कोई परिवर्तन आ गया है। दूसरे शब्दों में, हम यह कह सकते हैं कि उत्पादन के साधनों का स्वरूप सामाजिक सम्बन्धों को निर्धारित करता है। सामाजिक सम्बन्ध ही गति के निर्धारक हैं।

समाज के उत्पादन-आश्रित सम्बन्धों के निर्धारण में कुछ मनुष्य तो ऐसे दिखलाई पड़ते हैं जो वस्तुओं का दोहन करते हैं और कुछ उनके साथ-साथ ऐसे मनुष्य होते हैं जिन पर कुछ ऐसे प्रतिबन्ध लग जाते हैं कि वे उन वस्तुओं का दोहन नहीं कर सकते। कुछ लोगों के हाथ में ये साधन आ जाते हैं और वे उसके स्वामी बन बैठते हैं तथा कुछ ऐसे रह जाते हैं जो इन साधनों से सर्वथा वंचित रह जाते हैं। यह जो वंचित तथा साधन रहित मनुष्यों का वर्ग है, इसको इस बात पर बाध्य हो जाना पड़ता है कि यह उन लोगों के आदेशानुसार तथा उन लोगों के हित के लिए इन साधनों का संचालन करे जो इनके स्वामी कहलाते हैं। यह स्वामी वर्ग न्यूनतम मजदूरी देकर उत्पादन के सारे लाभ को स्वयं हड़प जाता है। अत: वह अपने निजी साधनों के बल पर साधनहीन वर्ग का शोषण करता है। जो वस्तु श्रमिक उत्पन्न करता है वही उससे अलग कर दी जाती है तो स्वभावत: उसमें अन्यताभाव उत्पन्न हो जाता है। अत: उत्पादन की निजी-स्वामित्वमूलक प्रक्रिया वास्तव में अन्यताभाव उत्पन्न करने वाली प्रक्रिया है। मार्क्स का ऐसा मत है कि यह तो समाज व्यवस्था का रूपान्तरण होने पर अर्थात् निजी सम्पत्ति के समाप्त होने पर तथा उन जड़वादी प्रतिरोधों के उन्मूलन पर ही ठीक हो सकेगी। यह कार्य एक सामाजिक क्रांति द्वारा ही सम्पन्न होगा क्योंकि शोषणकारी वर्ग सर्वहारा वर्ग के रूप में एक ऐसा हथियार निर्माण कर रहा है जो उसी के पतन का साधन होगा। तभी मार्क्स यह कहा करते थे कि पूंजीपति वर्ग अपने निजी लाभ के लिए उत्पादन करते हुए अपने लिए स्वयं ही उसकी कबर खोदने वाले उत्पन्न कर रहा है। निजी सम्पत्ति का नाश करके तथा अन्यताभावकारी सभी तत्वों का परिहार करके मनुष्य अपनी वास्तविक मानवता को प्राप्त कर लेगा।

इस इतिहास क्रम में क्योंकि सामाजिक सम्बन्धों का निर्धारक तत्व समाज का आर्थिक ढांचा होता है इसलिए समाज की सारी सामाजिक तथा राजनीतिक संस्थाओं की व्याख्या इसके अनुसार की जा सकती है। मार्क्स इन सभी संस्थाओं को अधि-रचना मानते हैं जो समाज के आर्थिक आधारों तथा भौतिक परिस्थितियों की अनुकृति मात्र हैं। जैसा जीवन परिवेश होता है उसी प्रकार की चिन्तन पद्धति इन संस्थाओं में प्रतिबिम्बित होती है। मार्क्स का यह मत है कि इतिहास क्रम में भौतिक पदार्थ का महत्व प्राथमिक है और चेतना का महत्व गौण है।[6] इसी बात को उन्होंने और स्पष्ट रूप में इस प्रकार कहा है कि मनुष्य की चेतना का निर्माण उसका भौतिक परिवेश करता है।[7] यह भौतिक अस्तित्व उसकी चेतना का निर्धारक है। उसी प्रकार से उसका सामाजिक अस्तित्व मनुष्य की सामाजिक चेतना को निर्धारित करता रहता है। इसके फलस्वरूप सारी विचारधारा जिसमें धर्म, दर्शन, राजनीति सम्मिलित है, बनती जाती है।

---

6. मार्क्स कार्ल तथा एंजिल्स, *कलैक्टिड वर्क्स, खण्ड XIV*, पृ॰ 484.

7. मार्क्स तथा एंजिल्स, *कलैक्टिड वर्क्स, खण्ड I*, 269.

द्वन्द्वात्मक भौतिकवाद यह बतलाता है कि समाज के उत्पादक तत्व बराबर बदलते रहते हैं। इसका परिणाम यह होता है कि उत्पादन के साधन विकसित होने के साथ-साथ उत्पत्ति का भी बराबर विकास होता जाता है। उत्पत्ति तथा उत्पादनकारी शक्तियाँ समानान्तर रूप से चलती हैं। परन्तु यदि कृत्रिम साधनों से कोई इनके विकास को अवरुद्ध कर दे तो संकटावस्था उत्पन्न हो जाती है और मार्ग-अवरोध को हटाने के लिए टकराव होता है। इसलिए मार्क्स यह मानते हैं कि सारे ऐतिहासिक परिवर्तन शान्तिपूर्वक नहीं अपितु प्रचण्ड होते हैं। क्रान्तियाँ इतिहास के लोकोमोटिव हैं, ऐसा मार्क्स का कथन है। इसका एक कारण यह है कि एक बार एक आर्थिक आधार पर जो वैधानिक, राजनीतिक तथा धार्मिक संस्थायें उत्पन्न हो जाती हैं वह अपने अन्दर अपना ही जीवन प्राप्त कर लेती हैं और आर्थिक आधार बदल जाने पर भी स्वतन्त्र रूप से अपना अस्तित्व बनाये रखना चाहती हैं। जो स्वार्थी वर्ग है वह अपने निजी स्वार्थ की सिद्धि के लिए विचार प्रणाली को बनाये रखना चाहता है जो परम्परागत रूप में उसके शोषण में सहायक सिद्ध हुई क्योंकि समाज का नवोदित वर्ग नये तथा विकसित उत्पादन के साधनों का प्रतिपादन करता है। इसीलिए वर्तमान सामाजिक सम्बन्धों तथा उत्पादन की विकसित शक्तियों का अनिवार्य संघर्ष होता है क्योंकि नये सामाजिक वर्ग की चिन्तनधारा परिवर्द्धित अर्थसाधनों में गहराई तक जमी होती है और पुरानी विचारधारा का आधारभूत आर्थिक ढाँचा नष्ट हो चुका है। इसलिए इस संघर्ष में पुरातन समाज व्यवस्था की पराजय तथा नवोदित की अनिवार्य विजय होती है।

मनुष्यों के बीच जो उत्पादन-सम्बन्ध अब तक चलता रहा है वह शोषण का सम्बन्ध है। इसी कारण समाज दो वर्गों में विभाजित हो जाता है। वर्ग की धारणा से मार्क्स ने ऐसे समुदायों को प्रदर्शित किया है जिनके हित सर्वथा भिन्न हों तथा उनमें परस्पर विरोध का सम्बन्ध हो। यदि उनके बीच परस्पर प्रतिरोध का सम्बन्ध नहीं है तो मार्क्सवाद के संदर्भ में उनको 'वर्ग' नहीं कह सकते। कम्युनिस्ट मैनीफैस्टो में मार्क्स ने इस बात को बड़े आग्रहपूर्वक कहा है कि अब तक का सारा मानव इतिहास वर्ग संघर्ष का इतिहास है। इतिहास के प्रत्येक युग में ये परस्पर विरोधी वर्ग स्पष्ट दिखाई देते हैं। यह संघर्ष उत्पादात्मक होता है। उत्पादन सम्बन्धों के अनुसार सारा मानव इतिहास पाँच युगों में विभाजित होता है—जहाँ एक युग के निषेध पर दूसरा युग आरम्भ होता है। ये युग इस प्रकार हैं: (1) आरम्भिक साम्यवादी समाज, (2) दासतामूलक समाज, (3) सामन्तवादी समाज, (4) पूँजीवादी युग, तथा (5) साम्यवाद। साम्यवाद में शोषण का सम्बन्ध समाप्त हो जाएगा, इसलिए वर्ग ही समाप्त हो जायेंगे। एतदर्थ इतिहास की द्वन्द्वात्मक गति भी रुक जाएगी। इसके पूर्व की प्रत्येक व्यवस्था के विनाश के बीज उसी के अन्दर निहित रहते हैं। प्रत्येक समाज व्यवस्था में उसकी विरोधी प्रवृत्तियाँ अन्तर्निहित रहती हैं जिनके मात्रात्मक विकास के कारण ही आर्थिक परिवर्तन आते हैं। यह अन्त:विरोध पूँजीवाद में बहुत उभर कर ऊपर आ जाता है क्योंकि इसमें शोषण आत्यन्तिक हो जाता है। साधन विहीन अर्थात् सर्वहारा वर्ग श्रम बेचता है और दूसरा वर्ग जो साधनों का निजी स्वामी है वह परिश्रमी वर्ग का अधिकार चुराकर उस चोरी के बल पर मौज उड़ाता है। परन्तु जितना शोषण बढ़ता जाता है उतनी ही श्रमिक वर्ग में वर्ग चेतना तथा शक्ति निरन्तर बढ़ती जाती है। यह बढ़ती हुई शक्ति ही उस समाज व्यवस्था के नाश का कारण बनती है

जिसके अन्तर्गत अल्पसंख्यक पूँजीवादी वर्ग उत्पत्ति के साधनों पर निजी सम्पत्ति के रूप में अधिकार जमाये बैठा होता है। मार्क्स की कल्पना के अनुसार वह समय आ गया है जब निजी सम्पत्ति की विनाश सूचक घण्टा ध्वनि सुनाई देगी। सम्पत्तिहरण करने वालों की सम्पत्ति हरण कर ली जायेगी।[8] तथा साम्यवाद की प्राप्ति करके इतिहास की गतिशील अवस्था की द्वन्द्वात्मक गति रुक जायेगी। यह अवस्था समाजीकृत मानवता (Socialized Humanity) की अवस्था होगी जिसमें सारा उत्पादन सामाजिक आवश्यकताओं की पूर्ति के लिए होगा, किसी के निजी स्वार्थ या मुनाफे के लिए नहीं। इस अवस्था में प्रत्येक मनुष्य अपनी क्षमता के अनुसार कार्य करेगा तथा अपनी आवश्यकता अनुसार प्राप्त करेगा।

आलोचना

मार्क्स के इस सिद्धान्त में एक महत्वपूर्ण बात यह है कि इसमें पहली बार यह बतलाया गया है कि इतिहास की गति निर्धारण करने में आर्थिक परिवर्तनों तथा समाज के आर्थिक साधनों के बँटवारे की समानता या असमानता का महत्वपूर्ण हाथ रहता है। साम्राज्यों के उठने या गिरने की घटनाओं के पीछे समाज की आर्थिक व्यवस्था के प्रतिपल परिवर्तनकारी तत्व रहते हैं। इन तत्वों को प्रत्ययवादी दार्शनिक आज तक उपेक्षित ही करते रहे हैं। परन्तु दूसरी ओर मार्क्स की भौतिकवादी व्याख्या कई ऐसी समस्याएँ खड़ी कर देती हैं जिनका समाधान उनके दर्शन में कहीं नहीं मिलता। मार्क्स वैसे तो मानव की गरिमा को यन्त्रवादी व्याख्या से बचाना चाहते थे परन्तु जब वह यह कहते हैं कि सारे सामाजिक सम्बन्ध उत्पादन के साधनों द्वारा निर्धारित होते हैं तो विरोधाभास सा लगता है। क्या यह दुर्भाग्यपूर्ण बात नहीं है कि मशीनें इस बात का निर्णय करें कि मानव को कैसे सम्बन्ध बनाने हैं तथा कैसे समुदाय बनाये जाएँगे? इससे मानव की मानवता तथा उसकी स्वतन्त्रता बिल्कुल ही समाप्त हो जाती है। क्या मार्क्स यह कहना चाहते हैं कि मनुष्य अपने भौतिक तथा आर्थिक परिवेश की ही पैदावार है, इसके अतिरिक्त और कुछ नहीं?

मार्क्स ने आर्थिक तत्वों को इतिहास का निर्धारक बताकर अनुचित सारल्यदोष (Fallacy of Pseudo Simplicity) पैदा किया है। मानव इतिहास बड़ा जटिल है जिसमें कई प्रभावशाली शक्तियाँ कार्य कर रही हैं। ऐसे अनेकों उदाहरण मानव इतिहास में मिल जाते हैं जहाँ व्यक्तिगत षड्यन्त्रों, काम–ईर्ष्या, धार्मिक जोश तथा धर्म प्रसारण अभियानों, सत्ता हथियाने तथा शक्ति प्राप्त करने की लोलुपता के तथा अन्य ऐसे ही अनेकों कारणों की सभ्यताएँ ध्वस्त हो गई। इन सारे तत्वों का महत्व किसी भी हालत में आर्थिक तत्वों से कम नहीं रहा। अत: मानव इतिहास के विवेचन में इनको उपेक्षित करना इतिहास के साथ अन्याय करना है।

यह बात भी संशयास्पद है कि जब भी इतिहास में कोई प्रचण्ड परिवर्तन होते हैं तो वह सदा पहली वाली अवस्था से अच्छी ही अवस्था को जन्म देते हैं। रसल का इस विषय में कहना है कि जब असंस्कृत बर्बर जाति ने रोम पर आक्रमण करके उसको ध्वस्त कर दिया था तो उससे कोई अधिक विकसित समाज व्यवस्था का जन्म नहीं हुआ था, अत:

8. "Knell of the private Property sounds; the expropirctors are expropricted."
-- *Das Capital Vol II*

यह कहना कि प्रत्येक संघर्ष पहले से अच्छी अर्थव्यवस्था को जन्म देता है, इतिहास को झुठलाना है।

वैसे तो मार्क्स आर्थिक तत्वों को आधार बनाकर समाज की भौतिकवादी व्याख्या करना चाहते हैं, परन्तु कार्ल मैनहीम का कथन है कि ऐतिहासिक भौतिकवाद तो केवल नाम का ही भौतिकवाद है और यह है भी सही। इस तथ्य को बार-बार अस्वीकार करने पर भी आर्थिक क्षेत्र, अन्तिम विश्लेषण करने पर, मानसिक अभिवृत्तियों (Mental attitudes) की संरचनात्मक अन्योन्य सम्बद्धता ही तो है।''[9] वास्तव में मैनहीम का कथन ठीक ही है। आधारभूत आर्थिक तन्त्र सुताथ्य रूप से तन्त्र (System) ही तो है और तन्त्र बनना अर्थात् व्यवस्थित करना तो मानसिक क्रिया से ही सम्बन्धित है इसलिये यह प्रत्यक्ष रूप बन जाता है। अत: अर्थव्यवस्था को समाज निर्धारण का तत्व मानने से प्रत्ययवाद की ओर फिसल जाने का भय है।

अन्त में हम यह कह सकते हैं कि मार्क्स को इस बात का श्रेय दिया जा सकता है कि उन्होंने इतिहास में आर्थिक तत्त्वों को उचित महत्व देने का सफल प्रयास किया। इस बात को अस्वीकार करना बड़ा कठिन है कि मानव इतिहास में आर्थिक शक्तियाँ बड़ी प्रबल रही हैं परन्तु इनको इतिहास का एकमात्र निर्धारक नहीं माना जा सकता।

मानव समाज का विकास
(Evolution of Human Society)

समाज में सदैव विरोधी वर्ग रहे हैं। इतिहास के अनुसार इन विरोधी वर्गों के मुख्य रूप छः हैं। मार्क्स के अनुसार केवल साम्यवादी समाज में ही इनका संवाद हो सकता है।

सामाजिक विकास के आर्थिक आधार के भी दो अंग हैं–(1) उत्पादन की शक्तियाँ, (2) आर्थिक सम्बन्ध। प्रथम में यंत्र इत्यादि आते हैं और द्वितीय में स्वामित्व तथा वितरण इत्यादि की प्रथायें। उत्पादन के यन्त्रों के विकास के साथ समाज की व्यवस्था में परिवर्तन हुए। प्रारम्भ में समाज आखेट की दशा में था। कृषि के यन्त्रों के आविष्कार के साथ वह कृषि की दशा में आया। औद्योगिक यन्त्रों के आविष्कार से औद्योगीकरण के युग का सूत्रपात हुआ। इसी प्रकार वितरण के माध्यम सिक्कों तथा बैंक इत्यादि के प्रवेश के साथ-साथ समाज में महत्वपूर्ण परिवर्तन हुए।

(1.) आदिम (साम्यवादी) अवस्था (Age of Primitive Communism)–मानवीय इतिहास की प्रारम्भिक अवस्था, जिसे मार्क्स ने 'आदिम (साम्यवादी) अवस्था' कहकर पुकारा है, मानव जाति के विकास की प्रथम सामाजिक अवस्था थी। इस अवस्था में पत्थर के औजारों से शिकार करना, मछली मारना, कन्द–मूल फलों का भोजन करना आदि मनुष्य के प्रमुख कार्य थे। इस आदिम अवस्था में न कोई व्यक्तिगत सम्पत्ति थी, न विवाह प्रथा थी और न परिवार व समाज ही विकसित हुआ था। कोई भी व्यक्ति किसी का शोषण कर सकने की स्थिति में नहीं था। सभी समान थे। इसलिये मार्क्स ने इस सदैव एक समान रहने वाली अवस्था को 'साम्यवादी अवस्था' कहकर पुकारा है।

---

9. कार्ल मैनहीम, *आइडियोलॉजी एण्ड युटोपिया*, पृ० 229।

(2) दास-प्रथा वाला समाज—इस विकास क्रम में प्रथम सोपान है दास-प्रथा वाला समाज। मानव समाज की प्रारम्भिक अवस्था में, जिसको मार्क्स ने प्रारम्भिक साम्यवाद कहा है, समाज में समूहात्मक जीवन था। लोग कम थे। मनुष्यों में संग्रह की भावना न थी, परन्तु जब मनुष्य एक दिन के परिश्रम से मिले शिकार को कई दिन तक खाने लगा तब संग्रह की प्रवृत्ति बढ़ी। यही सम्पत्ति की प्रथा का प्रारम्भ था। वस्तुओं पर स्वामित्व के साथ-साथ मनुष्यों पर स्वामित्व का भी प्रचार हुआ, क्योंकि इन दासों से वस्तुओं को प्राप्त करने में सहायता मिलती थी। इस प्रकार समाज में स्वामी वर्ग और दास वर्ग बने तथा तदानुसार स्वामी नीति का आविर्भाव हुआ। स्वामी नीति थी दासों का शोषण। दास नीति थी स्वामी की सेवा। स्वामी और दास दोनों के जीवन में जमीन-आसमान का भेद था। इससे असन्तोष बढ़ा और असन्तोष से वर्ग-संघर्ष। दासों ने समान अधिकारों के लिये स्वामियों से संघर्ष प्रारम्भ किया।

(3) सामन्तशाही समाज—कालान्तर में स्वामियों को दासों को भी कुछ अधिकार देना पड़ा। उनको भूमि पर कुछ स्वामित्व मिला परन्तु उसकी उपज का अधिकांश भाग अब भी स्वामी ही लेते थे। यह सामन्तशाही अवस्था का सूत्रपात था। इस समाज में भी दो विरोधी वर्ग थे—प्रजा (Serfs) तथा भूपति (Lord)। क्रमशः यह सामन्त प्रथा जटिल होती गई। सामन्तों के आधीन सामन्त होने लगे और उनके ऊपर राजा या चक्रवर्ती। परिश्रम प्रजाजन करते थे, उसका लाभ उठाते थे, सामन्त या राजा। राजा तथा सामन्तों के इन अधिकारों की पुष्टि करने के हेतु धर्म का सहारा लिया गया। इस प्रकार धार्मिक नीतिशास्त्र का जन्म हुआ। स्वर्ग-नरक की कल्पना की गई। ईश्वर धर्म-सम्राट माना गया जिसके आधीन अनेक देवी-देवता थे। प्रजाजन को उस ईश्वर की भक्ति करना और अपनी अवस्था को उसी का प्रसाद समझ कर सन्तोष करना सिखाया गया। राजा को अधिकार ईश्वर ने ही दिये थे। राजा को सामन्तों से अधिकार मिलते थे। अतः उनकी आज्ञा का पालन जनता का धर्म था। शासकों और शासित वर्ग की अवस्था में महान् भेद था।

(4) पूंजीवादी समाज—अतः सामन्त और प्रजा वर्ग में विरोध बढ़ता गया। इस संघर्ष ने सामन्तशाही की जड़ें ढीली कर दीं। उधर उत्पादन की शक्तियों में भाप का आविष्कार हुआ। भाप में इन्जिनों से कल-कारखाने चलने लगे। इससे श्रमिक या मजदूर/वर्ग बना। सामन्त लोग सामन्तशाही छोड़कर उद्योग-धन्धों के क्षेत्र में उतर आये। उनमें पूंजीपति या मिल-मालिक वर्ग बना। इनके साथ सफेदपोश, मध्यम वर्ग के बाबू, दूकानदार इत्यादि भी मिल गये। अतः समाज में फिर दो परस्पर विरोधी वर्ग बन गये, बुर्जुआ वर्ग (Bourgeous) तथा सर्वहारा अथवा श्रमिक वर्ग (Proletariat)।

(5.) 'श्रमिक वर्ग के अधिनायकत्व' की अवस्था (Dictatorship of the Proletariat Class)—पूँजीवादी अवस्था में मार्क्स के अनुसार 'द्वन्द्वात्मक भौतिकवाद' के कारण पुनः प्रतिक्रिया होगी, जिसका आवश्यक परिणाम यह होगा कि समाज के समस्त उत्पादन के साधनों पर 'सर्वहारा वर्ग' का प्रभुत्व होगा तथा मानव इतिहास की 5वीं अवस्था 'सर्वहारा वर्ग के अधिनायकत्व' के रूप में प्रस्तुत होगी। इस अवस्था में, मार्क्स के अनुसार सर्वहारा वर्ग, जिसका समस्त उत्पादन के साधनों पर अधिकार होगा, अपने राजनैतिक अधिकार का प्रयोग करके पिछली अवस्थाओं के भूमिपतियों-सामन्तों आदि को, जो उत्पादन के साधनों

पर अधिकार समाप्त हो जाने के कारण, अल्प संख्या में होंगे, शोषण आरम्भ करके समाप्त कर देगा।

(6.) साम्यवादी अवस्था (Communist Age)—अन्त में पूँजीवादी तत्वों की पूर्ण समाप्ति पर मार्क्स के अनुसार मानव विकास की चरम स्थिति 'साम्यवादी अवस्था' अथवा 'राज्यविहीन और वर्गहीन समाज' की स्थिति प्रकट होगी। इस साम्यवादी व्यवस्था की विशद व्याख्या न करके मार्क्स ने इस 'आदर्श अवस्था' (Ideal state) की अग्रलिखित दो विशेषताओं का उल्लेख किया है–

(i) प्रथम लक्षण, इस साम्यवादी अवस्था का यह होगा कि यह अवस्था 'वर्गविहीन' होगी। इसमें 'शोषक' व 'शोषित' दो वर्ग न होकर उत्पादन के साधनों का स्वामी बहुसंख्यक 'श्रमिक' या 'सर्वहारा वर्ग' होगा। ऐसी अवस्था में राजनैतिक शक्ति के प्रयोग की आवश्यकता न रहने के कारण 'राज्य' नामक संस्था भी स्वयमेव समाप्त हो जायेगी।

(ii) द्वितीय लक्षण, इस साम्यवादी अवस्था का, मार्क्स के अनुसार यह होगा कि इस अवस्था में सामाजिक संसाधनों के 'वितरण' का सिद्धान्त लागू होगा, जो यह है कि "प्रत्येक अपनी योग्यता के अनुसार कार्य करे और उसे आवश्यकतानुसार प्राप्ति हो।" (From each according to his ability to each according to his need)

आर्थिक निर्णायकवाद
(Economic Determinism)

मार्क्सवादी समाजदर्शन की आर्थिक पृष्ठभूमि सर्वाधिक महत्वपूर्ण है। मार्क्स ने आर्थिक और सामाजिक समस्याओं में द्वन्द्वात्मक सम्बन्ध माना है। इसको आर्थिक निर्धारणवाद (Economic Determinism) भी कहते हैं। "आर्थिक उत्पादन और विनिमय का वर्तमान ढंग और उससे आवश्यक रूप में निकलने वाला सामाजिक संगठन उस आधार को बनाता है जिस पर उस युग का राजनीतिक और बौद्धिक इतिहास आधारित है और केवल जिससे ही वह समझाया जा सकता है।"[10] इस मत के अनुसार नैतिक विचार आर्थिक विचारों के परिणाम हैं और आर्थिक विचार नैतिक विचारों के कारण हैं। आर्थिक क्रियाओं और सम्बन्ध के नैतिक महत्व के प्रसंग में मार्क्स ने अग्रलिखित दो प्रमुख सिद्धान्तों की खोज की :–

(1) मूल्य का श्रम सिद्धान्त (Labour Theory of Value)—इस सिद्धांत के अनुसार किसी पुण्य वस्तु (Commodity) का वास्तविक मूल्य उस श्रम से निर्धारित होता है जो उसके उत्पादन में लगता है। विनिमय श्रम का अंश होने पर ही विनिमय में पण्य वस्तु का मूल्य बढ़ना हैं। श्रम के आधार पर ऊँच-नीच का भेद करना अनैतिक है। मानसिक और शारीरिक श्रम में भेद नहीं होना चाहिये। समाज श्रम पर निर्भर है, बिना श्रम किये किसी को भी जीने

---

10. "The prevailing mode of economic production and the social organization necessarily following from it form basis upon which is built up and from which alone can explained the political and intellectual history of epoch."
--K Marx and F Engels, *Manifesto of the Communist Party,* Wm Reeves London (1888), p. 5.

का अधिकार नहीं है। अतः यह नियम पूंजीपति, राजे, नवाब इत्यादि उन सभी की कठोर भर्त्सना करना है जो श्रम से बचना चाहते हैं।

(2) अतिरिक्त मूल्य का सिद्धान्त (Theory of Surplus Value)—एक श्रमिक के श्रम से जो मूल्य बनता है वह उसको दिये जाने वाले वेतन के मूल्य से कहीं अधिक होता है। यह अतिरिक्त मूल्य है जो कि शोषकों की जेब में आता है। 12 घण्टे कार्य करने वाला श्रमिक 4 या 6 घण्टों में ही अपने वेतन के बराबर कार्य कर डालता है। बाकी घण्टों के कार्य का वेतन उसको नहीं मिलता। यही पूंजीवाद का मूल है। इसको नष्ट करके ही शोषण नष्ट किया जा सकता है।

नैतिक दृष्टिकोण से इस प्रकार अतिरिक्त मूल्य हड़प लेना अत्यन्त अनुचित है। यह श्रमिकों की सम्पत्ति को लूटना है। साम्यवाद नफाखोरी और शोषण का घोर विरोधी है। मनुष्य को केवल अपनी आवश्यकता के अनुसार व्यक्तिगत संपत्ति रखनी चाहिए धन संग्रह की प्रवृत्ति पर समाजिक नियन्त्रण की आवश्यकता है। आर्थिक विषमता ही समाजिक समस्याओं का आधार है। निर्धनता में पाप के कीटाणु पलते हैं। उससे व्यक्ति का विकास रुक जाता है। अतः समाज के व्यक्तियों के समुचित विकास हेतु अर्थ का सम वितरण पहली शर्त है।

उपरोक्त सिद्धातों के अतिरिक्त भी मार्क्स के समाज दर्शन में कुछ अन्य महत्वपूर्ण सिद्धान्त हैं जिनमें से मुख्य हैं—(1) समता (Equality) का सिद्धान्त, (2) स्वतन्त्रता का सिद्धान्त, (3) प्रगति का सिद्धान्त, (4) साध्य-साधन की एकता का सिद्धान्त, और (5) सशस्त्र क्रान्ति का प्रतिपादन।

(1) समता का सिद्धान्त—समता का अर्थ आर्थिक वर्गों का उन्मूलन है। सभी बराबर कार्य करें और सभी को बराबर वेतन मिले। श्रम और वेतन की यह समता केवल साम्यवाद में ही आ सकती है। परन्तु समाजवादी व्यवस्था की विषमता भी उसी प्रगाति में एक सोपान है। साम्यवाद व्यक्ति की शक्तियों के अन्तर को मानता है, अतः समता को आर्थिक क्षेत्र तक ही सीमित रखा गया है।

(2) स्वतन्त्रता का सिद्धान्त—हेगेल के अनुसार स्वतन्त्रता अनिवार्यता (Necessity) को समझना है। इगेल्स के शब्दों में, "स्वतन्त्रता की सिद्धी प्राकृतिक नियमों से मुक्त होने में नहीं होती। उन नियमों का जानना और अपने साध्य की ओर ले जाकर उनसे काम करवाना ही स्वतन्त्रता है।" कुछ नीतिशास्त्र सामाजिक और व्यक्तिगत स्वतन्त्रता में भेद करते हैं और व्यक्ति के सुख और स्वतन्त्रता से समाज के सुख और स्वतन्त्रता पर आते हैं। परन्तु मार्क्सवाद के अनुसार सच्चे व्यक्ति स्वातन्त्रय के लिये समाज में समता और समृद्धि का होना आवश्यक है, क्योंकि स्वतन्त्रता का यथार्थ अर्थ है आर्थिक स्वतन्त्रता। साम्यवादी समाज में ही व्यक्ति की सभी शक्तियों का पूर्ण विकास सम्भव है। स्वतन्त्रता के लिये काम के घण्टों में कमी करने की आवश्यकता है ताकि मानव को अन्य शक्तियों के विकास के लिये तथा दर्शन, काव्य, कला इत्यादि का आनन्द लेने के लिये पर्याप्त समय मिल सके। इसके लिये शोषण का अन्त करना पड़ेगा। काम के घण्टों की कमी के प्रश्न को लेकर ही श्रमिक साम्यवादी संघर्ष करते हैं।

स्वतन्त्रता नैतिकता की आधारशिला है। यह एक प्रक्रिया (Process) है जिसमें मानव के समस्त श्रेयों की प्राप्ति का प्रयत्न निहित है। सामाजिक न्याय, विवेकशीलता, सम्पन्नता, सुरक्षा और भौतिक तथा मानसिक सभी प्रगति इसके अन्तर्गत आ जाते है। मार्क्स के नीतिशास्त्र में स्वतन्त्रता का अत्यन्त महत्वपूर्ण स्थान है ।

(3) प्रगति का सिद्धान्त—स्वतन्त्रता का विकास होने से प्रगति होती है। इसके लिए तीन बातों की आवश्यकता है—(1) उद्योग (industry) और प्रौद्योगिकी (Technology) का विकास। दूसरे शब्दों में इसको उत्पादन शक्ति का विकास भी कहा जा सकता है। (2) आर्थिक सम्बन्धों और उत्पादन तथा वितरण की सब अवस्थाओं पर सामूहिक अधिकार। (3) इस अधिकार द्वारा मानवीय गुणों का विकास। अत: प्रगति (Progresss) का यथार्थ अर्थ परतन्त्रता से स्वतन्त्रता की ओर बढ़ना है। मानव के समस्त इतिहास के द्वन्द्वात्मक विकास में इसी प्रकार की प्रगति दिखाई पड़ती है। इसका लक्ष्य है साम्यवादी समाज की स्थापना।

(4) साध्य-साधन की एकता का सिद्धान्त—इस प्रकार साम्यवादी नीतिशास्त्र का चरम लक्ष्य एक आर्थिक वर्गहीन साम्यवादी समाज की स्थापना है । लेनिन के शब्दों में, "साम्यवादी नीति वह नीति है जो वर्ग संघर्ष में उपयोगी है, जो शोषकों के विरुद्ध श्रमिकों को एकता के सूत्र में बाँधती है।" अत: मार्क्सवादी किसी भी साधन का प्रयोग करने से नहीं हिचकिचाते । गांधी इत्यादि नीतिज्ञों के विरुद्ध साम्यवादी नीतिशास्त्र में साध्य उत्तम होने से साधन की उत्तमता निश्चित होती है। अत: मार्क्सवादी वर्ग-संघर्ष और क्रांति का मार्ग अपनाते हैं। सशस्त्र विद्रोह एक कला है। लेनिन ने इस कला के लिए विस्तृत नियमों का आयोजन किया है। नौ सेना, पद सेना और श्रमिक सेना तीनों को संगठित होकर आगे बढ़ना है। सब कुछ बलिदान करके भी टेलीफोन-एक्सचेन्ज, तारघर, रेलवे स्टेशन और पुलों पर अधिकार करना है। लेनिन के अनुसार इस संघर्ष में व्यक्ति का मर जाना श्रेयस्कर है परन्तु शत्रु को बढ़ने देना उचित नहीं है।

(5) सशस्त्र क्रान्ति का प्रतिपादन—इस प्रकार मार्क्स हिंसात्मक साधन को उचित और अनिवार्य मानता है। इसका औचित्य वह इस तथ्य से निर्धारित करता है कि उससे स्वतन्त्रता की वृद्धि होती है। मार्क्सवाद के अनुसार साधन और साध्य युगपत हैं। दोनों में आन्तरिक ऐक्य है। इस ऐक्य को भूल जाने पर ही यह प्रश्न उठता है कि क्या साध्य-साधन के औचित्य को निर्धारित करता है। वस्तुत: साध्य-साधन का यह वैषम्य साम्यवादी अवस्था में ही दूर हो सकता है।

इतिहास की आर्थिक व्याख्या के सिद्धान्त की आलोचना

कार्ल मार्क्स के इतिहास की आर्थिक व्याख्या के सिद्धान्त की आलोचना निम्न प्रकार की गयी है—

1. आर्थिक तत्व पर अनावश्यक बल (Unnecessary Importance to Economic Element)—मार्क्स ने आर्थिक तत्व को अत्यधिक व अनावश्यक महत्व दिया है। आजकल आर्थिक तत्व के साथ-साथ अन्य तत्व जैसे—सामाजिक वातावरण, भौगोलिक तत्व एवं मानवीय विचारों की अनुभूति आदि समाज के विकास में महत्वपूर्ण स्थान रखते हैं। प्रसिद्ध दार्शनिक

बर्ट्रेण्ड रसैल (Bertrand Russell) ने लिखा है कि "राजनीतिक जीवन की महत्वपूर्ण घटनायें भौतिक स्थितियों और मानवीय भावनाओं की पारस्परिक क्रिया से निर्धारित होती है।" इस सम्बन्ध में **प्रो॰ अम्बादत्त** का विचार है कि "यद्यपि आर्थिक तत्वों का राजनीति पर प्रभाव महत्वपूर्ण है, परन्तु हमें यह पहले से ही नहीं मान लेना चाहिये कि प्रत्येक स्थिति में उसका प्रभाव निर्णयात्मक या सर्वाधिक महत्वपूर्ण होगा। राजनीतिक विचार-विमर्श के पीछे आर्थिक विचार निश्चित रूप में रहते हैं लेकिन इसके साथ ही अन्य कारण भी सामान्यतया अनुपस्थित नहीं रहते और सामान्यतया दूसरे कारण भी आर्थिक कारणों जितने ही महत्वपूर्ण होते हैं।"

2. आर्थिक सत्ता राजनीतिक सत्ता का आधार नहीं (Economic Power is not the Basis of Political power)—यह कथन सत्य नहीं है कि 'आर्थिक सत्ता ही राजनीतिक सत्ता का आधार है।' राजनीतिक सत्ता का एक प्रमुख आधार सैन्य शक्ति है। बुद्धिमता, कपट व साहस आदि भी राजनीतिक सत्ता प्राप्त करने में महत्वपूर्ण योग देते हैं। **प्रो॰ वेपर** (Prof. Wayper) के विचार में "मार्क्स की रचनाओं में कहीं भी इस तथ्य को स्वीकार नहीं किया गया है कि मनुष्य अपने स्वाभिमान और आत्म-सम्मान के तुष्टीकरण के लिये शक्ति की कामना करते हैं।"[11]

3. राजनीतिक शक्ति द्वारा आर्थिक सम्बन्धों में परिवर्तन (Changes in Economic Relations by Political Power)—मार्क्स के विचार में आर्थिक प्रणाली ही सदैव राजनीतिक और सामाजिक जीवन के सिद्धान्तों को जन्म देती है, परन्तु वास्तव में राजनीतिक शक्ति द्वारा आर्थिक सम्बन्धों को बदला जा सकता है। इसका प्रमाण यह है कि आर्थिक विकास की दृष्टि से अमरीका और रूस समान स्तर पर हैं, परन्तु राजनीतिक विचारधारा में अन्तर होने के कारण दोनों की व्यवस्थायें भिन्न हैं।

4. राज्यविहीन समाज पर इतिहास का रुकना असम्भव (History is not to stop in Stateless Society)—आलोचकों का कहना है कि मार्क्स का यह विचार पूर्णत: असत्य है कि "राज्यविहीन समाज पर आकर इतिहास का विकास-क्रम रुक जायेगा। क्या 'साम्यवादी युग' में पदार्थ का अन्तर्निहित गुण 'गतिशीलता' समाप्त हो जायेगा? जब यह गुण स्वाभाविक है तो सामाजिक परिस्थितियाँ बदलेंगी और वर्गविहीन समाज का 'प्रतिवाद' उत्पन्न होगा और फिर 'साम्यवाद' भी समाप्त हो जायेगा।

5. संयोग तत्व की उपेक्षा (Neglect of the Element of Chance)—मार्क्स ने अपनी आर्थिक व्याख्या के सिद्धान्त में संयोग के तत्व को पूर्णतया भुला दिया है। इसलिये उसके सिद्धान्त को पूर्ण नहीं कहा जा सकता। उदाहरणतया—ब्रिटेन की शासन व्यवस्था में पार्लियामेण्ट और केबिनेट जैसी महत्वपूर्ण संस्थाओं का विकास संयोग का ही परिणाम है।

6. कालक्रम के निर्धारण की उपेक्षा (Neglect of the Chronological System)—अपनी आर्थिक व्याख्या के सिद्धान्त में कार्ल मार्क्स ने, इतिहास को कालों में विभक्त

11. "Nowhere in his work is there the realisation that men desire power for the satisfaction of their pride and self respect." --Wayper

कर दिया है। उनके विचार में पहले दास युग, सामन्ती युग, पूंजीवादी युग, सर्वहारा वर्ग का अधिनायकत्व फिर साम्यवादी युग आयेगा। मार्क्स का यह क्रम कभी भी सही सिद्ध नहीं हुआ, क्योंकि 1917 ई० से पूर्व 'जार' का रूस, एक पूंजीवादी राज्य नहीं वरन् एक पूर्णतया कृषि प्रधान राज्य था।

7. ऐतिहासिक घटनाओं की पूर्ण व्याख्या सम्भव नहीं (Complete Analysis of History is not Possible)—आलोचकों के अनुसार आर्थिक तत्व को प्रत्येक ऐतिहासिक घटना का आधार नहीं माना जा सकता। **प्रो० क्रिस्टोफर लायड** (Prof. K. Loyd) के अनुसार "इतिहास की आर्थिक व्याख्या रोम के पतन और अभी-अभी हुए युद्धों के विस्फोट को नहीं समझ सकती। यह इतनी यान्त्रिक है कि मनोवैज्ञानिक आन्दोलनों तथा राष्ट्रीयता के विकास को नहीं समझ सकती। यह इतनी भौतिकवादी है कि इसके मस्तिष्क पर आदर्शों के प्रभाव को नहीं समझा जा सकता।"

उपरोक्त आलोचनाओं के बावजूद इतिहास की आर्थिक व्याख्या मार्क्स की एक महत्वपूर्ण देन है। करयू हण्ट (Carew Hunt) के अनुसार "समाजशास्त्रों के सभी आधुनिक लेखक मार्क्स के प्रति ऋणी हैं, यद्यपि वे इसे स्वीकार नहीं करते।"

वर्ग संघर्ष की अवधारणा
(Concept of Class Conflict)

वर्ग-संघर्ष की धारणा का कार्ल मार्क्स के दर्शन में बड़ा महत्व है। "साम्यवादी घोषणा पत्र" में कहा गया है कि "अब तक के समस्त सामाजिक जीवन का इतिहास वर्ग संघर्ष का ही इतिहास है।" यद्यपि यह 'वर्ग-संघर्ष' की अवधारणा '**आगिस्टन थोरे**' के दर्शन से ली गयी थी, फिर भी इस अवधारणा को विश्व राजनीति का एक प्रमुख तत्व बनाने का श्रेय कार्ल-मार्क्स को ही प्राप्त है। इस अवधारणा के प्रमुख तत्व निम्नलिखित हैं :

1. दो वर्ग (Two Classes)—कार्ल-मार्क्स के अनुसार व्यक्तियों के उस समूह को वर्ग कहते हैं, जो अपने साधारण हितों की पूर्ति हेतु किसी उत्पादन की प्रक्रिया से सम्बन्धित हो। वर्ग संघर्ष के सिद्धान्त में प्रमुखतया दो वर्ग होते हैं—**एक** वह जो उत्पादन के साधनों भूमि और पूंजी पर अधिकार रखता है और जमींदार व पूंजीपति के नाम से जाना जाता है। **दूसरा** वर्ग, इन पूंजीपतियों तथा भूमिपतियों के आश्रित रहने वाला 'कृषक' अथवा 'श्रमिक' वर्ग है, जो पूंजीपति और जमींदार वर्ग के शोषण का शिकार होता है। यह वर्ग घोर परिश्रम करने के उपरान्त भी ठीक ढंग से अपनी आवश्यकता भर के लिये खाना-कपड़ा तक नहीं जुटा पाता है तथा यह वर्ग पहले वर्ग से शोषित होता रहता है।

2. वर्ग-संघर्ष की अवधारणा (Conception of Class struggle)—कार्ल मार्क्स के अनुसार ये दोनों वर्ग ही वर्ग संघर्ष के लिये उत्तरदायी हैं, क्योंकि इन दोनों वर्गों मे ही संघर्ष होता है। 'साम्यवादी घोषणापत्र' में **मार्क्स तथा ऐंजिल्स** ने लिखा है कि "स्वतन्त्र व्यक्ति तथा दास अमीर तथा सामान्य जन, भूस्वामी तथा भू-दास, श्रेणिपति तथा दस्तकार, संक्षेप में उत्पीड़ित, निरन्तर एक-दूसरे का विरोध करते तथा अनवरत, कभी लुक-छिपकर तथा कभी खुलकर संघर्ष चलाते रहे हैं इस संघर्ष की परिणति हर बार या तो समाज के क्रान्तिकारी

पुनर्निर्माण में या संघर्ष करने वाले वर्गों के सर्वनाश में हुई है।''

3. वर्ग-संघर्ष की व्याख्या (Explanation of Class Struggle)–वर्ग-संघर्ष की इस अवधारणा के आधार पर ही कार्ल मार्क्स, अपने दर्शन में **'सर्वहारावर्ग के अधिनायकत्व'** की बात करता है। उसके अनुसार पूंजीवादी व्यवस्था में ही स्वयं अपने विनाश के बीज विद्यमान हैं। पूंजीपति अधिक उत्पादन में विश्वास करते हैं, जिसके परिणामस्वरूप धन का संचय थोड़े से व्यक्तियों में होने लगता है। अपने आर्थिक लाभों के कारण पूंजीपति एक ही स्थान पर अनेक उद्योगों की स्थापना में विश्वास करते हैं। उद्योगों के इस स्थानीयकरण के कारण श्रमिकों में वर्गीय चेतना का निरन्तर विकास होता रहता है, उनमें एकता उत्पन्न होती है और इसके आधार पर वे पूँजीपतियों का मुकाबला करने में सफल हो जाते हैं क्योंकि सभी देशों के श्रमिक समान रूप से पूँजीवाद के शोषण और अत्याचारों से पीड़ित होते हैं, इसलिये आजकल श्रमिक आन्दोलन बहुत अधिक सुसंगठित हो गया है और उसने अन्तर्राष्ट्रीय रूप ग्रहण कर लिया है। इस सुसंगठित श्रमिक आन्दोलन के सामने पूँजीवाद ठहर नहीं सकता और इस प्रकार पूंजीवाद स्वयं अपने अवश्यंभावी विनाश का कारण बन जाता है। अन्त में श्रमिक अपना 'सर्वहारा वर्ग का अधिनायकत्व' स्थापित कर सकते हैं।

पूँजीवाद का अन्त वर्ग संघर्ष द्वारा कैसे होता है, इस तथ्य को समझाते हुए **'कोकर'** (Coker) ने लिखा है कि, ''पूँजीवादी व्यवस्था मजदूरों की संख्या बढ़ाती है, उन्हें वह संगठित समुदायों में एकत्रित कर देती है, उनमें वर्ग चेतना का प्रादुर्भाव करनी है और उनमें परस्पर सम्पर्क तथा सहयोग स्थापित करने के लिये विश्वव्यापी पैमाने पर साधन प्रदान करती है, उनकी क्रयशक्ति को कम करती है और उनका अधिकाधिक शोषण करके उन्हें संगठित प्रतिरोध करने के लिये प्रेरित करती है।''

वर्ग संघर्ष के सिद्धान्त की आलोचना

कार्ल मार्क्स के इस सिद्धान्त की निम्नलिखित आलोचना की गयी है–

1. मानव इतिहास केवल वर्गसंघर्ष का इतिहास नहीं (History is not only the history of class struggle)–वर्ग संघर्ष की अवधारणा की समीक्षा करते हुए **डा॰ राधाकृष्णन** ने ठीक ही लिखा है कि, ''इतिहास केवल वर्ग-संघर्ष का ही लेखामात्र नहीं है। राष्ट्रों के युद्ध, वर्गों के युद्ध की अपेक्षा अधिक हिंसक और अधिक सामान्य रहे हैं। गत महायुद्धों में राष्ट्रीयता की भावना वर्गीयता की भावना की अपेक्षा शक्तिशाली थी। इतिहास में शासक और शासित, अमीर और गरीब, सदैव ही अपने देश के शत्रुओं से एक मत होकर लड़े हैं। हम अपने देश के पूँजीवादी मालिकों की अपेक्षा विदेश के श्रमिकों से अधिक घृणा करते हैं। इतिहास में धर्म के नाम पर लड़ाइयाँ हुई हैं.....पिछले युद्ध में मार्क्सवादी दो-चार अपवादों को छोड़कर अपने-अपने पूँजीवादी राज्यों की ओर से लड़े थे। भारत में हिन्दू-मुसलमानों की समस्या अथवा आयरलैण्ड में केथोलिकों और प्रोटेस्टण्टों की समस्या, वर्ग-संघर्ष की समस्या नहीं है।''

2. संघर्ष, जीवन का मूल आधार नहीं (Struggle is not basic element of life)–आलोचकों का विचार है कि संघर्ष जीवन का मूल आधार नहीं है। संघर्ष की अपेक्षा

प्रेम, सहयोग व सहानुभूति की भावनायें ही जीवन का मूलाधार हैं, जिन पर सम्पूर्ण मानव समाज टिका हुआ है। आर्थिक क्षेत्र में भी संघर्ष के आधार पर नहीं बल्कि मजदूर और मालिक के सहयोग के आधार पर ही वस्तुओं का उत्पादन सम्भव है।

3. समाज में दो वर्ग मानना भूल है (To recognise only two classes in Society is an error)—आलोचकों के अनुसार, समाज में केवल दो ही वर्ग नहीं होते। उसमें एक वर्ग '**मध्यम वर्ग**' अथवा '**बुद्धिजीवी वर्ग**' भी होता है। मार्क्स ने इस मध्यम वर्ग के अस्तित्व को न मानकर बहुत बड़ी भूल की है। मध्यम वर्ग के अन्तर्गत इंजीनियर, वकील, अध्यापक, डाक्टर व टैक्नीशियन आदि आते हैं और उन्होंने समाज के विकास में सदैव ही सर्वाधिक महत्वपूर्ण और निर्णायक भूमिका निभायी है।

4. आर्थिक व सामाजिक वर्ग का पृथक होना (Economic and social classes are separate)—आलोचकों का विचार है कि सामाजिक तथा आर्थिक वर्ग पृथक् होते हैं। मार्क्स के दर्शन की यह **महत्वपूर्ण त्रुटि** है कि उसने इन दोनों को एक मान लिया है। सम्भवतया मार्क्स द्वारा इनको एक मानने का कारण यह भी हो सकता है कि वह वर्ग की अपनी धारणा को सही बतलाकर राजनीतिक दृष्टि से उसका प्रयोग करना चाहता था। इसके इस प्रयत्न ने त्रुटियों को जन्म दिया।

5. संघर्ष का आधार मध्य वर्ग है न कि श्रमिक वर्ग (The basis of struggle is Medium class and not the Labour class)—आज तक जितनी भी क्रान्तियाँ हुई हैं, सबका नेतृत्व बुद्धिजीवियों ने किया था, न कि श्रमिक वर्ग ने। इस तथ्य को स्वीकारते हुए **लेनिन** (Lenin) ने लिखा है कि "हमने कहा था कि मजदूर लोग अब तक इस योग्य नहीं हैं कि उनमें समाजवादी चेतना उत्पन्न हो सके। उनके अन्दर यह चेतना केवल बाहर से ही लायी जा सकती है। सभी देशों के इतिहासों से प्रमाणित होता है कि अपने अनन्य प्रयत्नों से मजदूर वर्ग केवल मजदूर सभाई चेतना विकसित कर सकता है, जिसे समाजवादी मोड़ देने के लिये संगठित 'बौद्धिक दल' का अस्तित्व आवश्यक है।"

6. वर्ग-संघर्ष के परिणाम असत्य (The results of the class struggle are not true)—मार्क्स ने स्वयं में निहित बुराइयों के आधार पर पूँजीवाद के अन्त की भविष्यवाणी की है, परन्तु वह यह भूल जाता है कि पूँजीवाद में भी सुधार किया जा सकता है। न्यूनतम कीमत व काम की स्थिति तथा शर्तों के विषय में कानूनों के माध्यम से निश्चित सुधार कर श्रमिक वर्ग के असन्तोष को कम किया जा सकता है।

7. राष्ट्रीयता की भावना को कम महत्व देना (Less importance to National feelings)—मार्क्स की यह धारणा असत्य है कि समाज के सभी वर्गों में वर्गीयता की भावना ही सर्वाधिक प्रबल होती है। वर्गीयता से राष्ट्रीयता की भावना प्रबल होती है। उदाहरणतया युद्ध के समय एक देश के मजदूर व पूँजीपति दोनों दूसरे देश के मजदूर व पूँजीपतियों का विरोध करते हैं।

उपर्युक्त आलोचनाओं के बाद भी इस वर्ग-संघर्ष के सिद्धान्त का मूल्याँकन करते हुए

प्रो० केरयू हण्ट (Carew Hunt) ने अपनी पुस्तक 'Theory and Practice of Communism' में लिखा है कि "मार्क्स का यह विचार कि मनुष्यों के समस्त झगड़े वर्ग संघर्ष से उत्पन्न होते हैं, यद्यपि आम लोगों को यह विश्वास दिलाने में युक्तिपूर्ण महत्व रखता है कि उनका दुर्भाग्य पूँजीवादी व्यवस्था के कारण है, जो सर्वहारा वर्ग की विजय के साथ ही समाप्त हो जायेगा, लेकिन एक वैज्ञानिक धारणा के रूप में यह मिथ्या है।"

अतिरिक्त मूल्य का सिद्धान्त
(Theory of Surplus Value)

'अतिरिक्त मूल्य का सिद्धान्त' का विवेचन मार्क्स ने अपनी पुस्तक 'Das Capital' में किया है। अतिरिक्त मूल्य का सिद्धान्त मार्क्स द्वारा अपनाने का प्रमुख कारण पूँजीवाद का अन्त करना था।

'अतिरिक्त मूल्य के सिद्धान्त' का विवेचन करने से पहले मार्क्स ने **'मूल्य के श्रम सिद्धान्त'** की विवेचना की थी। मार्क्स के अनुसार हर वस्तु का वास्तविक मूल्य केवल उस पर खर्च किये गये श्रम के कारण ही होता है। अत: वस्तु को बेचने से प्राप्त होने वाला समस्त धन श्रमिक को ही मिलना चाहिये, परन्तु व्यावहारिक रूप में वस्तु को बाजार में बहुत ऊँचे मूल्य पर बेचा जाता है और उस वस्तु को बेचने से प्राप्त होने वाले धन में से एक बहुत छोटा सा भाग श्रमिक को देकर पूँजीपति शेष समस्त भाग अपने पास रख लेता है।

मार्क्स के अनुसार "पूँजीपति द्वारा अपने पास रख लिया गया यह धन ही अतिरिक्त मूल्य है।" उन्होंने आगे भी लिखा है कि "यह धन दो मूल्यों का अन्तर है, जिसे मजदूर पैदा करता है और जिसे वह वास्तव में पाता है।"[12] अर्थात् यह वह मूल्य है, जिसे प्राप्त कर पूँजीपति मजदूर को कोई भी मूल्य नहीं चुकाता। मैक्सी (Maxey) ने भी इस विषय में लिखा है कि "यह वह मूल्य है, जिसे पूँजीपति श्रमिकों के खून-पसीने की कमाई पर 'पथ कर' (Toll tax) के रूप में वसूल करता है।"[13]

कार्ल मार्क्स का विचार था कि चूँकि यह अतिरिक्त मूल्य श्रमिक के श्रम से प्राप्त होता है अत: यह श्रमिक को ही मिलना चाहिये। चूँकि आधुनिक उत्पादन व्यवस्था में श्रमिक लोग उत्पादनों के साधनों के स्वामी नहीं होते, इसलिये उन्हें विवश होकर अपना श्रम पूँजीपतियों को नाममात्र की कीमत पर बेचना पड़ता है। पूँजीपतियों द्वारा इस प्रकार अतिरिक्त मूल्य को हड़प लेना, आधुनिक पूँजीवादी व्यवस्था का विकृत रूप है।

'अतिरिक्त मूल्य के सिद्धान्त' की आलोचना—आलोचकों ने अतिरिक्त मूल्य के सिद्धान्त की आलोचना निम्न आधारों पर की है—

1. उत्पादन का एक मात्र साधन 'श्रम' नहीं (Labour is not the only Factor of Production)—मार्क्स के सिद्धान्त का यह मूल विचार पूर्णतया गलत है कि 'श्रम' ही वस्तु के मूल्य का एक मात्र तथा अन्तिम निर्धारक तत्व है, क्योंकि श्रम के अतिरिक्त भूमि, पूँजी,

---

12. "Surplus value is the difference between the wages which a labour produces and which he actually receives. --Karl Marx.
13. "It is a toll wrung from the grinding toll of the masses." --Maxey.

प्रबन्ध व 'साहस' के द्वारा भी उत्पादन के साधन के रूप में कार्य किया जाता है। अत: यदि इन सभी तत्वों के परिणाम को लाभ कहा जाये तो अधिक औचित्यपूर्ण होगा।

2. उत्पादन पर 'व्यय' का वर्णन नहीं (No Description of Expenditure made on Production)—वस्तुओं के उत्पादन में पूँजीपति द्वारा जो व्यय किया जाता है, उसका मार्क्स ने कहीं भी उल्लेख नहीं किया है। वास्तव में अतिरिक्त मूल्य की धनराशि को पूँजीपति श्रमिकों के उत्तम जीवन, बेकारी के बीमे व बोनस, मशीनों की घिसावट तथा कारखाने के सुधार आदि में लगा देता है।

3. प्रचारात्मक अधिक, आर्थिक कम (More Stress on Publicity than Economic)—प्रो० केरयू हण्ट का विचार है कि "मार्क्स का अतिरिक्त मूल्य का सिद्धान्त किसी भी रूप में 'मूल्य का सिद्धान्त' नहीं है। यह वास्तव में '**शोषण का सिद्धान्त**' है, जिसके द्वारा यह दिखाने की चेष्टा की गयी है कि साधन-सम्पन्न वर्ग सदैव ही साधनहीन वर्ग के श्रम पर जीवित रहता है।" इसे स्वीकारते हुये मैक्स बियर (Max Beer) ने भी लिखा है कि, "इस विचार को अस्वीकार करना असम्भव है कि मार्क्स का सिद्धान्त आर्थिक सत्य के स्थान पर राजनीतिक और सामाजिक नारेबाजी है।"

4. विरोधाभासी सिद्धान्त (Contradictory Theory)—आलोचकों ने इसे '**विरोधाभासी सिद्धान्त**' कहकर भी इसकी आलोचना की है, क्योंकि मार्क्स का विचार है कि लाभ-प्राप्ति अथवा अतिरिक्त मूल्य के लिये पूँजीपति नयी-नयी मशीनें लगाता है, परन्तु दूसरी ओर वह यह भी कहता है कि कच्चे माल तथा मशीनों से कोई अतिरिक्त मूल्य प्राप्त नहीं होता। वह तो केवल श्रमिक के श्रम से ही प्राप्त होता है। इस प्रकार स्पष्ट है कि इस सिद्धान्त में दिये गये मार्क्स के विचारों में ही पूर्ण विरोधाभास है।

5. शारीरिक श्रम को महत्व (Significance of Physical Labour)—अतिरिक्त मूल्य के सिद्धान्त में मार्क्स ने मानसिक श्रम की अपेक्षा शारीरिक श्रम को ही अधिक महत्व प्रदान किया है। इसके विपरीत आलोचकों का मत है कि उत्पादन की अधिकता में तकनीकी कुशलता, प्रबन्ध कुशलता तथा व्यावसायिक कुशलता आदि भी वस्तुओं के निर्माण और तैयार वस्तुओं के लिये बाजार ढूँढने में महत्वपूर्ण योगदान देते हैं।

6. अस्पष्ट सिद्धान्त (Unclear Theory)—अलेक्जेण्डर ग्रे (Alexender Grey) ने कहा है कि "कोई भी हमें क्या यह बता सकता है कि मूल्य से मार्क्स का वास्तव में क्या अभिप्राय था ?" इसके अलावा मार्क्स ने जिन पूँजीपतियों व मजदूरों का उल्लेख किया है, वह न जाने किस लोक से सम्बन्धित हैं। मार्क्स के विचार कितने अतिरंजित हैं यह इस कथन से स्पष्ट हो जाता है, कि "मजदूर दुगुने या तिगुने कर दीजिये मुनाफा स्वयमेव ही दुगुना हो जायेगा।" इसमें किसी प्रकार की कुशलता व तकनीकी ज्ञान की आवश्यकता नहीं है।

7. सामाजिक हित न कि आर्थिक हित का सिद्धान्त (Theory of Social not of the Economic Interest)—अपनी आलोचना में सेबाइन (Sabine) ने यह माना है कि "मार्क्स के मूल्य सिद्धान्त का प्रयोजन विशुद्ध रूप से आर्थिक नहीं प्रत्युत नैतिक था, क्योंकि मार्क्स के मूल्य का सिद्धान्त कीमतों का सिद्धान्त नहीं, बल्कि सामाजिक हित एवं

'मानव-मूल्य' का सिद्धान्त था।'' इसी कारण उन्होंने कीमतों और मूल्यों के मध्य अन्तर किया है।

पूँजीवाद पर मार्क्स का मुख्य आरोप यह था कि पूँजीवाद मानवीय सम्बन्ध का आधार पूँजी को मानता है और मानवीय तत्वों या मूल्यों की बिल्कुल उपेक्षा कर देता हैं। वह उसे एक मानवताहीन और पैसे का भूखा प्राणी बना देता है। वह श्रम-शक्ति को बिकने वाला सौदा बना देता है। इस पूँजीवाद के स्थान पर मार्क्स ने मानवीय अर्थव्यवस्था का आदर्श प्रस्तुत करने का प्रयास किया है।

उपरोक्त आलोचना के बावजूद भी मार्क्स का 'श्रम सिद्धान्त' तथा अतिरिक्त मूल्य का सिद्धान्त राजनीति विज्ञान में महत्वपूर्ण स्थान रखता है।

मार्क्सवाद की आलोचना
(Criticism of Marxism)

साम्यवाद का 'जनक' तथा 'वैज्ञानिक समाजवाद' की स्थापना के आदर्श को प्रस्तुत करने वाला कार्ल मार्क्स विश्व के महानतम दार्शनिकों में से एक था। समाजवादी आन्दोलन को उसकी देन के विषय में केटलिन (Katelin) ने सत्य ही कहा है ''मार्क्स ने समाजवादी आन्दोलन के लिये वह सब कुछ किया है, जो मैकियावेली ने राज्य के वास्ते किया था।'' मार्क्स की इस अभूतपूर्व देन की आलोचना करने वालों की भी कमी नहीं है। सुप्रसिद्ध विद्वान वेपर (Wayper) ने लिखा है कि-''उन्होंने सुन्दर गुलाब के फूलों की कल्पना तो की, लेकिन उसके लिये आवश्यक धरती तैयार नहीं की।''

आलोचकों का विचार है कि मार्क्स ने साम्यवाद को एक युद्धपरक दर्शन बना दिया है। इस प्रकार के आलोचक मार्क्स को एक ''मौलिक विचारक'' भी मानने को तैयार नहीं हैं, किन्तु जैसा कि ग्रे (Grey) ने लिखा है कि ''मार्क्स ने अपनी ईंटों को बहुत से स्थानों से एकत्र करके उनका प्रयोग उसने बहुत कुछ अपने नमूने के अनुसार ही किया।'' वस्तुतः यह मार्क्स के विषय में मौलिक धारणा है।

मार्क्स की आलोचना तथा विभिन्न आलोचकों की दृष्टि में मार्क्सवाद में निहित दोषों का वर्णन निम्नलिखित है-

(1.) इतिहास की त्रुटिपूर्ण व्याख्या (Defective Explanation of History)-इतिहास की जो '**नियतिवादी व्याख्या**' मार्क्स ने प्रस्तुत की है, उसकी कटु आलोचना की गई है क्योंकि उसमें मानवीय संवेगों तथा संयोगों को कोई स्थान नहीं दिया गया है। घटनायें नियतिवाद के अन्तर्गत ही नहीं होतीं, वरन् कुछ घटनायें संयोगवश भी होती है। फिर भी इन संयोगवश घटित हुई घटनाओं का प्रभाव विश्वव्यापी रहा है। स्वयं कार्ल मार्क्स भी एक ऐसे युग पुरुष थे, जिसने विश्व इतिहास तथा आर्थिक घटनाओं को एक नवीन दिशा दी। इस प्रकार मार्क्स ने इतिहास की जो व्याख्या की थी, त्रुटिपूर्ण है।

(2.) भौतिक पदार्थों को ही महत्व देना (Importance to Materialistic Elements)-मार्क्स के दर्शन की आलोचना इसलिये भी की गई है कि मार्क्स ने द्वन्द्वात्मक

भौतिकवादी सिद्धान्त प्रतिपादन के समय 'आत्म तत्व' की नितान्त अवहेलना की थी। मार्क्स केवल उन्हीं वस्तुओं के अस्तित्व को स्वीकार करता था, जिनकों देखा जा सके या उनके होने का अनुभव किया जा सके। आलोचकों का कहना है कि "अनन्त काल से चली आने वाली आत्मा व परमात्मा नामक अवधारणायें एक झटके से नकारी नहीं जा सकतीं।" उनके अनुसार आध्यात्मिक पक्ष का भी उतना ही महत्व है, जितना कि भौतिक पक्ष का।

(3.) आर्थिक तत्व ही एकमात्र निर्माता शक्तियाँ नहीं (Economic Elements are not the only Productive Forces)—मार्क्स ने मानव के व्यक्तित्व को आर्थिक तत्वों का निर्माता न मानकर आर्थिक तत्वों को मानव-व्यक्तित्व का निर्माता माना है, जो त्रुटिपूर्ण है। यदि मानव किसी व्यक्ति को अपनाना चाहता है तो उसके पीछे केवल आर्थिक तत्व ही क्रियाशील नहीं होते, वरन् व्यक्ति की मानवीय भावनायें भी क्रियाशील होती हैं।

(4.) तर्कहीन युग विभाजन (Illogical Age-classification)—आदिम काल के साम्यवाद की जो कल्पना मार्क्स ने की उसको आधुनिक '**मानवशास्त्र**' ने मान्यता प्रदान नहीं की है। इस सम्बन्ध में प्रो० वेपर (Prof. Wayper) ने लिखा है कि, "मार्क्स ने एक शताब्दी के ऐतिहासिक अध्ययन के आधार पर हजारों वर्षों के अनुभव की जो अवहेलना की वह सन्तोषजनक नहीं है।" अतः मार्क्स का युग-विभाजन किसी भी रूप में मान्य नहीं है।

(5) क्रान्ति में हिंसा को महत्व (Importance to Violence in Revolution)—मार्क्स द्वारा कहा गया था कि हिंसा के द्वारा लाई गई क्रान्ति सद्भावना, सहयोग एवं मानवीय प्रेमपूर्ण समाज को जन्म दे सकेगी, ऐसा दावा करना भ्रमपूर्ण है क्योंकि हिंसा, हिंसा को ही जन्म देती है।

(6) समाज का विभाजन असंगत (Improper Division of Society)—समाज का विभाजन जैसे—'आदिकालीन समाज' 'प्राचीन समाज (यूनानी और रोमन),' 'सामन्तवादी समाज' व 'पूँजीवादी समाज' आदि पूर्णतया असंगत है और इसका कोई वैज्ञानिक आधार भी नहीं है। प्रो० वेपर (Wayper) ने इस विभाजन पर गहरा असन्तोष व्यक्त किया है।

(7) पूँजीवाद का अव्यावहारिक ज्ञान (Impracticable Knowledge of Capitalism)—प्रो० लिंडसे ने कहा है कि मार्क्स को पूँजीवाद के सम्बन्ध में वास्तविक ज्ञान प्राप्त नहीं था, क्योंकि मार्क्स ने मात्र एन्जिल्स के माध्यम से तथा ब्रिटिश पुस्तकालयों में प्राप्त पुस्तकों के अध्ययन से अर्जित ज्ञान के आधार पर ही विचार निर्मित किये थे।

(8) राज्य की गलत अवधारणा (Wrong Conception of State)—आधुनिक राज्यों के स्वरूप का मार्क्स को कोई विशेष ज्ञान प्राप्त नहीं था क्योंकि आजकल आधुनिक राज्य अधिकाधिक संख्या में श्रमिक सुधार अधिनियम लागू कर रहे हैं। सम्पूर्ण राज्यों का स्वरूप ही आजकल समाजवादी होता जा रहा है। अतः मार्क्स के राज्य विषयक विचार आधुनिक युग में असत्य सिद्ध हो चुके हैं।

(9) गलत भविष्यवाणियाँ (Wrong Predictions)—आधुनिक युग में मार्क्स की अनेकों भविष्यवाणियाँ गलत सिद्ध हो रही हैं जैसे पूर्ण विकसित देशों में भी क्रान्ति का आना,

तत्पश्चात् राज्य संस्था का लोप होकर साम्यवादी समाज की स्थापना, श्रमिकों का स्वरूप बदलना, श्रमिकों का उत्तरोत्तर निर्धन होना तथा पूँजीपतियों की संख्या कम होना आदि।

(10) मार्क्स द्वारा व्यक्त काल्पनिक धारणायें (Utopian Conceptions of Marx)– अपने पूर्ववर्ती वैज्ञानिकों के विचारों को **स्वप्नलोकीय** कहकर मार्क्स ने अपने विचारों को वैज्ञानिक बताया है जबकि आलोचकों का कहना है कि मार्क्स स्वयं कल्पनावादी विचारक है। प्रो० लास्की (Prof. Laski) का विचार है कि "पूर्ण व्याख्या के रूप में आर्थिक पृष्ठभूमि पर अत्यधिक बल देने की प्रवृत्ति मौलिक रूप में मिथ्या है।" इलियट तथा मैक्डोनाल्ड (Illiot and McDonald) ने भी मार्क्स के विचार को 'कल्पनावाद' (Myth) की संज्ञा दी है।

(11) त्रुटिपूर्ण वर्ग-धारणा (Improper Conception of Class)–आलोचकों का विचार है कि मार्क्स की 'वर्ग अवधारणा' त्रुटिपूर्ण है। उनका विचार है कि व्यक्तियों में कोई भी स्थिर वर्ग नहीं होते, बल्कि उनमें सतत् रूपान्तरण होता रहता है। इसलिये उन्हें ठोस आधार मानकर विचार व्यक्त करना औचित्यपूर्ण नहीं है।

(12) अस्पष्ट सिद्धान्त (Vague Theories)–आलोचकों का कहना है कि "अपने समय में मार्क्स यह भी स्पष्ट करने में असमर्थ रहा था कि आर्थिक तत्वों का निर्माता कौन है और इन आर्थिक तत्वों का संचालन क्यों तथा किन नियमों से हो रहा है?"

राज्य की अवधारणा
(Concept of State)

कार्ल मार्क्स की राज्य विषयक विचारधारा सामान्य रूप से प्रचलित मत के विपरीत है। अनेक राजनीतिज्ञ विचारक जैसे–प्लेटो व अरस्तु का विचार है कि राज्य एक ऐसी स्वाभाविक और नैतिक संस्था है, जो मानव-जीवन के साथ जुड़ी हुई है, परन्तु मार्क्स राज्य को केवल 'वर्गीय' संस्था ही मानता है।

मार्क्स के अनुसार 'आदिम साम्यवादी अवस्था' में समाज के सदस्यों के बीच हितों का कोई संघर्ष नहीं था। इसलिये सम्पूर्ण समाज मिलकर अपने मामलों का प्रबन्ध स्वयं कर लेता था और राज्य का कोई अस्तित्व नहीं था, लेकिन दास प्रथा के युग में स्थिति बदल गयी। इस युग में पूँजीपति लोग बहुसंख्यक समाज के श्रम से उत्पन्न की जाने वाली कमाई को हड़प जाते थे। इस बहुसंख्यक समाज के विरुद्ध अपनी स्थिति बनाये रखने के लिये, उन्हें शक्ति का सहारा लेना पड़ता था। इसलिये सेना, पुलिस, न्यायालय व जेल आदि की व्यवस्था की गई। यहीं से 'राज्य' नामक संस्था का सूत्रपात हुआ। इस पूँजीवादी युग में राज्य पर पूँजीपति वर्ग का ही आधिपत्य रहता था और वह राज्य की सहायता से श्रमिक वर्ग का शोषण करता था। राज्य के सम्बन्ध में मार्क्स ने लिखा है कि–"राज्य के द्वारा कभी-कभी किये जाने वाले छोटे-मोटे सुधार जनहित के उद्देश्य से न किये जाकर इस उद्देश्य से किये जाते हैं कि असन्तुष्ट शोषित वर्ग को सुधारों के भुलावे में रखा जा सके।" मार्क्स व एंजिल्स के अनुसार "राज्य, भले ही वह प्रजातन्त्रात्मक हो, एक निष्पक्ष संस्था नहीं है, वरन् एक वर्गीय (शोषक वर्ग की) संस्था है।'

राज्य की प्रकृति

(1) मार्क्स के अनुसार "राज्य केवल एक ऐसा यन्त्र है, जिसकी सहायता से एक वर्ग दूसरे वर्ग का शोषण करता है।"[14] एंजिल्स का विचार है कि "राज्य अपने सभी रूपों में एकमात्र शासक वर्ग की संस्था है और प्रत्येक अवस्था में इसने दलित या शोषित वर्ग को दबाये रखने का ही कार्य किया है।"[15]

(2) मार्क्स के अनुसार 'राज्य एक अनावश्यक बुराई' होकर ऐसी चक्की के समान है, जिसमें समस्त सामाजिक वर्ग पिस जाते हैं।

(3) राज्य शोषक वर्ग के हितों की पोषक अर्थात् एकवर्गीय संस्था है।

(4) मार्क्स राज्यों को अन्याय का परिणाम मानता है। इसी कारण उसके अनुसार इस संस्था को खत्म करके राज्य विहीन समाज की रचना की जानी चाहिये।

(5) मार्क्स के अनुसार राज्य किसी रूप में भी हो, कष्टप्रद होता है।

(6) मार्क्स के विचार में राज्य की समस्त प्रशासकीय संस्थायें जैसे—कानून, पुलिस व न्यायपालिका आदि पूँजीपतियों के हितों की रक्षक होती हैं। अतः 'पूंजीपति राज्य' श्रमिकों के द्वारा विद्रोह किये जाने के विरुद्ध एक प्रहरी के रूप में तैयार रहता है।

'समाजवाद' तथा 'साम्यवाद' का आदर्श

मार्क्स का विचार था कि पूँजीवादी राज्य के नष्ट किये जाने के पश्चात् जो सामाजिक व्यवस्था होगी वह संक्रमण कालीन होगी। इसको मार्क्स ने श्रमिकों की तानाशाही (समाजवादी राज्य) के नाम से सम्बोधित किया है। इस समाजवादी समाज का निर्माण पूँजीवाद द्वारा ही हो सकता है, क्योंकि इस अवस्था में भी पूँजीवादी व्यवस्था की भाँति शिक्षित व्यक्तियों द्वारा पूँजीवादी उत्पादन, विज्ञान, तकनीक तथा संस्कृति को महत्व दिया जायेगा।

मार्क्स के अनुसार "इस बात में सतर्कता रखनी चाहिये कि अपदस्थ शोषक वर्ग इन परिवर्तनों का भयानक रूप से प्रतिरोध करता है। अपदस्थ शोषकों के प्रतिरोध को समाप्त करना, राजसत्ता को रूपान्तरित करना, श्रमिक वर्ग के अधिनायकत्व के रूप में नहीं राजकीय मशीनरी को कायम रखने के लिये सार्वजनिक मामलों के प्रशासन में जन समुदाय को हिस्सेदार बनाना तथा मेहनतकश लोगों के गैर सर्वहारा तबकों के साथ उसके सम्बन्ध को सुदृढ़ करना ये वे राजनीतिक समस्यायें हैं, जिन्हें पूँजीवाद से समाजवाद की ओर संक्रमण काल में हल करना होता है।"

इसी संक्रमण काल में शिक्षा, विज्ञान तथा तकनीकी प्रणाली का पुनर्गठन किया जाता है। मार्क्स ने आगे भी लिखा है कि "उत्पादन साधनों पर निजी स्वामित्व का उन्मूलन तथा

14. "State is nothing more than a machine for the oppression of one class by another."
--Marx.

15. "The state in all typical periods is exclusively the state of the ruling class and in all cases remaining, essentially a machine for keeping down the oppressed, exploited class."
--Engels

समाजवाद स्वामित्व की स्थापना, उत्पादन के समाजवादी सम्बन्धों को लागू करना, समाजवादी सहकारिता के आधार पर किसान के फार्मों तथा दस्तकारों की कर्मशालाओं का पुनर्गठन, अर्थव्यवस्था का योजनाबद्ध विकास और जीवन-स्तर को ऊँचा उठाने के लिये समाजवादी उत्पादन में वृद्धि आदि कार्य आर्थिक लक्ष्यों के अन्तर्गत आते हैं।'' मार्क्स के अनुसार समाजवादी राज्य के प्रमुख कार्य निम्नलिखित हैं–

(1) शोषितों द्वारा शोषकों पर शक्ति का प्रयोग करना।

(2) शैक्षिक दायित्वों को पूरा करना।

(3) राज्य के सृजनात्मक कार्य करना।

स्पष्ट है कि मार्क्स के समाजवादी राज्य को संचालित करने वाले एक सुसंगठित साम्यवादी दल की स्थापना की जाती है, ताकि यह दल नियमित रूप से निरन्तर साम्यवादी राज्य की स्थापना के लिये कार्य करने के आदेश-निर्देश देता रहे। इस प्रकार के समाजवादी प्रजातन्त्र में प्रजा की अभिव्यक्ति सीधा तथा पूर्णरूपेण होती है और जनता का सर्वांगीण विकास होता है। अन्य प्रजातन्त्रों की अपेक्षा इस समाजवादी राज्य में गुणवत्ता अधिक होती है, क्योंकि इस राज्य के समस्त उत्पादन साधनों पर जनता का सीधा और सम्पूर्ण नियन्त्रण होता है। मार्क्स द्वारा स्थापित समाजवादी राज्य में जनवादिता की अधिक और स्पष्ट अभिव्यक्ति होती है।

समाजवादी राज्य की नीतियाँ एवं प्रमुख कार्यक्रम

मार्क्स द्वारा स्थापित समाजवादी राज्य की प्रमुख नीतियाँ एवं कार्यक्रम निम्नलिखित हैं–

1. राज्य की समस्त भूमि को सार्वजनिक स्वामित्व में लाना, निजी स्वामित्व को समाप्त करना तथा समस्त कृषि क्षेत्र में सहकारिता का प्रयोग करना।

2. समस्त उत्पादन एवं वितरण के साधनों का विस्तार करके उन्हें जन-जन तक पहुँचाना।

3. उत्तराधिकार पद्धति को समाप्त करना। राज्य के देशद्रोहियों की सम्पत्ति को सार्वजनिक अधिकार में लाना।

4. एक न्यायपूर्ण आयकर पद्धति की स्थापना करना।

5. अपने समाजवादी राज्य में बैंक व्यवस्था का 'राष्ट्रीयकरण' करना।

6. मजदूरों के श्रम के महत्व को स्वीकार करना।

7. राज्य के समाज विरोधी विचारों का निर्ममता से अन्त करके 'एक वर्गीय सिद्धांत' को व्यवहार में ले लिया जाता है।

8. शोषण का दमन करने एवं बच्चों की नि:शुल्क शिक्षा की व्यवस्था करने के लिये श्रम व्यवस्था को सुधारना।

9. कृषि को समुन्नत बनानें के लिये 'यन्त्रीकरण' को अपनाना।

मार्क्स ने स्वयं कहा है कि ''पूँजीवाद द्वारा छोड़ी हुई असमान परिस्थितियों के आधार पर समानता की स्थापना करना अन्याय है, न्याय नहीं। अधिकार समान नहीं असमान होने चाहियें। न्याय समाज की आर्थिक परिस्थितियों तथा उनसे प्रभावित सांस्कृतिक विकास से ऊँचा नहीं उठ सकता। इसलिये समाजवादी समाज के संगठन का सिद्धान्त होगा–''प्रत्येक से उसकी योग्यतानुसार काम तथा प्रत्येक को उसके काम के अनुसार वेतन।'' उपरोक्त विवरण से स्पष्ट

है कि पूँजीवाद के अन्त के पश्चात् उन्हीं परिस्थितियों में समाजवादी राज्य की स्थापना हो सकती है।

साम्यवादी समाज

साम्यवादी समाज के सम्बन्ध में अपने उद्‌गार व्यक्त करते हुये मार्क्स ने Communist Manifesto में लिखा है कि "जब उत्पादन सम्पूर्ण राष्ट्र के एक वृहद समुदाय के हाथों में पहुँच जाता है तो राजकीय शक्ति का राजनीतिक स्वरूप जाता रहेगा। तब वर्गों तथा वर्ग भेद से भरे पुराने पूँजीवादी समाज के स्थान पर एक ऐसे समाज की स्थापना हो जायेगी, जिसमें कि 'प्रत्येक का स्वतन्त्र विकास व समस्त के स्वतन्त्र विकास' की शर्त होगी। इस प्रकार राज्य संस्था विलुप्त हो जायेगी। नये साम्यवादी समाज की प्रमुख विशेषता वर्गहीनता एवं राज्यहीनता होगी।" इसमें समाज एक परिवार की भाँति होगा और "प्रत्येक व्यक्ति योग्यतानुसार काम करेगा तथा आवश्यकतानुसार उपभोग करेगा।" इस समाज में 'राज्य' की किसी भी रूप में आवश्यकता नहीं रहेगी।

मार्क्स के राज्य सम्बन्धी विचारों की आलोचना

मार्क्स के राज्य सम्बन्धी विचारों की आलोचना निम्नलिखित है–

1. राज्य स्थायी संस्था है (State is a Permanent Institution)–राज्य मानवीय स्वभाव की मूल स्थायी प्रवृत्तियों पर आधारित होने के कारण एक 'शाश्वत' संस्था है। साम्यवादी व्यवस्था में भी राज्य समाप्त होने की अपेक्षा अधिकाधिक शक्तिशाली हो जाता है।

2. विलीनीकरण की कपोल कल्पित धारणा (Utopian Idea of Merging)–मार्क्स ने अनेक विचारकों की आलोचना की है, परन्तु स्वयं उसकी राज्यहीन और वर्गहीन समाज की धारणा कम काल्पनिक एवं उपहासास्पद नहीं है। मार्क्स का कल्पनावाद तो फोरियर, ओवन एवं अन्य कल्पनावादियों से भी दोषपूर्ण है, क्योंकि मार्क्स द्वारा प्रतिपादित वर्गहीन समाज की स्थापना में न तो मानवीय प्रयत्नों का योग स्वीकार किया गया है और न ही न्याय व्यवस्था की कोई समुचित व्यवस्था की गयी है।

3. राज्य नैतिक संस्था है, वर्गीय संगठन नहीं (State is a Moral Institution and not a Class Organisation)–आलोचकों के विचार में राज्य वर्गीय संगठन नहीं बल्कि नैतिक संगठन है, जिसका उद्देश्य एक मानवीय व्यक्तित्व का विकास है। यह हो सकता है कि कुछ राज्यों में विशेष वर्ग को महत्व दिया जाये, परन्तु इस मत को स्वीकार नहीं किया जा सकता कि "सभी राज्य विशेष वर्ग का पोषण करते हों। सेबाइन (Sabine) के विचार में, "यह सिद्धान्त कि राज्य केवल शोषण का एजेण्ट है, एक क्रांतिकारी अल्पमत का प्रचार मात्र है। यह ऐसा सिद्धान्त नहीं है, जिस पर कोई शासन कर सकता है"

4. सर्वहारा वर्ग के मित्र के कार्य में राज्य (State as a Friend of Proletariat)– राज्य को मार्क्स सर्वहारा वर्ग का शत्रु बताता है, परन्तु वास्तव में वह सर्वहारा वर्ग का शत्रु नहीं 'मित्र' है। आलोचकों के अनुसार राज्य श्रमिकों के शोषण के साधन के रूप में नहीं, बल्कि उनके उत्थान व कल्याण के साधन के रूप में होता है।

5. पूर्णतया अनुचित-बल प्रयोग (Totally Improper Use of Force)—बल प्रयोग द्वारा शासक वर्ग की स्थिति को बनाये रखना ही मार्क्स के विचार में राज्य का प्रमुख कर्त्तव्य है यह विचारधारा पूर्णतया अनुचित है। आलोचकों के विचार में मार्क्सवादी सिद्धान्त राज्य के अधिक पूर्ण तथा सच्चे स्वरूप की उपेक्षा करते हुए मात्र एक रोगग्रस्त राज्य का समर्थन करता है।

टी॰ एच॰ ग्रीन (T. H. Green) ने भी लिखा है कि "शासन बिना अधिकारों के बल पर बहुत दिनों तक नहीं चल सकता, परन्तु अधिकारों के साथ-साथ राज्य का बल स्थायी हो सकता है। मार्क्स क्रान्ति द्वारा राज्य को समाप्त करना चाहता है, परन्तु वह इस बात को भूल जाता है कि क्रान्ति सदैव ही अत्याचारों की वृद्धि करती है।"

6. वर्गहीन राज्य-अस्वाभाविक (Classless State Unnatural)—कार्ल मार्क्स ने वर्गहीन समाज की कल्पना की है, परन्तु उसकी यह कल्पना कभी भी क्रियान्वित नहीं हो सकती, क्योंकि समाज का कोई ऐसा युग नहीं रहा है, जिसमें समाज वर्गहीन रहा हो। अत: वर्गहीन राज्य '**अस्वाभाविक**' है।

उपरोक्त वर्णन के आधार पर कहा जा सकता है कि मार्क्स राज्य को 'वर्गीय संगठन' 'अस्थायी' एवं 'सर्वहारा वर्ग का शत्रु' समझता था, परन्तु वास्तव में राज्य एक नैतिक संगठन, स्थायी तथा सर्वहारा वर्ग का मित्र एवं कल्याणकारी संगठन है। इसका प्रमुख कार्य सार्वजनिक हित करना है। अत: कहा जा सकता है कि मार्क्स की राज्य विषयक धारणा कपोल-कल्पित ही थी, क्योंकि आज उसमें क्रान्तिकारी परिवर्तन हो रहे हैं।

मार्क्सवाद की देन तथा प्रभाव
(Influence and Contribution of Marxism)

उपरोक्त आलोचनाओं तथा असंगतियों के बावजूद भी मार्क्सवाद का अपना महत्व है। प्रो॰ वेपर (Wayper) के अनुसार "मार्क्स 19वीं शताब्दी का सर्वाधिक प्रभावशाली व्यक्ति है।" मैक्सी (Maxey) ने भी इस विषय में अपने विचार प्रकट करते हुये लिखा है कि "मार्क्सवादी विचारधारा की आलोचना के बावजूद मार्क्स आधुनिक युग के राजनीतिक और आर्थिक चिन्तन में एक शक्तिशाली तत्व बना हुआ है। मार्क्स के बाद के सभी समाजवादी विचारक मार्क्सवादी, मार्क्स विरोधी या अर्द्ध मार्क्सवादी रहे हैं।" मार्क्स को समाजवाद को व्यावहारिक व वैज्ञानिक बनाने का श्रेय प्राप्त है। इस सम्बन्ध में लुईस वाशरमैन (Louis Washerman) ने लिखा है कि "मार्क्स ने समाजवाद को एक षड्यन्त्र के रूप में पाया और उसे एक आन्दोलन के रूप में छोड़ा। समाजवाद ने उससे एक दर्शन और दिशा प्राप्त की।"

यह पूर्णतया सत्य है कि आज के युग का सर्वाधिक लोकप्रिय दर्शन 'मार्क्सवाद' ही है। ब्रिटेन के चोटी के राजनीतिक दार्शनिक जार्ज केटलिन ने भी कहा है कि "पाश्चात्य जगत् साम्यवादी देशों के मुकाबले में हार रहा है।"[16] जहाँ तक विचारधाराओं के संघर्ष का सम्बन्ध है, मार्क्सवाद के कटु आलोचक प्रो॰ पोपर (Popper) ने लिखा है कि "कथनी के स्थान पर

16.''Communism V/s Western Ideology, *Indian Standrad*, July, 14, 1957.

करनी पर बल देने वाली विचारधारा होने के कारण मार्क्सवाद निश्चय ही हमारे समय की सबसे अधिक महत्वपूर्ण सुधारवादी विचारधारा है।'' वेपर (Wayper) ने उचित ही लिखा है कि ''राजनीति दर्शन में विश्व के महान् विचारकों में मार्क्स अपने स्थान के बारे में आश्वस्त हो सकते हैं।''

अभ्यास के लिये प्रश्न

1. मार्क्सवाद के सिद्धान्तों का वर्णन कीजिये एवं उनकी आलोचना कीजिये।
2. राज्य के मार्क्सवादी सिद्धान्त का परीक्षण कीजिये।
3. भौतिक द्वन्द्ववाद पर कार्ल मार्क्स के विचारों की विवेचना कीजिये। उन्होंने हेगेल के द्वन्द्ववाद को किस प्रकार सीधा खड़ा किया?
4. मार्क्सवाद के प्रमुख राजनीतिक विचारों की विवेचना कीजिये।
5. उन उद्देश्यों और साधनों का वर्णन कीजिये जिनके द्वारा मार्क्स पूँजीवाद को नष्ट करके साम्यवाद की स्थापना करना चाहता था।
6. मार्क्सवाद के द्वन्द्वात्मक भौतिकवाद का विश्लेषण कीजिये।
7. स्पष्ट कीजिये कि ''मार्क्स को आधुनिक समाजवाद का पिता माना जाता है।''
8. मार्क्स के 'इतिहास की आर्थिक व्याख्या के सिद्धान्त' की व्याख्या कीजिये।
9. ऐतिहासिक भौतिकवाद की विवेचना करते हुए कार्ल मार्क्स के आर्थिक नियतिवाद का आलोचनात्मक परीक्षण कीजिये।
10. ''अब तक अवस्थित सब समाजों का इतिहास है।'' इस कथन को स्पष्ट कीजिये।
11. मार्क्स के वर्ग-संघर्ष की अवधारणा का वर्णन करो।
12. ''मार्क्स के मूल्य व अतिरिक्त मूल्य का सिद्धान्त पूर्णतया अव्यावहारिक एवं असत्य है।'' क्या आप इस कथन से सहमत हैं? कारण सहित उत्तर दीजिये।
13. ''मार्क्स ने साम्यवाद को अव्यवस्थित रूप में पाया और एक आन्दोलन के रूप में छोड़ा। वह वैज्ञानिक समाजवाद का पिता है'' इस कथन का परीक्षण कीजिये।
14. कार्ल मार्क्स के प्रमुख विचारों की आलोचना कीजिये। क्या आपके मत में मार्क्स की विचारधारा पुरानी पड़ गई है?
15. कार्ल मार्क्स के राजनीतिक विचारों तथा उनके प्रभाव का मूल्याँकन कीजिये।
16. मार्क्स के ''समाजवादी राज्य'' तथा 'साम्यवादी समाज' विषयक विचारों पर प्रकाश डालिये।
17. ''राज्य पूँजीपति वर्ग की कार्यकारिणी समिति है।'' मार्क्स के इस कथन की व्याख्या कीजिये।

19

व्लादीमीर इलिच लेनिन

(Vladimir Illich Lenin--1870-1924)

कार्ल मार्क्स के अनुयायियों में सर्वोच्च स्थान 1917 ई० की सोवियत क्रान्ति के नेता तथा वर्तमान सोवियत संघ के निर्माता लेनिन को प्राप्त हुआ। लेनिन एक कट्टरपंथी परन्तु व्यावहारिक मार्क्सवादी था। लेनिन मार्क्स के आधारभूत सिद्धातों को सभी कालों में उपयुक्त कहता था परन्तु कहीं-कहीं वह समय तथा देशकाल की परिवर्तित परिस्थितियों के अनुसार बदल कर उनकी नवीन व्याख्या करता था। इसलिये विद्वानों ने लेनिनवाद को 'उलटा हुआ मार्क्सवाद' कहा है। अपनी 'कृति' Foundation of Leninism में स्टालिन (Stalin) ने लिखा कि "लेनिनवाद साम्राज्यवाद तथा सर्वहारा वर्ग की क्रान्ति के युग का मार्क्सवाद है। अधिक सही अर्थ में लेनिनवाद सामान्य तौर पर सर्वहारा वर्ग की क्रान्ति का सिद्धान्त तथा सामरिक चाल तथा विशिष्ट रूप से सर्वहारा वर्ग के अधिनायकत्व का सिद्धान्त और चाल है।"

पूँजीवाद के उदय से पहले मार्क्स ने अपने विचार व्यक्त किये थे जबकि लेनिन ने पूँजीवाद के विकसित होने पर अपने विचार व्यक्त किये थे। इस समय रूस में सर्वहारा क्रान्ति भी हो गयी थी। इसीलिये इन दोनों विचारधाराओं में स्वाभाविक समानता के स्थान पर स्वाभाविक अन्तर दिखाई पड़ता है। प्रो० सेबाइन (Prof. Sabine) के विचार में, "लेनिन का मार्क्सवाद पूर्णतया तर्कहीन और रूढिवादी था और वह अधिकतर पेशेवर क्रान्तिकारियों के लड़ने वाले संगठनों के लिये एक धर्म था। फिर भी वह बहुत से महत्वपूर्ण परिवर्तनों के लिये उत्तरदायी था, जो मार्क्स के किसी अनुयायी ने मार्क्स के सिद्धान्त में किये।"

मार्क्सवाद को अंशदान

(Contribution Towards Marxism)

लेनिन के द्वारा मार्क्सवाद को दिया गया अंशदान निम्नलिखित हैं–

1. मार्क्स के विचारों की रूस की स्थिति के अनुसार व्याख्या (Explanation of Marxian Views according to Russian Circumstances)– लेनिन ने मार्क्स के उन विचारों की रूस की तत्कालीन परिस्थितियों के अनुसार व्याख्या की, जिनके आधार पर

किसी देश में समाजवादी क्रान्ति हो सकती थी। लेनिन के विचार में समाजवादी क्रान्ति के लिए तीन बातें अनिवार्य हैं–

(i) क्रान्ति उस समय की जानी चाहिये, जब श्रमिकों में एकता हो तथा पूँजीवाद व्यवस्था अपने पतन की घड़ियाँ गिन रही हो।

(ii) क्रान्ति की भावना से सम्पन्न तथा देश में दृढ़ विचार वाले व्यक्ति होने चाहियें।

(iii) क्रान्तिकारियों को ज्यादा से ज्यादा मजदूर वर्ग की सहायता प्राप्त होनी चाहिए।

उपरोक्त परिस्थितियों के कारण सबसे पहले सोवियत रूस में क्रान्ति हुई।

2. दलीय विचार (Party Views)– लेनिन के 'दलीय विचार' के सम्बन्ध में इबन्सटीन (Ebenstein) ने कहा है कि "लेनिन का दल सम्बन्धी सिद्धान्त मार्क्सवादी विचारधारा को उसकी सर्वाधिक महत्वपूर्ण देन है।" लेनिन दल को सर्वहारा क्रान्ति का मुख्य अंग मानता था। उसने स्वयं ही लिखा था कि "साम्यवादी दल मजदूर वर्ग का ही एक भाग है। उसका सर्वाधिक प्रगतिशील और जागरूक वर्ग तथा सर्वाधिक क्रान्तिकारी भाग साम्यवादी दल का निर्माण करने वाले उत्तम, अत्यधिक बलिदानी और दूरदर्शी मजदूर होते हैं। साम्यवादी दल राजनीतिक संगठन का आधार है, जिसकी सहायता से श्रमिकों का अपेक्षाकृत प्रगतिशील अंश, समस्त सर्वहारा वर्ग और अर्द्ध-सर्वहारा वर्ग को सही निर्देशन देता है।"

3. साम्यवादी राज्यों तथा पूँजीवाद का असम्भव मेल (Impossible Unity of Capitalism and Communistic State)–लेनिन के अनुसार साम्यवादी व्यवस्था में राज्य का विलीनीकरण होने के लिये यह आवश्यक है कि पूँजीवाद का अंत हो जाये और साम्यवादी व्यवस्था की स्थापना हो जाये। स्वयं लेनिन के अनुसार "साम्यवादी राज्यों के साथ-साथ सोवियत गणतन्त्र का अस्तित्व बहुत दिनों तक बना रहे, इस बात की कल्पना भी नहीं की जा सकती। उनमें से एक को अन्त में विजयी होना है और इसके पूर्व कि वह 'अन्त' आये, सोवियत गणतन्त्र और मध्य वर्ग द्वारा शासित राज्यों में भयंकर संघर्षों की श्रृंखला अवश्यम्भावी है।"

4. साम्यवादी दल का अधिनायकत्व (Dictatorship of Communist Party)– सर्वहारा वर्ग के अधिनायकत्व के स्थान पर लेनिन साम्यवादी दल के अधिनायकत्व पर बल देता है। स्वयं लेनिन के अनुसार "सर्वहारा राज्य का स्वरूप पूर्णरूप से अधिनायकतन्त्रीय होगा, लेकिन राज्य का संचालन श्रमिक संगठनों के संचालन बुद्धिमान साम्यवादी नेताओं के हाथ में होगा।"

5. पूँजीवाद का अन्तिम चरण साम्यवाद (Communism as a Last Stage of Capitalism)– मार्क्स के आधारभूत सिद्धान्तों की भाँति लेनिन ने साम्यवाद को पूँजीवाद की अन्तिम अवस्था बताया है तथा उसकी बुराइयों को बताकर उसके अन्त होने की शर्तें बतायी हैं।

लेनिन के विचारों के सम्बन्ध में स्टालिन (Stalin) ने लिखा है कि लेनिन ने मार्क्सवाद का समर्थन किया, परन्तु इसके साथ ही उसने सिद्धान्तों की रूपरेखा को भी विस्तृत किया। उन्होंने यह भी कहा है कि–"मार्क्स एवं एंजिल्स ने श्रमिक वर्ग की प्रधानता के विचार की

रूपरेखा प्रस्तुत की थी। लेनिन का इस क्षेत्र में यह भी अंशदान था, कि उसने इस सिद्धान्त का विकास एवं विस्तार न केवल जारशाही और पूँजीवाद के विनाश के लिये ही प्रत्युत 'समाजवाद' के निर्माण के लिये भी किया।'' प्रो॰ सेबाइन (Priof. Sabine) के अनुसार, ''सीधी सी बात है और इसके लिये किसी द्वन्द्वात्मक व्याख्या की आवश्यकता नहीं है कि लेनिन मार्क्सवाद की रूढ़ियों को निष्ठा से स्वीकार करता था, परन्तु जब इन रूढ़ियों का व्यावहारिक संघर्ष हुआ तब लेनिन ने उन्हें त्याग दिया। लेनिन के सूत्र मार्क्स के सूत्र रहें, लेकिन लेनिनवाद का अर्थ मार्क्सवाद के अर्थ से बहुत दूर हट गया।'' इस प्रकार लेनिनवाद 'उल्टा हुआ मार्क्सवाद' है।

साम्राज्यवाद
(Imperialism)

मार्क्स से भी अधिक लेनिन ने पूँजीवाद की आलोचना की है। मार्क्स का विचार था कि पूँजीवाद की वृद्धि से मजदूरों की दशा और अधिक शोचनीय होगी। इस विचार के सम्बन्ध में संशोधनवादी नेता एडवर्ड बर्न्सटाइन ने लिखा था कि ''मार्क्स की भविष्यवाणी सत्य सिद्ध नहीं हुई, क्योंकि पूँजीवाद की वृद्धि से न ही पूँजीपतियों की संख्या कम हुई और न पूँजीवाद नष्ट हुआ और न ही मजदूरों की स्थिति दयनीय हुई है।'' इस सम्बन्ध में लेनिन ने लिखा था कि ''पूँजीवाद अपनी चरम अवस्था–'साम्राज्यवाद' में पहुँच चुका है। पूँजीवादी, साम्राज्यवादी न बनते तो उनकी दशा बहुत खराब हो जाती, परन्तु अब उन्होंने नए-नए उपनिवेश ढूंढ लिये हैं इसलिये दशा वर्गों की नहीं, उपनिवेशों की खराब है।''

लेनिन ने आगे लिखा था कि ''पूँजीवाद में एकाधिकार की बढ़ोत्तरी होगी तथा धनिकों के बैंकों का उद्योगों पर नियन्त्रण बढ़ेगा तथा पूँजी का निर्यात होगा, जिससे अन्तर्राष्ट्रीय क्षेत्र में एकाधिकार स्थापित करने हेतु पूँजीपति प्रतिस्पर्धा में संघर्ष करते हैं और फिर पूँजीपतियों में विश्व का प्रादेशिक विभाजन हो जाता है, परन्तु इस विभाजन का अन्त विश्व युद्ध के द्वारा होता है।''

साम्राज्यवाद की विशेषतायें

लेनिन के अनुसार साम्राज्यवाद की प्रमुख विशेषतायें निम्नलिखित हैं–

1. एकाधिकार में बढ़ोत्तरी (Increase in Monopoly)–लेनिन में मार्क्स के 'उत्पादन के केन्द्रीयकरण' तथा उसके फलस्वरूप एकाधिकार के सिद्धान्त की पुष्टि की। उस ने इस विषय में लिखा है कि ''सरकारी विज्ञान ने मार्क्स के बारे में चुप्पी साधकर उनके प्रभाव को समाप्त करने का प्रयत्न किया, जिन्होंने पूँजीवाद की सैद्धान्तिक एवं ऐतिहासिक व्याख्या देकर यह सिद्ध किया कि मुक्त प्रतिस्पर्धा उत्पादन के केन्द्रीयकरण को जन्म देती है, जो क्रम के विकास की एक निश्चित अवस्था में एकाधिकार की ओर ले जाती है।

आज एकाधिकार एक वास्तविकता बन गया है ....उत्पादन के केन्द्रीयकरण के परिणामस्वरूप एकाधिकारों का प्रादुर्भाव पूँजीवाद के विकास की आधुनिक अवस्था का सामान्य एवं मूल नियम है।'' इस सम्बन्ध में लेनिन ने आगे भी लिखा कि ''उत्पादक संघ बिक्री, भुगतान आदि की शर्तों पर आपस में समझौता कर लेते हैं। वे आपस के बाजारों को बाँट

लेते हैं। वे उत्पादन की मात्रा निर्धारित कर लेते हैं। वे उसका मूल्य भी निर्धारित कर लेते हैं। वे लाभों को विभिन्न उद्यमों में विभक्त कर लेते हैं।

2. पूँजी का निर्यात (Export of Capital)—आधुनिक युग में पूँजीवादी देशों ने सरकारों तथा विदेशी कम्पनियों को पूँजी उधार देना और उनसे पर्याप्त ब्याज कमाना शुरू कर दिया है और साथ-साथ ही आधीन देशों की रेलों, खानों तथा बन्दरगाहों में अपनी पूँजी को लगाना शुरू कर दिया हैं। इसके विपरीत प्राचीन काल में पूँजीवादी देश अपना तैयार माल अविकसित देशों को देते थे और उनसे जो लाभ कमाते थे उससे खाद्य पदार्थ तथा कच्चा माल खरीदते थे। इस प्रकार लेनिन के अनुसार "पूँजीपति देश एक ओर तो ब्याज से और दूसरी ओर अपनी पूँजी के निवेश से अतुल धन कमाते हैं।"

3. पूँजी का विलय (Elimination of Capital)— पूँजी के विलयन के सम्बन्ध में लेनिन ने लिखा है कि "सर्वप्रथम तो औद्योगिक पूँजीपति तथा साहूकार लोग एक दूसरे से पृथक् थे। औद्योगिक पूँजीपति साहूकारों से ऋण लेते थे, क्योंकि उन्हें अपने उद्योगों के लिये अधिक धन की आवश्यकता पड़ती थी। धीरे-धीरे साहूकारों ने अपने बैंक खोलने आरम्भ कर दिये। तत्पश्चात् उन्होंने औद्योगिक कम्पनियों में हिस्से खरीदने प्रारम्भ कर दिये। बहुत से धनी उद्योगपति ने बैकों के हिस्से भी खरीदने शुरू कर दिये। इस प्रकार बहुत से धनी पूँजीपति साहूकार उद्योगपति बन गए।" अत: पूँजी के इस विलयन से पूँजीपतियों की शक्ति में अपार वृद्धि हुई।

4. पूँजीपति गुटों का निर्माण (Formation of Groups of Capitalists)—लेनिन के अनुसार उपरोक्त प्रक्रिया से परेशान होकर पूँजीपति अन्तर्राष्ट्रीय बाजारों को आपस में बाँट लेते हैं, परन्तु यह विभाजन पूँजीपतियों की गुटों की शक्ति के आधार पर चलता है, जो स्थायी नहीं होता, इसके स्वरूप में निरन्तर परिर्वतन होता रहता है। स्वयं लेनिन के अनुसार "पूँजीवाद के अन्तिम चरण के युग में यह प्रदर्शित होता है व्यापार संघों के निश्चित सम्बन्धों में विश्व के क्षेत्रीय विभाजन, उपनिवेशों के लिये संघर्ष तथा आर्थिक क्षेत्रों के लिए संघर्ष के आधार पर बढ़ते हैं।"

5. आर्थिक क्षेत्रीय विभाजन (Economic Territorial Division)—उन्नीसवीं तथा बीसवीं शताब्दी के आरम्भ में—चीन, दक्षिणी अमेरिका, अफ्रीका और एशिया के अनेक अविकसित देशों का विकसित राष्ट्रों यूरोप, अमेरिका तथा रूस ने कुछ इस प्रकार विभाजन किया था कि वे पूँजीवाद तथा साम्राज्यवाद का घेरा तोड़कर स्वतन्त्र हो गये।

साम्राज्यवाद के दोष

उपरोक्त विशेषताओं के बावजूद भी साम्राज्यवाद में कुछ दोष विद्यमान हैं, जिनका वर्णन निम्नलिखित है—

1. पूंजी निर्यात साम्राज्यवाद स्थापित नहीं करता (Export of Capital does not establish Imperialism)—आलोंचकों के अनुसार यह विचार बिल्कुल सारहीन है कि विदेशों में पूँजी निर्यात करने वाले देश आयात करने वाले देशों में साम्राज्यवाद की स्थापना कर लेते हैं। उदाहरणतया पूँजी का निर्यात करने पर भी स्विटजरलैंड ने साम्राज्य विस्तार नहीं किया।

2. पूँजी आयात निर्धनता का जनक नहीं (Import of Capital is not Sure to Create Poverty)–आलोचकों का विचार है कि पूँजी आयात करके भी आस्ट्रेलिया अमेरिका तथा कनाडा ने समृद्धि प्राप्त की थी इसलिये लेनिन का यह विचार त्रुटिपूर्ण है कि पूँजी आयात करने वाले निर्धन हो जाते हैं।

3. पूँजी निर्यात से जीवन स्तर ऊँचा नहीं होता (Export of Capital is no Guarantee to raise Standard of Living)–आलोचकों का विचार है कि 'विदेशों को पूँजी निर्यात करने से जीवन स्तर ऊँचा हो जायेगा, यह विचार गलत है, क्योंकि पूँजी का निर्यात न करते हुये भी स्वीडन एवं डेन्मार्क का जीवन-स्तर काफी ऊँचा है।

4. ऐतिहासिक तथ्यों की अवहेलना (Ignoring the Historical Facts)–साम्राज्यवाद, बैंक आदि की स्थापना से पहले ही स्थापित हो चुका था परन्तु लेनिन के अनुसार ''साम्राज्यवाद की स्थापना बैंक आदि संस्थाओं के रूप में पूंजी के केन्द्रीयकरण होने के बाद होनी थी।'' स्पष्ट है कि लेनिन ने एतिहासिक तथ्यों की अवहेलना की है।

5. अन्तर्राष्ट्रीय पूंजीवादी विकास की धारणा अस्पष्ट (Vague Conception of the Development of International Capitalism)–यह धारणा अस्पष्ट तथा इतिहास विरुद्ध है कि पूंजीवादी व्यवस्था साम्राज्यवाद की जनक है। इसका उल्टा अधिक सत्य है। इतिहास साक्षी है कि जिन राज्यों ने 19वीं शताब्दी में साम्राज्य विस्तार किया उन्हीं राज्यों ने 20वीं शताब्दी में पूंजीवाद का विस्तार भी किया।

6. आर्थिक शक्ति राजनीतिक घटनाओं पर प्रभाव नहीं डालती (Economic Power does not effect the Political Events)–अनेक आलोचकों के विचार में लेनिन का यह मत गलत है कि केवल आर्थिक शक्ति ही राजनीतिक घटनाओं को प्रभावित करती है, क्योंकि केवल आर्थिक शक्ति राजनीतिक घटनाओं पर प्रभाव नहीं डालती। इन घटनाओं पर अन्य अनेक शक्तियों का भी प्रभाव पड़ता है।

अन्त में वेपर (Wayper) के अनुसार ''लेनिन का मार्क्सवाद के समर्थन में प्रतिपादित किया गया साम्राज्यवादी सिद्धान्त बेईमानी व असत्यता से परिपूर्ण हैं। स्विट्जरलैंड की विदेशों में अत्यधिक पूँजी लगी है, फिर भी यह देश उपनिवेश रहित है।''

प्रजातन्त्र
(Democracy)

प्रजातन्त्र के सम्बन्ध में लेनिन ने लिखा था कि 'श्रमिक-श्रेणी को धोखा देने वाले उदार लोगों की अभिव्यक्ति ही ''शुद्ध प्रजातन्त्र (Pure Democracy) है।'' लेनिन सर्वहारा वर्ग की तानाशाही का समर्थक था, जिसका अगुआ मात्र साम्यवादी दल ही बन सकता था। उसके अनुसार ''सर्वहारा वर्ग की तानाशाही नितान्त आवश्यक थी, क्योंकि पूंजीवादी वर्ग विदेशी पूँजीपति सरकारों की सहायता से समाजवादी क्रान्ति को उलटने की कोशिश करता था।'' इस सम्बन्ध में लेनिन (Lenin) ने लिखा था कि ''तानाशाही का यह आवश्यक अभिप्राय नहीं कि प्रजातन्त्र को उस श्रेणी अथवा वर्ग के लिये रद्द कर दिया जाये अथवा तोड़ दिया जाये जो उसका प्रयोग अन्य वर्ग अथवा श्रेणी के विरुद्ध करती हो, परन्तु उसका प्रजातन्त्र के उस

वर्ग के अतिक्रमण अथवा रद्द करने से अथवा कम से कम उस अनिवार्य पाबन्दी से निश्चित रूप से अभिप्राय है जिसे हम रद्द करने का ही एक रूप कह सकते हैं, जिसके विरुद्ध तानाशाही को उपयोग में लाया गया है। तानाशाही इस प्रकार की अधिकृत प्रभुसत्ता है, जो स्पष्ट रूप से बल पर निर्भर करती है तथा जो किन्हीं भी कानूनों से बन्धी हुई नहीं है। राज्य क्रान्तिकारी तानाशाही एक ऐसी अधिकृत प्रभुसता है, जिसे श्रमिक वर्ग बल अथवा शक्ति के माध्यम से बुर्जुआ लोगों के विरुद्ध उपयोग में लाते हैं तथा वह किसी कानून से बन्धी हुई नहीं है।''

लेनिन ने प्रजातन्त्र के स्थान पर सर्वहारा वर्ग के लोकतन्त्र को अपनाया था। उसके विचार में यह लोकतन्त्र बुर्जुआ लोकतन्त्र अथवा पूँजीवादी लोकतन्त्र से कई लाख गुणा अधिक लोकतन्त्रीय है, क्योंकि यह लोकतन्त्र धनिकों का नहीं, निर्धनों का है और इसको लाने के लिये हिंसात्मक तरीकों की अत्यन्त आवश्यकता है।

मजूदरों का समाजवाद
(Socialism of Worker)

मजदूरों में 'समाजवादी विचारधारा के सम्बन्ध में लेनिन ने लिखा था कि ''इतिहास साक्षी है कि मजदूरों में मात्र इतनी चेतना स्वयं उत्पन्न हो सकती है कि वे अपनी संस्थायें व संगठन बना लें और पूंजीपतियों से कुछ सुविधायें माँग लें, परन्तु उनमें समाजवादी क्रान्ति की विचारधारा जन्म नहीं ले सकती है।'' परन्तु इससे पूर्व मार्क्स ने कहा था कि ''मजदूरों की मुक्ति स्वयं मजदूरों का काम है।''

लेनिन तथा मार्क्स के विचारों की तुलना करते हुये प्रो॰ सेबाइन (Prof. Sabine) ने लिखा था कि ''मार्क्स ने उत्पादन के सम्बन्धों के प्रभाव के अन्तर्गत वर्ग-चेतना के विकास पर बल दिया है तथा उसने सदैव यह माना है कि उसका दर्शन उसी विचारधारा का प्रतिनिधित्व करता है, जिसे पूंजीवादी उत्पादन श्रमिक वर्ग के अन्तर्गत उत्पन्न करता है......परन्तु लेनिन का सिद्धान्त इससे पूर्णतया भिन्न था। उसके अनुसार केवल रूस में नहीं जहाँ मार्क्सवाद को तुच्छ पूंजीपतियों से दूषित होने का खतरा है, वरन् प्रत्येक जगह श्रमिक वर्ग अपनी विचारधारा स्वयं निर्माण करने में असमर्थ है।''

सर्वहारा वर्ग का अधिनायकत्व
(Dictatorship of Proletariat)

सर्वहारा वर्ग के अधिनायकत्व के सम्बन्ध में मार्क्स (Marx) का विचार था कि ''क्रान्ति के बाद मजदूर वर्ग का सबसे पहला कार्य शासक बनना और लोकतन्त्र की स्थापना करना है।'' उनके पश्चात् ऐन्जिल्स ने अपने विचार व्यक्त करते हुये लिखा था कि ''यदि कोई वस्तु निश्चित है तो वह यह है, कि हमारी पार्टी तथा मजदूर वर्ग केवल लोकतन्त्रीय गणतन्त्र में ही शक्ति प्राप्त कर सकते हैं, जैसा कि फ्राँस की महान क्रान्ति ने स्पष्ट कर दिया है। सर्वहारा-अधिनायकत्व का वास्तव में यही विशिष्ट रूप है।'' इन दोनों के समान ही लेनिन ने लिखा था कि ''क्रान्ति के बाद जिस सर्वहारा वर्ग की तानाशाही स्थापित की वह वास्तव में साम्यवादी दल की ही तानाशाही थी।''

साम्यवादी दल
(Communist Party)

लेनिन के विचार में असंगठित तथा अनुशासनहीन होने के कारण श्रमिक विरोधी पक्ष का मुकाबला नहीं कर पाते। इसलिये साम्यवादी दल का संगठन एक कठोर चट्टान की भाँति सैनिकवादी रूप में होना चाहिये, जिसमें नेतृत्व को चुनौती देना सम्भव न हो सके। दल में शक्ति का केन्द्रीयकरण होना आवश्यक है। लेनिन ने उपरोक्त गुणों और तत्वों को लेकर एक साम्यवादी दल का निर्माण किया, जिसने रूसी क्रान्ति का प्रवर्तन किया। इस दल को लेनिन श्रमिक वर्ग का अग्रणी 'लड़ाकू दल' कहते हैं।

मार्क्स के 'नियतिवाद' में पूर्ण आस्था न रखकर लेनिन मानवीय प्रयासों पर भी विश्वास रखता था। इस दलीय संगठन में लेनिन ने जिस व्यवस्था को स्थापित किया उसे 'लोकतन्त्रात्मक केन्द्रवाद' का नाम दिया गया है।

राज्य का स्वरूप
(Nature of State)

मार्क्स सहित समस्त साम्यवादी विचारक राज्य को एक पूंजीवादी संस्था मानते हैं, जिसका अन्त करना अनिवार्य है अन्यथा पूंजीवादी जनता का शोषण करते रहेंगे। मार्क्स के अनुसार इसका अन्त पूंजीवादी क्रान्ति के द्वारा होगा तथा पूंजीवादी व्यवस्था का अन्त समाजवाद विरोधी क्रान्ति के द्वारा होगा, परन्तु फिर भी मार्क्स कहता है कि "बुर्जुआ वर्ग के अवरोध को तोड़ने के लिये श्रमिक राज्य को एक क्रान्तिकारी तथा अस्थायी रूप प्रदान करते हैं।"

ऐन्जिल्स के विचारों को उद्धृत करते हुये लेनिन ने लिखा है कि "राज्य के यन्त्र को पुराने समय के पदार्थों के साथ अजायबघर में रख लिया जायेगा जिनमें चर्खा तथा कांसे का कुल्हाड़ा सम्मिलित है।" आगे भी उन्होंने लिखा था कि, "चूंकि राज्य केवल एक अस्थायी संस्था है, जिसका उपयोग क्रान्ति में विरोधियों को जबरदस्ती दबाने में किया जाता है, यह बात पूर्ण रूप से अजीब तथा मूर्खतापूर्ण कही जायेगी कि राज्य एक स्वतन्त्र तथा लोकप्रिय संस्था है। जब तक कि सर्वहारा वर्ग को राज्य की आवश्यकता है, उसकी यह आवश्यकता स्वतन्त्रता के लिये नहीं, अपितु विरोधियों को कुचलने के लिये है। जब स्वतन्त्रता के सम्बन्ध में बात करना सम्भव हो जायेगा, तब राज्य की सत्ता समाप्त हो जायेगी।"

अत: मार्क्स, एन्जिल्स तथा लेनिन तीनों ही राज्य को एक अस्थायी संस्था मानते हैं, जिसका अन्त होना अनिवार्य है, परन्तु सोवियत रूस की तत्कालीन परिस्थितियों को देखते हुये वे इसे तुरन्त समाप्त करने के समर्थक नहीं थे।

समाजवादी क्रान्ति
(Socialistic Revolution)

लेनिन ने मार्क्स के क्रान्ति पक्ष का समर्थन किया और उसने पूँजीवादी व्यवस्था की समाप्ति के लिये क्रांति को अनिवार्य बताया। क्रान्ति के लिये मार्क्स ने हर देश में पूँजीवाद की अवस्था को अलग-अलग रूप से आँका था, परन्तु अब पूंजीवाद का विश्वव्यापी रूप

बन गया है। इसलिये जहाँ भी पूँजीवाद की कड़ी सबसे कमजोर हो, शासन वर्ग की स्थिति दृढ़ न हो और सारी जनता क्रान्तिकारियों का साथ देने के लिये तैयार हो, वहीं पर समाजवादी क्रान्ति हो सकती है।

रूस में उपरोक्त सभी लक्षण विद्यमान थे, इसलिये वहाँ क्रान्ति करना सर्वथा उचित था। मार्क्स तथा लेनिन के विचारों में काफी मतभेद है। मार्क्स के विचार में असन्तुष्ट श्रमिक दल क्रान्ति करेगा, जबकि लेनिन श्रमिकों को क्रान्ति के लिये अनुपयुक्त मानकर प्रशिक्षित, अनुशासित तथा पेशेवर क्रान्तिकारियों को ही उपयुक्त समझता है।

धर्म
(Religion)

धर्म में लेनिन का बिल्कुल भी विश्वास नहीं था। मार्क्स के समान ही लेनिन का विचार था कि "चर्च अथवा धर्म मजदूरों के लिये अफीम का कार्य करता है, क्योंकि यह मजदूरों की वर्ग संघर्ष की भावना को कमजोर करके उन्हें भाग्यवादी बना देता है। प्राचीनकालीन यूरोप में धर्म को एक एजेन्सी के रूप में देखा जाता था, जो निर्धन लोगों को उनकी अवस्था में ही सन्तुष्ट रक्खे। लेनिन के विचार में शोषकों को निर्धनों का शोषण करने में धर्म अत्यधिक सहायता प्रदान करता है।

वर्तमान धर्म का मूलाधार पूंजी की अन्धी शक्तियों का भय है। यह इसलिये अन्धा है कि इसकी प्रतिक्रिया जनता द्वारा पहले नहीं देखी जा सकती। श्रमिक तथा छोटे व्यापारियों पर तो यह हमेशा ऐसे खतरे के रूप में रहती है, जिसका परिणाम आकस्मिक आशातीत नाश तथा बर्बादी में होता है। इस बर्बादी की गणना लेनिन दिवालियापन, भूख से मृत्यु, वेश्यावृत्ति तथा भिक्षावृत्ति में करते हैं। सर्वहारा वर्ग धर्म को व्यक्तिगत विषय के रूप में घोषित करने की माँग करता है.... हम मांग करते हैं कि धर्म को वहाँ तक व्यक्तिगत विषय समझा जाये, जहाँ तक राज्य का सवाल है, परन्तु प्रत्येक परिस्थितियों में हम इसे अपने दल में व्यक्तिगत विषय के रूप में नहीं समझ सकते हैं।

मार्क्स तथा लेनिन
(Marx and Lenin)

इन दोनों की तुलना करते हुये सेबाइन (Sabine) ने लिखा है कि "यद्यपि मार्क्स के सूत्र लेनिन के भी सूत्र रहे, लेकिन लेनिनवाद मार्क्सवाद से नितान्त भिन्न हो गया है।" लेनिन के विचारों को लेनिनवाद का नाम देते हुए स्टालिन (Stalin) ने लिखा है कि "लेनिनवाद साम्राज्यवाद तथा सर्वहारा वर्ग की क्रान्ति के युग का मार्क्सवाद है। अधिक सही अर्थों में लेनिनवाद सामान्य तौर पर सर्वहारा की क्रान्ति का सिद्धान्त और सामरिक चाल तथा विशिष्ट रूप से सर्वहारा के अधिनायकत्व का सिद्धान्त और चाल है।" इसकी अन्य समतायें एवं विषमतायें निम्नलिखित हैं–

1. जबकि मार्क्स पूँजीवादी व्यवस्था के पूर्ण विकसित होने की अवस्था में ही क्रान्ति होने की सम्भावना व्यक्त करता है। लेनिन पिछड़े देशों में भी क्रान्ति की सम्भावना देखता है।

2. मार्क्स मानता है कि औद्योगिक श्रमिकों के द्वारा क्रान्ति पूँजीवादी व्यवस्था के विरुद्ध की जायेगी, परन्तु लेनिन का विचार है कि "साधारण श्रमिक हड़ताल आदि श्रम-सुविधा प्राप्त करने के पश्चात् सन्तुष्ट हो जाते हैं, लेकिन सफल क्रान्ति अनुशासित व प्रशिक्षित साम्यवादी दल के द्वारा ही की जा सकती है।

3. मार्क्स के विचार में क्रान्ति के बाद 'भूमि पर फौरन राज्य का अधिकार हो जाना चाहिये' तथा पूँजीपतियो का नाश कर देना चाहिये, परन्तु लेनिन के विचार में क्रान्ति के बाद भूमि का अधिकार थोड़े समय के लिये कृषकों अथवा पूँजीपतियों पर छोड़ा जा सकता है।

4. मार्क्स (Marx) क्रान्ति के बाद श्रमिकों की तानाशाही की जबकि लेनिन साम्यवादी दल की व्यवस्था करता है।

5. लेनिन ने साम्राज्यवाद की विस्तृत व्याख्या की है, जबकि मार्क्स ने इस सम्बन्ध में अपने विचार व्यक्त नहीं किये हैं।

6. लेनिन विश्व की घटनाओं में मानवीय प्रयासों को भी उचित महत्व देता है, जबकि मार्क्स नियतिवाद के इस रूप में विश्वास करता था कि 'विश्व में प्रत्येक घटना पदार्थ में निहित द्वन्द्वात्मक प्रक्रिया के कारण स्वयमेव ही घटित होगी।'

उपरोक्त वर्णन से स्पष्ट है कि लेनिन द्वारा मार्क्स के सिद्धान्तों का रूसीकरण किया गया था। प्रो० सेबाइन (Sabine) के विचार में "मार्क्स के सूत्र ही लेनिन के सूत्र रहे, लेकिन लेनिनवाद का अर्थ मार्क्सवाद से दूर हट गया है।" प्रसिद्ध साम्यवादी स्टालिन के अनुसार "लेनिन का दर्शन मार्क्सवाद का रूसी संस्करण है।"

अभ्यास के लिये प्रश्न

1. "लेनिन ने मार्क्सवाद को किस प्रकार प्रभावित किया अथवा लेनिन का साम्यवाद एक ओर तो मार्क्स के रूढ़िवादी सिद्धान्तों का प्रतिपादन करता है और दूसरी ओर परिस्थितियों के अनुसार वह उसके सिद्धान्तों में आवश्यकतानुसार परिवर्तन करता है।" (सेबाइन) इस कथन की व्याख्या कीजिये।
2. क्या लेनिनवाद मार्क्सवाद का विस्तार है? अपने उत्तर के समर्थन में तर्क दीजिये।
3. क्रान्ति, राज्य और साम्राज्यवाद के विकास में लेनिन के विचारों को समझाइये।
4. क्रान्ति पर लेनिन तथा माओ के विचारों की तुलना कीजिये।
5. लेनिन के साम्यवादी विचारों का वर्णन कीजिये।
6. "लेनिनवाद साम्राज्यवाद के युग का मार्क्सवाद है।" मार्क्सवाद के प्रमुख सिद्धान्तों की विवेचना कीजिये और दिखाइये किस प्रकार लेनिन ने उसकी पुनः व्याख्या की।
7. "साम्राज्यवाद पूँजीवाद की अन्तिम अवस्था है।" (लेनिन) विवेचना कीजिए।
8. लेनिन की दल, क्रान्ति तथा राज्य के विलुप्त होने की धारणा पर प्रकाश डालिये।

20

जोसेफ विसारियोनोविच स्टालिन

(Joseph Vissarionovich Stalin--1879-1953)

कार्ल मार्क्स तथा लेनिन के पश्चात् रूसी समाजवादियों में जोसेफ विसारियो- नोविच स्टालिन ने साम्यवाद के विकास में अत्यन्त महत्वपूर्ण योग दिया। स्टालिन की साम्यवादी नीति ने रूसी क्रान्ति को एक नयी विचारधारा प्रदान की, जिसे 'एक देश का समाजवाद' के नाम से जाना जाता हैं।

स्टालिन का जन्म 1879 ई० में जार्जिया के एक मोची के घर में हुआ। उसका पिता उसे पुरोहित बनाना चाहता था और धार्मिक विषयों की शिक्षा देने के लिये उत्सुक था, परन्तु स्टालिन को प्रारम्भ से ही मार्क्सवाद और समाजवाद में अभिरुचि थी। 1890 ई० में स्टालिन ने मार्क्सवादी संगठन में प्रवेश लिया और क्रान्तिकारी कार्यों में भाग लेने लगा। सन् 1902 ई० में स्टालिन को जारशाही ने बन्दी बनाकर साइबेरिया भेज दिया, परन्तु वह वहाँ से भाग गया। कैद से भागने के पश्चात् स्टालिन ने मोलोतोव के साथ मिलकर 'प्रावदा' नाम का पत्र निकाला और भूमिगत क्रान्तिकारी के रूप में कार्य करता रहा। सन् 1913 ई० में उसे रूस से निर्वासित किया गया, परन्तु बोल्शेविक क्रान्ति के समय वह पुनः रूस वापस आ गया। सन् 1920 ई० में जिनोवीव के परामर्श पर स्टालिन को साम्यवादी दल की केन्द्रीय समिति की पोलित ब्यूरो का सदस्य तथा बाद में साम्यवादी दल का महामन्त्री बना दिया गया। साम्यवादी दल का महामन्त्री होने के कारण स्टालिन ने लेनिन के मरते ही अपने विरोधियों का सफाया करके स्वयं को सर्वोच्च कर दिया। जनवरी 1925 ई० में उसने ट्राट्स्की को युद्ध मन्त्री के पद से हटा दिया और दो वर्ष पश्चात् उसे साइबेरिया भेज दिया। उसने जिनोवीव तथा कोमेनेव दो बोल्शेविक नेताओं को भी पदच्युत कर दिया। इस प्रकार धीरे-धीरे स्टालिन ने प्रत्येक विरोधी को जनता का शत्रु कहकर समाप्त कर दिया, रूस में भीषण आतंक का साम्राज्य स्थापित किया और कठोर दमन की नीति से अपने सभी विरोधियों को निर्मूल कर दिया। इसी के साथ-साथ स्टालिन ने पंचवर्षीय योजनाओं द्वारा रूस का औद्योगीकरण करके उसे नये संसार का एक महान उन्नतिशील एवं प्रथम कोटि का राज्य बना दिया। जीवन के प्रत्येक क्षेत्र में स्टालिनवाद का प्रभुत्व कायम हो गया। 5 मार्च 1953 ई० को स्टालिन की मृत्यु हो गयी।

स्टालिन एक कुशल प्रशासक ही नहीं एक अच्छे लेखक भी थे। मार्क्स व लेनिन के राजनीतिक योगदान पर विचार व्यक्त करने के लिये स्टालिन ने कई ग्रन्थ लिखे–'मार्क्सिज्म एण्ड नेशनल प्रॉब्लम' (Marxism and National Problem-1913), 'फाउण्डेशन ऑफ लेनिनिज्म (Foundation of Leninism-1924) तथा 'डाईलेक्टिकल एण्ड हिस्टोरिकल मैटीरिअलिज्म' (Dialectical and Historical Materialism)।

जिस मार्क्सवाद को तोड़ मरोड़कर लेनिन ने 'लेनिनवाद' बनाया उसे और अधिक सुदृढ़ बनाकर तथा परिस्थितियों में स्थूल परिवर्तन करके भी स्टालिन लेनिनवादी बने रहे और उन्होंने लेनिनवाद का विकास भी किया। स्टालिन ने लेनिन की क्रान्ति को सुरक्षित रखने और रूस में साम्यवादी विजय को सुदृढ़ करने की पूर्ण कोशिश की और इसमें सफल भी हुआ।

एक देशीय समाजवाद का सिद्धान्त
(Socialism in one Country)

लेनिन की मृत्यु के बाद 21 जनवरी 1924 ई० को स्टालिन ने साम्यवादी दल का नेतृत्व अपने हाथों में ले लिया और रूस में 'सर्वहारा और साम्यवादी दल' के नाम पर अपनी तानाशाही स्थापित कर ली। इसी बीच ट्राट्स्की से उसका झगड़ा हो गया, क्योंकि ट्राट्स्की का मत था कि–"जब तक रूस अनेक पूँजीवादी देशों से घिरा हुआ है, तब तक रूस में क्रान्ति स्थायी नहीं रह सकती है, क्योंकि उन देशों के आक्रमणों का भय सदा बना रहेगा। अत: रूस को यूरोप एवं अमेरिका में समाजवादी क्रान्ति कराने की योजना बनानी चाहिये।"

ट्राट्स्की के इस विचार से स्टालिन सहमत नहीं था। उसका कहना था कि "कुछ समय के लिये अन्तर्राष्ट्रीय समाजवादी क्रान्ति के विचार को स्थगित करके रूस में ही समाजवाद को दृढ़ किया जाये।" स्टालिन का यह विचार सितम्बर 1925 ई० में साम्यवादी दल के 14वें अधिवेशन में स्वीकार कर लिया गया। इसके बाद ट्राट्स्की अमेरिका की ओर भाग गया। कहा जाता है कि वहीं उसको मार दिया गया।

यद्यपि स्टालिन अपने 'एक देशीय समाजवाद के सिद्धान्त' के कारण मार्क्सवाद से दूर चला गया था, परन्तु वह इसे बदली हुई परिस्थिति में उचित मानता था। इस समय रूस की सैनिक स्थिति काफी निर्बल थी, वह चारों ओर से शक्तिशाली पूँजीवादी देशों से घिरा हुआ था। इन देशों ने रूस के चारों ओर गुप्तचरों का जाल सा बिछा रखा था और रूस के समाजवाद विरोधी तत्वों से मिलकर अनेक षड्यन्त्र रचे थे।

उस समय रूस में भी आंतरिक षड्यन्त्रकारी मौजूद थे, जो यह चाहते थे कि किसी तरह समाजवादी क्रान्ति असफल हो जाये। इस कारण स्टालिन ने यही उचित समझा कि रूस पहले सैनिक स्थिति और समाजवाद को सुदृढ़ करे और तत्पश्चात् अन्तर्राष्ट्रीय क्रान्ति की बात सोचे। स्टालिन ने कहा भी है कि "संसार के अन्य देशों में श्रमिक क्रान्तियाँ हो या न हों यदि अकेले रूस देश में श्रमिक क्रान्ति हो गई तो अन्य देशों की क्रान्तियों की उपेक्षा किये बिना भी रूस क्रान्ति को सुरक्षित रख सकता है और एक समाजवादी देश की स्थापना की जा सकती है।"

एक देशीय समाजवाद के सिद्धान्त के परिणाम

1. सोवियत राज्य रूस में एक देशीय समाजवाद की स्थापना करके उसे सुदृढ़ एवं प्रगतिशील बनाने का प्रयास किया गया।

2. रूस में एक देशीय समाजवाद की स्थापना के पश्चात् वहाँ औद्योगीकरण का तेजी से विकास हुआ। लेनिन के अनुसार, "रूसी क्रान्ति को जीवित रखना है तो देश का तेजी से औद्योगीकरण करना अनिवार्य है।"

3. रूस में से एक देशीय समाजवाद के परिणामस्वरूप स्टालिन की शक्ति अपनी चरम सीमा पर पहुँच गई थी। प्रो० वेपर (Prof. Wayper) ने इस सम्बन्ध में लिखा है कि "यह सिद्धान्त रूसी क्रान्ति की रूसी इतिहास के साथ शादी थी। इस शादी से वह बल उत्पन्न हुआ, जिसने स्टालिन की शक्ति को चरम सीमा पर पहुँचा दिया।"

4. **'क्रान्ति से पूर्व औद्योगीकरण आयेगा'** ऐसा मार्क्स का विचार था, परन्तु स्टालिन का विचार इसके विपरीत था। उसके अनुसार क्रान्ति के पश्चात् ही औद्योगीकरण का विकास होगा। आगे भी "साम्यवाद सोवियत शक्ति तथा समस्त देश का विद्युतीकरण है।"

'एक देशीय समाजवाद' की समीक्षा
(Evaluation of One Country Socialism)

'एक देशीय समाजवाद' के सिद्धान्त की समीक्षा करते हुए आलोचकों ने कहा है कि वास्तव में 'एक देशीय समाजवाद' का नारा लगाकर स्टालिन ने मार्क्स एवं लेनिन के अन्तर्राष्ट्रीय सर्वहारा क्रान्ति के आदर्श की अवहेलना की थी। इस विषय में सेबाइन (Sabine) का विचार है कि "इस प्रकार की नीति को अव्यावहारिक रूप में रूसी राष्ट्रवाद या साम्राज्य से पृथक नहीं किया जा सकता तथा इनका मार्क्सवाद से कोई तर्कयुक्त सम्बन्ध नहीं है।"

आलोचक विद्वानों ने यह भी कहा है कि "यदि स्टालिन रूस की अन्तर्राष्ट्रीय क्रान्ति कराने के उद्देश्य से पूँजीपति देशों से टकराव में ले आता, तो यह सम्भावना थी कि विश्व युद्ध छिड़ जाता, जिसमें रूस अकेला रह जाता। सैनिक निर्बलता के कारण रूस के विजयी होने की कोई आशा न थी। ऐसी स्थिति में समाजवाद सोवियत संघ में भी शक्तिशाली नहीं हो पाता शायद समाप्त हो जाता। अन्तर्राष्ट्रीय समाजवादी क्रान्ति कहाँ होती? इस कारण यह कहा जा सकता है कि स्टालिन ने और रूस के साम्यवादी दल ने बहुत समझ से काम लिया और पहले अपने देश की सैनिक स्थिति तथा समाजवाद को सुदृढ़ किया।"

एक दलीय सरकार
(One Party Govt.)

स्टालिन रूस में एक दलीय सरकार की स्थापना करना चाहता था। वह साम्यवादी दल को सुदृढ़ एवं अनुशासनयुक्त बनाना चाहता था। उसने साम्यवादी दल के संगठन तथा अनुशासन आदि में भी परिवर्तन किया। उसका कहना था कि "समाजवाद के देश सोवियत संघ में भी कोई महत्वपूर्ण राजनीतिक या संगठन सम्बन्धी प्रश्न दल के आदेशों के बिना तय नहीं किया जाता और इसी से दल की सर्वोच्चता की अभिव्यक्ति माननी चाहिये।"

समानता की अवधारणा
(Concept of Equality)

स्टालिन ने अपने विचारों में एक विशेष विचार यह भी व्यक्त किया था कि "ऐसे समाजवाद से मार्क्सवाद पूर्णतया अपरिचित है, जिसमें प्रत्येक को समान वेतन मिले, समान मात्रा में माँस मिले, समान मात्रा में रोटी मिले और एक-सी ही अन्य वस्तुयें समान मात्रा में मिलें।" स्पष्ट है कि स्टालिन यह जानता था कि पूर्ण आर्थिक समानता सम्भव नहीं है। फिर भी वह अधिक आर्थिक असमानता को समाप्त करने के पक्ष में अवश्य था। उसका विचार था कि "प्रत्येक से उसकी योग्यतानुसार और प्रत्येक को उसके कार्य के अनुसार" वाले सिद्धान्त को अपनाया जाये।

मजदूरों का अधिनायकत्व
(Dictatorship of Workers)

मजदूरों के अधिनायकत्व के सम्बन्ध में मार्क्स ने लिखा था कि सर्वहारा वर्ग का पूँजीपति शोषण करते हैं। इस सम्बन्ध में स्टालिन ने लिखा है कि "एक शोषित वर्ग का अधिनायकत्व स्थापित होना चाहिये वरना सर्वहारा वर्ग के अधिनायकत्व की कल्पना करना ही व्यर्थ है।" इस प्रकार स्टालिन मजदूरों के अधिनायकत्व की स्थापना करने के पक्ष में था।

क्रान्ति की अवधारणा
(Concept of Revolution)

क्रान्ति के सम्बन्ध में भी स्टालिन लेनिन एवं ट्राट्स्की के इस विचार का समर्थक नहीं था कि यूरोपीय देशों में रूसी ढर्रे का अनुसरण करने हुए क्रान्ति आयेगी। वह मार्क्स के इस विचार का भी समर्थन नहीं करता था कि "क्रान्ति सामाजिक एवं आर्थिक स्थितियों का स्वाभाविक परिणाम है।" उसका विचार था कि "रूस की शक्ति द्वारा ही क्रान्ति का आगमन होगा।" किसी भी देश में समाजवादी क्रान्ति तभी हो सकती है, जबकि वहाँ का सर्वहारा वर्ग इसके लिये तैयार हो तथा वहाँ क्रान्ति के लिये स्थितियाँ परिपक्व हों।

राज्य की अवधारणा
(Concept of State)

राज्य के सम्बन्ध में स्टालिन का विचार था कि "साम्यवाद की अवस्था में भी राज्य तब तक रहेगा जब तक कि पूँजीवादी घिराव समाप्त नहीं हो जाता।" दूसरे शब्दों में पूँजीवादी देशों के समान राज्य समाज के किसी एक वर्ग विशेष के हितों का संरक्षक नहीं, अपितु सम्पूर्ण समाज के हितों का संरक्षक है । अस्तु, रूस में समाजवाद की स्थापना के पश्चात् भी राज्य की शक्तियों में कमी नहीं की जा सकती। इसके विपरीत मार्क्स एवं एन्जिल्स के अनुसार समाजवाद की स्थापना हो जाने पर राज्य का स्वत: लोप हो जायेगा। इस सिद्धान्त को स्टालिन इस रूप में लागू करना नहीं चाहता था क्योंकि यदि विश्व भर में समाजवादी क्रान्ति हो जाती तो रूस में भी राज्य का लोप हो जाता, परन्तु जबकि रूस अन्य शक्तिशाली पूँजीपति राज्यों

से घिरा हुआ है, रूस में राज्य का लोप करना ठीक नहीं है, अन्यथा पूँजीवादी देश समाजवाद को नष्ट कर देंगे। अत: राज्य का होना परमावश्यक है।

राष्ट्रवादी विचार
(Nationalistic Views)

स्टालिन कटट्र राष्ट्रवादी था। अपने राष्ट्रवादी एवं साम्यवादी विचारों के कारण उसने रूस को एक 'राष्ट्रवादी साम्यवादी' देश बना दिया था। परन्तु उसके साम्यवादी विचारों का आधार अन्तर्राष्ट्रीय था। अस्तु, उसने पहले अपने देश की सैनिक स्थिति तथा समाजवाद को सुदृढ़ किया और फिर अन्य देशों के साम्यवादी दलों की नैतिक रूप से सहायता की। चीन में मार्शल चियांग काई शेक की सरकार उलटने के लिये स्टालिन ने माओ त्से-तुंग के साम्यवादी दल को शस्त्र दिये थे। दूसरे विश्व युद्ध में पहले तो स्टालिन ने अपने देश रूस की प्रगति का ध्यान में रखते हुए युद्ध से पृथक रहने की कोशिश की और जर्मनी के तानाशाह हिटलर से अनाक्रमण समझौता (Non-Aggression Pact) कर लिया। फिर जब हिटलर ने इस अनाक्रमण समझौते का उल्लंघन करके रूस पर आक्रमण कर दिया तो स्टालिन ने भी अपनी नीति में परिवर्तन किया। द्वितीय विश्व युद्ध में मातृभूमि की सेवा के लिये सैनिकों को प्रेरित करते हुए स्टालिन ने कहा था कि "आपकी मातृभूमि को आपकी आवश्यकता है।" रूस ने अपनी पूरी शक्ति से अमेरिका, इंगलैंड एवं मित्र राष्ट्रों के साथ हिटलर का सख्त मुकाबला किया और जर्मनी को बुरी तरह पराजित किया।

समाजवाद का विस्तार
(Expansion of Socialism)

रूस की समाजवादी क्रान्ति के पश्चात् पौलैण्ड, पूर्वी जर्मनी, बल्गेरिया, हंगरी, रूमानिया, फिनलैण्ड, चैकोस्लोवाकिया एवं यूगोस्लाविया में समाजवादी क्रान्ति हुई और समाजवाद समस्त पूर्वी यूरोप में फैल गया। इस प्रकार सन् 1925 ई० में रूस ने स्टालिन के नेतृत्व में जो निर्णय लिया था वह बिल्कुल सही था, क्योंकि इससे समाजवाद न केवल रूस में वरन् चीन एवं पूर्वी यूरोप तक फैल गया।

अन्त में यह कहा जा सकता है कि स्टालिन की साम्यवादी नीति ने रूसी क्रान्ति को एक नवीन विचारधारा प्रदान की। स्टालिन का रूस, लेनिन रूस के प्रति विश्वासघात नहीं वरन् उसकी परिपूर्ति है। उसके "रूसी शासन की मूल विशेषतायें लेनिन के मूल सिद्धान्त का स्वाभाविक निष्कर्ष है।" उसने अपने शासन में विशेषज्ञों तथा वैज्ञानिकों को बहुत महत्व दिया था। उसका विचार था कि इनके बिना किसी देश में समाजवाद का सिद्धान्त कार्यान्वित नहीं किया जा सकता।

अभ्यास के लिये प्रश्न

1. स्टालिन की आधीनता में साम्यवादी और मार्क्सवादी सिद्धान्तों में क्या प्रगति हुई है?
2. स्टालिन के 'एकदेशीय समाजवाद' की आलोचनात्मक समीक्षा कीजिये।
3. स्टालिन की मार्क्सवाद तथा लेनिनवाद को क्या देन है?

21

विकासवादी समाजवाद
(Evolutionary Socialism)

इंगलैण्ड में श्रमिकों की स्थिति अन्य देशों की अपेक्षा अच्छी थी। इसलिये इंगलैण्ड में समाजवादी विचारधारा का उदय औद्योगिक क्रान्ति के प्रतिफल के रूप में न होकर भूमिसुधारों के रूप में हुआ, क्योंकि इंगलैण्ड में भूमिपतियों (सामन्तों) का भूमि पर अधिकार था तथा वे कृषि-श्रमिकों का शोषण भी करते थे। इसलिये इंगलैण्ड में भूमि के शोषण के विरूद्ध आवाज उठाई गई। भूमिसुधारों के रूप में समाजवादी व्यवस्था की माँग की गई और इंगलैण्ड में, भूमि सुधारों के रूप में धीरे-धीरे विकसित होने के कारण यहाँ समाजवाद को क्रान्तिकारी समाजवाद न कह कर 'विकासवादी समाजवाद' (Evolutionary Socialism)की संज्ञा दी गई।

इंगलैण्ड में विकासवादी समाजवादी विचारधारा का जनक रिकार्डो (Recardo) था, जिसने भूमिपतियों द्वारा शोषण के विरोध में कहा था "परिश्रमहीन आय समाज के कारण उत्पन्न होती है, परन्तु इसको कुछ भूस्वामी हड़प लेते हैं। यह व्यवस्था अनुचित है। न्याय के दृष्टिकोण से परिश्रमहीन आय पर समाज का अधिकार होना चाहिये, क्योंकि वह उसका सृष्टा माना जाता है।"

इस प्रकार इंगलैण्ड में भूमिपतियों (सामन्तों) के शोषण के विरुद्ध सुधारों के रूप में समाजवाद का प्रसार धीरे-धीरे हुआ। इसीलिये इस विचारधारा को विकासवादी समाजवाद कहकर पुकारा गया है।

विकासवादी समाजवाद के विभिन्न रूप
(Various Forms of Evolutionary Socialism)

1. फेबियनवाद (Fabianism)-इंगलैण्ड में समाजवादी आन्दोलन का संचालन **'फेबियन'** समाज द्वारा संचालित किया गया था। इस दौर में क्रान्तिकारियों के उपायों को इंगलैण्ड में कोई सफलता नहीं प्राप्त हुई। वहाँ समाजवाद का प्रवेश धीरे-धीरे होने के कारण फेबियनवादी विचारकों का मत था कि समाजवाद के विकास की तरह सामाजिक परिवर्तन भी धीरे-धीरे विकसित होकर प्रभाव प्रस्तुत करते हैं।

2. संशोधनवाद (Revisionism)–इस समाजवादी विचारधारा का जन्म जर्मनी में हुआ। यह विचारधारा मार्क्स के विचारों से प्रभावित थी। इसके अनुसार समाज में परिवर्तन प्रजातान्त्रिक विधि से लाया जा सकता है।

3. गिल्ड समाजवाद (Guild Socialism)–गिल्ड समाजवाद विकासवादी विचारधारा का ही एक रूप है। इसका जन्म इंगलैंड में ही फेबियनवाद से उत्पन्न दोषों का निवारण करने के रूप में हुआ था। फेबियनवाद सम्पूर्ण समाज के विकास एवं हितों के विषय में सोचता था, वह केवल औद्योगिक श्रमिकों के कल्याण के विषय में नहीं सोचता है। गिल्ड समाजवाद का जन्म औद्योगिक समाज तथा उसके सदस्यों के हितों को सम्पादित करने के लिये हुआ था।

विकासवादी समाजवाद की विशेषतायें
(Characteristics of Evolutionary Socialism)

विकासवादी समाजवाद की विशेषतायें निम्नलिखित हैं:

1. इंगलैण्ड में भूमिपतियों के शोषण से मुक्त हो जाने तथा समाजवाद के जन्म की प्रक्रिया को धीरे-धीरे मानने के कारण विकासवादी विचारधारा इंगलैण्ड में उत्पन्न हुई। जर्मनी में इसका रूप पूर्णतया भिन्न था।

2. विकासवादी विचारकों ने समाजवाद को लाने के लिये क्रान्तिकारियों की विधियों का डटकर विरोध किया था।

3. विकासवादी समाजवाद का उदय धीरे-धीरे प्रजातान्त्रिक विकास के अनुरूप हुआ।

4. समाज की विकास प्रक्रिया से जुड़े होने के कारण ही इस समाजवादी विचारधारा को विकासवादी समाजवाद का नाम दिया गया।

क्रान्तिकारी समाजवाद में अन्तर
(Difference from Revolutionary Socialism)

1. जबकि इंगलैण्ड में उत्पन्न विकासवादी समाजवाद रिकार्डो (Recardo) के मौलिक सिद्धान्त पर आधारित थे, क्रान्तिकारी समाजवादी विचाारधारा कार्ल मार्क्स के सिद्धान्तों पर आधारित होकर उत्पन्न हुई।

2. जबकि क्रान्तिकारी समाजवाद समाज में अपेक्षित परिवर्तन क्रांति के द्वारा एक ही दिन में लाने का पक्षधर है, विकासवादी समाज में यह प्रक्रिया धीरे-धीरे लोकतान्त्रिक विधि से आती है।

3. जबकि विकासवादी विचारधारा भूमि-सुधारों पर बल देती है, क्रान्तिकारी समाजवाद में औद्योगिक क्षेत्र सम्बन्धी सुधारों पर अधिक बल दिया गया है।

4. जबकि क्रान्तिकारी समाजवादी विचारधारा में वर्ग संघर्ष के सिद्धान्त को बहुत अधिक महत्व दिया गया है विकासवादी विचारक इसके विरोधी नहीं हैं।

5. जबकि इंगलैण्ड में सिडनी वैब, पेन्टो, ऑरेन्ज, हाब्सन कोल तथा जर्मन विचारक बर्न्सटाइन विकासवादी समाजवाद के समर्थक थे। क्रान्तिकारी समाजवादी धारणा के प्रबल समर्थक रूस के क्रान्तिकारी नेता लेनिन और स्टालिन थे।

विकासवादी समाजवाद का मूल्यांकन
(Evaluation of Evolutionary Socialism)

1. विकासवादी समाजवाद के उद्देश्यों व लक्ष्यों के सम्बन्ध में उसकी पर्याप्त अधिक आलोचना की गई।

2. कार्य-विधियों के विषय में भी विकासवादी समाजवाद की आलोचना की गई है। विकासवादी समाज की स्थापना में जिन साधनों के प्रयोग की बात कही गई है, वे आलोचकों की दृष्टि में उचित एवं पर्याप्त नहीं हैं।

उपरोक्त आलोचनाओं के होते हुए भी विकासवादी समाजवाद की एक महत्वपूर्ण उपलब्धि यह थी कि इसके अनुसार भूमि-श्रमिकों की दशा सुधारने के लिये भी प्रयत्न किया गया। अभी तक अधिकाँश विचारकों ने औद्योगिक श्रमिकों की समस्याओं को लेकर ही जन-समाज का ध्यान आकृष्ट किया था। कार्ल मार्क्स द्वारा प्रस्तुत पूँजीवाद के प्रति असन्तोष से विकासवादी समाजवाद का जन्म हुआ।

संक्षेप में कार्ल मार्क्स द्वारा पूँजीवाद की आलोचना स्वरूप जो असन्तोष व्यक्त किया गया, उसी के प्रतिक्रिया स्वरूप इस विकासवादी समाजवाद का जन्म हुआ था। इसकी दो विशेषतायें थीं। एक, ग्रामीण श्रमिकों के कल्याण के लिये विचार तथा दूसरे, जनतान्त्रिक साधनों द्वारा परिवर्तन का विचार व्यक्त करना। इन विशेषताओं ने समस्त राजनैतिक विचारधारा को प्रभावित किया था।

अभ्यास के लिए प्रश्न

1. विकासवादी समाजवाद की प्रमुख विशेषताओं का वर्णन कीजिये।

22

संशोधनवाद अथवा सुधारवाद
(Revisionism or Reformism)

मार्क्सवाद के उपरान्त विकसित समाजवादी विचारधाराओं में से संशोधनवाद भी एक प्रमुख राजनैतिक विचारधारा है। इसके जनक वर्नस्टीन के अनुसार ''मार्क्सवाद में जो सत्यांश है, उसे ग्रहण करना तथा असत्यांश का परित्याग करना ही उचित है।'' कार्ल मार्क्स के परम्परागत कट्टर सिद्धान्तों को सभी देशों में समान रूप से लागू करना असम्भव था। इसलिये उसके मूल (आधारभूत) सिद्धान्तों में कुछ संशोधन करना आवश्यक समझा गया। कार्ल मार्क्स के समाजवादी विचारों में संशोधन करने अथवा उन सिद्धान्तों पर पुनः विचार करने के कारण इस विचारधारा को पुनर्विचारवाद या संशोधनवाद (Revisionism) की संज्ञा दी गई।

संशोधनवाद के उद्देश्य
(Aims of Revisionism)

निम्नलिखित उद्देश्यों की पूर्ति के लिये इस संशोधनवाद में बहुत सी मौलिक बातें उभर कर सामने आई, जिनसे इस संशोधनवादी समाजवाद में भी एक सर्वथा नवीन मौलिकता समा गई।

1. मार्क्सवादी विचारों में संशोधन करके मार्क्सवाद को व्यावहारिक व क्रियात्मक रूप प्रदान करना।
2. मार्क्सवाद की कट्टरता को कम करना।
3. क्रान्तिकारी पक्ष के स्थान पर 'विकासवादी पक्ष' पर बल देना।
4. मार्क्सवाद के क्रान्तिकारी साधनों को संशोधित करके, प्रचलित व्यवस्था में सुधार करने की भावना में निहित कटुता को कम करना।

संशोधनवाद के सिद्धान्त
(Principles of Revisionism)

''मार्क्सवाद में जो सत्यांश है, उसे ग्रहण करना तथा असत्यांश का परित्याग करना ही उचित है।'' 'बर्न्सटीन' (Bernstein) के इसी विचार को संशोधनवाद का प्रेरक-सूत्र माना जाता है। संशोधनवाद द्वारा प्रस्तुत विभिन्न सिद्धान्त अग्रलिखित हैं—

1. व्यक्तिगत अधिकार की समाप्ति (End of Personal Rights)—समाजवादी व्यवस्था स्थापित करने के लिये आवश्यक है कि उत्पादन तथा विनिमय के समस्त साधनों पर से व्यक्तिगत अधिकार को समाप्त किया जाये और उन पर राष्ट्रीय अधिकार की स्थापना की जाये।

2. श्रमिक-एकता का अन्तर्राष्ट्रीय स्तर (International Standard of Workers Unity)—संशोधनवादियों ने श्रमिकों की एकता केवल कुछ उद्योगों अथवा स्थानीय स्तर पर न रखकर, उसे राष्ट्रीय स्तरों से भी आगे अन्तर्राष्ट्रीय स्तर पर रखने का विचार प्रस्तुत किया।

3. सार्वभौम वयस्क मताधिकार (Universal Adult Franchise)—संशोधनवादी समाजवाद में सार्वभौम वयस्क मताधिकार पर विशेष बल दिया गया।

4. जन-सम्प्रभुता (Public Sovereignty)—संशोधनवादी समाजव्यवस्था में प्रभुसत्ता, विशेष रूप से कानून बनाने की शक्ति को जनता में रखने का विचार व्यक्त किया गया। विशेष कानूनों पर मत संग्रह कराने की भी व्यवस्था की गई। संशोधनवादियों के अनुसार जनता को विशिष्ट पदाधिकारियों को उनके पद से हटाने का उत्तरदायित्व भी प्रदान किया जाना चाहिये।

5. श्रमिक कल्याण सम्बन्धी योजनायें (Schemes of Workers Welfare)—संशोधनवादियों ने श्रमिकों के कल्याण के लिये विभिन्न योजनाओं का निर्माण करने के लिये भी विचार प्रकट किये हैं। इनमें मुख्य योजनाओं के नाम थे—प्रगतिशील कर-निर्धारण, स्त्रियों का कल्याण, सामाजिक बीमा आदि।

6. समाजवाद का आवर्तन (Springing of Socialism)—संशोधनवादी विचारधारा के अन्तर्गत विकासवादी तथा लोकतान्त्रिक साधनों से समाजवाद का आवर्तन करने की बात कही गई थी।

7. विकासवादी विधि से समाजवाद प्राप्ति (Socialism Through Evolutionary Methods)—संशोधनवादी समाजवाद की प्राप्ति के लिये विकासवादी विधियों को अपनाने का समर्थन करते थे। उनके मत की व्याख्या करते हुए बर्न्सटीन (Bernstein) ने लिखा है "बिना कुछ प्रजातान्त्रिक परम्पराओं एवं संस्थाओं के आज का समाजवादी सिद्धान्त वास्तव में सम्भव नहीं होगा। प्रजातन्त्र और समाजवाद में परस्पर अन्तर्विरोध नहीं है। प्रजातन्त्रवादी समाजवाद की शर्त है कि प्रजातन्त्र समाजवाद का केवल साधन ही नहीं बल्कि उसका सार भी है।" समाजवाद की प्राप्ति के लिये प्रजातान्त्रिक परम्पराओं तथा संस्थाओं का होना अत्यन्त आवश्यक है।

8. धर्मनिरपेक्ष शिक्षा को महत्व (Importance to Secular Education)—बर्न्सटीन ने संशोधनवादी विचारधारा की सफलता के लिये धर्मनिरपेक्षता की शिक्षा को अनिवार्य बताया और कहा कि पाठशालाओं में धर्मनिरपेक्ष शिक्षा को प्रोत्साहित किया जाना चाहिये।

मार्क्सवाद की आलोचना
(Criticism of Marxism)

बर्न्सटीन ने मार्क्सवाद की आलोचना अग्रलिखित तत्वों के आधार पर की है—

1. इतिहास की भौतिकवादी व्याख्या की आलोचना (Criticism of Materialistic Interpretation of History)—यद्यपि मार्क्स एवं एंजिल्स ने इतिहास की भौतिकवादी व्याख्या में नैतिकता को महत्व दिया है, तो भी उन्होंने आर्थिक तत्वों को ही मानवीय इतिहास का आधार माना है। परन्तु बर्न्सटीन के विचार में मानव इतिहास केवल आर्थिक तत्व पर आधारित न होकर अनेक प्रकार के तत्वों के सम्मिश्रण पर आधारित होता है। आर्थिक तत्वों में नैतिकता का होना अति आवश्यक है। बर्न्सटीन ने लिखा है कि "व्यावसायिक, आर्थिक विकास तथा अन्य सामाजिक प्रवृत्तियों के विकास के कारण और कार्य की अन्योन्याश्रितता निरन्तर अधिक अप्रत्यक्ष होती जा रही है तथा परिणामस्वरूप पूर्वोक्त की उपर्युक्त के स्वरूप को निर्धारित करने की शक्ति बहुत कम होती जा रही है।" सभ्यता के विकास के साथ-साथ आर्थिक एवं प्राकृतिक शक्तियाँ मनुष्य की दास बन जाती हैं। बर्न्सटीन ने इसमें सभी तत्वों को महत्व दिया है। प्रो० कोकर (Prof. Coker) के शब्दों में,—"इतिहास की भौतिकवादी व्याख्या का खण्डन करते हुए बर्न्सटीन ने मार्क्स के लिये ऐतिहासिक विकास में अनिवार्यता की तथा उनमें आर्थिक तत्वों के प्राधान्य सम्बन्धी विचारों की तीव्र आलोचना की है। उसका मत था कि मानव जाति की बुद्धि तथा अन्तर्दृष्टि के विकास के साथ-साथ व्यक्ति और राष्ट्र अपनी प्रगति का निर्माण करने से अधिक स्वतन्त्रता प्राप्त कर लेते हैं। उसका यह विचार था कि इतिहास की धारा के निर्धारण में आर्थिक तत्वों के साथ-साथ बौद्धिक तथा आदर्शात्मक तत्व भी कार्य करने हैं।"

2. मूल्य के सिद्धान्त की आलोचना (Criticism of the Theory of Value)—बर्न्सटीन ने मार्क्स के मूल्य के सिद्धान्त का भी विरोध किया। इसका वर्णन करते हुए कोकर (Coker) ने लिखा है, "मार्क्स के मूल्य सिद्धान्त का खण्डन करते समय बर्न्सटीन ने उस भ्रांति की ओर निर्देशन किया, जो 'केपिटल' ग्रन्थ के तीसरे खण्ड में मार्क्स के मत-परिवर्तन के कारण उत्पन्न होती है।.......तीसरे खण्ड में पूर्व विचार केवल इस रूप में ही मिलता है कि समस्त पक्षों का सामाजिक मूल्य उस समस्त श्रम काल के बराबर है, जो उत्पादन में लगा है और पूर्ण उत्पादन, पूर्ण मजदूरी से जितना अधिक है वह पूर्ण सामाजिक बढ़ोत्तरी है, जो श्रमिकों द्वारा उत्पन्न की गयी है, परन्तु जो उनसे अन्यायपूर्वक छीन ली गयी है। बर्न्सटीन का विचार था कि श्रम निर्मित मूल्य के किसी भी सिद्धान्त के आधार पर हम विवरण के लिये कोई उपयुक्त प्रणाली स्थापित नहीं कर सकते। मूल्य सिद्धान्त श्रम के उत्पादन के विभाजन में न्याय या अन्याय का निर्णय करने के लिये किसी आदर्श को स्थापित करने में उतना ही असफल है, जितना कि किसी मूर्ति की सुन्दरता या कुरूपता का निर्णय करने के लिये अणु सिद्धान्त।"

3. अतिरिक्त मूल्य के सिद्धान्त की आलोचना (Criticism of the Theory of Surplus Value)—मार्क्स के अतिरिक्त मूल्य के सिद्धान्त का खण्डन करने हुए बर्न्सटीन ने इसे काल्पनिक बताया है। श्रमिकों की समस्याओं के अध्ययन के लिये बर्न्सटीन अतिरिक्त मूल्य के सिद्धान्त के ज्ञान की कोई आवश्यकता नहीं समझता। उसका कहना है कि "इस सिद्धान्त का मूल कारण मजदूरों को उत्तेजित करना है जो सर्वथा अनुपयुक्त है।"

4. वर्ग संघर्ष के सिद्धान्त की आलोचना (Criticism of the Theory of Class-Struggle)—मार्क्स के वर्ग संघर्ष के सिद्धान्त की आलोचना करने हुए बर्न्सटीन ने लिखा है

कि "वर्ग-संघर्ष खत्म होने के स्थान पर निरन्तर बढ़ रहा है। श्रमिक वर्ग में ही अनेक वर्ग उत्पन्न हो गये हैं और मार्क्स जिस चेतना का प्रादुर्भाव श्रमिकों में करना चाहता था, वह उत्पन्न नहीं हो सकी।" अत: मार्क्स के प्रत्येक सिद्धान्त को बिना सोचे-समझे मान लेना सर्वथा अनुचित है।

5. श्रमजीवों की तानाशाही की आलोचना (Criticism of the Dictatorship of Proletariat)–बर्न्सटीन ने मार्क्स की 'सर्वहारा वर्ग की तानाशाही' की भी आलोचना की है। उसके विचार में समाज में मार्क्स के श्रमिक वर्ग एवं पूँजीपति वर्ग, कोई भी वर्ग एक दूसरे को कुचलने का अधिकार नहीं रखता। प्रत्येक वर्ग के साथ न्याय करने के कारण बर्न्सटीन ने प्रजातन्त्रवादी व्यवस्था का समर्थन किया था।

6. पूंजीपतियों का ह्रास (Degeneration of Capitalists)–बर्न्सटीन ने मार्क्स के इस सिद्धान्त का पूर्ण विरोध किया कि "पूंजीवाद के साथ पूँजीपतियों की संख्या भी समाप्त हो जायेगी और छोटे पूँजीपति नष्ट हो जायेंगे।" वास्तविकता यह है कि छोटे पूंजीपति बढ़ते जा रहें हैं और बड़े पूंजीपतियों के साथ शामिल होते जा रहे हैं।

7. श्रमिक एवं देशप्रेम सम्बन्धी धारणा (Concept of Labourers and Patriotism)–मार्क्स का यह नारा भी निर्मूल है कि 'संसार के मजदूरों ! एक हो जाओ।' वर्तमानकाल में अनेक अन्तर्राष्ट्रीय संगठन हैं फिर भी मजदूर अपने देश के हित के सम्मुख राष्ट्रीयता की अधिक चिंता नहीं करते। जब भारत पर चीन का आक्रमण हुआ तो भारतीय मजदूर चीन के मजदूरों के सहायक नहीं बन गये थे, बल्कि उन्होंने अपने देश की रक्षार्थ सारे प्रयत्न किये।

8. मार्क्स के कल्पनावादी विचार की आलोचना (Criticism of Marxian Utopian Ideology)–मार्क्स ने कल्पना की थी कि क्रांति के पश्चात् पूंजीवाद समाप्त हो जायेगा जबकि पूंजीवाद की बराबर प्रगति हो रही है। बर्न्सटीन के विचार में "क्योंकि क्रान्ति होना अनिश्चित है इसलिये मार्क्स को पूंजीव्यवस्था के अन्तर्गत ही श्रमिकों को कोई लाभ दिखाना चाहिये।"

संशोधनवादियों पर मार्क्सवाद एवं फेबियनवाद दोनों का प्रभाव पड़ा था। अत: उन्होंने दोनों की विचारधारा के मध्य का मार्ग अपनाया। सुप्रसिद्ध विद्वान कोकर (Coker) के अनुसार "प्रजातान्त्रिक राज्य में श्रमिकों को पूंजीपतियों से अधिक से अधिक लाभ दिलाना चाहिये और पूंजीपति को स्वेच्छा सहायता से मर्यादित करने का प्रयत्न करना चाहिये। वह पूंजीपतियों से सहयोग दिलाने का समर्थक था।" अत: उसकी अनिवार्य क्रान्ति सम्बन्धी धारणा पूर्णतया असत्य सिद्ध हुई।

अभ्यास के लिये प्रश्न

1. संशोधनवाद किसे कहते हैं? उसके द्वारा बर्न्सटीन ने मार्क्सवाद के परम्परागत सिद्धान्त में क्या परिवर्तन किये?
2. बर्न्सटीन ने मार्क्स के आधारभूत सिद्धान्तों को किस प्रकार संशोधित किया? उनका परीक्षण तथा व्याख्या विस्तारपूर्वक कीजिये।

23

लोकतान्त्रिक समाजवादः फेबियनवाद और समष्टिवाद

(Democratic Socialism:Fabianism and Collectivism)

अर्थ और परिभाषा

प्रसिद्ध रोमन सेनापति 'फेबियस' के नाम पर 'फेबियन', शब्द का उदय हुआ और उसी के नाम पर अंग्रेजी विचारधारा 'फेबियनवाद' का प्रवर्तन हुआ। 'फैबियस' सेनापति ने 'कार्थेज' के क्रूर एवं शक्ति-सम्पन्न सेनापति 'हैनीबाल' को हराने के लिये बहुत ही धैर्य से काम लिया, शत्रु की असावधानी का इन्तजार किया और उपयुक्त अवसर देखकर शत्रु पर निर्णायक प्रहार करके अपने उद्देश्यों की पूर्ति की। इसी प्रकार 'फेबियनवाद' का विकास इंगलैंड में उन लोगों द्वारा किया गया, जिन्हें सेनापति फेबियस की रण कुशलता एवं धैर्य पर विश्वास था और जो इंगलैंड में किसी उतावली और क्रान्ति के बिना ही समाजवादी विचारों का प्रहार उपयुक्त अवसर पर करना चाहते थे। इस प्रकार फेबियनवाद लोकतान्त्रिक तरीकों से समाजवाद के उद्देश्यों को प्राप्त करने की विचारधारा एवं प्रणाली है।

फेबियनवाद (Fabianism) का प्रादुर्भाव मार्क्सवादी समाजवाद एवं इंगलैण्ड के व्यक्तिवादी उदारवाद से हुआ है। यह समाजवाद, उदारवाद और लोकतन्त्रवाद का समन्वय है, जो इंगलैण्ड जैसी स्वतन्त्रता प्रेमी जाति में ही विकसित हो सकता था। अलेक्जेण्डर ग्रे (Alexander Grey) के शब्दों में–'फेबियनों ने मार्क्सवाद से किनारा काटते हुए एक नये समाजवाद की रूपरेखा प्रस्तुत की। उन्होंने लब्ध प्रतिष्ठित अर्थशास्त्रियों जैसे रिकार्डो और ओवेन के सिद्धान्तों के आधार पर समाजवाद को न्यायसंगत बताया।'' ई० बार्कर (E. Barker) ने लिखा है कि ''मार्क्स की अपेक्षा जॉन स्टुअर्ट मिल ही फेबियनों के दर्शन का आदि प्रवर्त्तक है।''

ऐतिहासिक पृष्टभूमि

इंगलैण्ड में सर्वप्रथम जून, 1881 ई० में **'हाइण्डमैन'** ने 'सोशल डेमोक्रेटिक फेडरेशन' की स्थापना की, जिसमें कल्पनावादी समाजवादियों की विचारधारा के आधार पर श्रमिक

आन्दोलन को संगठित करने का उपक्रम किया गया। अधिकाधिक राजनीतिक अधिकारों की प्राप्ति तथा भूमि के राष्ट्रीयकरण के लिये अनेक आन्दोलन और प्रदर्शन किये गये। इस फैडरेशन के प्रमुख सदस्य 'हेनरी एच॰ चैम्पीयन, 'विलियम मोरिस', 'हेलन टेलर,' 'इलीनर मार्क्स' तथा 'वाल्टर क्रेन' थे। इनके विचारों से प्रभावित होकर कुछ बुद्धिजीवी लोगों ने 4 जनवरी सन् 1884 ई॰ को 'फेबियन सोसायटी' की नींव डाली। उसके नाम व कार्य प्रणाली के सम्बन्ध में, प्रथम उद्‌घोषणा में कहा गया कि—''उपयुक्त क्षण के लिये आपको अपूर्व धैर्य के साथ प्रतीक्षा करनी चाहिए जिस प्रकार 'फेबियस' ने 'हैनीबाल' के विरुद्ध युद्ध करते हुए किया था। यद्यपि बहुत से लोगों ने देर करने के लिये उसकी निन्दा की थी, परन्तु जब अवसर आये तो फेबियस की भाँति ही आपको करारा प्रहार भी करना चाहिए अन्यथा उसकी प्रतीक्षा व्यर्थ और निष्फल हो जायेगी।''

इस सोसाइटी के प्रमुख सदस्य थे— बर्नार्ड शा, सिडनी वेब दम्पति, सिडनी ओलिवर, ऐनीबेसेन्ट विलियम क्लार्क, एच॰ जी॰ वेल्स, जी॰ डी॰ एच॰ कोल, हेराल्ड जे॰ लास्की एवं रेमजे मैकडोनाल्ड आदि। 'फेबियन विचारधारा' का सबसे अच्छा संकलन बर्नार्ड शा द्वारा सम्पादित 'फेबियन' लेखों में मिलता है।

फेबियन साधन एवं नीति

'फेबियनवाद' का प्रमुख उद्देश्य समाजवादी समाज की स्थापना करना था। इसकी प्राप्ति के लिये वे लोकतान्त्रिक, वैधानिक तथा अवसर की प्रतीक्षा आदि उपायों एवं नीति को अपनाना चाहते थे। उनका विचार था कि समाज में परिवर्तन प्रजातान्त्रिक पद्धति के द्वारा शनैः शनैः नैतिक रूप से संवैधानिक एवं शान्तिपूर्ण तरीकों से किये जाने चाहियें, ताकि समाज में अव्यवस्था की स्थिति उत्पन्न न हो।

फेबियनवादी विचारकों ने समाजवाद के सम्बन्ध में मध्यवर्ग की शंकायें दूर करने एवं सम्भ्रान्त एवं साधारण अंग्रेज के लिये समाजवादी बनना ही सरल तथा स्वाभाविक बनाने के लिये जितना कि उदारवादी होना है व्याख्यानों एवं प्रकाशनों द्वारा प्रसार की पद्धति अपनायी थी।

प्रमुख सिद्धान्त

1. उद्योगों पर स्वामित्व और नियन्त्रण (Ownership and Control over Industries)—समाज परिवर्तनशील है उसमें परिवर्तन अधिकतर उद्योगों के कारण होते हैं। आज व्यवसाय प्रबन्धक एवं व्यवसाय स्वामित्व दोनों पृथक्-पृथक् हो गये हैं। नियन्त्रित पूँजीवादी व्यवस्था के कारण आर्थिक व्यक्तिवाद समाप्त हो गया है। उद्योगों के नियन्त्रण के लिये फेबियनवादी विचारक प्रो॰ लास्की ने निम्नलिखित योजना बनायी थी:—

(i) समाज को प्रारम्भिक आवश्यकताओं की पूर्ति करने वाले उद्योगों का समाजीकरण होना चाहिये, क्योंकि यदि ये उद्योग व्यक्तिगत स्वामित्व के अन्तर्गत छोड़ दिये जायेंगे तो समाज का अहित ही होगा।

(ii) जिन उद्योगों के कारण समाज को कोई हानि न हो, और जो अनिवार्य हों उन्हें व्यक्तिगत स्वामित्व में छोड़ा जा सकता है, परन्तु फिर भी उन पर समाज का नियन्त्रण जरूरी है।

(iii) समाज के लिये महत्वहीन उद्योग यथा-क्रीम, पाउडर प्रसाधन सामग्री बनाना आदि को पूर्णतया निजी स्वामित्व में छोड़ा जा सकता है।

2. भूमि का सामाजीकरण (Socialisation of Land)—फेबियनवादियों ने भूमि के समाजीकरण पर विशेष जोर दिया। उनका कहना था कि भूमि जर्मीदारों से लेकर भूमिहीन किसानों में बाँट देनी चाहिये। इससे भूमिहीन कृषकों को भूमि द्वारा अपने जीविकोपार्जन में सहायता मिलेगी।

3. श्रमहीन आय का नियम (Theory of Income without Labour)—फेबियनवादी औद्योगिक क्षेत्र में श्रमहीन आय के सिद्धान्त को भी लागू करना चाहते हैं। उनका विचार था कि "कुछ कारखाने बाजारों के निकट होते हैं, वे ऐसे क्षेत्रों में स्थापित होते हैं जहाँ उनसे सम्बंधित आवश्यक सामग्री सरलता से उपलब्ध की जा सकती है। अपनी इन विशेषताओं के कारण उन कारखानों को ऐसे कारखानों की अपेक्षा अधिक लाभ होता है, जिनको उक्त सुविधायें प्राप्त नहीं हैं, परन्तु इस प्रकार के लाभ का श्रेय उद्योगपतियों को नहीं अपितु उन परिस्थितियों को है, जो कारखानों को समाज एंव प्रकृति की ओर से मिली है। इसलिये लाभ का भागीदार समाज होना चाहिये पूँजीपति या उद्योगपति नहीं, क्योंकि उद्योगपति के लिये यह लाभ श्रमहीन आय हैं।"

4. श्रमिक परिवर्तनशीलता (Change of Workers)-- श्रमिक परिवर्तनशीलता के सम्बन्ध से **प्रो॰ कोल** (Prof.Cole) ने लिखा है कि—"फेबियानों की धारणा है कि सामाजिक तथा आर्थिक परिवर्तन का साधन वर्ग अथवा क्राान्ति नहीं है बल्कि लोकतन्त्रीय साधनों द्वारा शनैः शनैः तथा क्रमिक परिवर्तन है.......फेबियनवाद के अनुसार समाज की प्रगति का आधार केवल शक्ति नहीं है, बल्कि विवेक सम्मत विश्वास तथा सामाजिक न्याय को प्राप्त करने की नैतिक न्याय भावना द्वारा उत्प्रेरित शक्ति है।" फेबियनवादी विचारक आर्थिक एवं लोकतन्त्रीय साधनों को न कि क्रान्ति को सामाजिक परिवर्तन का कारण मानते हैं।

5. निम्न वर्ग को महत्व (Importance to Lower Classes)—समाजवादी विचारधारा की भाँति फेबियनवादियों ने श्रमिक वर्ग के कल्याण को नहीं अपितु निम्न वर्ग के कल्याण को भी महत्व दिया है। निम्न वर्ग के जीवन स्तर को ऊँचा उठाकर फेबियनवादी समाज द्वारा उत्पादित किये गये मूल्यों के वितरण की ऐसी व्यवस्था करना चाहते हैं कि सामाजिक हित अधिक से अधिक हो। इस प्रकार फेबियनवाद समाज सुधार पर बहुत अधिक बल देता है।

6. पूँजी एवं भूमि पर राज्य का अधिकार (State's Control over Land and Capital)—सन् 1887ई॰ में अपने समाज का उद्देश्य प्रकट करते हुए फेबियनवादियों ने लिखा था कि "फेबियनवादी समाज सामाजवादियों का समाज है, अतएव इसका उद्देश्य समाज का नव-संगठन करना है। यह नया संगठन भूमि तथा उद्योगधन्धों को व्यक्तिगत तथा वर्ग के स्वामित्व से निकालकर समाज को उसका स्वामी बनाकर किया जायेगा, जिससे वह सामान्य लाभ के लिये कार्य करे। केवल इस रीति से ही प्राकृतिक तथा मनुष्य के द्वारा प्राप्त किये हुए लाभों का समस्त जनता में समानता के आधार पर वितरण किया जा सकेगा।"

इस प्रकार फेबियनवादी श्रमिकों एंव पूँजीपतियों के मध्य संघर्ष की कल्पना ही नहीं करते, क्योंकि दोनों के राज्य के आधीन होने के कारण उनमें संघर्ष का कोई औचित्य नहीं है।

7. राज्य की अवधारणा (Concept of State)—फेबियनवादी विचारकों के अनुसार "राज्य जनता का प्रतिनिधि एवं सरंक्षक, जनता का अभिभावक, व्यवसायी, प्रबन्धकर्ता, सचिव तथा यहाँ तक की उनका साहूकार भी है। इस स्थिति में आधुनिक राज्य बिना किसी क्रान्तिकारी परिवर्तन के, यदि निर्दोष नहीं तो भी कम से कम विश्वासपात्र अवश्य बनाया जा सकता है।" इस प्रकार फेबियनवादियों को राज्य द्वारा किये जाने वाले कार्य के औचित्य तथा उसकी प्रभाविकता में पूरा विश्वास था।

8. स्थानीय प्रशासनिक संस्थाओं को महत्व (Importance to Local Governing Institutions)—ब्रिटिश सरकार स्थानीय प्रशासनिक संस्थाओं को अपने कार्य एवं गतिविधियों को संचालित करने में पूर्ण स्वतन्त्रता देने की पक्षधर थी। इसी कारण उसने 1920 ई० में प्रकाशित 'लेबर एण्ड दि न्यू सोशल आर्डर, (Labour and the New Social Order) में यह सिद्धान्त प्रतिपादित किया था कि "लोकतांत्रिक तरीके से निर्वाचित स्थानीय प्रशासनिक संस्थाओं को काम करने का अधिकतम क्षेत्र प्रदान किया जाये, स्थानीय संस्थाओं के अधिकारियों को अपेक्षित सूचनायें एंव अनुदान देकर केन्द्रीय सरकार के विभागों को उनकी सहायता करनी चाहिये।

9. व्यक्तिवादी विचार (Individualistic Views)—फेबियनवादी व्यक्तिवादी हैं क्योंकि वे व्यक्ति के अधिकतम सुख एंव कल्याण की कल्पना करते हैं। उनके विचार में एक ऐसे समाज का संगठन होना चाहिये जिसमें व्यक्ति को अत्यधिक सुख-सुविधा मिले। प्रतियोगिता की प्रणाली का उन्मूलन होना चाहिये, क्योंकि व्यक्ति को सुख-सुविधा कम मिलती है, दुख अधिक मिलते हैं।

10. क्रान्ति विरोधी विचार (Anti-Revolutionary Views)—फेबियनवादी क्रान्तिविरोधी थे। जॉर्ज बर्नार्ड शॉ (George Bernard Shaw) के अनुसार "फेबियनवादी क्रान्तिकारी साधनों का त्याग करके संसदीय कार्यवाही द्वारा समाज में सुधार करना चाहते है।" वे यह मानते हैं कि क्रान्ति द्वारा न तो समाज में पूँजीवाद को समाप्त किया जा सकता है और न ही समाजवादी समाज की स्थापना की जा सकती है।

11. उत्तरदायी लोकतन्त्र का समर्थन (Support to Respone cible Democracy) फेबियनवादी विचारको का विश्वास था कि लोकतन्त्रात्मक राज्य की स्थापना के पश्चात् ही पूँजीवादी व्यवस्था की समाप्ति और उत्पादन के साधनों पर समाज का नियन्त्रण सम्भव है। सुप्रसिद्ध विद्वान कोकर (Coker) के अनुसार "वह (लोकतन्त्रात्मक राज्य) जनता का प्रतिनिधि एवं संरक्षक, जनता का अभिभावक, व्यवसायी, प्रबन्धकर्ता, सचिव यहाँ तक कि उसका साहूकार भी है।"

12. सामाजिक व्यवस्था का आधार बन्धुत्व (Brotherhood as a Basis of Social Order)—फेबियनवादी विचारकों ने बन्धुत्व को एवं भाईचारे को सामाजिक व्यवस्था

का आधार माना है न कि संघर्ष एवं क्रान्ति को। उन्होंने प्रतियोगितात्मक एवं प्रतिद्वन्द्वात्मक तरीकों का पूर्ण विरोध किया और कहा कि 'एक ऐसी व्यवस्था की स्थापना होनी चाहिये, जिसमें शारीरिक एवं मानसिक परिश्रम करने वाले सभी व्यक्ति लाभान्वित हों।' उनके अनुसार इसमें उद्योगों के प्रजातन्त्रवादी नियन्त्रण, राष्ट्रीय वित्त व्यवस्था में परिवर्तन एंव अतिरिक्त धन के सार्वजनिक कल्याण हेतु प्रयोग पर विशेष बल दिया जायेगा।

13. विस्तृत कार्यक्रम हेतु प्रस्ताव (Proposals for Detailed Programme)– इंग्लैण्ड में सन् 1919 ई० में श्रमिक दल की सरकार ने 'श्रम एवं नई सामाजिक व्यस्था' (Labour and the New Social Order) नामक पुस्तक का प्रकाशन किया था, जिसमें निम्नलिखित प्रस्ताव रखे गये–

1. पूँजीवाद की समाप्ति।
2. सबको रोजगार देने की व्यवस्था।
3. कारखानों के अधिनियमों का पंजीकरण।
4. राज्य के प्रत्येक व्यक्ति के लिये वेतन की व्यवस्था ।
5. अतिरिक्त धन का सार्वजनिक कल्याण हेतु प्रयोग ।
6. सत्ता का स्थानीय संस्थाओं में विकेन्द्रीयकरण।
7. आयकर की उचित व्यवस्था।
8. औद्योगिक बीमा कम्पनियों का निस्वाम्यकरण।
9. शिक्षा की उचित व्यवस्था।
10. निर्बलों एवं गर्भवती स्त्रियों की सहायता।

फेबियनवाद की आलोचना

1. ई० बार्कर (E-Barker) ''फेबियनवादी, समाजवादी संगठन का सबके कम स्पष्ट तथा अनिश्चित सिद्धान्त हैं। व्यावहारिक तथा सैद्धान्तिक रूप में यह एक झूठे झण्डे के नीचे अपने उद्देश्यों के प्रति सन्देह उत्पन्न नहीं करना चाहता। वे अपनी सफलता का आधार चालाकी को मानते है।''

2. प्रो० मैलॉक (Prof. Mallak)- 'फेबियनवादियों के विचार तथा भाषा स्पष्ट नहीं है।''

3. **स्कैलटेन** (Skelton) 'फेबियनवादी अवसरवादी' हैं।

4. **डा० एन्जिल्स** (Dr. Angels)-- ''फेबियनवादियों की योजना उदारवादियों के साथ खुले हुये शत्रुओं के समान नहीं, वरन् उनको समाजवादी परिणामों की ओर आकर्षित करके तथा उनके मानसिक विचारों को समाजवादी विचारों से प्रभावित करके संघर्ष करने की इसके साथ ही उनका उद्देश्य उदारवादी सदस्यों के पक्ष में समाजवादी सदस्यों का विरोध करना, तथा उन पर कुछ दबाव डालकर अथवा घूस देकर उनके विचारों को प्रभावित करना है। उनके सभी सिद्धान्त सड़े हुए हैं।''

फेबियनवाद का महत्व

1. आधुनिक युग में फेबियनवादी विचारधारा महत्वपूर्ण स्थान रखती है। इसने मार्क्सवादी विचारधारा को एक नया मोड़ दिया है। फेबियनवादियों ने मार्क्सवाद से किनारा काटते हुये नये समाजवाद की रूपरेखा प्रस्तुत की थी, जो लोकतान्त्रिक तरीकों पर आधरित होगा।

2. यह विचारधारा राज्य का समर्थन करती है तथा उसके कार्यो में वृद्धि करके उसे और कल्याणकारी राज्य बनाने की योजना प्रस्तुत करती है।

3. फेबियनवाद शक्ति का विकेन्द्रीयकरण चाहता है और उसी के द्वारा स्थानीय संस्थाओं का विकास तथा लोकतन्त्रवादी विचारों को प्रोत्सहित करता है। यह नागरिकों के मूल अधिकारों का समर्थन करने पर विशेष बल देता है।

4. फेबियनवादी विचारधारा के समर्थक विद्वान केवल श्रमिक वर्ग के हित को नहीं बल्कि सम्पूर्ण समाज के हित को महत्व देते हैं,।

5. फेबियनवादी विचारकों ने क्रान्ति का पूर्ण विरोध किया हैं।

6. यह नैतिकता में विश्वास रखता है और जन–जागृति द्वारा नागरिकों के मानसिक पटल पर अधिकार करके नागरिकों को सद्व्यवहार करने की प्रेरणा देता है।

7. फेबियनवादी आन्दोलन शान्तिपूर्ण तथा विकासवादी सिद्धान्त पर आधारित था।

8. फेबियनवादी विचारकों ने अंग्रेज जाति की प्रकृति के अनुसार अपनी विचारधारा का प्रतिपादन किया था।

समष्टिवाद अथवा राजकीय समाजवाद
(Collectivism or State Socialism)

समष्टिवाद समाजवाद की ही एक शाखा है, जो यूरोप में व्यक्तिवाद के विरुद्ध प्रतिक्रिया के रूप में उदित हुई। वर्तमान काल में इंगलैण्ड का मजदूर दल राजकीय समाजवाद में ही विश्वास रखता है। समष्टिवाद को राजकीय समाजवाद के नाम से भी पुकारा जाता है।

अर्थ एंव व्याख्या

इस विचारधारा को 'समष्टिवाद' कहने का एक प्रमुख कारण यह है कि 'समष्टि' का अर्थ है 'समाज' और समष्टिवादी 'समाज' को व्यक्ति की अपेक्षा अधिक महत्व देते हैं। इसे 'राजकीय समाजवाद' (State Socialism) इसीलिये कहा जाता है क्योकि इसके समर्थक समाजवाद लाने के लिये राज्य को अनिवार्य समझते है। ये समस्त समाज का हित चाहते है तथा मानव की परमार्थ, दया तथा सहयोग की भावनाओं को अपील करके समाजवाद को सम्पूर्ण मानव जाति का धर्म बताते हैं।

'एनसाईक्लोपीडिया ब्रिटेनिका' में 'समष्टिवाद' एवं 'राजकीय समाजवाद' की परिभाषा इस प्रकार दी गई "कि यह वह नीति अथवा सिद्धान्त है, जो केन्द्रीय प्रजातान्त्रिक सत्ता द्वारा

आजकल की अपेक्षा श्रेष्ठतम वितरण तथा उसके अधीन श्रेष्ठतम उत्पादन की व्यवस्था करना चाहता है।''[1] अत: 'समष्टिवाद' उस विचारधारा का नाम है, जो राज्य के संगठन द्वारा उत्पादन के वितरण की समुचित व्यवस्था की समर्थक है। प्रो॰ एली (Prof. Eli) के अनुसार ''समाजवादी वह है, जो राज्य में संगठित समाज को आर्थिक वस्तुओं के अधिक पूर्ण विभाजन व मानवता के उत्कर्ष में सहायक की दृष्टि से देखता है।''

सामान्य विशेषतायें

1. राज्य में रहकर ही व्यक्ति अपना सर्वांगीण विकास कर सकता है। प्रो॰ लिन्डसे के अनुसार ''तटस्थ सत्ता के रूप में राज्य की नितान्त आवश्यकता है, क्योकि सभी स्वतन्त्र रूप में कार्य करते है और फिर एक व्यक्ति दूसरे को प्रभावित भी करता है। इसीलिये इस गड़बड़ को दूर करने के लिए राज्य ही सर्वोत्तम साधन है।''

2. समष्टिवादी विचारकों के अनुसार राज्य एक 'उपयोगी संस्था' है।

3. समष्टिवादी विचारकों के विचार में ''समष्टिवाद का उद्देश्य केन्द्रीय जनतान्त्रिक अधिकार शक्ति की क्रियाशीलता के द्वारा अधिक अच्छे वितरण और उसकी उचित आधीनता में वर्तमान की अपेक्षा अच्छे उत्पादन की प्राप्ति करना है।''

4. समष्टिवादी विचारकों के अनुसार जो कुछ कार्य करने है या करने चाहियें, सब राज्य द्वारा किये जाने चाहिये, क्योंकि वह एक 'सर्वोपरि संस्था' है।

5. राजनीतिक स्वतन्त्रता द्वारा आर्थिक शोषण के सम्बन्ध में प्रो॰ मैक्सी (Prof. Maxey) ने कहा है कि ''आर्थिक दासता की दशा में मनुष्य राजनीतिक स्वतन्त्रता को उसी प्रकार ग्रहण कर लेता है, जिस प्रकार कि पानी में डूबता हुआ व्यक्ति तिनके को भी सहारा समझ लेता है। वास्तव में राजनीतिक स्वतन्त्रता आर्थिक शोषण सहन करने की स्वतन्त्रता है।''

6. धन पर श्रमिकों की अपेक्षा समाज का अधिकार होना चाहिए, क्योंकि समाज ही अतिरिक्त धन का स्त्रोत है।

7. इनके विचार में मुनाफे का लाभ पूँजीपतियों और श्रमिकों के स्थान पर समाज को प्राप्त होना चाहिये।

समष्टिवाद के सिद्धान्त

समष्टिवाद या राजकीय समाजवाद के प्रमुख सिद्धान्त निम्नलिखित है:–

(1) राज्य सम्बन्धी दृष्टिकोण (View Point Regarding State)– समष्टिवादी विचारक राज्य का स्वरूप तो बदलना चाहते है, परन्तु उसे पूर्णतया नष्ट नहीं करना चाहते। वे व्यक्तिवादियों (Individualists) की इस विचारधारा से सहमत नहीं हैं कि ''राज्य एक

---

1. ''Collectivism is that policy or theory which aims at securing by the action of central democratic authority a better distribution and in due subordination thereto, a better production of wealth.''

--Encyclopaedia Brittanica

आवश्यक बुराई है" और न ही अराजकतावादियों (Anarchists) की इस विचारधारा से सहमत हैं कि "राज्य एक अनावश्यक बुराई है।" वे राज्य को एक अच्छी वस्तु मानकर इसके कार्यों को जन कल्याण के लिये बढ़ाना चाहते हैं। जहाँ वे राज्य को एक कल्याणकारी संस्था बनाना चाहते है और राज्य के कार्य बढ़ाना चाहते हैं।, वहाँ वे व्यक्तिगत स्वतन्त्रता को भी जहाँ तक हो सके सुरक्षित रखना चाहते है, वे चुनाव जीत कर अपनी सरकार बनाना चाहते है और फिर मजदूरों के लाभ के लिये अनेक ऐसे कानून बनाना चाहते हैं, जिससे शोषण का अन्त हो सके। राज्य को समाप्त करने की बजाय इसका उपयोग समाजवादी व्यवस्था को स्थापित करने और पूँजीवादी व्यवस्था का अन्त करने के लिये करना चाहते हैं।

(2) उद्योगों का राष्ट्रीयकरण (Nationalisation of Industries)—पूँजीवादी व्यवस्था का अन्त करने के लिये समष्टिवादी विचारक बहुत सी वस्तुओं के उत्पादन का राष्ट्रीयकरण करना चाहते है और 'निजी पूँजी के विनियोजन' (Investment of Private Capital) को सीमान्त करना चाहते हैं।

(3) शक्तियों का विकेन्द्रीकरण (Decentralisation of Powers)—समष्टिवादी विचारकों का कहना है कि राज्य की शक्तियों का विकेन्द्रीकरण होना चाहिये। केन्द्रीय सरकार के लिये अत्यन्त आवश्यक कार्यों को छोड़कर शेष कार्य या तो प्रान्तीय सरकारों को या स्थानीय सरकारों को करने चाहिये। अपने मामलों का प्रबन्ध करने के लिये स्थानीय सरकारों को अधिक से अधिक स्वायत्तता (Maximum Autonomy) होनी चाहिये।

(4) पूँजीवाद एवं साम्राज्यवाद का विरोध (Opposition of Capitalism and Imperialism)—समष्टिवादी विचारकों ने पूँजीवाद एवं साम्राज्यवाद का विरोध और समाजवाद का समर्थन किया है। उनके विचार में पूँजीवाद के कारण समाज में आर्थिक असमानता उत्पन्न होती है और मजदूरों का शोषण होता है। अधिकतर राष्ट्रीय आय थोड़े से व्यक्तियों के हाथों में इकट्ठी हो जाती है और साधारण जनता भूखी मरती है। इस परिस्थिति से बचने के लिये उन्होंने समाजवाद का समर्थन किया था।

(5) लोकतन्त्र का समर्थन (Support of Democracy)—समष्टिवादी विचारकों ने लोकतन्त्र का पूर्ण समर्थन किया था। इनके लक्ष्य एवं कार्यक्रम का पूर्ण विवरण ब्रिटिश लेबर पार्टी द्वारा सन् 1919 ई० में प्रकाशित 'श्रम तथा नयी सामाजिक व्यवस्था, (Labour and New Social Order) में दिया गया, जो इस प्रकार है—"समष्टिवादी बड़े-बड़े उद्योगों का राष्ट्रीयकरण जन-कल्याण की दृष्टि से करेंगे, परन्तु जिनके कारखाने सरकार द्वारा लिये जायेंगे, सरकार उनको मुआवजा देगी। इसके साथ-साथ छोटे उद्योगों पर निजी स्वामित्व बना रहेगा, परन्तु उनमें भी मजदूरों की दशाओं को सुधारने के लिये कानून बनाये जायेंगे।" समष्टिवादी स्त्री-पुरुष दोनों को ही मताधिकार देने के पक्ष में थे। सभी व्यक्तियों की समान उन्नति के लिये समष्टिवादी निःशुल्क शिक्षा देने की व्यवस्था करना चाहते थे।

(6) व्यक्तिवाद की आलोचना (Criticism of Individualism)—व्यक्तिवादी विचारधारा की आलोचना करते हुये समष्टिवादी विचारकों ने कहा है कि "पूँजीपतियों एवं मजदूरों में खुली प्रतियोगिता नहीं होनी चाहिये, क्योंकि भूखा मर कर व्यक्ति वास्तविक

स्वतन्त्रता प्राप्त नहीं कर सकता।'' क्लीमेट आर० एटली (C. R. Atlee) के विचारानुसार ''स्वतन्त्रता के मार्ग की प्रमुख बाधा निर्धनता हैं। वास्तविक स्वतन्त्रता मनुष्य को मात्र 'समाजवाद' में ही प्राप्त हो सकती है, जोकि 'पूँजीवाद' को समाप्त करके मजदूरों की उन्नति के पूर्ण अवसर देता हैं।''

(7) **मार्क्सवाद का विरोध** (Opposition of Marxism)—समष्टिवादी विचारक मार्क्सवाद के पूर्ण समर्थक नहीं है। उन्होंने मिल, टी० एच० ग्रीन एवं कांण्ट (Mill, T. H. Green and Kant) आदि की विचारधारा का भी समर्थन किया हैं। वे मार्क्स के निम्नलिखित विचारों से सहमत नहीं हैं—

(1) मार्क्स पूँजीवाद को क्रान्ति एवं हिसात्मक तरीकों से दूर करना चाहता है परन्तु समष्टिवादी पूँजीवाद को संसदीय तरीकों से अर्थात् चुनाव जीतकर संसद द्वारा पूँजीवाद के विरुद्ध कानून बनाकर समाप्त करना चाहते हैं। वे समाजवाद को शनैःशनैः कानूनों द्वारा लाना चाहते हैं और इसमें सत्ता मजदूर वर्ग के हाथ में नहीं बल्कि सारे समाज के हाथ में देना चाहते हैं।

(2) समष्टिवादी मार्क्स के वर्ग संघर्ष के सिद्धान्त को उचित नहीं मानते क्योंकि इससे समाज में सहयोग की अपेक्षा लड़ाई-झगड़े पैदा होते हैं और समाज की एकता नष्ट होती है।

(3) समष्टिवादी मार्क्स के अतिरिक्त मूल्य या बचत के सिद्धान्त का समर्थन नहीं करते क्योंकि उनकी मान्यता है कि केवल मजदूर ही नहीं बल्कि समस्त समाज धन का उत्पादन करता है।

(4) समष्टिवादी मार्क्स के सिद्धान्त 'सर्वहारा वर्ग की तानाशाही' तथा 'राज्य के लोप' को भी नहीं मानते हैं।

समष्टिवाद की आलोचना

विभिन्न आलोचकों ने निम्न आधारों पर समष्टिवाद की आलोचना की है—

(1) 'मनुष्य अपने व्यक्तिगत लाभ की भावना से कार्य करता है'। जब समाजवाद में यह बात नहीं रहेगी, तो उत्पादन स्वतः कम हो जायेगा।

(2) उद्योगों के राष्ट्रीयकरण से मनुष्य का व्यक्तिगत उत्साह एवं प्रेरणा पूर्णतया नष्ट जो जायेगी।

(3) सुप्रसिद्ध विद्वान मैलाक (Mallack) का विचार था कि ''व्यक्तिगत सम्पत्ति को जमा करने के स्वार्थ में मनुष्यों को काम करने के लिये मजदूर बनना पड़ेगा, जिससे व्यक्तिगत चरित्र का ह्रास होगा।''

(4) समष्टिवाद की आलोचना करते हुये साम्यवादियों ने कहा कि समष्टिवादियों ने मार्क्स के वैज्ञानिक सिद्धान्तों की उपेक्षा की है। इसलिये संवैधानिक उपायों से समाजवाद की स्थापना नहीं हो सकती। संसार का अब तक कोई ऐसा देश नहीं है जहाँ शान्तिमय ढंग से समाजवाद आया हो। रूस, चीन एवं पूर्वी देशों में समाजवाद की स्थापना क्रान्ति द्वारा ही सम्भव हो सकी है।

(5) समष्टिवादी विचारकों ने राज्य के कार्य बहुत बढ़ा दिये हैं। आलोचकों ने कहा है कि इतने अधिक कार्यों के बढ़ जाने पर राज्य की कार्यकुशलता पूर्णतया नष्ट हो जायेगी।

(6) पूँजीपतियों को मुआवजा देकर उद्योगों का राष्ट्रीयकरण करना मुश्किल ही नहीं बल्कि असम्भव हैं।

(7) आलोचक विद्वान सर एर्स्किन (Sir Erskin)--ने लिखा है कि "समाजवादी सिद्धान्त का स्वाभाविक प्रभाव यह पड़ा है कि इससे मानव जाति की शक्तियों का दमन होगा।"

(8) समाजवाद के विरोधी मिल (Mill) एवं स्पेन्सर (Spencer) के अनुसार "समाजवाद से स्वतन्त्रता पूर्णतया नष्ट हो जायेगी।"

उपरोक्त विवरण के आधार पर कहा जा सकता है कि चाहे संसदीय ढंग से समाजवाद को आने में देर लगे, परन्तु रक्तपात अत्यन्त अवांछनीय है। पूँजीवाद को संसदीय ढंग से समाप्त करना ही वांछनीय है, चाहे उसमें कितनी भी कठिनाई क्यों न हो।

अभ्यास के लिये प्रश्न

1. फेबियनों के मुख्य सिद्धान्तों की विवेचना कीजिए।
2. फेबियनवाद के सिद्धान्त, उद्देश्य, नीति तथा कार्यक्रम का अलोचनात्मक विवेचना कीजिए।
3. 'फेबियनवाद' पर एक संक्षिप्त टिप्पणी लिखिए। आधुनिक राजनीतिक दर्शन को उसकी क्या देन है?
4. समष्टिवाद क्या है? समष्टिवादी विचारों का आलोचनात्मक वर्णन कीजिये।
5. राज्य के स्वभाव एवं कार्यों को समझने में समष्टिवाद की क्या देन है?

24

श्रमिक संघवाद

(Syndicalism)

अन्य पूर्व प्रचलित समाजवादी विचारधाराओं के समान श्रमिक संघवाद भी 'पूँजीवाद विरोधी' विचारधारा ही है। पूँजीवाद के विरोध में श्रमिक संघवाद मार्क्सवाद के समीप है। 'वर्ग-संघर्ष' तथा 'श्रमिक वर्ग के प्रभुत्व' को संघवादी भी समाजवाद के लाने में एक प्रमुख तत्त्व मानते हैं, जबकि 'फेबियनवादी' 'वर्ग-संघर्ष' तथा 'श्रमिक वर्ग के प्रभुत्व' को स्वीकार नहीं करते।

ऐतिहासिक पृष्ठभूमि
(Historical Background)

फ्रांस के श्रमिकों को 19वीं शताब्दी तक भी अपना संगठन बनाने का अधिकार प्राप्त नहीं हुआ था। सन् 1884 ई० में उन्हें यह अधिकार दिया गया। 1884 के अधिनियम के बाद फ्रांस के श्रमिकों ने 1887 ई० में पेरिस में एक 'राष्ट्रीय संगठन' (National Organisation) की स्थापना की। यह राष्ट्रीय संगठन शीघ्र ही 'श्रमिक संघवादी आन्दोलन' का केन्द्र बन गया। मजदूरों को सम्बोधित करते हुये उसके समर्थकों ने कहा था कि "वे वर्ग-संघर्ष के विचार को त्याग दें तथा देश के उत्पादन में सामूहिक रूप से सहयोग दें।" इस कथन का उस समय श्रमिकों पर गहरा प्रभाव पड़ा था। श्रमिक संघवादी आन्दोलन का फ्रांस के बाहर भी व्यापक प्रभाव पड़ा। संयुक्त राज्य अमरीका में ई० वी० डेब्स, डेनियल डी० लियोन तथा विलियम हेवुड के प्रयत्नों के फलस्वरूप 'Industrial Workers of the World' की स्थापना हुई। स्पेन, इटली और ब्रिटेन आदि में भी उसका प्रभाव पड़ा परन्तु वहाँ उसे विशेष सफलता नहीं मिली।

अर्थ और परिभाषा
(Meaning and Definition)

'सिण्डीकेलिज्म' (Syndicalism) शब्द की उत्पत्ति फ्रेंच भाषा के 'सिण्डीकेट' (Syndicate) शब्द से हुई, जिसका आशय "श्रमिक संघों" से लिया जाता है। इसी कारण 'श्रमिक संघवाद' 'सिण्डीकलिज्म' का हिन्दी रूपान्तर है। 'श्रमिक संघवाद' वह विचारधारा

है, जो यह निर्धारित करती है कि समाज के आर्थिक जीवन का नियन्त्रण व संचालन पूँजीपतियों द्वारा न होकर श्रमिकों द्वारा संगठित श्रमिक संघों द्वारा होना चाहिये। इसकी कुछ परिभाषायें निम्नलिखित हैं :

1. **सी॰ ई॰ एम॰ जोड** (C. E. M. Joad) "संघवाद वह सामाजिक सिद्धान्त है जो श्रमिक संघों को नवीन समाज की आधारशिला और साथ ही साथ वह साधन भी मानता है, जिसके द्वारा नवीन समाज की स्थापना की जायेगी।"[1]

2. **प्रो॰ गेटिल** (Prof. Gettell) "श्रम संघवाद में समाजवादियों के आर्थिक सिद्धान्तों, जो राज्य में इसलिये विश्वास नहीं करते कि वह पूँजीवाद का साधन है तथा व्यापारिक संघों के सीधे अराजनीतिक तरीकों का मेल है।"

3. **प्रो॰ हूबर** (Prof. Hoober) "श्रमिक संघवाद का तात्पर्य उन क्रान्तिकारी कार्यों के सिद्धान्तों और योजनाओं से है, जो औद्योगिक संघर्षों की आर्थिक शक्ति का प्रयोग पूँजीवाद को नष्ट करने तथा समाजवादी समाज का संगठन करने, में करना चाहते हैं।"

4. **प्रो॰ ग्रे** (Prof. Grey) "संक्षेप में श्रमिक संघवाद समाजवाद का वह रूप है, जो कि क्रान्ति को वर्गसंघर्ष का परिणाम मानता है और जो श्रमिक संघों के माध्यम से राज्य तथा उसकी मशीन का अन्त कर राज्य का स्थान श्रमिक संघों को प्रदान कर देगा।"

5. **प्रो॰ कोकर** (Prof. Coker) "व्यापक रूप में, श्रमिक संघवाद का विचार है कि श्रमिकों के रहने और काम करने की परिस्थितियों पर स्वयं श्रमिकों का ही नियन्त्रण होना चाहिये, उनके लिये आवश्यक सामाजिक परिवर्तन स्वयं उनके प्रयत्नों द्वारा ही उनके समुदायों की सीधी कार्यवाही और अपनी विशेष आवश्यकताओं के अनुकूल उपायों को अपनाने से ही प्राप्त किये जा सकते हैं।"

आधारभूत सिद्धान्त
(Fundamental Principles)

श्रमिक संघवाद की ऐतिहासिक पृष्ठभूमि पर विचार करने से ज्ञात होता है कि यह अन्य दर्शनों की भाँति कोई क्रमबद्ध दर्शन नहीं है। यह तो वस्तुतः उन वक्तव्यों और लेखों पर आधारित विचारधारा है, जो संघवादी विचारकों तथा नेताओं ने समय-समय पर दिये थे। इन्हीं वक्तव्यों अथवा लेखों के आधार पर श्रमिक संघवाद के आधारभूत सिद्धान्तों का निम्नलिखित रूप से उल्लेख किया जा सकता है—

1. श्रमिक आन्दोलन (Workers' Movement)—श्रमिक संघवाद के प्रणेता श्रमिक संघवाद को श्रमिक आन्दोलन के रूप में अभिव्यक्त करते हैं। श्रमिक संघवादियों ने राज्य समर्थक अथवा समाज समर्थक विचारकों की धारणाओं की तीव्र आलोचना की है, क्योंकि

---

1. "Syndicalism is that form of social theory, which regards the trade union organisations, as atonce the foundation of new society and the instrument whereby it is to be brought into being."
--C. E. M. Joad

वे समस्त समाजवादी व्यवस्थाओं को श्रमिक विरोधी मानते हैं। इस आधार पर उन्होंने 'श्रमिकों के अधिनायकतन्त्र' का दावा करने वाले मार्क्स (Karl Marx) तक की आलोचना की है, क्योंकि वे प्रत्येक सामाजिक व्यवस्था को श्रमिक विरोधी मानते हैं, चाहे वह पूँजीवादी हो अथवा मध्यम वर्गीय समाज हो। यह कारण है कि उन्होंने श्रमिक संघवाद को श्रमिक आन्दोलन के रूप में प्रस्तुत किया है।

2. राज्य विरोधी (Anti State)—श्रमिक संघवाद एक ऐसी राज्य विरोधी विचारधारा है जो राज्य का विनाश तथा उन्मूलन चाहती है। उनके अनुसार राज्य श्रमिकों का हित कर नहीं सकता क्योंकि राज्य का संचालक बुद्धिजीवी वर्ग न तो श्रमिकों की परेशानियों से परिचित होता है और न ही इसे श्रमिक वर्ग से कोई सहानुभूति ही होती है। राज्य सामाजिक एकता का एक मिथ्या ढोंग तथा शक्तिशाली एवं सबल व्यक्तियों के हाथ में एक खिलौना मात्र है।

3. मध्यवर्गीय विरोधी (Anti Medium Class)—श्रमिक संघवाद के समर्थक विद्वानों ने मध्यम वर्ग का भी विरोध किया है। उनके अनुसार पूँजीपतियों के साथ गठबन्धन होने के कारण वे सदैव ही मजदूरों के हितों के दमन में लगे रहते हैं। श्रमिक संघवादियों ने उन्हें 'पूँजीपतियों का मानसिक दास' कहा है। सामान्यतया मध्यम वर्ग ही क्रान्ति का सन्देशवाहक समझा जाता है, परन्तु संघवादी उन्हें दो मुँह वाले साँप की ही संज्ञा देते हैं।

4. वर्ग संघर्ष (Class Struggle)—श्रमिक संघवादी विचारकों ने वर्ग-संघर्ष का समर्थन किया है। उनके विचार में यह संघर्ष स्वाभाविक है, क्योंकि समाज में पूँजीपति तथा श्रमिक वर्ग के हित परस्पर विरोधी हैं। श्रमिकों का कर्त्तव्य है वे अपने कल्याण हेतु संगठित होकर अपने अन्दर 'वर्ग-भावना' को जाग्रत करें। श्रमिक संघवादी इस वर्ग-भावना के आधार पर हिंसक क्रान्ति को जन्म देना चाहता है।

5. राजनीतिक दल विरोधी (Anti Political Party)—श्रमिकों के संगठन की भाँति राजनीतिक दल क्रान्तिकारी एवं प्रभावोत्पादक नहीं हो सकते। ये धोखेबाज राजनीतिक दल श्रमिकों में फूट पैदा करते हैं। राजनीतिक दलों में हर वर्ग के लोग होते हैं, जो श्रमजीवियों के प्रति उचित सद्भावना नहीं रखते। इसीलिये श्रम संघवाद राजनीतिक दल विरोधी है।

6. प्रजातन्त्र विरोध (Anti Democracy)—अमीरों के दिमागों की उपज प्रजातन्त्र प्रणाली केवल एक धोखा है, जो मजदूरों को कभी भी लाभ नहीं पहुँचा सकती। उनके अनुसार "प्रजातन्त्र की वैधानिक प्रणाली को स्वीकार कर लेने से श्रमिक वर्ग की वर्गीय चेतना मन्द पड़ जायेगी।" प्रजातन्त्र मजदूरों में भी पूँजीवादी मनोवृत्ति पैदा कर देता है। बहुत से समाजवादी मन्त्री पद पर आरूढ़ हो जाने वाले समाजवादी नहीं रहते। श्रम संघवादी संसदीय प्रणाली को भी स्वार्थी राजनीतिज्ञों की जननी मानते हैं, जिसमें सच्चे श्रमिक भी अनैतिक बन जाते हैं। वे संसद को "षड्यन्त्रों का छवि गृह" कहकर ही पुकारते हैं।

7. सैन्यवाद व युद्ध का विरोध (Opposition of Militarisation and War)—श्रमिक संघवादी विचारकों ने सैन्यवाद एवं युद्ध का घोर विरोध किया है, क्योंकि युद्ध विभिन्न देशों के पूँजीपतियों के हित के टकराव के फलस्वरूप होते हैं, तथा युद्ध के लिये एकत्रित सेना बलपूर्वक उनका विरोध करती है, जो श्रमिक पूँजीपति वर्ग के विरुद्ध करते हैं। श्रमिक

संघवादी सैनिकों को भी श्रमिक मानते हैं। इसलिये वे उनसे अनुरोध करते हैं कि वे अपने ही भाइयों पर गोली न चलायें।

8. देशभक्ति विरोध (Anti Partriotism)–श्रमिक संघवादी देशभक्ति में विश्वास नहीं रखते। उनके विचार में श्रमिकों को देशभक्ति एवं राष्ट्रप्रेम के नाम पर लूटा जाता है। उन्हें गुमराह किया जाता है और पूँजीपतियों के हितों को पूरा किया जाता है। एक संघवादी समर्थक के शब्दों में "श्रमिक के लिये वही घर है, वही उसकी मातृभूमि और स्वदेश है, जहाँ उसे उचित पारिश्रमिक मिल सके और वह सुखमय जीवन व्यतीत कर सके।" उनके विचार में सब श्रमिकों के हित समान हैं और किसी भी परिस्थिति में श्रमिक वर्ग को ही जान-माल की हानि उठानी पड़ती है।

9. उत्पादकों पर नियन्त्रण का समर्थन (Support to Control Over Producers)–श्रमिक संघवादी राज्य का विरोध करते हैं और उत्पादकों के संघों के नियन्त्रण का पक्ष लेते हैं, क्योंकि श्रमिक उन्हीं की आधीनता में स्वाधीनता का अनुभव करते हैं। इस व्यवस्था में ही श्रमिकों का व्यक्तित्व प्रभावोत्पादक एवं शक्तिशाली बन सकता है क्योंकि इसके अन्दर श्रमिक आदर्श तथा यथार्थ दोनों ही दशाओं में स्वयं समाज के वास्तविक शासक होंगे।

10. श्रमिकों के अधिनायकवाद के विरुद्ध (Anti Dictatorship of Workers)–श्रमिक संघवादी "श्रमिकों के अधिनायकवाद" के भी विरुद्ध हैं। यद्यपि वे यह मानते हैं कि "रूस की साम्यवादी व्यवस्था व पूँजीवादी व्यवस्था में अन्तर है, परन्तु सोवियत व्यवस्था के शक्ति पर आधारित होने और विशेष रूप से अन्तरिम काल में श्रमिक वर्ग के अधिनायकवाद की जो व्यवस्था की गयी है, संघवाद उसका विरोधी है।" उनके अनुसार जब समाज के आर्थिक जीवन का नियन्त्रण तथा संचालन श्रमिकों के संगठित संघ करेंगे तभी श्रमिकों का कल्याण सम्भव हो सकता है।

11. क्रान्ति के पश्चात् समाज की भावी व्यवस्था (Future Organisation after Revolution)–श्रमिक संघवादियों ने क्रान्ति के पश्चात् समाज की भावी व्यवस्था के विषय में लिखा है कि "क्रान्ति के बाद सेना इत्यादि की कोई आवश्यकता न रहेगी बल्कि विविध श्रमिक संघों की अपनी स्वयं सेवक सेनायें (Militia) होगी जो कानून तथा शान्ति बनाये रखने के लिये जिम्मेदार होगी और आवश्यकता पड़ने पर उन्हें अधिक व्यापक क्षेत्र में प्रयोग किया जा सकेगा। अत: यहाँ इनका अराजकतावादियों से मतभेद है जो क्रान्ति के पश्चात् किसी भी प्रकार की शक्ति का प्रयोग नहीं करना चाहते।"

12. प्रत्यक्ष कार्यवाही (Direct Action)–श्रमिक संघवादी प्रत्यक्ष कार्यवाही में विश्वास करते हैं। वह उनके कार्यक्रम का अनिवार्य अंग है। 'प्रत्यक्ष कार्यवाही' (Direct Action) की परिभाषा करते हुये लेवाइन (Levine) ने लिखा है कि "प्रत्यक्ष कार्यवाही, वह कार्यवाही है, जो श्रमिकों द्वारा बिना किसी मध्यस्थता के की जाती है। यद्यपि इसका सदैव ही हिंसात्मक होना जरूरी नहीं है, परन्तु इसके द्वारा आवश्यकतानुसार हिंसात्मक रूप ग्रहण किया जा सकता है। यह वह दबाव है, जो प्रत्यक्ष रूप में उद्देश्य की पूर्ति के लिये प्रयोग में लाया जाता है।"

13. स्थानीय उद्योगों पर नियन्त्रण (Control Over Local Industries)—श्रमिक संघवादियों के अनुसार "स्थानीय उद्योगों पर श्रमिकों का नियन्त्रण आवश्यक है।"[2] श्रमिक संघवादियों का यह विचार महत्वपूर्ण था।

कार्य व्यवस्था
(Working System)

श्रमिक संघवाद के कार्य-व्यवस्थापकों में पैलोटियर (Pallutier), सोरेल (Sorel), पुगेट (Piget), लागर डेल (Lager-Delle) एडवर्ड बर्थ (Edward Berth) और एमिल पेटांड (Amile Patand) आदि हैं। परन्तु उनमें सुप्रसिद्ध 'सोरेल' ही थे। इन्होंने अपने उद्देश्यों की पूर्ति हेतु निम्नलिखित साधनों पर विशेष बल दिया था–

1. हड़ताल (Strike)—हड़ताल को क्रान्ति का महत्वपूर्ण अंग मानते हुये श्रमिक संघवादियों ने लिखा है कि "हड़ताल का उद्देश्य पूँजीपतियों को श्रमिक की माँगे स्वीकार करने के लिये विवश करना नहीं, बल्कि समस्त आर्थिक, राजनीतिक व सामाजिक जीवन को संकटग्रस्त करके उस पर हावी हो जाना है।" श्रमिक संघवादियों के इन्हीं विचारों को स्पष्ट करते हुए ग्रे (Grey) ने लिखा है कि "सब हड़तालें शिक्षाप्रद, अनुशासनप्रद तथा प्रतीकात्मक होती हैं.....छोटी से छोटी हड़ताल यदि बार-बार की जाये तो श्रमिकों में समाजवादी भावना को प्रबल करने, उनमें वीरता, त्याग तथा एकता की भावना भरने तथा क्रान्ति की आशा को चिरस्थायी बनाये रखने में वह असफल नहीं हो सकते।"

2. आम हड़ताल (General Strike)—श्रमिक संघवादियों के अनुसार छोटी-छोटी हड़तालों के बाद अन्त में एक विश्वव्यापी आम हड़ताल की जा सकती है, जिसमें सरकार को संकट में डालकर इस बात पर विवश किया जा सकता है कि वे समस्त सत्ता श्रमिक संघों को दे दें। इसको सफल बनाने के लिये आवश्यकतानुसार हिंसात्मक तथा अहिंसात्मक तरीकों को भी प्रयोग किया जा सकता था।

आम हड़ताल में मजदूरों द्वारा बाजार को लूट लेना चाहिये, काम बन्द करने से पहले मशीनों को तोड़ देना चाहिये, जिससे वे नये मजदूरों की सहायता से कारखानों में कार्य न करा सकें। आम हड़ताल के विषय में उनका यह विचार भी था कि "हड़ताल केवल मुख्य उद्योगों में ही होनी चाहिये, क्योंकि अन्य छोटे-मोटे उद्योग तो स्वत: ही बन्द हो जायेंगे।"

3. ध्वंस तथा तोड़-फोड़ (Ruinness)—'ध्वंस' अथवा तोड़-फोड़ भी श्रमिक संघवादियों की कार्य-प्रणाली का एक तरीका अथवा साधन है। इसमें वे जान बूझकर पूँजीपतियों को नुकसान करते हैं। ध्वंस अथवा तोड़-फोड़ के अन्तर्गत निरीक्षक की नजर बचते ही काम छोड़ देना, मशीनों को तोड़ना या बिगाड़ देना, वस्तुओं के निर्माण में आवश्यकता से अधिक समय लगाना, उत्पादित वस्तुओं में जान-बूझकर कुछ कमी छोड़ देना या बाहर जाने वाले सामान पर गलत पता लिख देना आदि आते हैं। इस पद्धति के द्वारा वे उत्पादन की नियमित क्रियाओं में सभी प्रकार की रुकावट डालकर मिल मालिकों को भयभीत करना चाहते हैं। श्रमिक

2. "According to the Syndicalists local industries should be controlled by the workers."
--Barker

संघवादियों के विचार में "पूंजीपतियों व श्रमिकों के वर्ग संघर्ष में ध्वंस का वही स्थान व महत्व है, जो कि सैनिक युद्ध में 'छापामार लड़ाई' (Guerilla War) का होता है।"

4. **बहिष्कार** (Boycott)–बहिष्कार द्वारा भी श्रमिक संघवादी पूंजीपतियों को नुकसान पहुँचाना चाहते हैं। इसमें कारखाने में निर्मित वस्तुओं की निन्दा करके उनको प्रयोग न करके भी पूंजीपतियों को हानि पहुँचायी जा सकती है, क्योंकि इस प्रकार वस्तुओं की खपत कम हो जायेगी।

श्रमिक संघवादियों का यह भी मत था कि पूंजीपतियों की प्रत्येक नीति का श्रमिकों को बहिष्कार करना चाहिये, क्योंकि इसी बहिष्कार द्वारा वे उनको अपनी माँग पूरी करवाने के लिये बाध्य कर सकते हैं। बहिष्कार के परिणामस्वरूप जब उद्योगपतियों के हितों को चोट पहुँचेगी तो वे स्वयं मांगों को पूरा करने के लिये बाध्य होंगे। उन्होंने आगे लिखा है कि "पूंजीपतियों तथा श्रमिकों के हितों में कभी समानता नहीं हो सकती।" इसलिये संघवादी पूंजीपतियों तथा श्रमिकों के मध्य समझौते एवं वार्तालाप के विरोधी थे।

5. **लेबिल** (Label)–श्रमिक संघवादियों ने हड़ताल, बहिष्कार व तोड़-फोड़ के साथ-साथ 'लेबिल' अथवा 'छाप' को भी महत्व प्रदान किया था। इसके द्वारा श्रमिक अपनी उपभोग शक्ति को दिखा सकते हैं क्योंकि इसमें जनता को वही सामान खरीदने के लिये तैयार किया जाता है, जिसका उत्पादन श्रमिकों द्वारा नियन्त्रित व संचालित कारखानों में हुआ हो तथा जिन पर श्रमिकों के कारखाने का लेबिल लगा हुआ हो। इस क्रिया में पूंजीपतियों को हानि व श्रमिकों को लाभ होगा।

श्रमिक संघवाद की आलोचना
(Criticism of Syndicalism)

1. **भावी समाज की अस्पष्ट व्याख्या** (Vague Explanation of Future Society)–श्रमिक संघवादियों ने भावी समाज की जो व्याख्या की है, वह पूर्णतया अस्पष्ट है। संघवादी यह भूल जाते हैं कि किसी स्थान पर पहुँचने के लिये उसका एक काल्पनिक चित्र होना अनिवार्य है। श्रमिक संघवादियों ने श्रमिकों की भावनाओं के साथ खिलवाड़ करके उन्हें एक ऐसे मोड़ पर ला खड़ा कर दिया, जहाँ वे पूर्णतया भटक जायें। क्रान्ति के पश्चात् श्रमिक स्वविवेक से उचित व्यवस्था नहीं कर सकता। प्रो॰ रोबसन (Prof. Robson) ने लिखा है कि "संघवाद अपने अनिश्चित दार्शनिक आधार, अपने विचारकों में पर्याप्त ज्ञान की कमी तथा रचनात्मक कार्यक्रम के अभाव के कारण बहुत थोड़े समय तक ही जीवित रहा।"

2. **एकपक्षीय विचारधारा** (One Sided Conception)–आलोचकों ने श्रमिक संघवाद को "एक पक्षीय विचारधारा" बताया है, क्योंकि इसमें उपभोक्ता वर्ग की सुविधाओं को कोई महत्व नहीं प्रदान किया गया है। यह उत्पादकों के हित साधनों को तो याद रखता है, परन्तु उपभोक्ता वर्ग को प्राय: भूल सा जाता है, जबकि उपभोक्ता समाज का उतना ही महत्वपूर्ण अंग है जितना कि 'उत्पादक वर्ग'। अत: यह एक पक्षीय विचारधारा है।

3. **हिंसात्मक पद्धति-अनुचित** (Violent Method-Improper)–आलोचकों का विचार है कि हिंसक क्रान्ति जीवन और धन के भीषण विनाश बिना सम्भव नहीं है। उस स्थिति

में यदि श्रमिकों की जीत भी हो गयी तो उन्हें यह विजय बहुत महंगी पड़ेगी। हिंसात्मक पद्धति द्वारा स्थापित व्यवस्था के स्थायी होने में भी पूरा-पूरा सन्देह किया जा सकता है। यदि हमारे सभी उद्देश्य वैधानिक उपायों से पूरे हो जायें, तो "एक आम चुनाव कभी भी अधिक दूर नहीं रहता जबकि आम हड़ताल नितान्त अनावश्यक है।" इसी सम्बन्ध में बरट्रेण्ड रसल (Bertrand Russell) ने कहा है कि "संघवादियों ने, वास्तव में, सैन्यवाद के दर्शन को मूल रूप में अपना लिया है और विश्व को पूँजीवाद की अपेक्षा सैन्यवाद से ही अधिक भय है।"

4. प्रत्यक्ष कार्यवाही अदूरदर्शितापूर्ण (Direct Action-Unforesighted)—इस विषय में रैम्जे मैक्डोनाल्ड (Ramsay McDonald) ने लिखा है कि "समाज स्वत: परिवर्तित हो रहा है, फिर भी यदि न्याय की माँग करने वाले श्रमिक इस प्रकार के अनुचित साधनों का प्रयोग करें, तो वे मुक्ति की सामाजिक प्रवृत्तियों को सबल बनाने की अपेक्षा अपनी प्रगति का ही मार्ग अवरुद्ध कर लेंगे। तोड़-फोड़, उपद्रव, औद्योगिक पूँजी के विनाश या संघवादी कार्यक्रम के अन्य छोटे हिंसक कार्य न तो समाज की रचनात्मक शक्ति को व्यक्त करते हैं और न ही उसे सबल बनाते हैं।"

5. आम हड़ताल की अनिश्चित सफलता (Indefinite Victory of General Strike)—आलोचकों का कहना है कि यह अनिवार्य नहीं है कि मजदूरों की आम हड़ताल सफल ही हो जायेगी। आर्थिक स्थिति बिगड़ जाने या फूट पड़ जाने के कारण हड़ताल असफल भी हो सकती है। इसके अतिरिक्त फ्रांस की आम हड़ताल की भाँति राज्य अपनी सैनिक शक्ति एवं पुलिस शक्ति के बल पर उसे कुचल भी सकता है। यह मानना अनुचित है कि आम हड़ताल असफल नहीं हो सकती। असफल होने पर जो परिणाम सामने आयेंगे वे बहुत ही भयानक होंगे, क्योंकि अपनी हार के बाद श्रमिक इतने निराश हो जायेंगे कि वे पूंजीपति के सामने आत्म समर्पण कर देंगे जिससे उनका नैतिक पतन हो जायेगा। एक आलोचक के शब्दों में "आम हड़ताल एक बहुत अधिक भयानक शस्त्र है और इसकी असफलता का परिणाम बहुत भयंकर होगा।"

6. प्रगति-विरोधी और अहितकारी व्यवस्था (Anti Progress and Non-Beneficial System)—आलोचकों के अनुसार "एक कार्य विशेष पर उस कार्य को करने वाले व्यक्तियों का नियन्त्रण अनिष्टकर हो सकता है। सेना और पुलिस पर यदि इनका ही नियन्त्रण रखा जाये और उन पर नागरिक नियन्त्रण न हो, तो इस से कितनी अराजकता फैल सकती है, इसकी कल्पना ही भयानक है।" उनके विचार में "पूर्णाधिकार प्राप्त श्रमिक कभी भी व्यावसायिक प्रगति पसन्द नहीं करेंगे और प्रगति में बाधा पड़ेगी।"

7. राज्य के अभाव में संघवाद की असफलता (Syndicalism will have no success without State)—श्रमिक संघवादियों ने राज्य के अस्तित्व को स्वीकार नहीं किया है। इसलिये आलोचकों ने कहा है कि राज्य के अस्तित्व के बिना संघवादी व्यवस्था सफल नहीं हो सकती। पूंजीपतियों व श्रमिकों के बीच का झगड़ा राज्य के बिना समाप्त नहीं किया जा सकता। आलोचकों के विचार में श्रमिक संघों में आदान-प्रदान के लिये किसी न किसी संस्था का होना आवश्यक है।

8. प्रजातन्त्र और देशभक्ति की निन्दा करना अनुचित (Wrong Disapproval of Democracy and Patriotism)—श्रमिक संघवादियों ने प्रजातन्त्र और देश भक्ति की भी निंदा की है, जो पूर्णतया अनुचित है। प्रजातन्त्रात्मक शासन विश्व की अनेक शासन प्रणालियों से श्रेष्ठ है। देश भक्ति की निन्दा करना भी अनुचित है, चाहे सम्पूर्ण विश्व के मजदूरों के हित एक ही हों। वास्तव में, "मजदूरों के हित में देशगत और कालगत विभिन्नतायें पायी जाती हैं, चाहे मजदूर वर्ग अन्तर्राष्ट्रीयता का कितना ही नारा लगावें, इससे देशप्रेम की भावना कम नहीं हो सकती।" अत: प्रजातन्त्र की तथा देश भक्ति की आलोचना करना अनुचित है।

श्रमिक संघवादी विचारधारा श्रमिक के हितों पर आधारित है और अन्य सामाजिक वर्गों तथा राज्य की उपेक्षा करती है। इसीलिये विद्वानों ने कहा है कि "श्रमिक संघवाद अच्छाइयों व बुराइयों की मिश्रित विचारधारा है।"

मार्क्सवाद तथा श्रमिक संघवाद
(Marxism and Syndicalism)

वर्ग संघर्ष की दृष्टि से दोनों दर्शन एक समान हैं।

समानतायें (Similarities):

(1) श्रमिक संघवादियों ने मार्क्सवाद की प्रमुख विशेषता 'वर्ग संघर्ष की धारणा' को अपनाया है, जो पूँजीपतियों व श्रमिकों के बीच अनिवार्य वर्ग संघर्ष की धारणा को व्यक्त करती है।

(2) मार्क्सवाद की भाँति श्रमिक संघवाद भी श्रमिकों को पूँजीवाद और उसकी आवश्यक सहायक संस्था 'राज्य' को समाप्त करने की प्रेरणा देता है।

(3) कार्ल मार्क्स द्वारा प्रतिपादित मार्क्सवाद का सोरेल, पिलोटेयर, लैगरडेल व बर्थ आदि सभी श्रमिक संघवादियों के द्वारा रूचिपूर्वक अध्ययन किया गया तथा मार्क्स के विचारों को इन श्रमिक संघवादियों ने अपने विचारों में विशेष स्थान दिया।

(4) विचार व कार्य का क्रान्तिकारी सिद्धान्त भी श्रमिक संघवादियों ने मार्क्स के दर्शन से ही ग्रहण किया था। इसमें इच्छित परिवर्तन लाने के लिये संसद व प्रजातन्त्रात्मक ढाँचे को नहीं हिंसा, प्रत्यक्ष कार्यवाही एवं क्रान्ति को विशेष महत्व दिया जाता है। यह निश्चित रूप से श्रमिक संघवाद व मार्क्सवाद में पाई जाने वाली समानता को दर्शाता है।

विषमतायें (Dissimilarities)

(1) मार्क्सवाद में श्रमिकों के हितों के साथ-साथ अन्य वर्गों के हितों को भी महत्व दिया गया है जबकि श्रमिक संघवादी मात्र श्रमिकों व उत्पादकों के हितों को ध्यान में रखकर उन्हें ही शासन सम्बन्धी दायित्व सौंपना चाहते हैं।

(2) मार्क्सवाद में मार्क्स वर्ग के कष्टों में वृद्धि को क्रान्ति का मार्ग मानता है जबकि श्रमिक संघवादी 'सोरेल' क्रान्ति का मार्ग श्रमिकों की सम्पन्नता को मानता है।

(3) श्रमिक संघवादी सोरेल हड़तालों को मजदूरों की सम्पन्नता को बढ़ाने वाले काल में ही अधिक सफल मानते थे, इसके विपरीत मार्क्स का विचार था कि मजदूरों में क्रान्ति व वर्ग-संघर्ष की भावना में वृद्धि होने से सर्वहारा वर्ग की निर्धनता एवं कष्ट बढ़ जायेंगे।

(4) मार्क्सवाद की मूल 'धारणा' 'राजनीतिक नियतिवाद' (Determinism) को भी श्रमिक संघवादियों ने स्वीकार नहीं किया है। उन्होंने श्रमिक वर्ग की संख्या व गरीबी में वृद्धि, पूँजी का केन्द्रीयकरण, मध्यम वर्ग का कम होते जाना, पूँजीपतियों व मजदूरों के संघर्ष को उग्र बनाकर पूँजीवाद की अन्त को भी स्वीकार नहीं किया है। उनके मतानुसार ''वांछित समाज की स्थापना करने हेतु श्रमिकों को परिस्थितियों से लाभ उठाकर पूँजीवाद को समूल नष्ट करने का प्रयत्न करना होगा।''

(5) श्रमिक संघवादी राज्य को एकाएक समूल नष्ट करना चाहते हैं जबकि मार्क्स राज्य को धीरे-धीरे ही समाप्त करके 'राज्यविहीन व वर्ग-विहीन' समाज की स्थापना करना चाहते थे।

संक्षेप में, मार्क्सवाद से प्रभावित होते हुये भी श्रमिक संघवाद मार्क्सवाद से भिन्न था।

श्रमिक संघवाद व अराजकतावाद
(Syndicalism and Anarchism)

समानतायें (Similarities)

1. अराजकतावादियों के दर्शन से श्रमिक संघवादियों ने यह विचार ग्रहण किया था कि अपनी आदर्श समाज की व्यवस्था स्वैच्छिक आधार पर श्रमिक तथा कृषकों को सौंप दी जाये, जो उत्पादन के साधनों पर अपना नियन्त्रण रख सकें। अराजकतावादी भी संगठित समुदायों को सत्ता सौंपने के पक्षधर थे।

2. श्रमिक संघवाद 'लक्ष्य' और लक्ष्य-प्राप्ति के 'साधनों' में पूर्णतया अराजकतावाद का ऋणी था। अराजकतावाद की ही भाँति श्रमिक संघवादी क्रान्ति तथा प्रत्यक्ष कार्यवाही के साधनों को महत्व देते थे और संसदीय साधनों तथा राजनीतिक साधनों की निंदा करते थे।

विषमतायें (Dissimilarities)

(1) अराजकतावाद तथा श्रमिक संघवाद में सबसे बड़ी विषमता यह है कि अराजकतावादी ऐसे समाज की स्थापना करना चाहते थे, जिसमें समस्त वर्गों के व्यक्तियों के हितों की रक्षा हो सके, जबकि श्रमिक संघवादी सबके हितों का दमन करके समस्त सत्ता श्रमिकों को सौंपना चाहते थे।

(2) अराजकतावाद के समर्थकों ने उन लोगों का पक्ष लिया था जो अनियन्त्रित राजतन्त्र में विश्वास रखने वाले तथा धनिक वर्गों से सम्बन्धित थे, परन्तु श्रमिक संघवाद ने मात्र श्रमिकों के आन्दोलन को ही महत्व दिया था।

उपरोक्त वर्णन के आधार पर कहा जा सकता है कि मार्क्सवाद व श्रमिक संघवाद में

तथा अराजकतावाद एवं श्रमिक संघवाद में जितनी समानतायें हैं उतना अन्तर भी है। यद्यपि मार्क्सवाद एवं अराजकतावाद दोनों ही बुद्धिवादी दर्शन हैं, फिर भी बार्कर (Barker) के अनुसार "श्रमिक संघवाद ने मार्क्सवाद और अराजकतावाद से प्रेरणा ली है, फिर भी वह दोनों से भिन्न है।"[3] चूँकि श्रमिक संघवाद अन्ध श्रद्धा का उग्र समर्थक व बौद्धिकता का विरोधी है, अतः कहा जा सकता है कि श्रमिक संघवाद एक आदर्श विचारधारा है। मार्क्सवाद व अराजकतावाद ने तो केवल उसे आधार ही दिया था।

श्रमिक संघवाद का महत्व
(Importance of Syndicalism)

प्रसिद्ध आलोचक व दार्शनिक रसैल (Russell) ने लिखा था कि, "संघवाद की व्यावहारिकता के विषय में कुछ भी सोचा जाये, परन्तु इसमें कोई संदेह नहीं है कि उसने श्रमिक आन्दोलन को पुनर्जीवित कर उसकी बहुत बड़ी सेवा की है।"[4] राजनीतिक विचारधारा के इतिहास में श्रमिक संघवाद के महत्व को दर्शाते हुये लैडलर (Laidler) ने लिखा है कि, "20वीं सदी के प्रारम्भ में संघवादी आन्दोलन ने समाजवादी दर्शन को काफी प्रभावित किया। इसने समष्टिवादी नौकरशाही तथा संसदात्मक प्रणाली की कमियों को बतलाकर एक बहुत बड़ी सेवा की है।"

श्रमिक संघवाद का अन्य विचारधाराओं पर भी गहरा प्रभाव पड़ा था। 'फात्सीवादियों' की सामूहिक राज्यों की योजना, श्रेणी समाजवादियों की राष्ट्रीय निकायों एवं औद्योगिक संसद जैसी कल्पना, राष्ट्रीयकरण तथा उद्योगों के संयुक्त नियन्त्रण आदि पर संघवादी विचारधारा का प्रभाव स्पष्ट परिलक्षित होता है। इसके अतिरिक्त संघवाद ने श्रमिक आन्दोलन की निश्चित रूप से प्रशंसनीय सेवा की है।

---

3. "Although inspired by Marxism and Anarchism, Syndicalism is different from both."
--Barker

4. "Whatever may be thought of the practicability of syndicalism, there is no doubt that the ideas it has put into the world have done a great deal to revive, the labour movement."
--Russell.

अभ्यास के लिये प्रश्न

1. श्रमिक संघवाद के राजनीतिक सिद्धान्तों की व्याख्या कीजिये।
2. ''श्रमिक संघवाद एक संगठित अराजकता है'' विवेचना करो।
3. ''श्रमिक संघवाद एक बौद्धिक दर्शन न होकर एक श्रमिक आन्दोलन था।'' इस कथन की विवेचना करो।
4. ''श्रमिक संघवादियों का प्रत्यक्ष कार्यवाही का कार्य कुछ राजनीतिक आदेशों की अवहेलना मात्र है।'' विवेचना करो।
5. ''यद्यपि श्रमिक संघवाद ने मार्क्सवाद तथा अराजकतावाद से प्रेरणा ली फिर भी वह दोनों से भिन्न है।'' स्पष्ट कीजिये।
6. श्रमिक संघवाद और समष्टिवाद के उद्देश्यों तथा कार्य-प्रणाली की तुलना कीजिए तथा उनमें विरोध बताइये।
7. ''श्रमिक संघवाद लोकतन्त्र, तर्क और बुद्धि विरोधी है।'' इस कथन की व्याख्या कीजिए तथा यह बताइये कि यह अराजकतावाद से किस रूप में सम्बन्धित है ?
8. ''श्रमिक संघवाद एक संगठित अराजकता है।'' विवेचना करो।

25

श्रेणी समाजवाद
(Guild Socialism)

श्रेणी समाजवाद अँग्रेजी के 'गिल्ड' सोशलिज्म' (Guild Socialism) का शब्दानुवाद है। अँग्रेजी में गिल्ड का अर्थ एक ऐसा संघ या संवास अथवा संस्थान होता है जिसे उद्योगों के नियंत्रण का अधिकार हो। श्रेणी समाजवाद में विभिन्न औद्योगिक, राजनीतिक और समाजिक संवासों का इस प्रकार संगठन किया जाता है कि वे जनवादी और शोषण रहित बन सकें। श्रेणी समाजवादी यह मानते है कि औद्योगिक उन्नति तथा समाज के आर्थिक विकास के लिए बहुत ही आवश्यक है कि मजदूरों की गरीबी दूर की जाय और उन्हें विश्वास दिलाया जाय कि यदि वे अच्छा कार्य करेंगे तो उनको आर्थिक लाभ होगा ही और यश और पद भी मिलेगा।

परिभाषा

1. जी० डी० एच० कोल (G D. H. Cole)-- "श्रेणी मूलक समाजवाद उत्पादकों तथा राज्यों के द्वारा उद्योगों के नियन्त्रण की साझेदारी पर आधारित है औद्योगिक स्वाधीनता के बिना समाज के ढँाचे में सारा परिवर्तन केवल धोखा मात्र होगा। असली तथा प्रभावशाली शक्ति मजदूरों के ही हाथ में होनी चाहियें।"

2. एफ० डब्लू० कोकर (F.W.Coker)-- "श्रेणी समाजवाद सामान्य अथवा सार्वजनिक हितों से सम्बन्धित राजनीतिक विचार में समन्वय स्थापित करने का एक प्रयास है।" एक अन्य स्थान पर कोकर (Coker) ने ही आगे लिखा है कि "श्रेणी समाजवाद के लिये प्रमुख आर्थिक समस्या दस्तकारी की आत्मा को प्रतिस्थापित करना है, एक ऐसे ढंग की खोज करना है, जो श्रमिकों में अपने काम में दक्षता ही नहीं, वरन् गौरव की भावना उत्पन्न करता है और श्रमिकों में अपनी आय की मात्रा में नहीं वरन् स्वनिर्मित वस्तुओं के प्रकार और गुण के प्रति भी रूचि उत्पन्न करता है।"

3. आर० जी० गेटिल (R. G. Gettle)-- " यह आन्दोलन श्रमिक संघवाद (Syndicalism) और विकासवादी समाजवाद के बीच (Evolutionary Socialism) समझौते

का प्रतिनिधित्व करता है।''[1] यह आन्दोलन एक ओर तो श्रमिक संघवादियों के उग्रतावाद का विरोधी है और दूसरी ओर यह भी नहीं चाहता कि पूँजीवादी आधिपत्व उद्योगों को न पनपने दे और समाज में कुरूपता तथा सड़न पैदा कर दे।

ऐतिहासिक पृष्ठभूमि
(Historical Background)

श्रेणी समाजवाद इंगलैण्ड की देन है। यह आन्दोलन इंगलैण्डवासियों के मानसिक गठन तथा उनके स्वभाव को प्रतिबिम्बित करता है। इंगलैण्ड में फ्रांस की भाँति श्रमिक संघवाद जोर न पकड़ सका । इसका मुख्य कारण यह था कि वहाँ के लोग अति उग्रता को पसन्द नहीं करते। इंगलैण्डवासियों का स्वभाव है कि वे जीवन की यथार्थताओं को दृष्टि में रखकर तदानुकूल अपने आपको मोड़ने को चेष्टा करते है। समझौते, मेल-मिलाप और समन्वयवादी मार्ग मे उनकी स्वाभाविक अभिरूचि रहती हैं। उनके स्वभाव की ये विशेषताएँ श्रेणी समाजवाद के आन्दोलन में प्रकट हो जाती हैं।

औद्योगिक क्रान्ति के और सामन्तवादी व्यवस्था के उन्मूलन के पूर्व यूरोप में कारीगरों के छोटे-छोटे अपने संघ हुआ करते थे। इस प्रकार के संघों का कार्य यह होता था कि वे अपने कारीगर सदस्यों को पूँजी देकर सहायता करते थे उन्हें कच्चा माल और यंत्रादि, दिलाते थे। उनके उत्पादित माल को बाजार तक पहुँचाने की व्यवस्था करते थे। यदि किसी कारीगर पर अकस्मात् कोई संकट आ जाता तो वे उस संकट से उबरने में उसे सहायता देते थे। यदि किसी कारीगर की मौत हो जाती तो उसके परिवार की आर्थिक सहायता करते थे। भारत में भी बौद्धकालीन युग में यही व्यवस्था थी। अब भी इस प्रथा के यत्र- तत्र अवशेष मिल जाते है। परन्तु ये अवशेष केवल जातीय पंचायतों के रूप में ही है। धोबियों, नाइयों, मालियों और चमारों की पंचायतें कुछ हद तक अब भी इस प्रकार के सहायता-कार्य करती है। परन्तु औद्योगिक क्रान्ति के कारण सामन्तवादी व्यवस्था के उन्मूलन के साथ ही यूरोप में इन श्रेणी संघों का भी नाश हो गया।

बहुत दिनों तक इन संघों की ओर लोगों का फिर कोई ध्यान नहीं गया। परन्तु सन् 1850 के लगभग पी० जे० बकेज (P.J. Buchez) ने कारीगरों के सहकारी आन्दोलन के मध्यकालीन स्वरूप की ओर पुन: लोगों का ध्यान आकृष्ट किया। बकेज के इस संकेत का क्रिश्चियन सोशलिस्टों ने लाभ उठाया और कहा कि इस प्रकार के संघों द्वारा मजदूरों की अवस्था सुधर सकती हैं। क्रिश्चियन सोशलिस्ट आधुनिक युग की औद्योगिक समस्याओं को ठीक प्रकार से नहीं समझ सके, अत: उनका यह आन्दोंलन सफल नहीं हुआ। फिर भी जर्मनी और आस्ट्रिया के कैथेलिक सोशलिस्टों ने मजदूर क्षेत्रों में इसका आन्दोलन जारी रखा। यूरोप के विचारकों से इंगलैण्ड के एच० बेलाक (H.Bellock) तथा सी० चेस्टरटन (C. Chesterton) ने समाजवाद के आन्दोलन की कल्पना को ग्रहण किया।

---

1. ''Guild Socialism....represents a compromise between syndicalism and collectivism''.
--R. G. Gettel *History of Political Thought*, p. 481

इंगलैण्ड के श्रेणी समाजवादी विचारक

बेलाक और चेस्टरटन ने श्रेणी संघवाद की कल्पना को इंगलैण्ड के विचारकों के सामने उपस्थित किया। इस दिशा में सबसे पहले विस्तारपूर्वक कार्य सन् 1905 में ए० जे० पेण्टी (A.J.Penty) ने किया। इनकी श्रेणी समाजवादी कल्पना में स्वप्नलोकियता अधिक थी। यही कारण है कि पेण्टी के विचार अपने समय में अधिक लोकप्रिय नहीं हो सके। पेण्टी ने विलियम मॉरिस (William Morris) के प्रभाव से भावकुता, (Sentimentality) सौन्दर्यात्मकता (Aestheticism) और आधुनिक युग के उद्योगीकरण के विरोध के आधार पर श्रेणी समाजवाद को माना। व्यावहारिकता शून्य होने के कारण पेण्टी के ये विचार आने वाली युगान्तरकारी विचारधारा की ओर संकेत ही कर सके, उन्हें अधिक प्रभावित नहीं कर पाये।

प्रथम महायुद्ध के पूर्व सन् 1911-12 में यूरोप तथा इंगलैण्ड में जो आर्थिक संकट आया था उससे परेशान होकर वहाँ के श्रमिकों ने पूँजीवादी उद्योगपतियों के विरुद्ध जबर्दस्त आन्दोलन किया था। इस आन्दोलन ने श्रमिकों की समस्याओं को सुलझाने के लिये अनेक दार्शनिकों को विचार करने के लिये विवश किया। इस काल में जिन विचारकों ने समस्या के हल को श्रेणी समाजवाद के दृष्टिकोण से खोजने का यत्न किया इनमें ए० आर० ओरेज (A. R. Orage) और एस० जी० हॉब्सन (S. G. Hobson) का नाम विशेष रूप से उल्लेखनीय हैं। ए० आर० ओरेज क्रान्तिकारी विचारों के पत्रकार थे। वे New Age नाम के पत्र के संपादक थे। उन्होंने श्रमिकों के मार्गदर्शन में बड़ी रुचि दिखलायी। श्रेणी समाजवाद के राजनीतिक स्वरूप को स्पष्ट करने में उन्होंने बड़ा कार्य किया। हॉब्सन ओरेज के सहयोगी आन्दोलनकारी थे। उन्होंने श्रेणी समाजवाद को अर्थिक आधार प्रदान किया। वर्तमान काल में जी० डी० एच० (G. D. H. Cole) इस आन्दोलन को बड़ा बल दिया है उन्होंने राजनीतिक आर्थिक और सामाजिक कई दृष्टिकोणों से श्रेणी समाजवाद की व्याख्या की है। इनका विशेष योगदान कृत्यात्मक प्रजातंत्र संबंधी सिद्धान्त (Principle of Functional Democracy) है।

ए० जे० पेण्टी की सबसे प्रमुख कृति 'रेस्टोरेशन ऑफ गिल्ड सोशलिज्म', (Restoration of Guild Socialism) है। इसी पुस्तक के कारण पेण्टी को श्रेणी समाजवाद का 'मूल पुरुष' (The Original Man) माना गया है। ओरेज ने दो मुख्य पुस्तकें लिखी जिनके नाम हैं। 'एन एलेफाबेट ऑफ एकनामिक्स' (An Alphabet of Economics) और दूसरी का नाम है 'पॉलिटिकस ऑफ क्रैफ्ट्समैन' (Politics of a Craftsman) । एस० जी० हॉब्सन की सबसे प्रमुख कृति है 'नैशनल गिल्ड्स एण्ड द स्टेट' (National Guilds and the State) जी०डी०एच० कोल की पुस्तक का नाम गिल्ड सोशल्जिम (Guild Socialism) है।'

प्रभावित करने वाली प्रवृत्तियाँ

10. **औद्योगीकरण का विरोध**—प्रवृत्ति, जिसने श्रेणी समाजवादियों को सबसे अधिक प्रभावित किया वह आधुनिक युग में होने वाली अति उद्योगीकरण के विरोध की प्रवृति थी। इंगलैण्ड और यूरोप में नगरों का उद्योगीकरण हो जाने से और पूँजीवादी व्यवस्था के प्रचार से गरीब मजदूरों की दशा बड़ी खराब हो गयी थी, उन्हें धुएँ भरी गन्दी बस्तियों में रहना पड़ता था। उनके रहने की कोठरियाँ अँधेरी, छोटी और काली होती थीं, जिनके कारण अधिकांश

मजदूर और उनके परिवारों को क्षय हो जाता था और वे मर जाते थे। अस्तु राजनीतिक क्षेत्र में ही नहीं, साहित्यिक क्षेत्रों भी उद्योगीकरण के विरुद्ध आवाज उठने लगी। डिजरेली, किग्सले डेविड, टोनीसन, ब्राउनिंग, गॉल्सवादी आदि ने इसके विरुद्ध आवाज उठायी। इंगलैण्ड की भाँति भारत में भी गाँधीजी और टैगौर ने उद्योगीकरण की अति का विरोध किया। कुछ लोग तो सामान्तवादी व्यवस्था की ओर वापस लौट चलने की आवाज उठाने लगें।

2. मार्क्सवाद (Marxism)–मार्क्स ने मजदूरों की गरीबी का मुख्य कारण यह बतलाया था कि पूँजीपति श्रमिक से जितना श्रम करवाता है–उस श्रम की एवज में उसे जितना पैसा देना चाहिए उतना नहीं देता। श्रम का अतिरिक्त मूल्य वह हजम कर जाता है। श्रेणी समाजवादी विचारक मार्क्स के इस सिद्धान्त से सहमत थे। और उन्होंने भी इस अन्नाय का विरोध किया।

3. विकासवादी समाजवाद (Evolutionary Socialism) –इससे श्रेणी समाजवादी विचारकों को उग्र क्रान्तिकारी संघवाद से बचने में सहायता मिली। उन्होंने फेबियनवादी प्रवृत्तियों का विरोध किया क्योंकि श्रेणी समाजवादी यह मानते हैं। कि फेबियनवादी प्रवृत्तियाँ कला के सौन्दर्यात्मक पक्ष को मुखरित नहीं होने देतीं।

4. श्रमिक संधवाद (syndicatist)इस विचारधारा ने श्रेणी समाजवादियों को हिंसा के खतरों से सावधान किया और साथ ही मजदूरों की दशा सुधारने की आवश्यकता को स्पष्ट किया।

मौलिक सिद्धान्त
(Basic Principle)

श्रेणी समाजवाद के मौलिक सिद्धात हैं: (1) कृत्यात्मक प्रजातंत्र का सिद्धान्त (Principle of Functional Democracy), (2) शारीरिक और मानसिक श्रम करने वाले सभी व्यक्तियों का एकता के सूत्र में विलयन और (3) श्रम करने वालों का ही उत्पत्ति के साधनों पर स्वामित्व।

1. कृत्यात्मक प्रजातंत्र का सिद्धान्त–कोल का कहना है कि वैसे तो किसी भी व्यक्ति का प्रतिनिधित्व कोई भी व्यक्ति नहीं कर सकता परन्तु कुछ व्यक्तियों के सामूहिक हितों का प्रतिनिधित्व एक व्यक्ति कर सकता है। इस प्रकार के प्रतिनिधि न केवल औद्योगिक क्षेत्र में ही निर्वाचित किये जा सकते हैं, बल्कि इनकी नियुक्ति सामाजिक और राजनीतिक क्षेत्रों में भी की जा सकती है। इन प्रतिनिधियों का निर्वाचन जिस आधार पर होता है–वह कृत्यात्मक प्रजातंत्र का सिद्धान्त कहलाता है। इसका अर्थ केवल इतना ही है कि जो भी प्रतिनिधि नियुक्त किये जाते हैं उनका कार्य क्षेत्र सीमित होता है।

2. श्रम का संयुक्तीकरण या एकता के सूत्र मे विलयन–इस प्रकार प्रतिनिधियों के निर्वाचित हो जाने पर श्रमिकों के इन प्रतिनिधियों का इस प्रकार संयुक्तीकरण कर दिया जाना चाहिये कि वे उत्पादन कार्य में भाग ले सकें।

3. उत्पत्ति के साधनों का स्वामित्व–चूँकि पूँजीवाद का एक न एक दिन पतन होना अनिवार्य है, इसलिए यह आवश्यक है कि उनका स्थान ग्रहण करने के लिये कोई न

कोई व्यवस्था तैयार रहे। कृत्यात्मक लोकतंत्र के आधार पर जो प्रतिनिधि चुने जायेंगे और उनकी जो समितियाँ बनेंगी, श्रेणी समाजवादियों के अनुसार वे समितियाँ उत्पत्ति के साधनों की स्वामी होंगी। अपने-अपने विषय क्षेत्र में उनके निर्देश अन्तिम होंगे। बाह्य नियंत्रण केवल नाममात्र का होगा। इस प्रकार के सिद्धान्त के क्रियान्वित होने से सत्ता विकेन्द्रित हो जायगी।

लक्ष्य और कार्यपद्धति
(Objectives and Method)

श्रेणी समाजवादियों की एक अपनी राष्ट्रीय संस्था है जिसका नाम है 'नैशनल गिल्ड लीग' (National Guild League)। इस संस्था के उद्देश्यों और लक्ष्यों का अध्ययन करने से श्रेणी समाजवादियों का लक्ष्य स्पष्ट हो जाता है। ये लक्ष्य निम्नलिखित है :

1. वेतन प्रथा का अन्त—वेतन प्रथा के कारण ही अन्यायपूर्ण शोषण संभव होता है। श्रेणी समाजवाद के पोषक यह कल्पना करते हैं कि प्रत्येक कारखाना उसके कर्मचारियों द्वारा चलाया जायगा और उत्पादन की बिक्री से जो भी रकम आयेगी वह आवश्यक खर्च तथा संकटकालीन सुरक्षा निधि आदि के लिए रकमें काट लेने के बाद कर्मचारियों में उनके श्रम के अनुपात के अनुसार वितरित कर दी जाएगी। उससे शोषण का अन्त हो जायगा।

2. प्रबन्ध और व्यवस्था की दृष्टि से प्रत्येक कारखाने को लगभग पूर्णतः स्वायत्त बना देना—इसका अर्थ है कि प्रत्येक कारखाने के कर्मचारियों को यह बता दिया जायगा कि वे ही कारखाने के मालिक है और उन्हें इस तरह काम करना है जिससे उद्योग संस्थान अच्छी से अच्छी तरह चल सकें।

श्रेणी समाजवादियों का कहना है कि उक्त लक्ष्यों की पूर्ति के लिए कहीं-कहीं हिंसात्मक मार्ग का भी अवलम्बन करना पड़ सकता है परन्तु यह संभव है कि प्रचार के साधनों द्वारा ही एक लम्बे अरसे के बाद पूँजीवादी यह समझ जायँ कि उनको एक न एक दिन अवश्य हटना है और इसलिए उन्हें स्वयं श्रमिकों का साथ देना चाहिए। श्रेणी समाजवादियों का कहना है कि वर्तमान ट्रेड यूनियनों को ही श्रेणी मजदूर सभा (गिल्ड) बना देना चाहिए। ऐसे गिल्डों की सदस्यता मैनेजर से लेकर मजदूर तक के लिए अनिवार्य हो। इन्हीं गिल्डों के जरिए परिवर्तन कराया जाए। यह आन्दोलन किया जाय कि उक्त संवासो को कारखानों की व्यवस्था का सारा कार्य सौंप दिया जाय और राज्य इस क्षेत्र में किसी प्रकार का हस्तक्षेप न करे। सारे कार्य संवैधानिक आन्दोलनों और संसदीय विधियों द्वारा किये जायें। इन उद्देश्य की पूर्ति के लिए खूनी क्रान्ति करने की आवश्यकता नहीं है। कोल ने इस संबध में हिंसात्मक पथ अपनाये जाने के विरुद्ध मत दिया है?[2]

ट्रेड यूनियनें और गिल्डें
(Trade Unions and Guilds)

यहाँ ट्रेड यूनियन और गिल्डों का अन्तर समझ लेना आवश्यक हैं। आजकल ट्रेड यूनियनों के संघटन का आधार यह है कि उनके संगठनकर्ता मालिकों और मजदूरों को

2. C.E. M. Joad, *Modern Political Theories*, pp. 84-87

अलग-अलग दो शिविरों में रखते हैं ट्रेड यूनियन का सदस्य मलिकों या प्रबंधकारी कर्मचारियों को नहीं मजदूरों को बनाया जाता है इस प्रकार उनकी सदस्यता अर्धवृत्तात्मक होती है। श्रेणी समाजवादी कहते हैं कि गिल्डों का संघटन त्रिकोणात्मक होगा। इसमें पूंजीपति तो नहीं रहेगा परन्तु वर्तमान ट्रेड यूनियनों और भावी गिल्डों की सदस्यता संस्था के प्रत्येक कर्मचारी के लिए खुली रहेगी। उसमें प्रबंध भार सँभालने वाले कर्मचारियों को भी रखा जायेगा। संस्था में वैसे तो प्रबंधक और मजदूर दोनों काम करेंगे परन्तु गिल्डों के सदस्य के रूप में उनका स्तर समान हो जायगा। गिल्ड में सब लोगों का समान मत होगा। हर एक पद पर नियुक्ति निर्वाचन पद्धति द्वारा होगी।[3] बाह्यशक्ति का न्यूनतम नियंत्रण होगा। मजदूरों के हितों की रक्षा ही नहीं बल्कि सम्पूर्ण कारखानें और उद्योगों की रक्षा की दृष्टि से गिल्ड प्रत्येक समस्या का हल निकालेंगी। गिल्डों का प्राथमिक उद्देश्य संघर्ष नहीं होगा, और न वे वर्गीय हितों को ही देखें। इनका कार्य सार्वजनिक हितों की रक्षा और उत्पादन बढ़ाना होगा।[4]

राज्य की अवधारणा
(Concept of State)

श्रेणी समाजवादियों के राज्य संबंधी विचार अत्यन्त महत्वपूर्ण है। इन विचारों को समझने के लिए इन्हें दो भागों में विभक्त करना होगा। एक पक्ष तो उन श्रेणी समाजवादियों का है जो राज्य को अत्यन्त पवित्र संस्था मानता है और उसे बड़ा ऊँचा स्थान देता है इस मत का प्रतिपादन हॉब्सन ने किया है। दूसरा पक्ष कोल का है। कोल तथा उनके मतानुयायी राज्य को अत्यन्त निम्नकोटि का समझते हैं और उनका कहना है कि राज्य को तो बिल्कुल समाप्त ही कर देना चाहिए।

1. हॉब्सन का राज्य संबंधी मत[5] – हॉब्सन की राज्य संबंधी कल्पना कल्याणकारी राज्य (Welfare State) से मिलती-जुलती थी। हॉब्सन का कहना था कि श्रेणी समाजवाद में राज्य का परम लक्ष्य समाज-सेवा करना होगा। राज्य का मुख्य कार्य श्रेणी संघों के पारस्परिक संबंधों का समन्वय एवं संयुक्तीकरण होगा। हॉब्सन राज्य को नागरिक समाज के संघटित रूप की अभिव्यक्ति मानता था। राज्य को वह व्यक्ति की नैतिक और मानसिक उन्नति का साधन समझता था। उसका कहना था कि नागरिकों के साम्पत्तिक विकास का निरीक्षण कार्य करना भी राज्य का कर्तव्य हैं।

हॉब्सन राज्य के कार्य मुख्य प्रशासन, न्याय, रक्षा तथा उत्पत्ति और वितरण मानता था। उसका कहना था कि शासन (सरकार) का कार्य राज्य के राष्ट्रीय, (जैसे जन-स्वास्थ्य, शिक्षा आदि) स्थानीय, औपनिवेशिक और परराष्ट्र विभागों को देखना होगा। उत्पादन और वितरण का कार्य औद्योगिक श्रेणी संघों द्वारा किया जायगा। श्रेणी संघ ही बीमार और वृद्ध मजदूरों की रक्षा तथा भरण-पोषण का कार्य करेंगे तथा शिक्षा की व्यवस्था करेंगे। व्यापारियों (वितरकों) की देखभाल करना भी उनका काम होगा। इन सबके ऊपर राज्य रहेगा। सम्पूर्ण राज्य पर

---

3. G. D. H. Cole, *Guild Socialism*, p. 41.
4. A. R. Orage, '*An Alphabet of Economics*, p. 53.
5. S. G. Hobson, *National Guilds* (1913).

लोकतांत्रिक नियंत्रण होगा। राजकर्मचारी प्रजा के साथ स्वामियों जैसा नहीं बल्कि सेवकों-सा व्यवहार करेंगे। हॉब्सन राज्य कर्मचारी को राज्य के निवासियों का सेवक मानता था। हॉब्सन की राज संबंधी कल्पना निम्न तालिका से और स्पष्ट हो जायगी:

राज्य (State)

- उत्पादन और वितरण (Production & Distribution) संघ द्वारा
  - रोगी और वृद्ध श्रमिकों की देखभाल (Provision for old and infirm labourers)
  - उद्योग संबंधी प्रशिक्षण (Industrial Training)
  - व्यापारी वर्ग का श्रेणी संघ (Traders Guild)
- न्याय (Judiciary)
- रक्षा (Defence)
- प्रशासन (Administration) (सरकार द्वारा)
  - राष्ट्रीय (Home)
    - स्वास्थ्य (Health)
    - शिक्षा (Education)
  - परराष्ट्रीय (Foreign)
  - स्थानीय (Local)

तालिका-*हॉब्सन के अनुसार राज्य के कार्य*

2. कोल की 'कम्यून' कल्पना[6]—राज्य के संबंध में जी०डी०एच० कोल की कल्पना 'कम्यून' (Commune) के सिद्धान्त के नाम से विख्यात है। कोल का कहना है कि राज्य के अधिकार अत्यन्त सीमित होने चाहिए। उत्पादन कार्य विभिन्न श्रेणियों को देखना चाहिए और उन सबके कार्यों का समन्वय और संयुक्तीकरण केन्द्रीय श्रेणी संघ को करना चाहिए। यदि उपभोक्ताओं और उत्पादकों में कोई मतभेद हो तो उसका फैसला न्यायालय द्वारा किया जाना चाहिए। किसी भी दशा में औद्योगिक स्वामित्व राज्य के हाथ में नहीं होना चाहिए। कोल के मतावलम्बी राष्ट्रीयकरण और औद्योगिक राष्ट्रीयकारण (Industrial Nationalisation) के बड़े विरुद्ध हैं। उनका कहना हैं कि राज्य को अत्यन्त सीमित अधिकार दिये जाने चाहिए जिससे राज्य का अन्त आसानी से किया जा सके ऑस्ट्रिन तथा उनके साथियों की अद्वैतवादी संप्रभुता कोल तीखा आलोचक है। वह राज्य की सत्ता को विकेन्द्रित कर देना चाहता है। कोल ने उत्पादन-उपभोग और विविध विषयों का विभाजन किया है। उत्पादन के कार्य को श्रमिक श्रेणियाँ और वितरण कार्य को उपभोक्ताओं की श्रेणियाँ देखेंगा जो विषय स्थानीय होंगे वे स्थानीय श्रेणियों के हाथ में रहेंगे और जो केन्द्रीय होंगे वह राष्ट्रीय श्रेणी संघ के हाथ में रहेंगे। इन सबका एक 'कम्यून' होगा जो स्थानीय और केन्द्रीय संस्थाओं के पारस्परिक संबंध को संयुक्त करेगा।

---

6. G. D. H. Cole, *Social Theory* (1920).

कोल ने प्रतिनिधिक प्रजातंत्रवाद का विरोध किया है। उसका कहना है कि नागरिकों के जीवन के कई पक्ष होते हैं। हर पक्ष के हित अलग-अलग होते हैं। एक ही व्यक्ति एक समूह के जीवन के हर पक्ष का प्रतिनिधित्व नहीं कर सकता। इसके अलावा संसद में चुने जाने वाले प्रतिनिधि हर विषय के विद्वान नहीं हो सकते। उनसे यह आशा नहीं की जा सकती है कि वे हर क्षेत्र में उन लोगों के प्रत्येक हित का समर्थन कर सकेंगे। अस्तु, कोल ने कृत्यात्मक प्रजातंत्र के सिद्धान्त (Principle of Functional Democracy) का अन्वेषण किया है।

श्रेणी समाजवाद की आलोचनायें
(Criticisms of Guild Socialism)

1. सबसे पहली त्रुटि तो यह है कि एक बार जब उद्योगों पर श्रमिकों का एकाधिकार स्थापित हो जायेगा तो इसके बाद इस बात का क्या भरोसा है कि श्रमिक श्रेणियाँ उपभोक्ताओं के हितों का ध्यान हीं रखेगी? यह भी संभव है कि वे सार्वजनिक हितों की अवहेलना करने लगे, समाज में व्यक्तिगत स्वार्थपरता बढ़ जाय और लोग समाज सेवा के उच्च लक्ष्य को मानने से इनकार कर दें।

2. श्रेणी समाजवादी ऐसी कोई निश्चित विधि संहिता उपस्थित करने में अपने आपको असफल पाते हैं जो श्रेणी समाजवाद के स्थापित होते ही लागू हो जाय। उनका कहना है कि नया समाज अपने उपयोग के विधानों का निर्माण स्वयं ही कर लेगा। परन्तु वे यह भूल जाते हैं कि उस अवस्था में निश्चित नियम न होने से नए समाज के कर्णधारों को पथप्रदर्शन कैसे मिलेगा।

3. श्रेणी समाजवादियों के राज्यसंबंधी विचार अत्यन्त अस्पष्ट और अन्तरविरोधी हैं। राज्य की आवश्यकता के संबंध में स्वयं उनके अपने दल में मतैक्य नहीं है।

4. कार्य पद्धति के संबंध में श्रेणी समाजवाद के विचारकों में मतभेद है। वे स्पष्ट रूप से हिंसात्मक या संवैधानिक पद्धति के पक्ष-विपक्ष में कोई मत नहीं प्रकट करते। उनके विचारों की अस्तव्यस्तता इस बात से भी स्पष्ट होती है कि एक ओर तो वे स्वयं ही कहते हैं कि सशस्त्र क्रांन्ति से सफलता नहीं मिल सकती और दूसरी ओर यह भी कहते हैं कि यदि आवश्यकता हो तो कुछ स्थानों में हिंसा का प्रयोग भी किया जा सकता है।

5. कार्य-पद्धति संबंधी मतभेदों के कारण उनके कल्पित समाज की स्थापना होना बड़ा कठिन है।

श्रेणी समाजवाद का आकलन
(Estimate of Guild Socialism)

श्रेणी समाजवाद इंगलैण्ड से कनाडा, अमेरिका, आस्ट्रेलिया आदि देशों में गया परन्तु इन सभी देशों में अत्यन्त अल्प अवधि में ही इसका प्रभाव नष्ट हो गया। श्रेणी समाजवाद क्रमशः इतिहास की वस्तु बन गया। इन विचारकों ने प्रजातंत्रवाद की निर्बलताओं को जनता के सामने रखा और यह भी बतलाया कि नौकरशाही में कौन-कौन से खतरे छिपे हुए हैं। इनके रचनात्मक अनुदायों के परिणामस्वरूप बहुलवादी विचारधारा की सृष्टि हुई।

श्रेणी समाजवाद, समष्टिवाद, और संघवाद
(Guild Socialism, Collectivism and Syndicalism)

यूरोपियन राजनीतिक विचारधारा में जितना योगदान समष्टिवाद तथा श्रमिक संघवाद का है उतना ही श्रेणी संघवाद का भी हैं। ये तीनों ही विचारधारायें समाजवादी हैं। उनका प्रमुख उद्देश्य पूँजीवादी व्यवस्था का नाश करना तथा वर्गविहीन समाज की स्थापना था। पूँजीवाद का अन्त करने के पश्चात् समष्टिवाद उत्पादन और वितरण के साधनों की व्यवस्था करने के लिये राज्य की ओर देखता हैं। समष्टिवादी भी अहिंसा को मानते हैं, जबकि श्रमिक संघवाद हिंसात्मक कार्यवाही करने का पक्षपाती हैं। श्रमिक संघवादी राज्य तथा पूँजीवाद को समाप्त करके सम्पूर्ण शक्ति श्रमिकों को सौंपना चाहते हैं।

'श्रेणी समाजवाद' समष्टिवाद तथा श्रमिक संघवाद दोनों के बीच का मार्ग अपनाता हैं। वह राज्य के अस्तित्व को स्वीकार करता है, परन्तु साथ ही साथ वह व्यावसायिक संघों को न कि राज्य को उत्पादन और वितरण का कार्य सौंपता है। इस प्रकार श्रेणी समाजवाद श्रमिक संघवाद के अत्यधिक निकट प्रतीत होता है, परन्तु जब हम दूसरी ओर देखते हैं तो पता चलता है कि श्रेणी समाजवाद समष्टिवाद के निकट हैं, क्योंकि श्रेणी समाजवाद एक ब्रिटिश विचारधारा है और इसके साधन शान्तिपूर्ण एवं संवैधानिक हैं। इसीलिये श्रेणी समाजवाद समष्टिवाद और संघवाद से लगभग मध्य-मध्य में स्थित हैं। इसको निम्न वर्णन द्वारा और भी अधिक स्पष्ट किया जा सकता है–

श्रेणी समाजवाद व श्रमिक संघवाद में समानता

1. श्रमिक संघवादी विचारकों की भाँति श्रेणी समाजवाद के विचारों ने व्यावसायिक लोकतन्त्र का समर्थन किया है।

2. श्रमिक संघवाद की भाँति श्रेणी समाजवाद में भी लोकतन्त्रात्मक तथा प्रतिनिध्यात्मक प्रणाली को नहीं स्वीकारा गया, बल्कि उन्हें पूँजीवादी संस्था बनाकर उनकी उपेक्षा की गयी है।

3. संघवादियों की भाँति श्रेणी समाजवादी भी राज्य को पूर्णतया खत्म करना नहीं चाहते, परन्तु अधिक शक्ति देने के भी पक्ष में नहीं हैं। प्रो॰ कोल (Prof. Cole) ने तो राज्य को केवल एक समुदाय के रूप में ही स्वीकार किया है। वे राज्य की बुराई करने के साथ-साथ राज्य के विलीनीकरण में भी विश्वास रखते हैं और उसके पूर्णतया विलीन हो जाने में ही जनता का कल्याण होना मानते हैं।

4. श्रमिक संघवादियों की भाँति श्रेणी समाजवादी विचारक भी उद्योगों में स्वायत्त शासन की स्थापना में विश्वास रखते हैं।

5. "उत्पादन के साधनों पर उत्पादकों एवं श्रमिकों का पूर्ण नियन्त्रण हो" इस विचार को भी श्रेणी समाजवादियों ने स्वीकार किया है इसलिये उन्होंने राष्ट्रीय, क्षेत्रीय एवं स्थानीय स्तर पर उपभोक्ता समितियों के साथ-साथ श्रेणियों का भी निर्माण किया था।

श्रेणी समाजवाद तथा समष्टिवाद में समानतायें

(1) समष्टिवादियों की भाँति श्रेणी समाजवादी भी अपने उद्देश्यों की पूर्ति के लिये शान्तिपूर्ण प्रजातन्त्रात्मक व संवैधानिक प्रणाली को अपनाने के पक्षधर हैं।

(2) श्रेणी समाजवादी भी समष्टिवादियों की भाँति मात्र उत्पादकों के हितों का ही नहीं बल्कि उपभोगताओं के हितों का भी ध्यान रखना अपना धर्म समझते हैं। इसलिये प्रो॰ कोल ने अपनी "सामाजिक व्यवस्था" में उत्पादकों की श्रेणियों के साथ स्थानीय, प्रादेशिक तथा राष्ट्रीय स्तर पर उपभोक्ता समितियों की व्याख्या प्रस्तुत की है।

अभ्यास के लिये प्रश्न

1. श्रेणी समाजवादियों के मौलिक आदर्श क्या हैं? उनके विचारों तथा कार्य प्रवृत्तियों का आलोचनात्मक वर्णन करो।
2. "श्रेणी समाजवाद उत्पादकों के विशेष हितों से सम्बन्धित श्रम संघवादी सिद्धान्त तथा सामान्य जनहित से सम्बन्धित राजनीतिक सिद्धान्त दोनों को समन्वित करने का प्रयास है।" इस कथन की विवेचना कीजिये।
3. "श्रेणी समाजवाद समष्टिवाद और संघवाद का मध्यम मार्ग है।" इस कथन की पुष्टि कीजिये।
4. श्रेणी समाजवाद और संघवाद के उद्देश्य तथा कार्य-प्रणालियों की तुलना कीजिये तथा उनमें विरोध बताइये।
5 "श्रेणी समाजवाद समष्टिवाद और संघवाद के बीच पड़ाव हैं।" इस कथन की व्याख्या कीजिये।

26

जी० डी० एच० कोल

(G. D. H. Cole 1889-1959)

महान् लेखक, उच्च कोटि के दार्शनिक और श्रमिक दल का समर्थक एक अंग्रेज विचारक था। कोल का जन्म 15 सितम्बर 1889 में हुआ था। कोल अपने माता-पिता की अकेली संतान थी। उसने अपनी प्रारम्भिक शिक्षा सेन्ट पाल स्कूल से प्राप्त की और उच्च शिक्षा ऑक्सफोर्ड से प्राप्त की। उसने कुछ समय मेगडलेन कालिज में भी अध्ययन किया। कुछ दिनों के बाद वह फिर ऑक्सफोर्ड विश्वविद्यालय में समाजशास्त्र तथा राजनीति शास्त्र का प्रोफेसर बन गया। वह प्रोफेसर के पद पर 40 वर्ष तक रहा। सन् 1959 ई० में उसकी मृत्यु हो गयी।

जब कोल ऑक्सफोर्ड में स्नातक था तभी वह फेबियन सोसाइटी का सदस्य बन गया था तथा उसने उसमें सक्रिय भाग लिया था। कोल ने बहुत सी पत्रिकाओं का सम्पादन किया लेकिन कोई भी नहीं चल सकी। किन्तु इससे उसको फेबियन सोसाइटी का प्रमुख सदस्य बनाने में सहायता अवश्य मिली। इसी बीच उसका श्री वैब तथा श्रीमती वैब से झगड़ा हो गया तथा उसने फेबियन सोसाइटी को छोड़ दिया।

वह इसके बाद कोल राज्य समाजवाद फिर बहुलवाद और अन्त में गिल्ड समाजवाद का समर्थक हो गया। उसने रूस की साम्यवादी क्रान्ति को एक असाधारण घटना माना, परन्तु वह साम्यवाद का समर्थक नहीं था। वह साम्यवाद को व्यक्तिगत स्वतन्त्रता का शत्रु समझता था। राष्ट्रीय गिल्ड संघ के समाप्त हो जाने पर सन् 1925 ई० में कोल फिर से फेबियन सोसाइटी का सदस्य बन गया तथा उसमें तथा वैब में भी समझौता हो गया था। कोल ने श्रमिक दल की सदस्यता भी ले ली। कोल ने दो बार संसद का सदस्य बनने के लिये कोशिश की, परन्तु दोनों ही बार वह असफल रहा। इसी कारण वह राजनीति में सक्रिय भाग नहीं ले सका। सन् 1931 ई० में इंगलैण्ड के प्रधानमन्त्री रैम्जे मैक्डोनाल्ड ने उसे आर्थिक परामर्श वादी परिषद का सदस्य बना दिया। कोल परिश्रम अधिक तथा आराम कम करता था। उसकी मृत्यु 'मधुमेह' के कारण हो गयी।

राजनीतिक विचार
(Political Views)

बहुलवाद

1920 ई० में प्रकाशित पुस्तक 'सामाजिक सिद्धान्त' (Social Theory) से कोल के बहुलवादी विचारों का परिचय मिलता है। उस पुस्तक के अनुसार, कोल के बहुलवादी विचार निम्नलिखित हैं–

1. सामाजिक सम्बन्धों को केवल राज्य तक ही सीमित नहीं किया जा सकता है।

2. राज्य सर्वोच्च सामाजिक संस्था नहीं है क्योंकि राज्य ही व्यक्ति की सभी आवश्यकताओं की पूर्ति नहीं करता।

3. राज्य के पास कोई भी बाध्यकारी शक्ति नहीं है। अतएव राज्य अन्य समुदायों से अधिक शक्तिपूर्ण नहीं हो सकता।

4. सर्वप्रथम व्यक्ति परिवार का सदस्य होता है। उसके उपरान्त वह किन्हीं अन्य समुदायों का सदस्य होता है तथा वयस्कावस्था में जब उसके सम्बन्ध व्यापक हो जाते हैं तो वह राज्य के सम्पर्क में आता है। इस प्रकार राज्य सामाजिक जीवन में सर्वप्रथम महत्व की वस्तु नहीं हो सकती है।

5. सभी समुदायों के कुछ न कुछ उद्देश्य अवश्य होते हैं, जिनकी वे पूर्ति करते हैं। अत: सभी समुदाय राज्य की भाँति ही महत्वपूर्ण हैं।

राज्य की अवधारणा

1. व्यक्ति को राज्य की भक्ति पर ही विशेष बल नहीं देना चाहिये बल्कि उसको उन समुदायों का भी ध्यान रखना है, जो व्यक्तियों की अन्य आवश्यकतों की पूर्ति के लिये संगठित होते हैं।

2. राज्य व्यक्ति के लिये अन्तिम समुदाय है। व्यक्ति जन्म लेते ही परिवार से सम्पर्क स्थापित करता है फिर वह अन्य समुदायों से सम्पर्क स्थापित करता है जो उसकी विभिन्न आवश्यकताओं की पूर्ति करते हैं। अन्त में वह राज्य के सम्पर्क में आता है।

3. राज्य के अस्तित्व का महत्व अन्य समुदायों से अधिक नहीं है, क्योंकि राज्य भी अन्य समुदायों की भाँति व्यक्ति के जीवन के एक उद्देश्य की पूर्ति करता है।

4. राज्य मनुष्य की सम्पूर्ण जीवन की अभिव्यक्ति नहीं है। राज्य न तो सर्वोपरि संस्था ही है और न उसके कार्यों को समाज में मनुष्यों के कार्यों के समान अथवा समरूप ही समझा जा सकता है।

5. राज्य 'सम्प्रभुत्व सम्पन्न समुदाय' नहीं है, अत: उसका कार्यक्षेत्र भी असीमित नहीं हो सकता। राज्य का कार्यक्षेत्र केवल राजनीतिक कार्यों तक ही सीमित रहना चाहिये।

6. व्यक्ति तथा दूसरे समुदायों के सम्बन्ध भी उतने ही महत्वपूर्ण हैं, जितने व्यक्ति और राज्य के सम्बन्ध। अत: राज्य के होने पर दूसरे समुदायों की अवहेलना नहीं की जा सकती।

7. विभिन्न समुदायों में उठने वाले झगड़ो का फैसला कम्यूनों द्वारा किया जायेगा।

8. आर्थिक क्षेत्र में भी राज्य को हस्तक्षेप करने का कोई अधिकार नहीं है, क्योंकि आर्थिक क्षेत्र में भिन्न व्यक्तियों के भिन्न-भिन्न हित होते हैं, जिनको राज्य सफलतापूर्वक सम्पादित नहीं कर सकता।

9. राज्य को विभिन्न समुदायों के बीच सामंजस्य स्थापित करने के अधिकार दे दिये जायेंगे तो वह अपनी शक्ति बढ़ा लेगा।

10. सभी समुदायों का आधारभूत सिद्धान्त 'कार्य' (Functions) है। समुदाय उसी समय बनते हैं जब बहुत से व्यक्ति पारस्परिक सहयोग के आधार पर कार्य करना आवश्यक समझते है। राज्य के कार्यों का स्वरूप वैसा ही होता है जैसा कि अन्य समुदायों के कार्यों का होता है। अतएव राज्य के पास बाध्यकारी शक्ति का होना आवश्यक नहीं है।

समाजवाद पर विचार

फेबियन सोसाइटी से त्याग पत्र देने के बाद कोल समाजवाद की ओर झुक गया। उसने 'गिल्ड समाजवाद' नामक समाजवाद की स्थापना की। कोल के अनुसार ''स्वतन्त्रता देना, विश्वबन्धुत्व की भावना जाग्रत करना, नैतिकता का प्रसार एवं प्रचार करना आदि समाजवाद के उद्देश्य होने चाहियें।'' इस प्रकार कोल ने समाजवाद में नैतिकता पर विशेष बल दिया है।

'श्रेणी समाजवाद' का सिद्धान्त प्रतिपादित करने वालों में तथा उसे व्यावहारिक रूप देने का भगीरथ प्रयास करने वालों में कोल का स्थान बहुत ऊँचा है। उसने इसके आर्थिक पक्ष की अपेक्षा नैतिक पक्ष पर जोर दिया है। इसीलिये किंगस्ली मर्टिन ने कोल को सासांरिक संत (Secular Saint) की उपाधि दी थी।

अभ्यास के लिये प्रश्न

1. जी॰ डी॰ एच॰ कोल के राजनीतिक विचारों की संक्षेप में विवेचना कीजिये।
2. कार्यगत प्रजातन्त्र तथा उद्यमों में प्रजातन्त्र के सम्बन्ध में जी॰ डी॰ एच॰ कोल के विचारों का परीक्षण कीजिये।
3. जी॰ डी॰ एच॰ कोल की देन राजनीतिक व सामजिक विचारों को क्या है? संक्षेप में लिखिये।

27

बरट्रेण्ड रसल

(Bertrand Russell, 1872-1969)

बरट्रेण्ड रसल का जन्म 18 मई, 1872 ई० को इंग्लैण्ड में हुआ था। इनके पिता का नाम 'वाई काउन्ट एम्बरली' एंव माता का नाम 'लेडी एम्बरली' था। अल्पायु में ही उनके माता पिता के देहावसान के कारण इनका लालनपालन इनके बाबा जॉन रसल ने किया। सन् 1890 ई० में इन्होंने उच्च शिक्षा हेतु कैम्ब्रिज में प्रवेश लिया और दर्शनशास्त्र में विलक्षण प्रतिभा का परिचय देकर उपाधि प्राप्त की। 1903 ई० में उन्होंने अपने प्रसिद्ध ग्रन्थ 'प्रिंसिपिल्स ऑफ मैथेमैटिक्स'' (The Principles of Mathematics) में गणित के न्याय के सिद्धान्त का विकास किया और उसका दर्शन लिखा, जिसके कारण बहुत सारे परम्परागत सर्वमान्य सिद्धान्तों पर पुनर्विचार प्रारम्भ हो गया इसको उनकी मौलिक देन कहा जाता है।

वह कैम्ब्रिज कालेज में कुछ दिन तक अध्यापक भी रहे थे। इन्होंने कई देशों का भ्रमण किया और वहाँ की जीवन पद्धति को निकट से देखा। बोल्शेविक क्रान्ति एवं द्वितीय विश्व युद्ध के पश्चात् वे छः वर्ष तक अमेरिका में रहे। उन्होंने अमेरिका निवासियों की रूढ़िवादी धारणाओं का अनुभव एवं अध्ययन किया, यद्यपि उन्हें स्वयं यहाँ काफी अपमान एवं कठिनाइयों का सामाना करना पड़ा था।

सन् 1923 ई० तथा 1924 ई० में इन्होंने श्रमिक दल की ओर से इंगलैण्ड की पार्लियामेण्ट के लिये चुनाव लड़े परन्तु हार गये। युद्ध के विरोध में वे अपनी सरकार के विरुद्ध अपने विचारों को निर्भीकतापूर्वक रखने में भी नहीं डरते थे। वे कई बार जेल भी गये क्योंकि वे युद्ध विरोधी थे। जेल के जीवन में उन्हें गहराई से अध्ययन करने और लिखने का अवसर मिला।

अपने संस्कारों के कारण प्रारम्भ में रसल धर्म पर विश्वास करते थे परन्तु क्रमशः वैज्ञानिक विचार पद्धति के कारण वे तार्किक ज्ञान-प्रणाली की ओर अग्रसर होते गये। रसल एक व्यावहारिक विचारक थे। उन्होंने जीवन भर संघर्ष किया और यातनायें भोगीं, परन्तु जिस चीज को उन्होंने गलत समझा, उसके विरुद्ध आवाज उठाई और उसका विरोध किया। युद्ध को वे सबसे बड़ी विनाशक वस्तु मानते थे, चाहे वह आत्म-रक्षा के लिये ही क्यों न लड़ा जाये। इसलिये वे सरकार की निन्दा करने से कभी नहीं रुकते थे।

बरट्रेण्ड रसल का व्यक्तिगत जीवन संघर्ष एवं मनमौजी प्रकृति का रहा। उन्होंने चार बार विवाह किया और प्रत्येक बार उनकी पत्नी ने ही उन्हें तलाक दिया परन्तु रसल ने उसकी कभी परवाह नहीं की। रसल को रोमन कैथोलिकों ने अनैतिक भ्रष्टाचारी मानकर तंग किया। उनकी महान् रचना एवं विचारों के लिए उन्हें इंगलैण्ड के राजा द्वारा 'आर्डर ऑफ मैरिट' नामक पुरस्कार दिया गया। सन् 1950 ई० में उन्हें दर्शन पर 'नोबल पुरस्कार' दिया गया। सन् 1969 में उनका देहावसान हुआ। बरट्रेण्ड रसल की पुस्तकों में कुछ मुख्य निम्नलिखित हैं:

1. वार दि ऑफस्प्रिंग ऑफ फियर (War The Offspring of Fear---1915)
2. दि पोलिटिकल आईडियल्स (The Political Ideals-- 1917)
3. रोड्स टू फ्रीडीम (Roads to Freedom--1918)
4. दि प्रैक्टिस एण्ड थ्योरी ऑफ बोल्शेविज्म (The Practice and Theory of Bolshevism--1920)
5. फ्रीडम एण्ड आर्गनाइजेशन (Feeedom and Organisation---1934)
6. पावर-ए-न्यू सोशल ऐनालिसिस (Power-a-New Social Analysis---1933)
7. अथार्टी एण्ड इण्डिविजुअल (Authority and Individual--- 1949)
8. इम्पैक्ट ऑफ साइन्स ऑन सोसाइटी (Impact of Science on Society---1952)
9. प्रिसिपल्स ऑफ सोशल रिकान्सट्रक्शन (Principles of Social Reconstruction 1961)

राजनीतिक विचार
(Political Views)

बरट्रेण्ड रसल के प्रमुख राजनीतिक विचारों को निम्न प्रकार वर्णित किया जा सकता है–

1. गणित एवं दर्शन (Mathematics and Philosophy)–बरट्रेण्ड रसल की गणित एवं दर्शनशास्त्र में विशेष रुचि थी। उन्होनें गणित को निश्चित ज्ञान बताया था, परन्तु बाद में रसल ने इसकी निश्चितता को नहीं माना और यह निर्णय दिया कि गणित के परिणाम भी सन्देहजनक होते हैं।

2. युद्ध विरोध (Pacifism)–बरट्रेण्ड रसल ने युद्ध का पूर्ण विरोध किया था। द्वितीय विश्व युद्ध में अणुबम गिराये जाने के बाद उसने कहा था कि, "इस वैज्ञानिक बर्बरता को आगे नहीं बढ़ने देना चाहिये।" युद्ध को सबसे बड़ी मुसीबत मानते हुए रसल ने पूछा है कि, "मनुष्यों ने सभ्यता को भीषण हानि पहुँचाने वाले इस युद्ध को अभी तक बन्द क्यों नहीं किया है।" उसके मतानुसार "युद्धों का प्रेरक कारण विभिन्न सरकारों की महत्वाकांक्षाएँ तथा कुछ जातियों का दुष्ट स्वभाव ही नहीं है, अपितु मनुष्य की कुछ प्रवृत्तियाँ तथा मनोवेग है" जो दो प्रकार की होती है:–

(1) संग्रहात्मक प्रवृत्तियाँ (Possessive Impulses)—संग्रहात्मक प्रवृत्तियाँ मनुष्य को अधिक से अधिक धन, सम्पत्ति, भूमि एवं भौतिक वस्तुओं का संचय करने के लिये प्रेरित करती है। मनुष्य शाक्ति एवं सत्ता को पाने एवं सदैव उसे अपने हाथों में बनायें रखने के लिये भीषण संघर्ष करते हैं। युद्ध संग्रहात्मक मनोवृत्तियों का परिणाम है।

(2) सृजनात्मक प्रवृत्तियाँ (Creative Impules)—सृजात्मक प्रवृत्तियों का सम्बन्ध कला और ज्ञान-विज्ञान के क्षेत्रों से है। इनमें वैयक्तिक स्वामित्व की भावना नहीं होती। इसका आनन्द सभी व्यक्ति सामान्य रूप से उठा सकते हैं।

रसल के विचार पूर्णतया उचित नहीं हैं, क्योंकि हमारी विचार शक्ति प्रवृत्तियों की दास नहीं बल्कि उनकी स्वामिनी एवं नियन्त्रण करने वाली है । युद्धों का कारण प्रवृत्तियाँ ही नहीं, अपितु मनुष्यों की मूर्खतायें और गलतियाँ भी होती है।

3. राज्य की अवधारणा (Concept of State)

(i) ***अनिवार्य बुराई***— रसल ने राज्य की सत्ता को अनिवार्य बुराई के रूप में ही स्वीकार किया है। अराजकतावादियों के समान वह राज्य का समूलोन्मूलन नहीं करना चाहता है और न ही राजकीय समाजवादियों के समान इसे अधिकतम अधिकार एवं शक्तियाँ प्रदान करना चाहता है। वह श्रेणी समाजवादियों के समान राज्य के कार्यक्षेत्र को अत्यन्त सीमित एवं संकुचित करना चाहता है।

(ii) ***राज्य के कार्य***—उसके विचार में व्यक्ति की स्वतन्त्रता को सरकार की सत्ता में ही सुरक्षित रखा जा सकता है। रसल ने स्वयं लिखा है कि, "अराजकतावादी विचारकों के तर्कों के बावजूद ऐसा प्रतीत होता है कि कुछ विशेष प्रयोजनों की दृष्टि से राज्य की संस्था का होना अनिवार्य है। युद्ध और शान्ति, आयात कर, स्वास्थ्य-जनक परिस्थितियों का निर्माण, नशीली मादक वस्तुओं की बिक्री का नियन्त्रण, वितरण की न्यायपूर्ण पद्धति को स्थापित करना ऐसे कार्य है, जिन्हें समाज में केन्द्रीय सरकार की सहायता के बिना पूरा नहीं किया जा सकता है।"

(iii) ***राज्य की सीमायें***—राज्य संस्था के रहते हुए भी रसल इस बात पर बल देता है कि "राज्य का कार्य इन्हीं कार्यों तक सीमित रहना चाहिये ताकि इसकी शक्ति पर नियन्त्रण बना रह सके। यह केवल इसी प्रकार बना रह सकता है कि अन्य सभी कार्य अपने विशेषाधिकारों को सुरक्षित बनाये रखने के लिये सदैव प्रयत्नशील एवं विभिन्न स्वरूप रखने वाले संघ इन कार्यों को करें। राज्य यद्यपि इस समय अनेक बुराइयों की जड़ है, फिर भी यह कुछ अच्छे कार्य करता है। इसकी तब तक आवश्यकता बनी रहेगी, जब तक समाज में हिसंक और विध्वंशकारी मनोभावनायें विद्यमान है।"

4. अन्तर्राष्ट्रीय शान्ति (International Peace)---राज्य के युद्ध छेड़ने के अधिकार पर अकुंश लगाने के लिये एवं अन्तर्राष्ट्रीय शान्ति की स्थापना करने के लिये रसल ने निम्न तर्क प्रस्तुत किये-

(i) सम्पूर्ण संसार की राजनीतिक शक्ति पर एकाधिकार रखने वाली एक सरकार की स्थापना की जानी चाहिए।

(ii) धन का वितरण विभिन्न राज्यों में समान रूप से किया जाना चाहिये कि कोई देश से, दूसरे देश ईर्ष्या न रखे, ईर्ष्या युद्ध की जननी है।

(iii) जन्म की दर को कम रखा जाय ताकि सबकों अपनी भौतिक आवश्यकताओं की पूर्ति के लिए सभी साधन प्रचुर मात्रा में मिलें।

(iv) शक्ति का प्रयोग, विभिन्न राज्यों में बैर, वैमनस्य एवं पृथक रहने की भावना उत्पन्न करता है। वर्तमान राज्यों का सबसे बड़ा दोष अधिकारों एवं सत्ता का केन्द्रीयकरण है। अत: सत्ता का विकेन्द्रीयकरण होना चाहिये।

5. सम्पत्ति सम्बन्धी विचार (Views on Property)—व्यक्तिगत सम्पत्ति मानवीय प्रगति के मार्ग में बहुत बड़ी बाधा है क्योकि "जो व्यक्ति धन कमाने में लग जाता है, उसकी प्रवृत्ति अधिकाधिक धन का संचय करने आनन्द प्राप्त करने की होती है। वह सच्चे आनन्द के स्रोत-सृजनात्मक प्रवृत्तियों की ओर ध्यान न देकर झूठे सुख के मूल संग्रहात्मक प्रवृत्तियों के जाल में फँस जाता है। धन को महत्व देने वाला व्यक्ति धन की दृष्टि से सब वस्तुओं का मूल्यांकन करता है।" उसकी दृष्टि में कलाकार, विद्वान एवं वैज्ञानिक का कोई महत्व नहीं होता। इस कारण रसल व्यक्तिगत सम्पत्ति को समाप्त करना चाहता था।

6. समाजवाद (Socialism)—समाज के पुनर्निर्माण के लिए रसल (Russell) समाजवाद को आवश्यक मानता है क्योंकि समाजवाद का उद्देश्य समाज से आर्थिक विषमता को मिटाना है। रसल के विचार में एक आदर्श औद्योगिक व्यवस्था में निम्नलिखित बातें होनी चाहिएँ—

(i) अधिक उत्पादन।

(ii) न्यायपूर्ण वितरण।

(iii) श्रमिकों के काम करने की उत्तम दशायें।

(iv) अधिकतम स्वतन्त्रता एवं प्रगति को प्रोत्साहन।

रसल ने समाजवाद को पूर्ण व्यवस्था नहीं माना है, क्योंकि इसमें व्यक्ति को पूर्ण स्वतन्त्रता नहीं मिलती।

6. साम्यवाद (Communism)—प्रारम्भ में बरट्रेण्ड रसल साम्यवाद का समर्थक एवं प्रशंसक था, परन्तु सन् 1917 ई० की बोल्शेविक क्रान्ति के पश्चात् रूस में इसका व्यावहारिक रूप देखकर रसल को बड़ी निराशा हुई, क्योंकि व्यक्ति की स्वतन्त्रता को राज्य के द्वारा बुरी तरह कुचल दिया गया था। उसने व्यक्ति स्वातन्त्रय पर आधारित लोकतन्त्र को वांछनीय आदर्श माना।

सन् 1948 ई० में रसल ने अपनी पुस्तक 'स्वतन्त्रता प्राप्ति के मार्ग' (Roads to Freedom) की भूमिका में लिखा है कि "अभी तक मानव-जाति वैयक्तिक स्वाधीनता और आर्थिक न्याय को एक साथ प्रदान करने वाली व्यवस्था का विकास नहीं कर सकी है। रूस में आर्थिक न्याय है, परन्तु स्वतन्त्रता नहीं, पश्चिमी देशों में स्वतन्त्रता है, परन्तु आर्थिक न्याय नही है।" रूस के साम्यवाद में दो दोष प्रमुख हैं—

(i) रूस में कम्यूनिस्ट पार्टी के मुटठ्ी भर व्यक्तियों के हाथ में सारी शासन सत्ता केन्द्रित है। जिस प्रकार पूँजी के केन्द्रीयकरण से पूँजीवाद में घोर सामाजिक दुष्परिणाम हुए थे उसी

प्रकार साम्यवाद शक्ति के केन्द्रीयकरण से बुराइयाँ पैदा होना स्वाभविक था।

(ii) रूसी साम्यवाद का एक अन्य दोष साम्यवाद का एक अंध श्रद्धा या धर्म का रूप ग्रहण करना है। साम्यवादी व्यक्ति केवल उत्पत्ति के साधनों के राष्ट्रीयकरण तथा अर्थिक विषमता को दूर करने के सिद्धान्तों में ही विश्वास नहीं रखता, बल्कि वह द्वन्द्वात्मक भौतिकवाद, वर्ग संधर्ष तथा अतिरिक्त मूल्य के सिद्धान्तों में अगाध श्रद्धा रखता है। वह इन्हें सदैव सत्य एवं प्रमाणित समझता है। इस प्रकार स्वतन्त्र चिंतन पर कुठाराघात करता है और कट्टर सिद्धान्तवादिता तथा प्रमाणवाद को बल मिलता है।

इन दोनों कारणों के आधार पर रसल ने साम्यवाद का धोर विरोध किया है।

8. स्वतन्त्रता, उदारवाद तथा लोकतन्त्र (Freedom, Liberalism and Democracy)—स्वतन्त्रता को रसल सबसे मूल्यवान वस्तु समझता है। इसके बिना व्यक्ति का विकास सम्भव नहीं है। मानव समाज की प्रगति के लिये स्वतन्त्र चितंन, उदारवाद एवं सहिष्णुता अनिवार्य तत्व हैं और इन पर बल देने वाली लोकतन्त्र की प्रणाली सर्वोतम है। रसल का यह मत है कि सत्य ज्ञान स्वतन्त्रतापूर्वक चिंतन करने से ही प्राप्त हो सकता है।

मनुष्य जाति को विभिन्न प्रकार के धार्मिक तथा सैद्धान्तिक अंधविश्वासों से मुक्त करने के लिये स्वतन्त्र वाद-विवाद एवं विचार करने की पद्धति अनिवार्य है। इस प्रकार रसल स्वतन्त्र चिंतन के विरोधी प्लेटो, हेगेल, मार्क्स एवं लेनिन का कटु आलोचक है वह लॉक और उसके 'अनुभववाद' तथा प्रजातन्त्र का प्रबल पोषक है।

रसल के लोकतन्त्र सम्बन्धी विचार गाँधीजी से मिलते है। उसने लिखा है कि "मैं गाँधी जी के लोकतन्त्र विषयक आध्यात्मिक दृष्टिकोण से सहमत हूँ। इसमें प्रतिनिधियों की संख्या पर बल नहीं दिया जाता। इस विषय में गाँधी जी की बात मानता हूँ कि आदर्श लोकतन्त्र का आधार सेवा और त्याग की भावना होनी चाहिए तथा इसे (पाशविक शक्ति के स्थान पर) नैतिक दबाव डालने की शक्ति का प्रयोग करना चाहिये।"

रसल की महत्ता का वर्णन करते हुये जवाहरलाल नेहरू ने लिखा है कि "उसने गम्भीर राजनीतिक विचारों में तथा विज्ञान के स्थूल तत्वों में विलक्षण समन्वय किया है। उसके हाथों ने विज्ञान और दर्शन का अद्भूत सम्मिश्रण प्रस्तुत किया है।" वर्तमान काल के इस दार्शनिक का मूल्यांकन करते हुए डा॰ राधाकृष्णन् ने लिखा है कि, "उसमें चतुर वैज्ञानिक का, विचारशील दार्शनिक का, अत्यधिक दयालु मानवतावादी का, उग्रनैतिकतावादी का तथा अन्तर्राष्ट्रीयतावादी का दुर्लभ सम्मिश्रण है।"

अभ्यास के लिए प्रश्न

1. राज्य तथा व्यक्ति के विषय में बर्ट्रेण्ड रसल के विचारों का आलोचनात्मक परीक्षण कीजिये।
2. राजनीतिक चिन्तन को बर्ट्रेण्ड रसल के योगदान का मूल्यांकन कीजिये।
3. रसल के राजदर्शन की विशेषताओं का वर्णन कीजिये।
4. "रसल का एक विशेष राजदर्शन था।" इस कथन की व्याख्या करते हुए राजदर्शन के प्रति उसकी सेवाओं का उल्लेख कीजिये।

28

व्यवहारवाद एवं उत्तर-व्यवहारवाद

(Behaviouralism and Post-Behaviouralism)

'व्यवहारवाद' राजनीति का वह अध्ययन है जो एक नागरिक को शक्ति या सत्ता प्राप्त करने, या उसे कायम रखने, या दूसरों व स्वयं को प्रभावित करने और अपने समुदायों या दलों में संगठित करने के लिये प्रेरित करती है। लॉसवेल ने अपनी प्रसिद्ध पुस्तक में 'व्यवहारवाद' को निम्न रूप में परिभाषित किया है, "वह राजनीति जो क्या, कब और कैसे प्राप्त करती है।"[1]

प्रसिद्ध राजनीतिज्ञ 'डहल' ने इस विषय में लिखा है कि, "व्यवहारवाद का लक्ष्य शासन की समस्त घटनाओं का मानव के परिवेक्षित और परवेक्षीय व्यवहार के रूप में वर्णन करना है।" उन्होंने आगे लिखा है, कि "व्यवहारवादी ऐसे व्यवहारिक विज्ञान विकसित करना चाहते हैं, जो समाज में मनुष्य को वैज्ञानिक ढंग से समझने के लिये किसी भी सामाजिक अनुसन्धान में प्रयोग किया जा सके।

कर्कपैट्रिक ने व्यवहारवाद पर गम्भीरता से विचार करने के पश्चात् लिखा कि, "यह क्षेत्र अब ऐसा नहीं रहा, जिसका अर्थ जो चाहे लगा लिया जाये'। उन्होंने अपने कथन की पुष्टि के लिये व्यवहार को चार तत्वों पर आधारित माना है :–

(i) सर्वप्रथम, राजनीतिक शोध, जिसमें राजनीतिक संस्थाओं के स्थान पर 'व्यवहार' को इकाई मानना।

(ii) द्वितीय, सभी सामाजिक विज्ञानों को व्यवहारवादी मानना और यह स्वीकार करना कि राजनीति विज्ञान अन्य सामाजिक विज्ञानों के साथ एक है।

(iii) तृतीय, राजनीति विज्ञान के लक्ष्य को एक व्यवस्थित व अनुभवात्मक सिद्धान्त के रूप में परिभाषित करना।

(iv) चतुर्थ, तथ्यों की शुद्धता और माप के लिये पर्यवेक्षण करना, वर्गीकरण करना और सम्भव हो तो बीजगणित के समीकरण (Equation) निकाल लेना।

---

1. "Politics who gets What, When and How." --Laswell

राबर्ट एण्डैल के अनुसार "व्यवहारवादी क्रान्ति परम्परागत राजनीतिक विज्ञान की उपलब्धियों के प्रति असन्तोष का परिणाम है और इसका उद्देश्य राजनीति विज्ञान को वैज्ञानिक बनाना है।" इस विषय पर डेविड ईस्टन ने लिखा है कि, "हम यह मानकर चल सकते हैं कि राजनीतिक जीवन व्यवहार की एक व्यवस्था (System) है, जो वातावरण के उन प्रभावों के ऊपर जमाया हुआ हैं जिसके प्रति राजनीतिक व्यवस्था स्वयं खुली है और बदले में प्रतिक्रिया करती है।"

व्यवहारवाद का विकास
(Evolution of Behaviouralism)

व्यवहारवाद का विकास कई चरणों में हुआ है। इसे निम्नलिखित चार भागों में विभक्त किया जा सकता है–

1. पूर्व-व्यवहारवाद अथवा अनुभववाद।
2. व्यवहारवाद।
3. उत्तर व्यवहारवाद या प्रति व्यवहारवाद
4. नव-व्यवहारवाद।

1. पूर्व-व्यवहारवाद (अनुभववाद) (Empiricism)–'जान लॉक' को अनुभववाद का संस्थापक माना जाता है, क्योंकि उन्होंने सर्वप्रथम अनुभव के आधार पर संसदीय लोकतन्त्र की विचारधारा को प्रस्तुत किया। इस विचारधारा को मिल तथा लास्की जैसे बहुलवादियों ने आगे बढ़ाया । मैक्स वेबर, कार्ल मार्क्स, ग्राहम वालेस, दुर्खीम बेण्टले आदि ने इसे विकसित किया। 'शिकागो सम्प्रदाय' व्यवहारवाद का प्रमुख गठनकर्त्ता बन गया। इसको 'अमेरिकन पॉलिटिकल साइन्स एसोसिऐशन' व 'सोशल साइन्स रिसर्च कौंसिल' के माध्यम से नई शक्ति मिली। फोर्ड, कारनेगी, रॉक्फलर आदि धनी व्यक्तियों ने सामाजिक विज्ञानों के विकास पर करोड़ों डालर व्यय किये, जिसके कारण व्यवहारवादी दृष्टिकोण सर्वव्यापक बन गया था।

2. व्यवहारवाद (Behaviouralism)–द्वितीय महायुद्ध तक अनुभववादी अध्ययन के अन्तर्गत राजनीतिक दर्शन, तुलनात्मक सरकार, अन्तर्राष्ट्रीय सम्बन्ध और राष्ट्रीय सरकारों के शासन का अध्ययन आता था। इस प्रयत्न ने राजनीतिक अध्ययन के लिये एक अनुशासन प्रणाली और विशिष्ट शब्दावली देने का प्रयास किया यद्यपि उसे उस समय तक कोई अधिक महत्व नहीं दिया जाता था।

एक अमेरिकी पत्रकार फ्रैंक केन्ट (Frank Kent) ने अपनी पुस्तक "The Political Behaviour (1928) में सबसे पहले, इस पद्धति को 'व्यवहार' का नाम दिया। 'व्यवहारवादी क्रान्ति' में उन यूरोपीय विचारकों का भी विशेष योगदान रहा, जो अमेरिका चले गये थे। अमेरिकन अध्ययन पद्धति का प्रभाव फ्रान्स, जर्मनी, व इंगलैण्ड आदि अन्य यूरोपीय देशों पर भी पड़ा। जो अनुभववादी अमेरिका गये थे, उनको द्वितीय महायुद्ध की राजनीतिक कलाबाजियों को देखने का अवसर प्राप्त हुआ, उन्होंनें इसका अत्यन्त निकट से अध्ययन किया, परिणामस्वरूप अनुभववाद 'व्यवहारवाद' में बदल गया।

3. उत्तर-व्यवहारवाद (Post-Behaviouralism)—उत्तर-व्यवहारवाद के अन्तर्गत, सन् 1965 के बाद का विकास आता है। राजनीति में व्यवहारवादी दृष्टिकोण अर्थात् उसे विज्ञान बनाने की प्रवृत्ति प्राचीनकालीन विचारकों में भी थी। सभी व्यवहारवादी मानते हैं कि यह प्रवृत्ति अरस्तु, मैक्यावली, सोफिस्टो, हॉब्स, थॉमस, माण्टेस्क्यू, कामटे, बेन्थम, दुर्खीम, बैजहॉट, मैक्सवेबर, मार्क्स आदि ने अपनाई और अपने समय के सिद्धान्तों व वैज्ञानिक पद्धतियों से प्रभावित हुये ।

4. नव-व्यवहारवाद (Neo-Behaviouralism)—वर्तमान समय में यह अलग ही विज्ञान बन चुका है। इसका अध्ययन अब प्रत्येक स्थान पर हो रहा है। इस क्षेत्र में अब भी अमेरिकनों का वर्चस्व कायम है। परन्तु जिस प्रकार प्राचीन कालीन विज्ञान से प्रभावित विचारक आज तक राजनीति से कोई सार्वभौमिक सिद्धान्त नहीं दे पाये, उसी प्रकार आज का विकसित व्यवहारवाद भी कोई निश्चित सिद्धान्त नहीं दे पाया है।

व्यवहारवाद का कार्य क्षेत्र
(Scope of Behaviouralism)

व्यवहारवाद का क्षेत्र तेजी से बढ़ रहा है। इसमें बहु पद्धति विज्ञान, व्यवस्था विश्लेषण, प्रकार्यवादी उपागम, समाजशास्त्रीय उपागम आदि अन्य अनेक उपागमों के कारण इसके वास्तविक स्वरूप में बदलाव आ गया है। इस प्रकार व्यवहारवाद स्वरूप के क्षेत्र को निश्चित करना अत्यन्त कठिन हो गया है फिर भी अनेक विचारकों ने अपने-अपने तरीकों से इसके क्षेत्र को निश्चित करने का प्रयास किया है, जिसमें हींजयुलाड के विचारों को अधिक मान्यता मिली है। उसके अनुसार व्यवहारवाद के क्षेत्र के अन्तर्गत निम्नलिखित का अध्ययन किया जाता है—

(i) मनुष्यों के आपसी सम्बन्धों के विषय।

(ii) छोटे समूहों एवं संगठनों के व्यक्ति तथा समष्टि रूप।

(iii) राजनीतिक व्यवस्थाएं (Political System) तथा उपव्यवस्था अर्थात् राजनीतिक दल, दवाब समूह, व्यवस्थापिकाओं आदि।

(iv) मतदान व्यवहार के विषय।

(v) अवधारणायें जैसे—संकल्प, शक्ति, निर्णय, प्रक्रिया, समूह तथा संरचनाऐ आदि।

(vi) क्रिया तथा प्रक्रियाओं की विधियाँ।

(vii) तुलनात्मक राजनीति।

(viii) नवीन उपकरण एवं प्रविधियाँ

(xi) नीतियाँ तथा मूल्य।

(x) राजनीतिक सिद्धान्त (Political Theories) व उपागम।

व्यवहारवाद का मूल्यांकन
(Evaluation of Behaviouralism)

ईस्टन (David Easton) के मतानुसार, "व्यवहारवाद सम्पूर्ण समाज विज्ञानों में विश्लेषण-परिवर्तनशील अवबोधक उपागमों की एक लम्बी पंक्ति में एक नूतन का विकास है।" व्यवहारवाद को मूल्याँकित करने की दिशा में डहल का मत है कि यह "राजनीतिक अध्ययन, आधुनिक मनोविज्ञान, समाजशास्त्र और अर्थशास्त्र के सिद्धान्तों, पद्धतियों, उपलब्धियों और दृष्टिकोणों को निकट लाने में असफल हुआ है।"

सेलापूल ने व्यवहारवाद के विषय में कहा है, "हमारा अनुशासन, एक नये सामंजस्य, एक सुखद एकता और आत्मविश्वासपूर्ण अभिज्ञान और व्यवहार अनुभव करता है, जो कि उसके स्वस्थ एवं शीघ्रवर्धन के अनुकूल है।" उन्होंने आगे कहा है कि "व्यवहार ने अपने वैज्ञानिक अनुभववाद के माध्यम से नवीन दृष्टि, नवीन पद्धतियाँ, नये मापन और नूतन क्षेत्र प्रदान किये हैं।"

व्यवहारवादियों का मत है कि वे मनुष्य के विज्ञान की रचना कर सकते हैं, अथवा मानव व्यवहार के ऐसे नियम ढूँढ सकते हैं, जो सही नियन्त्रण और पूर्व कथन का आधार बन सके। इसे अभी तक पूरा होना बाकी है। ईस्टन के अनुसार, इनकी प्रकृति प्राय: इतिहासेत्तर होती है। व्यवहारवादियों की पद्धति में इसकी नियमित अवहेलना पाई जाती है कि अब तक क्या हो चुका है? इसकी आलोचना करते हुये क्रिश्चियन (Christian) ने लिखा है कि "उनमें उत्तरवादी प्रजातन्त्र के प्रति पूर्वाग्रह है और वे किसी सीमा तक अराजनीतिक, राजनीतिक विरोधी और यथास्थितिवादी है।" उन्होंने आगे कहा कि "व्यवहारवादियों ने लघु स्तरीय एवं महत्वपूर्ण घटनाओं के अध्ययन में ही अपनी समस्त शक्ति लगा दी है। समष्टि और व्यष्टि दोनों स्तरों पर ही उन्होंने महत्वपूर्ण प्रश्नों को छोड़ दिया है।" उनके अनुसार, "उन्होंने तत्कालीन एवं गम्भीर समस्याओं से अपने आपको पृथक कर 'आरामकुर्सी' वाले बुद्धिजीवी वर्ग में शामिल कर लिया है। तथा 'इन्द्रपुरी के निवासी' बन गये है।"

व्यवहारवादी क्रान्ति ने राजनीतिक विज्ञान के रूप को बदलने में बहुत बड़ा योगदान दिया है। राजनीतिक विज्ञान में क्रान्ति प्रदत्त वैज्ञानिक विधियाँ, मूल्य-निरपेक्षवाद तथा व्यवहारवादी दृष्टिकोण को आत्मसात कर लिया है। इसका स्पष्ट प्रभाव उसके स्वरूप और विषयवस्तु पर पड़ा है। व्यवहारवादियों तथा उनके विरोधियों का शीतयुद्ध समाप्त हो गया है। रार्बट डहल के अनुसार, "व्यवहारवादी मनोदशा की परिसमाप्ति हो चुकी है। व्यवहारवाद अनुशासन के मुख्य निकाय में आत्मसात हो चुका है या हो जायेगा।"

उत्तर व्यवहारवादी क्रान्ति
(Post-Behaviour Revolution)

सन् 1960 के लगभग एक 'प्रति व्यवहारवादी क्रांन्ति' सामने आई, यह व्यवहारवादी क्रान्ति के उत्तर देने के लिये ही सामने आई थी, क्योंकि उस समय ऐसा अनुभव होने लगा था कि व्यवहारवादी क्रान्ति की सीमाओं ने राजनीति विज्ञान को निरुद्देश्य बना दिया है। मूल्य निरपेक्ष राज विज्ञान स्वयं को राजनीतिक स्थिति के प्रति उदासीन रखता था, वह मानव

जीवन के हित के लिये न तो किसी प्रकार का उपाय या सुझाव ही देता और न ही समस्याओं को सुलझाने का सिद्धान्त प्रतिपादित करता। इस शोध को आगे चलाकर डेविड ईस्टन ने इस बात पर अधिक जोर दिया कि राज विज्ञान को अपने समय की समस्याओं के साथ संगति बैठाकर उनके प्रति कार्यशीलता का परिचय देना चाहिये।

डेविड ईस्टन का योगदान
(Contribution of David Easton)

'अमेरिकन पोलिटिकल साइन्स एसोसिएशन' के 65वें अधिवेशन में अध्यक्षीय भाषण में अपने विचार प्रकट करते हुए डेविड ईस्टन ने कहा कि, "व्यवहारवादी पद्धति में यथातथ्यता (Factuality) की अति की जा रही है, जिससे वह प्राकृतिक विज्ञान बन जाय।" सारटीरी के शब्दों में, "यह जबरदस्ती या लघुकरणवाद (Reductionism) है" ईस्टन ने इस विषय पर निम्नलिखित विचार प्रकट किये–

1. व्यवहारवादी पद्धति में प्रविधि से पहले उन वास्तविकताओं को स्थान प्रदान दिया जाना चाहिये जो वर्तमान गम्भीर समस्याओं की दृष्टि से महत्वपूर्ण हों। वे अस्पष्टता को असंगत शुद्धता से अच्छा मानते हैं, उनके अनुसार वैज्ञानिक उक्ति के स्थान पर उत्तर व्यवहारवाद की उक्ति यह होनी चाहिये कि "असंगत शुद्धता की अपेक्षा अस्पष्टता ही अच्छी है।"

2. व्यवहारवाद में एक अनुभवात्मक रूढ़िवादिता की विचारधारा छिपी है, जोकि यथास्थितिवाद की समर्थक है।

3. उत्तर व्यवहारवाद को यथार्थता के भी समीप लाने के प्रयास किये जाने चाहियें क्योंकि व्यवहारवाद वास्तविकता से परे हो चुका था। मानव जाति के उत्थान में यह महत्वपूर्ण योगदान दे सकता है।

4. चाहे समाज विज्ञान कितना भी प्रयत्न क्यों न करे, शोधकर्ता कभी भी अपने पूर्वाग्रहों से मुक्त होकर तटस्थ नहीं हो सकता, इसलिये मूल्य निरपेक्षता के मूल्यों का रचनात्मक विकास किया जाना आवश्यक है। इतना ही नहीं बल्कि उन्हें सभ्यता के मानवीय मूल्यों की सुरक्षा भी करनी चाहिये।

5. व्यवहारवाद को समाज के पुनर्निर्माण के योग्य होना चाहिये, क्योंकि ज्ञान का अर्थ तटस्थता या उदासीनता नहीं है। बुद्धिजीवी एक वैज्ञानिक होने के कारण अपने ज्ञान को कार्य के रूप में परिणित करने का एक विशेष दायित्व रखता है। उन्हें एक ऐसा कार्य विकसित करना पड़ेगा, जो आवश्यक रूप से आदर्शों के विषय में समाज के समकालीन संघर्षों को प्रतिबिम्बित करेगा।

6. व्यवसायात्मक व्यवहारवाद के अध्ययन का राजनीतिकरण आवश्यक है। इसका ध्यान विश्व समस्याओं पर जाना चाहिये यद्यपि इसके लिये बुद्धिजीवियों के व्यावसायिक संघों एवं विश्वविद्यालयों को संघर्ष करना पड़ेगा।

ईस्टन ने व्यवहारवाद की स्थिति की आठ विशेषताओं का वर्णन किया है, परन्तु इनमें से प्रथम छः की परम्परावादियों ने कटु आलोचना की है। सन् 1920–30 में 'प्रतिवाद' अर्थात्

'व्यवहारवाद' की स्थिति का समारम्भ हुआ था। जबकि स्टूअर्ट राइस और हैरोल्ड लासवैल ने परिणामात्मक पद्धतियों को आरम्भ किया। व्यवहारवाद के प्रतिवाद को दो भागों में बाँटा गया है। इसकी प्रथम अवस्था में मात्रात्मक विकास हुआ, परन्तु इसकी द्वितीय अवस्था में मात्रात्मक के साथ-साथ सिद्धान्तात्मक विकास भी हुआ। डेविड ईस्टन, ग्रैबील, आमंछ, राबर्ट डहल, हैरोल्ड लासवैल, कार्ल डायस आदि इसके प्रवर्त्तक थे।

व्यवहारवादी विचारकों में डेविड ईस्टन का महत्वपूर्ण स्थान है। उसने कहा है कि, "राजनीतिक विचार मस्तिष्क का एक दृष्टिकोण तथा शिक्षाशास्त्रियों द्वारा चलाया गया एक आन्दोलन है।" उसने आगे कहा है कि, "एक व्यापक सैद्धान्तिक योजना तैयार की जाये तो राजनीतिशास्त्र के अध्ययन और शोध को निर्देशित कर सके, माप सके और प्रोत्साहित कर सके। यह व्यवस्था कठोर नहीं होनी चाहिये, वरन् लचीली और लगातार समायोजित होने वाली होनी चाहिये।" इस मत के प्रस्तुत किये जाने का प्रमुख उद्देश्य यह था कि बौद्धिक इतिहास से राजनीतिक सिद्धान्त को समाप्त कर दिया जाये तथा उसके स्थान पर मूल्यों की खोज तथा महान् सिद्धान्तों की स्थापना की जाये जो राजनीतिशास्त्र को जीवन व अर्थ दे सके। ईस्टन के मतानुसार, "जब हम सामाजिक विज्ञानों के समाजशास्त्र तथा मनोविज्ञान के विषयों पर दृष्टि डालते हैं, तो हम पाते हैं कि उन्होंने द्वितीय विश्व युद्ध के बाद अपना दृष्टिकोण तथा कार्य पद्धति को विकसित कर लिया है, जब कि राजनीति विज्ञान में वैज्ञानिक तरीके अपनाने के लिये कोई प्रयास नहीं किया गया है।" ईस्टन ने आगे कहा है कि, "अन्य समाजशास्त्रियों के अनुभवों का अध्ययन करने पर हम पाते हैं कि हम इस दिशा में पिछड़ चुके हैं, जबकि अन्य शास्त्र शीघ्र की अवस्था को पार कर सिद्धांन्त की सीढ़ी पर पहुँच गये हैं, राजनीति विज्ञान अभी अपनी प्रथम अवस्था (शैशव काल) में ही हैं।" ईस्टन के प्रयासों से आजकल निर्णय प्रक्रिया राजनीतिक शोध के लिये नयी अवधारणा बन गयी है। इसे अब अन्तर्राष्ट्रीय सम्बन्धों को सुधारने में अपनाया जाता है, इसका उपयोग सामान्य राजनीतिक प्रक्रियाओं में भी किया जाता है।

हेराल्ड डी॰ लासवेल
(Harold D. Lasswell)

प्रभाव और प्रभावशील का अध्ययन

लासवेल ने अपने ग्रन्थों में इस बात को स्वीकार किया है कि "राजनीति का अध्ययन वास्तव में शक्ति का अध्ययन है।" इस बात को प्रसिद्ध व्यवहारवादी विचारक मार्गेन्थाऊ, मैरियम, कैलटिन आदि ने भी स्वीकार किया है। लासवेल के इस विचार का यह अर्थ है कि राजनीति विज्ञान शक्ति को हथियाने या उसे कायम रखने और उसमें रणचातुरी के प्रयोग करने का अध्ययन है जो इन उद्देश्यों के लिये अपरिहार्य है। परन्तु शक्ति का अध्ययन उन प्रभावों से अलग नहीं किया जा सकता जिन समर्थन, सहयोग या असहयोग से शक्ति के अनेक असन्तुलन बनते बिगड़ते हैं। अतएव आगे चलकर लॉसवेल ने राजनीति के विषय को अधिक विस्तृत करते हुए उन सभी प्रभावों को उसके विषय क्षेत्र में सम्मिलित कर लिया, जो समाज के अनेक उपांगों से राजनीतिक क्षेत्र में प्रवेश करते है। उनके अनुसार 'राजनीति का अध्ययन, 'प्रभाव' और 'प्रभावशील' का अध्ययन है।

व्यवहारवादी राजनीति

लासवेल व्यवहारवादी राजनीति के प्रमुख विचारक थे। अन्य व्यवहारवादी विचारकों की ही भाँति उन्होंने भी 'सत्ता' और 'शक्ति' को राजनीति का केन्द्र माना है और उनके प्रभावों का विशेलषण किया है। लासवेल के मतानुसार, "जहाँ शक्ति है वहाँ उसका प्रत्यक्ष या अप्रत्यक्ष रूप से प्रभाव भी विद्यमान होता ही है, और वह वर्तमान और भविष्य की गतिविधियों को यहाँ तक कि इतिहास की प्रगति को भी सामूहिक रूप से प्रभावित करता है" उनके अनुसार, समुदाय या समाज में शक्ति के अनेक स्रोत हैं, जो राजनीतिक और अराजनीतिक दोनों ही होते हैं, इस शक्ति का पूर्वानुमान और आँकलन वैज्ञानिक ढंग से किया जा सकता है। इस शक्ति का संचालन राजनीति द्वारा होता है।

इसलिये वर्तमान प्रजातन्त्र में शक्तियों के इन स्त्रोतों का आँकलन अनेक प्रभावों का पूर्वानुमान एक ऐसे राजनीतिक विज्ञान को जन्म दे सकते हैं जो राष्ट्रीय और अन्तर्राष्ट्रीय राजनीतिक शक्तियों को भावी गति-विधियों के सम्बन्ध में भविष्यवाणी तक कर सकती है।

राजनैतिक विश्लेषण

लासवेल के अनुसार राजनीति का अध्ययन शक्ति का अध्ययन अर्थात् शक्ति के धारक 'प्रभावक', 'प्रभावित' और 'प्रभाव' का अध्ययन है। लॉसेवल ने 'शक्ति' व 'प्रभाव' के वितरण के विश्लेषण को दो भागों में बाँटा है—चिन्तात्मक विश्लेषण (Contemplative Analysis) और कौशलात्मक विश्लेषण (Manipulative Analysis) चिन्तात्मक विश्लेषण को भी लासवेल ने दो भागों में विभक्त किया है—विवरणात्मक विश्लेषण (Descriptive Analysis) और पूर्वानुमानित विश्लेषण (Predictive Analysis) अपने ग्रन्थों में लॉसवेल ने विवरणात्मक विश्लेषण को तीन उपंगो में विभक्त किया है जो इस प्रकार है।

1. वैज्ञनिक तथ्यों के आधार पर शक्ति के विभिन्न पहलुओं का चिन्तन व विश्लेषण।

2. विश्लेषण को आधार मान कर परिणामों का पूर्वानुमान।

3. इन दोनों के आधार पर चतुरतापूर्वक वांछित उद्देश्यों की प्राप्ति के लिये शक्ति और प्रभावों का नियन्त्रण और आवश्यक परिवर्तन की संभावानाओं का अध्ययन।

आकारात्मक विशलेषण

'Who Gets What, When and How' नामक पुस्तक में लॉसवेल ने 'कौन, क्या, कब और कैसे', का उत्तर देने का प्रयास किया है, और वास्तव में यही वर्तमान राजनीतिक जीवन का प्रमुख व मौलिक प्रश्न है। इनका उत्तर दिये बिना वर्तमान राजनीतिक विज्ञान का अध्ययन का उद्देश्य पूरा नहीं हो सकता। इनका उत्तर ढूढँने के लिये पूरी राजनीतिक प्रक्रियाओं व शक्तियों का ही विश्लेषण आवश्यक हो जाता है। इस विश्लेषण को लॉसवेल ने अकारात्मक विश्लेषण (Configurative Analysis) नाम दिया है, इसके प्रमुख कारक हैं, (1) सन्तुलन (equilibrium) व (2) विकास (Development)।

1. सन्तुलनात्मक विश्लेषण (Equilibrium Analysis)— सन्तुलनात्मक विश्लेषण के अन्तर्गत भी कुछ कारक विद्यमान होते हैं। जैसे, राजनीतिक कार्यवाइयाँ, माँगे, प्रतीक व

प्रतिस्पर्धा आदि। प्रदर्शनों, हड़तालों, संघर्षों, बंद आदि कार्यवाइयाँ, जो कि अनेक गुटों द्वारा अपनाई जाती हैं, राजनीतिक कार्यवाइयों के अन्तर्गत आती हैं। इन कार्यवाइयों का प्रत्यक्ष या अप्रत्यक्ष रूप से प्रभाव पड़ता है। जनता पर अपना प्रभाव डालने अथवा उसे कायम रखने हेतु अनेक गुट विभिन्न प्रकार की माँगों को सरकार तथा 'प्रशासन' के समक्ष रखते हैं। प्रतीक के विषय में लॉसवेल का मत है कि, "प्रतीक राजनीतिक शक्ति व प्रभाव के प्रतीक होते हैं। साथ ही विशिष्ट विचारधाराओं और अनेक दर्शन को भी समाविष्ट करते है। अनेक प्रतीक राष्ट्र, वर्ग, जाति व धर्मसत्ता के साथ जुड़े होते हैं।

2. विकासात्मक विश्लेषण (Development Analysis)—लासवेल का विकासात्मक विश्लेषण वास्तव में इतिहास की अद्वितीय दार्शनिक व्याख्या है। इसमें उन्होंने बाइको, ट्वानयवी, स्पेन्गलर, कामटे या मार्क्स की तरह इतिहास की घटनाओं के बीच सत्ता का रूपायन और उनकी पुनरावृत्तियों का अध्ययन किया है और ऐतिहासिक तथ्यों के विश्लेषण द्वारा यह सिद्ध करने का प्रयास किया है कि सृष्टि का विकास एक गत्यात्मक शक्ति के रूप में एक प्रवाह की तरह हो रहा है, जिसमें अनेकों प्रकार की शक्तियाँ आपस में एक सन्तुलन कायम कर लेती हैं। फिर यह सन्तुलन नष्ट हो जाता है, जिससे विकास की गति आगे बढ़ती है, सन्तुलन और विकास की इन अवस्थाओं का समाज में क्रियाशील शक्तियों के अध्ययन और विश्लेषण द्वारा पूर्वाभास किया जा सकता है।

आलोचनात्मक आकलन
(Critical Estimate)

1. लासवेल ने मनुष्य को ईंट, 'पत्थर' या 'धातु' जैसी वस्तु मान कर उसके स्वभाव, परिस्थितियों और अभिलाषाओं की माप करके मानव इतिहास की प्रगति की दिशा को इंगित करना चाहा है और राजनीति के क्षेत्र में भविष्यवाणी करनी चाही है। उसकी दृष्टि में राजनीति विज्ञान तभी विज्ञान बन सकता है जब उसे रेखागणित जैसी आकृतियों व बीजगणितीय आँकड़ों में ढाल दिया जाये। स्पष्ट है कि लासवेल का वैज्ञानिक अवधाराणओं का अध्ययन मानव प्रवृत्तियों के आकलन का असफल प्रयास है।

2. लासवेल ने भरसक प्रयत्न के पश्चात् भी अभिलाषाओं तथा विश्लेषण में स्पष्टता की एक झलक भी नहीं दिखायी है, बल्कि उसे उलझा कर रख दिया है। लासवेल के विश्लेषणों में कोई नई बात नहीं। उसने बाइको, हेगेल, मार्क्स, कामटे आदि की द्वन्द्वात्मक शक्तियों को मिलाकर समाज वैज्ञानिक शक्तियों का ढाँचा (Models of Political System या Pattern of Political Forces) का नाम दे दिया है।

3. लासवेल का समाज विज्ञान का अध्ययन कामटे के अध्ययन से, विकासात्मक विश्लेषण मार्क्स के ऐतिहासिक भौतिकवाद से बहुत मिलता-जुलता है तथा उनका मूल्य वितरण का विश्लेषण बेन्थम के उपयोगितावाद से मिलता है। लासवेल का विश्लेषण अविभाजनीय शक्तियों के परिवर्तन का अध्ययन है। लासवेल द्वारा प्रतिपादित सिद्धान्त राजनेताओं के किसी भी प्रकार से मार्ग दर्शन करने में असमर्थ है।

अभ्यास के लिये प्रश्न

1. व्यवहारवाद क्या है? व्यवहारवाद के विकास व कार्यक्षेत्र का वर्णन करो तथा उसका आलोचनात्मक मूल्याकंन भी करो।
2. उत्तर व्यवहारवादी क्रान्ति के विषय में आप क्या जानते हैं? उसकी प्रमुख विशेषताओं का उल्लेख करो।
3. डेविड ईस्टन के राजनैतिक विचारों की व्याख्या कीजिये।
4. लासवेल के प्रमुख राजनैतिक विचारों की विवेचना कीजिये।
5. प्रमुख व्यवहारवादी हेराल्ड डी० लासवेल के राजनैतिक विचारों की आलोचनात्मक व्याख्या कीजिये।

29

अराजकतावाद
(Anarchism)

अराजकतावाद के सम्बन्ध में सुप्रसिद्ध विद्वान् ई० एम० बर्न्स (E M.Burns) ने लिखा है कि "अराजकतावादी सिद्धान्त के अनुसार राजसत्ता किसी भी रूप में अनावश्यक तथा अवांछनीय है। आधुनिक अराजकतावाद में राज्य के सैद्धान्तिक विरोध को व्यक्तिगत सम्पत्ति की संख्या के विरोध तथा संगठित धार्मिक सत्ता के विरोध के साथ जोड़ा जाता है।"

अराजकतावाद के सम्बन्ध में व्यक्त उपरोक्त कथन की भाँति ईसाई विचारधारा के समर्थकों ने भी 'राज्य को एक दमनकारी सत्ता' बताया है, क्योंकि यूनानी विद्वानों ने इस पर बल दिया था कि "मानव को सुखी व सद्‌गुणी बनाने के लिये यह आवश्यक है कि हम पारस्परिक सहयोग से ही कार्य करें व हमें राज्य की कोई आवश्यकता नहीं।" इसी के समान विचारधारा वाले मध्यकालीन विचारकों ने कहा है कि "व्यक्ति पर राज्य का नियन्त्रण नहीं होना चाहिये।" चीन के एक प्रसिद्ध विद्वान् के अनुसार "राज्य मानव प्रकृति के विरुद्ध है, क्योंकि इसमें एक व्यक्ति पर दूसरे के द्वारा शासन करने के सिद्धान्त को उचित ठहराया गया है।" वर्तमान समय में प्रोधाँ, मार्क्स, क्रोपोट्किन तथा गांधी जी ने राज्य को एक आवश्यक बुराई माना था तथा व्यक्ति की स्वतन्त्रता पर बल दिया था।

अराजकतावाद का अर्थ
(Meaning of Anarchism)

अराजकतावाद शब्द की उत्पत्ति ग्रीक शब्द 'अनारकिया' (Anarchia) से हुई है, जिसका शाब्दिक अर्थ है '**शासन का अभाव**' (Absence of rule) अराजकतावाद एक ऐसी विचारधारा है, जो राज्य, राजसत्ता तथा सभी प्रकार के सामाजिक, राजनीतिक तथा धार्मिक नियन्त्रणों का विरोध करती है तथा राज्यविहीन, नियन्त्रणविहीन एवं वर्गविहीन समाज की स्थापना करती है। वह सामाजिक एवं राजनीतिक शक्ति के उपयोग को भी अस्वीकार करती है। अराजकतावादी विचारक राज्य को एक दुर्गुण, सर्वथा अनावश्यक, अत्याचारितापूर्ण एवं अवांछनीय मानते हैं, फिर भी 'अराजकतावाद का तात्पर्य दबाव या शक्ति के अभाव से है, न कि व्यवस्था के अभाव से'।

अराजकतावाद की परिभाषा

1. जी० डी० एच० कोल (G. D. H. Cole)– "एक दार्शनिक सिद्धान्त के रूप में अराजकतावाद समाज के सामाजिक संगठन के उन सब रूपों में पूर्ण विरोध के साथ प्रारम्भ होता है, जो बाध्यकारी सत्ता पर आधारित होते हैं। एक आदर्श के रूप में अराजकतावाद का अभिप्राय उस स्वतन्त्र समाज से है, जिसमें से बाध्यकारी तत्वों का लोप हो चुका है।"[1]

2. हक्सले (Huxley)–'अराजकतावाद समाज की वह स्थिति है, जिसमें केवल व्यक्ति के स्वयं पर शासन को ही न्यायोचित रूप में मान्यता प्रदान होगी।"[2]

3. क्रोपाट्किन (Kropotkin)--"अराजकतावाद जीवन या आचरण के उस सिद्धान्त या 'वाद' को कहते हैं, जिसके आधीन राज्यविहीन समाज की कल्पना की जाती है। इस समाज में शान्ति व्यवस्था बनाये रखने के लिए किसी कानून अथवा बाहरी सत्ता के आदेशों का पालन आवश्यक नहीं होगा। यह सामंजस्य, उत्पादन, उपभोग तथा सभ्य समाज की अनेक प्रकार की आवश्यकताओं और आकांक्षाओं की सन्तुष्टि के लिए, स्वतन्त्र रूप से संगठित विभिन्न प्रादेशिक तथा व्यावसायिक समुदायों के ऐच्छिक तथा स्वतन्त्र समझौते से उत्पन्न होगा।"

4. ई० वी० जेनकर (E. V. Jancker)–"आदर्श रूप में अराजकतावाद का अर्थ स्वयं में पूर्ण स्वतन्त्र व्यक्तिगत सरकार है, जिसका अभिप्राय किसी भी बाहरी सरकार की अनावश्यकता है।"[3]

5. डिकिन्सन (Dickinson)–"अराजकतावाद का अर्थ शान्ति और व्यवस्था के अभाव से नहीं प्रत्युत शक्ति के अभाव से है। शासन का अभिप्राय है विवशता, पृथकता, विभ्रम तथा भिन्नता, जबकि अराजकतावाद का अर्थ है, स्वतन्त्रता, एकता और प्रेम।"

अराजकतावाद के रूप
(Forms of Anarchism)

अराजकतावाद के प्रमुख दो रूप है व्यक्तिवादी एवं साम्यवादी ये दोनों ही पक्ष व्यक्तिवादी एवं साम्यवादी राज्य का विरोध करते हैं। प्रथम पक्ष अर्थात् व्यक्तिवाद निजी सम्पत्ति रखने का समर्थक है, परन्तु द्वितीय पक्ष अर्थात् साम्यवाद निजी सम्पत्ति को रखने के विरूद्ध है। आधुनिक अराजकतावादी अधिकतर साम्यवादी पक्ष को मानने वाले थे। ये राज्य, व्यक्तिगत सम्पत्ति एवं धर्म को समाज की प्रगति में बाधक मानते थे। बाकुनिन (Bakunin) जैसे प्रसिद्ध

---

1. "Anarchism as a philosophic doctrine sets out from a root and branch opposition to all forms of society which rest on the basis of coercive authority. Anarchism as an ideal, means a free society from which the coercive elements have disappeared."
--G.D.H. Cole
2. "Anarchism is a state of society in which the rule of each individual by himself is the only government."
--Huxley
3. "Anarchism means, in its ideal sense, the perfect unfettered self-government of the individual and consequently the absence of any kind of external government."
--E.B. Jancker

विचारक के अनुसार "ये तीनों संस्थाएं मनुष्य के आदिम विकास के चिन्ह हैं और आधुनिक विकास की अवस्था में इनकी बिल्कुल आवश्यकता नहीं है।"

गैटिल (Gettell) के अनुसार, "अराजकतावाद का उद्देश्य 19वीं सदी की दो महान् समाज सुधारक विचारधाराओं, उदारवाद और समाजवाद का समन्वय है। यह सिखाता है कि समाजवाद के बिना स्वतन्त्रता विशेषाधिकारो में परिणित हो जाती है और स्वतन्त्रता के बिना समाजवाद स्वेच्छाचारिता और दासता में परिणित हो जाता है।"

ऐतिहासिक पृष्ठभूमि
(Historical Background)

अराजकतावाद के प्रमुख प्राचीन समर्थक विद्वानों में जैनो (Zeno) मुख्य थे, यही अराजकतावाद के प्रतिपादक थे। उनके पश्चात् चीनी विचारक 'च्वांग जू' तथा भारत में 'मनु' अराजकतावादी थे। 'च्वांग जू' ने कहा था कि, "एक व्यक्ति का दूसरे पर शासन मानवीय प्रकृति के सर्वथा विपरीत है।" मध्य युगीन विचारकों में 'स्पीनल' प्रमुख अराजकतावादी थे।

1. विलियम गॉडविन (William Godwin)—आधुनिक अराजकतावादी विचारकों में सर्वप्रथम विलियम गॉडविन का नाम आता है। उनके अनुसार "मनुष्य स्वभाव से विवेकयुक्त तथा न्यायप्रिय होता है और यदि राज्य और व्यक्तिगत सम्पत्ति की व्यवस्था द्वारा उसके इन गुणों का हनन नहीं किया जाय, तो वह एक दूसरे के साथ सहयोग तथा स्नेह की भावना से प्रेरित होकर रह सकेगा।"

2. प्रोद्याँ (Proudhon)—दूसरे प्रमुख समर्थक विद्वान् प्रोद्याँ ने लिखा है कि, "मैं पूर्ण अर्थों में अराजकतावादी हूँ।[4] प्रोद्याँ के अनुसार "मनुष्य पर मनुष्य का शासन किसी भी रूप में अत्याचार है। समाज का सबसे अधिक पूर्ण स्वरूप उच्चतम रूप में सुव्यवस्थित तथा अराजकता के समन्वय में ही हो सकता है।"[5]

3. थोरो (Thoreau)-- थोरो ने भी अराजकतावाद को सुदृढ़ता प्रदान की थी।

4. बाकुनिन (Bakunin)—बाकुनिन के अनुसार, "राज्य व्यक्ति का किसी भी रूप में हित नहीं कर सकता, क्योंकि राज्य एक पूर्णतया बाहर की वस्तु है और उसके द्वारा व्यक्ति के व्यक्तित्व का विकास न होकर उसमें बाधा पड़ती है।" बाकुनिन ने व्यक्तिगत सम्पत्ति और धर्म की भी आलोचना की थी। धार्मिक निरंकुशता के सम्बन्ध में वह 'ईश्वर को अत्याचारी जार' कहा करता था और 'जार' को निरंकुश अत्याचारी ईश्वर।"

5. प्रिंस क्रोपाट्किन (Prince Kropotkin)—यह अराजकतावाद का कट्टर समर्थक एक था। उसके विचार में, "राज्य एक ऐसी बेकार संस्था है, जिससे लाभ की अपेक्षा हानि अधिक हुई है। राज्य के कानून व्यक्ति की स्वतन्त्रता का हनन करते हैं।" क्रोपाट्किन पूंजीवाद

---

4. Quoted by Coker, *Recent Political Thought p.195.*
5. "Government of man by man in every form is oppression ,The highest perfection of society is found in the union of order and anarchy."

--Proudhon

और धर्म का भी विरोधी था। उसका विचार था कि "धर्म साधारण जनता को पूंजीपतियों का दास बनाये रखने में उनकी सहायता करता है, क्योंकि पूंजीपतियों और धर्म गुरुओं के हित एक ही हैं।"

6. टाल्सटॉय (Tolstoy)–टाल्सटॉय ने अपने अराजकतावादी विचारों में लिखा था कि, "मेरे सारे क्रिया-कलाप राज्य की मांगों के प्रभाव में दबे हुए हैं, और मुझे यह दिखायी देता है कि मेरी तथा मेरे भाइयों की स्थिति तभी सुधरेगी, जब सब राज्यों की मांगों से मुक्त हो जायेंगे।" टाल्सटॉय के अराजकतावाद को "ईसाई अराजकतावाद" कहा गया है क्योंकि उसके विचार में पूर्ण ईसाइयत की अवस्था ही अराजकता की अवस्था है।

7. अन्य अराजकतावादी– टाल्सटॉय के बाद वारेन (Warren), टकर (Tucker), शिमिड (Schmid) तथा स्टर्नर (Sturner) आदि विद्वानों ने अराजकतावाद का समर्थन करके उसे आगे बढ़ाया था।

अराजकतावाद के साधन
(Means of Anarchism)

प्रमुख अराजकतावादी विचारकों ने अपने विचारों को व्यक्त करने के लिए निम्नलिखित साधन अपनाये थे–

1. संगठन (Organization)-- अराजकतावादियों का विश्वास था कि संगठन ही शक्ति का साधन होता है। इसलिये क्रान्ति को सफल बनाने के लिए लोगों को संगठन बनाना चाहिए तथा एक समिति संगठित करनी चाहिए, जो क्रान्ति का संगठन व संचालन करेगी।

2. क्रान्ति (Revolution)-- अपने उद्देश्यों की पूर्ति हेतु अराजकतावादी क्रान्ति में विश्वास करते थे। इसीलिए अराजकतावाद को 'क्रान्तिकारी अराजकतावाद' भी कहा जाता है। अराजकतावादियों का विचार है कि "संसद के अधिनियमों से अराजकतावादी समाज की स्थापना नहीं की जा सकती और सरकारी अधिकारियों की हत्या, सरकारी भवनों के विनाश तथा निजी सम्पत्ति को बलात् छीन लेने आदि उपायों द्वारा आतंक के वातावरण को जन्म देकर ही अराजकतावाद की स्थापना की जा सकती है।"

3. हिंसात्मक कार्यवाही (Violent Action)-- बाकुनिन ने कहा था कि "क्रान्ति को भयावह और सफल बनाने के लिये हिंसात्मक कार्यवाही को अपनाना चाहिए।" उनके अनुसार क्रान्ति में हिंसात्मक साधनों द्वारा धर्म-संस्थाओं, व्यवस्थापिकाओं, पुलिस व न्यायालयों को तोड़ा जाता है।

4. राज्य का विरोध (Opposition of State)-- अराजकतावादियों ने राज्य का पूर्ण विरोध किया था। वह राज्य के स्थान पर राज्यविहीन तथा वर्ग-विहीन समाज की स्थापना करना चाहते थे। उन का विचार था कि वर्ग विहीन समाज की स्थापना तथा राज्य को समाप्त करने के लिए जनजागरण आवश्यक है।

अराजकतावाद के प्रमुख सिद्धान्त
(Main Principles of Anarchism)

अराजकतावाद के प्रमुख सिद्धान्त निम्नलिखित हैं-

1. राज्य अनावश्यक बुराई (State Unnecessary Evil) राज्य को अनावश्यक बुराई कहते हुए प्रिंस क्रोपाट्किन ने लिखा है कि, "राज्य का कोई स्वाभाविक औचित्य नहीं है। वह मनुष्य की स्वाभाविक सहयोगी मूलप्रवृत्ति के विरुद्ध है।" बन्धन में रहकर व्यक्ति किसी प्रकार की भी उन्नति नहीं कर सकता। राज्य एक ऐसा दुर्गुण है, जिसमें मनुष्य अपने स्वाभाविक गुणों-विवेक, शुभेच्छा व तर्कशीलता आदि को खो देता है। शक्ति व राज्य उसे पदलोलुप, अनैतिक एवं स्वार्थी बना देते हैं तथा वह सामान्य जनता को दासता की बेड़ियों में जकड़ देता है। प्रिंस क्रोपाट्किन ने लिखा है कि, "इस या उस घृणित मन्त्री को यदि सत्ता प्राप्त न हुई होती तो वह बहुत ही श्रेष्ठ व्यक्ति होता।"

राज्य को अनावश्यक मानने वाले अराजकतावादी देश की सुरक्षा, आंतरिक व्यवस्था एवं सांस्कृतिक पुनर्निर्माण हेतु राज्य के कार्यों को राज्य से लेकर स्वतन्त्र संघों को सौंपना चाहते हैं। प्रिंस क्रोपाट्किन के विचार में "स्थायी सेनाएं सदैव ही आक्रान्ताओं द्वारा परास्त होती रही हैं और इतिहास की दृष्टि से उन्हें देश के बाहर निष्कासित करने में जन क्रान्तियां अधिक सफल हुई हैं।"

2. राज्य व्यक्ति के विकास में बाधा (State Obstacle in the Man's Development)--अराजकतावादी विचारकों के अनुसार राज्य द्वारा बनाये गये कानून तथा व्यवस्था में इतने बन्धन होते हैं कि व्यक्ति विकास नहीं कर पाता, राज्य शक्ति तथा हिंसा को संरक्षण प्रदान करता है, इसलिए यह "साधक नहीं,बाधक है।" व्यक्तित्व के विकास के लिए राज्य की आवश्यकता ही नहीं हैं, व्यक्ति का विकास समाज द्वारा प्रदत्त वातावरण में ही हो सकता है। अत: राज्य की कोई आवश्यकता नहीं और राज्य के अंत में ही मानवीय समृद्धि एवं सफलतायें निहित हैं।

3. राज्य का प्रभाव नहीं (No Influence of State)-- अराजकतावादियों का विचार है कि, "राज्य को किसी भी कार्य में हस्तक्षेप न करना चाहिये और न राज्य की वास्तव में आवश्यकता ही है। व्यक्ति विवेकशील है। अतएव उसको प्रत्येक कार्य करने के लिये स्वतन्त्र छोड़ देना चाहिये। व्यक्तियों को पूंजीपतियों, स्वार्थियों तथा धार्मिक नैतिकता से मुक्ति मिलनी चाहिये।" इस प्रकार अ्राजकतावादी विचारक राज्य को प्रभावहीन बनाकर व्यक्ति को सभी नियन्त्रणों से मुक्ति दिलाने के पक्षपाती हैं। अत: राज्य का अस्तित्व प्रभावहीन है।

4. राज्य द्वारा भ्रष्टाचार को प्रोत्साहन (Promotion of Corruption by State) - अराजकतावादियों का विचार है कि राज्य भ्रष्टाचार को प्रोत्साहन देता है । राज्य की समस्त संस्थायें पुलिस, न्यायालयों तथा जेल भ्रष्टाचार को जन्म देने के अलावा कुछ नहीं करती। इन्हीं से शोषण, भ्रष्टाचार, अत्याचार तथा अन्याय को प्रोत्साहन मिलता है। इसीलिये समस्त भ्रष्टाचार का उन्मूलन करने के लिये आवश्यक है कि राज्य का अंत किया जाये। डिकिन्सन (Dickenson) ने लिखा है कि, "आधुनिक सरकार का अर्थ है दबाव, पृथकता, एकाकीपन

तथा दण्ड, जबकि अराजकता का अर्थ है, स्वतन्त्रता, प्रेम और सहयोग।"

5. राज्य, पूंजीवाद तथा धर्म के अनुचित अंकुश (Improper Checks of State, Capitalism and Religion)-- अराजकतावादी मनुष्य के ऊपर बाह्य अंकुश रखने वाली तीनों सत्ताओं राज्य, पूंजीवाद एवं धर्म का विरोध करते हैं। "व्यक्ति के विकास में ये साधक नहीं बाधक है।" धर्म के नियन्त्रण को अनुचित बताते हुए क्रोपाटकिन ने लिखा है कि, "धर्म प्रकृति की व्याख्या करने का गलत प्रयास है। यह जनता में अन्ध-विश्वास उत्पन्न करने का एक नैतिक साधन है। धर्म जनता में अन्याय के प्रति सहनशीलता की भावना को जन्म देता है। राजनीतिक तथा आर्थिक-व्यवस्था के कारण भी व्यक्ति संकटग्रस्त रहते हैं।"

6. कानून का उल्लंघन आवश्यक (Breach of Law Necessary)-- कानूनों का पालन करने से व्यक्ति के व्यक्तित्व का विकास नहीं होता, वरन् बिगड़ जाता है। अतः अराजकतावादी सारे फसादों की जड़ कानून को मानते हैं तथा उसका विरोध करते हैं। क्रोपाटकिन Kropotkin के अनुसार, "कानून हानिकारक ही नहीं, वरन् व्यर्थ है।"

7. प्रतिनिध्यात्मक शासन का विरोध (Opposition of Representative Govt.) .. अराजकतावादी विचारकों ने राजतन्त्र व कुलीनतन्त्र एवं प्रतिनिध्यात्मक शासन का विरोध किया है, क्योंकि इन सब शासन प्रणालियों का संचालन अनुभव शून्य एवं बुद्धिहीन व्यक्तियों के द्वारा किया जाता है। प्रतिनिध्यात्मक शासन प्रणाली के सम्बन्ध में अराजकतावादियों के दृष्टिकोण को **प्रो॰ जोड** (Prof Joad) ने निम्न प्रकार से व्यक्त किया है, " प्रतिनिधि सरकार ऐसे व्यक्तियों की सरकोर होती है, जो प्रत्येक कार्य को खराब ढंग से करने के लिये सबके विषय में थोड़ा-थोड़ा जानते हैं, किन्तु जिन्हें ठीक प्रकार से कार्य करने के लिये आवश्यक किसी वस्तु का पर्याप्त ज्ञान नहीं होता।"

8. केन्द्रीकरण अनुचित (Centralization Improper)--केन्द्रीकरण को अनुचित बताते हुए अराजकतावादी विचारकों ने विकेन्द्रीकरण पर बल दिया है। उनके विचार में केन्द्रीकरण भ्रष्टाचार तथा अकुशलता को जन्म देता है। इसलिये वह चाहते हैं, कि "समाज का पुनर्निर्माण स्थानीय संस्थाओं एवं संघों के आधार पर हो, जो पुनः विशालतर संगठनों में संयुक्त होकर एक देशव्यापी संगठन का रूप धारण कर लें।" 'जोड' के शब्दों में "अराजकतावाद प्रादेशिक तथा व्यावसायिक विकेन्द्रीयकरण का सबसे प्रबल समर्थक तथा पोषक है।"[6]

अराजकतावाद की आलोचना
(Criticism of Anarchism)

1. अव्यावहारिक (Impracticable)-- 'अराजकतावाद कल्पना की उन्मुक्त उड़ान के अतिरिक्त कुछ नहीं है' कहकर आलोचकों ने अराजकतावाद की कटु आलोचना की है। अराजकतावाद को अत्याधिक अव्यावहारिक बताते हुए सुप्रसिद्ध अराजकतावादी आलोचक बरट्रैण्ड रसल (Bertrand Russell) ने कहा है कि, "कम से कम वर्तमान समय में अराजकतावादी समाज का आदर्श, जिसमें व्यक्ति के किसी भी कार्य पर कोई कानूनी नियन्त्रण

---

6. "Anarchism, first and foremost, is a plea for decentralization, both territorial and functional." --C.E.M. Joad.

न हो, उस प्रकार के संसार की रक्षा करने के लिए अनुपयुक्त ही है, जिसकी स्थापना अराजकतावादी चाहते हैं। राज्य की त्रुटियों के विषय में इसकी अक्षमता और इसकी शक्ति के दुरूपयोग के विषय में आलोचना के रूप में कुछ भी कहा जाय, सभ्य मनुष्यों के लिये किसी न किसी रूप में यह एक निरपेक्ष आवश्यकता रही है और होगी।''

2. अत्याधिक आदर्शवादी (Too much Idealistic Theory)-- आलोचकों का विचार है कि अराजकावादी दर्शन अत्याधिक आदर्शवादी है। उसके द्वारा जो भी कल्पना की गई है, वह केवल आदर्शवादी है, व्यावहारिक नहीं है। अराजकतावादियों ने राज्य विहीन समाज की जो कल्पना की है, वह भी एक आदर्श मात्र है, क्योंकि मनुष्य अपनी स्वार्थपरता और बर्बरता को छोड़कर एकदम साधुव्रत धारण करके घृणा, प्रतियोगिता तथा पारस्परिक द्वेष भी कैसे समाप्त कर सकता है। अत: अराजकतावादी आलोचकों का यह आदर्श, मात्र आदर्श ही बनकर रह गया है।

3. राज्य आवश्यक है (State is Necessary)-- अराजकतावादी विचारकों ने राज्य को जो एक आवश्यक वस्तु बताया है यह गलत है, क्योंकि आधुनिक काल में राज्य को एक कल्याणकारी संस्था के रूप में स्वीकार कर लिया गया है। राज्य को दमन, अत्याचार एवं शक्ति का प्रतीक मानकर उसे 'अराजकतावादी, दुर्गुण ही बताते हैं, परन्तु इतिहास साक्षी है कि राज्य की शक्ति का उपयोग यदि लोक कल्याणकारी राज्य के लिये किया जाये तो वह लोक हितकारी सिद्ध हो सकता है। सुप्रसिद्ध राजनीतिज्ञ अरस्तु (Aristotle) ने सत्य लिखा है कि, ''समाज द्वारा सुसंकृत मनुष्य सब प्राणियों में श्रेष्ठतम होता है, परन्तु वही जब बिना कानून तथा न्याय के जीवन व्यतीत करता है तब वह सबसे अधिक निष्कृष्ट हो जाता है।''[7]

4. मानव दैवीय के साथ-साथ पाशविक भी (Man is both God like and Demon like) आलोचकों का विचार है कि अराजकतावादियों का यह दावा गलत हैं कि मानव मौलिक रूप से मानवीय है, क्योंकि दैवीय के साथ-साथ मानव में अनेक पाशविक प्रवृत्तियां भी होती हैं। वह निस्वार्थी के साथ-साथ स्वार्थी, सार्वजनिक के साथ-साथ पाशविक भी होता है अर्थात् सिक्के के दो पहलुओं के समान ही मनुष्य के भी दो पहलू होते हैं—एक तो दैवीय और दूसरा पाशविक। इन दोनों पहलुओं के अनुपात में अन्तर हो सकता है, परन्तु ये दोनों ही होते अवश्य हैं।

5. राज्य मानवीय दुर्गुणों का सुधारक (State is a Reformer of Men's Evils) --आलोचकों का विचार है कि राज्य मानवीय दुर्गुणों का जनक नहीं सुधारक है इसके विपरीत अराजकतावादी राज्य को मानवीय दुर्गुणों का सुधारक नहीं जनक मानते हैं। उनके विचार में मानवीय दुर्गुणों का उत्तरदायित्व राज्य और उसके कानूनों पर है। अधिकतर विद्वान् मानते हैं कि मानवीय दुर्गुणों के लिये उत्तरदायी रीति-रिवाज कुटुम्ब, समाज तथा शिक्षालय होते हैं, न कि राज्य व कानून।

---

7. ''Man, when perfected is the best of all animals, but when separated from law and justice, he is the worst of all.'' --Aristotle

6. विरोधाभासी (Contradictory)--आलोचकों ने अराजकतावादी विचारधारा को विरोधाभासी बताया है। जहां अराजकतावादी मनुष्य को शासक के रूप में दुराचारी, अत्याचारी एवं स्वार्थी बताते हैं, वहीं दूसरी ओर सामान्य नागरिक के रूप में मानव को सहयोगी, निस्वार्थी, प्रेमी, सेवक आदि भी बताते हैं, यह विरोधाभास उचित नहीं है, क्योंकि सामान्य नागरिक में से, यदि किसी को सत्ता व शक्ति प्राप्त हो जाये तो वह अत्याचारी या निस्वार्थी की जगह स्वार्थी बन जायेगा, यह अनिवार्य नहीं है। एक आलोचक ने टिप्पणी करते हुए लिखा है कि यदि "मौलिक रूप से मानव एक दैवीय प्राणी है, तो जनमत के बल, शिक्षा के प्रभाव तथा नैतिक चेतना के आधार पर शासकों के स्वरूप को उसी प्रकार से बदला जा सकता है जिस प्रकार अराजकतावादी राज्य का अन्त करके मानव के दैवीय गुणों को जागृत करने की आशा करते हैं।"

7. स्वतन्त्रता सम्बन्धी विचार अनुचित (Improper Views Regarding Liberty) अराजकतावादी विचारकों के अनुसार, "राज्य के कानून व्यक्ति की स्वतन्त्रता का हनन करते हैं।" यह गलत है चूंकि कानून की वजह से ही सर्वसाधारण जनता स्वतन्त्रता का उपभोग करती है, इसलिये कहा जा सकता है कि कानून स्वतन्त्रता का रक्षक है। सिसरो (Cicero) का कथन सत्य है कि, "स्वतन्त्र होने के लिये ही हम बन्धन में रहते हैं।"[8] क्योंकि बन्धन रहित स्वतन्त्रता पाशविक स्वतन्त्रता होती है।

8. त्रुटिपूर्ण ऐतिहासिक अध्ययन (Defective Historical Study)--अराजकतावादियों ने कहा है कि इतिहास का अध्ययन करने पर ज्ञात होता है कि 'राज्य ने मानव को अनैतिक बनाने के अलावा कभी कुछ नहीं किया'। यह विचार गलत है, क्योंकि राज्य के अन्तर्गत ही सभ्यता एवं संस्कृति का सम्पूर्ण विकास हुआ है। प्रो० सीले (Seeley) ने लिखा है, "मानवता के इतिहास में जो कुछ भी अच्छी अथवा प्रशंसनीय वस्तु आज तक हुई वह केवल शासित और संगठित समाज में ही सम्भव हो सकी है।"[9] अतः अराजकतावादियों ने इतिहास का अध्ययन सही प्रकार से प्रस्तुत नहीं किया था।

9. अस्पष्ट उद्देश्य (Vague Aims)--आलोचकों का यह भी विचार है कि सम्पूर्ण अराजकतावाद के अध्ययन करने पर भी यह ज्ञात नहीं होता कि अराजकतावादी क्या चाहते थे उनके क्या उद्देश्य थे? इसी कारण सन् 1917 ई० की रूसी क्रान्ति के समय अराजकतावादी क्रान्तिकारियों को किसी भी रूप में निर्देशित नहीं कर पाये थे।

10. धर्म की महत्ता (Importance of Religion)--धर्म कोई घृणास्पद वस्तु नहीं बल्कि नैतिकता का पोषक है। मनुष्य का आध्यात्मिक पक्ष भी उतना ही महत्व रखता है, जितना भौतिक पक्ष। अराजकतावादी का यह कहना सत्य नहीं है कि धर्म के नाम पर जनता का शोषण होता है। क्योंकि इसके लिये नैतिकता का पोषक धर्म नहीं बल्कि धार्मिक कार्यकर्त्ता व धर्मगुरु उत्तरदायी है।

---

8. "We are bound, in order to be free." --Cicero
9. "Whatever is great and admirable in human history has been found in governed communities." --Seeley

11. अल्पसंख्यकों को खतरा (Danger to Minorities)--राज्य का अन्त करके अराजकतावादियों ने राज्य के कार्यों को ऐच्छिक संघों को सौंपा है, जो वर्तमान राज्य में किये जाने वाले कार्यों को करेंगे। तथा अपनी आज्ञा लागू करने के लिये हिंसात्मक तरीके अपनायेंगे। ये अपने निर्णय अल्पसंख्यकों पर थोपेंगे। इस प्रकार संघों में संगठित सत्ता में भी बल व सत्ता का अभाव नहीं होगा। इस सम्बन्ध में बरट्रैण्ड रसल ने लिखा है कि "जैसा कि अराजकतावादियों का कथन है यदि सरकार बल का प्रयोग नहीं करेगी, तो बहुसंख्यक अल्पसंख्यकों के विरुद्ध संगठित होकर बल प्रयोग करेंगे। अन्तर केवल यही होगा कि राज्य तथा सेना स्थायी विभाग न होकर अस्थायी बन जायेंगे।"

उपरोक्त आलोचना के आधार पर कैरी के शब्दों में कहा जा सकता है कि, "राज्य में सम्पत्ति, व्यक्तिगत सम्पत्ति का अन्त, कानून व स्वतन्त्रता का विरोधी आदि बातों पर विशेष बल दिया जाता है। ये सभी बातें अव्यावहारिक हैं इनमें से कोई सी बात ऐसी नहीं है, जिसको क्रियात्मक रूप दिया जा सकता हो।" इस अव्यावहारिकता के कारण ही अब तक कभी भी और कहीं पर भी अराजकतावादी व्यवस्था को अपनाया नहीं जा सका है।

राज्य के विरुद्ध तर्क
(Arguments Against the State)

अराजकतावादी विचारधारा ने राज्य, राजसत्ता तथा राजनीतिक, धार्मिक एवं सामाजिक नियन्त्रणों का विरोध कर वर्ग विहीन, नियन्त्रणविहीन एवं राज्यविहीन समाज की स्थापना के आदर्श को प्रस्तुत किया। उन्होंने राज्य के विरुद्ध निम्नलिखित तर्क प्रस्तुत किये -

1. अन्याय का प्रतीक (Symbol of Injustice)--अराजकतावादी विचारकों ने राज्य को अन्याय का प्रतीक मानते हुए लिखा है कि "प्रत्येक वर्तमान उद्योग-धन्धों का मूल्य एक ओर तो खोजों एवं आविष्कारों का प्रतिनिधित्व करता है और अनेकों शताब्दियों के परिश्रम का प्रतीक है, परन्तु दूसरी ओर यह कुछ विशेष वर्ग के लोगों के विशिष्ट लाभों का प्रतीक है।" राज्य एक ऐसा अंग है जिसके द्वारा प्रमुख अधिकारी अपने अन्यायपूर्ण एकाधिकार को सुरक्षित रखने के लिए प्रयत्नशील रहते हैं।

2. अनावश्यक संस्था (Unnecessary Institution)--अराजकतावाद के अनुसार, "राज्य एक अनावश्यक संस्था है, जितना भी शीघ्र इससे छुटकारा पा सकते हैं, उतना ही अधिक व्यक्ति के विकास के हित में होगा।"[10] राज्य की व्यक्ति को कोई आवश्यकता नहीं है, क्योंकि व्यक्ति विवेकी है और अपने भले बुरे को स्वयं समझता है तथा स्वयं अपने विकास की सुविधाओं को स्वतः प्राप्त कर सकता है।

3. वैयक्तिक विकास में बाधक (Obstacle in the Personal Development) —राज्य व्यक्ति के विकास में बाधायें उत्पन्न करता है। राज्य के कानून व्यक्ति के स्वतन्त्र कार्य में तथा व्यक्ति के वैयक्तिक विकास में पग-पग पर बाधा पहुंचाते हैं। इसलिये मानव उन्नति

---

10. "The state is an unmitigated evil and sooner we get rid of it, the better it will be for the moral growth of man." --Anarchists

नहीं कर पाता। राज्य पूंजीवाद को प्रोत्साहित करता है। इससे मुक्ति तभी मिल सकती है जबकि राज्य का अन्त कर दिया जाये।

4. भ्रष्टाचार को बढ़ावा (Enecouragement to Corruption)--अराजकतावादी विचारकों का कहना है कि राज्य भ्रष्टाचार को प्रोत्साहन देता है। उनके अनुसार मानव कर्मशील, सामाजिक प्रवृत्ति का तथा विवेकशील प्राणी है, परन्तु राज्य मानव की इन प्रवृत्तियों को नष्ट करके भ्रष्ट बना देता है । अराजकतावादी इसलिये भी राज्य को समाप्त करना चाहते हैं, क्योंकि राज्य हिंसा का प्रतिनिधित्व करता है।

5. निरंकुशता का प्रतीक (Symbol of Absolutism)--अराजकतावादियों के अनुसार राज्य निरंकुशता का प्रतीक है। राज्य के प्रत्येक कार्य शक्ति पर आधारित होते हैं और शक्ति निरंकुशता की जननी है। राज्य सदैव ही वर्ग विशेष के हित में कार्य करता है। ऐतिहासिक तथ्यों पर पता चलता है कि राज्य ने कभी भी कोई कार्य अच्छा नहीं किया।

6. मौलिक अधिकारों का हनन (Elimination of Fundamental Rights)--राज्य मौलिक अधिकारों का हनन करता है, क्योंकि जब व्यक्ति अपने अधिकारों की रक्षार्थ सरकार का विरोध करता है, तो राज्य कानूनों द्वारा उसको दण्डित करता है। मूल अधिकारों का हनन करके राज्य वैयक्तिक विकास को बाधा पहुंचाता है। राज्य मूल अधिकारों के साथ साथ व्यक्तिगत स्वतन्त्रता का भी विरोधी है, क्योंकि अराजकतावादियों के अनुसार कानून द्वारा प्रतिबन्धित स्वतन्त्रता, पूर्ण स्वतन्त्रता नहीं होती ।

7. असुरक्षा (Insecurity)-- "राज्य द्वारा सुरक्षा सम्भव नहीं हैं" कहते हुये क्रोपाट्किन (Kropotkin) ने लिखा है कि, "राज्य की पुलिस व्यवस्था तथा सेनायें सदैव ही व्यक्तिगत सुरक्षा करने में असफल रही है। उनका कथन है कि "सेनायें सदैव आक्रमणकारियों से पिटती रही हैं।"[11] इस दृष्टि से राज्य न तो सुरक्षा का और न व्यापार, कला व साहित्यिक एवं नैतिक उन्नति का साधन है।

8. आदर्शवादिता को महत्व (Importance to Idealism)-- अराजकतावादी आदर्शवाद के विरोधी हैं, जबकि राज्य आदर्शवादिता को महत्व प्रदान करता है। उनके अनुसार आदर्शवाद में राज्य की शक्ति पर विशेष बल दिया जाता है। अत: आदर्शवादी विचारधारा अराजकतावादियों की विचारधारा के विरुद्ध है। इसीलिये अराजकतावादी राज्य का अस्तित्व समाप्त करना चाहते हैं।

9. शक्ति का प्रयोग (Use of Power)- राज्य का आधार शक्ति है और शक्ति सदैव भ्रष्ट होती है। शक्ति को प्रयोग करने वाला भ्रष्टाचारी होता है तथा शक्ति का प्रयोग जिसके लिये किया जाता है वह भी इससे प्रभावित हुए बिना नहीं रहता। इसीलिये राज्य एक भ्रष्टाचारी संस्था है। क्रोपाट्किन के अनुसार, "राज्य का विरोध करना व्यक्ति का कर्त्तव्य है, क्योंकि वह सदैव ही एक दूषित संस्था के रूप में कार्य करता हैं।"

---

11. "Standing armies are always beaten by invadors, who have historically been repulsed only by spontaneous uprising."

--Kropotkin

भावी काल्पनिक समाज
(Future Utopian Society)

अराजकतावादी विचारकों ने राज्य के समाप्त हो जाने के पश्चात् जिस वर्गविहीन समाज की स्थापना की कल्पना की थी, उसका वर्णन निम्नलिखित है :–

1. राज्य का अन्त (The End of State)--राज्य का अन्त हो जाने पर एक वर्गविहीन समाज की स्थापना होगी, जिसमें राज्य को कोई भी स्थान नहीं दिया जायेगा। वर्गविहीन समाज सहयोग, प्रेम व स्वतन्त्रता की भावना पर आधारित होगा। प्रादेशिक तथा व्यावसायिक समुदायों के द्वारा अनेक प्रकार की आवश्यकताओं की पूर्ति भी की जायेगी।

2. संघों का निर्माण (Formation of Trade Unions)--राज्य की समाप्ति के पश्चात् ऐसे संघों की व्यवस्था की जायेगी जो किसी न किसी उद्योग से सम्बन्धित होंगे। संघ के उद्योग में इच्छा रखने वाले व्यक्ति को ही संघ का सदस्य बनाया जायेगा। अतः यह संघ ऐच्छिक संघों की भाँति होंगे।

3. व्यक्ति की रूचियों को महत्व (Importance to Individual's Likings)..—भावी समाज में व्यक्ति की रूचि को महत्व प्रदान किया जायेगा। व्यक्ति को उसकी रूचि के अनुसार ही कार्य दिया जायेगा। अपनी रूचि से कार्य करने पर उसे पूर्ण स्वतन्त्रता का अहसास होगा।

4. **पूंजीवाद की समाप्ति** (Abolition of Capitalism)-- इस समाज में पूंजीवाद को समाप्त किया जायेगा। क्योंकि पूंजीवाद मानवीय शोषण का पर्यायवाची है। "पूंजीवाद के कारण समाज में एक वर्ग का बोलबाला रहता है। एक बहुसंख्यक वर्ग दूसरे अल्पसंख्यक वर्ग का शोषण करता है और सामाजिक असमानता को जन्म देता है।" समानता और आन्तरिक शान्ति एवं वर्ग संघर्ष को समाप्त करने के लिये पूंजीवाद की समाप्ति आवश्यक है।

5. शक्तिविहीन समाज (Powerless Society)-- भावी समाज में शक्ति के अभाव को महत्व दिया गया है। बिना शक्ति के शासन व्यवस्थित कैसे हो सकेगा, इसका उत्तर देते हुए फोरियर (Fourier) ने कहा है, - "पत्थर के कुछ टुकडों को लेकर एक बक्स में डाल दो और उन्हें हिला दो। वे सब जैसे सुव्यवस्थित ढंग से जम जायेंगे, वैसे वे जान बूझकर जमाने से कभी भी नहीं जम सकते हैं।"

6. **विकेन्द्रीकरण** (Decentralization)-- विकेन्द्रीयकरण को भावी समाज का आधार बताते हुए बार्कर (Barker) ने लिखा है कि "अराजकतावादी समाज केन्द्रीकरण के स्थान पर विकेन्द्रीकरण और शक्ति के स्थान पर स्वैच्छिक सहयोग पर आधारित होगा।" अराजकतावादी विचारकों के अनुसार केन्द्रीकरण व्यक्ति की स्वतन्त्रता में बाधा उत्पन्न करता है।

7. धर्म-निरपेक्षता (Secularism)--भावी समाज में धर्म-निरपेक्षता का अनुसरण किया जायेगा। सब धर्म समान होंगे। यह व्यक्ति की इच्छा पर निर्भर होगा कि वह कौन-सा धर्म ग्रहण करें। 'चर्च' को भी कोई विशेष स्थान नहीं दिया जायेगा, वह भी अन्य संस्थाओं की भांति ही होगा।

8. स्थानीय बोर्ड (Local Board)-- भावी समाज में व्याप्त झगड़ों को सुलझाने के लिये अराजकतावादियों ने 'स्थानीय बोर्ड' की भी स्थापना का सुझाव रखा था। उसके अनुसार 'इस बोर्ड में स्थानीय समस्याओं तथा झगड़ों का फैसला करने की क्षमता वाले पुरूषों को ही रखा जायेगा।'

9. समुदायों की स्वतन्त्रता (Liberty Communities)--अराजकतावादियों के अनुसार 'उत्पादन' पर समुदायों का नियन्त्रण होता है और ये 'नियन्त्रक समुदाय' अपने आन्तरिक मामलों में पूर्णरूपेण स्वतन्त्र होते हैं। क्रोपाट्किन के शब्दों में, "अराजकतावादी समाज में प्रत्येक वस्तु पर प्रत्येक व्यक्ति को सम्पूर्ण उत्पादन में अपना उचित भाग पाने का अधिकार होगा।"

10. सम्पत्ति का अधिकार (Right of Property)-- भावी समाज में सम्पत्ति का समान अधिकार दिया जायेगा। सम्पत्ति पर समान अधिकार होने से स्त्री-पुरूष समाज द्वारा उत्पादित वस्तुओं का पूरा-पूरा लाभ प्राप्त कर सकेंगे। इस व्यवस्था से अराजकतावादी विचारक व्यक्तिगत सम्पत्ति की प्रथा को समाप्त करना चाहते थे।

11. बेकारी की समस्या का समाधान (Solution of the Problem of Unemployment)-- अराजकतावादी विचारकों का विश्वास है कि भावी समाज में कोई भी व्यक्ति बेकार नहीं होगा। प्रत्येक को उसकी कार्य-क्षमता के अनुसार कार्य करने की स्वतन्त्रता होगी अर्थात् इसमें बेकारी की समस्या ही समाप्त हो जायेगी।

अराजकतावाद तथा साम्यवाद
(Anarchism and Communism)

अराजकतावाद तथा साम्यवाद दोनों की विचारधारायें राज्य को समाप्त करके वर्गविहीन समाज की स्थापना पर बल देती है। दोनों विचारधाराओं के अनुसार भावी समाज में विवशता, भय, स्वार्थ, पृथकता तथा विभिन्नता के स्थान पर स्वतन्त्रता, एकता, प्रेम तथा बन्धुत्व होगा। वर्तमान पूंजीवादी राज्य के स्थान पर राज्यविहीन समाज की स्थापना के साधनों पर अधिक बल दिया गया है।

'साम्यवाद साधनों से तथा अराजकतावाद लक्ष्य से सम्बन्धित था', प्रो० जोड ने लिखा है कि, "वे एक ही पूर्ण वस्तु के दो अर्द्ध भाग हैं .... साम्यवादियों का सम्बन्ध साधनों से है तथा अराजकतावादियों का लक्ष्यों से ।" रौस (Ross) व किल्जर (Kilzer) के अनुसार "अराजकतावाद मार्क्सवादी विचारधारा का ही विस्तार है।" अत: कहा जा सकता है कि "अराजकतावाद वही से प्रारम्भ होता है जहां पर साम्यवाद समाप्त होता है।" अराजकतावाद तथा साम्यवाद की तुलना में निम्नलिखित समानतायें हैं—

1. राज्य की अवधारणा (Conception of State)-- अराजकतवाद एवं साम्यवाद दोनों ही राज्य को अनावश्यक एवं अस्वाभाविक संस्था मानते हैं, जिसका अन्त शीघ्र ही कर देना उचित है। उनके अनुसार "राज्य के कानून और मानवीय स्वतन्त्रता परस्पर विरोधी हैं और राज्य मानव के उच्चतम विकास के मार्ग में एक अनावश्यक बाधा है।"

2. पूंजीवादिता का अन्त (Abolition of Capitalism)-- पूंजीवाद का अन्त करने के सम्बन्ध में भी अराजकतावाद एवं साम्यवाद के समान विचार हैं। दोनों विचार में पूंजीवाद श्रमिकों के श्रम से उत्पन्न धन की चोरी पर आधारित है। प्रोधाँ (Proudhan) के अनुसार "प्रत्येक प्रकार की सम्पत्ति चोरी है।" दोनों ही विचारधारायें मानव को पूंजीवाद के शोषण से बचाने के लिए पूंजीवाद का अन्त शीघ्र ही करने के पक्ष में हैं।

3. प्रजातन्त्र का विरोध (Opposition of Democracy)-- दोनों ही विचारधारायें संसदात्मक व्यवस्था तथा प्रजातन्त्र की प्रतिनिध्यात्मक प्रणाली का विरोध करती है। दोनों का ही विचार है कि "जनतन्त्र के ये जनता के प्रतिनिधि वास्तव में किसी के प्रतिनिधि नहीं होते हैं। "

4. धर्म विरुद्ध (Anti Religion)--अराजकतावादी तथा साम्यवादी विचारक समान रूप से धर्म का विरोध करते हैं और कहते हैं कि "धर्म ने मानव को भाग्यवाद और अकर्मण्यता का पाठ पढ़ा कर व्यक्ति के विकास में बाधा पहुंचायी है।"

5. क्रान्ति के साधन (Means of Revolution)--अराजकतावादी व साम्यवादी दोनों ही 'वर्गीय चेतना' को प्रबल बनाकर श्रमिक वर्ग की हिंसात्मक क्रान्ति में विश्वास करते हैं। इस क्रान्ति का प्रमुख आधार राज्य और पूँजीवाद को समाप्त करना तथा श्रमिकों को शक्ति दिलाना है।

6. भावी समाज की रूपरेखा (Outline of Future Society)--"अराजकतावादियों द्वारा वार्णित इस व्यवस्था में किसी वर्ग के साथ वर्ग, जाति, धर्म और विश्वास के आधार पर कोई भेद-भाव नहीं होगा। राज्य का स्थान समुदाय ले लेंगे, सभी श्रमिक होंगे और श्रमिकों के श्रम द्वारा अर्जित धन सामूहिक रूप से स्वयं उनके ही हित में व्यय होगा।" यही साम्यवाद का भावी समाज है।

असमानतायें

1. राज्य विषयक दृष्टिकोण (View-point Regarding State)--अराजकतावादी राज्य को अपना प्रमुख शत्रु और पूंजीवाद को गौण शत्रु मानते हैं, जबकि साम्यवादी राज्य को गौण शत्रु तथा प्रमुख शत्रु पूंजीवाद को मानते हैं। साम्यवाद राज्य को 'सर्वहारा वर्ग के अधिनायकवाद' के रूप में उस समय तक स्वीकार करते हैं जब तक कि वे अधिनायकवाद की सहायता से पूंजीवाद तथा राज्य को समाप्त न कर दें।

2. व्यक्तिगत सम्पत्ति (Private Property)--साम्यवाद व्यक्तिगत सम्पत्ति का विरोध करता है, जबकि अराजकतावाद का प्रथम पक्ष व्यक्तिवादी अराजकतावाद सम्पत्ति को बनाये रखना चाहता है और द्वितीय पक्ष, साम्यवादी अराजकतावाद व्यक्ति से सम्पत्ति का अधिकार छीनकर सामाजिक कल्याण हेतु इसे ऐच्छिक समुदायों को सौंपना चाहता है।

3. विचारधाराओं के स्वरूप (Nature of Ideologies)--इन दोनों विचारधाराओं के स्वरूप में काफी अन्तर है। साम्यवाद व्यावहारिक विचारधारा है, जबकि अराजकतावाद आदर्शात्मक तथा अव्यावहारिक विचारधारा है।

4. हिंसात्मक कार्यवाही (Violent Action)-- अराजकतावादी क्रान्ति के लिए हिंसा के प्रयोग के साथ -साथ जनता को शिक्षित करने पर जोर देते हैं। उन का विचार है कि हिंसात्मक क्रान्ति बहुत सावधानी से और बहुत शिक्षा तथा प्रचार के बाद ही की जानी चाहिए। इस प्रकार यह विचारधारा हिंसात्मक क्रान्ति एवं शिक्षा पर बल देती है, जबकि साम्यवादी आधारभूत विश्वास के रूप में हिंसा में विश्वास करते हैं।

अराजकतावाद तथा संघवाद
(Anarchism and Syndicalism)

अराजकतावाद में जहां साम्यवाद से कुछ समानता एवं असमानता पायी गयी है, वहां अराजकतावाद तथा संघवाद में भी कुछ समानता-असमानता के दर्शन होते हैं।

समानतायें

1. अराजकतावाद तथा संघवाद दोनों ही अपने उद्देश्य की पूर्ति के लिये राजनीतिक संसदात्मक साधनों को उचित नहीं मानते और इसीलिये उनका विरोध करते हैं।

2. अराजकतावाद तथा संघवाद दोनों ही विचारधाराओं ने राज्य का विरोध किया है। अराजकतावाद राज्य को अनावश्यक कह कर उसका अंत करना चाहता है तथा संघवाद भी राज्य का अंत चाहता है।

3. अराजकतावादियों ने राज्य विहीन समाज में जनता को ऐच्छिक संघ बनाने का अधिकार दिया है। इसी प्रकार संघवाद भी श्रमिकों को एक ढीला ढाला संघ बनाने का अधिकार प्रदान करता है।

असमानतायें

1. अराजकतावादी विचारधारा जन कल्याणकारी है वह उत्पादकों तथा उपभोक्ताओं दोनों के हित का ध्यान रखती है। परन्तु संघवादी विचारधारा उपभोक्ताओं की उपेक्षा करके उत्पादकों के हितों को ही ध्यान में रखती है। वह समस्त उत्पादन श्रमिकों को सौंपना चाहते हैं।

2. अराजकतावादी विचारधारा श्रमिकों व शोषित दोनों की ही दशा को सुधारना चाहती है जबकि संघवादी मात्र श्रमिकों की दशा को ही सुधारना चाहते हैं।

अराजकतावाद तथा समाजवाद
(Anarchism and Socialism)

समानतायें

1. अराजकतावाद व समाजवाद दोनों की सम्पत्ति पर समाज के आधिपत्य को स्वीकार करते हैं, क्योंकि उनके विचार में शोषण का उत्तरदायित्व सम्पत्ति के कारण ही होता है।

2. अराजकतावाद तथा समाजवाद दोनों ही आर्थिक विषमता व वर्ग भेद से मुक्त, एक नवीन समाज की स्थापना पर बल देते हैं।

3. अराजकतावाद तथा समाजवाद दोनों की शोषण व पूंजीवाद की समाप्ति पर बल देते हैं।

असमानतायें

1. अराजकतावादी वर्गविहीन समाज में मनुष्य को अधिक स्वतन्त्र मानते हैं, क्योंकि इसमें मनुष्य अपने नियन्त्रण में ही ऐच्छिक समुदायों का निर्माण कर सकता है। इसके विपरीत समाजवाद राज्य को सुव्यवस्था, शान्ति तथा सुख का साधन मानते हैं। उनके विचार में राज्य के बिना वैयक्तिक विकास नहीं हो सकता।

2. वर्गविहीन समाज की स्थापना के लिये अराजकतावादी हिंसा, आतंक व क्रान्ति को अपनाने पर बल देते हैं, जबकि समाजवादी संसदात्मक, संवैधानिक एवं शान्तिमय साधनों के अपनाये जाने पर बल प्रदान करते हैं।

3. अराजकतावादी राज्य को समूल नष्ट करना चाहते हैं। परन्तु समाजवादी विचारक समाजवाद लाने का आधार राज्य को मानते हैं।

विलियम गॉडविन
(William Godwin)

विलियम गॉडविन से अराजकतावाद का गम्भीर चिन्तन प्रारम्भ होता है। अपनी प्रसिद्ध पुस्तक 'राजनीतिक न्याय से सम्बन्धित खोज' (An Enquiry Concerning Political Justice-1793) में विलियम गॉडविन ने निम्नलिखित विचार प्रस्तुत किये हैं:–

1. अनिवार्य बुराई के रूप में राज्य (State As a Necessary Evil)-- राज्य व्यक्ति के विकास में बाधा पहुंचाता है और व्यक्तिगत विचारों का दमन भी करता है। वह शक्ति का प्रतीक है। गॉडविन ने राज्य को एक 'अनिवार्य बुराई' के रूप में स्वीकार किया है और इसको समाप्त करना अनिवार्य बताया है।

2. मानव-समाज द्वारा दूषित (Man-Spoiled by Society)--व्यक्ति प्रारम्भ में एक कोरी स्लेट के समान होता है। उसे बाह्म वातावरण अच्छा या बुरा बनाता है। यह बाह्म वातावरण समाज है। समाज का अच्छा वातावरण आदमी को उच्च एवं महान बनाता है और समाज का दूषित वातावरण उसे अपराधी बना सकता है। व्यक्ति का सुधार तभी सम्भव है जब समाज के वातावरण को सुधारा जाय। गॉडविन के अनुसार, "मनुष्य के लिये जो संकट समाज तथा सम्पत्ति ने उत्पन्न किये हैं, उनकी समाप्ति जनहित के लिये अत्यावश्यक है।

3. समाज का महत्व (Importance of the Society)- गॉडविन ने समाज को महत्वपूर्ण एवं उपयोगी माना है। समाज को स्वाभाविक संस्था मानते हुए गॉडविन ने उसे व्यक्ति के विकास में सहायक भी माना है।

4. सरकार के अंगों के विरुद्ध (Against Organs of Government)- आधुनिक सरकार के अंगों यथा विधि, विधान एवं न्यायपालिका आदि को दमनकारी शक्ति बताकर गॉडविन ने इन सबका तीव्र विरोध किया है।

5. मनुष्य की विवेकशील प्रवृत्ति (Rational Nature of Man)- विलियम गॉडविन के अनुसार आधुनिक दूषित समाज से मनुष्य अपना उद्धार शक्ति एवं क्रान्ति की अपेक्षा

अपने सार्वभौमिक ज्ञान से कर सकता है, क्योंकि वह एक विवेक युक्त प्राणी है। अपनी विवेकशील प्रवृत्ति के कारण वह वही कार्य करता है जो उसकी दृष्टि में उचित होते हैं।

6. व्यक्तिगत सम्पत्ति का विरोध (Opposition of Private Property)--विलियम गॉडविन ने व्यक्तिगत सम्पत्ति का बहुत विरोध किया है, क्योंकि उसके अनुसार "व्यक्तिगत सम्पत्ति से एक व्यक्ति दूसरे व्यक्ति की स्वतन्त्रता का हरण करता है।" इससे व्यक्ति का नैतिक पतन होने लगता है और वह संघर्ष की ओर उन्मुख हो जाता है।

विलियम गॉडविन के विचारों का सार प्रस्तुत करते हुए ऐलेक्जेंडर ग्रे (Alexander Grey) ने लिखा है कि, "वह पूर्ण अराजकतावादी है और जब बुद्धि तथा न्याय की अपनी हंसिया से वह मानव-मिथ्याचार को काट डालता है तो प्रायः कुछ शेष नहीं रह जाता। हां, यद्यपि वह एक सर्वनाशक है, परन्तु विनाश का यह कार्य उच्चतम उद्देश्यों से उत्प्रेरित है।"

पियरे जोसेफ प्रौधाँ
(Pierre Joseph Proudhon)

अराजकतावाद का प्रारम्भ तो विलियम गॉडविन ने किया था, परन्तु स्वयं को अराजकतावादी विचारक कहने वाले विचारकों में पहला नाम जोसेफ प्रौधाँ (Joseph Proudhon) का है।

पियरे जोसेफ प्रौधाँ का जन्म सन् 1803 ई० में फ्रांस के एक निर्धन परिवार में हुआ था। प्रौधाँ का प्रारम्भिक जीवन बड़ा ही कष्टमय था। जीवन के कटु अनुभवों ने प्रौधाँ को सरकार एवं उस के कार्यों का कटु आलोचक बना दिया था। सरकार ने उसके कटु विचारों के कारण उसे कुछ काल के लिये कारावास में भी डाल दिया था। उसके प्रमुख विचारों का वर्णन निम्न प्रकार किया जा सकता है।

1. राज्य (State)-- जोसेफ प्रौधाँ ने राज्य के अस्तित्व की निन्दा की है, क्योंकि यह निजी सम्पत्ति की प्रथा के कारण उत्पन्न हुई और उसने निजी सम्पत्ति से उत्पन्न अन्याय को छोड़ा नहीं है। उस में न्याय और बुद्धि के ऊपर आवेश का प्रभाव रहता है। प्रौधाँ का विचार है कि, "मनुष्य पर मनुष्य द्वारा शासन किसी भी रूप में अत्याचार है। समाज का सबसे अधिक निर्दोष और उच्चतम रूप सुव्यवस्था तथा अराजकता के मेल में ही हो सकता है।"[12] उसने एक ऐसे समाज की कल्पना की जिसमें राज्य, अत्याचार एवं शोषण के लिये कोई स्थान नहीं होगा और जो पारस्परिक सहयोग पर आधारित होगा।

2. व्यक्तिगत सम्पत्ति का विरोध (Opposition of Private Property)--**'सम्पत्ति क्या है'** (What is Property) नामक पुस्तक में प्रौधाँ ने व्यक्तिगत सम्पत्ति को 'चोरी' बताया है। उसके विचार में "सम्पत्ति शक्तिशाली के द्वारा दुर्बलों का शोषण मात्र है। साम्यवाद शक्तिशालियों का दुर्बलों द्वारा शोषण है। वह एक कल्पनावादी विचारधारा है। जब-जब साम्यवाद को स्थापित किये जाने का प्रयत्न किया जाता है तब उसका परिणाम सम्पत्ति का ढांचा होता है।" प्रौधाँ ने लिखा है, "मैं साम्यवाद का विरोध करता हूँ और अब मैं सबसे कम प्रगतिशील समाजवादी समझा जाता हूँ। उसका कारण है कि मैंने कल्पना को त्याग दिया

12. "Government of man by man in every form is oppression. The highest perfection of society is found in the union of order and anarchy." --Proudhon

है, जबकि अन्य समाजवादी अब भी उसमें फंसे हुए हैं।''

भूमि के वैयक्तिक स्वामित्व का विरोध करते हुए प्रौधाँ ने कहा है कि ''प्राकृतिक वस्तुओं पर समाज का समान अधिकार होना चाहिये।'' प्रौधाँ प्रत्येक व्यक्ति के पास केवल तीन एकड़ भूमि एवं एक गाय रखने के पक्ष में है।

3. धर्म विरोधी (Anti-Religion)-- प्रौधाँ ने धर्म को विज्ञान एवं प्रगति में बाधक के रूप में स्वीकार किया है। उसने ईसाई धर्म की इस युक्ति का बहुत बडा विरोध किया है कि मानवीय प्रकृति पापमय होती है।

4. स्वतन्त्रता का समर्थन (Support of Freedom)--प्रौधाँ ने 'तानाशाही' एवं 'समष्टिवाद' का कड़ा विरोध किया। वह स्वतन्त्रता का पक्षपाती था और मानवीय प्रकृति का प्रशासन को विरोधी मानता था। वह अनुशासन तथा अराजकता के बीच समन्वय स्थापित करना चाहता था।

5. संघीय सरकार का समर्थन (Support of Federal Government)--प्रौधाँ संसदात्मक सरकार का विरोधी और 'संघीय सिद्धान्त' का समर्थक था। प्रौधाँ ने राज्य के केन्द्रीकरण की निन्दा की और विकेन्द्रीयकरण को महत्व दिया।

6. मार्क्सवाद की आलोचना (Criticism of Marxism)--प्रौधाँ ने मार्क्सवादी विचारधारा को 'कुटुम्ब के सिद्धान्त का विरोधी', अस्पष्ट एवं रूढिवादी बता कर उसकी कटु आलोचना की, जिससे मार्क्स बहुत क्रोधित हुआ। मार्क्स ने प्रौधाँ को पुस्तक को 'दर्शन की निर्धनता' (Poverty of Philosophy) कहा। प्रौधाँ ने साम्यवादी व्यवस्था के सम्बन्ध में कहा था कि, ''साम्यवाद संगठन एवं वितरण की उचित व्यवस्था नहीं करता।'' प्रौधाँ श्रमिकों पर भी विश्वास नहीं करता।

आलोचनात्मक मूल्यांकन

आलोचकों ने प्रौधाँ के विचारों को कम रचनात्मक, अव्यावहारिक एवं विध्वंसात्मक माना है क्योंकि वह परम्परावादी संस्थाओं का विनाश करके उपयुक्त संस्थाओं को स्थापना करने में अक्षम था। प्रौधाँ ने माना है कि मानवीय हित राज्य रहित समाज में ही हो सकता है। वह जन कल्याण हेतु स्वतन्त्र व्यक्तियों द्वारा कम्पनियों की स्थापना करना चाहता था। तत्कालीन राज्य एवं समाज प्रौधाँ के विचारों से काफी प्रभावित हुआ था।

थोरो
(Thoreau)

अराजकतावादी विचारक थोरो का जन्म 1817 ई० में हुआ था। यह प्रारम्भ से ही राज्य विरोधी थे। उनका विचार था कि मनुष्य बुद्धिमान एवं विवेकशील होता है। अस्तु उसको राज्य के हस्तक्षेप के अभाव में पूर्णतया स्वतन्त्र छोड़ देना चाहिए। वह राज्य को समाप्त करना चाहते थे। क्योंकि उसके विचार में राज्य अत्याचार और शोषण का प्रतीक है। थोरो ने सरकार के सम्बन्ध में कहा था कि, ''वह सरकार बहुत अच्छी है, जो बिल्कुल शासन नहीं करती है।''[13]

13. ''That government is the best which governs the least.'' --Thoreau

माइकेल बाकुनिन
(Michael Bakunin 1814--1876)

बाकुनिन का जन्म सन् 1814 ई० में रूस के एक अमीर परिवार में हुआ था। शुरू में तो बाकुनिन ने तोपखाने में नौकरी की परन्तु कुछ दिन बाद ही उसने दर्शनशास्त्र का अध्ययन किया। 29 वर्ष की अवस्था में बाकुनिन पेरिस गया। वहां उसकी भेंट प्रौधाँ से हुई। प्रौधाँ क्रान्तिकारी विचारक थे। इस कारण बाकुनिन ने भी क्रान्तिकारी विचारधारा का सृजन किया। इन विचारों के कारण इसे देश निकाला दे दिया गया और यह फ्रांस से चला आया परन्तु 1847 ई० में जार के विरुद्ध वक्तव्य के कारण उन्हें पुनः देश निकाला दे दिया गया और यह पुनः 'ड्रेसन' आ गया। यहां 1849 ई० की क्रान्ति में उसने सक्रिय नेता की भूमिका निभायी थी । उसको बन्दी बना लिया गया और उसे मृत्यु दण्ड दिया गया। बाकुनिन को तीन बार फांसी की सजा मिली थी, परन्तु फिर भी वह बच निकला था। तब रूसी सरकार ने उसे साइबेरिया में निष्कासित किया। वह साइबेरिया से भी भाग निकलने में सफल हो गया। यहां से निकलकर वह मार्क्स एवं एंजिल्स से मिला। इनके प्रभाव के कारण वह प्रथम अन्तर्राष्ट्रीय (First International) का सदस्य बन गया। सन् 1869 ई० में उसने एक "सोशल डेमोक्रेटिक ऐलायन्स" (Social Democratic Alliance) की स्थापना की थी। अपना शेष जीवन उसने पश्चिमी यूरोप में व्यतीत किया। सन् 1876 ई० में वह परलोक सिधार गया।

मार्क्स की भांति बाकुनिन का जीवन बड़ा संघर्षमय था। अपनी व्यक्तिगत हानि की परवाह किये बिना ही वह शक्तिशाली से भी शक्तिशाली व्यक्ति से विरोध कर बैठता है। मार्क्स के विरोध के कारण ही बाकुनिन को 'प्रथम अन्तर्राष्ट्रीय' की सदस्यता को भी त्यागना पड़ा था। वह मार्क्स के तानाशाही राज्य का भी निन्दक था, क्योंकि वह राज्य द्वारा नियन्त्रित संस्थाओं का विरोधी था।

बाकुनिन के प्रमुख विचार निम्नलिखित है:–

1. राज्य (State)--बाकुनिन का कहना था कि राज्य शक्ति पर आधारित है तथा निजी सम्पत्ति को सहारा देता है। इसलिये वह किसी रूप में भी नहीं रहना चाहिये। राज्य के कारण शासित वर्ग के व्यक्तित्व का विकास नहीं होता। "राज्य एक अनिवार्य बुराई है।" राजनीतिक शक्तिधारी व्यक्ति दम्मी, अत्याचारी एवं स्वार्थी हो जाते हैं, क्योंकि उन्हें बुद्धि के साथ सोचने का अधिकार नहीं मिलता। राजसत्ता का प्रयोग एक दोहरा अभिशाप है, जिससे प्रयोग करने वालों पर तथा जिन पर इसका प्रयोग किया जाता है, उन दोनों का ही नाश सम्भव है।

बाकुनिन का कहना है कि "राज्य प्रबोधन तथा प्रोत्साहन की अपेक्षा सदैव दबाव से काम लेता है। राज्य के प्रत्येक कार्य में व्यक्तिगत नागरिक की इच्छा तथा निर्णय के स्थान पर किसी सार्वजनिक अधिकारी का आदेश काम करता है।" बाकुनिन के विचार में 'समस्त प्रकार की आधीनता मानव की उन्नति में बाधक है।' आधीनता शासक व शासित दोनों को अनैतिकता की ओर ले जाती है। अतः राज्य की समाप्ति अनिवार्य है।

2. संघवाद की व्यवस्था (System of Federalism)--राज्य की समाप्ति के बाद की व्यवस्था को बाकुनिन ने संघवाद का नाम दिया है। उसके विचार में "स्थानीय समाज

सामूहिक जीवन की प्रारम्भिक इकाई होगा। इस प्रकार के समाज को अराजकतावादी भाषा में कम्यून कहते हैं। उनके कम्यून मिलकर अपनी आवश्यकताओं के अनुसार बड़े-बड़े संघ बना लेंगे, जिनका आधार ऐच्छिक होगा।" बाकुनिन का स्वप्न था कि-"वह दिन निकट है, जबकि संघवाद के सिद्धान्त के आधार पर संयुक्त राज्य यूरोप की और फिर विश्व के संयुक्त राज्य की स्थापना हो जायेगी।"

3. लोकतन्त्रीय विरोध (Opposed to Democracy)..बाकुनिन लोकतन्त्र के विरुद्ध था। वह इसको इसलिये अच्छा नहीं समझता क्योंकि लोकतन्त्र शासन प्रणाली में अल्पसंख्यक लोगों के द्वारा बहुसंख्यक जनता का शोषण किया जाता है।

4. व्यक्तिगत सम्पत्ति (Private Property)--बाकुनिन के विचार में निजी सम्पत्ति एक बुरी संस्था है, क्योंकि इससे अधिक असमानता उत्पन्न होती है और मजदूरों का शोषण होता है। पूंजीवादी लोग मजदूरों की लाचारी का लाभ उठाते हैं और उनके श्रम को सस्ते भाव में खरीद लेते हैं राज्य भी पूंजीपतियों का साथ निभाता है।

5. क्रान्तिकारी साधन (Revolutionary Measures)--बाकुनिन के अनुसार अराजकतावादी समाज स्थापित करने के लिये क्रान्तिकारी साधनों को प्रयोग करना चाहिये। सर्वप्रथम गुप्त संस्थाओं का संगठन करना चाहिये, फिर उनका विकास करके नगरों पर और उसके बाद ग्रामों पर अधिकार करना चाहिये, इसको पूरा करने में हिंसात्मक साधनों का प्रयोग भी किया जा सकता हैं। बाकुनिन के विचार में, "सर्वप्रथम सहानुभूति से लोगों को समझाना चाहिये परन्तु यदि सफलता न मिले तो हिंसात्मक साधनों का प्रयोग करने में बिल्कुल भी संकोच नहीं करना चाहिये।" बाकुनिन क्रान्ति द्वारा समाजवाद की स्थापना करना चाहता था।

6. धर्म (Religion)- बाकुनिन के विचार में धार्मिक विश्वासों के स्थान पर 'विज्ञान तथा ज्ञान' की स्थापना होनी चाहिये, क्योंकि धर्म मनुष्य में अन्धविश्वास एवं कल्पना की भावना जागृत करता है। "चर्च राज्य का भाई और व्यक्ति की स्वतन्त्रता का विरोधी है। "

मानवीय स्वाभाविकता के विरुद्ध धर्म मनुष्य को ऊंचे आदर्शों में फंसाये रखता है। क्योंकि वह उनके मस्तिष्कीय विकास को रोककर एक विवेकशून्य अन्ध शक्ति उत्पन्न कर देता है। इसके सम्बन्ध में बाकुनिन ने लिखा है कि, "आदिम अवस्था में ही राज्य एवं धर्म का उदय हुआ था। अविकसित मानव को उस समय धर्म एवं राज्य की बहुत आवश्यकता थी, परन्तु सभ्यता के विकास के साथ-साथ आज उसको न धर्म की आवश्यकता है और न राज्य की। "ईश्वर अत्याचारी जार है और जार अत्याचारी ईश्वर।" अत: दोनों से मुक्ति अनिवार्य है।

काउन्ट लियो टॉलस्टाय
(Count Leo Tolstoy)

सुप्रसिद्ध रूसी साहित्यकार काउन्ट लियो टॉलस्टाय को 'ईसाई अराजकतावादी' कहा जाता है। इसका जन्म 1828 ई0 में एक रूसी परिवार में हुआ था। प्रारम्भिक शिक्षा ग्रहण करने के पश्चात् टॉलस्टाय ने एक सैनिक अधिकारी के रूप में कार्य किया था, परन्तु बाद में यह दार्शनिक बन गये। इनके विचारों का आधार नैतिकता था। उनका कहना था कि "सच्चा ईसाई स्वार्थ, राग, द्वेष, घृणा, मोह एवं छल-कपट को छोड़कर मानव समाज की सेवा में

लगता है। ऐसे व्यक्ति के ऊपर राज्य का नियन्त्रण अनावश्यक है।'' टॉलस्टाय के प्रमुख विचार निम्नलिखित हैं:–

1. राज्य में अधिकारी वर्ग पाशविक बल का प्रयोग करता है, क्योंकि राज्य का आधार पाशविक बल एवं शक्ति है।

2. राज्य अपने कानूनों का पालन पुलिस एवं सेना द्वारा करा लेता है।

3. मनुष्य को पवित्र जीवन का वास्तविक सुख, प्रेम, सहयोग एवं दूसरों की सेवा द्वारा ही मिल सकता है।

4. 'व्यक्तिगत सम्पत्ति' ईसा के सिद्धान्तों के विरुद्ध है। उससे ईसाई धर्म की दानशीलता एवं विश्व बन्धुत्व की भावना को ठेस पहुंचती है।

5. मनुष्य अपनी समस्याओं का हल नैतिकता के द्वारा निकाल सकता है।

प्रिंस पीटर क्रोपाट्किन
(Prince Peter Kropotkin)

प्रिंस पीटर क्रोपाट्किन अराजकतावादी विचारक थे। लेकिन उनकी विचारधारा राजदर्शन में 'नकारवाद' (Nihilism) के नाम से प्रसिद्ध है। उसने मार्क्स द्वारा स्थापित समाजवाद एवं रूसी समाजवाद के विचारों को महत्व दिया था। उसके अनुसार ''जीवन में सहायता, प्रेम तथा सहयोग वाले समूह ही जीवित रह पाते हैं, प्रतिस्पर्धा एवं कलह वाले नहीं।''

क्रोपाट्किन का जन्म सन् 1842 ई० में रूस में हुआ था। शिक्षा प्राप्ति के पश्चात क्रोपाट्किन को सेना में उच्च अधिकारी पद की नौकरी मिली, परन्तु 1972 ई० में बाकुनिक से भेंट हो जाने पर उसने सेना की नौकरी छोड़ दी और क्रान्तिकारी बन गया। इसने फ्रांस की राज्य क्रान्ति में सक्रिय भूमिका निभायी थी। इसके क्रान्तिकारी विचारों के कारण रूसी सरकार ने इसे बन्दी बना लिया, परन्तु शीघ्र ही वह बन्दीगृह से भाग निकला और कुछ दिन फ्रांस में एवं स्विट्जरलैण्ड में रहा। इसके बाद वह कुछ दिन इंग्लैण्ड में रहा और फिर अपने देश को लौट गया। अपने अन्तिम दिन उसने साहित्य सेवा में व्यतीत किये थे। 1921 ई० में उसकी मृत्यु हो गयी।

प्रिंस क्रोपाट्किन की प्रमुख रचनायें हैं– 'रोटी की विजय' (The Conquest of Bread--1888), अराजकतावाद, उसका दर्शन तथा आदर्श (Anarchism, its Philosophy and Ideals--1896), राज्य, इतिहास में उसका भाग (The State, its Part in Historty--1896), 'आधुनिक विज्ञान और अराजकतावाद' (Modern Science and Anarchism), खेत, कारखाने, वर्कशाप (Fields, Factories and Workshops--1898) तथा पारस्परिक सहायता, विकासवाद का साधन (Mutual Aid, A Factor of Evoluation--1902) आदि।

प्रिंस पीटर क्रोपाट्किन के प्रमुख अराजकतावादी विचारों को निम्नलिखित हैं:–

1. राज्य (State)– क्रोपाट्किन राज्य का पूर्ण विरोध करता था। उसके विचार में ''राज्य भूमिपति, सेनापति, न्यायाधीश, धर्म पुरोहित और आगे चलकर पूंजीपति के मध्य में परस्पर

सहायता के लिये बनाया गया एक ऐसा संगठन है, जिसको इन लोगों ने एक-दूसरे के प्रभुत्व को जनता पर कायम रखने तथा उसका शोषण कर स्वयं धनवान बनने के लिये निर्मित किया है।" राज्य सम्बन्धी विचार उसके प्रमुख निम्नलिखित हैं।

(i) राज्य अनावश्यक एवं अनुपयोगी है। यह पूंजीपतियों का मित्र है और व्यक्तिगत स्वतन्त्रता का हनन करने के कारण जनसाधारण का शत्रु है।

(ii) पारस्परिक सहयोग पर ही सम्पूर्ण सामाजिक संगठन की सफलता निर्भर है, परन्तु राज्य के कानूनों पर नहीं। इस कारण राज्य और उसके कानूनों का खण्डन करना अति आवश्यक है।

(iii) राज्य की सत्ता शान्ति की स्थापना के लिये अनिवार्य नहीं है।

(iv) राज्य की जगह स्वतन्त्र शक्तियों की संस्थाओं की स्थापना होनी चाहिये।

(v) राज्य अनिवार्य नहीं है, क्योंकि आदिम समाज रीति-रिवाजों पर आधारित था और उसमें राज्य की विधियों का कोई मूल्य नहीं था।

(vi) उसके विचार में राज्य द्वारा किये जाने वाले समस्त कार्यों का सम्पादन ऐच्छिक संस्थाओं द्वारा किया जा सकता है।

2. समाज सम्बन्धी विचार (Views on Society)--क्रोपाट्किन का विचार है कि प्रकृति स्वयं समाज को अराजकतावाद की ओर ले जा रही है। समाज के ऐसे अनेक संगठन थे, जो बिना राज्य के हस्तक्षेप के चल रहे थे। उसने ही समाज की कल्पना की थी , "जिसमें राज्य की आवश्यकता नहीं होगी, व्यक्तिगत सम्पत्ति का अभाव होगा। शक्ति का प्रयोग नहीं होगा तथा प्रत्येक कार्य व्यावसायिक संगठनों द्वारा किया जायेगा। समूहों का निर्माण व्यक्ति स्वेच्छा से करेगा और अपनी इच्छा से ही उनका सदस्य बनेगा। व्यक्तियों द्वारा निर्मित समूह पंचायती न्यायालय की स्थापना करेंगे। कार्य की भिन्नता वितरण कार्य में बाधा नहीं डालेगी।" क्रोपाट्किन की यह व्यवस्था मार्क्स के नवीन समाज की रूपरेखा के समान है।

क्रोपाट्किन के क्रान्तिकारी विचारों के सम्बन्ध में प्रो॰ कोकर (Prof. Coker) ने लिखा है कि "उसका यह विश्वास नहीं था कि यह लक्ष्य सर्वथा विकासवादी एवं शान्तिमय प्रतिक्रिया द्वारा प्राप्त किया जा सकेगा। इस विकास की परिणति क्रान्ति में होकर रहेगी। किसी एक देश में जो विप्लव होगा, वह बढ़कर सामान्य यूरोपीय क्रान्ति का रूप ले लेगा, जो शायद तीन से पांच वर्ष तक रहेगा। अपनी प्रथम अवस्था में यह क्रान्ति हिंसात्मक एवं क्रियात्मक होगी। वर्तमान शासकों को पदच्युत करना होगा। दुर्गों एवं बन्दीगृहों को धराशयी करना होगा तथा पारस्परिक सहयोग की भावना को पुनः जागृत करना होगा।"

3. सम्पत्ति (Property)- अन्य विचारकों की भांति क्रोपाट्किन भी व्यक्तिगत सम्पत्ति को समाप्त करना चाहता है, क्योंकि व्यक्तिगत सम्पत्ति अपने न्याय और अधिकार के आधार पर सदा शोषण को प्रोत्साहित करती है। क्रोपाट्किन तत्कालीन मजदूर प्रणाली को भी समाप्त करना चाहता है और उसके स्थान पर 'आवश्यकतानुसार वितरण प्रणाली' को प्रतिस्थापित करना चाहता है। इस आवश्यकतानुसार वितरण प्रणाली के अनुसार-"इसमें अपव्ययिता, विलासिता, दरिद्रता, अभाव एवं ऋण आदि सामाजिक दोषों का अन्त हो जायेगा।"

4. धर्म (Religion)–धर्म को रूढ़िवादी एवं प्रतिक्रियात्मक मानकर क्रोपाट्किन इसका विरोध करता है और उसे 'एक अफीम' की संज्ञा देता है। क्रोपाट्किन के अनुसार "धर्म मनुष्य को अपने पथ से विचलित, विकास में बाधक, पूंजीपतियों का सहायक एवं दरिद्रों के साथ अन्याय करने वाला है।"

5. सामाजिक विकास के साधन (Means of Social Development)–इस समय में क्रोपाट्किन के विचारों को कोकर (Coker) ने इस प्रकार व्यक्त किया है–"समाज के विकास की अवरूद्ध गति को दूर करने के लिए एक जबर्दस्त सामाजिक क्रान्ति की आवश्यकता है। उनके विचार में यह क्रान्ति हिंसात्मक एवं विध्वंसात्मक होगी, जिसके लिये तत्कालीन प्रशासकों की पदच्युति आवश्यक होगी और बन्दीगृहों की दीवारों को ढहा देना होगा। दण्ड के स्थान पर सहयोग की भावना जाग्रत की जायेगी। इस गन्दगी तथा सड़ान्ध की सफाई के लिये चेतनाशून्य आत्माओं में प्राण फूंकने के लिये और फिर से मानवता में भक्ति, वीरता, त्याग की उदात्त भावनाओं का प्रादुर्भाव करने के लिये एक भयानक तूफान की आवश्यकता है।"

क्रोपाट्किन (Kropotkin) ने मनुष्य में प्रगति का कारण संघर्ष और प्रतिस्पर्धा को न मानकर प्रेम और सहयोग के तत्व को माना है। प्रो० जोड (Prof. Joad) ने क्रोपाट्किन को ही क्रान्तिकारी साम्यवाद का प्रमुख प्रवर्तक और विचारक माना है।

अभ्यास के लिये प्रश्न

1. अराजकतावाद के प्रमुख सिद्धान्तों का वर्णन कीजिये।
2. अराजकतावाद व्यवस्था का नहीं वरन् शक्ति का अभाव है।" इस कथन के आधार पर अराजकतावाद के मुख्य सिद्धान्तों का विवेचनात्मक विवरण दीजिए।
3. अराजकतावादियों द्वारा अपनाये गये विभिन्न साधनों का वर्णन करो।
4. अराजकतावादी व व्यक्तिवादी किन आधारों पर राज्य की आलोचना करते हैं?
5. अराजकतावाद की आलोचनात्मक व्याख्या कीजिये।
6. "राज्य एक आवश्यक बुराई है, जितना भी शीघ्र हम इससे छुटकारा पा सकते हैं उतना ही अधिक व्यक्ति के विकास के हित में होगा।" इस कथन की आलोचनात्मक व्याख्या करो।
7. "सबसे अच्छी सरकार वही है, जहां कोई सरकार न हो।" स्पष्ट करो।
8. "अधिकांश साम्यवादी समाज के अराजकतावादी आदर्श से सहमत हैं और अधिकांश अराजकतावादी अपने लक्ष्य की सिद्धि के लिये साम्यवाद द्वारा प्रतिपादित साधनों पर सहमत हैं।" इस कथन की विवेचना कीजिये।
9. अराजकतावादियों द्वारा कल्पित समाजवाद किस प्रकार का है? अराजकतावाद साम्यवाद से किस प्रकार भिन्न है?
10. 'साम्यवाद साधन है और अराजकतावाद लक्ष्य'। इस कथन का स्पष्टीकरण कीजिये।
11. साम्यवाद का अराजकतावाद से क्या अन्तर है? दोनों में क्या समानतायें हैं?
12. अराजकतावाद की तुलना साम्यवाद, संघवाद तथा समाजवाद से कीजिये।

30

राजनैतिक बहुलवाद
(Political Pluralism)

राजनीतिक बहुलवाद वह मत या सिद्धान्त है, जिसके अनुसार एक सम्प्रभुता सम्पन्न राज्य के स्थान पर अपने-अपने क्षेत्र में स्वतन्त्र और राज्य के समकक्ष अनेक समुदाय होने चाहिएं। ये समुदाय राज्य के अधीन न होकर उसकी बराबरी के स्थान पर हों। इस प्रकार सामाजिक संगठन एकात्मक न होकर संघात्मक रहे। उनका एक केन्द्र न होकर अनेक केन्द्र हों।

'बहुलवाद' एक के स्थान पर 'अनेक' की प्रतिष्ठा है। बहुलवादियों के अनुसार प्रभुसत्ता केवल राज्य में नहीं रहती, बल्कि कई संस्थाओं में रहती है। राज्य कोई 'सर्वोच्च' संस्था नहीं है, अन्य संस्थाओं की भांति ही वह एक संस्था है। राज्य को कोई विशेष अधिकार नहीं है कि प्रभुसत्ता को केवल अपने पास निजी सम्पत्ति की भांति रख सके। जब राज्य से मनुष्य की समस्त आवश्यकतायें पूरी नहीं हो पातीं तो प्रभुसत्ता कई समुदायों में विभाजित हो जाती है। यद्यपि बहुलवादी विचारधारा का विकास 20वीं शताब्दी में हुआ था, लेकिन इसकी पृष्ठभूमि का प्रारम्भ मध्यकाल में ही हो गया था। उस समय यूरोप में राज्य का संगठन निर्बल था और समाज में चर्च, व्यावसायिक संघों और श्रेणियों का महत्वपूर्ण स्थान था। राष्ट्रीयता की लहर के कारण राष्ट्रीय राज्यों का उदय हुआ। इसके विरुद्ध भी प्रतिक्रिया हुई और जन आन्दोलन हुये जिससे लोकतन्त्र का उदय हुआ और शासन शक्ति मन्त्रिमण्डलों के हाथों में आ गई। कल्याणकारी राज्य के सिद्धान्त ने राज्य को पूर्णतया शक्ति-सम्पन्न बना दिया। शीघ्र ही सर्वशक्ति-सम्पन्न राज्य के विरुद्ध भी तीव्र प्रतिक्रिया हुई और बहुलवाद का जन्म हुआ।

बहुलवादियों के अनुसार राज्य के पास पूर्ण प्रभुसत्ता न रहकर थोडी-सी प्रभुसत्ता रहती है क्योंकि प्रभुसत्ता कई संस्थाओं में विभाजित रहती है मनुष्य की भिन्न-भिन्न आवश्यकताओं की पूर्ति के लिये ये संस्थायें स्वयं बन जाती हैं। राज्य को इन संस्थाओं में हस्तक्षेप करने का कोई अधिकार नहीं है जब तक कि वे अपना कार्य शान्तिपूर्वक करती रहें। कोकर (Coker) के अनुसार "बहुलवादी सिद्धान्त वर्तमान काल के उन व्यावहारिक

आन्दोलनों की युक्ति-युक्त व्याख्या है, जो अनेक प्रकार से सामाजिक नियन्त्रण में विकेन्द्रीकरण का प्रयोग करना चाहते हैं।''

प्रो0 गेटल (Prof. Gettell) के अनुसार ''बहुलवादी इस बात को मान्यता नहीं देते के राज्य एक सर्वोच्च संगठन है, वे अन्य संगठनों को भी उसी आधार पर आवश्यक एवं प्राकृतिक स्वीकार करते हैं। उनका विचार है कि सभी संगठन अपने उद्देश्य में उसी प्रकार महत्वपूर्ण है जैसा कि राज्य होता है। वे इस बात पर बल देते हैं कि यदि सभी संगठन उसका विरोध करे तो राज्य अपनी किसी आज्ञा को अपने अन्दर कभी लागू नहीं कर सकता। वे इस बात को नहीं मानते हैं कि राज्य अपनी शक्ति के कारण कुछ सर्वोच्चअधिकार रख सकता है। वे उन सभी संगठनों की मान्यता में विश्वास करते हैं जो अपने सदस्यों को एक सूत्र में पिरोकर उनके लिये महान कार्य करते हैं। अत: प्रभुसत्ता केवल राज्य की धरोहर नहीं है। अपितु सभी संगठन उनका उपभोग करते हैं। राज्य अविभाज्य, सर्वोच्च और असीम शक्ति-सम्पन्न नहीं हैं।''

बहुलवाद की उत्पत्ति के कारक
(Factors of Development of Pluralism)

बहुलवादी विचारधारा की उत्पत्ति एवं विकास में निम्नलिखित कारकों ने सहायता की थी:-

1. मध्यकालीन विचार (Medieval Ideas)-मध्यकालीन युग में चर्च एवं अन्य को आंतरिक स्वतन्त्रता और प्रभुसत्ता प्राप्त थी। इस बात पर जोर देते हुये जर्मन विधिशास्त्री 'बोन गिरके', 'मैटलैण्ड' एवं 'फिगिस' (Figgis) आदि ने कहा था कि ''जब मध्यकाल में प्रभुता विभाजित थी तो वर्तमान काल में प्रभुसत्ता विभाजित क्यों नहीं हो सकती?'' अर्थात् वर्तमान काल में भी अनेक समुदायों को आन्तरिक स्वतन्त्रता मिलनी चाहिये।

2. सीमित प्रभुसत्ता (Limited Sovereignty)-आज किसी न किसी बात के लिये हर राष्ट्र दूसरे राष्ट्र पर आश्रित है। इस अन्तर्राष्ट्रीयता के युग में राज्यों की प्रभुसत्ता को सीमित करना भी अनिवार्य है।

3. पारस्परिक सहयोग (Mutual Co-operation)-जनता के सार्वजनिक महत्व के कार्यों में सामूहिक सहयोग ने भी बहुलवाद को प्रभावित किया है।

4. व्यक्तिवाद (Individualism)-बहुलवादी विचारधारा पर व्यक्तिवाद का स्पष्ट एवं पूर्ण प्रभाव पडा था, क्योंकि व्यक्तिवादियों की भांति इन्होंने भी राज्य की शक्तियों को कम करने पर बल दिया। वे राज्य की शक्ति ''समूह-संस्थाओं' में विभाजित करना चाहते थे और व्यक्ति को सौंपना चाहते थे।

5. अन्य स्रोत (Other Sources)-अराजकतावाद, सिंडीकेल्जिम तथा समाजवाद (Anarchism, Sydicalism and Socialism) आदि ने भी राज्य प्रभुसत्ता पर रोक लगाने पर काफी बल दिया था, उससे भी बहुलवाद को प्रेरणा मिली थी।

बहुलवाद के समर्थक
(Supporters of Pluralism)

1. **हेराल्ड जे॰ लास्की** (Harold J. Laski)—बहुलवाद का प्रवर्तक 'हेराल्ड जे. लास्की' को माना जाता है। उनके विचार में "समुदाय के अनेक प्रकारों में से राज्य भी एक है और अन्य समुदायों की तुलना में वह व्यक्ति की भक्ति का उच्चतर अधिकारी नहीं है।"[1] उसने आगे कहा है "ये समुदाय राज्य से किसी प्रकार कम प्रभुत्व सम्पन्न नहीं हैं और इस प्रकार से जब समाज का संगठन संघीय है, तो सत्ता की व्यवस्था भी संघीय होनी चाहिये।" लास्की के पश्चात् अन्य बहुलवादी समर्थकों में प्रमुख हैं—गिरके, फिगिस, दुर्खीम, बार्कर, मैकाइवर, जी॰डी॰एच॰ कोल, लिंडसे क्रैब, मैटलैण्ड एवं ड्यूयी आदि।

2. **गिरके** (Girke)—इसके अनुसार "राज्य को यह बात स्वीकार करनी चाहिये कि प्रत्येक समूह एवं संगठन का अपना-अपना कर्त्तव्य होता है चाहे राज्य उसको मान्यता दे अथवा न दे।"[2]

3. **क्रैब** (Crabb)—इसने लिखा है कि "राजनीतिक सिद्धान्त में से प्रभुसत्ता का सिद्धान्त निकाल दिया जाना चाहिये। अब बहुत से आर्थिक संगठन जैसे लेबर यूनियनें (Labour Unions) आदि उत्पन्न हो गई हैं। अत: राज्य अपने आपको सर्वशक्तिशाली मानकर सामाजिक जीवन पर अधिकार रखने का बहाना कैसे कर सकता है?"

4. **फिगिस** (Figgis)-- इस ने लिखा है कि, "मानव समाज केवल असंगठित व्यक्तियों का समूह नहीं है, जो केवल राज्य द्वारा ही सम्बन्धित है, अपितु वह शुरू से ही चले आने वाले समूहों का संगठन है। प्रभुसत्ता का सिद्धान्त धर्म पर आधारित केवल कोरी कल्पना है।" इसने आगे कहा है, "राज्य समाजों का समाज है और उसे केवल समन्वय का अभिकरण मानकर विशिष्ट तथा उच्च सत्ता देने की दलील की गई है।

5. **कुमारी फोलेट** (Follet)-- 'समूहवादी या बहुलवादी' विचारधारा का समर्थन करते हुए इसने कहा है कि, "प्रत्येक समुदाय को अपना व्यक्तिगत दृष्टिकोण प्रकट करने का उसी प्रकार अधिकार है जिस प्रकार राजनीतिक क्षेत्र में राज्य का ।"

6. **प्रो. बार्कर** (Barker) के शब्दों में, "हम राज्य को व्यक्तियों के सामान्य जीवन के लिये निर्मित संस्था के रूप में कम देखते हैं। हम उसे ऐसे व्यक्तियों की संस्था के रूप में ही अधिक देखते हैं जो पहले से ही एक अधिक व्यापक सामान्य लक्ष्य के लिये अनेक समुदायों में संयुक्त है।"

7. **ए॰ डी॰ लिंडसे** (A.D. Lyndsey)—इसने लिखा है कि, "समाज के संघ व्यक्तित्व (Corporate personalities) में हितों की समानता तथा एकरूपता अधिक होने के कारण, राज्य की अपेक्षा अधिक गहरी शक्ति होती है और यदि उन्हें स्वतन्त्र रूप से कार्य करने का सुअवसर मिले तो वे सामाजिक एकीकरण के लिये अत्यन्त प्रभावकारी माध्यम सिद्ध हुए हैं।"

---

1. "State is only one among the various forms of associations and as compared with them, has no superior claims of the individual allegiance." --Laski
2. "The state should accept the common point of view that permanent associations have rights and duties as groups whether or not the state has accepted them as Corporations." --Girke

8. 'मैटरलैण्ड और गियर्क' –इन्होंने समुदायों की वैधानिक प्रकृति को स्वीकार किया है ।

9. 'घुग्वे'–इसने आस्टिन के सिद्धान्त की आलोचना करते हुए इसने राज्य के कानूनी दृष्टिकोण को व्यक्त किया है। राज्य के कानून निर्माण की शक्ति का इतिहास बताते हुए इसने यह सिद्ध करने का प्रयत्न किया कि कानून राज्य या सम्प्रभु का आदेश कभी नहीं रहा। "Modern State" में मैकाइवर ने लिखा है कि "समाज के अन्तर्गत राज्य कई संगठनों के बीच एक संगठन है।"

राज्य की प्रभुसत्ता का विभाजन
(Distribution of States Sovereignty)

बहुलवादियों का कहना है कि आधुनिक राज्य क्रमशः बहुलवाद की दिशा में आगे बढ़ता जा रहा है। यह प्रगति आन्तरिक और बाह्य दोनों ओर से हो रही है। इस प्रगति पर हम इन दोनों दृष्टियों से विचार करेंगे। आन्तरिक दृष्टि से बहुलवादी एक सप्रभुता के समर्थकों की यह बात गलत सिद्ध करते हैं कि राज्य की स्थिति अन्य संवासों से उच्चतर है। वे यह भी मानने को तैयार नहीं है कि अन्य संवासों पर राज्य जैसा चाहे नियंत्रण रख सकता है। वे भावात्मक और दृढ़ अद्वैतवादों द्वारा समर्थित राज्य और संवासों के पारस्परिक संबंधों में कोई विश्वास नहीं करते। जैसा कि जी.डी.एच कोल ने अपने कृत्यात्मक प्रजातंत्र (Functional Democracy) का स्पष्टीकरण करते हुए कहा है, मानवजीवन स्वभावतः विविधाड.गीय है। कृत्यात्मक प्रजातंत्र के अनुसार मनुष्य के विविध व्यक्तित्वों के हितों के लिए अलग-अलग संवास होने चहिये और बहुलवाद इन संवासों की स्वतंत्रता का प्रतिपादन करता है। बहुलवाद का कहना है कि राज्य उक्त सारे हितों की रक्षा नहीं कर सकता। इसका कारण यह है कि आज के व्यक्ति का जीवन इतना जटिल हो गया है कि कोई एक संवास उसका प्रतिनिधित्व नहीं कर सकता और क्योंकि राज्य भी एक संवास है–इसलिए वह भी हर व्यक्ति के सभी हितों के प्रतिनधित्व का भार संभालने में असमर्थ है। चूंकि राज्य में बहुत से संवास होते हैं और वे व्यक्ति के विभिन्न पक्षों का प्रतिनिधित्व करते हैं- अतः उन संवासों के नियम भी उतने ही मूल्यवान हैं जितनी राज्य की विधियां और राज्य को उन नियमों के अनुसार प्रत्येक संवास को कार्य करने की छूट देनी चाहिये।[3] बहुलवादी संवासों की स्वतंत्रता के औचित्य को ऐतिहासिक, वैधानिक और व्यावहारिक तीनों दृष्टियों से सिद्ध कर देते हैं। डा. जे.एन. फिगिस (Dr. J.N. Figgis) ने अत्यन्त स्पष्ट शब्दो में राजसत्ता को परामर्श दिया है कि वह उपासनागृहों, श्रमिक संघों (Trade Unions) तथा स्थानीय निकायों (Local Bodies) के कार्यों में कोई हस्तक्षेप न करे क्योंकि ऐसा करने का अर्थ अनिवार्य रूप से व्यक्ति और समाज के विकास में बाधा डालना होगा।[4] इसी प्रकार कुछ विचारक कहते हैं कि राज्य की उत्पत्ति के पूर्व भी विभिन्न संवास थे। राज्य की उत्पत्ति के बाद भी विभिन्न संवास रहे। राज्य के लुप्त होने के बाद भी बहुत से संवास रहेंगे। ऐसी दशा में राज्य संवासों से कनिष्ठ है।

3. J. Paul Bancours, *Le Federalisme Econoque*, pp. 1-5, 178-24, 369-422.

4. J.N. Figgis, *Modern State*. p. 78.

राज्य के बिना समाज रह सकता है परन्तु संवासों के बिना नहीं; इसलिए राज्य को संवासों का दमन कभी भी नहीं करना चाहिये।[5] लास्की ने भी, राज्य को अन्य संवासों की तुलना में समान ही स्थान दिया है।[6] वह यह मानता है कि राज्य जीवन के लिये आवश्यक है क्योंकि राज्य में ही अच्छा जीवन संभव है परन्तु इसका यह अर्थ नहीं कि मनुष्य को अन्य संवासों की आवश्यकता ही नहीं रह जाती। पूंजीवादी राज्य में यदि ट्रेड यूनियनें न हों तो व्यक्ति की आर्थिक स्वाधीनता समाप्त हो जायगी। इसलिए समाज को संवासों की उतनी ही आवश्यकता है जितनी राज्य की। लास्की का कहना है कि राजसत्ता को उन अधिकारों का परित्याग कर देना चाहिये जिनसे संवासों के हितों के छिनने की संभावना हो।[7] राज्य पवित्र है परन्तु संवास भी उतने ही पवित्र हैं जितना राज्य। राज्य यह कह कर अपेक्षाकृत अधिक अधिकार नहीं मांग सकता कि वह लोगों का सामूहिक प्रतिनिधित्व करता है क्योंकि प्रत्येक संवास अपने आप में व्यक्तियों के एक निश्चित समूह का प्रतिनिधित्व करता है। संवासों की स्थिति राज्य की अपेक्षा दृढ़तर है। इसका कारण यह है कि प्रत्येक संवास चाहे वह आर्थिक हो या सामाजिक अथवा राजनीतिक, हर दशा में जनता अर्थात् अपने सदस्यों के सम्पर्क में रहता है। आधुनिक युग के राज्य पुरानी प्रथाओं और परम्पराओं पर भी चलने का प्रयत्न करते हैं। इसलिए उनकी अनुभति का क्षेत्र सीमित और संकीर्ण हो गया है। आज भी इंग्लैण्ड में वैधानिक प्रथाओं के विरुद्ध चलने का प्रयत्न बुरा माना जाता है। राज्य की शक्ति के ह्रास होने का एक यह भी कारण हैं।

बारकर ने भी लास्की के समान विचार प्रकट किये हैं। उसका कहना है कि राज्य संवासों की उत्पत्ति तथा उनके विकास का एकमात्र साधन नहीं है। ऐसी अवस्था में राज्य को यह अधिकार नहीं कि वह चाहे जिस संवास का अन्त कर दे। यदि किसी राज्य को यह अधिकार न हो कि वह अपनी सीमा के अन्तर्गत रहने वाले संवास के अस्तित्व को समाप्त कर सके तो उसे संप्रभु नहीं माना जा सकता। यदि वह संप्रभु नहीं है तो वह मनमाने कानून भी नहीं बना सकता। आजकल की परिस्थितियों में यह निष्कर्ष सत्य उतरता है। आज किसी भी राज्य में यह क्षमता नहीं है कि वह जनता के प्रतिनिधि-संवासों की इच्छा के विरुद्ध कोई भी कानून बना सके। इसी आधार पर ड्यूगी और क्राब ने एकतत्ववाद (Monism) की आलोचना करके उस सिद्धान्त की मान्यताओं को नष्ट कर दिया है। ड्यूगी और क्राब दोनों ही कानून और राज्य को बिलकुल भिन्न भिन्न वस्तुँए मानते हैं। कानून की शक्ति को समाज की स्वीकृति प्राप्त होती है। यह शक्ति शाश्वत होती है। राजशक्ति के संबंध में यह बात नहीं कहीं जा सकती। राजशक्ति के विरुद्ध कभी-कभी लोकमत हो जाता है ऐसी अवस्था में लोकमत को राज्य की इच्छा के अनुकूल नहीं बल्कि राज्य को लोकमत की इच्छा के अनुसार चलना पड़ता है। राज्य तो भूमि का एक ऐसा टुकडा है जिसपर व्यक्तियों का एक समूह रहता है और इस समूह के कुछ व्यक्तिविशेष, शेष लोगों पर अपने डण्डे के जोर से शासन करते हैं। वे बलप्रयोग का भय दिखला कर अपनी इच्छाएं मनवाते हैं। इसके विपरीत कानून

5. E. Barker, *Op. Cit*, pp. 175-82.
6. H.J. Laski, *Foundation of Sovereignty and other Essays*, p. 240.
7. R.G. Gettell, *The History of Political Thought*, pp. 458-466.

सामाजिक प्रगति की अनिवार्य दशाएं हैं। वे सबकी इच्छाओं और आवश्यकताओं को पूरा करते हैं। इसलिए कानून की उत्पत्ति शक्ति में नहीं बल्कि उपयोगिता में है।

अतः हम इस परिणाम पर पहुंचते हैं कि राज्य के होते हुए भी उसमें संवासों की संख्या बराबर बढ़ती जा रही है और उन संवासों द्वारा स्वतंत्रता और अधिकारों की मांग भी बढ़ती जा रही है।

बाह्य दृष्टि से विश्व की एकता की कल्पना क्रमशः प्रबल रूप धारण करती जा रही है। हर देश के निवासी अन्तर्राष्ट्रीय अराजकता की अवस्था को समाप्त करने के लिए चिन्तित है। संयुक्त राष्ट्र संघ की स्थापना के कारण आज किसी भी राज्य के लिए दूसरे राज्य पर आक्रमण करके उसे हड़प लेना संभव नहीं है। यह बात सत्रहवीं-अठारहवीं शती में बिलकुल संभव थी परन्तु आज ऐसा नहीं हो सकता। अन्तर्राष्ट्रीय क्षेत्र में भी राज्य यह ध्यान रखता है कि यदि वह कोई कार्य करता है तो उसका नैतिक प्रभाव अन्य राज्यों पर क्या पड़ता है। अद्वैतवादी इन अवस्थाओं और कल्पनाओं की उपेक्षा करते हैं और अपनी कल्पना से तरह-तरह की ऐसी बातों की सृष्टि करते हैं जो एक राज्य तथा दूसरे राज्य के बीच दीवालों का काम करती है। वास्तविकता यह है कि राज्यों के बीच अब कोई भौगोलिक बाधाएं नहीं रही हैं। जो नागरिक हवाई जहाजों से यात्रा करता है, जो व्यापारी संसार के एक कोने से दूसरे कोने तक अपने घर बैठे रेडियो टेलीफोन द्वारा व्यापार करता है—वह अनुभव करता है कि अब राज्य की सीमाओं का कोई मूल्य नहीं रह गया है और संसार सिकुड़ कर समीप आ गया है। अन्तर्राष्ट्रीय एकता की इस कल्पना का भी राज्य की शक्ति को सीमित करने में बड़ा हाथ रहा है।

समाजवाद और बहुलवाद
(Socialism and Pluralism)

समाजवादी विचारधाराओं में अराजकतावाद और श्रमसंघवाद (Syndicalism) राज्य के उन्मूलन के पक्ष में हैं। वे यह कहते हैं कि राज्य का उन्मूलन जितनी शीघ्र हो जाय, मानवता का कल्याण भी उतनी ही शीघ्रता से होगा। इस मान्यता के विपरीत बहुलवादी यह स्वीकार करते हैं कि राज्य अनिवार्य है । उसके उन्मूलन के पक्ष में नहीं हैं। वे उसकी सत्ता को विकेन्द्रित करके सीमित कर देना चाहते हैं। वे राज्य को इसलिए अनिवार्य नहीं मानते कि उसके बिना निश्चित जनश्रेष्ठ (Determinate Human Superior) नहीं रह सकेगा बल्कि इसलिए मानते हैं कि वह 'संवासों का संवास और संगठनों का संगठन' है। राज्य की अनिवार्यता इसलिए है कि वह एक संवास का दूसरे संवास से समन्वय स्थापित करता है। अराजकतावादी यह नहीं मानते कि समाज को किसी ऐसी संस्था की आवश्यकता है जो विभिन्न संवासों के बीच समन्वय स्थापित करे। उनका कहना है कि यदि किसी बक्स में बहुत से कंकड़ भर दिये जाये और उस बक्स को हिलाया जाय तो सारे कंकड़ उतनी हो व्यवस्था सें उसमें बैठ जायेंगे जितनी व्यवस्था से कोई भी बाह्य शक्ति उन्हें लगा सकती । स्पष्ट है कि इस मामले में बहुलवादी अराजकतावादियों से तनिक भी सहमत नहीं हैं।

बहुलवाद की आलोचना
(Criticism of Pluralism)

1. प्रो. गिलक्राइस्ट (Prof. Gilchrist) के अनुसार, ''यदि समाज में विभिन्न संस्थाओं को आंशिक प्रभुसत्ता सौंप दी गई, तो इससे समाज का विघटन होगा और उनमें बहुत से पारस्परिक झगड़े बढ़ेंगे।''

2. विद्वानों का विचार है कि यदि समाज में विभिन्न संस्थाओं में प्रभुसत्ता को बांट दिया गया तो वे इतनी शक्तिशाली हो जायेंगी कि राज्य को उन्हें अपने नियन्त्रण में रखना कठिन हो जायेगा।

3. बहुलवादियों की यह धारणा गलत है कि समाज में अनेक समुदाय राज्य की समानता कर सकते हैं।

4. बहुलवादी विचारकों का यह विचार सर्वथा अनुचित है कि ''कानून राज्य से ऊपर है और कानून ही राज्य को नियन्त्रित करते हैं'' क्योंकि कानूनों का निर्माण भी तो राज्य ही करता है।

5. समाज में विभिन्न संस्थाओं को नियन्त्रित और नियमित करने तथा उनमें एकता उत्पन्न करने हेतु राज्य परमावश्यक है। अनेक बहुलवादी विचारकों ने भी विवश होकर इस तथ्य को स्वीकार किया था।

6. यदि प्रभुसत्ता को समाज में विभाजित कर दिया जायेगा, तो वह पूर्ण रूप से नष्ट हो जायेगी और समाज में अराजकता फैल जायगी क्योंकि विभिन्न संस्थायें परस्पर लड़ना शुरू कर देंगी।

7. विभिन्न संस्थाओं की ज्यादतियों से व्यक्ति की रक्षा करने के लिये राज्य का अस्तित्व अत्यावश्यक है।

8. बहुलवादी विचारक लास्की (Laski) ने स्वयं बहुलवादी विचारधारा की आलोचना करते हुए लिखा है कि, ''इसने समाज के विभिन्न वर्गों के सम्बन्धों का ठीक तरह अध्ययन नहीं किया है।''

बहुलवाद का महत्व
(Importance of Pluralism)

1. बहुलवाद के महत्वपूर्ण योगदान के सम्बन्ध में गैटेल (Gettell) ने लिखा है कि, ''उन्होंने इस बात पर बल दिया कि चाहे राज्य वैधानिक दृष्टि से सर्वशक्तिमान है परन्तु फिर भी इस पर नैतिक प्रतिबन्ध होने चाहियें। राज्य को आदर्शवादी संस्था बनाने और इसको 'साधन' की बजाय 'साध्य' बनाने के विरुद्ध बहुलवाद एक वांछनीय प्रतिक्रिया (Desirable reaction) है।''

2. बहुलवादियों ने ऑस्टिन के प्रभुसत्ता सम्बन्धी सिद्धान्त की कठोरता और सैद्धान्तिक वैधता के विरुद्ध अपना विरोध प्रकट किया है। ''वे समाज में ऐसे समूहों का बढ़ता हुआ महत्व बतलाते हैं जो राजनीतिक नहीं है और इनके कार्यों में राज्य द्वारा अत्यधिक हस्क्षेप के

विरुद्ध चेतावनी देते हैं। वे इस बात पर विशेष बल देते हैं कि ऐसे समूहों (Groups) को राजनीतिक व्यवस्था में अधिक कानूनी मान्यता मिले।" 'नया राज्य' नामक पुस्तक में मिस फोलेट (Miss Follet) ने बहुलवाद का निम्नलिखित महत्व बतलाया है:–

1. वर्तमान राज्य की सर्वोच्चता के बुलबुले को बहुलवादियों ने फोड़ दिया है।

2. वे स्थानीय जीवन को महत्व देने के पक्ष में हैं।

3. वे मानते हैं कि राज्य के हित उसके अंगों अर्थात समुदाय के हितों से मेल नहीं खाते।

4. बहुलवाद भीड़ की समाप्ति का आरम्भ है।

5. इसने संस्था और संघवाद में मेल की समस्या को पहचान लिया है।

6. वे समाज में समूहों के मूल्य को स्वीकार करते है और मानते हैं कि हमारे जीवन की बहुरूपता का एक महत्व है, जिसे शीघ्र ही राजनीतिक जीवन के भीतर अंगीकार किया जाना चाहिये।

अभ्यास के लिए प्रश्न

1. राज्य के बहुलवादी सिद्धान्त से आप क्या समझते हैं? बहुलवाद की प्रमुख विशेषताओं का वर्णन करो।
2. "समाज को संघीय रीति से संगठित किया जाना चाहिये।" बहुलवादी सिद्धान्तों के प्रकाश में इस वक्तव्य की विस्तार से व्याख्या कीजिये।
3. राज्य प्रभुत्व के पुरातनपंथी दृष्टिकोण प्रर बहुलवादी किन आधारों पर आक्रमण करते हैं? उनके दृष्टिकोण से आप कहां तक सहमत हैं?
4. "बहुलवाद ने केवल सिद्धान्त को प्रभावित किया है, व्यवहार को नहीं।" इस कथन की आलोचात्मक व्याख्या कीजिये।

31

हेरोल्ड जे॰ लास्की

(Harold J. Laski--1893-1950)

एच.जे. लास्की का जन्म मेन्चेस्टर के एक सम्पन्न यहूदी व्यापारी परिवार में सन् 1893 में हुआ। यहूदी होने के नाते नैराश्य तथा हीनता की भावना लास्की को जन्म से प्राप्त हुई क्योंकि तब तक दुनिया की वही एकमात्र बे-वतन कौम थी। उसके पिता नाथन लास्की हंगरी के रहने वाले थे। इंग्लैण्ड में उन्होंने काफी सम्पत्ति अर्जित की थी। उच्चतम शिक्षा प्राप्त करने के साथ ही लास्की ने समाज विज्ञान तथा राजनीतिक समस्याओं का गम्भीर अध्ययन किया। प्रतिभाशाली छात्र होने से लास्की ने व्यापक गहन अध्ययन, सूक्षम संवेदनशील अनुभूति, मानवतावादी भावुकता तथा स्वातन्त्रयप्रियता का अक्षय कोष संचित किया। पत्रकारिता के क्षेत्र में पड़ जाने से उसे अपने विचारों का प्रचार करने का पर्याप्त अवसर मिला। प्रथम महायुद्ध के समय उसने केनेडा, संयुक्त राज्य अमेरिका आदि की यात्रा की और व्याख्यानों द्वारा दर्शनशास्त्र पर अपने विचार सामने रखे। योग्य तथा कुशल अध्यापक होने से दर्शनशास्त्री के रूप में इसकी ख्याति चारों ओर फैल गई। एक ईसाई महिला से विवाह करके लास्की ने सामाजिक कट्रता दूर की। उसकी पत्नी फ्रीडा लास्की को बहुत दिनों तक लास्की के परिवार में सम्मान नहीं मिला। लास्की ने मेन्चेस्टर ग्रामर स्कूल तथा न्यू कालेज आक्सफोर्ड में शिक्षा पाई । बौद्धिक स्वतंत्रता के कट्र समर्थक होने के कारण वह किसी से भी दबना नहीं जानता था। वह पूंजीवाद का तीव्र विरोध करता था। उसने विभिन्न विश्वविद्यालयों में व्याख्याता का काम किया। मेकगिल विश्वविद्यालय, येल, एमहर्स्ट, डब्लिन, केम्ब्रिज आदि में उसे व्याख्याता के रूप में ख्याति मिली। अमेरिका के सुप्रसिद्ध हार्वर्ड विश्वविद्यालय में दर्शन-व्याख्याता के रूप में लास्की ने प्रसिद्धि पाई। सन् 1919 में बोस्टन पुलिस हड़ताल के समय लास्की ने हड़तालियों का पक्ष लेकर विश्वविद्यालय की हस्तक्षेप-नीति की तीव्र आलोचना की जिससे उसके उग्र विचारों का परिचय मिलता है। इस घटना ने उसके विरुद्ध वातावरण बनाया परन्तु उसे प्रेसीडेन्ट लावेल की सहायता मिली। मेकगिल में उसने लॉयडजार्ज की नीति की कटु आलोचना की जिसके लिये वह बर्खास्त होते-होते बचा। सन् 1917 में 24 वर्ष की अवस्था में ही अमेरिका में उसका प्रथम ग्रन्थ प्रकाशित हुआ। लास्की का मजदूर-संगठनों (Trade Unions) में अपूर्व विश्वास था और वह उन्हें नई सभ्यता का सृजनकर्ता मानता था।

उसका अपने जीवन काल में कई श्रमिक संगठनों से सम्पक रहा। सामूहिक सौदेबाजी (Collective bargaining) के साथ ही वह संघों के राजनीतिकरण (Politicalisation) का पक्षपाती था। सन् 1934 में उसने सोवियत रूस का दौरा किया वहां की राष्ट्रीय प्रगति विशेषतया समाजवादी अर्थ-व्यवस्था तथा योजनाबद्ध विकास ने उसे बहुत ही प्रभावित किया। वह उसका प्रबल समर्थक हो गया। हिटलर की सफलता, नाजी तथा फासिस्ट प्रवृत्तियों का उदय तथा श्रमिक चेतना की निष्क्रियता से उसके विचारों को धक्का लगा। क्रमशः उसे साम्यवादी आतंक (Communist tyranny) का भी भय होने लगा और उसने अपने विचारों में परिवर्तन किये। वह कम्युनिस्ट तत्वों के साथ गठबन्धन तथा एकता (Organic unity) का विरोधी था किन्तु साथ ही रूसी साम्यवादी तथा अन्य योरोपीय समाजवादियों के बीच वास्तविक सद्भावना (Genuine entente) तथा सदिच्छा का समर्थक था। ब्रिटिश लेबर पार्टी में काम करते समय सन् 1937 में वह उन लोगों में से था जो कम्युनिस्टों को लेबर पार्टी में शामिल करना चाहते थे। किन्तु सन् 1946 में उसने कम्युनिस्टों का कड़ा विरोध किया और उन्हें लेबर पार्टी में नहीं घुसने दिया। सन् 1945 में लास्की 'लेबर एक्जीक्यूटिव' का सभापति था। उसी वर्ष के ब्रिटेन के आम-चुनाव में चर्चिल-भक्त अनुदार दल की करारी हार हुई और क्लीमेंट एटली के नेतृत्व में मजदूर दल विजयी हुआ। इस ऐतिहासिक चुनाव अभियान (Election campaign) में लास्की ने महत्वपूर्ण योगदान दिया। यदि वह चाहता तो स्वतः सरकार या केबिनेट में ऊंचे से ऊंचा पद प्राप्त कर सकता था किन्तु जीवन भर उसने ऐसी इच्छा नहीं की। लास्की की जीवनी में किंग्सले मार्टिन ने लिखा है कि जब एटली के निवास से लौटते हुए ह्यू डाल्टन के इस प्रश्न पर कि 'क्या प्रोफेसर सरकार में आ रहे हैं?' लास्की ने व्यंग्यपूर्ण उत्तर लिखा था जिसका अभिप्राय यह था कि डाल्टन महाशय को शायद अपने बनाने वाले का भी पता नहीं था। लास्की ने वेब द्वारा संस्थापित 'लन्दन स्कूल आफ इकानामिक्स' में राजनीति शास्त्र के अध्यक्ष पद पर लगभग 30 वर्षों (1920-1950) तक काम किया। उसके द्वारा पढ़ाये हुए लाखों विद्यार्थी आज बौद्धिक तथा राजनीतिक क्षेत्र में विख्यात हैं। उक्त पद पर काम करते समय वह सक्रिय राजनीति में रुचि लेता रहा। लास्की के अन्तिम समय में उस पर यह आरोप लगाया गया कि वह हिंसा को प्रोत्साहन देता है। इस आरोप के विरोध में उसने मानहानि का दावा किया और असत्य तथा भ्रामक अभियोग (malicious prosecution) का मुकदमा चलाया। उस मुकदमें में वह हार गया। परन्तु उस पर हिंसा प्रचार का अभियोग नहीं लग पाया। वास्तव में प्रोफेसर लास्की हिंसात्मक कार्रवाई का विरोधी था और उस पर यह आरोप लगाना दुर्भावना का प्रतीक है। सन् 1950 में केवल 57 वर्ष की अल्पायु में ही लास्की का देहान्त हो गया।

लास्की की रचनायें

1. स्टडीज इन द प्राब्लम ऑफ सावरेन्टी (Studies in the Problem of Sovereignty, 1916)।
2. अथार्टी इन द माडर्न स्टेट (Authority in the Modern State, 1919)।
3. पौलिटिकल थॉट इन इंगलैण्ड-लॉक से बेन्थम तक (Political Thought in England--From Locke to Bentham, 1920)।

4. कार्ल मार्क्स (Karl Marx, 1921)
5. फाउन्डेशन ऑफ सावरेन्टी (Foundations of Sovereignty, 1921)।
6. ग्रामर ऑफ पोलिटिक्स (Grammar of Politics, 1925)।
7. द कम्यूनिज्म (The Communism, 1927)।
8. लिबर्टी इन माडर्न स्टेट (Liberty in Modern State, 1930)।
9. द डेन्जर्स ऑफ ओबिडियन्स (The Dangers of Obedience, 1933)।
10. पार्लियामेण्ट्री गवर्नमेंट इन इंगलैण्ड (Parliamentary Government in England, 1928)।
11. एन इन्ट्रोडक्शन टू पोलिटिक्स (An Introduction to Politics, 1931)।
12. स्टडीज इन लॉ एण्ड पोलिटिक्स (Studies in Law and Politics, 1932)।
13. डेमोक्रैसी इन क्राइसिस (Democracy in Crisis, 1933)।
14. ह्वेअर सोशलिज्म स्टैण्ड्स टूडे (Where Socialism Stands Today, 1933)।
15. द स्टेट इन थ्योरी एण्ड प्रैटिक्स (The State in Theory and Practice, 1934)।
16. द अमेरिकन प्रेसीडेन्सी (The American Presidency, 1940)।
17. द राइट्स ऑफ मैन (The Rights of Man, 1940)।
18. कम्युनिस्ट मेनीफैस्टो--सोशलिस्ट लैण्डमार्क (Communist Manifesto--Socialist Landmark, 1948)।
19. द अमेरिकन डेमोक्रेसी (The American Democracy, 1949)।

सर्वश्रेष्ट कृति : ग्रामर आफ पलिटिक्स

विशद रूप में लास्की के विचारों का स्पष्टीकरण उसके ग्रन्थ 'ग्रामर आफ पालिटिक्स'[1] (Grammar of Politics) में हुआ जो सन् 1925 में प्रकाशित हुआ। इस पुस्तक में राज्य की विवादात्मक समस्या पर तर्कपूर्ण विचार रखे गये हैं। सामाजिक संगठन, संप्रभुता, अधिकार, स्वतन्त्रता, सम्पत्ति, राष्ट्रीयता, सभ्यता, संघात्मक शक्ति, राजनीतिक, आर्थिक संवास, न्याय-प्रणाली तथा अन्तर्राष्ट्रीय संगठन पर लास्की के विचारों का तीव्र खंडन मंडन हुआ। बीसवीं शताब्दी में नई बौद्धिक विचारधारा का प्रतिनिधित्व करने वाली इतनी स्पष्ट व्याख्यात्मक तथा उपादेय पुस्तक दूसरी प्रकाशित नहीं हुई। इस पुस्तक को लास्की ने सुपरिचित वेब दम्पत्ति (Sidney and Beatrice Webb) तथा उनके द्वारा स्थापित लन्दन की अर्थशास्त्र-राजनीति शास्त्र की सर्वोच्च संस्था को समर्पित किया। अपने विचारों में परिमार्जन-परिवर्धन करने के बाद लास्की यथार्थवाद की अच्छाइयां ग्रहण करते हुए (Supreme merit of realism) राज्य को व्यक्ति

1. " No theory of the state is ever intelligible save in the context of its times, what men think about the state is the outcome always of the experience in which they are immersed.'
--Laski in *Grammar of Politics*

का हितचिन्तक बताता है और उसके विधेयक पक्ष पर प्रकाश डालता है। प्रारम्भ में ही उसने यह स्वीकार किया है कि राज्य के सम्बन्ध में चिन्तन करते समय मनुष्य अपने देश-काल तथा अनुभव की परिधि का ध्यान रखता है। रूसो, हेगेल, ग्रीन इन सबने अपने समय की मानसिक पृष्ठभूमि तथा परिस्थिति (mental climate) को सर्वमान्य तथा सार्वजनीन सत्य के रूप में उपस्थित करने का प्रयास किया था। लास्की ने यह बताया कि मनुष्य अपनी विचारधारा का औचित्य तथा श्रेष्ठत्व बताने के लिये घोर संघर्ष करता चलता है। (Men fight grimly for the status of ideologies)। इस पुस्तक में लास्की ने नई दुनिया के लिये नया राजदर्शन देने का प्रयत्न किया।

सन् 1927 में साम्यवाद पर लिखा गया उसका प्रसिद्ध ग्रन्थ (Communist Manifesto-- a Socialist Landmark) साम्यवादी घोषणा पत्र की समाजवादी व्याख्या है। उसने कार्ल मार्क्स पर स्वतन्त्र विचार रखे और (The Socialist Tradition in French Revolution) फ्रांस की राज्य क्रान्ति के समाजवादी तत्व भी ढूंढे । सन् 1931 में जनतंत्र पर उसके विचारों का संग्रह 'डेमोक्रैसी इन क्राइसिस' (Democracy in Crisis) लिखा गया जो अमेरिका में उसके भाषणों का सार है। इसमें उसने पुरानी प्रतिनिधिमूलक सरकारी संस्थाओं के प्रति अविश्वास प्रकट करते हुए क्रान्तिकारी सुधार तथा परिवर्तन की बात कही। सन् 1934 में उसने प्रसिद्ध ग्रंथ राज्य के सिद्धान्त तथा व्यवहार (The State in Theory and Practice) लिखा। मार्क्सवादी-लेनिनवादी विचारधारा से प्रेरणा लेकर लास्की ने नये सिद्धान्त खड़े किये । उसके राज्यशासन सम्बन्धी सिद्धान्त तथा सामयिक विचारों का परिचय अमेरिका तथा ब्रिटेन की शासन-परम्परा से सम्बन्धित उसके ग्रंथों में मिलता: जिनमें प्रमुख हैं: American Democracy, American Presidency, Parliamentary Govt. in England। इन पुस्तकों में एक अभिनव दृष्टिकोण मिलता है जिसके आधार पर कहा जा सकता हैं कि लास्की एक ओर रूस की समाजवादी व्यवस्था का पोषक तथा दूसरी और अमेरिका की उच्चस्तरीय पूंजीवादी अथवा लोक कल्याणकारी राज्य-व्यवस्था का भक्त था। इस प्रकार उसने सह-अस्तित्व (Co-existence) के सिद्धान्त को व्यावहारिक रूप से मान्यता दी। क्रान्ति-सम्बन्धी उसका प्रसिद्धग्रन्थ Reflections on the Revolution of our time सन् 1943 में प्रकाशित हुआ। दूसरे ही वर्ष, सन् 1944 में उसका ग्रन्थ Faith, Reason and Civilisation निकला जो वर्णानात्मक तो कम पर उत्तेजक-उद्बोधक (Hortatory) अधिक था। इस समय तक उसके विचारों में स्थायित्व, स्पष्टता तथा स्वरूपात्मक एकता आ चुकी थी। प्रशंसा अथवा निन्दा करने के बजाय उसने रूसी क्रान्ति को सहानुभूतिपूर्वक समझना अधिक श्रेयस्कर सिद्ध किया। जिस समय जर्मनी और रूस के बीच अनाक्रमक सन्धि सन् 1940 में महायुद्ध के दौरान हुई लास्की ने अपने विचार Where do we go from here! नामक पुस्तक में रखे। इसमें उसने सोवियत संघ की फासिस्ट-प्रवृत्ति की निन्दा की। उसने मौलिक दृष्टिकोण से कुछ स्वतन्त्र निबन्ध तथा विचार-संग्रह प्रकाशित किये। जिनमें उल्लेखनीय हैं: The Danger of being a gentleman, Studies in Law and Politics, The Rise of European Liberalism, Political Thought in England आदि। उसका स्वतन्त्रता तथा श्रम-संघ सम्बन्धी ग्रन्थ Liberty in Modern State

तथा Trade Unions in the Present Society भी उल्लेखनीय हैं। सन् 1947 में इजरायल राज्य की स्थापना पर हर्ष व्यक्त करते हुए लास्की ने जो वक्तव्य दिया वह उसका राजनीतिक धर्मपत्र (Political Testament) है और उनकी आकांक्षाओं को व्यक्त करता है।

लास्की पर प्रभाव
(Influences on Laski)

लास्की पर सबसे स्थायी प्रभाव अपने युग बीसवीं सदी के पूर्वार्ध में औद्योगिक प्रगति के युग का था। जिसमें उपनिवेशवाद, पूंजीवाद, साम्राज्यवाद और महायुद्ध चल रहा था। यूरोप दो टुकडों में बँट गया था। एक साम्यवादी यूरोप और दूसरा जनतन्त्रीय यूरोप, दोनों एक दूसरे के प्रति संशकित रहते थे। लास्की ने इस स्थिति को समझा और समझाया। इंग्लैण्ड में उदार चिन्तन की विशेषता रही है। जिसमें व्यक्ति-स्वातन्त्रय में अभिव्यक्ति धर्म, विश्वास, व्यक्ति की अबाध स्वाधीनता तथा सहिष्णुता, सद्भावना, सहमति आदि गुणों का समर्थन निहित है। यह एक विशिष्ट जीवन-प्रणाली है जिसका निषेघ करने पर सभ्यता ही खण्डित हो जाती है। इंग्लैण्ड के उदारवादी विचारकों का लास्की पर प्रभाव पडा। लिण्डसे, बारकर, ग्राहमवेलेस आदि के विचारों से प्रभावित होकर उसने राज्य की नई व्याख्या की और बहुलवादी स्वरूप निश्चित किया। वह संविधान-शास्त्री डायसी के विचारों से भी प्रभावित हुआ। हर्बर्ट फिशर, डायसी, बार्कर, लेन्सबरी, नेविनसन, कोल, वेब, कार्लमार्क्स, लेनिन, ब्रेल्सफोर्ड, टॉनी, डा. लाटरपेक्ट आदि के विचारों का उस पर स्थायी प्रभाव पड़ा । प्रारम्भिक आंगल विचारकों (early anglo-saxon political philosophers) में जेम्स हेरिंगटन उसके विचारों के समीप था। वह ग्रीन के व्यक्तिवाद तथा राज्य के नैतिक आधार का प्रशंसक था। वह नैतिक चेतना की अनिवार्यता को स्वीकार करता था। मजदूर आन्दोलनों ने उसके जीवन को विशेष रूप से प्रभावित किया। उसका श्रेणी समाजवाद से मार्क्सवाद और जनतान्त्रिक समाजवाद की ओर झुकाव होता गया। उसके दर्शन में विलियम जेम्स के फलवाद (Pragmatism) का प्रभाव स्पष्ट दिखाई पड़ता है। वह पूंजीवाद, फासिस्टवाद, उपनिवेशवाद का तीव्र विरोधी था। भारतीय स्वातन्त्रय-आन्दोलन का समर्थन करते हुए उसने समय-समय पर महत्वपूर्ण वक्तव्य दिये जिनका इस देश में बड़ा स्वागत हुआ। अन्तर्राष्ट्रीय एकता के जबर्दस्त हामी होने के कारण लास्की ने सदैव विश्वबन्धुत्व का पक्ष लिया। कहीं-कहीं उसके विचारों में विरोधाभास अथवा क्षणिक परिवर्तन दिखाई देता है किन्तु यह सदाशयता तथा सद्भावना प्रेरित बुद्धिजीवी की मानसिक स्थिति का ही परिणाम है। लास्की के राजनीतिक विचारों को साधारणतया इन वर्गों में बांटा जाता हैं:

1. समाज तथा राज्य सम्बन्धी विचार जिनमें बहुलवाद, संप्रभुता, स्वतन्त्रता, समानता, अधिकारों पर विचार व्यक्त किये गये हैं।

2. प्रजातन्त्र तथा शासनप्रणाली सम्बन्धी विचार जिसमें उसकी व्यक्तिवादिता तथा अन्तर्राष्ट्रीयता भी सम्मिलित है।

3. रूसी क्रान्ति तथा सोवियत समाजवादी व्यवस्था पर विचार। इसमें मार्क्सवाद की वैज्ञानिक प्रक्रिया, समाजवादी प्रयोग का रहस्य, समाजवादी अर्थ-रचना का महत्व आदि शामिल हैं।

4. स्फुट विचार जिनमें दार्शनिकता तथा बौद्धिकता की अमिट-छाप है और साथ ही पीड़ित प्रजाति (persecuted race) के व्यक्ति का आक्रोश क्रन्दन भी है।

समाज और राज्य
(Society and State)

लास्की उन लेखकों में से है जो राज्य के मुकाबले समाज की सत्ता सर्वोच्च मानते हैं। वह उस धारणा का खण्डन करता हैं जिसके अनुसार समाज और राज्य को एक कहा गया है। विभिन्न मानव संवासों (human associations) की सत्ता मानते हुए लास्की राज्य को भी एक तरह की संस्था मानता है। समाज में संवासों की स्थिति स्वाभाविक है और जीवन, दर्शन तथा शासन व्यवस्था पर उनका पूरा प्रभाव है। संवासों पर आघात करके हिटलर और मुसोलिनी ने सर्वव्यापी सावयव राज्य (corporate state) स्थापित किये किन्तु उनका अस्तित्व अधिक दिन तक नहीं रह पाया। राजनीतिक दल, स्वयं-सेवक संस्थाएं, शिक्षण-प्रणाली, मजदूर आन्दोलन, धार्मिक जागृति तथा परिवर्तन, सभ्यता तथा नई विचारधारा का प्रचार-प्रसार ये सब समाज में निरंतर सुधार या परिवर्तन करते रहते हैं। आज के समाज में संवासों का महत्व सबसे अधिक है जो निश्चय ही बहुमुखी, विस्मृत, जटिल तथा विविधता-मण्डित है। बीसवीं सदी में मजदूरों के अन्तर्राष्ट्रीय सगठनों ने वह काम किया जो राज्य करना नहीं चाहता था अथवा कर नहीं सकता था। भारत में विदेशी शासन का अन्त करने में भारतीय राष्ट्रीय कांग्रेस तथा देश के कोने-कोने में फैली उसकी शाखाओं ने महत्वपूर्ण कार्यभार अदा किया। इजिप्ट के शासन-परिवर्तन, परशिया के तेल-सम्बन्धी झगड़े, अर्जेन्टाइना में पेरो के शासन का अन्त, पाकिस्तान में शासकीय अस्थिरता, सोवियत रूस में श्रमिक जनतंत्र, अमेरिका में उच्चजीवन-स्तर, अन्तर्राष्ट्रीय क्षेत्र में नये प्रयोग-प्रतिबन्ध, भूमि-सुधार में भूदान आन्दोलन का प्रभाव आदि कुछ उदाहरण यह सिद्ध करते हैं कि राज्य तथा शासन के बाहर भी कुछ ऐसी शक्तियां हैं जिनका समाज तथा राज्य पर बहुत प्रभाव पड़ता है तथा जिनकी उपेक्षा विनाश का कारण हो सकती है। राज्य एक सामाजिक संवास से अधिक उपयोगी या शक्तिशाली नहीं है। बारकर के अनुसार प्रत्येक सामाजिक संवास अपने-अपने ढंग से उपयोगी हैं और ग्राह्य हैं। लास्की के अनुसार ''राज्य मूल रूप से समुदायों का समुदाय है और स्तरित संरचना का सर्वोच्च बिन्दु नहीं है।''[2] किन्तु राज्य पर एक ऐतिहासिक दायित्व है जिसके कारण वह 'बराबरी वालों में प्रमुख' (Primus inter pares-chief among equals) बना हुआ है। यह दायित्व है संतुलन तथा सामजंस्य बनाने का (Coordinating power of the state)। लास्की के अनुसार राज्य में समाज की महत्वपूर्ण स्थिति है न कि सामाजिक ढांचे की सर्वोच्च चोटी। अन्य सामाजिक उपयोगी संस्थाओं की तरह वह भी एक है। लास्की के अनुसार ,''वास्तव में वह सामाजिक संकल्प का अन्तिम कानूनी भंडार है।'[3] समाज वास्तव में संघात्मक (federal) और बहुलवादी

---

2. ''The state is essentially a communistic communication, and not the crowning-point of a hierarchical structure.'' --Laski, *Grammar of Politics, p.* 105.

3. ''It is infact, the final legal depository of social will. It sets the perspective of all other associations. It is moreover, the implied logic of this supremacy that whatever remains free of its control does so by its permission.'' *--Ibid.*

(pluralist) है। कानून बनाने में भी समुदाय तथा संस्था के हित को सामने रखना पड़ता है। इसलिए दमनकारी अथवा हानिकारक कानून रद्द भी करवा दिये जाते हैं। राज्य को उच्च स्थान देने का अभिप्राय यह नहीं कि वह अधिक शक्तिशाली या अनन्त है। राज्य की बात अन्तिम आदेश (final prescription) नहीं हो सकता, वह तो केवल दिशा निर्देश का काम करता है तथा इन लक्ष्यों को स्पष्ट करता है जिस ओर व्यक्ति संघ, समाज सब बढ़ना चाहते हैं। समाज अनेकतावादी है और राज्य का प्रतिनिधि है, इसलिये राज्य भी अनेकतावादी है। संप्रभुता की कल्पना त्याज्य है। अनेकतावाद या बहुलवाद समाज का वास्तविक रूप है।

बहुलवाद
(Pluralism)

राज्य की सत्ता का विरोध करते हुए लास्की ने नैतिक तथा व्यावहारिक दृष्टि से सर्वोच्च सत्ता अथवा संप्रभुता की आलोचना की है। यह अद्वैतवादी (Monist) संप्रभुता का कट्टर विरोधी है और यह स्पष्ट कहता है कि इस प्रकार की मरीचिका छोड़ देने पर ही राजनीति तथा समाज का कल्याण हो सकता है। लास्की से पूर्व आदर्शवादी, व्यक्तिवादी तथा अद्वैतवादी विचारकों ने राज्य को देवतुल्य तथा परमश्रेष्ठ सिद्ध करते हुए निरंकुश-अत्याचारी तथा शोषक बना दिया। जो कुछ कमी थी उसे पूंजीवाद ने पूरा किया और राज्य न्यस्त स्वार्थों का पोषक तथा आम जनता का शोषक हो गया। इस दुर्निवार स्थिति से छुटकारा पाना जरूरी था। राज्य को व्यक्ति तथा समष्टि को नैतिकता के मार्ग पर चलाने का आवश्यक अधिकार है किन्तु पूंजीवाद तथा सत्ता-केन्द्रीयकरण के कारण भ्रष्ट शासन अयोग्य तथा असमर्थ है। व्यक्ति राज्यभक्ति वहीं तक प्रदर्शित कर सकता है, जहां तक उसकी नैतिक उन्नति होती है। अखण्ड सामाजिक निधि में अपना योगदान देकर प्रत्येक व्यक्ति को उसे समृद्ध बनाना चाहिये इसके लिये राज्य के अनियंत्रित, अदेय, अविभाज्य अधिकार का दिवास्वप्न दूर करना होगा। अनियंत्रित सत्ता वर्ण संक्रामक की तरह है जो सत्य को विकृत कर देती है। ऐतिहासिक घटनाएं साक्षी हैं कि राज्य की अखण्ड सत्ता या दृढ़ता भूत की तरह है जिसका अस्तित्व कहीं नहीं है, किन्तु आतंक सदा छाया है। संप्रभुता का यह अर्थ लगाना सर्वथा भ्रामक है कि राज्य किसी आभ्यन्तर या बाह्य शक्ति से नियंत्रित नहीं है। अनुत्तरदायी तथा निरंकुश होकर राज्य अधिक दिन चल नहीं सकता। राज्य व्यक्ति और समाज के सुख का भौतिक साधनमात्र है। आज के अन्तर्राष्ट्रीय युग में कोई भी देश इस बात का दावा नहीं कर सकता कि वह दूसरों से बिलकुल निर्लिप्त या अप्रभावित है। सहकारिता, सह-अस्तित्व तथा पंचशील आधुनिक युग की देन है। आन्तरिक दृष्टि से भी विभिन्न विश्वास, सिद्धान्त, तर्क, पक्ष आदि राज्य का रूपान्तर करते रहते हैं। शक्ति विभाजन का सिद्धान्त (Separation of powers) मानने का अर्थ ही राज्य शक्ति की अविभाज्यता का खण्डन करना हैं। फलवाद (Pragmatism) की कसौटी पर भी यही निष्कर्ष निकलता है कि राज्य सीमित है, अनेक बन्धन उसे शिथिल बनाते हैं, उसकी गतिविधि पर कोटि-कोटि आंखें लगी रहती हैं। इस तरह संप्रभुता वास्तव में बहुलवादी है, कई टुकडों में बंटी है और उसे विभाजित होना चाहिये। बहुलवाद की व्याख्या करते हुए लास्की राजशक्ति के विकेन्द्रीयकरण की मांग करता है। आज प्रजातन्त्र की रक्षा के लिये, महायुद्धों

का अन्त आवश्यक है और विश्वशान्ति तब तक असम्भ्व है जब तक युद्ध का भय मौजूद है। अस्तु लास्की यही प्रयोग अन्तर्राष्ट्रीय क्षेत्र में भी आवश्यक बतलाता है।

बहुलवाद की आलोचना

अनेकतावाद या बहुलवाद की पर्याप्त आलोचना की गई है। उसे सर्वसम्मत सिद्धान्त नहीं माना जा सकता।

1. बहुलवाद के विरोधी यह आरोप लगाते हैं कि सत्ता का विभाजन या विकेन्द्रीयकरण करने से अराजकता, अशांति, उपद्रव आदि होते हैं। किन्तु यह आरोप गलत है। निर्बन्ध सत्ता अन्याय है और वह चल नहीं सकती। पूंजीवादी व्यवस्था दुःखदायी है और सह्य नहीं हो सकती।

2. बहुलवादियों में विरोधाभास है जिससे यह सिद्धान्त स्वतः कमजोर पड़ता है। लास्की स्वतः विकेन्द्रित सत्ता चाहता है किन्तु साथ ही उस असीम शक्ति को भी खोना नहीं चाहता जो राज्य के लिये आवश्यक है। दोनों बातें सफल कैसे हो सकती हैं? बारकर राज्य को व्यक्तिगत हितचिंतक बताते हुए नागरिकों से भक्तिभाव, सद्भावना, आदेशपालन आदि की अपेक्षा करता है। क्रैब और दुग्वी (Duguit) वैधानिक दृष्टिकोण से विचार करते समय संप्रभुत्व को अमान्य कर देते हैं। उन्होंने आस्टिन, बेन्थम आदि की व्याख्या न मानकर समाजशास्त्रीय आधार पर कानूनों का विवेचन किया। गीयर्क ने राज्य को अन्य संघों से श्रेष्ठ मानते हुए उसे संप्रभु बताया है। फिगिस के अनुसार राज्य समुदायों का समुदाय है और इसलिये सर्वश्रेष्ठ है। लिण्डसे राज्य की अनिवार्य सदस्यता के बल पर उसे सर्वोच्च संस्था मानता है। पॉल वेकर राज्य को राष्ट्रीय एकता का प्रहरी तथा नागरिक जीवन का रक्षक मानता है। दुरखीम (Durkheim) के अनुसार राज्य का काम नीति-निर्धारण है जिसके अनुसार अन्य संस्थाएं काम करती हैं। उग्र बहुलवादी होने के कारण लास्की राज्य को राष्ट्रीयकरण तथा औद्योगीकरण का संचालक मानता है। इस तरह कई तथाकथित बहुलवादी भी वास्तव में अद्वैतवाद की भावना से ही ओत-प्रोत हैं।

3. राज्य-शक्ति का विरोध कहां तक न्याय संगत अथवा व्यवहार्य है यह भी एक विकट प्रश्न है।

4. बहुलवाद की अधिकांश धाराणायें पूर्वाग्रहों पर आश्रित है। वे इस भ्रान्त धारणा के शिकार हैं कि अद्वैतवादी अथवा संप्रभुतावादी अमर्यादित राज्य के समर्थक और अनुत्तरदायी निरंकुशवाद के भक्त हैं। वस्तुस्थिति ठीक इसके विपरीत है। हाब्स, बोदॉं, आस्टिन, रूसों, हेगेल, बोसांके आदि सभी राज्य को उतनी ही छूट देते हैं जितनी आवश्यक है। वे प्रजा की इच्छा अथवा सामान्य इच्छा के विपरीत राज्य को कभी प्रोत्साहन नहीं देते। उसी तरह वे क्रान्ति-विरोधी भी नहीं हैं।

5. क्रैब (Krabbe) और लास्की दोनों इस बात के समर्थक हैं कि संप्रभुता शब्द को राजनीति से बाहर कर देना चाहिये। किन्तु लास्की में यह एक व्यक्तिवादी अन्तर्विरोध है जो बहुलवाद का ही परिणाम है। बहुलवाद की कमजोरियों पर प्रकाश डालते हुए केलहोन ने यह कहा कि संप्रभुता को विभाजित करने का अर्थ है उसका अन्त करना (To divide sovereignty is to destroy it) है।

6. बहुलवाद के अराजकतावादी व्यक्तिवाद (anarchistic individualism) में परिणत हो जाने की सदैव आशंका है।

अधिकारों की अवधारणा
(Concept of Rights)

अधिकारों के सम्बन्ध में लास्की के विचार बहुत गम्भीर हैं। अधिकारों के अभाव में व्यक्ति की नैतिक सत्ता (ethical contents) का वास्तवीकरण असम्भव है। लोक-कल्याण की व्यापक दृष्टि से अधिकार अनिवार्य है। राज्य अधिकारों का संरक्षक है। अधिकारों का हनन या विरोध करके वह आत्मघात ही कर सकता है। अधिकारों के विषय में लिखते हुए लास्की राज्य पर प्रतिबन्ध (circumscription of the state) का उल्लेख करता है। राज्य व्यक्तिहित का भौतिक साधन है, तथा व्यक्तिहित सामान्य तथा विशिष्ट अधिकारों में निहित है। अधिकारों का अस्तित्व राज्य से पूर्व अथवा साथ है। स्वीकृति या संरक्षण मात्र से राज्य अपने को अधिकारों का निर्माता नहीं कह सकता। राज्य के अमान्य कर देने पर भी अधिकार रहेंगे और उनकी प्राप्ति के लिये लोग संघर्ष करेंगे। अधिकारों की व्याख्या करते हुए लास्की ने यह कहा है कि वे सामाजिक जीवन की वे स्थितियां हैं जिनके बिना कोई मुनष्य अपने व्यक्तित्व का श्रेष्ठांश व्यक्त नहीं कर सकता। इतिहास अधिकारों के दर्शन (philosophy of rights) का दृष्टान्त उपस्थित करता है। उन्हें हम इस अर्थ में ऐतिहासिक नहीं कह सकते कि मनुष्य ने संघर्षों द्वारा इन्हें किसी निश्चित अवधि या सीमा के भीतर जीता बल्कि वे ऐतिहासिक इसलिए हैं कि विशेष समय, समाज, सभ्यता, संस्कृति तथा आवश्यकताओं के अनुकूल इनकी मांग की जाती रही और भविष्य में भी होगी। समाज के सदस्य होने के नाते हम अधिकारों का उपभोग कर पाते हैं इसलिये अधिकार प्रच्छन्न रीति से समाज में ही निहित हैं परिवर्तन तथा अनुकूलन अधिकारों के साथ सदैव जुड़ा है। अधिकार वे इस दृष्टिकोण से स्वाभाविक नहीं हैं कि उनकी कोई निश्चित सूची बनाई जा सकती है, बल्कि इसलिए कि वे समय और स्थान की आवश्यकताओं के अनुकूल हैं और क्षणिकता से दूर होकर स्थायित्व की ओर लक्ष्य रखते हैं। अधिकारों का अस्तित्व उपयोगिता में है, उपयोगिता कार्यों में है। अस्तु अधिकार कर्तव्यों की सापेक्षता (correlative of functions) रखते हैं। प्रत्येक समाज में व्यक्ति राज्य के प्रति दो तरह के अधिकार प्राप्त करता है। एक तो संरक्षण-पोषण का अधिकार जिसके अनुसार राज्य व्यक्ति के अधिकारों की रक्षा करता है। दूसरे साधनों का अधिकार जिसके द्वारा राज्य का यह धर्म है कि वह व्यक्ति को उसके पूर्ण विकास के भौतिक तथा अन्य साधन प्रदान करे। इन अधिकारों के साथ ही कर्तव्य-पूर्ति के लिए व्यक्ति को बाध्य करना भी राज्य का ही काम माना गया है। प्रत्येक व्यक्ति का यह परम कर्तव्य है कि अपना विकास करते समय दूसरों के मार्ग में बाधक न बने। साथ ही उसे सामाजिक उन्नति तथा जनसमृद्धि में (common stock of human welfare) योगदान देना चाहिये। लास्की शासन के दुरुपयोग (abuses of power) के सम्बन्ध में आशंकित है और किसी तरह भी व्यक्तित्व (individual personality) का विलोप नहीं चाहता। जो समाज-व्यवस्था व्यक्तित्व का मूल्यांकन नहीं करती, वह बालू की नींव पर खड़ी है। प्रारम्भ में व्यक्तिवादी स्वर में लास्की ने यह घोषित किया कि व्यक्ति चाहे तो समाज व्यवस्था की योग्यता का प्रचार करे। व्यक्ति यह भी मांग करता है कि उसके मत से विरोधी

विचार दबाये जावें और राज्य के संरक्षण में ऐसा करना या कर पाना स्वतः एक अधिकार है जो स्वतन्त्रता का मूल है। इन्हीं विचारों में आगे चलकर लास्की क्रान्ति का अधिकार भी स्वीकार करता है। क्रान्ति व्यक्तित्व तथा समाज की प्रगति में आवश्यक कदम है। इसके द्वारा सारे व्याघात दूर किये जाते हैं। क्रान्ति द्वारा नई समाज-व्यवस्था (New Social Order) की स्थापना आवश्यक है जो पुरानी तोड़ने के बाद बनती है। राजनीतिक-आर्थिक अधिकारों की विस्तृत व्याख्या करते हुये लास्की ने यह मत व्यक्त किया कि आर्थिक नियन्त्रण तथा आर्थिक जनतन्त्र के अभाव में राजनीतिक आजादी व्यर्थ है।[4] अधिकारों के स्वस्थ्य वातावरण में ही मनुष्य की सर्जनात्मक शक्तियों का अभ्युदय होता है और चारित्रिक विशेषताएं अक्षत रहती हैं। किन्तु अधिकारों के जोश में व्यक्ति को यह नहीं भूलना चाहिये कि वह किसी सामाजिक समीकरण का बीज है अन्यथा उसकी नागरिकता समाप्त हो जाती है।[5] कानून, संस्था राज्य के ये सब अधिकारों की पहली-शर्त है उनका काम अधिकारों को पूर्ति देना है। जीवन, सुरक्षा, सम्पत्ति, वेतन, परिश्रम, सेवा, शिक्षा, उत्पादन, वितरण, न्याय-प्राप्ति, आध्यात्मिक तथा बौद्धिक विकास जीवनोपयोगी आवश्यकताओं की पूर्ति, प्रतिनिधित्व करने का अधिकार सामाजिक राजनीतिक समता-स्वतन्त्रता का अधिकार आदि सब व्यक्ति-समाज के लिये अदेय अधिकार (inalienable) हैं। इनकी पूर्ति के लिए लास्की विकेन्द्रीयकरण तथा प्रशासकीय आत्म-निर्णय (administrative self determination) का सुझाव देता है। समझौता (compromise) एक ऐसा सूत्र है जो सबका हल निकाल सकता है।

स्वतन्त्रता की अवधारणा
(Concept of Freedom)

स्वतन्त्रता का उल्लेख करते हुये लास्की ने बताया कि अधिकारों के बिना स्वतन्त्रता सम्भव नहीं क्योंकि मनुष्य व्यक्तित्व की आवश्यकताओं से असम्बद्ध रहता है।[6] स्वतन्त्रता केवल प्रतिबन्ध का अभाव नहीं है बल्कि उस स्वास्थ्यकर सक्षम वातावरण की सक्रिय स्थापना है जिसकी छत्रछाया में उच्चतम मानवीय विकास सम्भव है। आत्म-हत्या करने से रोका जाना स्वतन्त्रता का अपहरण नहीं है क्योंकि आत्म-हत्या स्वतन्त्रता का भीषण दुरुपयोग है। उसी तरह यदि कानून यह कहे कि अपने बच्चों को समुचित शिक्षा देनी चाहिये तो यह भी कोई आघात नहीं है। ऐतिहासिक अनुभवों ने सुविधापूर्ण, सुखद तथा समुचित जीवनयापन का मार्ग बताया है और उन नियमों को मानने से स्वतन्त्रता का ह्रास नहीं होता। किन्तु स्वतन्त्रता केवल नियम या आदेशपालन ही नहीं है। स्वतन्त्रता सुशिक्षित अन्तःकरण की निर्मल प्रवृत्तियों पर आधारित इच्छाओं के प्रोत्साहन का नाम है। सामाजिक नियन्त्रण आवश्यक हैं क्योंकि उससे स्वतन्त्रता की सुरक्षा रहती है। यदि आध्यात्मिक जीवन अथवा बौद्धिक विकास पर प्रतिबन्ध लगाया जावे तो वह नियंत्रण अहितकर तथा अनुचित है। यदि नियंत्रण से समाज का लाभ

---

4. '' No political democracy can be real that is not as well a reflection of an economic domocracy '' -- Laski, *Authority in modern state.*
5. '' I must recognise the civic equalism of which I am part or forfeit my citizenship' --Laski, *Grammar of politics,* p. 95.
6. ''Without rights there cannot be liberty, because, without rights, men are subjects of law unrelated to the needs of personality.'' --Laski

होता है तो वह स्वागत-योग्य है। स्वतंत्रता का पतन तब होता है जब व्यक्तियों में उपक्रम (initiative) तथा साहस का लोप होने लगे। सक्रिय मस्तिष्क (active minds) स्वतन्त्रता का प्रहरी है। स्वतन्त्रता की कसौटी अवसरों के प्रसंग में (in context of opportunity) होती है। वैयक्तिक स्वतन्त्रता में सामाजिक, धार्मिक, आर्थिक, नैतिक, आध्यात्मिक स्वतन्त्रता शामिल है। राजनीतिक स्वतन्त्रता में राज्य कार्यों में भाग लेना, प्रतिनिधि होना या चुनना, निष्पक्ष समाचार तथा विचार प्राप्त करना, राज्य की आलोचना करना आदि प्रमुख हैं। लास्की ने दो बातों पर जोर दिया है। एक है उपयोगी शिक्षा प्राप्त करना। प्रत्येक व्यक्ति के अधिकार की बात होनी चाहिये। निर्धनों की मूक वेदना तथा शब्द-हीनता (dumb inarticulateness of the poor) के कारण स्वतन्त्रता असंख्य लोगों के लिये है। मृगतृष्णा की तरह है। दूसरी महत्वपूर्ण बात इस प्रावधान पर आधारित है जिससे निर्भीक, स्पष्ट तथा ईमानदार विचार मिलते रहें। आर्थिक स्वतंत्रता का अभिप्राय उद्योगों में पूर्ण जनतंत्र है। इसका अर्थ यह है कि उत्पादन प्रणाली में एक तरह का स्वशासन हो काम, उत्पादन, समय, वेतन, अवस्था, अवसर, सुरक्षा आदि के सम्बन्ध में श्रमिकों या उत्पादकों की बात माननी चाहिये। सामाजिक स्वतन्त्रता का महत्व स्वीकार करते हुए लास्की व्यक्तिगत स्वतंत्रता को गौण या सीमित रखना चाहता है। चूंकि स्वतन्त्रता समाज में ही सम्भव है और सामान्य व्यक्ति राबिन्सन क्रूसो या सेन्ट सीमियन नहीं है इसलिये समाज को मान्यता देना राज्य का प्रथम कर्त्तव्य है। व्यक्तिगत स्वतन्त्रता में वे सभी बातें आ जाती हैं जिन्हें आजकल संविधानों में मौलिक अधिकारों के रूप में सूचीबद्ध किया जाता है और जिन पर आक्रमण होने पर संवैधानिक उपचार (legal and constitutional remedies) भी तुरन्त उपलब्ध होते हैं। न्याय प्रणाली का सर्वसुलभ, सुस्ती तथा सुविधाजनक होना आवश्यक है क्योंकि ऐसा न होने पर स्वतन्त्रता का ह्रास होता है।

राजनीतिक स्वतन्त्रता

राजनीतिक स्वतन्त्रता का अर्थ है नागरिकों का शासन सम्बन्धी कार्यों में भाग ले सकने का उन्मुक्त अधिकार। इस प्रसंग में लास्की ने नागरिकता की व्याख्या की है। व्यक्ति के विवेकजन्य निर्णयों का सामान्य जनहित में प्रयोग करना ही सच्ची नागरिकता है। प्रत्येक नागरिक को शिक्षा प्राप्त करने का हक है। आर्थिक स्वतन्त्रता तो राष्ट्रीय जीवन का प्राण ही है। सुविधा-प्राप्त वर्ग अथवा न्यस्त-स्वार्थ (privileged class or vested interest) राष्ट्र के व्यापक हित में घातक हैं। वे पूंजीवाद, पुराणपंथ तथा यथा स्थिति (Status quo) के अनन्य समर्थक हैं। वर्तमान सभ्यता के अनिवार्य अभिशाप के रूप में बेकारी, दरिद्रता, अपराधी मनोवृत्ति, संकीर्ण गंदी बस्ती (Slums) सामाजिक तथा संवेगात्मक तनाव (Social and emotional tensions), धूल-बीमारी-पतन (dirt, disease, degeneration), घृणित आवास तथा वेश्यालय (hovels and brothels) आदि चारों ओर व्याप्त हैं। व्यक्ति तथा राष्ट्र की सामूहिक बुद्धि इन्हें दूर करने तथा स्वस्थ वातावरण बनाने में लगानी चाहिये। औद्योगिक नीति-निर्धारण में भी जनतांत्रिक रूप से अपना मत प्रकट करने की आजादी वांछनीय है।

समानता की अवधारणा
(Concept of Equality)

समानता के बिना स्वतन्त्रता एकांगी तथा अधूरी है। अवसरों की समानता मानवीय विकास

के लिए अत्यन्त आवश्यक है। समानता का अर्थ व्यक्ति विशेष को खास रियायत या सुविधायें देना नहीं हैं। सुविधायें समान रूप से वितरित होनी चाहियें। इस क्षेत्र में कानून का शासन (Rule of law) अनुकरणीय है। व्यक्ति की गारिमा तथा सामाजिक उपयोगिता में दृढ़ विश्वास रखना चाहिये। सामाजिक अर्थ-व्यवस्था इस भाँति नियोजित होनी चाहिये जिससे कुछ लोगों को अधिकार देने के पहले सबको पर्याप्त मिलना चाहिये। निर्बाध सामाजिक, राजनैतिक, आर्थिक समानता होने पर ही जनतंत्र सफल हो सकता है। समानता का अर्थ निरपेक्षित समान-स्वार्थ (identity of interest) नहीं है, वह तो विचारों का सुनियोजन (coherence of ideas) है। विशेष-सुविघा का निषेध करते हुए लास्की आनुवंशिक उच्च सदन या लार्ड-सभा (Hereditary Second chamber) की तीव्र आलोचना करता है और उसकी तत्काल समाप्ति की सिफारिश करता है। मूलतः समानता अनुपात में समस्या (Problem in proportions) है। समानता और स्वतंत्रता का व्यावहारिक प्रयोग होन पर ही विश्व-सहयोग सम्भव है। धर्म-निरपेक्षता (Secularism) का समर्थन करते हुए लास्की राज्य-चर्च या धर्म (State church) का विरोधी है। उसके अनुसार राज्य-धर्म किसी न किसी प्रकार विशेष सुविधा प्राप्त कर लेगा और लोगों को अपने धार्मिक उसूल, अकीदे या विश्वास की सही आजादी न मिल पायेगी। आज की दुनिया में आस्तिक-नास्तिक बनने में किसी प्रकार की आपत्ति नहीं है।

प्रजातन्त्र पर विचार
(Ideas on Democracy)

लास्की ने प्रजातन्त्रात्मक शासन का समर्थन किया और उसे मानवता के लिये आदर्श-तंत्र माना। प्रजातन्त्र में ही व्यक्तित्व का समग्र विकास संभव है। लास्की के मतानुसार, संसदात्मक प्रजातन्त्र (Parliamentary Democracy), समाज की सामूहिक बुद्धि का व्यवस्थित विकास है जिसमें जनता की जागृति और शासन के परिवर्तन-विकल्प एक दूसरे के पूरक (Complimentary) हैं। प्रजातन्त्र का सबसे बड़ा शत्रु पूंजीवाद है क्योंकि उसका रूप तो जनतन्त्र का है परन्तु उसकी आत्मा निकृष्टतम अधिनायकत्व की है। पूंजीवादी प्रजातन्त्र (Cipitalist Democracy), जो मार्क्सवादी परिभाषा में उच्चवर्गीय प्रजातन्त्र का पर्याय है, वास्तव में एक खतरनाक सांप या द्विजिह्व (boa constrictor) है जिसमें व्यक्ति स्वातन्त्र्य की हत्या होती है और निरन्तर अभाव, अवसाद, विनाश का ताण्डव नृत्य होता है। पूंजीवादी व्यवस्था में प्रजातन्त्र की अवहेलना होती है। अपने एक वक्तव्य में लास्की ने कहा कि पूंजीवादी व्यवस्था से प्रजातन्त्र पर भीषण संकट तब आता है जब सम्पत्तिशाली वर्ग अपने न्यस्त स्वार्थों और अधिकारों के लिये लड़ने और इस तरह प्रतिक्रान्ति (counter revolution) करने के लिये तैयार होते हैं।[7] प्रजातन्त्र से आशय यह है कि समाज के प्रत्येक सदस्य सुख प्राप्ति में समान रूप से हकदार हैं (Democracy regards its members equally entitled to happiness)

वर्तमान निर्वाचन-प्रणाली की गम्भीर त्रुटियों का उल्लेख करते हुए लास्की ने इस बात को प्रजातन्त्र के विरुद्ध ठहराया कि प्रति पांच वर्ष में एक बार मतपेटियों (ballot-box)

---

7. "The crisis in democracy is due to the fact that in the present phase of capitalist contraction its alliance with democracy is dangerous to the owners of property, who, as in the past, prefer to fight for their privileges than give way."

-- Laski, *Crisis in the theory of the state.*

के पास जाकर अपने कर्तव्य की इति-श्री समझना प्रजातंत्र की रक्षा है। सरकार पांच साल में केवल एक दिन उत्तरदायित्व या मर्यादा का अनुभव करती है और शेष दिनों मनमानी करती है। घोषणा-पत्र (manifesto), कार्यक्रम, (Programme) निर्वाचन-आधार (Platform), चुनावों के समय के वायदे ये सब व्यावहारिक दृष्टि में निरर्थक सिद्ध होते हैं क्योंकि सरकार या सत्ताधारी दल इनका उपयोग अपने क्षणिक लाभ के लिये करते हैं। आदर्श प्रजातंत्र वह है जिसमें समाज के निश्चित मतों को कार्यरूप दिया जाए और महत्वपूर्ण प्रश्नों के फैसले के लिये जनता की राय अवश्य ली जाए। ऐसा प्रजातन्त्र पूंजीवाद नहीं बल्कि समाजवाद की आधारशिला पर निर्मित होगा। प्रतिक्रियावादी पूंजीवाद की जगह पुरोगामी प्रजातन्त्र मानवता के लिये वरदान सिद्ध होगा।

Crisis in Democracy नामक ग्रन्थ में लास्की ने प्रतिनिधि-मूलक शासन की संस्थाओं पर यह आरोप लगाया कि वे नवीन आर्थिक व्यवस्था उत्पन्न करने में असमर्थ हैं।[8] जनता यह समझने में असमर्थ है कि राज्य का नियंत्रण-मात्र पर्याप्त नहीं है। इंग्लैंड में 1924 और 1929 की मजदूर दलीय सरकारों का उदाहरण देते हुए लास्की ने कहा कि केवल औपचारिक राज्याधिकार (formal political power) अनुपयुक्त है और वास्तविकता आर्थिक नियमन में है। उसने यह भी स्वीकार किया कि ब्रिटेन या संयुक्त राष्ट्र अमेरिका में जहां स्वशासन और स्वतन्त्रता की शानदार परम्परा है, सत्ता पर अधिकार विप्लव या हिंसात्मक कार्रवाइयों से सम्भव नहीं है। प्रतिनिधि-मूलक शासन की आलोचना में लास्की ने यह लिखा कि उसका स्वरूप और संगठन नई व्यवस्था के लिये सहायक नहीं है। इसलिये निर्वाचन द्वारा सत्तारूढ़ समाजवादी सरकार को इस शासन का ढांचा बदलना होगा, प्रभावशाली बनना होगा और अधिक अधिकार ग्रहण करना होगा। उत्पादन के सामाजिक सम्बन्धों में परिवर्तन करने वालों को राज्य की सत्ता हथियानी पड़ेगी क्योंकि राज्य की विशिष्ट दमनात्मक शक्ति से ही वर्ग-सम्बन्ध दुरूस्त किये जाते हैं। लास्की का यह भी कहना है कि वर्तमान इतिहास में क्रान्ति के बिना किसी राज्य ने अपने वर्ग स्वरूप में परिवर्तन नहीं किया है। लास्की क्रान्ति के मोहक नारों में उलझता जाता है क्योंकि वह क्रान्ति की अनिवार्यता को सामाजिक परिवर्तन की धात्री समझता है। यद्यपि क्रान्ति का प्रयोग सर्वत्र सम्भव नहीं है। जर्मनी में क्रान्ति पूर्ण असफल रही और समाजवाद के नारों के बावजूद वहां फासिस्ट शक्तियों का उदय हो गया। इसलिये लास्की मजदूरों और मध्यमवर्गीय जनता को यह सुझाव देता है कि प्रजातान्त्रिक उपायों की हर सम्भव प्रयत्न से रक्षा हो और उनका प्रयोग हो। क्रान्ति की यह प्रक्रिया विकासवादी दृष्टिकोण से प्रेरित है। यदि प्रजातान्त्रिक उपायों का विधिपूर्वक पालन किया जावे तो हिंसात्मक उपद्रव, केन्द्रीकरण, समष्टिवाद सब बेकार हैं। लास्की के प्रजातन्त्र की धुरी व्यक्ति है इसलिये वह व्यक्ति की नैतिकता, भौतिकता, आध्यात्मिकता के उपायों का प्रशंसक है। मार्क्सवादी होने के बावजूद लास्की लॉक और मिल के प्रभावों से बरी नहीं है। पूंजीवादी जनतंत्र की असंगति स्पष्ट करते हुए उसने बताया कि उसका निवारण पूंजीवाद की समाप्ति या जनतंत्र के दमन से ही होता है। चूंकि पूंजीवादी थोड़ा-सा बहाना पाकर जनतंत्र समाप्त करना आसान समझते हैं, इसलिये

8. "Laski attacked the institutions of representative govt. as incapable of leading peacefully to a new economic order."

मजदूरों को वैधानिक उपायों से ही अपनी शक्ति बढ़ानी चाहिये। जनतंत्र के साथ लास्की जनवादी संस्कृति और सभ्यता का समर्थक है। वह सभ्यता अभिशाप है जिसमें विश्वास या श्रद्धा का अभाव हो। अपने युग की आलोचना करते हुए लास्की ने लिखा कि चारों ओर घोर नैराश्य है। सामाजिक मूल्यों की व्यवस्था समाप्त हो गई है। निश्चिन्तता के बदले संशय और आशा की जगह निराशा है। जनवादी मूल्यों का स्पष्टीकरण उसने 'विश्वास, बुद्धि, सभ्यता' नामक ग्रन्थ में किया।

विश्व एकता तथा अन्तर्राष्ट्रीयता (World Unity and Internationalism)

विश्व एकता तथा अन्तर्राष्ट्रीयता के सम्बन्ध में लास्की के विचार स्पष्ट, सुदृढ़ तथा आत्म-विश्वास से युक्त हैं। मानवता समस्त विश्व का एक ही धर्म है और उसकी रक्षा करना प्रत्येक राज्य का कर्तव्य है। जिस दिन पूरे संसार में एकता स्थापित होगी और 'एक विश्व' (One World) का स्वप्न व्यावहारिक रूप में साकार होगा उस दिन मानवता के नये मूल्यों की प्राणप्रतिष्ठा होगी। संसार के राज्यों में क्षेत्रीय तथा आर्थिक विषमता के कारण इस एकता में बाधा उत्पन्न होगी है। राज्य की संप्रभुता अन्तर्राष्ट्रीयता के प्रतिकूल सिद्ध होती है। 'राष्ट्रीयता और सभ्यता' शीर्षक निबन्ध में लास्की विश्वसहयोग तथा व्यापक शिक्षा के साथ राष्ट्रीय चेतना का सामज्स्य करने की सलाह दी है। उसने राज्य की संप्रभुता की सीमायें अपने बहुलवादी विचारों में समझाई है। उसके अनुसार राज्यों का उत्तरदायित्व बढ़ गया है और वे पहिले की तरह स्वेच्छाचारी न होकर कल्याणकारी रूप की ओर बढ़ने की चेष्टा कर रहे हैं। आज की दुनियां में एक देश के कार्यों का दूसरों पर गंभीर असर पड़ता है। विश्व-संगठन तथा अन्तर्राष्ट्रीय प्रभाव की वृद्धि के लिये लास्की का मत था कि साम्राज्यवाद की धारणा नहीं, बल्कि संघवाद की धारणा को मजबूत बनाना चाहिये। संयुक्त राष्ट्र संगठन विश्व के लिए नई आशा है परन्तु उसे रचनात्मक कार्यों के द्वारा संसार के पिछड़े हुए देशों की समृद्धि बढ़ानी चाहिये।

इसके लिए लास्की ने कुछ सार्वभौम कार्यों का अन्वेषण (discovery of universal functions) किया। इनमें से प्रमुख यातायात, क्षेत्रीय सीमा, राष्ट्रीय व जातीय अल्पसंख्यकों का हित, सार्वजनिक स्वास्थ्य, उद्योग तथा व्यवसाय, निष्क्रमण आवास-पुनर्स्थापना, युद्ध समाप्ति, शान्तिमय वातावरण का निर्माण आदि हैं। इस विश्व संगठन ने कई महत्वपूर्ण प्रश्नों पर कमजोरियां दिखाई हैं जिनसे विश्व-शान्ति भंग होने का डर है। विश्व संगठन की विशिष्ट समितियों (specialised agencies) द्वारा लास्की संसार की वास्तविक सेवा की आशा रखता है। उसका उल्लेख सर्वत्र शान्ति प्रचारक तथा युद्ध-विरोधी विचारक के रूप में किया गया है। स्वशासन तथा स्वतन्त्रता की धारणा में विरोधाभास बतलाते हुए उसने कहा कि अपना शासन करते समय दूसरे लोगों के साथ भ्रातृत्व तथा सौहार्द (fellowship among men) के नियम बनाना पड़ता है; क्योंकि बिना भ्रातृत्व के स्वतन्त्रता सम्भव नहीं। संसार के सामने निश्चित योजना के आधार पर नई दुनियां बनाना या विनाश की तैयारी करना ये दो

विकल्प है। यह स्थिति भयावह है ।[1] मानवता की मुक्ति के लिए विश्व-शान्ति की समस्या स्थायी रूप से सुलझानी चाहिये।

साम्यवाद की आलोचना
(Criticism of Communism)

मार्क्स के सिद्धान्तों को वैज्ञानिक दृष्टि से ग्रहण करने वालों में लास्की का नाम प्रमुख हैं। सन् 1917 की अक्टूबर क्रान्ति के सम्बन्ध में राजनीतिज्ञों में तरह-तरह की धारणायें थीं। रूस के आन्तरिक घटनाचक्र का सूक्ष्म तथा संतुलित अध्ययन आकर्षण का केन्द्र था। वेब दम्पत्ति ने रूसी प्रयोगों को नई सभ्यता (new civilisation) के रूप में देखा और यह आशा व्यक्त की कि समाजवादी आधार की अर्थ-रचना पूर्णरूप से सफल होगी। वेब की परम्परा के अनुरूप लास्की ने रूसी क्रान्ति को देखा किन्तु उसका दृष्टिकोण अधिक संतुलित और समीक्षात्मक है। लास्की रूस की साम्यवादी क्रान्ति और समाज व्यवस्था को मान्यता देता है और उन्हें उपयोगी समझता है। परन्तु वह साम्यवाद के अन्तर्राष्ट्रीय रूप अथवा आक्रमक विस्तारक (expansionist) स्वरूप का घोर आलोचक है। बोल्शेविक शासन के पक्ष विपक्ष की उसने विस्तारपूर्वक व्याख्या की है। वह वहीं तक मार्क्सवादी है जहां तक समाज की अर्थ व्यवस्था बदल कर जनवादी तंत्र लाने का प्रश्न है। वह मार्क्सवादी प्रक्रिया-विज्ञान (methodology) को बौद्धिक रूप में ग्रहण करता है। ऐतिहासिक व्याख्या, आर्थिक विश्लेषण अतिरिक्त मूल्य (surplus value), वर्ग संघर्ष आदि सिद्धान्तों के प्रति उसकी मानसिक अभिरुचि है। परन्तु वह मार्क्सवाद को रूढ़ या कट्टर (orthodox) अर्थ में ग्रहण नहीं करना चाहता। मार्क्सवाद देश काल की उपेक्षा करके, साध्य-साधन का विभ्रम-विभेद पैदा करके असफल ही होता है। लास्की के अनुसार, सच्चा मार्क्सवादी जनतांत्रिक समाजवाद का सुस्थिर रूप ही ग्रहण करेगा। लास्की किसी दल विशेष की तानाशाही का घोर विरोधी है। तानाशाही चाहे जिस स्वरूप में हो, मानवता, सभ्यता, संस्कृति के लिए अभिशाप है। लास्की ने नौकरशाही (bureaucracy) की कटुतम आलोचना की है, अपनी शक्ति बनाये रखने के लिये नौकरशाही को पंगु, जनता को असहाय और परिवर्तन को अवरुद्ध बनाये रखती है। दुर्भाग्य से रूसी क्रान्ति नौकरशाही-मंडित समष्टिवाद (bureaucratic collectivism) का शिकार हो गयी जिससे क्रान्ति के आदेशों पर पानी फिर गया। लास्की के अनुसार प्रजातांत्रिक विकास से ही साम्यवादी आतंक का निराकरण सम्भव है। फिर भी लास्की के मन में हमेशा रूसी प्रयोगों के प्रति सद्भावना रही है। रूसी क्रान्ति के पक्ष में लास्की ने मौलिक तर्क उपस्थित किये और यह कहा कि इस क्रान्ति ने जनता और नेतृत्व के बीच नई प्रतिमा का स्रोत जारी किया। इसने जनवादी शिक्षा का व्यापक प्रचार किया, महिलाओं का उद्धार किया, जातियों और वर्गों की मूलभूत समस्या का स्थायी हल प्रस्तुत किया। स्वास्थ्य, स्वच्छता तथा कामगारों की सुरक्षा इसका प्रधान साधन था। उत्पादन के लिये योजना की आवश्यकता बतलाते हुए इस क्रान्ति ने समाज के, आर्थिक, राजनीतिक ढांचे आशातीत में परिवर्तन किये। विज्ञान की नई खोजों

9. "Either we have to make a world by deliberate plan, or we court disaster. It is a grim alternative."
--H.J. Laski

और अध्ययन की नई दिशाओं को प्रकाश में लाने के लिये इसका योगदान अद्वितीय है। इसने औद्योगिक प्रगति में आशातीत सफलता प्राप्त की। इसने न्याय तथा सुधार के लिये नई व्यवस्था को जन्म दिया। सारांश में, इस जनप्रिय व्यवस्था ने सदियों की पिछड़ी हुई जनता को नई प्रेरणा, सूझ और शक्ति प्रदान की। परन्तु लास्की कम्युनिस्ट व्यवस्था का समर्थक नहीं है। उसने रूसी क्रान्ति तथा व्यवस्था के उन तथ्यों की आलोचना की है जिनसे प्रतिक्रियावाद को समर्थन मिलता है और अशान्ति का वातावरण तैयार होता है ।

संक्रमण काल में सर्वहारा के अधिनायकत्व का स्थान कम्युनिस्ट पार्टी की तानाशाही ने अनिश्चित दीर्घ अवधि के लिये ले लिया है। बोल्शेविक दल ने औद्योगीकरण तथा विस्तार के लिये अप्रजातान्त्रिक तरीकों का सहारा लिया और क्रान्ति बहुत मंहगी सिद्ध हुई। चुनावों का परित्याग करके इस दल ने जबरन सत्ता पर अपनी जड़ें जमाईं । स्टालिन और उसके समर्थकों ने आलोचकों और विरोधियों का उन्मूलन करके अपने आपको ईश्वरतुल्य घोषित कर लिया । रूस में कला और साहित्य के उपासकों को सीमित मात्रा में स्वतन्त्रता है। विचारों का स्थिरीकरण (regimentation) कर दिया गया है। सन् 1927 के बाद से स्टालिनवादियों ने शासन पर अधिपत्य जमाते हुए न्यस्त स्वार्थों के साथ गठबन्धन कर लिये। सन् 1936 के संविधान के बावजूद जनतन्त्र और स्वतन्त्रता की विचारधारा लुप्तप्राय है, निर्वाचनों में ऊपरी आडम्बरमात्र है। खुफिया पुलिस और जासूसों का जाल बिछा हुआ है। बेगार लेने की प्रथा जारी है और निर्वासितों को एकत्र करके जबरदस्ती काम कराने के संगठित प्रयास होते रहते हैं। इन सबके अलावा सन् 1939 में नाजी जर्मनी के साथ सन्धि करके रूस के अधिनायक स्टालिन ने रूस के बाहर की श्रमजीवी जनता की पीठ में छूरा भोंक दिया । इस प्रकार लास्की रूसी प्रयोगों को आंख मूंदकर स्वीकार करनेवालों में नहीं है। उसका लेनिन के तरीकों (tactics) से मतभेद है। रूस की विशेष ऐतिहासिक परिस्थिति में लेनिन की क्रान्ति सफल हुई है लेकिन सर्वत्र उसका प्रयोग वर्जित है। देश की वास्तविक स्थिति की पर्यालोचना किये बिना क्रान्ति की बातें करना, गुरिल्ला युद्ध करना, गृहयुद्ध उत्पन्न करना, घृणा और विद्वेष की सृष्टि करना एक तरह का बच्चों का वामपक्षीय विकार (infantile leftism or disorder) है जिससे बचना चाहिये।

रूस को छोड़कर अन्यत्र लास्की ने भी कम्युनिस्टों की कटुतम आलोचना की है। ''बाहरी कम्युनिस्टों ने, जो कामिन्टर्म (Comintern) तथा बाद में कामिन्फार्म (Cominform) की नीतियों से प्रभावित थे, रूस की रक्षा को समाजवाद की रक्षा माना।'' इस नीति का स्वाभाविक परिणाम यह हुआ कि दूसरे कम्युनिस्ट क्रेमलिन (Kremlin) के इशारों पर चलते और हमेशा अपनी नीतियों में परिवर्तन करते रहते । लास्की ने इस प्रणाली का भंडाफोड किया और दुनिया को इस खतरे से आगाह किया। उसने कम्युनिस्टों द्वारा समर्थित संयुक्त मोर्चे की योजना (tactics of united front) का पर्दाफाश किया। उसके अनुसार संयुक्त मोर्चे का आयोजन कम्युनिस्ट इस उद्देश्य से करते हैं कि दूसरे दलों में प्रवेश करके उन पर कब्जा कर लें और अन्य नेताओं को तिरस्कृत करके उनकी जगह खुद ले लें। परन्तु कम्युनिस्टों का विरोध करते रहना लास्की का मन्तव्य नहीं था, क्योंकि उसने रूस पर नाजी जर्मनी का आक्रमण होने पर कम्युनिस्टों का समर्थन किया। उसने लिखा कि जो कल तक निर्वासित था वही हमारा आज सहयोगी है।

यह सब होने पर भी उसने ब्रिटेन के कम्युनिस्टों द्वारा लेबर पार्टी से सम्बन्धित होने के प्रार्थना-पत्र को ठुकरा दिया। इस तरह लास्की ने सदैव स्वतन्त्र वस्तुवादी चिन्तन पर जोर दिया।

शिक्षक के रूप में लास्की
(Laski as a Teacher)

लास्की के विचारों पर यूरोप और अमेरिका के दर्शन की छाप है। यूरोप का समाजवाद, अमेरिका का व्यवहारवाद, इंग्लैण्ड का उदारवाद और इनके साथ यहूदी ही नहीं पूरी पीड़ित मानवता का आर्तनाद लेकर लास्की साहसपूर्वक अपने विचारों का समन्वय करता है। अमेरिका में रहते समय उसने अपने अनुभवों पर प्रकाश डाला है जिससे उसके जीवन के संकल्प प्रकट होते हैं। सबसे पहले उसने यह निश्चत किया कि उसे शिक्षक रहना है और जीवन भर शिक्षक का व्यवसाय ही करना है। उसका कहना था कि राजनीति विज्ञान पढ़ने-पढ़ाने के लिये केवल पुस्तकें पढ़ना जरूरी नहीं है बल्कि वास्तविक क्षेत्र में राजनीतिक कार्य करते हुए अनुभव प्राप्त करना चाहिये, जिससे शिक्षक के व्याख्यानों में सिद्धान्त और प्रयोग का उचित समन्वय हो। अमेरिका के विश्वविद्यालय वहां की सामाजिक परिस्थिति से जुडे हैं जहां किसी व्यक्ति को बोलने की स्वतन्त्रता तो है, लेकिन व्यवस्था के मूलभूत आधारों पर शंका करने का अधिकार नहीं है। लास्की का शिक्षक-जीवन सिद्धान्त और व्यवहार पर आधारित था। वह सदैव समाज सेवा तथा प्रत्यक्ष राजनीतिक कार्यों में लगा रहता था, 'Believe' शीर्षक ग्रन्थ में अपने संरमरणात्मक निबन्ध में उसने यह लिखा कि, "मैंने कभी भी निष्पक्षशिक्षक (impartial teacher) होने का दावा नहीं किया क्योंकि मेरे विचार से निष्पक्षता एक असम्भाव्य आदर्श है। निष्पक्षता का मतलब या तो यह कि शिक्षक के व्यक्तित्व का पूर्ण क्षयीकरण या अपने विचारों का दमन है। इसलिये मैंने सदैव अपने छात्रों के सामने सत्य को उस रूप में रखा जिसमें मैंने देखा और हर तरह से अपनी कठिनाइयों का पूरा विवरण दे दिया। मैंने कभी भी जान बूझकर दूसरों का मत परिवर्तन कराने का प्रयास नहीं किया। मुझे इसकी चिन्ता कभी नहीं रही कि विद्यार्थियों ने मेरे विचारों को माना या नहीं, मेरा काम समस्या की ओर उनका ध्यान आकर्षित करना और निष्कर्ष निकालने का एक साधारण मार्ग बताना था। मैंने अपनी बौद्धिक ईमानदारी के साथ इस बात को पूर्ण असंगत और अनुपयुक्त माना है कि सभा भवन या व्याख्यान कक्ष में एक बात करें और बाहर बिलकुल दूसरी।"[10]

धार्मिक मामलों में लास्की कट्टरता का विरोधी था। उदारवादी परम्परा के अनुरूप वह सहिष्णुता तथा सर्वधर्म-समभाव का समर्थक था। वह राज्य द्वारा स्थापित धर्म या चर्च के विरुद्ध था क्योंकि उनका सामाजिक प्रश्नों से कोई सम्बन्ध ही नहीं रहता। धर्म-परायण यहूदी परिवार में पैदा होने पर भी वह किसी भी रूढ़ि या प्रथा (dogma or ritual) को निरर्थक समझता था। उसने अपना विवाह परम्परा के विरोध में किया। उसका जीवन असहयोगी (non -conformist) के रूप में ही बीता। समाजवाद की ओर उसका सुझाव सबसे पहले केर हार्डी (Keire Hardie) के व्याख्यान से हुआ जिसमें उसने स्काटलैण्ड के श्रमिकों के संघ बनाने

---

10. " I have never thought it consistent with honesty to be one person in the lecture room and another person outside it." --Laski, *' I believe'*, p. 173.

के लिये होने वाले संघर्ष पर प्रकाश डाला था। श्रमिक संघों (trade unions) को लास्की मानवता के कल्याण का मुख्यतम साधन समझता था। प्रत्येक देश में उसके समर्थकों और मित्रों का बहुत बडा समुदाय था क्योंकि योग्य शिक्षक के नाते उसका प्रभाव अमर है। उसने लिखा है, ''जब मैं अतीत पर दृष्टिपात करता हूं तब मुझे याद आता है कि मुझे न धन चाहिये न सत्ता, केवल मित्रवर्ग के रूप में महान् वरदान चाहिये। मेरे मित्र भी असंख्य रहे हैं। उन्होंने मुझसे भ्रातृत्व जागृत किया और वह सुख मुझे दिया जिसे विषाद या वेदना की ताकत नहीं हटा सकती।'' इन शब्दों में लास्की की महानता और निःस्पृहता व्यक्त होती है। लास्की का जीवन लेखन, अध्यापन तथा जनसेवा का अपूर्व सम्मिश्रण हैं। उसका स्थान राजनीति विचारकों, शिक्षकों तथा वक्ताओं में अमर है। उसने राजनीति के व्यावहारिक पक्षों पर विचार व्यक्त किये। भारतीय स्वतन्त्रता आन्दोलन का उसने समय-समय पर बड़ा समर्थन किया। लास्की राजनीति में वर्तमान युग में बहुमुखी प्रतिभा वाला विचारक (myriad-minded genius) है। वह सहमति पर आधारित क्रान्ति (revolution by consent) का प्रवर्तक है।

आलोचनात्मक आकलन
(Critical Estimate)

लास्की ने राजनीति पर इतना अधिक लिखा है कि इस युग में उसकी टक्कर के लेखक बहुत कम हुए हैं। वह एक दृढ़ विश्वास का प्रचारक है लेकिन तर्क की तराजू साथ लिये रहता है।

लास्की का महत्व

लास्की के विचारों का प्रत्येक क्षेत्र में बड़ा स्वागत हुआ, भले ही वह असहयोगी या उग्र रहा हो। इसके साथ उसे ही विवाद या टीका-टिप्पणी का भी बहुत सामना करना पड़ा। यत्र-तत्र आलोचना या सार्वजनिक वक्तव्य के कारण लास्की सत्ताधारियों के लिये सरदर्द था। वह उन आभिजात्य बुद्धिजीवियों में से था जो किसी बन्धन में नहीं रह सकते और हमेशा स्वतन्त्र वृत्ति का पालन करते हैं। शिक्षक के रूप में उसका कार्य ठोस, प्रेरणाप्रद तथा ज्ञानवर्धक रहा। अध्यापक होकर सक्रिय राजनीति में अभिरुचि ही नहीं प्रत्यक्ष योगदान करना लास्की मी मौलिकता और विशेषता है। उसने तर्कसम्मत तथा बौद्धिक सूक्ष्मता से बहुलवाद, प्रजातन्त्र, अन्तराष्ट्रीयता आदि की व्याख्या की है। इन विषयों पर उसके विचार प्रामणिक तथा सर्वमान्य हैं। मार्क्सवादी होकर भी वह उसका अन्ध-भक्त नहीं है। वह पूंजीवाद का घोर आलोचक था और उस व्यवस्था को जनतंत्र के लिए घातक समझता था जिसमें लाभ के लिये काम होता हो। उसका प्रत्यक्ष उद्देश्य पूंजीवादी जनतन्त्र को समाजवादी जनतंत्र में बदल देना था। इसके लिये उसने क्रान्ति का भी समर्थन किया, लेकिन साधारणतया शान्तिपूर्ण वैधानिक मार्गों का ही प्रचार किया है क्योंकि हिंसात्मक उपायों द्वारा हुई प्राप्ति अस्थायी तथा अहितकर ही होती है। वह बौद्धिक स्वतन्त्रता का पक्षपाती है। परन्तु लास्की का व्यक्तिवादी स्वर भी कहीं कहीं प्रबल हो गया है। विद्वान्, दार्शनिक, राजनीतिज्ञ, लेखक, पत्रकार, समाजसेवी, शिक्षक और मित्र के रूप में लास्की ने पर्याप्त ख्याति पाई। उसके व्यक्तित्व में ये सभी पक्ष घुल-मिल कर उसकी मौलिकता को पुष्ट करते हैं।

लास्की की आलोचना

लास्की के आलोचकों ने बहुधा उस पर रूसी प्रचारक (Red baiter) होने का आरोप लगाया। अमेरिका और यूरोप के प्रतिक्रियावादी खेमों में उसके विचार डरावने समझे जाते थे। दूसरी ओर कम्युनिस्ट उसे पथ-भ्रष्टक तथा विभेदक (deviationist and disruptionist) समझते थे। पूंजीवाद और साम्यवाद के बीच जनतान्त्रिक समाजवाद की प्रबल विचारधारा प्रचलित करके लास्की ने एक नई दिशा बताई। इतना सब कुछ होने पर भी लास्की के विचारों में संयम का अभाव तथा संतुलन की कमी नजर आती है। प्रत्येक विषय पर फलवाद (pragmatism) की दृष्टि से विचार करना अवसरवादिता का पर्याय है। लास्की ने ब्रिटिश साम्राज्य की उतनी कड़ी टीका नहीं की जितनी उसकी स्वतन्त्र चिन्तनधारा प्रेरित कर सकती थी। उसके बहुलवादी सिद्धान्त मौखिक या सैद्धान्तिक रूप में भले ही सही हों, वास्तविकता के विपरीत ही सिद्ध हुए हैं। अपने विचारों का दार्शनिक पक्ष या तार्किक विवेचन न कर पाने के कारण लास्की के ग्रन्थों में एक बहुत बड़ा अभाव खटकता रहता है। वह इंग्लैण्ड और अमेरिका की संवैधानिक तथा सांस्कृतिक परम्पराओं का प्रशंसक है और अपने ग्रंथों में उनके आकर्षक तत्वों का विवरण देता है। परन्तु यदि लास्की के विचारों में स्थायित्व और दृढ़ता नहीं है तो उसका कारण आज की बीसवीं सदी है। लास्की जिस समाजवादी जनतंत्र का प्रचारक है उसका अन्तर्राष्ट्रीय रूप-रंग बहुत ही बिगड़ा हुआ है। इसी तरह के विचारकों को पूंजीवादी आलोचकगण साम्यवाद के अग्रिम दस्ते (sappers and miners of communism) कहते हैं।

लास्की ने आत्मतुष्टि वाली अकर्मणय सरकारों को रूसी क्रान्ति के महत्व से अवगत कराया और एक शिक्षक की गम्भीरता के साथ उसका विश्लेषण किया। वह रूसी साम्यवाद या साम्यवादी योजना के साथ ब्रिटिश उदारवाद और स्वातन्त्रय प्रियता का समन्वय करना चाहता है। फ्रांस में समाजवादी लियो ब्लम (Leon Blum) ने लास्की की तुलना मान्टेरक्यू और टाकेविल (De Tocqueville) से की और यह कहा कि सत्रहवीं सदी के बाद से यूरोप या अमेरिका में जनतांत्रिक विचार और संस्था का परिचय रखने वाला उससे अधिक गम्भीर, मौलिक विचारक दूसरा नहीं हुआ । जार्ज कैटविन के शब्दों में, ''उसे मध्यमवर्गीय शिक्षितों के बीच मार्क्सवाद का विक्रेता कहा जाता हैं।[11] पूंजीवाद और साम्यवाद की संकुचित सीमा से बाहर निकलकर जनतांत्रिक समाजवाद की उदार कल्पना करने वाला प्राध्यापक लास्की यूरोप के समाजवादियों में प्रमुख है। (doyen among socialists)''।

एक दूसरे आलोचक ने उसे मध्यवर्ग द्वारा सर्वहारा को अनुपम देन बताया है। किंग्सले मार्टिन ने उसकी बहुलवादी विचारधारा का विश्लेषण करते हुए उसे बहुमुखी प्रतिभा से युक्त विचारवान् व्याख्याता माना है। इसमें तो कोई शक नहीं कि लास्की ने समस्याओं के प्रति गम्भीरता दिखाई और विशुद्ध स्वतन्त्र, बौद्धिक दृष्टिकोण (celebrated academic view point and freedom) प्रस्तुत किया। वर्तमान युग में राजनीति के अलग-अलग पहलू पर वैज्ञानिक विवेचन करने वालों में लास्की सर्वप्रधान है। किंग्सले मार्टिन के संस्मरण में इस बात का

11. ''A broker of Marxism to the middle class intelligentsia.''
--George Catlin in *The Story of the Political Philosophers.*

गौरवपूर्ण उल्लेख है कि 1930 के आस पास का युग जिसमें ऊंचे आदर्शों और भटके हुए विचारों का द्वन्द्व चला करता था, आक्सफोर्ड की विद्वत्-मंडली में तथा अन्यत्र लास्की युग (Age of Laski) की ही धाक थी।

अभ्यास के लिए प्रश्न

1. सम्प्रभुता और सम्पत्ति के सम्बन्ध में लास्की के विचारों की विवेचना कीजिये।
2. स्वतन्त्रता एवं अधिकार सम्बन्धी लास्की के विचार बताइये।
3. लास्की के जीवन परिचय एवं राजनीतिक विचारों का वर्णन करो।
4. लास्की के बहुलवादी विचारों की आलोचनात्मक व्याख्या करो।
5. राजनीतिक दर्शन तथा लास्की के महत्वपूर्ण विचारों का आलोचनात्मक वर्णन करो।

32

फात्सीवाद

(Fascism)

प्रथम महायुद्ध के बाद यूरोप में सबसे पहली अधिनायकवादी क्रान्ति रूस में हुई, जिसने श्रमजीवियों का अधिनायकतंत्र स्थापित किया। दूसरी तथा तीसरी क्रान्ति जर्मनी और इटली में तथा चौथी क्रान्ति स्पेन में हुई। दूसरी तथा तीसरी क्रान्तियों के फलस्वरूप क्रमशः नाजीवाद और फात्सीवाद का जन्म हुआ। स्पेन की क्रान्ति के फलस्वरूप जो अधिनायकतंत्र स्थापित हुआ वह भी फात्सीवाद से मिलता-जुलता था।

फात्सीवाद ने नागरिक जीवन, राज्य की प्रकृति और राज्य तथा व्यक्ति के पारस्परिक संबंधों पर नये सिरे से विचार किया। फात्सीवाद के जन्म से एक नयी संस्कृति उत्पन्न हुई। यह विचारधारा सबसे पहले इटली में विकसित हुई। फात्सीवाद, प्रजातंत्र, उदारतावाद और समाजवाद के सभी आदर्शों, धारणाओं और पद्धतियों का घोर विरोधी है। वह यह नहीं मानता कि शासन और राज्य की समस्याओं को वाद-विवाद द्वारा सुलझाया जा सकता है। इटली का फात्सीवाद मध्यवर्गीय समाज के हितों का प्रतिनिधित्व करता था और कट्टरतावादी आदर्शों से प्रेरणा ग्रहण करता था। वह राष्ट्रीय और अन्तर्राष्ट्रीय शान्ति का विरोधी था। वह अपने अनुयायियों को राष्ट्रीय जेहाद का संदेश देता था। वह शक्ति संचय को सबसे अधिक महत्व देता था फात्सीवाद, व्यक्तिवाद, अन्तर्राष्ट्रीयवाद, पूंजीवाद, साम्यवाद, तथा संसदीय व्यवस्थाओं का विरोध करता है।

फात्सीवाद का अर्थ

(Meaning of Fascism)

अंग्रेजी के 'फासिज्म' (Fascism) शब्द 'फासी' शब्द लैटिन भाषा का है जिसका अर्थ छड़ियों का बण्डल या समूह और एक कुल्हाडी होता है। प्राचीन रोमवासी इसे अनुशासन का प्रतीक मानते थे। मुसोलिनी ने फात्सीवादी दृष्टिकोण की इस प्रकार व्याख्या की है "फात्सीवाद कोई ऐसा सिद्धान्त नहीं है जिसकी प्रत्येक बात को विस्तारपूर्वक पहले से ही स्थिर कर लिया गया हो। फात्सीवाद का जन्म कार्य किये जाने की आवश्यकता के कारण

हुआ इसलिए फात्सीवाद आरंभ से ही सैद्धान्तिक होने के बजाय व्यावहारिक है।'' सन् 1924 में मुसोलिनी ने एक लेख में कहा था, ''हम फात्सीवादियों में परम्परागत राजनीतिक सिद्धान्तवादियों की मान्यताओं को तोड़ने का साहस है। हम अभिजात्यतंत्रवादी भी हैं और प्रजातंत्रवादी भी, क्रान्तिकारी भी हैं और प्रतिक्रियावादी भी, श्रमजीवी भी हैं और श्रमिक विरोधी भी, शान्तिवादी भी हैं और शान्ति विरोधी भी। इतना ही पर्याप्त है कि हम लोगों का एक स्थिर दृष्टिबिन्दु है– राष्ट्र, अन्य सब बातें बाद की हैं।''[1] सन् 1929 में मुसोलिनी ने यह तय किया कि फात्सीवाद को प्रेरणा देने वाले कुछ सिद्धान्त होने चाहिए। यह कार्य राजाज्ञाओं द्वारा हुआ। इन सिद्धान्तों के आधार पर फात्सीवाद का जो दर्शन बना उसे अनेक विचारक दर्शन (Philosophy) की संज्ञा देने को ही तैयार नहीं है। फात्सी और नाजी पद्धतियां आतंकवाद पर आधारित हैं। सत्तारूढ़ रहना ही इन आन्दोलनों के नेताओं का एकमात्र उद्देश्य रहता है। परन्तु आलोचकों का यह कहना ठीक नहीं कि फात्सीवाद का अपना कोई दर्शन या सिद्धान्त ही नहीं है। प्रोफेसर केटलीन के शब्दों में, ''यह इन्कार करना निरर्थक है कि फात्सीवाद का कोई सिद्धान्त ही नहीं है।'' फात्सीवाद का एक बहुत ही निश्चित सिद्धान्त है कि वे व्यक्तिगत सत्ता पर सबसे अधिक बल देते हैं। इसी आधार पर फात्सीवादी शासकों ने घोषणा की थी कि इटली में स्थापित फात्सीवाद शासन सैद्धान्तिक दृष्टि से भी पूर्ण है।[2] बिना किसी मौलिक विचारधारा के कोई भी व्यवस्था अधिक दिनों तक नहीं टिक सकती। फात्सीवाद तथा नाजीवाद दोनों की अपनी एक निश्चित सिद्धान्तावली है। हम उस सिद्धान्तावली की आलोचना कर सकते हैं परन्तु उसके अस्तित्व से इन्कार नहीं किया जा सकता। जी. एच. सेबाइन भी फात्सीवादी और नाजीवादी दर्शन के अस्तित्व से इन्कार नहीं कर सके हैं।[3]

मुसोलिनी ने लिखा है, ''फात्सीवाद एक धार्मिक कल्पना है जिसमें व्यक्ति को एक उच्चतर कोटि की विधि से संबंधित देखा जाता है। यह विधि व्यक्ति की लक्ष्यात्मक इच्छा होती है और वह उसे एक आध्यात्मिक समाज की जागरूक सदस्यता प्रदान करती है।'' इसे हेगेलवादी राज्य की आधुनिक व्याख्या कह सकते है। फात्सीवाद एक ओर तो मार्क्स की इतिहास की भौतिकवादी व्याख्या को अस्वीकार करता है और दूसरी ओर प्रजातांत्रिक व्यक्तिवाद को राष्ट्र फात्सीवाद का अंतिम और मौलिक आधार है। राष्ट्र को ही वह सबसे बड़ा नैतिक जीव मानता है। जे.एस. बार्न्स (J. S. Barnes) के शब्दों में, ''फात्सीवाद की एक ऐसे राजनीतिक और सामाजिक आन्दोलन के रूप में व्याख्या की जा सकती है जिसका उद्देश्य एक नयी

---

1. ''We Fascists have had the courage to discard all traditional political theories and we are aristocrats and democrats, revolutionaries and reactionaries, proletarians and anti-proletarians, pacifists and antipacifists. It is suffcient to have a single fixed point,-- the Nation, the rest is obvious.''

-- Mussolini, Quoted by Franz Neuman Behemoth, *op. cit.* pp. 462f.

2. Quoted by R. H. Solteau, *An Introduction to Politics,* p. 305.
3. ''The fascist hero, especially in defeat, was a taudry figure, and the fascist philosophy was no doubt a vulgarization and a caricature, but like all caricatures it resembled something real. For better or worse it belonged to the evolution of European political ideas and practice and in that sense it was a philosophy.''

--G.H. Sabine, *A History of Political Theories,* p. 771.

राजनीतिक और सामाजिक व्यवस्था की स्थापना करना है। इस व्यवस्था का मौलिक आधार वे परम्पराएं हैं जो हमारी यूरोपियन सभ्यता की रचना करती हैं। इन परम्पराओं का निर्माण सबसे पहले रोमन साम्राज्य ने और इसके बाद रोमन कैथोलिक चर्च ने किया था। फात्सीवाद को व्यक्तिवादी प्रवृत्तियों का विरोधी भी माना जा सकता है। यह प्रवृत्ति सबसे पहले पेगन पुनरोदय में इसके बाद सुधारवादी आन्दोलन में और तब फ्रांस की राज्यक्रान्ति में प्रकट हुई।''[4] स्वतंत्रता, समानता और बंधुता के विरुद्ध फात्सीवाद ने उत्तरदायित्व, अनुशासन और व्यवस्था का नारा लगाया। मुसोलिनी के अनुसार, 'फात्सीवाद उन्नीसवीं शताब्दी के प्रजातांत्रिक उदारतावाद से बचने का एकमात्र मार्ग हैं।' वह यद्‌भाव्यम् नीति की मृत्यु का संकेत करता है।

ऐतिहासिक पृष्ठभूमि
(Historical Background)

फात्सीवाद अधिनायकवाद का ही एक रूप है। सैद्धान्तिक दृष्टि से आधुनिक अधिनायकवाद का जन्म फ्रांस की राजक्रान्ति के दौरान हुआ था। फात्सीवाद आधुनिकता का विरोधी है। यह विरोध जोसेफ डी मेस्त्रे (Joseph De Maistre) के विचारों में अभिव्यक्त होता है जिसे सबसे पहला अधिनायकवादी विचारक माना जाता है। मेस्त्रे फ्रांस की राजक्रान्ति का विरोधी था। उसका कहना था कि सद्‌गुण और क्रान्ति में स्वाभाविक विरोध है। समाज अनिवार्य असमानता पर आधारित है। फात्सीवाद मनुष्य की स्वाभाविक असमानता में विश्वास करता है उसमें श्रम संघवाद (Syndicalism) और इटली के उग्र राष्ट्रीयतावाद का भी पुट है। बाद में फात्सीवाद विचारधारा में से श्रमसंघवाद का प्रभाव कम हो गया परन्तु राष्ट्रीयता का उग्र रूप में वैसा ही बना रहा। फात्सीवाद के प्रचार के साथ ही राष्ट्रीयतावाद का प्रसार बढ़ा। राष्ट्र क्रमशः रहस्यवादी होता चला गया और फात्सीवादी उसे पीढ़ियों से चली आने वाली एक ऐसी अटूट श्रृंखला मानने लगे जो केवल ऐतिहासिक प्रतिक्रियाओं द्वारा ही बन पाती है।

प्रथम महायुद्ध के बाद इटली में जो भयानक आर्थिक और राजनीतिक संकट आये थे फात्सीवाद उनके बीच पैदा हुआ और पला। युद्ध की पराजय ने इटली को कहीं का न रखा। युद्ध के दौरान तथा उसके बाद इटली के सारे उपनिवेश छिन गये। एड्रियाटिक सागर इटली के हाथ से निकल गया। राष्ट्रीय आय बहुत अधिक घट गयी वित्तीय और आर्थिक कठिनाइयों से सारा देश बौखला-सा गया। मार्च सन् 1919 में बेनिटो मुसोलिनी ने फात्सीवाद (Fascidi Combattiments) की स्थापना की । इस दल का उद्देश्य राजसत्ता के सूत्र को अपने हाथ

4. ''Fascism may be defined generally as a political and social movement having as its objects the re-establishment of a political and social order based upon the main currents of traditions that have formed European civilization, traditions created by Rome, first by the Empire and subsequently by the Catholic church. Conversely Fascism may be described as the repudiation of the individualist mentality that found expression first in the Pagan Renaissance, then in the Reformation and later in the French Revolution.'' --J.S. Barnes, *The Universal Aspects of Fascism*, p.35.

में लेकर राष्ट्रीय हितों में उसका प्रयोग करना था। इस दल में राष्ट्रीयतावादियों के अतिरिक्त श्रमसंघवादी भी थे। इस दल ने 29 अक्टूबर सन् 1922 को रोम पर कब्जा कर लिया। मुसोलिनी के शब्दों में उस दिन से इटली का सुनहला इतिहास आरंभ हुआ। बाइस वर्षों बाद लगभग उसी दिन इटालियन जनता के एक सैनिक दल ने सन् 1944 में मुसोलिनी को गोली से उड़ा कर उस ''सुनहले इतिहास'' का अन्त कर दिया। मैकियावली के विचारों के बाद फात्सीवादी विचारधारा इटली द्वारा अन्तर्राष्ट्रीय समाज को सबसे बड़ी भेंट है। बाइस वर्षों तक इटली में फात्सीवाद शासन चलता रहा। इसका कारण यह नहीं था कि फात्सीवाद अत्यन्त गुण-सम्पन्न था बल्कि यह था कि फात्सीवाद का विरोध करने वाली कोई शक्ति इटली में नहीं थी। जिस समय फात्सीवादी दल ने सत्ता ग्रहण की उस समय भी उसके न तो कोई निश्चित सिद्धान्त थे और न कोई रचनात्मक कार्यक्रम। उसने देश से एक ही वादा किया और वह था कि इटली को साम्यवाद के चंगुल में न पड़ने दिया जायगा। सत्ता हस्तगत करते ही फासीदल ने अपनी स्थिति को सुदृढ़ बनाना आरंभ कर दिया और यह प्रयत्न किया कि वह पदारूढ़ बना रहे। फासीदल के नेताओं के पास इतना समय नहीं था कि वे फात्सीवाद के दर्शन (philosophy) की रचना की ओर ध्यान देते। परन्तु जब फात्सीदल के नेताओं ने सिद्धान्तों के अभाव से उत्पन्न होने वाले खतरों को देखा तो मुसोलिनी ने फात्सीवादी दर्शन के निर्माण की ओर ध्यान दिया। मुसोलिनी ने यह कार्य बड़ी योग्यता से सम्पादित किया और आज वह फात्सीवादी विचारधारा का सबसे बड़ा विचारक माना जाता है। मुसोलिनी के अलावा इटालियन विश्वविद्यालयों के कुछ आचार्यो ने भी फासीदल की विचारधारा की रचना में योगदान दिया। इन विचारकों में एलफ्रेडो रोक्को (Alfredo Rocco) का नाम विशेष रूप से उल्लेखनीय है। प्रो. रोक्को पेदुआ विश्वविद्यालय में कानून के आचार्य थे। इनको मुसोलिनी ने अपना न्यायमंत्री बना दिया था। इनके अलावा जिओवानी जेण्टाइल (Giovanni Gentile) का नाम भी उल्लेखनीय है जो हेगेलवादी विचारक थे और सन् 1922 से 1924 तक मुसोलिनी के मंत्रिमण्डल में शिक्षा मंत्री के पद पर रहे।

फात्सीवाद के स्रोत
(Sources of Fascism)

फात्सीदर्शन मैकियावली, हॉब्स, फिक्टे, हेगेल, ट्रीट्स्के, नीत्शे, मार्क्स, सोरेल, शॉपनहॉवर, बर्गस, जेम्स और परेटो से प्रभावित हुआ रूसो ने भी फात्सीदर्शन को प्रभावित किया। बट्रेण्ड रसल ने एक बार कहा था कि चर्चिल और रूजवेल्ट लॉक के शिष्य भर ही हैं जब कि मुसोलिनी और हिटलर, रूसो के अनुयायी हैं। मत की स्थिरता और स्थायित्व को फात्सी विचारधारा कोई गुण नहीं मानती। सिद्धान्त-रचना का उनका उद्देश्य किसी स्थायी विचारधारा का निर्माण करना नहीं है बल्कि कुछ ऐसे निर्देशक सिद्धान्त बना देना है जो व्यावहारिक हों। मुसोलिनी का कहना था कि फात्सीदर्शन आज के लिए और केवल आज के लिए ही है। फात्सीवादी किसी ''रूढ़िवादी कार्यक्रम में विश्वास नहीं करते ।''[5] वे समय के अनुसार हर वस्तु में परिवर्तन कर देते हैं, तदनुसार जीवन व्यतीत करते हैं और कार्य करते हैं।

---

5. H. Finer, *Mussolini's Italy,* pp. 17-18.

फात्सीवाद की विशेषताएं
(Characteristics of Fascism)

1. राष्ट्र को सर्वोच्च स्थान—फात्सीवाद राष्ट्र को सर्वोच्च स्थान देता है। राष्ट्र राज्य की संप्रभुता को वह पूजा की वस्तु समझता है। फात्सीवाद की दृष्टि में नागरिक राज्य पर निर्भर करता है और इसलिए राज्य का व्यक्ति पर सब प्रकार से अधिकार है। किसी व्यक्ति को उसका विरोध नहीं करना चाहिए। राज्य ही लक्ष्य है और व्यक्ति उस लक्ष्य की पूर्ति का साधन है। राज्य का कर्तव्य है कि वह नागरिकों को साधन बनाकर राष्ट्रीय हितों की पूर्ति करे। प्रजातंत्र और उदारतावाद व्यक्ति के हितों पर अधिक ध्यान देते हैं और व्यक्ति की स्वतंत्रता की गारण्टी को ही शासन (Government) का अंतिम लक्ष्य मानते हैं। समाजवादी श्रमजीवी वर्ग के हितों की रक्षा का नारा लगाते हैं और व्यक्ति के आर्थिक हितों की रक्षा के पक्ष में आवाज उठाते हैं परन्तु फात्सीवाद जनता के सामने राष्ट्रीय हित के लिए सर्वस्व न्यौछावर करने का लक्ष्य रखते हैं। फात्सीवाद किसी व्यक्ति या वर्ग विशेष की आवश्यकताओं या हितों की रक्षा करने का दावा नहीं करते। वे राज्य के कल्याण के लिए वर्ग और व्यक्ति के हितों का बलिदान करना सिखाते हैं क्योंकि उनकी दृष्टि से राज्य की प्रगति सावयवी है और राष्ट्र का महत्व किसी भी व्यक्ति से अधिक है। राष्ट्र भूत, भविष्य और वर्तमान तीनों पीढ़ियों की श्रृंखला का प्रतीक है।

2. कृत्यामक प्रतिनिधित्व—फात्सीवाद निगमात्मक राजदर्शन (Theory of Corporative State) में विश्वास करता है। वह राज्य को ऐसे व्यक्तियों की श्रृंखला मानता है जो एक ही राष्ट्रीयता में विश्वास करते है। नागरिकों का प्रतिनिधित्व भूमि-क्षेत्रों के आधार पर नहीं होना चाहिए। प्रतिनिधित्वों का आधार राष्ट्रीय समुदाय या जातीय इकाइयां होनी चाहिए। इस प्रकार फात्सीवाद कृत्यात्मक प्रतिनिधित्व में विश्वास करता हैं।

3. सामान्य संकल्प (General will) का बहिष्कार—फात्सीवाद लोकप्रिय संप्रभुता की कल्पना को नहीं मानता। वह यह भी नहीं मानता कि निर्वाचनों द्वारा सामान्य संकल्प को जाना जा सकता हैं। मतदान में मतगणनाओं द्वारा कोई 'इरादा' (motive) स्थिर नहीं किया जा सकता, इसलिए निर्वाचन व्यर्थ है। निष्पक्ष शासनतंत्र स्थपित करने का सबसे अच्छा मार्ग यह हैं कि शासनसूत्र ऐसे व्यक्तियों के हाथ में दे दिया जाय जिनमें सामाजिकता की भावना हो, जो देशभक्त हों और जिनकी नैतिकता पर कोई संदेह न किया जा सके। चूंकि हर समाज में ऐसे व्यक्तियों की संख्या अत्यन्त सीमित होती है। इसलिए फात्सीवाद अभिजाव्यतंत्र में विश्वास करता है।

4. राजनीतिक अभिजात्यतन्त्र— फात्सीवाद आभिजात्यतंत्र में विश्वास करता हैं। वह प्रजातंत्रवादी व्यवस्था द्वारा चुने गये शासकों की कार्य-क्षमता और दक्षता में विश्वास नहीं करता। सर्वसाधारण में यह योग्यता नहीं होती कि वे ऐसे व्यक्तियों को शासक चुन सकें जिन्हें विभिन्न वर्गों के हितों में सामंजस्य स्थापित करने का नियमित अभ्यास हों। इस प्रकार फात्सीवादियों का आदर्श राजनीतिक अभिजात्यतंत्र है।

5. वीरपूजा—फात्सीवाद दर्शन वीर पूजा पर जोर देता है। वीरपूजा में अंधश्रद्धा की भावना होती है। फात्सीवादी विचारकों ने अंधश्रद्धा उत्पन्न करके जनता को साथ लेने का मनोविज्ञान समझा। उन्होंने जनता को यह समझाया कि तानाशाह अजय होता है। इटली का राष्ट्रीय नारा था कि "मुसोलिनी हमेशा ठीक सोचता और ठीक करता है।" इस नारे ने मुसोलिनी के अनुयायियों को बड़ा बल दिया उनमें मुसोलिनी के प्रति बड़ा गहरा विश्वास उत्पन्न हो गया था। वे मुसोलिनी की आज्ञा को दैवी आज्ञा और उसके पथप्रदर्शन को दैवी पथप्रदर्शन समझते थे। सन् 1926 में इटली के फात्सीवाद ने घोषणा की थी, "मुसोलिनी हमारे पहले और सबसे महान् राष्ट्र-नेता हैं और वह राष्ट्र की समस्त रचनात्मक इच्छाओं के स्रोत हैं।"

6. बलप्रयोग को महत्व—फात्सीवाद शक्ति-प्रयोग को सबसे अधिक महत्व देता है। फासीवादियों के अनुसार जो व्यक्ति बल का क्रूरतापूर्वक प्रयोग नहीं कर सकता वह राज्य के उच्चतम आसन को संभालने योग्य नहीं है। विरोधियों को आग्रह, वाद-विवाद या समझाने-बुझाने से अपनी तरफ नहीं मिलाया जा सकता। न प्रजा ही ऐसे शासन के प्रति स्नेह या श्रद्धा प्रकट कर सकती है जो पाशविक-बल का प्रयोग न कर सकता हो। इस प्रकार फात्सीवादी विचारकों ने हिंसात्मक साधनों के प्रयोग के औचित्य को सिद्ध किया है। फात्सीवादी अन्तर्राष्ट्रीय युद्धों को अनिवार्य मानते हैं। युद्धों से किसी प्रकार बचा नहीं जा सकता।

7. व्यवस्था, अनुशासन और श्रद्धा—फात्सीवाद समानता, स्वतंत्रता और बंधुता के प्रजातंत्रवादी आदर्शों को त्याज्य समझता है। वह इनका स्थान व्यवस्था, अनुशासन और श्रद्धा को देता है। व्यक्ति के जीवन का ऐसा कोई पक्ष नहीं हैं जिसमें शासन हस्तक्षेप न कर सके। राज्य के प्रति इतनी श्रद्धा होनी चाहिए कि यदि आवश्यकता पड़े तो लोग बड़े से बड़े हित का सहर्ष बलिदान कर दें। फात्सीवादी राज्य अधिनायकवादी और सर्वाधिकरवादी होता है। एक ही व्यक्ति की इच्छा पर सारा शासन-तंत्र घूमता है। मुसोलिनी बहुधा 'मेरे आदेश', 'मेरा पथ-प्रदर्शन' आदि जैसे शब्दों का प्रयोग किया करता था।

8. श्रमिक हित विरोधी दर्शन—फात्सीवाद श्रमजीवी वर्ग के हितों का विरोध करता है। वह श्रमिक और स्वामी इन दोनों के सामने अपने अलग-अलग चित्र उपस्थित करता है। वह श्रमजीवियों से कहता हैं कि वह पूँजीवाद का हिमायती नहीं है और पूँजीवादी वर्ग से कहता है वह समाजवाद नहीं चाहता। इस प्रकार वह पूँजीवाद और समाजवाद के बीच एक तीसरा तथाकथित हल उपस्थित करता हैं।[6] इसको फासीवादियों ने इटली में 'निगमात्मक राज्य" (Corporate State) कहा और नाजीवादियों ने जर्मनी में राष्ट्रीय समाजवाद (National Socialism) की संज्ञा दी। व्यवहार में फात्सीवादी ने श्रमजीवियों के बजाय पूँजीवादियों का ही साथ दिया। वह एक ऐसी नयी पद्धति निकालने में सफल हुआ जिसमें मजदूर वर्ग का दमन किया गया और पूँजीवादी हितों के हाथ में सत्ता कायम रही। उसने एक मुनाफाखोर समाज बनाया जिसमें एक ही वर्ग था और यह वर्ग शोषण पर जिन्दा था। फात्सीवाद की सफलता

---

6. "Fascism endeavours to present itself as a third alternative distinct either from capitalism or socialism. To the workers, Fascism insists that it does not stand for capitalism. To the employees Fascism insists that it does not stand for socialism."

--R. Palm Dutt, *Fascism,* p. 38.

का कारण यह था कि फात्सीवाद दल मध्यवर्ग की इच्छाओं का प्रतिनिधि था जो साम्यवाद के खतरों के प्रति अत्यन्त सचेत था। इसी विशेषता के कारण समूचे पूँजीवादी वर्ग ने उसका साथ दिया। यदि फात्सीदल को यह सहायता न मिल पाती तो आर्थिक विपन्नता उसकी कमर तोड़ देती। इटली के पूँजीपतियों ने फात्सीदल को आर्थिक विपुल सहायता दी। इसके बदले में मुसोलिनी ने मजदूरों की हड़तालों को निषिद्ध घोषित करके पूंजीपतियों के हित की रक्षा की। सभी प्रकार के प्रर्दशनों, जलूसों आदि पर प्रतिबंध लगा दिये गए। परन्तु स्वयं को श्रमजीवी शुभचिन्तक दिखाने के लिए उसने कुछ निःशुल्क सिनेमागृह तथा छट्टियाँ मनाने के सस्ते केन्द्र आदि खोले। उसने युद्ध को बेकारी दूर करने का उपाय समझा। मुसोलिनी ने कहा, 'फात्सीवाद न तो शाश्वत शांति की स्थापना को संभव मानता है और न उसकी उपयोगिता ही में विश्वास करता है। युद्ध ही एकमात्र ऐसा साधन है जो मानवीय शक्ति को उच्चतम शिखर पर पहुँचाता है और उन लोगों पर सज्जनता का सेहरा बांधता है जिनमें उसका सामना करने की शक्ति होती है।''[7] मुसोलिनी की इस युद्धप्रियता का हिटलर ने इन शब्दों में समर्थन किया था, ''शाश्वत युद्ध ने मानवजाति को इतना महान् बनाया है और शाश्वत शांति ही मानवजाति का नाश कर देगी।''[8]

राज्य की अवधारणा
(Concept of State)

राष्ट्रीयतावादी राज्य

राष्ट्रीयतावादी राज्य की कल्पना सबसे पहले फ्रांसीसी राजक्रान्ति के दौरान की गयी थी। एक विचारक के अनुसार ''राज्य केवल वर्तमान पीढ़ी के कुल व्यक्तियों के समूह का योग मात्र ही हैं ; बल्कि उसका अपना एक अलग व्यक्तित्व है , उसका अस्तित्व भूत, भविष्य और वर्तमान तीनों पर निर्भर करता है।[9] फात्सीवादी एक ऐसे सावयवी राज्यों में विश्वास करते है जिनमें विभिन्न श्रमसंघ हों और इन श्रमसंघों का एक निगम हो। जिस निगम का संचालन कुछ चुने हुए व्यक्ति करते हों।''[10] फात्सीवादियों के लिए राज्य सार्वभौमिक चेतना है। उनके लिए राज्य ही मनुष्य की इच्छा के ऐतिहासिक अस्तित्व का प्रमाण है मुसोलिनी ने कहा था, ''हम फात्सीवादियों के लिए राज्य केवल अभिभावक ही नहीं है, जो केवल नागरिक की हैसियत

---

7. ''Fascism believes neither in the possibility nor in the utility of perpetual peace.... War alone brings up to its highest tensions all human energy and puts the stamp of nobility upon the people who have the courage to meet it.''
--B. Mussolini, *The Political and Social Doctrine of Fascism*, p. 3.

8. ''In eternal warfare mankind has become great, in eternal peace mankind would be ruined.''
-- A. Hitler, *Mein Kampf*, p. 149.

9. ''The state is more than the sum of its individuals of one generation, it has an actual entity of its own, a transcendental existence deriving from the past, from the present and the future.''
--Sir Frank Fox, *Italy Today*, p. 97.

10. ''Fascists believe in an organic state with a varied symmetry of classes, organised in syndicates and corporations of syndicates..... directed by hierarchs.''
--G. M. Cresswel, *The Keystone of Fascism*, p. 248.

से हमारी रक्षा का आश्वासन देता हो और न वह केवल एक ऐसा संघ है जिसके केवल कुछ भौतिक लक्ष्य हों जो एक निश्चित स्तर के कल्याण की गारण्टी देते हों और आश्वस्त करते हों कि हम शंतिपूर्ण वातावरण में रह सकेंगे, क्योंकि यह सब काम तो प्रशासकों की एक परिषद मात्र भी कर सकती है। राज्य केवल एक राजनीतिक संस्था मात्र भी नहीं है, जिसका जटिल भौतिक यथार्थताओं से कोई संबंध ही न हो और जो जनता से भी अलग हो। फात्सीवाद की कल्पना में राज्य एक आध्यात्मिक एवं नैतिक तथ्य है।.... इसमें सन्देह नहीं कि राज्य नागरिक को उसके देश की आन्तरिक और बाह्य सुरक्षा का आश्वासन देता है परन्तु जनता की आत्मा का अधिरक्षक और प्रसारक है, उस आत्मा का जो सदियों में भाषा, परम्परा और विश्वासों के द्वारा बनी है। राज्य केवल वर्तमान सत्य ही नही है वह अतीत से भी संबद्ध है और भविष्य से संबद्ध होने के कारण तो उसका महत्व और भी अधिक बढ़ जाता है। वह राष्ट्र की सर्वान्तर्यामी आत्मा का प्रतिनिधि है। राज्य ही शिक्षा देकर नागरिकों को राष्ट्रीय और जातीय एकता का बोध करता है और उनके विकास के मार्ग को प्रशस्त करता है।.... यदि राज्य के प्रति श्रद्धा की भावना का ह्रास हो जाता है तो विघटन की प्रवृत्तियां जोर पकड़ लेती है और वह देश, राष्ट्र या जाति पतन के गर्त में गिर जाता है।'[11] रोक्को ने कहा था, ''राज्य विचारों और भावनाओं की आध्यात्मिक परम्पराओं का प्रतीक है जिन्हें हर पीढ़ी अपने सामने से जाने वाली पीढ़ी से प्राप्त करती है और जाते समय आने वाली पीढ़ी को दे जाती है।''[12] रोक्को राज्य में समाज और व्यक्ति का पूर्ण संश्लेषण मानता है। अपने विचार निबंध 'दि फिलासॉफिकल बेसिस ऑफ फैसिज्म, में जेण्टाइली ने भी यही विचार प्रकट किये हैं। वह राज्य और व्यक्ति को एक आवश्यक संश्लेषण के दो अविभाज्य तत्व मानता है।[13]

निगम राज्य

फात्सीवाद का दावा है कि आर्थिक क्षेत्र में उसकी सबसे बड़ी और मौलिक देन निगमात्मक राज्य का सिद्धान्त (The Theory of Corporative State) है। उनकी यह देन पूँजीवाद और समाजवाद दोनों से उच्चतर और नयी है। उनकी इस कल्पना में मध्ययुग के श्रेणी संघ (Guild) और श्रम संघ (Syndicates) की कल्पना का मिश्रण है। मिस विल्किनसन (Miss Wilkinson) के अनुसार फात्सीवाद पूँजीवाद की प्रतिक्रिया का ही परिणाम नहीं हैं इसमें अपने कुछ समाजवादी तत्व भी हैं, परन्तु ये सब सिद्धान्त की बातें हैं। मुसोलिनी का इटली निगमात्मक राज्य था, परन्तु सन् 1922 से सन् 1934 तक उसमें कोई निगम (Corporations) नहीं थे। निगमों की स्थपना 5 फरवरी सन् 1934 को एक राजाज्ञा द्वारा की गयी। इटली का राज्य तथा फात्सीवादी दल दोनों ही यह दावा करते थे कि वे निगमों को सर्वाधिक महत्व देते हैं। इससे यह भ्रम हो सकता है कि फात्सीवादी राज्य उपभोक्ताओं का सबसे अधिक ध्यान रखता है क्योंकि निगम (Corporations) उपभोक्ताओं के प्रतिनिधि समझे जाते हैं परन्तु फात्सीदल और फात्सीवादी राज्य के कृत्यों से यह बात सिद्ध नहीं होती। फात्सीवादी दल श्रमिकों और स्वामियों के समानान्तर संघों के बीच पंच का कार्य करता था।

11. B. Mussolini, *The Political and Social Doctrine of Fascism*, pp. 21-22.
12. Rocco, *The Political Doctrine of Fascism--International Conciliation Pamphlet*, No. 223.
13. Gentile, *Foreign Affairs*, Vol. VI (Jan 1928), pp. 290-304.

शासन निगमों को मान्यता देने की दशायें स्थिर करता है। जो निगम उन शर्तों का पालन नहीं करते थे उनका वैधानिक अस्तित्व स्वीकार नहीं किया जाता था।

निगम राज्य की कल्पना सामूहिक योजनाओं पर आधारित है। एक सैद्धान्तिक तथ्य है। परन्तु व्यावहारिक क्षेत्र में ऐसा नहीं है। मुसोलिनी के इटली में उत्पादन कार्य व्यक्तिगत उद्यमों पर आधारित था। स्वयं मुसोलिनी ने निजी सम्पत्ति को आवश्यक बतलाया था। उसका कहना था कि निजी सम्पत्ति व्यक्तित्व को पूर्ण बनाती है। नागरिकों को निजी सम्पत्ति रखने का अधिकार है और यह अधिकार कर्तव्य भी हो जाता है। जॉन स्ट्रेचो ने फात्सीवादी योजनाओं को ऐसी योजनायें बतलाया है जो पूँजीपतियों की सहमति से बनायी जाती हैं। इन योजनाओं के बनाने में इस बात का ध्यान रखा जाता है कि विरोध न्यूनतम हो।

फात्सीवाद निगम राज्य में राजनीतिक बहुलवाद की बहुत-सी विशेषतायें दिखलायी पड़ेंगी। परन्तु गहरी दृष्टि से अध्ययन करने पर दोनों में कुछ मौलिक अन्तर दिखलाई पड़ता है। फात्सीवाद में राज्य अनिवार्यतया ऐकिकतापूर्ण होता है और निगम राज्य की संप्रभुता के अधीन होते हैं। बहुलवादी राज्य के अधिकार-क्षेत्र को सीमित रखने के पक्ष में है जब कि फात्सीवादियों के साथ यह बात नहीं है।

फात्सीवाद का विश्वास है कि समुदाय में केवल कुछ ही ऐसे व्यक्ति होते हैं जिनमें शासन की क्षमता होती है और बहुसंख्यक अयोग्य तथा अदक्ष होते हैं। परन्तु फात्सीवाद यह नहीं बतलाता कि उन महान् योग्य व्यक्तियों को खोज निकालने का साधन क्या है। फात्सीवादी कहते हैं कि अतीत की दोषपूर्ण पद्धतियों द्वारा राज्य के शासको की नियुक्ति नहीं की जायगी। वे वंशानुगत क्रम से भी शासकों की नियुक्ति के पक्षपाती नहीं हैं और प्रत्यक्ष या अप्रत्यक्ष तरीकों से किये जानेवाले शासकों के चुनाव के ही पक्ष में हैं। वे संसदीय व्यवस्था को भी निन्दनीय बतलाते हैं। उनका कहना है कि शासकों की नियुक्ति का कार्य फात्सीदल ही करेगा। इसी वजह से जेण्टाइल ने फात्सीदल को "राज्य की अन्तरात्मा" (conscience of state) बतलाया है। इससे व्यवहार में फात्सी पार्टी ही राज्य की कर्ता-धर्ता बन बैठी और उसने अपने अलावा सभी दलों को कुचल डाला। फात्सीदल ही राज्य-नीतियां निर्धारित करने लगा, विधियां बनाने लगा और प्रशासन कार्य में सहायता देने लगा। इस दल की सहायता करनेवाले लोग पूंजीपति थे। अतः, दल में उन्हीं की बात मानी जाती थी चूंकि दल ही वास्तव में शासन करता था, इसलिए वस्तुतः फात्सीदल के कर्णधार और इटली के शासक एक हो गये। फात्सीवदियों ने अपने बारे में यह प्रचार कराने में कोई कोर-कसर न छोड़ी कि प्रशासनिक क्षेत्र में वे ही देश की विभूतियां हैं इसलिए उन्हें सत्ता हस्तगत करने में कोई कठिनाई नहीं हुई, एक बार दल के शासक वर्ग में आ जाने के बाद उस वर्ग से हटने की भी कोई संभावना नहीं रह जाती थी क्योंकि फासीदल की सदस्यता सबके लिए खुली न रहती थी। सदस्य संख्या सीमित रहती थी। प्रत्येक सदस्य को भरती करते समय बड़ी सावधानी से उसके संबंध में पूछताछ की जाती थी, उसे बाद में अत्यन्त कठोर प्रशिक्षण दिया जाता था और अनुशासन में भी रखा जाता था। इस व्यवस्था में बहुत से अयोग्य व्यक्ति तो अपने आप ही निकल जाते और अन्त में जो बच जाते थे उनको असंदिग्धत शासन करने योग्य माना जाता था। इस प्रकार फात्सीदल शासक देता था। उसके सदस्यों को इटली में समस्त सरकारी अधिकारियों से उच्चतर

माना जाता था। दल का नेता ही शासन का भी उच्चतम अधिकारी था। दल की महासमिति ही राज्य की विधायिका सभा थी। ऊपर से लेकर नीचे तक तमाम सरकारी पद केवल फात्सीवादियों के लिए ही थे। फात्सीवादियों के अतिरिक्त उन पर अन्य किसी की भी नियुक्ति नहीं हो सकती थी। सभी प्रतिद्वंद्वी राजनीतिक दलों को अवैधानिक घोषित करके उनको समाप्त कर दिया गया था। फात्सीवादी दल को सार्वजनिक निर्वाचनों में भाग लेने की आवश्यकता नहीं थी। क्योंकि यदि ऐसा किया गया तो संभव है कि फात्सीवाद दल का स्थान कोई दूसरा दल ले ले और राष्ट्रीय हितों को क्षति पहुंचे। यदि निर्वाचन किये जायें तो इसलिए कि दल द्वारा प्रस्तावित दो नामों में से किस एक को रिक्त पद के लिए चुना जाये।

फात्सीवाद अधिनायकवादी है। यद्यपि फात्सीवादी अपने आपको अधिनायकवादी कहे जाने से बराबर डरते रहे। फात्सीवादी शासन में किसी भी ऐसे व्यक्ति की नियुक्ति नहीं हो सकती थी जिसे ऊपर के अधिकारियों का विश्वास प्राप्त न होता था।

व्यक्ति की स्वतन्त्रता
(Freedom of the Individual)

फात्सीवादी राज्य में व्यक्ति और व्यक्तित्व का कोई अस्तित्व स्वीकार नहीं किया जाता। फात्सीवादी राज्य सम्पूर्ण सामाजिक जीवन पर नियंत्रण रखता है। सभी व्यक्ति राज्य के सैनिक हैं। सभी संवास और संस्थानों को अपने सदस्यों को सैनिक जीवन की शिक्षा देनी चाहिए। मक्खन की अपेक्षा बंदूक का अधिक महत्व है। स्वतंत्रता के स्थान पर अनुशासन का दर्जा कहीं अधिक ऊंचा है। राज्य एकता का आदर्श है, इसलिए यह जरूरी है कि राज्य का प्रत्येक व्यक्ति पर पूर्ण अधिकार रहे। राज्य के अन्तर्गत ही प्रत्येक व्यक्ति को अपना अधिकतम विकास करना चाहिए। "हर वस्तु राज्य के अन्तर्गत हैं, राज्य के विरुद्ध कुछ भी नहीं है, राज्य के बाहर भी कुछ नहीं है।" फात्सीवादी नैतिकता का व्यक्ति के लिए यही आदर्श है। राज्य को सब अधिकार हैं, व्यक्ति को केवल अपने कर्तव्यों का पालन करना चाहिए अधिकारों की आकांक्षा नहीं। फात्सीवाद एक ऐसे राज्य का समर्थक है जिसमें व्यक्ति पूर्णतः समा जाय। फात्सीवादी राज्य में व्यक्ति के ऐसे कोई अधिकार नहीं होते जो राज्य के अधिकारों से अधिक पवित्र हों और जिनको राज्य छीन न सके। फिर भी फात्सीवादी कहते हैं कि उनके यहां व्यक्ति को निगल नहीं लिया जाता। फात्सीवाद समर्थकों ने नीत्शे, सॉरेल परेटो तथा अन्य ऐसे ही विचारकों से सामाजिक रहस्यकथा (Social myth) की कल्पना ग्रहण की। फात्सीवाद का मूल आधार हेगेलवादी राज्य है जिसके अनुसार व्यक्ति का राज्य के बिना कोई आध्यात्मिक अथवा नैतिक अस्तित्व ही संभव नहीं है। ऐसी दशा में व्यक्ति की स्वतंत्रता का कोई प्रश्न हीं नहीं उठता। रोक्को के अनुसार ब्यक्ति को स्वतंत्रता उसी सीमा तक दी जा सकती है जहां तक वह उसका प्रयोग समाज और राज्य के हित में करता है। यदि व्यक्ति की स्वतंत्रता से राज्य के हितों को तनिक भी क्षति पहुंचती है तो राज्य को इस बात का पूर्ण अधिकार है कि वह उस स्वतंत्रता को व्यक्ति से छीन ले ।[14] मुसोलिनी का कहना है कि फात्सीवादी राज्य व्यक्ति को ऐसी कोई स्वतंत्रता नहीं देता जिससे व्यक्ति अपने आपको हानि

14. Rocco, *International Conciliation Pamphlet*, No. 223.p. 4.

पहुँचा सके क्योंकि राज्य को हानि पहुँचाना भी व्यक्तिगत हानि ही तुल्य है।[15] जेण्टाइल का कहना है कि वास्तविक स्वतंत्रता फात्सीवादी राज्य में ही मिलती है। राज्य अपने आप में बिल्कुल स्वतंत्र और स्वच्छन्द है और उसके अधिकार सर्वथा सभी बाह्य बंधनों से मुक्त हैं।[16] चूंकि राज्य व्यक्ति की चेतना में ही मूर्त रूप धारण करता है, इसलिए राज्य ही व्यक्ति का अपेक्षाकृत अधिक प्रतिनिधित्व करता है। राज्य व्यक्ति का बड़ा रूप है और व्यक्ति राज्य का अंग है। अत: यदि राज्य स्वतंत्र है तो व्यक्ति भी स्वतंत्र है। यदि कभी राज्य व्यक्ति पर प्रतिबंध लगाता है तो वह उसके हित के लिए है, उनसे किसी भी प्रकार घबराने की आवश्यकता नहीं है।

फात्सीवाद तथा समाजवाद
(Fascism and Socialism)

समानतायें

(i) दोनों ही विचारधायें राज्य को अत्यधिक महत्व देती हैं।

(ii) दोनों ने समान रूप से व्यक्तिवाद का समर्थन किया है।

(iii) दोनों सुखी जीवन के लिये राज्य के नियन्त्रण को आवश्यक समझते हैं।

(iv) दोनों को ही कार्य रूप में परिणत नहीं किया जा सकता, इसलिये दोनों ही पूर्णतया अव्यावहारिक हैं।

असमानतायें

(i) फात्सीवाद राज्य को जनता की आत्मा का प्रसारक तथा अधिरक्षक मानता है, जबकि समाजवाद राज्य के नैतिक पक्ष में विश्वास नहीं करता।

(ii) फात्सीवाद राज्य को उचित एवं अनुचित के सभी कार्य करने का अधिकार प्रदान करता है जबकि समाजवाद राज्य की निरंकुशता में विश्वास नहीं करता।

(iii) फात्सीवाद सभी क्षेत्रों में राज्य के हस्तक्षेप तथा नियन्त्रण का पक्षपाती है जबकि समाजवाद राज्य को बड़े-बड़े उद्योग-धन्धों पर ही नियंन्त्रण करने का पक्षपाती है, लघु उद्योगों पर नियन्त्रण का पक्षपाती नहीं।

(iv) फात्सीवाद आर्थिक विषमताओं को दूर करना नहीं चाहता जबकि समाजवाद आर्थिक विषमताओं को दूर करने का प्रयत्न करता है।

(v) फात्सीवाद अधिकनायकवाद का, जबकि समाजवाद लोकतन्त्री व्यवस्था का समर्थन करता है।

(vi) फात्सीवाद विरोधी दलों का निर्दयता से अन्त करना चाहता है, परन्तु समाजवाद इस निर्दयता का विरोधी हैं।

---

15. B. Mussolini, *The Political and Social Doctrine of Fascism*, p. 24.
16. *Foregin Affais*, Vol. vi, pp. 300, 304.

(vii) फात्सीवाद योग्यतम व्यक्तियों के शासन का पक्षपाती है, जबकि समाजवाद नेताओं के शासन में विश्वास नही करता।

(viii) समाजवाद व्यक्तिगत सम्पत्ति का विरोधी है जबकि फात्सीवाद व्यक्तिगत सम्पत्ति का समर्थन करता है।

फात्सीवाद तथा साम्यवाद
(Fascism and Communism)

समानतायें

(1) प्रथम विश्वयुद्ध के उपरान्त उदय (Beginning after First World War)-- दोनों का ही अभ्युदय प्रथम युद्ध के उपरान्त हुआ था। इटली में समान परिस्थितियों में ही दोनों का उदय एक साथ ही हुआ ।

(2) प्रजातन्त्र तथा संसदात्मक व्यवस्था का विरोध (Opposition of Democracy and Parliamentary Systems)—दोनों प्रजातन्त्र एवं संसदात्मक व्यवस्था का विरोध करते है फात्सीवादी संसद को बातों की दुकान तथा 'प्रजातन्त्र को सड़ा हुआ शव' बताता है।

(3) नैतिकता का विरोध (Opposition of Morality)—दोनों ही विचारधारायें लक्ष्य प्राप्ति के लिये अवैध तथा हिंसा को अपनाने में विश्वास रखती है। मैकियावेली (Machiavelli) ने लिखा है कि, "राजनीति का महान खेल नैतिक नियमों के अनुसार नहीं खेला जा सकता है।"

(4) मूल आधार हेगेलवाद (Hegelism as the Basis)—दोनों ही विचारधाराओं का मूल आधार 'हेगेलवाद' है। यदि इस आधार पर मार्क्स ने इतिहास की व्याख्या की है, तो मुसोलिनी हेगेल की राष्ट्र पूजा की धारणा को और आगे तक ले जाता है।

(5) सर्वाधिकार का समर्थन (Support to Totalitarianism)—दोनों ही सर्वाधिकारवाद का समर्थन करते हैं। दोनों के ही विचार में "राज्य की सत्ता और उसके अधिकारों की कोई सीमा नही है। राज्य को व्यक्ति के सम्पूर्ण जीवन पर नियन्त्रण रखना चाहिये।"

(6) व्यक्तिगत स्वतन्त्रता को न मानना (Not to accept individual Liberty)—दोनों विचारधारायें व्यक्तिगत स्वतन्त्रता को नही मानतीं। आर्थिक क्षेत्र में भी दोनों 'यद्भाव्यम् की नीति' का पालन करती हैं।

(7) विस्तारवादी विचारधारायें (Expansion Theories)—दोनों ही विचारधारायें व्यावहारिक रूप में तथा अपने कार्य-कलापों के आधार पर विस्तारवाद का समर्थन करती है। दोनों युद्ध की अवश्यम्भावना की घोषणा करती हैं।

असमानतायें

(1) स्वरूप (Nature) **में अन्तर**—इन दोनों विचारधाराओं के स्वरूप में बहुत अन्तर है। फात्सीवाद ऐसे विचारों का संग्रह है, जिन्हें समय की आवश्यकता के अनुसार संग्रहीत कर लिया गया है, जबकि साम्यवाद एक वैज्ञानिक तथा क्रमबद्ध दर्शन है।

(2) बुद्धिवादिता (Intellectual Difference) **में अन्तर**—साम्यवाद के सम्बन्ध

में सेबाइन (Sabine) ने लिखा हैं कि, ''साम्यवादी दर्शन कभी भी बुद्धिविरोधी नहीं रहा। साम्यवाद का ईमानदारी से विश्वास था कि द्वन्द्वात्मक पद्धति तक का भी साधन हैं। इसके आधार पर विभिन्न कार्यो और व्यापारों की युक्तिसंगत रीति से परख हो सकती है।'' फात्सीवाद बुद्धिविरोधी है

(3) **राज्य सम्बन्धी धारणा** (Conception of State) **में अन्तर**—राज्य को अत्यधिक महत्व देते हुए मुसोलिनी ने लिखा था कि, ''राज्य फात्सीवादी आदर्श का प्रत्यक्षीकरण है,'' जबकि साम्यवाद की दृष्टि में, ''राज्य एक शस्त्र है, जिसके द्वारा सर्वहारा वर्ग वर्गयुद्ध लड़ता है। यह एक भयंकर शस्त्र हैं, इससे अधिक कुछ भी नहीं है।''

(4) **भौतिकवाद** (Materialism) **में अन्तर**—इनकी भौतिकवादिता में अन्तर है। यदि साम्यवाद 'भौतिकवाद' है, तो फात्सीवाद 'आदर्शवाद' है। साम्यवाद का सम्बन्ध मानव जीवन के आर्थिक पक्ष से है और आर्थिक परिस्थितियों को मानवीय इतिहास की प्रेरक शक्ति माना गया है। दूसरी ओर सुख:-दुख और उपयोगिता के आदर्श को फासीवादियों ने भौतिकवादिता का नाम देकर अस्वीकार कर दिया है।

(5) **पूंजीवाद के सम्बन्ध** (Capitalism) **में अन्तर**— फात्सीवाद पूंजीवाद का समर्थन करता है तथा आर्थिक उत्पादन की क्षमता को बढ़ाने के लिये उसे आवश्यक मानता है जबकि साम्यवाद पूंजीवाद का विरोध करता है तथा उसको पूर्णतया नष्ट करना चाहता है।

(6) **वर्ग संघर्ष** (Class Conflict) **सम्बन्धी धारणा में अन्तर**—फात्सीवाद वर्ग संघर्ष को महत्व न देकर 'वर्ग-सहयोग' को महत्व देता है तथा उसके आधार पर अनेक वर्गों के अस्तित्व को बनाये रखना चाहता है, जबकि साम्यवाद विभिन्न वर्गो के बीच संघर्ष होना नितान्त स्वाभविक एवं आवश्यक मानता है। उसके अनुसार 'अन्तिम आदर्श' व्यवस्था की स्थापना तक इस वर्ग संघर्ष को जारी रखा जाना चाहिये।

(7) **नस्ल की श्रेष्ठता** (Supremacy of Race) **में अन्तर**—फात्सीवाद पवित्रता और नस्ल की श्रेष्ठता के विचारों को बहुत महत्व प्रदान करता है। जबकि साम्यवाद जातीय पवित्रता या जातीय और जातीय उच्चता के किसी विचार को नहीं मानता। उसके विचार में मानवीय क्षमता और चरित्र जन्म पर नहीं, वरन् वातावरण पर निर्भर करता है।

(8) **राष्ट्रवादिता** (Nationality) **सम्बन्धी विरोधी धारणा**—फात्सीवाद उग्र राष्ट्रवादी है, तो साम्यवादी अन्तर्राष्ट्रीयतावादी । फात्सीवाद के अनुसार पूँजीपति व श्रमिक सभी को राष्ट्र के हित को सर्वोपरि समझना चाहिये, जबकि साम्यवाद का नारा है—'विश्व के मजदूरों एक हो जाओ।'

(9) **समानता** (Equality) **सम्बन्धी असमान धारणा** —फात्सीवादी संहिता में वर्णित व्याख्याओं में प्रो० एबन्सटीन (William Ebenstein) के अनुसार ''पुरुष स्त्रियों से श्रेष्ठ हैं, सैनिक असैनिक नागरिकों से श्रेष्ठ हैं, फासिस्ट दल के सदस्य अन्य दलों से श्रेष्ठ है, शक्तिशाली निर्बल से श्रेष्ठ हैं, और विजेता पराजित से श्रेष्ठ हैं।'' परन्तु साम्यवादी स्त्री-पुरुष को समान दृष्टि से देखते हैं।

(10) **धर्म** (Religion) **सम्बन्धी विरोधी धारणा**—फात्सीवाद धर्म और चर्च को उपयोगी मानता है, क्योंकि वह राष्ट्र को सशक्त बनाता है, जबकि साम्यवाद धर्म को जनता के लिये 'अफीम' की संज्ञा प्रदान करता है।

राष्ट्र की अवधारणा
(Concept of Nation)

फात्सीवादियों का कहना है कि राज्य का अपना एक अलग व्यक्तित्व होता है जो सर्वोच्च नैतिक पुरुष है। राज्य का यह व्यक्तित्व राष्ट्र के रूप में सामने आता है। फात्सीवादी राष्ट्र को कुल व्यक्तियों के समूहों का योग नहीं मानते। राष्ट्र एक ऐसा सावयवी जीव है जो लगातार बहुत पीढ़ियों तक विकसित होने के बाद पूर्णता प्राप्त करता है। राष्ट्र ही अंतिम सत्य है राष्ट्र ही में जाति के सभी भौतिक और आध्यात्मिक मूल्यों का संश्लेषण होता है। राज्य राष्ट्र का ही वैधानिक रूप है। व्यक्ति और समुदायों के राष्ट्र के प्रति कर्तव्य तो होते है परन्तु अधिकार नहीं होते व्यक्ति का उच्चतम विकास राष्ट्र में ही होता है। राष्ट्र के बाहर व्यक्ति का कोई मोल नहीं है। राष्ट्र का स्थान सबसे ऊँचा और स्वतंत्र है। कोई आन्तरिक या बाह्य शक्ति ऐसी नहीं जो राष्ट्र को नियंत्रित कर सके। विभिन्न राष्ट्रों में समन्वय कर सकने वाला ऐसा कोई अन्तर्राष्ट्रीय विधि-विधान नहीं है, जिसके सम्मुख सभी राष्ट्र सिर झुकाते हों।[17] राष्ट्र स्वयं अपनी अभिव्यक्ति के साधन खोजता है और अपना प्रसार करता है। राष्ट्र सार्वभौमिक होता है और राजनीति का उद्देश्य राष्ट्रीय आत्मानुभूति कराना है।[18] राज्य द्वारा राष्ट्र का उच्चतम विकास होता है। राज्य से राष्ट्रीय गरिमा और गौरव बढ़ता है। अत: फात्सीवाद राज्य के प्रसार का अर्थात् साम्राज्य का कट्टर हिमायती है।

महिलाओं के अधिकार
(Rights of Women)

मिल के मत के विरुद्ध फात्सीवाद महिलाओं की स्वंतत्रता के विपक्ष में है। उनका कहना है कि महिलाओं का उचित स्थान परिवार है और उनका परिवार की चहारदीवारी तक ही सीमित रहना चाहिए। फात्सीवादी महिलाओं को शिक्षा देने के भी पक्षपाती नही हैं । महिलाओं को आर्थिक रूप से आत्मनिर्भर बनने की कोई आवश्यकता नहीं है। वे पुरुषों पर निर्भर रहें और सभी स्थानों पर पुरुषों को नौकरियां दी जायें। महिलाओं का राष्ट्रीय कर्तव्य यही है कि वे पुरुषों की सेवा करें और राष्ट्र के लिए अधिक से अधिक बच्चे पैदा करे जिससे देश को पर्याप्त मात्रा में सैनिक मिल सकें। फासीवादियों का कहना है "पहले महिलाओं को शारीरिक प्रशिक्षण दिया जाए, इसके बाद चारित्रिक विकास पर जोर दिया जाय। बौद्धिक विकास का सबसे बाद में स्थान आता है।"

अभ्यास के लिये प्रश्न

1. फात्सीवाद से क्या समझते हो? उसके प्रमुख सिद्धान्तों का वर्णन करो।
2. "फात्सीवाद अनिवार्यत: एक दल की स्वेच्छाचारिता है।" इस कथन की पुष्टि कीजिये।
3. फासिज्म तथा साम्यवाद में कहाँ तक समानतायें एवं असमानतायें पायी जाती हैं?

---

17. B. Mussolini, *The Political and Social Doctrine of Fascism*, p. 24.
18 Dr. W. Rose (Ed.), *An Outline of Modern Knowledge*, p.730

33
नाजीवाद
(Nazism)

नाजीवाद का जन्म और विकास जर्मनी में हुआ। जर्मनी में परिस्थितियाँ लगभग वैसी ही थीं जिनमें इटली में फात्सीवाद का उद्‌भव हुआ था।

ऐतिहासिक पृष्ठभूमि
(Historical Background)

सन् 1916 में जर्मनी पराजित और निराश देश था। सैनिक पराजय के कुछ समय पूर्व तक जर्मनी में निवासियों से यह कहा गया था कि उनकी सेना अपराजेय है। जब जर्मनी को मित्रराष्ट्रों के समक्ष आत्मसमर्पण करना पड़ा तो यह स्वाभविक ही था कि जर्मनी के निवासियों की तबीयत खट्‌टी हो जाती। प्रथम महायुद्ध के बाद यूरोप में हुई वर्सेलीज की संधि जर्मनी में लोकप्रिय न हो सकी। इस संधि को एक ऐसे दस्तावेज के रूप में देखा जाने लगा जो राष्ट्रीय अपमान का प्रतीक थी। संधि में प्रयुक्त अनेक शब्द सचमुच बडे कठोर थे। उसकी कुछ धाराओं का यथार्थ लक्ष्य जर्मनी को संसार का तृतीय कोटि का राष्ट्र बना देना था। जर्मनी का नि:शस्त्रीकरण कर दिया गया था जिससे उसकी सैनिक प्रतिष्ठा को बड़ा बट्टा लगा। विजेता राष्ट्रों ने क्षतिपूर्ति के रूप में जर्मनी से बहुत बड़ी रकम मांगी उस समय की आर्थिक स्थिति को देखते हुए जर्मनी के लिए यह रकम चुका सकना असंभव था। बाद में यह रकम क्रमश: घटा दी गयी और कुछ वर्ष बाद बिलकुल माफ भी कर दी गयी, परन्तु जब तक क्षतिपूर्ति की माँग बनी रही तब तक वह जर्मनों को बराबर क्रुद्ध करती रही। जर्मन युवक यह अनुभव करते रहे कि उन्हे जीवन भर चंद सिक्कों पर मित्र राष्ट्रीय पूँजीपतियों का गुलाम बने रहना पड़ेगा। जब प्रयत्न करके भी जर्मनी क्षतिपूर्ति की रकम न चुका पाया तो सन् 1923 में फ्रांस और बेलजियम ने जर्मनी पर अपनी फौज दौड़ा दी और कुछ वर्षों तक जर्मनी का सबसे बड़ा प्रान्त रूर उनके कब्जे में बना रहा। जर्मनी के सारे उपनिवेश भी छीन लिये गये। उपनिवेशों के छिन जाने से जर्मनी की बाहर की व्यापार से आय मारी गयी। उस की आन्तरिक अर्थव्यस्था भी चौपट हो गई। मार्क का मूल्य निरन्तर गिरता जा रहा था और मुद्रास्फीति (Inflation) निरन्तर बढ़ती जाती थी। मुद्रास्फीति ने जर्मनी के श्रमजीवी वर्ग को बिल्कुल साफ कर ही दिया, मध्यवर्ग भी नितान्त दरिद्र हो गया। परन्तु जर्मनी में

जर्मन यहूदियों का एक ऐसा भी वर्ग था जिसने मुनाफाखोरी से युद्ध में तथा युद्ध के बाद बड़ा धन अर्जित किया था। सन् 1932 में जर्मन युवकों में बेकारी सबसे अधिक हो गयी थी। अत: वे धनीवर्ग विशेषकर जर्मन यहूदियों के विरुद्ध, बड़ी कटुता अनुभव करने लगे।

ऐसी संकटजनक स्थिति के समय पूर्वी यूरोप में साम्यवाद ने बड़ी तेजी से प्रगति की। इससे बचने का एकमात्र उपाय यही था कि जर्मनी को भी प्रजातंत्रवादी राष्ट्र बना दिया जाता। इन्हीं परिस्थितियों में वाइमार रिपब्लिक या जर्मन गणतंत्र का जन्म हुआ। उक्त गणतंत्र के संविधान के अन्तर्गत बहुत से शासन बने-बिगड़े। जर्मनी की प्रत्येक सरकार के सामने ऐसी कठिनाइयाँ थीं जिनसे मुक्ति पाने का कोई उपाय दिखलायी नहीं पड़ता था।

इस ऐतिहासिक पृष्ठभूमि में जर्मनी में नाजीवाद दर्शन फला फूला। इस आन्दोलन का जन्मदाता एक ताला बनाने वाला कारीगर था जिसका नाम एण्टन ड्रेक्सलर (Anton Drexler) जिस समय नाजीवादी आन्दोलन आंरभ हुआ उस समय उसके पास कोई विशेष कार्यक्रम न था। उसने सबसे पहला काम यह किया कि उसने युवकों को शिक्षा दी कि वे जर्मनी की सैनिक पराजय में विश्वास न करें। जर्मनी की पराजय इसलिए नहीं हुई कि उसमें कोई खराबी थी बल्कि इसलिए हुई कि जिस समय उसकी जीत होने वाली थी उसकी ''पीठ मे छुरा भोंक दिया'' गया। घृणा और प्रतिशोध के इन दो मूल आधारो पर नाजी आन्दोलन की नींव रखी गयी। जब सन् 1933 में नाजियों के हाथ में शासन-सत्ता आ गयी तो वे दलगत राजनीति और सामान्य प्रशासन के कार्यों में इतने अधिक व्यस्त हो गये कि नाजीदर्शन की रचना की तरफ उनका ध्यान ही नहीं गया।

नाजी दर्शन का जन्म
(Birth of Nazi Philosophy)

नाजीवाद में राज्य या शासन के संबध में कोई स्पष्ट सिद्धान्त निरूपित नहीं किये गयें। नाजीवाद एक ऐसा आन्दोलन था जिसका जन्म जर्मनों की भावनात्मक आवश्यकताओं की पूर्ति के लिए हुआ था। परन्तु नाजीवादी विचारधारा केवल राजनीतिक ही नही थी, उसमें सामाजिक और आर्थिक विचार इस प्रकार उलझे हुए थे कि कुल दर्शन को नाजीवाद के बजाय 'हिटलरवाद' कहना ही अधिक उपयुक्त प्रतीत होता है।

नाजीदर्शन पर जिन विचारकों का प्रभाव पड़ा उनमें जर्मन कल्पनावादी विचारक सबसे पहले आते हैं। जिन में काण्ट, फिक्टे, हेगेल, आदि का नाम है। इसके अलावा एच०एस० चेम्बरलेन तथा मुसोलिनी का नाम भी लिया जा सकता है।

हिटलर और मुसोलिनी ने जिन परिस्थितियों में शासन की बागडोर अपने हाथों में ली, उनमें कोई समानता हो सकती है परन्तु नाजीदर्शन और फात्सीवाद के जन्म के समय उनमें कोई समानता नही थी। फात्सीदर्शन का निर्माण सत्ता हस्तगत किये जाने के बाद हुआ जब कि नाजीदर्शन का विकास नाजीदल के हाथ में ताकत आने के बहुत पहले हो चुका था। नाजीदर्शन के संबंध में सबसे पहली पुस्तक सन् 1920 में लिखी गयी।[1] सन्

1. Gottfried Feders, "*The Political and Econimic Programme of the National Socialist German Workers Party*", 1920.

1927 में हिटलर की आत्मकथा प्रकाशित हुई। सन् 1930 में नाजीदर्शन के संबंध में तीसरा ग्रंथ प्रकाशित हुआ।[2] हिटलर के अलावा नाजीविचारकों में गॉटफ्रायड फेडर्स (Gottfried Feders) और एलफ्रेड रोजेनबर्ग (Alfred Rosenburg) का नाम विशेष रूप से उल्लेखनीय है। नाजीदर्शन संबंधी सभी ग्रंथ नाजियों के सत्तारूढ़ होने के पूर्व ही प्रकाशित हो गये थे।

राज्य की अवधारणा
(Concept of State)

नाजीवादी विचारधारा के अनुसार राज्य "आध्यात्मिक और नैतिक तथ्य" नहीं है। वे राज्य को बर्क और सेविनी के परम्परावाद और हेगेल के कल्पनावाद का मिश्रण नहीं मानते। परन्तु नाजियों ने परम्परावाद (Traditionalism) और कल्पनावाद (Idealism) की उपेक्षा नहीं की । उन्होनें उक्त दोनों 'वादों' के प्रयोग से अपने उद्देश्यों की सिद्धि में बहुत कम सहायता ली। मुसोलिनी राज्य को साध्य और व्यक्ति को साधन मानता था। हिटलर ने अपनी आत्मकथा में एक से अधिक बार कहा है कि राज्य लक्ष्य नहीं है बल्कि लक्ष्यपूर्ति का साधन है। हिटलर के अनुसार नाजीवाद का लक्ष्य जातीय एकता, जातीय शुद्धता और जातीय विकास है। राज्य तीनों लक्ष्यों को पूर्ति का साधन है।[3] नाजियों ने हेगेल के विचारों की अवहेलना की और उसके विचारों पर व्यंग्य किया? हेगेल ने राज्य को 'पृथ्वी पर ईश्वर का अवतार' (March of God on Earth) बतलाया जबकि नाजी विचारकों ने कहा कि जाति ही वह मार्ग प्रशस्त करती है जिसकी सहायता से प्रकृति जीवों को एक उच्चतर स्तर पर जन्म देती हैं।[4] हिटलर का कहना था कि हम आये हैं, "इसीलिए योग्य है।" किसी राज्य के संबंध में केवल इतनी ही जानकारी प्राप्त करने की आवश्यकता है कि वह किस राष्ट्रीयता का प्रतिनिधित्व करता है।[5] हेगेल की राज्य संबंधी कल्पना को तिरस्कृत कर देने के बाद भी नाजी हेगेल के विचारों के प्रभाव से नहीं बच सके। वे हेगेल की राज्य की रहस्यवादी परिभाषा को नहीं मानते थे परन्तु उन्होंने राज्य संबंधी पूजा की भावना को हेगेल की ही सहायता से राष्ट्रपूजा में प्रतिष्ठित कर दिया। नाजी राष्ट्र को एक ऐसी आध्यात्मिक अलौकिक वस्तु मानते थे कि आत्मा के रूप में सत्य है। नाजी इसका श्रेय हेगेल को नहीं देते। राष्ट्रपूजा की यह विचारधारा उन्हें सीधे हेगेल के अध्ययन से न मिल कर कुछ तो फात्सीवादियों के द्वारा मिली और कुछ ऐसे जर्मन लेखकों से मिली जो किसी न किसी रूप में हेगेल से प्रभावित थे। जब नाजीदल सत्तारूढ़ हो गया तो उसने राज्य और राष्ट्र में वह अन्तर करना छोड़ दिया जो वह सत्ता हस्तगत करने के पूर्व किया करता था।

नाजीदर्शन ने राजनीति में जातीय रक्तशुद्धता के प्रश्न को भी मिला दिया। उन्होंने कहा कि "रक्त" और "भूमि" ये दोनों बड़ी महत्वपूर्ण वस्तु है। जर्मनी भर में भौगोलिक राजनीति

---

2. Alfred Rosenburg, *The Myth of Twentieth Century,* 1930.
3. Adolf Hitler, *Mein Kampf,* pp. 585-601.
4. *Ibid,* p. 390.
5. *Ibid,* p. 595.

(Geopolitics) के अध्ययन पर बहुत अधिक बल दिया जाने लगा नाजी राज्य अन्य राज्यों से बहुत अधिक भिन्न है क्योंकि वह भौगोलिक राजनीतिक विज्ञान के अनुसार निर्मित किया गया है। नाजी कभी-कभी अपने राज्य को 'राष्ट्र नेता राज्य' (Voelkischer Fuehererestaat) कहते थे। उन्होंने नेतृत्व की कल्पना फात्सीवादियों से ग्रहण की थी। इटली में दल का नेता ही सरकार का उच्चतम अधिकारी परन्तु राज्य का अध्यक्ष नहीं होता था। राज्य का अध्यक्ष तो राजा ही माना जाता था। जर्मनी में दल का नेता ही राज्य और शासन (सरकार) दोनों का अध्यक्ष माना जाता था। वही जाति का भी सबसे बड़ा नेता माना जाता था। नाजी जर्मनी में राज्य का अध्यक्ष नीचे के अधिकारियों की श्रद्धा का भाजन होता था। उसे एक ऐसा साधन माना जाता था जिसमें राष्ट्रीयता, राज्य और सभी राजनीतिक कार्यों का संगम हो जाता था।

नाजियों के अनुसार राज्य की मुख्य विशेषता बल और जीवनी शक्ति है। वे न्याय, धर्म या नैतिकता को राज्य की विशेषताएँ नहीं मानते। वे "जिसकी लाठी उसकी भैंस" वाली कहावत में पूरी तरह विश्वास करते थे। फिक्टे के इन शब्दों में नाजी पूर्ण विश्वास करते थे कि "राज्यों के बीच बल को छोड़ कर अन्य कोई कानून नहीं होता।" नाजी तलवार के बल से प्राप्त होने वाली विजय के संदेश के प्रचारक थे। हिटलर का कहना था कि "जिसे जिन्दा रहना है उसे अनिवार्यतः लड़ना ही होगा। जो युद्ध से बचता या डरता है उसे जीने का कोई अधिकार नहीं है। यह कहना कठोर अवश्य है, परन्तु वास्तविकता यही है।" हिटलर के एक अन्य अनुयायी जनरल वान सीट (General Van Seeckt) ने लिखा था, "युद्ध मानव सफलताओं की शीर्षतम स्थिति है। युद्ध स्वाभाविक है। वह मानवजाति के विकास के इतिहास की अंतिम दशा है। युद्ध हर वस्तु का जनक है...... युद्ध जीवन को पुष्टि देता है। युद्ध के दमन का अर्थ प्रकृति का दमन है। युद्ध भयानक होते हैं, लेकिन हर जीवित वस्तु भयानक होती है।"

व्यक्ति की स्वतन्त्रता
(Freedom of the Individual)

नाजियों ने राज्य को उतना ऊँचा स्थान नहीं दिया परन्तु व्यक्ति-स्वातंत्रय को समाप्त करने में वे फात्सीवादियों से किसी भी प्रकार कम नहीं थे। फात्सियों की तरह ही वे यह मानते थे कि व्यक्ति के कोई अधिकार नहीं हैं, केवल कर्तव्य है। हिटलर का मत था कि व्यक्ति-स्वातंत्रय का कोई अर्थ नहीं है। व्यक्ति की स्वतंत्रता का अर्थ ही क्या होता है? क्या प्रकृति निरन्तर व्यक्ति से ऐसे कार्य नहीं लेती जिन्हें करने में उसे कोई आनन्द नहीं आता? स्वतंत्रता केवल एक ही होती है और वह है राष्ट्र की स्वतंत्रता । यह स्वतंत्रता तभी उपलब्ध हो सकती है जब सभी व्यक्ति अपने-अपने कर्तव्यों का पालन करें। इस स्वतंत्रता के लिए प्रत्येक व्यक्ति को अपने बड़े से बड़े हित का बलिदान करने के लिए तैयार रहना चाहिए। राष्ट्रीय स्वाधीनता का अर्थ ऐसे नियमों का पालन हैं जो पूरी जाति के जीवन का नियमन करें।

स्त्रियों के अधिकार
(Rights of Women)

हैर वान पेपन (Herr Von Papen) के अनुसार नाजियों के कार्यक्रम में महिलाओं का एक ही कार्य है और वह है अधिक से अधिक बच्चे पैदा करना। पिताओं को अपने बच्चों के भविष्य की सुरक्षा के लिए मोर्चों पर जाकर युद्ध करना चाहिए। महिलाओं को दी जाने वाली सबसे बड़ी उपाधि के पदक के नीचे जर्मन भाषा में लिखा होता था। ''किसी भी माँ के लिए इससे बड़े सम्मान की अन्य कोई बात नहीं हो सकती कि वह प्रसन्नबदन से अपने पुत्रों को युद्धक्षेत्र में भेजे।'' स्पेंग्लर (Spengler) ने लिखा है, ''जर्मन महिलाओं को अधिक से अधिक वीर पुरुषों को जन्म देना चाहिए और इस कार्य को करते हुए अपने आपको अधिक से अधिक सुखी समझना चाहिए। महिला न साथी है और न प्रेयसी वह केवल माँ हैं''[6] हिटलर ने महिलाओं की बौद्धिक शिक्षा को सबसे नीचा स्थान दिया ही था। एक अमेरिकन पर्यवेक्षक ने नाजी जर्मनी की महिलाओं संबंधी नीति के विषय में लिखा था, ''नैशनल सोशिलस्टों की जर्मनी में यह सुचिन्त्य नीति है कि वह स्त्रियों को औद्योगिक युग के समाज की ओर ले जाने के बजाय कृषियुग के समाज की ओर ले जाना चाहता है। उक्त दल का विश्वास है कि स्त्री का सच्चा स्थान घर ही है। एक वाक्य में, स्त्रियों का एकमात्र कर्तव्य ऐसे शक्तिशाली और बलवान पुत्र पैदा करना है जो युद्ध और शांति काल में राष्ट्र और राज्य की सेवा कर सकें।''[7]

जातीय अंधभक्ति
(Racial Myth)

नाजी जाति को सबसे अधिक ऊँचा स्थान देते थे। उनका हर वस्तु के प्रति दृष्टिकोण उसी से निर्धारित होता था। उनका नारा था ''जाति से परे प्रत्येक वस्तु निरर्थक है।''[8] उनका कहना था कि उनके विश्वास सर्वथा वैज्ञानिक मान्यताओं पर आधारित है। उनका वैज्ञानिक आधार डार्विनवाद था। वे कहते थे कि जाति का विकास होता है। जीवन या अस्तित्व रक्षा के लिए संघर्ष होता है। संघर्ष में चयन किया जाता हैं। जो बलवान् होता है वही बच पाता है। समाज और अन्य जीवों के पारस्परिक संघर्ष में नाजी मनौजी हर्बर्ट स्पेन्सर से सहमत थे परन्तु वे स्पेन्सर की यह बात नहीं मानते थे कि समाज में व्यक्तियों के बीच संघर्ष होता है। इस विषय में वे वाल्टर बेजहाट (Walter Bagehot) की बात मानते थे जिसने कहा था कि सामाजिक संघर्ष व्यक्तियों के बीच नहीं समुदायों के बीच होता है। चेम्बरलेन आदि विचारकों के जाति संबंधी विचारों के आधार पर नाजियों ने इस सिद्धान्त का विकास किया कि जातीय एकता और शुद्धता की रक्षा तभी की जा सकती है जब जाति में से अनैक्यताकारी अशुद्ध तत्वों को निकाल दिया जाय। इसी आधार पर उन्होनें जर्मनी से यहूदियों को निकालने का आन्दोलन चलाया। जातीयता संबंधी सिद्धान्तों ने जर्मन नाजियों के उग्र राष्ट्रवाद को और भी उग्र बना दिया।

---

6. Spengler, *The Years of Decision*
7. Calvin, *Germany Enters the Third Reich,* p.13.
8. Hitler, *Mein Kampf,* p. 406.

नाजियों का यह भी कहना था कि अबौद्धिकता ही सर्वश्रेष्ठ है, विद्यार्जन सर्वथा अनुपयोगी है। बहुत से पढ़े-लिखे व्यक्ति बड़े मूर्ख होते हैं। नाजी भावना के पुजारी थे। उन्होंने प्रजातंत्रवाद का विरोध इसलिए किया था कि उसमें हर व्यक्ति अपनी बुद्धि से काम करने की बात सोचता है। उनका कहना था कि शासन जाति के एक मात्र नेता के हाथ में रहना चाहिए।

आलोचनात्मक आकलन
(Critical Estimate)

फात्सी और नाजीवाद ने अपने आपको समग्र मानव-जाति का शत्रु सिद्ध किया। उनकी आतंककारी सेनाओं, नपुंसक बना देने के केन्द्रों, नजरबंदी के शिविरों और अत्याचार करने के साधनों के पीछे मानवता के प्रति उनके हृदय में छिपी उपेक्षा, अवहेलना और घृणा की भावना थी। उन्होंने प्रजातंत्र की जो आलोचना की वह किसी भी दृष्टि से औचित्य की कसौटी पर खरी नहीं उतरती। राज्य की सप्रंभुता को सर्वोच्च स्थान दे देने का फल बहुधा यही हुआ है कि शासक प्रजा का दमन करने लगते हैं और निरंकुशता का सिंहद्वार खुल जाता हैं। नाजीवाद कालान्तर में ऐसे अधिनायतत्व में परिणत हो गया है जो व्यक्ति स्वातंत्रय का दमन करके बलप्रयोग द्वारा सारी राष्ट्रीय प्रगाति के द्वार अवरुद्ध कर देता है। ऐसी अवस्था में आत्मा की स्वतंत्रता भी नहीं रहती।

नाजीवादी बलप्रयोग पर बहुत अधिक जोर देते है। परन्तु बलप्रयोग द्वारा हृदय नहीं जीता जा सकता। जहाँ किसी दल के अनुयायियों का हृदय नेता के साथ न हो वह विचारधारा कदापि स्थायी नहीं हो सकती। नाजी विचारधारा की कार्य-पद्धतियों से महिलाओं, संस्कृति, जनता, बच्चों, बूढ़ो, बीमारों आदि के प्रति आदर या स्नेह की भावना के बजाय उपेक्षा और घृणा तथा तिरस्कार की भावना ही अधिक प्रकट होती हैं। ऐसी विचारधारा का पतन अवश्यभावी था और हुआ भी ऐसा ही। सारे संसार की सबसे बड़ी समस्या शांति की समस्या है । इस समस्या के हल में सबसे बड़ी बाधा जातीय अंधभक्ति है। यह भावना शोषण, उपनिवेशीकरण, साम्राज्यवाद, युद्ध और घृणा की मूल भित्ति है।

इटली में फात्सीवादी शासन का पतन हो गया लेकिन फात्सीवाद विभिन्न रूपों में संसार के कोनों में अभी भी विद्यमान है। फात्सीवाद या नाजीवाद के इन रूपों को जितनी जल्दी समाप्त कर दिया जाये मानवता के कल्याण के लिए उतना ही अच्छा है।

नाजीवाद की आलोचना
(Criticism of Nazism)

1. जातीय शुद्धता को अत्यधिक महत्व (More Importance to Racial Purity)-नाजीवादी विचारधारा जातीय शुद्धता को अत्यधिक महत्व देती है, इसलिये कहा जा सकता है कि नाजीवादी विचारधारा जातीय संघर्ष को जन्म-देकर अन्तर्राष्ट्रीय हितों का दमन करती है।

2. युद्ध को प्रोत्साहन (Insistence on War)-नाजीवादी विचारधारा विश्व शान्ति

के शत्रु 'युद्ध' को प्रोत्साहित करती है। वह उसे मानवीयता के विकार के लिये अनिवार्य भी मानती है। नाजीवाद की यह विचारधारा मान्य नहीं है, क्योंकि युद्ध सदैव ही रक्तपात एवं क्रान्ति को जन्म देकर मानवीय जाति का विनाश करता है।

3. व्यक्तिवाद का विरोध (Anti Individualism)–नाजीवादी विचारधारा व्यक्तिवाद का भी विरोध करती है तथा बुद्धि व तर्क को भी अच्छा नहीं समझती। इन्हीं मान्यताओं के आधार पर नाजीवाद की कड़ी आलोचना की गयी है।

4. शक्ति को आधार मानना (Power as a Basis)–वर्तमान समय में अधिकार को ही शक्ति माना जाता है, परन्तु नाजीवादी विचारधारा शक्ति को आधार मानकर चलती है, जो पूर्णतया अनुचित है।

5. उत्तरदायित्व विहीन सरकार की स्थापना (Establishment of Irresponsible Govt.)–नाजीवादी विचारधारा त्रुटिपूर्ण विचारधारा है, क्योंकि यह उत्तरदायी सरकार की अपेक्षा उत्तरदायित्वविहीन सरकार की स्थापना पर बल देती है।

6. स्त्रियों के अधिकारों का विरोध (Opposition of Women's Rights)–आज के समय में नारी हर क्षेत्र में प्रगतिशील है और प्राचीन समय से ही पुरुषों का साथ निभाती आई है, फिर भी नाजीवादी विचारधारा उसके अधिकारों का विरोध करती है और नारी को मात्र बच्चे पैदा करने का साधन मानती है।

7. धर्म विरोधी विचारधारा (Anti Religion Theory)—नाजीवादी विचारधारा धर्म विरोधी विचारधारा है। यह धर्म की अपेक्षा अनैतिकता को अत्यधिक प्रोत्साहित करती है।

उपरोक्त आलोचना के आधार पर कहा जा सकता है कि नाजीवादी विचारधारा आज के युग में सफलता प्राप्त नहीं कर सकती, क्योंकि यह विचारधारा अपनी लोकप्रियता द्वितीय महायुद्ध के पश्चात् ही खो चुकी थी।

नाजीवाद तथा फात्सीवाद
(Nazism & Fascism)

समानतायें

(1) प्रजातन्त्र, उदारवाद तथा व्यक्तिवाद की विरोधी (Anti Democracy, Liberalism and Individualism)—नाजीवाद के समर्थक हिटलर तथा फात्सीवाद के समर्थक मुसोलिनी ने शासन की बागडोर संभालते ही प्रजातन्त्र तथा उदारवाद का विरोध करना आरम्भ कर दिया था। ये दोनों ही व्यक्ति पर राज्य का निरंकुश नियन्त्रण स्थापित करना चाहते थे। मुसोलिनी के अपने शब्दों में "व्यक्तिवाद से लोगों के व्यक्तिगत स्वार्थों को बल मिलता है।" यह प्रवृत्ति राष्ट्रीय एकता के लिये हानिकारक है। हिटलर के अनुसार – "लोगों में जन्मजात असमानतायें होती हैं तथा उन्हें शिक्षा अथवा अन्य किसी साधन द्वारा दूर नहीं किया जा सकता।' स्पष्ट है कि इन दोनों ही विचारधाराओं ने सैद्धान्तिक तथा व्यावहारिक रूप में लोकतन्त्र, उदारवाद तथा व्यक्तिवाद का विरोध किया था।

(2) **समाजवाद तथा साम्यवाद का विरोध** (Opposition of Socialism and Communism)–नाजीवाद तथा फात्सीवाद द्वारा समाजवाद तथा साम्यवाद दोनों का ही विरोध किया गया था। 'बोल्शेविक क्रान्ति' की सफलता के बाद साम्यवादी विचारधारा पनपने लगी थी, परन्तु मुसोलिनी तथा हिटलर इसका दमन करना चाहते थे। इसीलिये उन्होंनें लिखा भी था कि "साम्यवाद भौतिकवादी विचारधारा है। यह मनुष्य में आध्यात्मिक तत्व की उपेक्षा करती है। साम्यवाद मनुष्य के मात्र आर्थिक विकास पर ध्यान देता है, जिसके कारण मानव केवल आर्थिक प्राणी बनकर ही रह गया है।"

(3) **राष्ट्र को सर्वोच्चता प्रदान करना** (Supremacy of State)–मुसोलिनी ने लिखा था कि "राष्ट्र से बाहर कुछ नहीं है, सब कुछ राष्ट्र के अन्दर हैं।" मुसोलिनी के समान हिटलर ने भी जर्मनी राष्ट्र की बढ़ा-चढ़ाकर प्रशंसा की थी तथा यह नारा दिया था कि "जर्मनी का जन्म ही शासन करने के लिये हुआ हैं।" अत: स्पष्ट है कि दोनों ही विचारधारायें व्यक्ति की तुलना में राष्ट्र को अधिक महत्व देती हैं।

(4) **बुद्धिवाद विरोधी** (Irrationalism)–मुसोलिनी तथा हिटलर ने बुद्धिवाद का विरोध करते हुये लिखा था कि "जहाँ व्यक्ति अपने विवेक का प्रयोग करने लगता है तथा समस्याओं के प्रति बौद्धिक दृष्टिकोण अपनाने लगता है, वहीं हमारे (मुसोलिनी तथा हिटलर) विचारों को खतरा उत्पन्न हो सकता है। इसीलिये व्यक्ति को अत्यधिक शिक्षित नहीं करना चाहिये।"

(5) **नेताओं को महत्वपूर्ण स्थान** (Importance to Leaders)–दोनों ही विचारधाराओं में नेताओं को महत्वपूर्ण स्थान दिया गया है, समस्त शक्ति राज्याध्यक्ष में ही निहित होती है। जर्मनी में शासनाध्यक्ष को 'फ्यूहरर' (Fuhrer) तथा इटली में ड्यूस (Duce) कहा जाता था।

(6) **युद्ध को महत्व तथा विश्वशान्ति का विरोध** (Importance to War and Opposition of World Peace) –फात्सीवाद तथा नाजीवाद दोनों ही युद्ध के महत्व को स्वीकार करते हैं। यह युद्ध को अनवरत रूप में जारी रखने का समर्थन करते है तथा विश्व-शान्ति का विरोध करते हैं। मुसोलिनी के समान हिटलर ने भी लिखा था कि "जो जीवन रखता है, उसको लड़ना चाहिये। जो इस दुनिया में लड़ना नहीं चाहता, उसको जीने का अधिकार नही।"

असमानतायें

(1) **जातीय शुद्धता** (Racial Purity)-फासीवाद में जातीय शुद्धता पर जोर नहीं दिया जाता, जबकि नाजीवादी विचारधारा का प्रमुख आधार ही जातीय शुद्धता थी।

(2) **दर्शनों में अन्तर** (Difference in Philosophics)-नाजीवाद की अपेक्षा फासीवाद का दार्शनिक पक्ष अधिक सुदृढ़ है। नाजीवाद के सिद्धान्तों की अपेक्षा मुसोलिनी ने फासीवाद के कुछ महत्वपूर्ण सिद्धान्तों का भी प्रतिपादन किया है।

(3) **साम्यवादी विचारधारा** (Communist Views) **के सम्बन्ध में अन्तर**-साम्यवादी

विचारधारा के सम्बन्ध में ये दोनों विरोधी विचारधाराओं का समर्थन करती है। फात्सीवाद साम्यवाद का विरोध करता है। विरोध तो नाजीवाद भी करता है, परन्तु वे स्वयं को 'राष्ट्रीय समाजवादी' भी बताते हैं।

(4) **प्रचार मशीनरी** (Means of Publicity) **में अन्तर**—दोनों विचारधाराओं की प्रचार मशीनरियों में भी काफी अन्तर है। फात्सीवादियों की उपेक्षा नाजीवादियों की प्रचार मशीनरी अधिक संगठित थी। अत: प्रचार की दृष्टि से नाजीवाद अत्यधिक महत्वपूर्ण है।

(5) **बुद्धिजीवियों का विरोध** (Opposition of Intellectuals) —मुसोलिनी बुद्धिवादियों का समर्थक था तथा हिटलर बुद्धिवादियों का विरोधी था। हिटलर कहा करता था कि "एक व्यक्ति, जिसे कि केवल औपचारिक शिक्षा प्राप्त है तथा उसका स्वास्थ्य अच्छा है, से एक कमजोर स्वास्थ्य वाला अबुद्धिजीवी अच्छा हैं।"

पहले तो लगता था कि फात्सीवाद व नाजीवाद सर्वाधिकारवादी राज्य सम्पूर्ण विश्व पर छा जायेंगे, परन्तु उनका शीघ्र ही पतन हो गया। फिर भी यह सवीकार करना पड़ेगा कि पतन की चरम अवस्था को प्राप्त हुये जिस गति से इटली व जर्मनी का पुनर्निर्माण फात्सीवाद व नाजीवाद व्यवस्था के अन्तर्गत हुआ था, वह चमत्कृत करने वाला ही था।

अभ्यास के लिए प्रश्न

1. जर्मनी में नाजीवाद के उदय के कारणों पर प्रकाश डालिये तथा उसके प्रमुख सिद्धान्तों का वर्णन कीजिये।
2. नाजीवादी दर्शन के सिद्धान्तों का आलोचनात्मक वर्णन कीजिये।
3. फात्सीवाद तथा नाजीवाद में समानताओं को बताते हुये उनके मध्य अन्तर को स्पष्ट कीजिये।

34
प्रजातंत्र
(Democracy)

प्रजातंत्र जैसा कि नाम से ही स्पष्ट है जनता का जनता द्वारा जनता के हित में शासन है। अन्य बहुत सी विचार धाराओं की भाँति पाश्चात्य दर्शन में जनता के शासन की कल्पना का उद्‌गम यूनानी राजदर्शन ही है। अंग्रेजी भाषा के शब्द Democracy यूनानी भाषा के 'डेमॉस' (Demos) और 'क्रेशिया' (Cratia) शब्दों से बना है जिसका अर्थ है जनता (डेमॉस) का शासन (क्रेशिया)। अस्तु प्रजातंत्र शासन का एक ऐसा स्वरूप है जिसमें राज्य की अंतिम व्यवस्था जनता के हाथ में रहती हैं विभिन्न विद्वानों और राजनीतिज्ञों ने इस शब्द का प्रयोग विभिन्न अर्थों में किया है। अर्थशस्त्रियों एवं समाजशस्त्रियों ने इसका प्रयोग आर्थिक समानता एवं सामाजिक समानता के लिए किया है। अर्थशस्त्रियों का कहना है कि पूँजीवादी व्यवस्था में राजनीतिक प्रजातंत्र तो होता है अर्थात् हर वयस्क और स्वस्थ व्यक्ति को मताधिकार मिलता है, परन्तु आर्थिक प्रजातंत्र न होने के कारण उस मताधिकार का कोई भी मूल्य नहीं होता। क्योंकि धनिक वर्ग उसके मत को अपने पैसे के बल से खरीद सकता हैं यदि लोगों की आर्थिक अवस्था संतोषजनक हो तो वे अपने मत को बेचना अस्वीकार कर देंगे और अपने अधिकार का अपने विवेक से प्रयोग करेंगे। इसीलिए राजनीतिक प्रजातंत्र के साथ ही आर्थिक प्रजातंत्र की आवाज उठायी जाती है। इसी प्रकार यदि कोई एक वर्ग दूसरे वर्ग को निम्न कोटि का समझ कर उसे हेय दृष्टि से देखता है तो वह देश राजनीतिक व्यवस्था की दृष्टि से प्रजातंत्रवादी होते हुए भी सामाजिक प्रजातंत्र का अभाव उसके मार्ग में रोड़े अटकाता रहता है। शिक्षा और ज्ञान के क्षेत्र में प्रजातंत्र का अर्थ यह है कि सब व्यक्तियों को शिक्षा प्राप्त करने का समान अवसर मिलना चाहिए और ज्ञान कुछ विशेष लोगों तक ही सीमित नहीं रहना चाहिए। विभिन्न क्षेत्रों में प्रजातंत्र की आवाज उठाने का कारण विभिन्न देशों में व्याप्त बुराइयाँ है जैसे भारत की वर्ण व्यवस्था, अमेरिका, अफ्रीका तथा यूरोप के देशों में गोरे काले का भेद, विश्वविद्यालयों में शिक्षा व्यय साध्य होना आदि।

ऐतिहासिक पृष्ठभूमि
(Historical Background)

प्रजातंत्र की अवधारणा का जन्म ईसा के जन्म से कई सौ वर्ष पूर्व हो गया था। प्लेटो तथा अरस्तु ने इस संबंध में अपने विचार प्रकट किये थे। यूनानी राजदर्शन के पूर्व भी यह

कल्पना भारत और चीन में विकसित हो चुकी थी। प्रसिद्ध इतिहासकार जायसवाल के कथनानुसार भारत में बौद्धकाल में ऐसे स्वशासित नगर थे जिनका शासन प्रजा या प्रजा के प्रतिनिधियों द्वारा होता था। चीन के इतिहास में भी प्रजातंत्र के उदाहरण मिलते हैं जहाँ मनुष्य मात्र की अनिवार्य समानता और शासन-सत्ता में प्रजा द्वारा भाग लिये जाने पर विशेष बल दिया जाता था। जनता का यह भी अधिकार माना जाता था कि यदि कोई राजा अत्याचार करता है तो उसे पदच्युत कर दिया जाय। हिब्रू जाति के इतिहास के अध्ययन से विदित होता है कि वहाँ सोलोमन जैसे राजा के अधिक कर लगाने, साम्राज्य बढ़ाने आदि की योजनाओं का जनता द्वारा विरोध किया गया था। प्रतिनिधि संवासों के बहुत से, विचार यूरोप ने बर्बर जातियों से सीखे। कुछ विद्वानों का यह मत है कि प्रजातंत्रवाद की कल्पना पश्चिम को पूर्व से ही मिली। भारत और चीन के सम्पर्क द्वारा ही यूनानियों ने इसका विकास किया।[1] पश्चिम में प्रजातंत्रवादी कल्पना को यूनानी विचारकों ने विकसित किया और उनके सिद्धान्तों का निरूपण किया। इसी कल्पना और सिद्धान्त के अनुसार उन्होंने दासों तथा विदेशियों तक को प्रजातंत्रवादी अधिकार दिये। इतने पर भी प्रजातंत्रवाद को यूनानी विचारकों ने कभी अच्छा नहीं समझा। प्लेटो ने उसे शासनतंत्र का भ्रष्टतम स्वरूप बतलाया।[2] इसी प्रकार अरस्तु ने प्रजातंत्र को 'समूहतंत्र' बतलाया।[3] वह राजतंत्र या आभिजात्यतंत्र को सर्वोत्तम समझता था। रोम के नगर-राज्यों में गणतंत्र पनपा, प्रजातन्त्र नहीं। प्रजातन्त्र शासन में चुनावों का प्रयोग किया जाता है, रोम में ऐसा न होता था। विधि के सम्मुख सब की समानता रोम के साम्राज्यकाल में प्रजातंत्र का केवल यह ही अनुदाय था।

मध्य युग में बर्बर जातियों के सम्पर्क तथा अन्य विभिन्न कारणों से प्रतिनिधित्व की कल्पना का व्यावहारिक क्षेत्रों में विकास हुआ। धार्मिक क्षेत्र में चर्चों के शासन के लिए जो परिषदें नियुक्त की जाती थीं उनके प्रतिनिधियों का निर्वाचन होता था। औद्योगिक क्षेत्रों में भी कारीगरों के ऐसे संघ थे जिनमें उद्योगों के अपने प्रतिनिधि होते थे। जिनका कार्य कारीगरों की सहायता करना तथा संबधित उद्योग के कल्याण की व्यवस्था करना होता था। समाज-सेवा के संवासो की व्यवस्था ऐसे ही निर्वाचित प्रतिनिधियों के हाथों में रहती थी।

मध्य युग में मेगनाकार्टा के अधिकार-पत्र पर राजा जॉन ने हस्ताक्षर किये थे और यह स्वीकार किया था कि बिना उनकी सहमति के सामन्तों पर कोई कर नहीं लगाया जायगा। वहाँ एक परिषद् की नियुक्ति हुई जो बाद में बढ़ते-बढ़ते संसद हो गयी और अन्त में वह दो सदनों में विभक्त हो गयी। सन् 1642 और 1688 की क्रान्तियों ने यह सिद्ध कर दिया कि कार्यपालिका को जनता के प्रति उत्तरदायी होना होगा वह मनमाने कार्य नहीं कर सकती।

---

1. Majumdar, Choudhari and Dutta, *Advanced History of India* p,124.
2. "Democracy is the worst form of Government subject to law, but because of its essential weakness and inefficiency is least oppressive if the restraints of law are absent." --R.G. Gettell, *History of Political Thought,* p. 46
3. "Aristotle considers Democracy a corrupt form of polity." --W.A. Dunning, *Political Thought,* p.72.

मार्टिन लूथर ने जो सुधारवादी आन्दोलन छेड़ा उसने नागरिकों के इस अधिकार की संपुष्टि कर दी कि यदि वे चाहें तो राजसत्ता का विरोध भी कर सकते हैं। परन्तु प्रजातंत्र का वास्तविक विकास उस समय हुआ जब व्यापार-वाणिज्य का युग आंरभ हुआ। इस युग में जो प्रजातंत्रवादी सिद्धान्त हुए वही आधुनिक युग के प्रजातंत्रवादी सिद्धान्त माने जाते हैं।

सत्रहवीं और अठारहवीं शताब्दी में ऐसी चार-पाँच क्रान्तियाँ हुईं जिन्होंने प्रजातंत्रवाद के सिद्धान्तों को आगे बढ़ाने में बड़ी सहायता की। सन् 1642 और सन् 1688 इंगलैण्ड की क्रान्तियों ने स्टुअर्ट वंश का अन्त कर दिया और संसद की सर्वोच्चता स्थापित कर दी। अमेरिका की क्रान्ति ने व्यक्ति-स्वातंत्रय को स्थान दिया और यह निश्चित कर दिया कि आत्मनिर्णय का अधिकार अत्यन्त आवश्यक है। फ्रांस की राजक्रान्ति ने समानता और बंधुता के दरवाजे खोले। जिसने संविधानिक प्रजातंत्र को ऊँचा स्थान दिया। औद्योगिक क्रान्ति ने मताधिकार तथा अन्य राजनीतिक स्वतंत्रताओं के दिलाने में बड़ा योगदान दिया। बोलशेविक या साम्यवादी क्रान्ति ने आर्थिक और सामाजिक प्रजातंत्र की कल्पना को बढ़ावा दिया।

प्रजातंत्रवादी विचारक

प्रजातंत्रवादी विचारकों में प्लेटो, अरस्तु, पोलिबियस और सिसरो, मार्सीलिओ, वाइक्लिफ, हैस, ज्विगली, कालविन, मिल्टन, फर्ग्यूसन, डी पॉल्मे, हैमिल्टन, जॉन एडम्स, बेन्थम, जॉन स्टुअर्ट मिल, तुकेविली, कार्लाइल, सर हेनरी मेन आदि के नाम उल्लेखनीय हैं। इनमें कुछ ने प्रजातंत्रवाद की बड़ी आलोचनाएँ भी की है। इनके अतिरिक्त लार्ड ब्राइस, ए० वी० डायसी, लॉवेल, लिंकन, सीले, हार्नशा, लास्की, पॉल केस्टर, राल्फ एडम ग्राम्स, प्रोफेसर गिडिंग्स और बार्न्स ने प्रजातंत्र के विषय में उल्लेखनीय विचार प्रस्तुत किये।

प्रजातंत्रवाद की परिभाषाएँ
(Definition of Democracy)

अमेरिका के राष्ट्रपति अब्राहम लिंकन (Abraham Lincoln) ने गेट्सबर्ग के भाषण में सन् 1861 में कहा था कि प्रजातन्त्र में प्रजा का, प्रजा द्वारा, प्रजा के लिए शासन होता है।[4] प्रोफेसर सीले (Prof. Seeley) ने प्रजातंत्र को ऐसा शासनतंत्र बतलाया है जिसमें सभी नागरिक समान रूप से भाग लेते है।[5] लार्ड ब्राइस (Lord Bryce) ने प्रजातंत्र को एक ऐसे शासनतंत्र का रूप बतलाया है जिसमें शासन की सत्ता किसी व्यक्ति या वर्ग में अवस्थित नहीं होती सम्पूर्ण प्रजावर्ग में परिवेष्ठित होती है।[6] प्रोफेसर ए० वी० डायसी (Prof. A. V. Dicey) ने लिखा है कि जब किसी राज्य में शासनसत्ता उस राज्य में निवास करने वाले सबसे बड़े समूह के हाथ में होती है तो वहाँ प्रजातंत्र होता है[7]। इसी प्रकार हार्नशा (Hearnshaw)

---

4. Charnwood, *Abraham Lincoln*, p. 361.
5. Prof. Seeley, *op. cit.*, p. 324.
6. "Democracy is the form of Government in which ruling power of a state is legally vested, not in any particular individual or class but in the members of the community as a whole." --Lord Bryce, *Modern Democracy* Vol. I., p. 23.
7. A.V. Dicey, *Law and Public Opinion*, p.52.

ने प्रजातंत्र में समाज और राज्य के पारस्परिक संबंधों के एक विशिष्ट रूप की कल्पना की है।[8] पॉल केस्टर (Paul Kester) ने प्रजातंत्रवाद को ईसाई धर्म का ही एक रूप माना है।[9] राल्फ एडम ग्राम्स (Ralph Adam Grams) के अनुसार प्रजातंत्र की सबसे बड़ी विशेषता यह है कि उसमें किसी व्यक्ति या वर्ग विशेष को कोई सुविधाएँ नहीं दी जाती। सबको अपने विकास के समान अवसर मिलते है।[10] मिस फॉलेट (M. P. Follet) ने प्रजातंत्र को आध्यात्मिक आदर्श माना है।[11] प्रोफेसर गिडिंग्स (Prof. Giddings) ने प्रजातंत्र को शासन और राज्य दोनों का स्वरूप माना है। वे उसे समाज का भी एक स्वरूप मानते है। उनका यह भी कहना है कि प्रजातंत्र शासन, राज्य और समान तीनों का एक मिश्रित स्वरूप भी हो सकता हैं।[12] एच० ई० बार्न्स (H. E. Barnes) ने प्रजातंत्र को सामाजिक संघटन का एक ऐसा स्वरूप माना है जिसमें प्रत्येक व्यक्ति ऐसे क्षेत्रों में कार्य करने के लिए स्वतंत्र रहता है जिससे समुदाय की दक्षतापूर्ण व्यवस्था में कोई बाधा नहीं पड़ती प्रजातंत्र में सामुदायिक नीति सब व्यक्तियों की इच्छा के अनुसार निश्चित की जाती है।[13] सर हेनरी मेन (Sir Henry Maine) ने प्रजातंत्र को शासन का एक विशिष्ट रूप बतलाया है।[14] यही मत जे० आर० लॉवेल (J. R. Lowell) का भी है।[15]

प्रजातंत्र के सिद्धान्त
(Principles of Democracy)

सी० ई० एम० जोड (C. E. M. Joad) ने प्रजातंत्र के निम्न सिद्धान्तों का निरूपण किया है:[16]

1. व्यक्तिवाद (Individualism)–प्रजातंत्र में व्यक्ति को सब विचारों का केन्द्र माना जाता है। उसी के लिए सारे कार्य किये जाते है। यहाँ तक कि व्यक्ति को साध्य और राज्य को साधन माना गया है। लॉक, बेंथम, मिल, माण्टेस्कयू आदि सभी विचारकों ने इस पर

---

8. Hearnshaw, *The Great State* p.12.
9. Paul Kester, *Conservative Democracy* p.1.
10. R.A. Grams, *The Nemesis of Mediocrity* p.3.
11. ''Democracy is the rule of an interacting, impermeating whole ....Democracy is the Fullest possible acceptance of the single life.'' --M.P. *Follet, New State,* pp. 156-157.
12. ''Democracy may be either a form of Government, a form of state, a form of society or a combination of all three.'' --F.H. Giddings, *Democracy and Empire,* p. 20
13. ''Democracy is a form of social organisation in which the participation of each individual in the various phases of group activity is free from such artificial restrictions as are not indispensable to the most effcient functioning of the group and in which group policy is ultimately determined by the will of the whole people.'' --H.E. Barnes, *Sociology and Political Thought,* p.4.
14. Sir Henry Maine, *Popular Government,* p. 59.
15. J.R. Lowell, *Democracy,* p.20.
16. C. E. M. Joad, *The Principles of Parliamentary Democracy,* Forum Books, pp.7-8.

अत्याधिक बल दिया है । इन विचारकों को कहना है कि राज्य को वे सारे कार्य करने चाहिए जिन कार्यों को व्यक्ति अपने कल्याण के लिए नहीं कर सकता है। व्यक्ति को एक प्रजातंत्रवादी राज्य में अपने आध्यात्मिक और भौतिक विकास के अधिकतम अवसर मिलने चाहिए।

2 जनप्रतिनिधित्व (Representationism)-- प्रत्येक व्यक्ति यह समझता है कि उसका हित किस बात में है और उसे कौन सा कार्य करना या न करना चाहिए । इसलिए सबसे अच्छी तो यही व्यवस्था है कि शासन-प्रबन्ध शासित व्यक्ति स्वंय करे । जहाँ यह संभव न हो वहाँ जनता या शासितों के प्रतिनिधियों के निर्देशानुसार शासन-कार्य होना चाहिये। शासन के मुख्य अंग विशेष रूप से कार्यपलिका (Executive) को इन जन-प्रतिनिधियों के प्रति उत्तरदायी होना चाहिए।

3. संवैधानिक परिर्वतन (Constitutional Change)-- यह सिद्धान्त प्रथम सिद्धान्त की आवश्यक और अनिवार्य उपसिद्धि है। चूँकि शासन का प्रबंध जनता के प्रतिनिधियों के हाथ में रहता है, इसलिए यदि राज्य के स्वरूप या शासन के किसी अंग में कोई परिर्वतन आवश्यक हो तो वह जनता के प्रतिनिधियों या उन्हीं द्वारा बनाये गये संविधान के अनुकूल होना चाहिए। सशस्त्र क्रान्तियों या रक्तपात तथा हिंसात्मक तरीकों से कोई भी कार्य किया जाना वर्जित है।

4. अभिव्यक्ति स्वातंत्र्य (Freedom of Expression)--विचारों की अभिव्यक्ति की स्वतंत्रता प्रजातंत्र का एक अनिवार्य और मौलिक आधार माना जाता है। प्रजातंत्र में शासन जनता या जनता के प्रतिनिधियों के हाथ में रहता है और चूँकि इनको शासन का अनुभव नहीं होता और जो होता है वह क्रमशः होता है इसलिए शासन को त्रुटिहीन बनाने का उपाय यही है कि वाद-विवाद और विचार-विनिमय की पूर्ण स्वतंत्रता रहे। यदि यह स्वतंत्रता नहीं रहेगी तो या तो अधिनायकवाद स्थापित हो जायगा या फिर अव्यवस्था हो जायेगी

5. कानून के सम्मुख समानता (Equality before Law)-- इसके दो भाग है। एक तो कानून की दृष्टि में सारे नागरिक समान है, कोई छोटा बड़ा नहीं है। दूसरे, जब तक किसी न्यायालय (Court of Law) में किसी का अपराध सिद्ध नहीं हो जाता तब तक उसे शारीरिक रूप से बंदी नहीं रखा जा सकता। यह सिद्धान्त बड़ा महत्वपूर्ण है। इसी के कारण व्यक्तिवाद और पूँजीवाद को पनपने में सहायता मिली।

प्रजातंत्र के भेद
(Types of Democracy)

प्रजातंत्रवादी शासन के कई भेद हैं। प्रजातंत्र के दो मौलिक भेद हैं; प्रत्यक्ष (Direct) और प्रतिनिधिमूलक अथवा परोक्ष (Representative or Indirect)। प्रतिनिधिमूलक प्रजातंत्र में भी दो पद्धतियां होती हैं—अध्यक्षात्मक (Presidential) और संसदीय (Parliamentary)। प्रतिनिधिमूलक शासन गणतंत्रात्मक (Republican) भी हो सकता है और राजतंत्रात्मक (Monarchical) भी ।

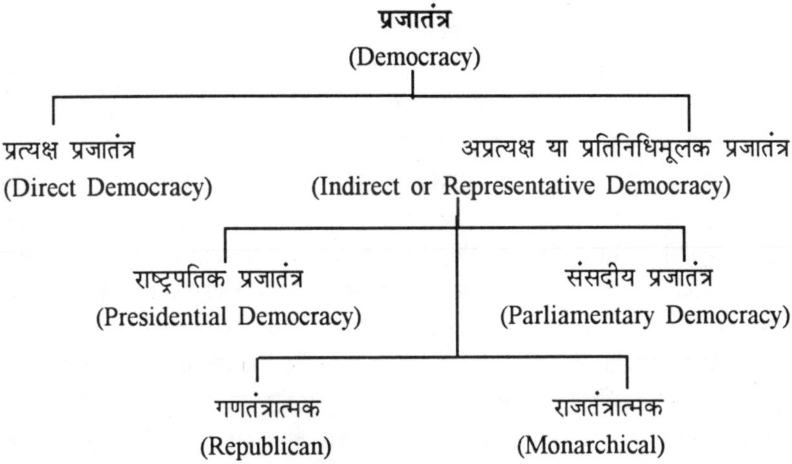

चार्ट—प्रजातंत्र के भेद

1. प्रत्यक्ष प्रजातंत्र (Direct Democracy)-प्रत्यक्ष प्रजातंत्र का अर्थ ऐसा शासनतंत्र है जिसमें समस्त नागरिक शासनकार्य में स्वयं भाग लेते हों और प्रतिनिधि चुनने की प्रथा न हो। प्रत्यक्ष प्रजातंत्र तभी सफल हो सकता है जब राज्य का भूमिक्षेत्र सीमित हो एवं राज्य के निवासी राजनीतिक दृष्टि से जागरूक हों। इसके साथ ही राज्य की आर्थिक-व्यवस्था ऐसी हो कि अधिकांश लोगों को अवकाश रहे और वे राजनीतिक कार्यों में अपना अधिक से अधिक समय दे सकें। प्राचीनकाल में यूनान के नगर राज्यों में इस प्रकार का प्रजातंत्र था। रोम में भी ऐसा ही था। इन दोनों स्थानों में आर्थिक व्यवस्था का आधार दासप्रथा थी। आजकल इस प्रकार का प्रजातंत्र स्विट्जरलैण्ड में हैं। अमेरिका के कुछ नगरों में भी यही व्यवस्था है। **मूल्यांकन** इसमें सभी नागरिकों के शारीरिक और मानसिक गुणों का विकास समान रूप से होता है। उनका व्यक्तित्व निखर उठता है। रूसो ने इसी को आदर्श प्रजातंत्र बतलाया था। परन्तु इस प्रजातंत्र की सबसे बड़ी कठिनाई यह है कि जिन राज्यों में भूमि विस्तार और नागरिक संख्या अधिक होती है वहां यह संभव नहीं होता। दूसरे, जहां यह संभव भी होता है वहां जनता की अनुभवहीनता, भावकुता तथा मानसिक अस्थिरता के कारण कोई निश्चित नीति नहीं अपनायी जा सकती। इसके अतिरिक्त इसमें दलगत पक्षपात और भेदभाव का बोलबाला रहता है तथा व्यक्ति के गुणों की कोई परवाह नहीं की जाती– इसीलिए बर्क ने प्रजातंत्र को संसार में सर्वाधिक निर्लज्ज और निर्भय कहा है। प्रत्यक्ष प्रजातंत्रों के उपकरणों में (1) लोकनिर्णय (Referendum), (2) उपक्रम (Initiative), (3) पुनरावर्तन (Recall) और (4) जनमत संग्रह (Plebiscite) विशेष रूप से उल्लेखनीय है।

2. अप्रत्यक्ष प्रजातंत्र (Indirect Democracy)--ए.आर. लार्ड (A. R. Lord) के शब्दों में जहां जनता के प्रत्यक्ष शासन की अनुपस्थिति में भी जनसत्ता हो वहीं प्रतिनिधिमूलक प्रजातंत्र होता है। प्रतिनिधिशासन की आवश्यकता वहीं पड़ती है जहां राज्य का भूमि-विस्तार

अधिक होता है और नागरिकों की संख्या भी अधिक होती है। प्रतिनिधि शासन में विधानमण्डल के प्रतिनिधि निर्वाचित होते हैं और वही कार्यपालिका (Executive) की रचना करते हैं। कहीं-कहीं न्यायपालिका का भी निर्वाचन होता है। इसीलिए प्रतिनिधिमूलक प्रजातंत्र को उत्तरदायी शासन भी कहा जाता है। इसमें समूचे राज्य को निश्चित निर्वाचन क्षेत्रों में विभक्त कर दिया जाता है और उन क्षेत्रों के नागरिक या मताधिकार प्राप्त व्यक्ति अपना प्रतिनिधि चुन लेते हैं। यही प्रतिनिधि संसद या विधानमण्डल के सदस्य हो जाते हैं। **मूल्यांकन** एक ही व्यक्ति बहुत से व्यक्तियों के जीवन के हर क्षेत्र के हितों का प्रतिनिधित्व नहीं कर सकता। इसलिए व्यावसायिक प्रतिनिधित्व की व्यवस्था का सुझाव दिया जाता है। मताधिकार संबंधी व्यवस्था की दूसरी आलोचना यह की जाती है कि प्रतिनिधि शासन में हर नागरिक को एक मत का अधिकार मिलता है। एक अनपढ़ ग्रामीण को और विश्वविद्यालय के स्नातक को भी एक वोट देने का अधिकार मिलता है जब कि एक ग्रामीण का मानसिक विकास उतना नहीं हो सकता जितना एक शिक्षित और परिष्कृत युवक का। इस अन्याय को दूर करने से लिए मिल ने आनुपातिक प्रतिनिधित्व तथा योग्यता के अनुसार मताधिकार दिये जाने की योजना बनायी थी। यह योजना सफल नहीं हो सकीं। मिल का कहना था कि एक व्यक्ति की उसकी योग्यता के अनुसार एक से चार या पांच तक मत दिये जायं।

3. **संसदीय व्यवस्था** (Parliamentary System)--प्रतिनिधि प्रजातंत्र के भी दो भेद होते हैं—एक संसदीय और दूसरा राष्ट्रपतिक। संसदीय व्यवस्था में संसद (Parliament) का स्थान सर्वोच्च होता है। वह देश की सबसे बड़ी विधायक (Legislative) शक्ति मानी जाती है और कार्यपालिका (Executive) उसी के प्रति उत्तरदायी होती है। न्यायपालिक (Judiciary) संसद द्वारा बनाये गये किसी कानून को अवैध घोषित नहीं कर सकती। परन्तु नियुक्ति या कदाचरण (misdemeanour) के मामलों को छोड़कर न्यायपालिका अपने कर्तव्यों के पालन में बिलकुल स्वतंत्र होती है। संसदीय व्यवस्था के जन्मदाता देश इंगलैण्ड का संविधान अलिखित है। परन्तु ऐसे बहुत से देश हैं जहां संसदीय व्यवस्था होते हुए भी लिखित संविधान हैं। ऐसे देशों में भारत, आस्ट्रेलिया, कनाडा इत्यादि का नाम लिया जा सकता है। संसदीय व्यवस्था को मंत्रिमण्डलीय व्यवस्था भी कहते हैं। इसमें प्रशासन कार्य मंत्रिमण्डल के हाथ में होता हैं। उसमें ये विशेषताएं होती हैं। (1) यथार्थ और सवैधानिक कार्यपालिका अलग-अलग होती है। (2) अविश्वास के प्रस्ताव द्वारा मंत्रिमण्डल को अपदस्थ किया जा सकता है, (3) प्रधानमंत्री संसद और मंत्रिमण्डल का नेता होता है, (4) शासन में एकात्मता रहती है, (5) संयुक्त उत्तरदायित्व होता है, (6) दृढ़ता होती है। संसद को जनता का प्रतिनिधि माना जाता है। प्रश्न, वादविवाद आदि सरकार के कार्यों पर आन्तरिक का अंकुश का और आगामी निर्वाचन बाह्य अंकुश का कार्य करते हैं। उपनिर्वाचनों के परिणाम भी सरकारी नीतियों के संशोधन, परिवर्धन की दिशा प्रशस्त करते हैं। विरोधी दल की आलोचना का बेंत तो बराबर सरकार की पीठ पर पड़ा ही करता है। ये सब अंकुश मंत्रिमण्डल को नवीन घटनाओं के प्रति अत्यन्त सचेत रखते हैं।[17]

17. H. J. Laski, *'Parliamentary Demoracy'* pp. 226-228. Also see W.I. Jennings. *The British Constitution.* pp.10,11.

आलोचना

संसदीय व्यवस्था के दोषों पर भी लार्ड ब्राइस ने प्रकाश डाला है।

1. दल के कर्णधारों का अधिकांश समय या तो अपने दल को मजबूत करने में या फिर दूसरे दल के सदस्यों को अपनी तरफ मोड़ने में खर्च होता है। इससे शक्ति का अपव्यय होता है क्योंकि दलबंदी के चक्कर में नेता लोग किसी रचनात्मक कार्य की ओर अधिक ध्यान नहीं दे पाते।

2. कालान्तर में बहुमत द्वारा मंत्रिमंडल संसद को अपना 'रबर स्टाम्प' बना लेता है। संसद को मंत्रिमंडल की मर्जी से चलना पड़ता है। इससे मंत्रिमण्डल की तानाशाही का खतरा बहुत बढ़ जाता हैं।[18] दलगत अनुशासन संसदीय सदस्यों के हाथ-पैर बांध देता है। कभी-कभी उन्हें पार्टी ह्विप (Party Whip) के कारण ऐसे विषयों पर भी मत देना पड़ता है जिनसे वे स्वयं सहमत नहीं होते। दल की अनुमति या संकेत के बिना किसी मामले को संसद में नहीं उठा पाते।

3. कभी-कभी संसद प्रशासन के दैनिक मामलों में हस्तक्षेप करके मंत्रिमण्डल का कार्य करना मुश्किल कर सकती है।[19] ऐसी अवस्था में शासनारूढ़ दल को किसी आपातकालीन स्थिति का सामना करने में बड़ी कठिनाई का सामना करना पड़ जाता है।

राष्ट्रपतिक प्रजातंत्र (Presidential Democracy)—राष्ट्रपतिक प्रजातंत्र प्रतिनिधि शासन का दूसरा रूप है। इसमें लिखित संविधान में विधानमण्डल, (Legislature), कार्यपालिका (Executive) और न्यायपालिका (Judiciary) तीनों की स्वतंत्र स्थिति रहती है। इस तरह के प्रजातंत्र का सबसे उत्कृष्ट उदाहरण संयुक्त राष्ट्र अमेरिका है। दूसरा राष्ट्र का सर्वोच्च प्रवक्ता और कार्यपालिका का अध्यक्ष राष्ट्रपति माना जाता है। राष्ट्रपति का सचिव मण्डल राष्ट्रपति के प्रति ही उत्तरदायी होता है। विधानमण्डल से उसका ऐसा कोई संबंध नहीं होता जिसके लिए सचिव विधानमण्डल के प्रति उत्तरदायी हों। इस प्रकार राष्ट्रपतिक व्यवस्था संसदीय व्यवस्था की लगभग बिलकुल उलटी होती है। इसमें कार्यपालिका विधानमण्डल से प्रत्यक्ष रूप संबंधित न होने के कारण उसके प्रति उत्तरदायी नहीं होती। राष्ट्रपतिक व्यवस्था की कार्यपालिका पर जनता की सनकों का भी कोई असर नहीं पड़ता।

आलोचना—

इस व्यवस्था में निम्नलिखित दोष हैं:

1. शासन के तीनों अंगों मे परस्पर संबंध नहीं रहता। हर अंग अलग-अलग चलता है। इसमें हर कार्य में बडा़ विलम्ब लगता है।[20]

2. इस व्यवस्था में राष्ट्रपति के अधिकार कभी-कभी तानाशाह जैसे हो जाते हैं।

---

18. A.V. Dicey, *Law of the Constitution*. p. 484.
19. H.J. Laski, *A Grammar of Politics* p. 347 Also see Sydney and Beatrice Webb, *A Constitution for a Social Commonwealth of Great Britain*, p. 147.
20. Godvin ,*Unforeseen Tendencies in Democracy* pp. 91-100.

चूंकि राष्ट्रपति अपने कार्यकाल में संविधान को छोड़कर अन्य किसी शासनिक अंग के प्रति उत्तरदायी नहीं होता। इसलिए इस व्यवस्था को अनुत्तरदायी और अंकुशहीन भी कहा गया है।[21]

3. सचिवमण्डल के विधानमण्डल या संसद में न बैठने के कारण कार्यपालिका सदस्यों के सम्पर्क में नहीं रहती। इस सम्पर्क के अभाव में उसे जनता की मनोवृत्तियों का ज्ञान भी नहीं हो पाता। यदि कभी न्यायपालिका, कार्यपालिका और विधानमण्डल में से किन्हीं दो या तीनों में किसी बात को लेकर गतिरोध उत्पन्न हो जाता है तो फिर सारा शासनयंत्र ही बेकार हो जाता है।

प्रजातंत्रवाद की सफलता की शर्तें
(Conditions of Success of Democracy)

प्रजातंत्रवाद की सफलता की कुछ आवश्यक शर्तें हैं। जब तक वे शर्तें पूरी नहीं होतीं तब तक प्रजातंत्रवाद सफल नहीं होता।

1. जनता की शिक्षा की समुचित व्यवस्था—शिक्षा का यही अभिप्राय नहीं है कि लोगों को लिखना-पढ़ना सिखाने की ही व्यवस्था हो इसका अभिप्राय यह भी है कि उनके मानसिक विकास का समुचित प्रबंध हो और सांस्कृतिक उन्नति करने के पर्याप्त अवसर हो।

2. अभिव्यक्ति स्वतंत्र—समाचार-पत्र निर्भीक और निष्पक्ष हों, सरकार विरोधी मत प्रकट करने पर भी उनका दमन न किया जाए।

3. अल्पसंख्यकों के हितों की रक्षा—यदि उनके हितों की रक्षा न की जाएगी तो वे बराबर प्रजातंत्रवादी शासन के विरुद्ध आन्दोलन करते रहेंगे। प्रत्येक वर्ग के प्रति समन्वय और समझौते की भावना रखी जाए।

4. राजनैतिक दलों को प्रोत्साहन—विभिन्न हितों के प्रतिनिधियों के लिए राजनीतिक दलों के संघटन को प्रोत्साहन दिया जाय। यदि ऐसा न किया गया और किसी प्रजातंत्रवादी राज्य में एक ही राजनीतिक दल रह गया तो वह शासन पर अपना कब्जा करके अपनी तानाशाही स्थापित कर लेगा और उसके जो जी में आयेगा सो करेगा। इसीलिए राजनीतिकदलों को बेजहाट (Bagehot) ने प्रजातंत्रवाद की आत्मा बतलाया है। बैन्क्राफ्ट (Bancraft) ने प्रजातंत्रवाद को आदर्श व्यवस्था बतलाया है। इसमें संदेह नहीं कि राजनीतिक दृष्टि से प्रजातंत्र में ही नागरिक को अधिक से अधिक अधिकार प्राप्त होते हैं। इस में शासन के कर्णधार अपने आपको जनता का सेवक समझते हैं।

जनतंत्र की आलोचना
(Criticism of Democracy)

प्लेटो को प्रजातंत्रवाद पसन्द नहीं था और उसने अपने कल्पनात्मक राज्य के नाम पर प्रजातंत्र का बलिदान कर दिया था। अरस्तू ने अपने सर्वश्रेष्ठ राज्य 'पॉलिटी' (Polity)

21. Esmein, *Droit Constitutional,* p. 419.

का एक भ्रष्ट रूप ही इसे माना था। प्रजातंत्रवाद के प्रति उपेक्षा का दृष्टिकोण रखने की परम्परा उस समय भी समाप्त नहीं हुई जब प्रजातंत्रवाद का बहुत अधिक प्रचार हुआ। प्रजातंत्र की कुछ प्रसिद्ध आलोचनायें निम्न लिखित हैं:

1. **कार्लाइल** (Carlyle)-वह जनता को मूर्खों का समूह समझता था और यह मानने को बिलकुल तैयार न था कि वह कभी भी अपने शासकों को चुनने के योग्य हो सकती है।

2. **एच.जी. वेल्स** (H.G. Wells) उसका तो यह दावा था वे प्रजातंत्रवाद के पक्ष में दिये जा सकने वाले समस्त तर्कों को पांच मिनट के अन्दर ढहा सकता है।

3. **प्रोफेसर हार्नशॉ** (Prof. Hearnshaw) और प्रोफेसर गार्नर (Prof. Garner) ने भी प्रजातंत्रवाद के दोषों को छिपाने की कोई चेष्टा नहीं की।

4. **फेगट** (Faguet) इसने कहा है कि प्रजातंत्र अयोग्यों के शासन (Cult of Incompetence) के अतिरिक्त और कुछ नहीं है। फेगट कृत्यात्मक विशेष योग्यता का (Specialization of Functions) पक्षपाती था। यह ठीक नहीं है कि जनता को पूर्ण अधिकार दिया जाएं जिससे वह जो मरजी में आये वही करे। राजकाज का हर अंग विशेष योग्यता प्राप्त व्यक्तियों की अपेक्षा करता है और यह विशेष योग्यता, हर व्यक्ति, हर प्रशासनिक विषय में नहीं प्राप्त कर सकता। इसलिए हर व्यक्ति को समान समझकर उसे मताधिकार देना उचित नहीं है। जीवनशास्त्र और मनोविज्ञान से यह बात सिद्ध हो चुकी है कि हर व्यक्ति में समान शारीरिक, मानसिक और बौद्धिक क्षमताएँ एवं योग्यताएँ नहीं होती और न हर व्यक्ति समान रूप से चतुर ही हो सकता है। सबको समानता देकर प्रजातंत्रवाद इस दृष्टिकोण की सर्वथा अवहेलना करता है।

फेगट राजनीतिज्ञों को भेड़ की चाल चलने वाली जनता का चरवाहा समझता था उस के अनुसार राजनीतिज्ञ का अपना कोई मत नहीं होता, शिक्षा की दृष्टि से वह बिलकुल अधूरा होता है और राजनीति उसका पेशा होती है। यदि उसे राजनीति से हटने के लिए विवश कर दिया जायगा तो वह भूखा मर जायगा। वह अन्य कोई कार्य कर ही नहीं सकता। राजनीतिज्ञ वाक्पट (Demogogue) होते हैं। वे कभी जनता की मरजी के खिलाफ नहीं चलते। प्रजातंत्र में जो व्यक्ति शासनकार्य चलाते हैं, उन्हें न शासन-कला (Art of Government) का ज्ञान रहता है और न विज्ञान का। वे निपट नौसिखिए होते हैं।

परन्तु फेगट का दृष्टिकोण अत्यन्त एकांगी और पक्षपातपूर्ण है। प्रजातंत्रवाद सदोष है परन्तु अन्य व्यवस्थायें तो प्रजातंत्रवाद से भी अधिक दोषपूर्ण हैं। प्रजातंत्रवाद के बहुत से दोष अनुभवहीनता के कारण होते हैं। ज्यों-ज्यों प्रजातंत्रवाद का प्रयोगकाल बढ़ता जाता है ये दोष भी दूर होते जाते हैं। ऐसी कोई वस्तु नहीं है जिसको जनता की सहायता से दूर न किया जा सके।[22] अपने दोषों के कारण प्रजातंत्रवाद समाप्त हो जायगा, ऐसा कहना

22. J. W. Burgess, *Political Science and Political Constitutions* Vol. I.

मानवजाति की प्रगति के सर्वमान्य सिद्धान्तों के प्रति अनास्था प्रकट करना है।[23] प्रजातंत्रवादी अनुभूतिमूलक है।[24] अनुभूति से व्यावहारिक ज्ञान क्रमशः बढ़ता ही जायेगा। जनता की इच्छाओं के सम्पर्क[25] में रहना प्रजातंत्रवाद की इसी विशेषता की ओर संकेत करता है। प्रजातंत्र समाज के विकास के साथ स्वतः परिवर्तन होते जाते हैं—रक्तपातमय क्रान्ति की आवश्यकता नहीं पड़ती[26] भी इसमें पद्धति से देशप्रेम की भावना भी उत्पन्न होती है। इससे राष्ट्रीय चरित्र के निर्माण में सहायता मिलती है। टी॰ वी॰ स्मिथ (T. V. Smith) ने ठीक ही कहा है कि दोषपूर्ण आधुनिक प्रजातंत्रवाद में रहना अधिनायकवाद के नरक में रहने से कहीं अधिक अच्छा है।

अभ्यास के लिये प्रश्न

1. प्रजातन्त्र के विभिन्न प्रकारों की व्याख्या कीजिये और उनका मूल्यांकन कीजिये।
2. प्रजातन्त्र की सफलता की क्या शर्तें है? प्रजातन्त्र की आलोचनाओं की समीक्षा कीजिये।

---

23. Sir Henry Maine, *Popular Government*, p. 147.
24. R.G. Gettell, *Introduction to Political Science*, p. 101.
25. *Ibid.*
26. Sidgwick, *op cit.*, p. 615.